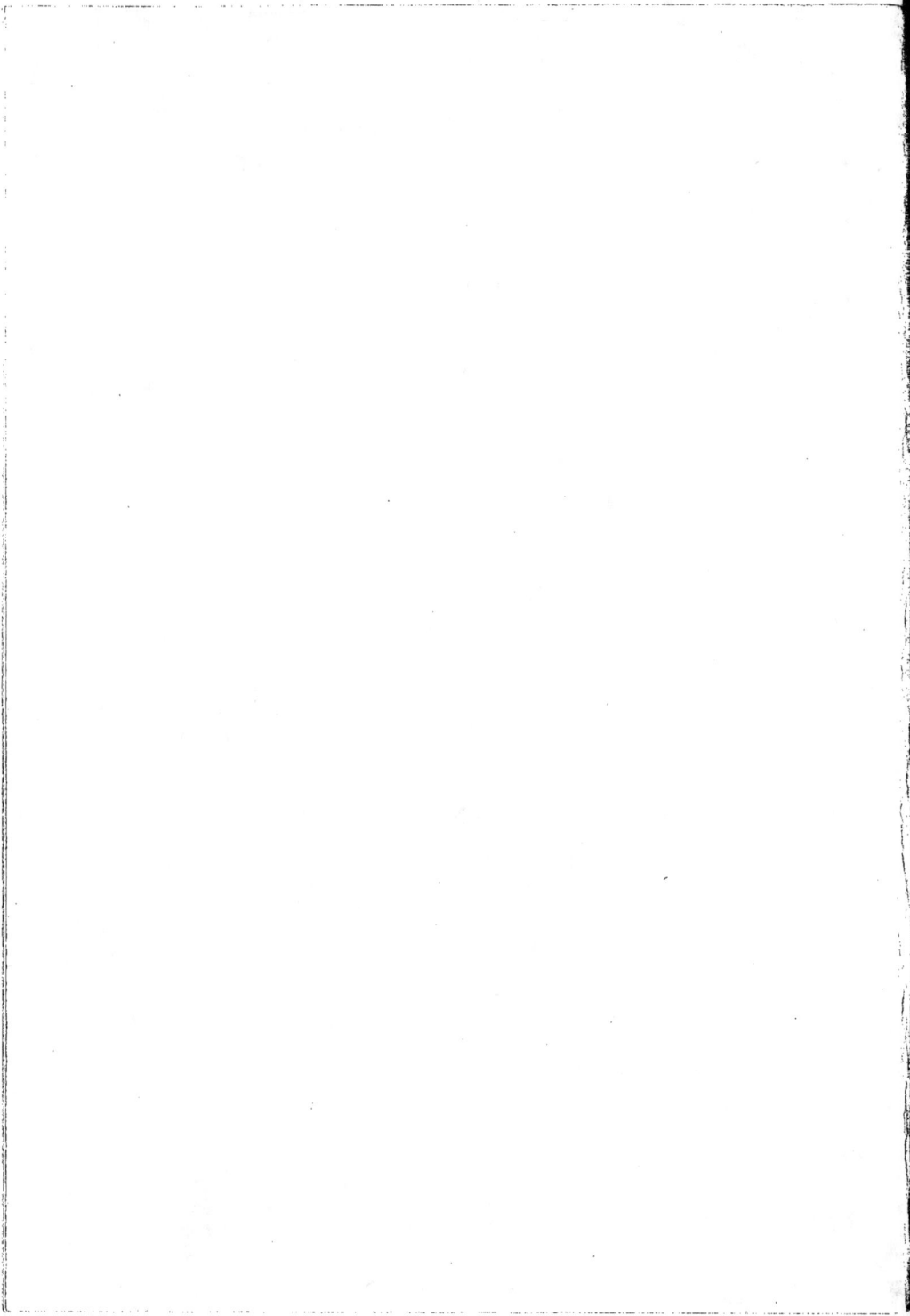

Voy. Statistique de la France fo L 31
27 et 28.

ARCHIVES

STATISTIQUES

DU MINISTÈRE DES TRAVAUX PUBLICS,

DE L'AGRICULTURE ET DU COMMERCE.

ARCHIVES

STATISTIQUES

DU MINISTÈRE DES TRAVAUX PUBLICS,

DE L'AGRICULTURE ET DU COMMERCE,

PUBLIÉES

PAR LE MINISTRE SECRÉTAIRE D'ÉTAT DE CE DÉPARTEMENT.

PARIS.

IMPRIMERIE ROYALE.

M DCCC XXXVII.

TABLE.

Bureau des Céréales et Approvisionnements. (*Ancien bureau des Subsistances.*)

Bureau des Manufactures.

XVI.

Pages.

XVII.

XVIII.

XIX.

XX.

XXI.

XXII.

XXIII.

FIN DE LA TABLE.

RAPPORT AU ROI.

SIRE,

Mes prédécesseurs ont répondu aux désirs de Votre Majesté en s'attachant à recueillir sur toutes les parties de la richesse et de l'administration publique des documents susceptibles d'être offerts, comme base de leurs travaux, aux membres de la législature, aux fonctionnaires de l'Etat et à tous les hommes studieux qui observent attentivement la succession des faits et la manière dont ils réagissent les uns sur les autres.

La publication d'un premier volume de statistique générale a été accueillie avec satisfaction par les Chambres, et le Gouvernement a été encouragé à donner suite à ce grand travail, qui, cette année encore, produira un volume important consacré à la description du sol et aux mouvements de la population dans une longue série d'années.

Mais indépendamment de la statistique générale du royaume, c'est-à-dire du recueil qui doit résumer les opérations de tous les services publics, et, autant que possible, en présenter la chronologie, le ministère des travaux publics, de l'agriculture et du commerce a sa propre tâche à remplir : il doit s'efforcer de reprendre et d'amener à bonne fin les travaux que les événements et les vicissitudes de l'administration ont trop souvent interrompus, ou qui, pour avoir été entrepris sur une trop vaste échelle, sont restés incomplets; travaux qui doivent enfin mettre en lumière l'état agricole et industriel de la France.

Cette tâche, j'aime à le dire, a été bien comprise par la division de mon département qui s'est chargée de l'accomplir, et je suis heureux de pouvoir mettre sous les yeux de Votre Majesté une série d'états spéciaux qui répondent déjà à un grand nombre de questions restées, jusqu'à ce jour, sans solution satisfaisante.

Toutefois il convient, pour ne pas se méprendre sur le mérite de semblables documents, de se rappeler les sources auxquelles ils sont puisés.

Il est certains faits qui, en raison de lois spéciales, sont nécessairement constatés par l'autorité et dont elle garde la trace : les récapitulations qu'elle en donne sont authentiques.

Mais il en est autrement des résultats de l'industrie privée, que l'autorité n'a pas eu mission d'enregistrer au moment même où ils auraient pu être constatés. Il n'est pas possible à l'administration, quelque sollicitude qu'elle apporte dans ses recherches, quelque ingénieux que puissent être les moyens de contrôle qu'elle imagine, de répondre d'une manière absolue des chiffres qu'elle publie à ce sujet; elle ne peut les donner que pour des évaluations qu'elle cherche à rendre aussi voisines que possible de la vérité.

Les cadastres, les registres de la douane, ceux des contributions, des octrois des villes; les actes de la puissance publique relativement à certaines entreprises qui ne peuvent s'établir sans son aveu; les mercuriales journalières du prix des denrées, régulièrement recueillies par l'autorité municipale sur les marchés où elle préside, sont des fondements de notions positives. La négligence ou la fraude peuvent avoir laissé en dehors de ces enregistrements quelques quantités; mais celles qui y sont comprises sont certaines.

Si, à côté de ces statistiques authentiques et officielles, l'administration réunit sur certaines parties de l'économie sociale, telles que le nombre des troupeaux, la distribution de la culture, etc., des documents qu'elle n'a pu se procurer que par une enquête immense et sur des données qui n'ont aucun caractère officiel, il est de son devoir de les soumettre, avant de les publier, à une scrupuleuse critique qui en fasse disparaître toutes les inexactitudes qu'elle peut relever; mais cette obligation remplie, elle ne peut, je le répète, donner cette partie de statistique que comme approximative.

Après avoir soumis ces observations à Votre Majesté, je lui demande la permission d'entrer dans quelques détails sur la statistique spéciale que je publie.

Depuis 1815, on a dressé des états annuels de nos récoltes de céréales. On y compare, par départements, les quantités semées, les produits, la consommation présumée pour la nourriture des populations et pour les divers autres emplois. Je ne crois pas devoir proposer d'imprimer dans tous leurs détails les vingt et un tableaux de cette collection; mais j'ai choisi, pour les publier en entier, ceux du produit des années 1815, 1816, 1826, 1830, 1832, 1833, c'est-à-dire deux mauvaises récoltes consécutives, une bonne récolte ordinaire, une médiocre, et deux récoltes abondantes qui se suivent. Les résultats des autres années sont présentés seulement en totaux.

Des états du prix du froment de 1756 à 1790, par généralités, et de 1797 à 1835, par départements, ont été tirés des mercuriales officielles. La lacune entre ces dates répond à des années où les assignats et le maximum avaient amené une grande perturbation, et où par conséquent les chiffres ne pourraient être qu'insignifiants.

Depuis 1806, les mercuriales sont recueillies deux fois par mois, non-seulement dans les chefs-lieux des départements et des arrondissements, mais dans tous les marchés principaux de chaque contrée. De la réunion de ces documents se forment des prix moyens et des tableaux mensuels : il serait inutile de publier tout ce volumineux recueil; mais il n'est pas sans intérêt d'observer à quelles époques, et par quelles gradations dans chaque département, les prix du blé se ressentent de la succession d'une récolte abondante à une mauvaise, et réciproquement. Cette considération engage à donner les états mensuels des années 1813, 1817, 1818, 1827, où les changements dans le cours des grains sont très-marqués.

D'autres documents encore plus authentiques ont fourni un tableau général des effets de la législation céréale, c'est-à-dire des droits de douane assortis chaque mois au prix des marchés *régulateurs,* comparés aux quantités importées ou exportées : le tableau contient cette comparaison pour toutes les divisions des frontières de terre et de mer, et pour toutes les époques à partir de la loi de 1819, qui a établi pour la première fois l'échelle des prix pour règle de la prohibition ou de la faculté d'importer; puis sous les lois de 1821, de 1830, et maintenant sous celle de 1832, qui substitue des droits gradués aux prohibitions éventuelles. Quelque intérêt s'attachera sans doute à ce résumé complet des conséquences commerciales de nos diverses lois sur les grains.

De même qu'on a essayé d'avoir des tableaux approximatifs du produit des récoltes, on a cherché, par les mêmes moyens, à obtenir un état des troupeaux existant en France. Ici ce n'est pas d'une année à l'autre que les différences peuvent être sensibles; on s'est borné, quant à présent, à donner une sorte d'inventaire de l'état des troupeaux au 1er janvier 1830. Nous nous proposons de recommencer ce travail très-incessamment.

Les registres des octrois des villes et ceux de leurs abattoirs ont fourni des tableaux de la consommation en viande, sinon dans tout le royaume, du moins dans toutes les villes de plus de dix milles âmes de population et dans toutes celles qui sont chefs-lieux de préfecture ou de sous-préfecture. Le premier essai de ce tableau est de 1816; on l'a renouvelé pour 1820 et pour 1833.

Les registres des octrois ont donné les éléments d'un autre tableau qui remonte à 1827 : c'est celui des taxes auxquelles les différentes villes, à cette époque, soumettaient l'entrée des vins et des eaux-de-vie, avec les quantités qu'elles recevaient, et la part proportionnelle que fournissait dans la masse totale de leurs octrois cet impôt sur les boissons. La situation à laquelle ce relevé se rapporte aura subi des changements; mais, en attendant qu'on l'ait refait pour l'état actuel des choses, il peut être l'objet de quelque intérêt.

En passant à la statistique des établissements industriels, je pourrais mettre sous les yeux de Votre Majesté le recensement de nos usines minéralogiques et métallurgiques. La surveillance de ces établissements, déférée au corps des ingénieurs des mines, permet de tenir à jour ce riche inventaire dans tous ses détails. Mais, en exécution de la loi du 23 avril 1833, mon département a du faire de ce travail l'objet d'une publication séparée.

L'industrie métallurgique et minéralogique est du reste la seule dont l'administration ait le moyen légal de constater les produits. Toutefois une police spéciale soumettant à l'autorisation de l'administration l'emplacement des nombreux établissements que la législation répute insalubres ou incommodes à leur voisinage, j'ai pu faire connaître l'état numérique et détaillé de toutes les autorisations de cette nature données depuis 1810 jusqu'en 1835. Ce document est propre à faire juger des progrès en tous sens de notre industrie et de la manière dont ses branches se subdivisent à mesure qu'elles s'étendent. Pour les établissements de sucres indigènes, ce n'est pas le nombre des autorisations qui eût donné une idée suffisante de la situation de cette industrie et qui eût répondu à la sollicitude du gouvernement et à l'intérêt du public, quand même on aurait pu ajouter ici au chiffre de 1835 celui de 1836, qui sera très-considérable. D'année en année, on avait multiplié les investigations par plusieurs voies. Mais, à l'occasion de la loi projetée, le département des finances a pris des mesures pour obtenir les renseignements les plus précis et les plus immédiats. Le tableau des résultats a été dressé par les soins de la direction des contributions indirectes; mon collègue, M. le ministre des finances, a bien voulu me le communiquer, et je ne puis offrir un document plus récent et plus curieux.

La statistique des manufactures proprement dites offre des difficultés tout à fait spéciales. Les productions agricoles sont étalées dans les champs sous les yeux de tous : l'industrie manufacturière se renferme dans ses ateliers. Elle ne se prête pas ordinairement à des déclarations qu'elle ne doit pas; elle semble trouver les questions importunes, quelquefois indiscrètes. Il faut beaucoup de ménagements, et aussi beaucoup de temps et de discernement pour acquérir des notions de quelque intérêt. Il faut surtout renoncer à provoquer à la fois les recherches sur plusieurs branches. On est forcé de procéder successivement pour chacune; et telle est la nature de cette délicate et pénible investigation, que souvent on n'obtient le complément des informations nécessaires qu'après une correspondance de plusieurs années. Les progrès de tel département ont déjà changé les chiffres qu'on y a recueillis, que ceux de tel autre département se font encore attendre.

La manufacture des soieries, qui, en général, ne renferme pas ses métiers dans l'atelier du fabricant, mais qui les fait travailler au domicile de l'ouvrier et jusques dans les campagnes, est de celles pour lesquelles il est le moins facile de constater le nombre des travailleurs et l'exacte quantité de ses produits. En attendant que je puisse y parvenir, je donnerai au moins des tableaux qui rendent sensibles les accroissements de la plantation des mûriers et de la production de la soie. Ils montrent aussi les progrès de l'émulation entre les départements pour prendre part à cette belle industrie. On n'a pas négligé de recueillir en même temps les renseignements les plus propres à faire juger des quantités de soie que l'agriculture et le commerce ont livrées aux manufactures.

Le commerce proprement dit a peu de tableaux à fournir à nos archives statistiques. Les publications de la douane, les états relatifs à l'impôt des patentes, les résultats de la navigation maritime ou de la navigation intérieure, tous ces documents, qui font juger de l'activité commerciale, sont recensés ailleurs. On se contentera de donner ici, 1° les tableaux successifs de nos armements pour les grandes pêches de la morue et de la baleine; 2° l'état des sociétés anonymes, compagnies d'assurances ou tontines, pourvues de l'autorisation du gouvernement.

Enfin, la loi du 5 juin 1835 exige que le compte rendu de la situation des caisses d'épargnes soit distribué aux Chambres. Ce devoir est rempli en ce moment pour la première fois. Le résumé de ce tableau sera bien placé dans notre recueil.

Je suis convaincu que ces emprunts faits aux archives de mon ministère trouveront une place utile parmi nos statistiques; j'ose espérer, Sire, qu'ils obtiendront l'intérêt de Votre Majesté.

Je suis avec le plus profond respect,

SIRE,

DE VOTRE MAJESTÉ,

Le très-humble, très-obéissant et très-fidèle serviteur,

Le Ministre Secrétaire d'état des Travaux publics,
de l'Agriculture et du Commerce,

N. MARTIN (du Nord).

Paris, le 15 janvier 1837.

I.

TABLEAU

DU PRIX MOYEN ANNUEL DU FROMENT,

RAPPORTÉ A L'HECTOLITRE,

PAR GÉNÉRALITÉS ANCIENNES,

DE 1756 A 1790.

(On a noté pour chaque généralité, les noms des départements qui y correspondent.)

ANNÉES.	GÉNÉRALITÉS AVEC LES DÉPARTEMENTS QUI Y CORRESPONDENT ACTUELLEMENT.						
	ALENÇON. — Orne.	ALSACE. — Haut-Rhin, Bas-Rhin.	AMIENS. — Somme.	AUCH. — Gers, Landes, Hautes-Pyrénées.	BAYONNE. — Basses-Pyrénées.	BORDEAUX. — Gironde, Dordogne, Lot-et-Garonne.	BOURGES. — Cher, Indre.
	fr. c.	fr. c.	fr. c.	fr. c.	fr. c.	fr. c.	fr. c.
1756	10 36	8 34	8 86	7 96	9 18	8 86	9 02
1757	15 40	9 82	16 17	8 66	10 26	10 01	8 53
1758	11 77	9 46	9 53	10 75	10 40	12 83	9 66
1759	11 23	10 01	8 89	13 28	12 67	13 48	10 20
1760	10 81	11 52	9 75	11 71	12 06	13 19	9 04
1761	9 98	10 20	8 57	10 52	12 13	10 78	6 90
1762	11 94	10 43	10 36	9 82	12 45	10 40	7 80
1763	9 08	9 14	8 57	10 59	12 90	11 77	6 45
1764	7 92	8 60	8 47	11 87	12 13	12 61	7 51
1765	10 23	9 30	10 30	10 59	12 03	13 57	8 57
1766	11 45	10 40	10 49	14 31	14 18	15 43	12 42
1767	14 05	11 74	14 66	13 83	13 12	14 12	12 45
1768	17 84	12 77	18 74	13 25	14 47	14 34	12 32
1769	18 99	13 48	14 57	14 60	16 36	18 61	12 99
1770	22 07	19 15	15 11	16 84	18 76	19 57	21 85
1771	18 38	19 60	16 81	17 65	17 97	18 16	17 93
1772	16 75	14 18	21 66	15 18	16 78	18 80	17 29
1773	17 29	15 50	15 78	17 74	18 93	18 35	12 51
1774	14 63	11 80	13 44	15 05	16 23	16 36	11 00
1775	17 87	12 74	15 56	13 12	14 02	15 69	15 08
1776	15 05	9 95	11 84	12 51	13 96	14 31	11 23
1777	15 88	11 10	12 51	14 53	17 26	17 13	10 78
1778	13 73	13 19	11 49	18 45	18 06	17 74	10 68
1779	14 28	13 22	10 20	11 84	11 94	12 61	10 84
1780	13 99	11 97	9 72	11 61	11 36	12 38	10 52
1781	14 25	12 29	11 23	14 05	14 79	14 89	11 49
1782	13 99	12 93	10 56	19 83	″	20 76	15 88
1783	13 70	13 25	11 07	16 49	″	17 97	15 01
1784	17 45	13 96	14 98	13 25	″	14 79	13 28
1785	15 75	13 19	11 94	13 80	15 18	16 07	12 35
1786	14 79	10 97	10 65	15 11	15 27	18 48	12 29
1787	14 50	13 09	11 13	14 57	15 85	17 55	13 48
1788	15 34	16 33	13 48	16 75	17 97	18 74	14 82
1789	20 79	20 34	21 66	21 72	24 29	23 48	22 07
1790	17 90	22 68	13 73	19 09	″	20 76	20 98

ANNÉES.	GÉNÉRALITÉS, AVEC LES DÉPARTEMENTS QUI Y CORRESPONDENT ACTUELLEMENT.						
	BOURGOGNE. — Côte-d'Or, moitié de l'Yonne, Saône-et-Loire, Ain.	BRETAGNE. — Ille-et-Vilaine, Finistère, Côtes-du-Nord, Morbihan, Loire-Inférieure.	CAEN. — Calvados, Manche.	CHAMPAGNE. — Marne, Haute-Marne, Ardennes, Aube.	FLANDRE. — Nord (partie occidentale), Pas-de-Calais.	FRANCHE-COMTÉ. — Haute-Saône, Doubs, Jura.	GRENOBLE. — Isère, Drôme, Hautes-Alpes.
	fr. c.	fr. c.	fr. c.	fr. c.	fr. c.	fr. c.	fr. c.
1756	11 04	10 94	10 72	8 18	8 44	9 24	13 03
1757	12 90	12 96	15 30	10 75	16 46	11 23	13 28
1758	14 31	11 00	11 90	9 40	9 30	12 74	15 40
1759	13 89	11 55	10 17	10 49	7 70	12 45	16 43
1760	13 76	12 51	9 98	11 33	8 89	12 22	15 30
1761	10 59	12 42	10 07	8 34	8 89	9 95	13 03
1762	10 07	11 55	11 90	8 50	10 36	9 63	11 49
1763	9 53	9 79	9 66	7 64	10 91	8 47	11 45
1764	10 78	10 43	7 15	7 32	8 82	9 21	12 99
1765	10 75	10 59	10 97	8 15	10 49	10 56	14 15
1766	15 95	14 41	12 35	9 02	11 58	13 60	17 58
1767	17 81	13 99	12 93	11 90	15 59	15 82	19 44
1768	16 07	16 33	16 11	13 76	20 05	14 89	16 91
1769	17 20	15 91	15 14	12 83	15 27	15 14	16 23
1770	22 49	20 08	20 73	16 78	14 47	22 46	18 93
1771	24 19	16 88	17 52	18 32	16 07	23 77	19 35
1772	17 04	18 13	17 39	12 67	16 62	15 85	21 18
1773	16 84	17 39	16 01	13 70	13 25	16 01	20 79
1774	14 95	14 98	12 51	12 93	13 03	15 21	20 53
1775	16 62	20 18	16 39	15 21	14 79	15 78	19 76
1776	12 22	14 82	12 83	10 40	11 42	11 90	15 40
1777	11 33	13 41	13 89	10 33	13 54	11 68	14 44
1778	14 53	14 79	13 31	11 55	12 35	14 57	18 19
1779	16 65	13 19	15 43	12 74	10 40	17 13	20 76
1780	14 66	13 44	15 37	11 23	10 10	13 99	19 12
1781	13 60	14 37	14 08	11 04	11 42	13 64	17 39
1782	15 85	18 29	15 30	11 45	11 16	16 30	18 70
1783	17 61	16 39	14 15	11 00	11 97	17 87	20 34
1784	15 85	16 49	16 30	14 12	16 20	15 21	18 67
1785	14 66	17 61	16 72	14 25	14 18	15 24	17 52
1786	12 54	18 70	15 95	9 43	12 48	13 19	17 33
1787	14 18	14 05	13 22	11 04	12 87	15 72	17 52
1788	17 39	14 37	14 69	13 89	14 31	17 58	18 54
1789	21 62	19 96	20 63	21 34	21 11	22 88	22 62
1790	20 63	19 63	17 65	16 36	13 76	21 43	23 42

TABLEAU DU PRIX DU FROMENT (RAPPORTÉ A L'HECTOLITRE), DE 1756 A 1790.

ANNÉES.	GÉNÉRALITÉS, AVEC LES DÉPARTEMENTS QUI Y CORRESPONDENT ACTUELLEMENT.						
	HAYNAULT. — Nord (partie orientale).	LANGUEDOC. — Haute-Garonne, Tarn, Aude, Hérault, Gard, Lozère, Ardèche, Haute-Loire.	LA ROCHELLE. — Charente-Inférieure.	LIMOGES. — Haute-Vienne, Corrèze, Charente.	LORRAINE. — Meurthe, Vosges, Moselle, Meuse.	LYON. — Loire, Rhône.	METZ. — Parties des départements de Moselle, Meuse, Meurthe.
	fr. c.	fr. c.	fr. c.	fr. c.	fr. c.	fr. c.	fr. c.
1756	9 63	11 33	8 09	8 25	6 42	11 45	6 90
1757	16 01	11 94	9 72	9 11	8 15	11 58	9 37
1758	10 17	14 05	11 39	11 52	8 28	12 74	9 02
1759	9 14	16 81	12 32	11 68	9 11	14 18	10 10
1760	10 84	16 20	11 68	11 74	10 78	13 31	11 20
1761	9 04	12 90	10 26	8 63	9 69	10 84	10 17
1762	9 72	10 68	9 21	8 21	9 43	10 33	9 69
1763	8 32	12 29	10 26	9 02	8 25	8 57	8 66
1764	9 18	15 37	11 90	10 72	6 96	10 52	7 89
1765	10 49	15 43	13 48	11 87	7 25	12 71	7 76
1766	10 52	17 39	14 25	15 40	7 92	16 01	8 28
1767	13 44	18 19	14 15	13 35	10 40	17 04	9 82
1768	18 51	17 77	14 47	11 74	12 29	14 31	13 06
1769	14 79	16 52	17 49	14 18	11 94	15 11	12 26
1770	15 53	17 42	19 80	23 29	15 98	20 57	15 46
1771	15 95	17 74	15 75	17 16	17 20	23 45	16 58
1772	14 69	18 26	17 90	17 42	10 36	19 38	10 46
1773	16 04	20 85	17 65	15 46	12 16	18 51	12 10
1774	14 60	18 00	14 12	14 98	11 29	16 84	11 29
1775	15 82	13 92	15 62	15 69	12 71	16 88	12 13
1776	12 06	13 86	11 39	12 71	9 75	13 06	10 40
1777	12 00	16 14	14 47	13 28	9 34	12 96	9 53
1778	12 93	20 44	15 01	17 16	10 65	16 88	10 75
1779	11 36	16 36	11 80	13 38	12 58	18 45	11 26
1780	11 10	14 98	11 07	12 06	11 29	15 24	11 00
1781	12 16	17 10	13 86	13 60	10 56	13 99	10 68
1782	10 56	19 92	17 45	18 03	11 29	16 39	10 43
1783	11 20	19 67	15 34	16 27	11 97	19 03	11 10
1784	15 08	16 84	14 02	13 25	14 41	16 20	13 60
1785	12 96	16 94	17 74	13 70	13 70	14 66	13 57
1786	12 06	17 04	19 60	15 95	9 46	14 05	9 08
1787	13 15	17 55	15 14	14 82	11 64	15 72	10 72
1788	14 18	18 51	15 78	16 36	15 24	17 55	14 31
1789	23 00	22 68	22 71	23 97	19 96	23 32	20 44
1790	17 65	20 76	22 20	21 94	20 34	21 59	18 03

ANNÉES.	GÉNÉRALITÉS, AVEC LES DÉPARTEMENTS QUI Y CORRESPONDENT ACTUELLEMENT.						
	MONTAUBAN. — Tarn-et-Garonne, Lot, Aveyron.	MOULINS. — Allier, Nièvre, Creuze.	ORLÉANS. — Loiret, Loir-et-Cher, Eure-et-Loir.	PARIS (Généralité). — Seine, Seine-et-Marne, Seine-et-Oise, moitié de l'Yonne.	POITIERS. — Vienne, Deux-Sèvres, Vendée.	PROVENCE. — Bouches-du-Rhône, Var, Basses-Alpes.	RIOM (Auvergne). — Puy-de-Dôme, Cantal.
	fr. c.	fr. c.	fr. c.	fr. c.	fr. c.	fr. c.	fr. c.
1756	9 24	8 32	11 55	9 66	7 22	15 66	9 34
1757	9 79	10 26	11 13	13 83	7 92	16 17	10 72
1758	11 64	10 81	10 52	11 55	9 18	17 68	11 29
1759	14 66	10 07	9 56	11 80	9 79	19 80	12 00
1760	12 96	10 94	10 23	11 64	8 82	18 45	10 72
1761	10 81	9 24	7 99	9 27	7 80	15 91	8 92
1762	9 53	8 57	8 76	9 11	7 64	13 86	8 41
1763	11 23	6 99	7 96	8 34	8 66	14 02	8 69
1764	12 80	8 15	7 92	8 60	9 14	17 74	9 11
1765	12 83	9 79	9 91	10 40	11 10	19 47	10 43
1766	16 52	13 06	12 10	10 94	12 83	21 11	14 18
1767	15 95	13 44	12 35	13 54	11 29	22 36	16 62
1768	14 12	12 35	15 91	17 90	12 13	22 11	13 25
1769	15 40	13 12	15 75	16 78	15 18	18 67	14 12
1770	20 18	21 05	17 87	17 93	20 47	17 55	22 33
1771	20 18	21 27	19 03	18 42	14 21	17 33	22 84
1772	18 06	18 16	17 00	14 63	16 23	20 79	20 02
1773	17 23	13 51	16 72	15 78	14 92	23 45	15 95
1774	15 62	12 19	13 12	14 76	12 58	21 91	14 47
1775	15 69	15 18	16 91	17 74	13 92	21 82	16 43
1776	13 48	11 04	13 95	13 83	12 74	17 52	12 03
1777	15 78	11 26	12 26	13 31	12 13	17 49	13 70
1778	19 67	12 58	11 58	12 80	12 19	21 34	17 13
1779	13 25	14 02	11 29	12 74	9 59	22 39	15 46
1780	12 13	12 16	11 49	12 48	9 02	21 21	12 83
1781	13 99	11 77	12 06	12 58	12 22	20 76	12 35
1782	19 28	15 27	13 19	12 19	15 78	22 04	15 50
1783	17 58	15 95	13 28	12 83	13 96	21 94	16 30
1784	14 79	13 48	15 21	15 82	13 12	20 40	13 76
1785	14 98	11 97	15 14	14 85	15 37	20 98	11 97
1786	16 46	11 26	12 99	11 58	17 52	21 46	11 29
1787	16 49	12 22	12 29	13 41	13 38	21 69	12 58
1788	18 70	15 46	14 34	14 98	15 82	21 30	15 37
1789	23 74	21 24	22 04	22 30	19 89	24 38	21 43
1790	20 92	20 34	16 27	16 81	20 47	25 31	20 60

ANNÉES.	GÉNÉRALITÉS, AVEC LES DÉPARTEMENTS QUI Y CORRESPONDENT ACTUELLEMENT.					
	ROUEN. — Seine-Inférieure, Eure.	ROUSSILLON. — Pyrénées-Orientales, Ariège.	SOISSONS. — Aisne.	TOURS. — Mayenne, Sarthe, Maine-et-Loire, Indre-et-Loire.	VILLE DE PARIS. — Seine.	PRIX MOYEN par année dans tout le royaume.
	fr. c.	fr. c.	fr. c.	fr. c.	fr. c.	fr. c.
1756	10 10	10 68	9 14	9 04	9 82	9 58
1757	18 64	11 39	13 76	10 04	11 77	11 91
1758	11 87	11 68	10 52	9 66	10 52	11 29
1759	12 13	13 28	9 63	9 56	10 91	11 79
1760	12 51	14 21	10 72	8 76	11 45	11 79
1761	10 14	11 39	7 96	8 37	8 82	10 00
1762	11 20	10 10	8 73	9 27	8 86	9 94
1763	9 18	12 64	8 05	9 14	8 37	9 53
1764	9 02	15 69	8 34	8 37	7 89	10 03
1765	10 75	14 66	9 69	10 43	10 26	11 18
1766	13 06	17 71	9 69	13 67	10 81	13 29
1767	15 40	16 43	12 42	11 33	13 31	14 31
1768	19 35	16 39	17 65	14 05	17 65	15 53
1769	17 52	15 18	14 63	17 10	15 46	15 41
1770	19 19	15 59	16 33	19 35	17 04	18 85
1771	18 29	15 50	15 46	14 79	16 49	18 19
1772	17 00	15 85	13 09	17 77	13 83	16 68
1773	18 29	19 41	14 69	15 11	15 78	16 48
1774	14 89	17 42	14 12	12 54	14 25	14 60
1775	17 74	15 95	16 04	15 11	17 68	15 93
1776	16 14	14 95	12 16	13 51	14 53	12 94
1777	16 17	15 53	11 61	12 71	14 08	13 38
1778	14 21	20 31	11 97	12 16	12 61	14 70
1779	13 44	16 84	10 91	10 59	12 35	13 61
1780	13 35	14 08	9 91	10 33	11 13	12 62
1781	14 31	17 39	11 52	12 26	12 83	13 47
1782	12 58	21 05	10 20	15 53	11 52	15 29
1783	12 67	19 51	10 33	14 79	11 58	15 07
1784	18 45	18 54	13 67	14 89	15 30	15 35
1785	14 08	19 22	12 54	15 95	12 58	14 89
1786	12 32	18 48	10 17	16 81	11 26	14 12
1787	13 70	18 38	11 45	12 71	12 26	14 18
1788	16 01	19 38	13 99	15 43	14 98	16 12
1789	21 72	22 88	20 63	19 89	〃	21 90
1790	17 65	21 18	15 18	18 76	〃	19 48

II.

TABLEAU

DU PRIX MOYEN ANNUEL DU FROMENT,

ÉVALUÉ A L'HECTOLITRE,

DANS TOUS LES DÉPARTEMENTS DU ROYAUME GROUPÉS EN RÉGIONS,

DE 1797 A 1835.

TABLEAU DU PRIX MOYEN DE L[illegible]RE DE FROMENT, DE 1797 A 1835.

RÉGIONS.	DÉPARTEMENTS.	1797.	1798.	1799.	1800.	1801.	1802.	1803.	1804.	1805.	1806.	1807.	1808.	1809.	1810.	1811.	1812.	1813.
		fr. c.	fr. c.	fr. c.	fr. c.	fr. c.	fr. c.	fr. c.	fr. c.	fr. c.	fr. c.	fr. c.	fr. c.	fr. c.	fr. c.	fr. c.	fr. c.	fr. c.
1re Nord-Ouest.	Finistère	19 46	16 75	17 05	23 18	31 73	19 13	20 10	25 81	23 68	14 22	14 00	13 02	11 70	10 40	18 25	20 38	20 [illegible]
	Côtes-du-Nord	21 75	13 80	19 83	18 90	26 85	18 38	24 18	26 61	16 39	10 75	12 20	10 80	11 12	17 59	17 25	30 56	18 [illegible]
	Morbihan	21 93	16 73	15 98	19 05	26 00	20 40	22 35	25 20	18 53	14 37	15 59	11 49	12 10	15 66	19 99	35 46	20 [illegible]
	Ille-et-Vilaine	22 53	15 15	14 55	16 13	21 98	18 98	23 53	23 04	11 57	11 27	13 19	19 50	11 90	17 46	19 67	35 32	19 [illegible]
	Manche	20 95	15 53	15 15	17 18	19 73	19 35	20 12	20 69	18 54	12 89	13 44	11 00	15 74	21 55	21 37	36 13	22 [illegible]
	Calvados	20 00	15 98	15 30	17 18	21 60	24 60	21 49	17 08	20 05	15 00	16 02	15 53	15 89	21 76	23 12	35 56	21 3[illegible]
	Orne	18 53	11 78	13 43	10 43	10 35	21 60	22 31	16 80	15 44	15 73	17 50	16 33	14 71	18 66	21 96	35 51	22 2[illegible]
	Mayenne	21 74	11 08	15 75	10 98	20 48	20 85	21 36	19 39	15 66	12 45	14 43	14 64	12 42	15 56	20 47	33 91	20 0[illegible]
	Sarthe	17 93	14 23	14 18	18 05	18 60	21 15	23 27	16 02	15 33	14 43	16 62	15 01	12 89	15 83	21 01	32 21	19 1[illegible]
	Prix moyen.	20 16	15 16	14 98	18 05	22 93	20 60	22 18	21 43	17 70	15 53	14 88	14 14	13 30	17 83	20 31	33 79	20 [illegible]
2e Ouest.	Loire-Inférieure	20 97	15 30	16 73	19 26	20 78	20 85	21 30	18 44	16 03	19 70	15 67	14 52	10 91	13 85	20 44	35 35	18 2[illegible]
	Maine-et-Loire	19 62	14 03	15 00	17 63	17 70	19 98	20 85	15 34	14 01	13 78	15 52	13 85	10 89	12 67	20 46	32 30	17 20
	Indre-et-Loire	16 19	13 28	13 73	17 63	17 55	21 02	19 40	13 85	13 82	13 61	15 06	13 70	10 27	18 53	19 54	32 38	18 3[illegible]
	Vendée	19 02	15 98	16 58	22 73	19 50	18 90	17 05	14 01	15 05	15 03	15 97	13 01	9 96	11 36	18 75	32 75	19 1[illegible]
	Charente-Inférieure	18 09	17 03	20 40	28 73	21 00	19 08	17 03	15 66	17 00	10 87	21 12	15 23	11 61	11 50	23 45	35 63	21 09
	Deux-Sèvres	18 21	11 33	17 18	23 05	16 15	19 13	17 22	15 31	14 69	15 58	17 08	14 39	10 60	11 01	19 12	32 36	19 61
	Charente	18 44	16 80	24 68	27 38	21 83	17 53	17 86	15 46	15 15	18 27	20 59	16 72	12 72	15 01	22 24	31 19	21 05
	Vienne	16 19	11 18	16 65	21 98	16 08	19 50	17 06	13 68	13 60	14 27	10 15	14 10	10 66	12 32	19 43	33 19	18 61
	Haute-Vienne	17 21	16 20	18 00	22 95	19 20	18 83	18 08	15 41	14 16	14 40	17 80	16 10	14 71	10 69	23 60	35 90	23 74
	Prix moyen.	18 30	15 10	18 14	22 30	19 01	19 16	18 70	15 03	14 57	15 36	17 31	14 80	11 35	13 33	20 71	33 09	19 50
3e Sud-Ouest.	Gironde	20 75	21 60	25 28	28 58	28 05	22 35	21 71	18 35	20 27	24 40	23 90	18 11	14 30	18 69	20 95	37 35	23 [illegible]
	Dordogne	20 01	20 63	21 93	30 00	25 20	18 33	19 35	16 90	18 37	25 73	22 40	17 50	15 94	20 40	20 75	39 75	22 31
	Lot-et-Garonne	19 55	20 93	21 23	26 78	27 90	21 83	21 33	17 07	19 76	24 05	23 15	16 85	13 86	18 67	20 69	34 30	20 19
	Landes	20 51	20 78	21 06	20 78	27 38	26 35	22 39	19 85	20 42	22 10	18 87	18 51	15 77	23 36	30 11	32 26	25 [illegible]
	Gers	18 60	21 23	19 65	23 05	26 33	22 73	30 87	16 30	19 08	22 06	20 31	15 79	14 33	18 83	30 77	39 58	20 45
	Basses-Pyrénées	21 77	21 83	20 78	26 33	25 80	26 48	29 88	20 08	23 00	24 87	20 30	15 19	21 33	25 41	31 00	33 86	26 60
	Hautes-Pyrénées	19 05	24 45	20 00	21 83	28 50	25 58	21 21	19 05	27 12	25 73	21 45	17 91	18 66	22 49	30 05	33 11	24 26
	Haute-Garonne	20 76	21 00	19 58	22 88	27 30	24 68	23 53	18 78	20 40	23 23	20 76	16 54	14 09	20 50	30 15	33 00	20 0[illegible]
	Ariège	22 08	22 50	18 15	25 50	27 75	25 25	24 19	18 50	19 87	23 09	21 37	17 43	11 35	20 47	30 78	33 62	27 6[illegible]
	Prix moyen.	20 41	21 76	21 18	21 21	27 13	23 84	21 01	18 94	20 43	23 65	21 30	17 53	16 23	21 01	28 90	33 70	22 6[illegible]

ANNÉES

RÉGIONS.	DÉPARTEMENTS.	1814.	1816.	1817.	1818.	1819.	1820.	1821.	1822.	1823.	1824.	1825.	1826.	1827.	1828.	1829.	1830.	1831.	1832.	1833.	1834.	1835.
		fr. c.	fr. c.	fr. c.	fr. c.	fr. c.	fr. c.	fr. c.	fr. c.	fr. c.	fr. c.	fr. c.	fr. c.	fr. c.	fr. c.	fr. c.	fr. c.	fr. c.	fr. c.	fr. c.	fr. c.	fr. c.
1re Nord-Ouest.	Finistère	26 83	23 94	30 57	23 71	19 40	17 42	17 63	14 51	15 54	15 38	14 38	15 91	16 77	19 05	22 46	18 48	19 53	19 95	15 00	14 59	15 41
	Côtes-du-Nord	25 85	23 20	27 78	22 65	19 45	18 41	17 49	15 99	15 73	14 68	15 48	15 46	15 13	18 28	21 41	18 06	20 01	19 48	13 70	14 01	14 48
	Morbihan	22 14	23 51	27 70	26 74	23 03	18 02	17 30	14 09	15 83	15 26	15 59	15 97	15 21	18 88	22 99	19 26	21 00	21 62	15 00	16 25	16 20
	Ille-et-Vilaine	22 60	22 67	28 61	23 08	19 73	18 83	17 22	14 10	16 09	14 24	15 36	13 18	13 72	16 65	21 02	19 57	20 36	20 15	13 42	12 83	13 04
	Manche	24 81	21 19	29 74	19 95	17 09	21 27	19 41	16 27	15 81	15 82	18 33	17 84	16 02	19 71	24 12	20 05	20 47	21 48	11 61	14 11	14 09
	Calvados	26 12	26 85	34 26	23 11	19 74	24 16	21 63	16 00	18 22	17 19	18 86	19 07	18 02	21 98	26 75	23 08	22 00	21 78	15 50	14 95	14 58
	Orne	26 13	25 64	32 57	23 15	18 63	21 55	20 23	15 90	16 96	15 49	16 86	18 48	17 56	21 04	26 46	22 13	20 90	21 00	15 54	15 02	14 63
	Mayenne	25 97	22 20	29 71	21 28	19 19	17 77	16 47	13 65	15 46	13 99	14 27	15 49	13 21	16 84	22 26	20 63	18 61	19 45	12 40	12 80	12 77
	Sarthe	26 10	21 86	30 15	23 71	17 38	16 77	16 21	13 00	15 61	11 44	11 84	16 07	15 86	19 76	25 17	20 08	19 75	19 35	14 11	13 90	14 21
	Prix moyen.	20 23	23 91	30 12	23 26	19 40	19 54	18 40	14 70	15 91	15 16	10 11	16 06	15 63	19 22	23 80	20 38	20 30	20 47	14 58	14 29	14 39
2e Ouest.	Loire-Inférieure	27 98	24 63	30 53	27 24	20 82	18 82	18 02	16 35	18 25	16 52	15 40	15 23	15 50	19 87	23 70	21 26	21 79	22 30	15 22	15 13	15 19
	Maine-et-Loire	27 20	21 64	29 00	26 87	18 44	17 21	16 77	16 67	16 60	14 98	14 09	14 70	14 55	15 11	22 89	19 88	19 53	15 39	13 81	13 64	13 86
	Indre-et-Loire	25 56	21 11	29 10	22 66	18 38	17 10	16 09	18 60	16 19	14 21	12 85	14 33	16 06	18 83	23 05	20 17	19 90	19 02	13 81	13 04	13 00
	Vendée	26 37	21 59	27 57	23 90	16 94	15 68	14 76	13 07	15 31	14 04	13 87	12 79	14 26	17 73	20 06	18 38	18 81	19 58	14 40	13 44	12 82
	Charente-Inférieure	28 65	25 22	30 50	26 27	18 49	17 31	16 49	13 83	16 82	15 90	14 02	13 77	14 94	18 48	20 50	20 05	20 21	20 05	15 35	14 02	13 77
	Deux-Sèvres	25 23	26 27	26 65	23 87	17 18	10 01	15 41	19 28	14 75	14 30	12 91	12 68	13 94	17 20	20 82	19 01	19 10	19 08	13 47	12 40	12 74
	Charente	26 65	25 08	30 56	24 73	19 07	17 97	16 40	13 95	17 07	16 98	11 37	12 83	14 46	18 48	20 82	21 85	20 61	20 77	11 88	13 33	13 80
	Vienne	26 07	21 13	27 99	22 78	17 15	17 11	15 56	12 35	15 00	14 43	12 60	12 71	14 05	17 38	20 03	18 21	18 64	18 69	13 25	12 23	12 78
	Haute-Vienne	27 77	25 53	31 90	21 96	16 53	18 64	16 19	13 34	16 36	16 93	14 72	14 01	15 01	18 59	20 47	22 45	20 50	19 40	15 96	15 30	14 25
	Prix moyen.	20 65	22 72	29 30	24 38	18 09	17 34	16 19	13 60	16 10	15 45	13 70	13 67	14 64	18 20	21 44	20 20	19 93	19 80	14 49	13 71	13 67
3e Sud-Ouest.	Gironde	21 61	28 25	34 97	30 08	21 53	20 11	18 34	16 90	19 15	17 06	15 21	15 34	17 97	21 10	23 08	21 53	23 09	21 08	16 38	16 15	15 99
	Dordogne	21 60	29 31	34 25	26 29	21 02	10 12	17 11	15 26	18 10	18 06	15 70	15 30	18 56	21 00	20 56	22 06	23 41	21 33	16 60	16 30	16 21
	Lot-et-Garonne	22 12	26 55	33 52	29 47	20 34	18 15	16 76	15 93	18 07	10 33	14 06	14 56	17 90	20 48	20 72	20 19	22 10	21 54	15 87	15 72	16 13
	Landes	25 36	25 99	38 73	25 01	17 54	17 25	15 08	14 73	20 77	17 19	14 00	15 28	16 22	18 66	18 79	17 42	19 93	20 88	14 94	15 08	16 82
	Gers	21 80	27 81	30 08	25 01	17 20	16 16	14 96	15 06	16 98	13 96	12 10	11 86	15 35	19 73	17 94	18 01	19 81	20 19	14 17	12 72	14 80
	Basses-Pyrénées	25 96	30 74	32 91	25 41	18 54	18 51	16 91	15 79	21 10	18 20	15 30	15 82	16 09	19 47	19 72	18 50	20 95	21 83	15 56	15 73	17 48
	Hautes-Pyrénées	27 13	30 44	31 21	25 31	20 62	19 33	18 60	16 30	20 94	15 52	14 83	14 58	16 77	20 37	18 83	18 40	21 67	21 30	15 56	15 41	17 36
	Haute-Garonne	21 02	25 21	30 43	24 51	17 67	16 92	15 84	16 02	19 12	15 56	13 81	13 27	16 66	21 33	19 17	19 85	20 08	20 40	15 75	15 20	16 27
	Ariège	22 63	20 40	31 36	25 96	17 70	17 30	10 33	17 08	18 32	15 51	14 67	13 04	17 49	22 41	19 60	20 01	20 31	21 27	16 62	15 57	16 37
	Prix moyen.	22 61	28 08	32 20	26 32	19 13	18 00	16 37	15 90	19 01	16 72	15 53	14 43	17 10	20 51	19 68	19 63	21 19	21 18	15 72	15 44	16 39

RÉGIONS.	DÉPARTEMENTS.	1797.	1798.	1799.	1800.	1801.	1802.	1803.	1804.	1805.	1806.
		fr. c.	fr. c.	fr. c.	fr. c.	fr. c.	fr. c.	fr. c.	fr. c.	fr. c.	fr. c.
2e Nord.	Nord	14 04	12 05	14 33	16 53	21 30	25 20	17 94	14 36	22 93	16 88
	Pas-de-Calais	14 10	11 25	13 80	18 38	20 03	24 60	16 96	14 36	21 89	15 56
	Somme	14 07	11 78	11 03	14 78	19 95	26 65	17 14	12 17	19 30	16 00
	Seine-Inférieure	16 43	13 95	13 80	17 03	21 08	28 20	19 38	13 37	20 11	15 55
	Oise	15 03	13 05	11 85	13 73	18 45	26 25	19 31	13 18	17 19	17 20
	Aisne	14 16	12 00	10 05	12 75	18 76	27 00	19 10	11 97	18 23	16 81
	Eure	17 00	14 78	14 18	15 68	20 23	25 05	20 56	14 09	19 10	16 62
	Eure-et-Loir	15 80	13 58	12 15	14 33	18 00	26 03	21 30	14 61	15 04	17 48
	Seine-et-Oise	16 31	13 73	12 45	14 03	18 15	27 23	21 77	14 80	16 90	18 38
	Seine	15 03	12 75	11 40	13 73	18 25	28 05	21 91	14 27	15 39	17 88
	Seine-et-Marne	15 90	13 20	11 10	13 90	17 18	20 85	22 13	13 05	15 57	17 31
	Prix moyen.	15 36	12 92	12 35	15 11	19 27	26 78	19 70	13 74	18 33	16 00
5e Centre.	Loir-et-Cher	10 48	13 35	13 50	16 88	17 48	23 33	21 61	14 46	14 50	15 15
	Loiret	17 40	13 50	11 03	14 55	17 18	26 10	22 82	14 07	15 84	17 59
	Yonne	19 04	12 30	11 25	13 50	15 38	27 75	24 54	14 59	14 35	10 18
	Indre	14 57	13 35	12 30	17 10	15 08	20 40	21 03	14 37	14 46	14 79
	Cher	16 05	14 25	12 53	15 15	13 80	20 70	21 73	16 14	15 60	15 52
	Nièvre	17 63	13 25	10 38	13 35	14 55	22 28	25 30	17 26	18 12	16 30
	Creuse	17 66	16 65	16 43	18 68	15 60	18 45	23 04	18 10	19 11	16 77
	Allier	14 84	13 65	12 08	14 10	15 45	19 06	21 70	16 83	10 33	15 46
	Puy-de-Dôme	15 51	15 00	13 20	15 23	16 88	20 18	27 05	10 00	19 22	16 46
	Prix moyen.	16 60	13 83	12 04	15 30	15 71	22 03	24 00	16 27	16 31	15 90
6e Sud.	Corrèze	22 44	21 08	21 08	26 60	23 85	21 63	21 08	23 17	22 70	21 93
	Cantal	21 92	21 75	17 03	20 55	25 50	24 75	28 91	26 58	23 33	22 03
	Lot	20 01	22 35	21 08	26 85	28 28	21 09	23 30	21 22	19 44	21 57
	Aveyron	20 03	23 25	18 23	22 30	25 80	25 33	27 13	26 17	20 39	20 25
	Lozère	24 50	22 73	17 33	22 73	24 96	27 63	36 68	31 94	20 50	22 44
	Tarn-et-Garonne	»	»	»	»	»	»	»	»	»	»
	Tarn	21 83	23 40	18 93	25 50	25 10	24 93	24 43	19 37	19 28	22 21
	Hérault	20 10	24 38	20 78	26 05	29 63	20 33	31 30	20 36	25 80	26 01
	Aude	24 44	23 33	20 65	26 10	28 88	28 36	28 07	22 12	23 43	25 78
	Pyrénées-Orient.	21 60	21 98	23 05	21 45	31 05	30 30	27 43	24 84	25 10	28 17
	Prix moyen.	22 08	22 70	19 75	24 17	27 12	25 03	28 00	24 81	22 00	23 62

RÉGIONS.	DÉPARTEMENTS.	1807.	1808.	1809.	1810.	1811.	1812.	1813.	1814.	1815.
		fr. c.	fr. c.	fr. c.	fr. c.	fr. c.	fr. c.	fr. c.	fr. c.	fr. c.
2e Nord.	Nord	16 01	16 65	14 75	18 80	22 61	33 00	21 32	[illegible]	15 19
	Pas-de-Calais	15 59	16 05	14 28	18 33	21 79	32 53	20 43	[illegible]	15 56
	Somme	16 80	14 59	11 93	16 14	20 11	32 09	21 30	[illegible]	14 86
	Seine-Inférieure	16 68	14 95	13 90	16 97	27 42	37 00	24 05	[illegible]	15 56
	Oise	17 01	14 77	12 02	16 27	19 88	32 47	21 07	[illegible]	16 01
	Aisne	16 21	13 95	11 40	15 08	18 48	30 21	21 19	[illegible]	15 21
	Eure	18 03	15 67	13 52	19 12	22 10	35 76	26 30	[illegible]	17 15
	Eure-et-Loir	18 68	15 71	12 00	16 11	20 86	32 35	22 27	[illegible]	15 07
	Seine-et-Oise	19 30	16 04	12 80	16 93	21 28	33 82	24 26	[illegible]	17 41
	Seine	18 97	15 53	12 60	17 15	21 10	33 60	24 00	[illegible]	17 92
	Seine-et-Marne	18 25	15 02	11 82	16 00	20 26	31 68	22 50	[illegible]	16 19
	Prix moyen.	17 56	15 35	12 95	17 18	20 90	33 21	22 67	[illegible]	16 36
5e Centre.	Loir-et-Cher	17 26	14 46	11 65	14 20	20 08	31 58	10 51	[illegible]	15 31
	Loiret	17 70	15 13	12 54	14 91	20 55	32 06	21 08	[illegible]	15 91
	Yonne	16 22	13 69	12 78	16 72	21 74	33 00	21 27	[illegible]	16 48
	Indre	16 40	14 30	11 97	14 57	21 45	35 54	21 92	[illegible]	16 16
	Cher	16 03	14 03	12 83	15 07	23 17	35 79	22 61	[illegible]	16 25
	Nièvre	16 91	13 57	13 30	10 40	23 42	32 27	21 29	[illegible]	16 78
	Creuse	17 22	10 35	16 25	17 80	23 53	38 20	25 01	[illegible]	19 18
	Allier	14 18	13 16	11 43	19 00	24 17	32 42	20 18	[illegible]	15 08
	Puy-de-Dôme	14 80	14 28	15 68	21 40	24 52	31 58	10 62	[illegible]	17 90
	Prix moyen.	16 30	14 35	13 40	16 81	22 68	33 67	21 48	[illegible]	16 39
6e Sud.	Corrèze	20 91	18 71	10 23	22 77	27 02	36 00	25 46	[illegible]	29 91
	Cantal	17 61	16 72	18 09	26 38	29 64	37 16	20 30	[illegible]	22 53
	Lot	23 27	17 30	17 36	23 81	29 78	33 97	21 79	[illegible]	23 06
	Aveyron	20 63	18 73	18 17	22 02	20 46	34 35	22 90	[illegible]	29 60
	Lozère	21 05	20 06	20 21	20 31	30 43	30 13	24 77	[illegible]	23 85
	Tarn-et-Garonne	»	»	19 85	19 53	27 80	33 57	19 25	[illegible]	21 02
	Tarn	21 44	17 15	14 65	19 59	29 46	33 33	20 77	[illegible]	21 45
	Hérault	26 32	22 04	18 51	20 40	36 27	30 76	26 37	[illegible]	26 51
	Aude	23 51	18 09	14 81	23 40	33 50	30 30	23 15	[illegible]	22 79
	Pyrénées-Orient.	20 48	21 35	18 00	27 83	35 75	30 01	28 58	[illegible]	26 31
	Prix moyen.	22 27	18 97	17 37	23 90	30 91	30 01	23 86	[illegible]	23 34

RÉGIONS.	DÉPARTEMENTS.	1816.	1817.	1818.	1819.	1820.	1821.	1822.	1823.	1824.	1825.
		fr. c.	fr. c.	fr. c.	fr. c.	fr. c.	fr. c.	fr. c.	fr. c.	fr. c.	fr. c.
2e Nord.	Nord	20 08	40 70	21 21	16 74	17 20	18 10	11 98	17 20	14 68	16 72
	Pas-de-Calais	26 50	35 02	22 53	16 05	16 25	17 53	15 02	16 37	14 28	16 40
	Somme	27 14	30 87	20 91	16 21	18 50	17 80	14 10	16 66	13 48	15 31
	Seine-Inférieure	19 23	30 07	22 69	18 69	22 04	21 00	15 87	17 36	16 15	16 81
	Oise	21 09	30 75	22 38	16 33	19 30	18 03	14 10	17 15	13 90	15 71
	Aisne	27 20	36 91	20 38	13 76	17 60	16 73	13 66	16 36	13 73	14 30
	Eure	28 59	37 12	24 46	18 82	23 40	21 39	15 47	18 03	16 16	17 26
	Eure-et-Loir	25 86	35 08	23 17	17 20	20 49	18 62	13 29	16 41	15 01	15 53
	Seine-et-Oise	29 63	37 71	25 22	18 06	21 98	19 63	15 12	17 51	15 60	16 12
	Seine	28 83	38 09	24 30	17 01	21 01	18 88	15 23	17 25	15 60	16 99
	Seine-et-Marne	26 67	35 26	22 06	15 46	19 58	17 17	13 08	16 05	14 50	15 13
	Prix moyen.	25 75	37 11	22 84	16 83	19 82	18 01	14 06	16 00	14 73	16 04
5e Centre.	Loir-et-Cher	23 19	30 66	23 45	16 07	17 91	16 01	13 58	14 99	13 70	13 94
	Loiret	24 40	33 51	23 15	17 81	19 17	17 20	13 57	15 85	11 63	11 37
	Yonne	26 38	34 55	10 31	13 84	16 51	14 76	18 61	14 96	14 59	14 97
	Indre	21 09	20 66	21 88	16 01	16 78	10 11	12 05	14 19	13 87	12 05
	Cher	22 53	30 75	23 73	16 37	16 19	15 58	11 80	13 37	13 68	12 71
	Nièvre	23 32	33 20	21 56	15 42	15 03	16 10	11 54	13 42	14 29	13 72
	Creuse	20 16	38 00	23 20	19 21	19 51	18 14	14 67	17 49	16 97	15 47
	Allier	25 24	36 20	21 58	19 00	17 60	15 95	13 48	15 10	14 45	13 90
	Puy-de-Dôme	20 19	31 78	21 03	16 07	18 95	16 33	11 04	15 65	14 06	14 42
	Prix moyen.	24 84	32 81	21 92	16 41	17 44	16 21	12 96	15 00	14 55	13 86
6e Sud.	Corrèze	30 04	36 94	25 68	21 32	22 06	18 42	16 29	19 41	20 67	18 95
	Cantal	32 75	38 87	27 20	21 15	21 58	19 44	17 85	20 41	20 58	18 82
	Lot	31 92	35 72	27 41	20 87	20 60	18 05	16 56	19 37	18 58	16 30
	Aveyron	31 65	34 58	25 15	19 20	20 60	18 67	16 76	18 21	17 00	15 31
	Lozère	33 05	37 90	27 20	21 14	23 28	20 60	17 54	11 51	17 69	17 01
	Tarn-et-Garonne	28 70	32 37	27 14	18 85	17 13	16 03	16 38	17 74	15 05	13 87
	Tarn	29 13	32 01	20 41	18 21	18 31	17 11	17 66	18 32	15 41	14 66
	Hérault	31 13	38 92	20 65	22 70	23 71	21 57	22 10	23 71	20 95	18 80
	Aude	31 41	31 74	27 19	19 52	19 59	18 41	19 04	19 86	17 38	15 90
	Pyrénées-Orient.	33 65	38 09	28 58	22 01	22 25	20 88	23 10	27 68	20 77	18 87
	Prix moyen.	31 81	30 02	27 19	20 50	20 87	18 90	18 45	19 63	18 46	16 84

RÉGIONS.	DÉPARTEMENTS.	1826.	1827.	1828.	1829.	1830.	1831.	1832.	1833.	1834.	1835.
		fr. c.	fr. c.	fr. c.	fr. c.	fr. c.	fr. c.	fr. c.	fr. c.	fr. c.	fr. c.
2e Nord.	Nord	16 50	17 60	22 15	25 84	22 27	21 61	22 18	15 09	13 60	15 00
	Pas-de-Calais	15 07	16 81	21 30	25 14	20 71	23 27	21 08	14 86	13 30	14 14
	Somme	15 28	16 81	22 07	25 71	20 71	21 01	21 19	11 66	13 92	13 95
	Seine-Inférieure	17 27	18 91	23 02	25 50	20 56	23 17	20 92	14 17	11 88	14 45
	Oise	16 06	17 71	22 61	20 43	21 07	22 49	21 80	16 90	14 89	14 45
	Aisne	15 30	16 66	21 76	25 14	21 16	22 40	21 14	14 47	13 91	11 10
	Eure	18 85	19 43	21 11	27 31	29 21	22 07	22 22	15 84	10 06	15 40
	Eure-et-Loir	17 38	19 12	23 86	27 20	22 23	22 57	20 07	15 25	14 06	15 01
	Seine-et-Oise	17 90	19 78	21 07	27 13	23 31	23 46	22 78	16 69	15 31	15 00
	Seine	17 30	19 10	23 49	25 09	22 71	22 61	22 08	16 61	15 24	15 55
	Seine-et-Marne	16 64	18 44	22 77	25 58	21 08	21 03	21 97	15 40	14 45	11 60
	Prix moyen.	16 75	18 23	22 08	26 10	21 76	22 77	21 67	15 38	14 51	14 77
5e Centre.	Loir-et-Cher	15 23	17 11	19 80	24 35	20 68	20 19	18 78	14 36	14 27	14 33
	Loiret	16 30	18 21	21 54	21 81	21 16	21 47	20 26	15 21	14 68	14 97
	Yonne	15 80	18 09	21 94	24 18	21 00	20 03	19 58	15 98	13 47	13 91
	Indre	13 70	17 77	20 43	23 09	20 73	20 46	18 12	11 62	10 71	14 91
	Cher	13 20	17 37	19 88	21 18	19 78	19 43	16 80	13 71	12 07	12 01
	Nièvre	14 19	18 56	21 32	20 03	21 33	20 40	18 40	13 65	12 40	12 40
	Creuse	15 19	19 36	23 30	22 86	23 78	22 01	20 47	18 33	15 10	11 83
	Allier	13 81	18 61	22 75	20 16	23 31	21 87	20 45	15 62	13 53	13 91
	Puy-de-Dôme	14 12	18 76	23 25	20 22	24 48	22 37	21 64	16 36	14 20	13 53
	Prix moyen.	14 60	18 21	21 60	22 41	21 87	20 25	19 25	15 01	13 82	13 71
6e Sud.	Corrèze	17 55	18 31	23 09	22 85	26 04	24 30	23 82	19 15	18 09	18 03
	Cantal	16 06	17 48	23 05	22 91	24 80	23 95	24 15	18 82	16 16	15 94
	Lot	15 43	19 01	22 97	20 74	21 50	22 78	22 71	17 41	16 16	16 51
	Aveyron	14 33	17 11	21 52	19 76	20 31	21 15	23 40	17 33	11 99	15 50
	Lozère	16 53	17 83	21 71	21 88	24 22	24 81	25 33	21 48	18 68	16 67
	Tarn-et-Garonne	13 42	17 01	20 73	19 10	19 02	20 50	21 17	15 42	14 80	15 28
	Tarn	14 03	18 17	22 52	20 23	20 66	20 02	21 86	17 06	16 31	16 31
	Hérault	18 30	21 86	25 82	24 58	25 05	23 90	24 31	20 67	19 08	19 16
	Aude	15 43	19 15	23 60	21 06	22 26	21 60	22 87	19 10	17 61	17 60
	Pyrénées-Orient.	17 60	20 97	24 65	23 10	24 30	23 35	23 61	19 03	19 05	19 80
	Prix moyen.	15 88	18 70	23 25	21 68	22 78	22 75	23 33	18 61	17 16	17 60

TABLEAU DU PRIX MOYEN DE L'HECTOLITRE DE FROMENT, DE 1707 A 1835.

RÉGIONS.	DÉPARTEMENTS.	1797.	1798.	1799.	1800.	1801.	1802.	1803.	1804.	1805.	1806.	1807.	1808.	1809.	1810.	1811.	1812.	1813.
		fr. c.	fr. c.	fr. c.	fr. c.	fr. c.	fr. c.	fr. c.	fr. c.	fr. c.	fr. c.	fr. c.	fr. c.	fr. c.	fr. c.	fr. c.	fr. c.	fr. c.
3e Nord-Est.	Ardennes	16 13	12 00	10 05	12 53	10 73	27 45	20 60	11 60	17 02	17 07	15 02	13 06	18 70	15 71	19 81	30 78	20 15
	Marne	16 44	11 56	9 08	11 33	15 28	26 03	20 23	11 14	13 41	15 50	15 33	12 07	10 01	14 22	19 43	28 84	17 98
	Aube	17 83	12 00	10 15	12 88	15 98	20 55	21 51	13 07	13 21	16 11	16 22	13 46	11 83	15 88	21 47	31 02	19 33
	Haute-Marne	16 01	11 03	10 88	15 68	16 35	22 65	22 19	14 40	11 90	15 06	14 40	12 53	11 04	16 44	22 67	30 53	18 71
	Meuse	14 33	11 40	9 00	12 38	13 73	22 58	20 01	12 70	12 93	13 82	13 14	12 53	11 86	14 84	19 36	28 37	19 62
	Moselle	15 11	13 58	10 73	11 93	13 00	19 80	18 00	11 08	13 07	13 02	12 07	11 31	10 93	11 28	18 81	20 03	17 62
	Meurthe	15 69	13 58	11 25	13 13	14 18	21 15	18 50	13 02	12 46	14 74	13 46	12 05	10 06	15 58	21 40	28 30	18 00
	Vosges	16 62	14 10	11 40	14 35	15 75	21 00	20 23	13 70	13 57	16 23	15 43	13 22	12 00	16 98	22 65	28 75	19 58
	Haut-Rhin	16 05	16 35	17 40	19 80	20 63	22 13	28 78	17 00	18 57	20 23	19 57	17 31	14 32	17 01	25 20	30 26	24 19
	Bas-Rhin	17 90	17 85	16 08	14 03	15 98	20 70	16 90	15 13	16 50	18 20	16 33	15 11	12 44	14 56	22 65	27 90	19 16
	Prix moyen	16 20	13 43	11 56	13 80	15 76	22 00	20 07	13 01	14 26	16 07	15 10	13 12	11 93	15 03	21 32	29 21	19 17
6e Est.	Côte-d'Or	18 12	15 30	13 43	17 78	18 20	23 10	24 06	18 35	16 60	17 31	17 35	11 86	14 13	10 15	26 59	32 28	21 05
	Haute-Saône	15 35	14 25	13 80	18 30	19 66	21 83	21 01	17 34	14 90	17 00	17 32	14 25	13 33	17 83	25 48	31 09	20 62
	Doubs	17 82	16 20	15 08	23 10	22 65	21 00	26 02	21 75	19 89	10 74	19 48	16 50	15 01	20 31	27 06	33 58	25 11
	Jura	18 30	16 28	16 05	23 10	24 30	21 09	27 40	21 82	20 17	19 57	18 08	16 08	15 35	21 85	29 71	33 54	21 15
	Saône-et-Loire	20 88	18 95	15 55	20 40	21 83	24 23	29 21	21 12	20 66	20 53	19 06	16 56	16 01	22 05	28 95	31 01	23 63
	Loire	21 18	18 38	16 20	19 48	21 08	21 68	32 67	21 51	23 14	21 33	19 82	19 50	18 83	24 28	30 78	37 10	24 79
	Rhône	20 61	17 99	16 68	20 55	22 20	25 73	30 46	22 02	19 47	21 00	20 40	17 72	15 71	21 72	28 74	36 19	23 26
	Ain	20 48	18 00	16 13	22 50	26 10	25 80	30 21	22 21	19 55	21 50	20 67	17 01	17 35	23 83	30 20	33 72	21 14
	Isère	19 31	17 03	17 10	23 10	25 13	20 85	33 07	24 07	21 78	23 03	20 54	19 08	18 40	23 80	34 51	36 21	23 40
	Prix moyen	19 13	16 78	15 61	21 03	22 26	22 57	28 74	21 58	19 60	20 11	19 31	16 94	15 97	21 06	28 20	31 25	23 38
9e Sud-Est.	Haute-Loire	23 36	18 38	16 80	18 09	20 48	23 03	33 58	26 78	21 61	21 72	19 73	19 21	20 08	26 51	20 07	35 43	25 85
	Ardèche	25 82	22 35	18 98	24 00	28 88	28 80	37 06	30 67	25 27	26 25	25 31	23 41	22 20	27 57	35 04	39 64	27 89
	Drôme	21 57	19 35	17 40	25 13	28 58	30 80	36 37	27 91	22 74	24 63	23 82	22 03	20 65	20 38	31 39	37 82	24 51
	Gard	22 96	24 08	21 68	29 70	31 65	32 55	37 29	30 08	28 50	22 71	27 48	23 94	21 31	20 10	38 05	41 61	28 17
	Vaucluse	26 61	23 33	21 30	28 35	30 75	33 60	38 11	29 32	24 92	26 90	25 69	22 65	10 71	28 31	37 59	39 80	27 19
	Hautes-Alpes	25 54	20 55	19 50	39 03	25 65	34 20	43 63	30 67	23 93	30 37	25 84	22 62	21 85	28 84	30 60	41 41	26 81
	Basses-Alpes	28 30	23 18	22 05	35 03	35 78	37 95	12 41	33 84	27 07	32 22	27 27	23 59	20 03	31 45	42 00	42 14	27 64
	Bouches-du-Rhône	29 00	25 95	21 15	32 84	32 18	33 30	37 03	20 07	25 61	31 40	27 01	23 02	20 07	30 36	30 78	42 36	29 83
	Var	33 12	28 43	36 85	38 48	39 30	37 80	41 21	33 07	20 98	31 05	27 86	25 53	22 25	33 08	45 86	42 09	30 74
	Prix moyen	20 91	22 90	20 90	28 06	30 79	32 48	38 41	28 56	26 22	28 36	25 50	22 90	21 01	29 07	37 88	40 34	27 33
10e	Corse	»	»	»	31 77	41 18	»	»	»	30 09	30 80	27 99	25 70	20 77	21 85	46 10	40 16	38 35

DÉPARTEMENTS.	1815 (gutter)	1816.	1817.	1818.	1819.	1820.	1821.	1822.	1823.	1824.	1825.	1826.	1827.	1828.	1829.	1830.	1831.	1832.	1833.	1834.	1835.
	fr. c.	fr. c.	fr. c.	fr. c.	fr. c.	fr. c.	fr. c.	fr. c.	fr. c.	fr. c.	fr. c.	fr. c.	fr. c.	fr. c.	fr. c.	fr. c.	fr. c.	fr. c.	fr. c.	fr. c.	fr. c.
Ardennes	46 65	29 54	42 14	22 27	13 58	17 71	15 97	13 33	15 02	13 30	13 37	13 87	15 71	20 55	23 02	21 00	22 82	21 43	14 01	12 31	12 25
Marne	34 11	20 80	30 78	18 81	12 18	16 50	14 34	11 83	14 05	12 30	13 06	13 92	15 46	20 38	23 20	19 53	20 71	19 95	14 01	12 15	12 25
Aube	35 68	27 71	38 30	20 07	13 10	16 63	14 36	12 21	14 36	13 45	13 86	14 97	17 27	21 08	23 21	20 20	20 53	20 26	15 10	12 75	12 53
Haute-Marne	35 68	27 45	43 06	19 54	12 77	14 06	13 55	12 07	13 67	12 47	12 15	13 40	16 54	20 77	20 45	20 77	20 09	20 19	14 35	11 85	11 08
Meuse	35 01	28 06	40 71	19 83	12 16	15 83	13 31	10 83	14 18	11 57	11 01	12 49	14 90	18 78	19 88	21 17	21 70	20 32	13 18	10 19	10 85
Moselle	35 30	27 71	43 50	20 50	12 56	14 56	12 51	10 68	13 61	11 33	11 14	11 21	15 43	19 95	19 41	20 32	21 79	21 67	14 56	10 86	11 48
Meurthe	37 15	30 20	45 61	21 62	13 70	14 81	12 78	12 83	15 11	11 76	11 23	12 47	17 17	20 78	19 77	21 10	21 03	23 23	14 90	12 18	12 63
Vosges	35 50	31 67	50 44	22 47	11 88	15 85	11 10	14 05	16 51	12 11	12 51	13 57	18 57	21 65	20 75	22 56	22 18	21 81	15 60	12 48	13 18
Haut-Rhin	39 49	33 13	51 83	25 38	19 23	17 02	10 49	16 47	18 72	15 19	11 64	16 57	21 55	22 73	21 08	22 85	23 70	21 42	17 04	14 81	15 13
Bas-Rhin	41 80	30 88	49 76	24 02	10 02	15 09	11 73	10 10	10 02	12 80	13 09	14 84	19 45	21 52	20 67	21 06	21 05	25 19	16 71	15 23	15 69
Prix moyen	36 50	30 57	44 02	21 45	11 07	16 02	14 22	13 03	15 30	12 73	12 72	13 81	17 20	20 88	21 21	21 13	21 91	22 07	15 01	12 51	12 70
Côte-d'Or	37 15	27 05	40 03	21 08	15 71	17 26	15 86	13 63	16 00	16 58	16 19	15 77	20 00	22 66	20 41	25 73	21 28	21 41	17 12	14 17	14 08
Haute-Saône	37 35	20 00	42 11	22 87	15 90	16 88	15 53	14 02	16 52	14 67	14 62	15 95	10 00	21 20	20 03	24 59	21 39	23 18	16 43	12 02	13 87
Doubs	38 01	31 21	45 51	25 98	19 14	18 90	17 23	15 49	19 27	17 11	16 30	16 76	21 73	23 85	21 85	25 67	23 12	21 37	18 30	11 60	15 24
Jura	40 22	33 19	46 37	26 21	18 87	19 46	17 45	15 30	18 10	18 23	16 41	17 34	21 52	25 20	21 23	27 50	23 33	23 85	18 94	14 69	15 50
Saône-et-Loire	38 17	22 79	43 70	26 20	18 31	19 10	17 60	15 01	17 01	17 01	17 02	17 54	21 13	20 15	22 13	27 21	21 19	23 55	18 91	15 35	14 83
Loire	40 40	30 33	41 09	20 30	20 16	21 63	19 28	16 13	17 86	17 71	17 93	17 75	21 72	20 90	23 33	27 12	25 31	23 02	19 46	16 95	15 09
Rhône	40 16	32 94	40 09	25 89	18 00	20 08	16 34	15 89	18 75	17 91	18 20	17 23	21 97	25 98	22 76	27 34	24 33	23 32	18 95	10 03	11 86
Ain	40 38	32 77	44 69	26 77	10 02	19 33	17 77	15 66	16 99	17 47	18 48	17 50	20 61	26 96	21 90	27 61	25 41	24 54	19 33	15 61	15 09
Isère	40 99	31 53	48 59	27 16	20 08	20 88	10 87	16 50	18 20	10 17	19 63	17 50	20 77	20 54	22 30	26 33	25 20	24 85	20 17	17 10	16 00
Prix moyen	40 31	30 60	43 06	25 46	18 53	19 31	17 07	15 32	17 60	17 21	17 45	16 92	21 02	21 09	21 70	26 47	23 75	23 63	18 65	15 38	15 01
Haute-Loire	41 90	29 77	38 36	23 85	18 47	19 48	18 40	16 57	17 20	17 16	17 40	16 58	19 63	21 73	21 90	26 31	23 51	22 89	19 70	16 06	15 08
Ardèche	40 86	36 38	43 14	33 25	25 20	25 20	25 50	20 71	22 52	22 51	21 75	20 50	24 30	28 89	26 25	30 85	27 41	20 30	22 70	20 73	19 68
Drôme	42 42	30 74	37 15	27 41	22 21	22 83	22 46	18 16	19 20	10 70	19 98	18 76	22 30	25 87	31 79	26 22	21 50	24 02	19 52	17 81	10 47
Gard	36 60	36 54	41 57	31 31	28 16	26 56	21 87	23 01	24 74	23 13	20 04	20 55	21 15	27 30	26 20	29 13	20 38	26 63	22 27	21 03	20 47
Vaucluse	35 64	32 45	36 12	30 51	24 13	21 39	24 08	23 03	22 11	21 41	21 10	20 93	24 45	27 21	25 04	28 20	25 52	25 85	22 51	21 87	20 72
Hautes-Alpes	44 07	32 78	41 04	29 77	23 06	22 53	22 50	17 39	17 40	18 41	20 37	19 69	20 80	21 00	23 74	25 30	21 70	26 95	24 50	21 35	20 31
Basses-Alpes	36 81	34 54	38 84	29 37	23 28	23 18	22 72	19 86	20 95	20 08	10 80	20 65	23 49	25 41	24 57	26 43	24 30	24 56	23 63	21 93	19 00
Bouches-du-Rhône	31 78	33 07	36 58	27 58	21 31	23 60	23 45	22 15	22 65	21 83	20 02	19 89	22 85	25 88	26 35	26 15	23 59	23 00	20 93	20 60	20 07
Var	30 68	30 41	38 02	26 00	23 10	24 50	21 10	22 29	24 37	22 00	21 01	20 66	23 26	26 11	26 75	27 00	25 03	24 32	21 88	20 52	20 73
Prix moyen	36 04	33 52	39 90	30 35	23 00	23 67	23 03	20 26	21 26	20 80	20 35	19 91	22 84	26 20	21 73	27 31	24 50	23 60	22 00	20 10	19 16
Corse	31 53	36 90	39 41	26 00	21 27	19 99	22 77	22 03	24 63	21 45	17 41	16 25	19 51	22 97	23 85	24 35	23 13	21 09	10 33	19 70	19 51

RÉCAPITULATION

DU PRIX MOYEN DE L'HECTOLITRE DE FROMENT, PAR RÉGIONS ET TOUTE LA FRANCE, POUR CHAQUE ANNÉE, DE 1797 A 1835 INCLUSIVEMENT.

INDICATION des régions.	1797.	1798.	1799.	1800.	1801.	1802.	1803.	1804.	1805.	1806.	1807.	1808.	1809.
	fr. c.	fr. c.	fr. c.	fr. c.	fr. c.	fr. c.	fr. c.	fr. c.	fr. c.	fr. c.	fr. c.	fr. c.	fr. c.
1er Nord-Ouest	20 46	15 46	14 98	18 05	23 93	20 69	22 18	21 43	17 79	13 63	14 88	14 14	13 30
2e Nord	15 36	12 02	12 35	15 11	19 87	20 76	10 79	18 74	18 33	10 90	17 56	15 35	12 95
3e Nord-Est	16 20	13 43	11 36	13 80	15 76	23 00	20 67	13 64	14 26	16 07	15 10	13 49	11 03
4e Ouest	18 30	16 10	18 16	22 30	19 61	19 46	18 70	15 03	14 87	15 36	17 31	15 86	11 35
5e Centre	16 60	13 93	12 61	15 39	15 71	22 03	24 00	16 27	10 35	15 29	16 30	14 35	13 49
6e Est	19 13	16 78	15 64	21 63	22 28	24 57	28 74	21 58	19 56	20 14	19 34	16 84	15 27
7e Sud-Ouest	20 41	21 76	21 18	21 91	27 13	23 89	21 04	18 24	20 43	23 64	21 30	17 93	10 23
8e Sud	22 98	22 76	19 76	21 17	27 12	25 63	28 00	24 64	22 90	23 05	22 47	18 97	17 37
9e Sud-Est	26 91	29 60	20 90	28 36	30 79	32 40	38 44	20 90	26 22	28 36	25 50	22 00	21 04
10e Corse	«	»	"	31 73	44 18	«	»	»	30 29	30 80	27 89	26 79	20 77
Prix moyen annuel de toute la France.	19 48	17 07	16 20	20 34	22 40	24 32	24 56	19 19	19 04	19 33	18 66	16 54	15 86

INDICATION des régions.	1810.	1811.	1812.	1813.	1814.	1816.	1817.	1818.	1819.	1820.	1821.	1822.
	fr. c.	fr. c.	fr. c.	fr. c.	fr. c.	fr. c.	fr. c.	fr. c.	fr. c.	fr. c.	fr. c.	fr. c.
1er Nord-Ouest	17 83	20 34	33 79	20 7[illegible]	16 25	25 91	30 12	27 26	19 40	19 54	18 40	11 70
2e Nord	17 10	20 09	33 21	22 87	16 25	27 74	37 11	22 84	10 83	19 62	18 01	14 60
3e Nord-Est	15 03	21 23	29 34	19 1[illegible]	16 50	29 67	44 02	21 45	14 07	16 02	14 22	13 03
4e Ouest	13 33	20 74	33 60	19 [illegible]	[illegible]6 65	22 72	39 30	24 38	18 09	17 31	16 10	13 50
5e Centre	16 81	22 58	33 67	21 [illegible]	[illegible]6 82	24 24	32 81	21 92	10 41	17 14	16 21	12 96
6e Est	21 68	20 20	34 25	23 2[illegible]	[illegible]3 27	30 60	43 05	25 46	18 53	19 31	17 07	15 35
7e Sud-Ouest	21 01	28 93	33 76	22 6[illegible]	[illegible]3 27	28 08	32 39	26 32	19 13	16 09	16 37	15 90
8e Sud	22 90	30 94	30 01	23 8[illegible]	[illegible]3 41	31 81	30 08	27 10	20 59	20 87	18 90	18 42
9e Sud-Est	29 07	37 88	40 34	27 3[illegible]	[illegible]3 01	33 53	39 30	29 35	23 00	23 67	22 03	20 25
10e Corse	24 85	56 10	49 16	38 3[illegible]	[illegible]3 43	36 80	39 41	26 00	21 97	19 93	22 77	22 93
Prix moyen annuel de toute la France.	19 61	26 13	34 34	22 5[illegible]	[illegible]3 53	28 31	36 16	24 65	18 42	19 13	17 79	15 49

INDICATION des régions.	1823.	1824.	1825.	1826.	1827.	1828.	1829.	1830.	1831.	1832.	1833.	1834.	1835.
	fr. c.	fr. c.	fr. c.	fr. c.	fr. c.	fr. c.	fr. c.	fr. c.	fr. c.	fr. c.	fr. c.	fr. c.	fr. c.
1er Nord-Ouest	15 91	15 16	16 11	16 66	15 83	19 22	23 60	20 38	20 30	20 47	14 58	14 29	14 30
2e Nord	16 99	14 73	15 84	16 75	18 24	22 06	20 10	21 76	22 77	21 57	15 38	14 94	14 77
3e Nord-Est	15 30	12 73	12 72	13 81	17 20	20 88	21 21	21 13	21 01	22 07	15 04	13 31	12 79
4e Ouest	10 16	15 45	13 76	13 67	14 61	18 29	21 41	20 20	19 93	19 89	11 19	13 71	13 07
5e Centre	15 00	14 55	13 85	14 66	18 21	21 00	22 51	21 87	20 08	19 25	15 61	13 82	13 74
6e Est	17 60	17 21	17 45	16 92	21 02	24 99	21 70	26 17	23 75	23 03	15 05	15 22	15 01
7e Sud-Ouest	19 01	16 79	14 63	14 43	17 10	20 51	19 68	19 63	21 12	21 18	16 72	15 41	16 38
8e Sud	19 63	19 46	10 81	15 88	15 70	23 25	21 68	22 79	22 75	23 33	18 04	17 16	17 05
9e Sud-Est	21 26	20 80	20 35	19 81	22 61	26 26	21 73	27 21	21 90	25 00	22 00	20 16	19 16
10e Corse	24 53	21 47	17 41	16 25	19 51	22 87	24 88	21 35	23 13	21 08	19 85	19 70	19 54
Prix moyen annuel de toute la France.	17 52	16 22	15 74	15 86	18 21	22 03	22 59	22 39	22 10	21 84	16 62	15 25	15 25

III.

TABLEAU

DES PRIX DU FROMENT,

PAR DÉPARTEMENTS ET PAR MOIS,

POUR LES ANNÉES 1813, 1817, 1818, 1827,

CHOISIES POUR EXEMPLES SUR LA COLLECTION DE 1806 A 1835.

(1re RÉGION.) NORD-OUEST.

DÉPARTEMENTS.	JANVIER. fr. c.	FÉVRIER. fr. c.	MARS. fr. c.	AVRIL. fr. c.	MAI. fr. c.	JUIN. fr. c.	JUILLET. fr. c.	AOÛT. fr. c.	SEPTEMBRE. fr. c.	OCTOBRE. fr. c.	NOVEMBRE. fr. c.	DÉCEMBRE. fr. c.	PRIX de l'année. fr. c.
Finistère	26 56	26 46	26 27	23 74	22 79	21 04	19 53	17 30	14 93	14 44	14 66	14 95	20 06
Côtes-du-Nord	23 05	21 36	25 25	21 37	19 56	17 40	16 97	16 20	14 46	13 18	»	»	18 95
Morbihan	26 72	29 06	27 69	25 20	21 76	19 35	18 20	16 08	15 31	14 78	11 69	14 25	20 26
Ille-et-Vilaine	25 42	27 07	24 31	22 13	19 80	18 49	17 04	16 09	15 09	14 78	11 53	14 13	19 10
Manche	20 11	29 74	29 57	25 53	23 71	23 65	21 81	20 44	16 56	17 05	16 21	15 27	22 49
Calvados	20 26	30 91	28 35	25 78	25 05	25 75	25 22	23 97	21 39	20 54	18 47	16 87	24 31
Orne	26 74	28 16	26 74	25 27	23 07	22 22	24 79	21 25	19 66	19 15	17 33	16 13	24 31
Mayenne	26 26	26 90	25 52	24 61	22 31	19 41	18 59	16 63	15 68	15 55	15 12	14 64	20 08
Sarthe	24 68	21 45	23 31	22 68	19 20	16 81	18 52	17 03	16 40	16 32	15 54	14 96	19 42
Prix moyen	26 30	27 49	25 07	23 96	22 01	20 40	19 81	18 44	16 58	16 23	15 84	15 04	20 77

(2e RÉGION.) NORD.

DÉPARTEMENTS.	JANVIER. fr. c.	FÉVRIER. fr. c.	MARS. fr. c.	AVRIL. fr. c.	MAI. fr. c.	JUIN. fr. c.	JUILLET. fr. c.	AOÛT. fr. c.	SEPTEMBRE. fr. c.	OCTOBRE. fr. c.	NOVEMBRE. fr. c.	DÉCEMBRE. fr. c.	PRIX de l'année. fr. c.
Nord	27 30	26 11	21 51	[illegible]	[illegible]	[illegible]	13 46	21 17	20 43	19 72	17 39	15 50	22 33
Pas-de-Calais	24 06	23 27	22 03	[illegible]	[illegible]	[illegible]	13 01	20 16	19 15	16 80	14 28	13 51	20 53
Somme	24 03	25 67	24 44	[illegible]	[illegible]	[illegible]	22 50	20 80	20 35	20 03	16 07	13 50	21 39
Seine-Inférieure	29 36	20 73	27 30	[illegible]	[illegible]	[illegible]	26 86	26 10	23 74	22 01	17 34	15 61	24 65
Oise	27 75	28 78	26 47	[illegible]	[illegible]	[illegible]	23 08	22 43	22 48	21 32	17 38	15 69	22 07
Aisne	25 53	25 75	25 33	[illegible]	[illegible]	[illegible]	22 68	20 60	18 12	18 51	15 36	14 41	21 19
Eure	27 82	32 31	30 48	[illegible]	[illegible]	[illegible]	27 45	25 23	23 11	21 60	19 90	16 19	25 30
Eure-et-Loir	25 90	27 27	26 02	[illegible]	[illegible]	[illegible]	24 38	24 48	21 39	20 81	17 80	15 74	22 27
Seine-et-Oise	29 38	30 55	28 19	[illegible]	[illegible]	[illegible]	21 42	21 26	22 77	22 79	19 40	16 53	24 26
Seine	29 96	29 88	28 02	[illegible]	[illegible]	[illegible]	23 74	22 59	22 38	23 03	19 08	16 59	24 00
Seine-et-Marne	28 38	28 54	27 12	[illegible]	[illegible]	[illegible]	22 96	21 65	20 10	20 78	16 65	15 51	22 65
Prix moyen	27 04	28 00	26 35	[illegible]	[illegible]	[illegible]	23 80	22 65	21 18	20 70	17 01	15 35	22 87

(3e RÉGION.) NORD-EST.

DÉPARTEMENTS.	JANVIER. fr. c.	FÉVRIER. fr. c.	MARS. fr. c.	AVRIL. fr. c.	MAI. fr. c.	JUIN. fr. c.	JUILLET. fr. c.	AOÛT. fr. c.	SEPTEMBRE. fr. c.	OCTOBRE. fr. c.	NOVEMBRE. fr. c.	DÉCEMBRE. fr. c.	PRIX de l'année. fr. c.
Ardennes	24 64	21 19	23 55	21 01	21 01	20 25	20 08	19 32	17 50	17 25	16 52	15 09	20 15
Marne	22 97	25 02	21 75	18 59	18 49	16 16	17 08	16 14	14 61	14 85	14 15	»	17 28
Aube	26 01	26 28	23 76	21 21	20 79	17 86	17 76	16 06	15 70	17 11	11 08	13 22	19 33
Haute-Marne	25 80	24 71	23 15	19 77	18 76	17 14	16 81	15 82	15 16	15 60	14 36	»	18 78
Meuse	24 46	21 05	23 28	20 84	18 91	17 18	17 53	16 57	11 68	15 30	15 30	»	19 02
Moselle	23 34	23 35	22 45	20 49	18 58	16 49	15 01	14 71	13 42	14 12	14 91	13 82	17 68
Meurthe	25 17	24 87	23 15	20 39	18 35	16 58	18 39	11 26	13 80	14 34	14 65	14 66	18 00
Vosges	26 30	25 62	23 26	20 75	19 56	17 56	17 16	15 48	16 00	16 05	16 58	»	19 50
Bas-Rhin	24 80	23 56	25 41	22 07	19 37	19 80	17 77	15 61	15 71	16 00	16 33	15 33	19 16
Haut-Rhin	26 84	26 83	24 01	23 48	22 51	22 22	20 18	18 95	19 68	20 05	20 15	»	22 12
Prix moyen	25 04	24 54	23 08	21 86	19 61	18 19	17 76	16 39	15 61	16 08	15 81	14 49	19 17

(4e RÉGION.) OUEST.

DÉPARTEMENTS.	JANVIER. fr. c.	FÉVRIER. fr. c.	MARS. fr. c.	AVRIL. fr. c.	MAI. fr. c.	JUIN. fr. c.	JUILLET. fr. c.	AOÛT. fr. c.	SEPTEMBRE. fr. c.	OCTOBRE. fr. c.	NOVEMBRE. fr. c.	DÉCEMBRE. fr. c.	PRIX de l'année. fr. c.
Loire-Inférieure	25 78	25 25	24 04	22 14	20 77	18 93	16 63	16 00	14 27	14 82	14 06	13 26	19 19
Maine-et-Loire	25 31	24 03	23 28	21 67	19 10	17 46	16 14	15 36	11 09	13 49	13 46	12 82	17 99
Indre-et-Loire	23 74	24 00	22 34	20 74	20 12	17 08	17 08	16 09	15 49	15 12	14 36	12 96	18 31
Vendée	26 20	26 45	25 49	22 53	21 51	19 38	17 91	16 55	15 03	14 62	13 82	13 07	19 40
Charente-Inférieure	27 20	26 31	24 16	24 53	24 56	20 60	18 40	17 10	16 41	16 24	15 75	11 67	21 09
Deux-Sèvres	27 70	26 45	23 49	24 58	23 19	18 84	17 22	16 01	15 62	15 34	14 04	13 52	19 62
Charente	30 18	29 09	24 62	25 40	24 61	20 30	18 04	17 37	16 16	15 70	15 46	14 23	21 03
Vienne	26 50	26 30	21 06	22 57	21 16	17 22	16 55	16 00	14 83	14 39	13 36	12 89	18 81
Haute-Vienne	31 49	31 40	31 34	29 41	20 21	22 54	21 34	20 27	18 54	18 60	18 17	15 53	23 74
Prix moyen	27 89	26 08	24 30	23 87	22 30	19 14	17 06	16 80	15 68	15 37	14 72	13 74	19 91

(5e RÉGION.) CENTRE.

DÉPARTEMENTS.	JANVIER. fr. c.	FÉVRIER. fr. c.	MARS. fr. c.	AVRIL. fr. c.	MAI. fr. c.	JUIN. fr. c.	JUILLET. fr. c.	AOÛT. fr. c.	SEPTEMBRE. fr. c.	OCTOBRE. fr. c.	NOVEMBRE. fr. c.	DÉCEMBRE. fr. c.	PRIX de l'année. fr. c.
Loir-et-Cher	25 38	24 73	25 22	[illegible]	[illegible]	[illegible]	16 08	17 08	16 77	17 01	15 25	14 26	19 51
Loiret	26 30	27 05	24 91	[illegible]	[illegible]	[illegible]	21 90	21 55	19 06	20 30	17 20	16 26	21 08
Yonne	28 26	27 26	25 27	[illegible]	[illegible]	[illegible]	19 29	17 72	17 46	17 16	15 54	15 23	21 27
Indre	26 27	26 19	27 57	[illegible]	[illegible]	[illegible]	22 31	19 20	17 90	17 05	16 50	14 71	21 79
Cher	27 23	29 25	27 09	[illegible]	[illegible]	[illegible]	22 26	19 20	19 21	18 71	17 03	10 05	23 54
Nièvre	25 37	26 71	26 02	[illegible]	[illegible]	[illegible]	20 30	19 51	17 60	17 31	16 51	15 71	21 39
Creuse	32 03	32 29	33 25	[illegible]	[illegible]	[illegible]	22 06	20 04	18 75	19 55	18 65	17 27	25 04
Allier	28 33	28 86	25 84	[illegible]	[illegible]	[illegible]	17 65	17 08	18 10	16 37	15 26	13 06	20 18
Puy-de-Dôme	26 49	25 07	25 13	[illegible]	[illegible]	[illegible]	17 43	16 52	16 62	16 06	15 01	14 35	19 02
Prix moyen	27 36	27 48	26 76	[illegible]	[illegible]	[illegible]	20 28	18 74	17 81	17 76	16 27	15 28	21 46

(6e RÉGION.) EST.

DÉPARTEMENTS.	JANVIER. fr. c.	FÉVRIER. fr. c.	MARS. fr. c.	AVRIL. fr. c.	MAI. fr. c.	JUIN. fr. c.	JUILLET. fr. c.	AOÛT. fr. c.	SEPTEMBRE. fr. c.	OCTOBRE. fr. c.	NOVEMBRE. fr. c.	DÉCEMBRE. fr. c.	PRIX de l'année. fr. c.
Côte-d'Or	28 61	27 88	25 43	23 06	22 87	19 10	18 54	18 50	18 15	18 23	17 08	15 60	21 07
Haute-Saône	30 55	27 61	23 02	21 42	21 04	19 61	17 40	16 11	16 08	17 75	16 32	»	20 67
Doubs	32 85	39 73	27 07	26 97	26 10	24 11	21 61	21 20	21 83	22 01	21 43	»	25 11
Jura	30 20	29 27	27 60	26 46	25 50	21 36	19 80	20 11	21 42	22 64	21 30	»	21 15
Saône-et-Loire	31 58	30 30	29 34	26 78	25 37	23 47	20 71	20 07	19 65	20 10	19 05	17 10	23 63
Loire	31 04	31 86	29 76	27 58	25 06	22 37	21 71	20 48	21 13	23 18	21 51	18 84	24 79
Rhône	31 83	30 00	26 32	25 97	24 58	19 60	20 75	19 16	20 75	21 28	20 75	18 01	23 85
Ain	30 02	29 98	27 85	27 51	26 22	21 08	21 26	21 70	20 06	21 29	20 50	19 85	21 14
Isère	32 17	30 73	27 91	25 09	25 11	20 57	21 89	19 38	19 71	18 15	19 28	17 80	23 40
Prix moyen	31 27	29 83	27 17	25 76	24 65	21 39	20 43	19 72	19 96	20 61	19 78	17 87	23 36

(7e RÉGION.) SUD-OUEST.

DÉPARTEMENTS.	JANVIER. fr. c.	FÉVRIER. fr. c.	MARS. fr. c.	AVRIL. fr. c.	MAI. fr. c.	JUIN. fr. c.	JUILLET. fr. c.	AOÛT. fr. c.	SEPTEMBRE. fr. c.	OCTOBRE. fr. c.	NOVEMBRE. fr. c.	DÉCEMBRE. fr. c.	PRIX de l'année. fr. c.
Gironde	31 15	29 30	25 54	26 56	23 93	20 47	20 25	18 78	15 30	16 34	15 99	16 28	22 20
Dordogne	30 06	30 08	28 15	25 37	24 20	20 85	20 40	19 50	18 66	18 17	17 07	15 88	22 31
Lot-et-Garonne	32 00	28 58	24 30	24 23	20 64	17 91	16 55	15 50	15 18	14 80	14 21	14 59	20 12
Landes	29 46	30 61	20 35	27 30	28 73	24 50	26 14	21 59	23 28	21 06	21 01	21 32	25 47
Gers	30 56	27 01	24 40	25 20	21 60	18 44	19 04	17 35	16 73	15 66	14 01	15 07	20 45
Basses-Pyrénées	29 08	30 33	30 07	27 88	28 44	24 75	26 10	24 46	24 66	24 86	23 73	25 43	26 60
Hautes-Pyrénées	31 06	29 77	28 66	26 94	25 83	22 71	24 11	22 67	22 16	21 67	20 06	21 25	24 11
Haute-Garonne	30 31	26 77	24 51	23 52	21 30	18 04	18 17	17 08	16 50	16 11	14 60	14 79	20 07
Ariège	30 40	29 23	26 29	23 70	23 34	20 47	20 20	19 40	17 84	16 93	16 06	15 84	21 66
Prix moyen	31 14	29 16	26 80	25 31	21 38	20 03	21 02	19 43	19 15	18 53	17 07	17 61	22 61

(8e RÉGION.) SUD.

DÉPARTEMENTS.	JANVIER. fr. c.	FÉVRIER. fr. c.	MARS. fr. c.	AVRIL. fr. c.	MAI. fr. c.	JUIN. fr. c.	JUILLET. fr. c.	AOÛT. fr. c.	SEPTEMBRE. fr. c.	OCTOBRE. fr. c.	NOVEMBRE. fr. c.	DÉCEMBRE. fr. c.	PRIX de l'année. fr. c.
Corrèze	31 24	32 09	32 76	[illegible]	[illegible]	[illegible]	22 05	21 14	21 08	20 56	21 15	18 98	25 46
Cantal	33 26	32 12	30 04	[illegible]	[illegible]	[illegible]	28 68	24 07	23 26	23 24	22 33	21 81	26 30
Lot	34 19	30 30	26 24	[illegible]	[illegible]	[illegible]	19 34	17 24	17 02	17 30	17 10	10 63	21 79
Aveyron	30 60	26 40	26 32	[illegible]	[illegible]	[illegible]	19 53	19 34	19 21	19 75	18 70	17 96	22 20
Lozère	30 84	29 96	28 17	[illegible]	[illegible]	[illegible]	32 37	29 52	29 13	29 24	22 26	20 08	24 77
Tarn-et-Garonne	31 45	26 82	24 07	[illegible]	[illegible]	[illegible]	17 29	15 08	14 76	15 38	13 70	14 14	19 25
Tarn	29 78	27 84	24 88	[illegible]	[illegible]	[illegible]	18 74	18 35	17 85	16 85	15 75	14 09	20 77
Hérault	37 02	35 73	31 00	[illegible]	[illegible]	[illegible]	23 11	23 78	22 07	22 35	21 28	20 17	26 37
Aude	34 00	32 25	29 04	[illegible]	[illegible]	[illegible]	20 07	19 55	18 23	18 23	17 18	15 67	23 15
Pyrénées-Orientales	37 47	35 01	34 61	[illegible]	[illegible]	[illegible]	24 50	26 11	25 70	25 06	24 10	23 63	28 58
Prix moyen	32 68	31 05	29 80	[illegible]	[illegible]	[illegible]	21 32	20 78	20 30	20 14	19 35	18 50	23 86

(9e RÉGION.) SUD-EST.

DÉPARTEMENTS.	JANVIER. fr. c.	FÉVRIER. fr. c.	MARS. fr. c.	AVRIL. fr. c.	MAI. fr. c.	JUIN. fr. c.	JUILLET. fr. c.	AOÛT. fr. c.	SEPTEMBRE. fr. c.	OCTOBRE. fr. c.	NOVEMBRE. fr. c.	DÉCEMBRE. fr. c.	PRIX de l'année. fr. c.
Haute-Loire	31 41	29 49	28 29	27 29	26 21	23 24	22 55	21 45	18 80	19 87	19 93	17 69	23 85
Ardèche	35 23	34 19	30 09	29 16	28 33	26 53	26 47	25 51	26 66	25 16	24 02	22 59	27 82
Drôme	32 18	31 32	29 91	26 96	24 57	23 51	22 43	22 33	21 60	21 42	20 05	20 07	21 54
Gard	38 44	35 71	32 21	30 57	28 55	25 08	25 06	25 77	25 78	24 02	23 43	24 53	28 17
Vaucluse	35 91	31 58	31 46	30 37	27 76	26 37	25 40	13 79	23 61	23 26	22 42	21 12	27 19
Basses-Alpes	36 78	34 99	33 29	29 10	27 71	25 08	25 49	23 01	22 47	22 30	22 73	21 91	27 01
Hautes-Alpes	33 99	31 13	31 87	28 71	26 55	24 90	23 76	23 00	22 07	22 81	23 22	»	26 81
Bouches-du-Rhône	41 55	39 30	31 79	33 00	30 72	27 15	25 65	24 60	25 20	25 80	25 14	23 57	29 82
Var	41 16	38 36	31 90	31 71	23 36	28 21	27 20	25 06	26 08	26 09	26 17	21 60	30 74
Prix moyen	36 34	31 76	31 09	29 39	28 20	25 62	21 97	23 98	23 54	23 50	23 13	19 86	27 33

(10e RÉGION.)

DÉPARTEMENTS.	JANVIER. fr. c.	FÉVRIER. fr. c.	MARS. fr. c.	AVRIL. fr. c.	MAI. fr. c.	JUIN. fr. c.	JUILLET. fr. c.	AOÛT. fr. c.	SEPTEMBRE. fr. c.	OCTOBRE. fr. c.	NOVEMBRE. fr. c.	DÉCEMBRE. fr. c.	PRIX de l'année. fr. c.
Corse	45 46	43 73	11 79	30 70	40 27	38 82	31 78	33 35	36 01	35 48	34 00	36 54	38 33

PRIX MOYEN	JANVIER. fr. c.	FÉVRIER. fr. c.	MARS. fr. c.	AVRIL. fr. c.	MAI. fr. c.	JUIN. fr. c.	JUILLET. fr. c.	AOÛT. fr. c.	SEPTEMBRE. fr. c.	OCTOBRE. fr. c.	NOVEMBRE. fr. c.	DÉCEMBRE. fr. c.	PRIX de l'année. fr. c.
dans les sept départements du rayon ordinaire d'approvisionnement de Paris (Aisne, Eure, Eure-et-Loir, Oise, Seine-et-Oise, Seine, Seine-et-Marne)	28 15	29 04	27 35	[illegible]	[illegible]	[illegible]	23 53	22 07	21 47	21 28	17 27	15 51	23 23
dans toute la France	29 65	28 94	26 92	[illegible]	[illegible]	[illegible]	21 08	19 87	19 11	19 60	17 92	16 90	22 51

(1re RÉGION.) NORD-OUEST.

DÉPARTEMENTS.	Janvier.	Février.	Mars.	Avril.	Mai.	Juin.	Juillet.	Août.	Septembre.	Octobre.	Novembre.	Décembre.	Prix de l'année.
	fr. c.	fr. c.	fr. c.	fr. c.	fr. c.	fr. c.	fr. c.	fr. c.	fr. c.	fr. c.	fr. c.	fr. c.	fr. c.
Finistère	26 61	31 45	32 64	33 72	36 00	36 60	38 40	40 47	41 58	36 77	26 01	26 90	30 57
Côtes-du-Nord	26 03	32 37	31 53	30 00	31 21	38 17	27 79	25 20	30 32	23 23	23 35	25 30	27 78
Morbihan	27 17	29 69	29 80	26 05	29 86	33 52	26 31	25 00	25 37	25 38	26 68	27 13	27 70
Ille-et-Vilaine	27 11	29 52	28 52	29 51	31 07	38 29	29 06	26 15	31 22	27 24	31 17	26 32	28 01
Manche	30 84	32 81	28 28	28 37	30 17	33 70	30 71	28 93	23 03	25 40	23 35	23 11	29 71
Calvados	31 20	33 82	32 44	32 06	45 05	45 81	31 63	32 20	30 59	30 13	27 78	27 31	34 35
Orne	31 50	31 35	29 05	31 06	41 63	46 10	33 87	30 56	26 50	28 80	27 10	29 30	32 57
Mayenne	28 96	30 08	30 41	29 51	31 79	36 79	28 61	28 13	26 69	28 11	27 01	28 11	29 71
Sarthe	28 35	30 79	28 86	29 54	36 21	38 07	28 90	27 60	26 81	29 80	27 05	28 78	30 15
Prix moyen	29 19	31 11	30 20	30 22	35 96	40 30	30 41	29 42	25 36	27 12	26 00	26 99	30 12

(2e RÉGION.) NORD.

DÉPARTEMENTS.	Janvier.	Février.	Mars.	Avril.	Mai.	Juin.	Juillet.	Août.	Septembre.	Octobre.	Novembre.	Décembre.	Prix de l'année.
	fr. c.	fr. c.	fr. c.	fr. c.	fr. c.	fr. c.	fr. c.	fr. c.	fr. c.	fr. c.	fr. c.	fr. c.	fr. c.
Nord	30 11	38 49	40 35	[illegible]	[illegible]	[illegible]	41 77	36 55	38 05	37 58	32 43	34 00	40 70
Pas-de-Calais	33 48	33 41	31 12	[illegible]	[illegible]	[illegible]	35 10	30 85	32 57	34 86	30 14	32 26	36 92
Somme	33 83	33 10	35 78	[illegible]	[illegible]	[illegible]	38 10	35 57	34 46	31 38	30 49	29 10	36 87
Seine-Inférieure	37 30	36 51	30 28	[illegible]	[illegible]	[illegible]	39 55	35 30	30 55	30 33	26 00	30 54	36 57
Oise	30 41	34 09	35 97	[illegible]	[illegible]	[illegible]	33 39	34 91	33 35	32 66	31 54	31 48	36 75
Aisne	35 59	30 05	35 30	[illegible]	[illegible]	[illegible]	37 67	35 16	32 09	34 08	30 93	31 20	36 94
Eure	35 90	35 08	35 30	[illegible]	[illegible]	[illegible]	39 06	35 62	34 38	32 50	31 01	32 01	37 12
Eure-et-Loir	31 07	31 56	33 26	[illegible]	[illegible]	[illegible]	31 58	30 07	31 03	32 40	31 04	34 26	33 08
Seine-et-Oise	38 21	35 59	37 32	[illegible]	[illegible]	[illegible]	36 81	34 24	33 01	34 56	32 51	31 90	37 71
Seine	39 49	30 79	38 11	[illegible]	[illegible]	[illegible]	39 22	33 25	31 77	34 30	32 84	35 57	38 02
Seine-et-Marne	34 77	31 82	35 26	[illegible]	[illegible]	[illegible]	35 64	35 35	32 25	31 02	31 04	33 63	35 20
Prix moyen	36 23	35 04	35 82	[illegible]	[illegible]	[illegible]	35 69	34 32	32 08	32 97	31 14	32 54	37 11

(3e RÉGION.) NORD-EST.

DÉPARTEMENTS.	Janvier.	Février.	Mars.	Avril.	Mai.	Juin.	Juillet.	Août.	Septembre.	Octobre.	Novembre.	Décembre.	Prix de l'année.
	fr. c.	fr. c.	fr. c.	fr. c.	fr. c.	fr. c.	fr. c.	fr. c.	fr. c.	fr. c.	fr. c.	fr. c.	fr. c.
Ardennes	38 23	38 68	39 49	42 14	53 17	55 36	44 43	35 31	40 75	38 75	31 45	35 21	42 14
Marne	31 72	35 85	39 56	40 19	48 77	48 18	37 49	31 62	31 49	32 27	30 55	30 40	36 78
Aube	30 04	40 67	40 51	44 53	45 71	40 57	33 20	31 71	31 21	31 61	29 92	30 05	36 35
Haute-Marne	35 30	38 82	42 91	46 53	61 18	73 32	50 81	37 88	31 03	32 40	30 02	29 40	43 00
Meuse	39 35	41 38	40 90	41 85	55 58	54 70	42 00	43 65	31 04	31 80	29 10	30 00	40 71
Moselle	40 71	43 01	47 78	45 15	58 83	61 78	52 45	40 71	34 00	35 90	31 82	31 84	43 40
Meurthe	44 10	44 83	46 73	55 71	60 25	71 78	66 84	37 43	33 3[illegible]	35 02	30 14	32 15	45 61
Vosges	46 01	48 16	50 86	59 67	69 66	77 40	60 61	44 55	39 65	37 96	31 79	36 84	50 44
Bas-Rhin	46 01	46 15	47 86	60 06	71 30	75 06	64 51	39 75	30 15	30 83	35 43	37 38	49 78
Haut-Rhin	41 06	47 95	59 46	66 97	76 12	81 40	57 37	41 68	38 74	30 58	37 66	36 36	51 83
Prix moyen	40 51	42 55	44 38	50 05	60 09	61 29	50 94	33 43	34 93	33 45	32 51	33 10	43 09

(4e RÉGION.) OUEST.

DÉPARTEMENTS.	Janvier.	Février.	Mars.	Avril.	Mai.	Juin.	Juillet.	Août.	Septembre.	Octobre.	Novembre.	Décembre.	Prix de l'année.
Loire-Inférieure	25 90	30 15	29 01	30 16	33 37	31 67	28 73	30 38	30 31	30 00	31 10	30 75	30 55
Maine-et-Loire	28 29	29 31	28 44	27 00	32 00	34 84	25 44	27 55	27 51	28 82	28 57	30 92	29 00
Indre-et-Loire	27 09	30 31	30 06	30 26	36 41	31 38	25 16	25 08	26 33	26 64	26 67	27 53	29 10
Vendée	25 16	28 31	28 40	26 90	28 39	32 48	26 17	25 08	27 13	26 12	27 85	26 80	27 57
Charente-Inférieure	30 14	32 44	33 97	32 07	32 10	31 63	28 77	36 01	27 63	28 01	30 08	29 82	30 50
Deux-Sèvres	25 31	28 71	29 12	27 15	29 45	30 00	25 23	23 03	23 20	21 83	26 50	27 20	26 65
Charente	30 35	30 93	31 08	31 31	36 06	37 61	31 34	21 79	21 84	26 69	27 61	29 73	30 50
Vienne	27 41	28 55	30 06	28 00	33 79	35 11	26 69	23 86	23 60	21 96	26 07	26 46	27 90
Haute-Vienne	30 05	31 64	33 96	34 10	30 23	43 43	35 55	28 16	25 00	27 39	27 36	26 56	31 00
Prix moyen	27 95	29 08	30 86	30 44	33 69	35 33	27 60	26 03	26 27	27 15	27 00	28 50	29 30

(5e RÉGION.) CENTRE.

DÉPARTEMENTS.	Janvier.	Février.	Mars.	Avril.	Mai.	Juin.	Juillet.	Août.	Septembre.	Octobre.	Novembre.	Décembre.	Prix de l'année.
Loir-et-Cher	26 85	30 00	30 15	[illegible]	[illegible]	[illegible]	27 00	27 28	28 05	29 18	30 86	27 73	30 66
Loiret	31 74	33 41	33 62	[illegible]	[illegible]	[illegible]	32 90	28 23	27 32	30 87	30 15	31 00	33 51
Yonne	32 00	31 03	35 70	[illegible]	[illegible]	[illegible]	36 01	29 95	29 18	28 64	27 91	29 01	31 55
Indre	26 95	29 40	29 00	[illegible]	[illegible]	[illegible]	28 60	27 10	27 33	27 12	26 10	26 05	29 60
Cher	27 11	28 71	30 11	[illegible]	[illegible]	[illegible]	34 41	30 07	30 36	28 34	27 00	29 30	30 75
Nièvre	29 97	29 87	34 19	[illegible]	[illegible]	[illegible]	33 02	28 49	26 57	27 58	25 03	29 20	31 30
Creuse	30 07	31 45	35 67	[illegible]	[illegible]	[illegible]	38 51	30 91	29 70	28 42	29 51	28 01	32 96
Allier	33 63	31 60	36 86	[illegible]	[illegible]	[illegible]	31 95	30 91	30 55	30 38	30 77	30 03	35 20
Puy-de-Dôme	33 55	34 30	35 41	[illegible]	[illegible]	[illegible]	30 91	31 74	30 15	31 53	30 62	30 84	31 78
Prix moyen	30 42	31 82	33 10	[illegible]	[illegible]	[illegible]	29 41	29 23	29 02	29 60	26 32	28 29	32 81

(6e RÉGION.) EST.

DÉPARTEMENTS.	Janvier.	Février.	Mars.	Avril.	Mai.	Juin.	Juillet.	Août.	Septembre.	Octobre.	Novembre.	Décembre.	Prix de l'année.
Côte-d'Or	35 18	38 18	40 77	50 69	57 00	55 16	43 55	33 49	31 18	31 07	32 48	31 66	40 05
Haute-Saône	38 91	41 15	45 77	52 05	70 95	67 13	45 78	32 52	32 57	32 51	31 76	32 19	43 41
Doubs	40 04	44 50	48 05	56 93	66 40	58 10	51 67	38 60	30 81	35 13	35 00	35 31	45 61
Jura	43 55	41 06	52 86	63 60	73 30	59 76	44 17	31 90	32 43	35 54	35 67	35 12	46 37
Saône-et-Loire	40 14	40 75	41 01	52 93	59 33	56 84	41 04	34 05	33 16	35 10	38 03	37 81	42 70
Loire	41 30	42 01	43 12	49 44	51 92	50 57	40 43	36 50	34 37	34 95	35 55	36 72	41 69
Rhône	41 87	41 25	42 57	49 84	55 40	49 65	37 23	35 77	39 81	33 66	37 43	37 07	40 70
Ain	44 02	44 17	48 75	55 23	59 83	58 09	42 56	35 60	33 05	35 68	37 02	37 74	44 00
Isère	41 70	41 43	44 77	52 86	54 87	57 63	40 20	32 50	32 35	36 42	37 61	38 11	42 50
Prix moyen	40 40	42 14	45 77	53 76	61 14	57 00	42 66	34 00	33 25	33 90	35 74	35 75	43 05

(7e RÉGION.) SUD-OUEST.

DÉPARTEMENTS.	Janvier.	Février.	Mars.	Avril.	Mai.	Juin.	Juillet.	Août.	Septembre.	Octobre.	Novembre.	Décembre.	Prix de l'année.
Gironde	32 69	35 21	35 11	31 80	38 19	38 33	32 64	32 02	33 15	33 71	37 10	30 67	31 95
Dordogne	33 21	35 20	36 59	36 64	42 96	42 05	36 33	27 50	26 39	29 30	34 12	32 30	31 25
Lot-et-Garonne	31 77	33 60	31 55	33 08	35 20	35 60	29 00	31 08	32 28	33 09	35 05	35 80	33 50
Landes	32 29	31 81	36 80	35 26	36 00	37 09	31 85	28 34	28 13	29 08	29 27	31 81	32 73
Gers	29 39	32 30	33 90	30 60	31 15	31 39	26 12	27 71	28 21	28 49	30 71	31 09	30 08
Basses-Pyrénées	37 30	36 30	38 41	36 39	35 54	35 43	30 92	26 31	29 66	29 72	29 45	31 08	32 91
Hautes-Pyrénées	31 60	36 01	35 56	33 81	31 03	31 20	26 11	25 36	27 18	27 28	29 03	31 79	31 21
Haute-Garonne	30 08	33 30	32 45	30 66	32 35	30 25	27 38	28 56	28 15	28 27	30 62	33 71	30 15
Ariége	31 56	33 05	31 25	31 60	33 49	32 41	28 01	29 17	30 01	30 11	30 64	33 00	31 35
Prix moyen	31 88	34 39	35 15	33 60	35 50	35 32	30 10	26 75	29 31	29 56	31 65	33 02	32 29

(8e RÉGION.) SUD.

DÉPARTEMENTS.	Janvier.	Février.	Mars.	Avril.	Mai.	Juin.	Juillet.	Août.	Septembre.	Octobre.	Novembre.	Décembre.	Prix de l'année.
Corrèze	35 31	37 52	38 01	[illegible]	[illegible]	[illegible]	39 58	31 91	28 81	32 39	33 97	32 34	36 04
Cantal	37 02	30 11	39 65	[illegible]	[illegible]	[illegible]	39 88	36 43	33 04	34 93	34 52	35 72	38 87
Lot	35 07	37 30	36 80	[illegible]	[illegible]	[illegible]	35 36	30 35	28 80	31 70	32 01	34 62	35 72
Aveyron	32 80	35 02	37 12	[illegible]	[illegible]	[illegible]	33 05	31 19	30 03	31 01	32 30	33 70	34 58
Lozère	36 02	38 79	40 14	[illegible]	[illegible]	[illegible]	43 17	33 10	32 97	33 41	32 61	33 68	37 90
Tarn-et-Garonne	30 91	31 35	33 31	[illegible]	[illegible]	[illegible]	32 45	28 44	30 70	31 12	33 58	34 31	32 37
Tarn	30 23	32 73	31 01	[illegible]	[illegible]	[illegible]	29 91	29 90	31 55	30 81	32 41	34 30	32 04
Hérault	38 13	40 89	42 95	[illegible]	[illegible]	[illegible]	35 15	37 65	36 61	37 17	39 67	38 09	39 02
Aude	34 17	36 64	37 80	[illegible]	[illegible]	[illegible]	37 30	33 02	33 80	33 76	34 71	35 43	31 74
Pyrénées-Orientales	37 13	38 43	40 39	[illegible]	[illegible]	[illegible]	36 75	36 83	36 30	37 31	36 60	36 41	38 09
Prix moyen	34 80	37 02	36 01	[illegible]	[illegible]	[illegible]	35 50	35 90	34 63	33 34	31 30	31 69	36 08

(9e RÉGION.) SUD-EST.

DÉPARTEMENTS.	Janvier.	Février.	Mars.	Avril.	Mai.	Juin.	Juillet.	Août.	Septembre.	Octobre.	Novembre.	Décembre.	Prix de l'année.
Haute-Loire	38 98	39 69	40 00	43 67	48 14	46 05	37 57	36 01	32 40	33 80	31 45	32 24	36 30
Ardèche	44 02	43 87	42 32	47 49	51 29	49 73	30 45	36 19	34 88	30 83	38 83	40 57	42 14
Drôme	39 81	38 18	38 90	43 78	45 89	45 04	35 92	30 93	29 85	30 30	33 06	33 78	37 14
Gard	42 08	46 08	43 27	44 39	45 84	43 02	35 47	36 60	37 09	39 55	41 31	42 58	41 57
Vaucluse	38 52	40 87	38 39	40 30	45 46	41 07	34 04	34 32	31 19	34 52	38 66	38 18	38 19
Basses-Alpes	39 87	39 00	39 25	41 52	41 88	46 51	36 66	34 25	35 43	35 62	36 03	37 19	38 95
Hautes-Alpes	41 01	40 05	41 01	43 08	48 54	51 20	38 11	36 18	37 57	35 79	36 03	38 35	41 01
Bouches-du-Rhône	40 09	42 84	40 70	40 88	39 24	37 81	32 91	32 80	32 16	33 12	31 08	32 30	36 58
Var	43 05	42 59	41 31	42 83	41 40	41 11	35 28	35 88	35 83	33 39	31 95	35 18	38 94
Prix moyen	41 09	41 71	40 95	43 40	45 39	44 79	30 19	34 80	34 35	34 05	36 34	36 75	39 20

(10e RÉGION.)

DÉPARTEMENTS.	Janvier.	Février.	Mars.	Avril.	Mai.	Juin.	Juillet.	Août.	Septembre.	Octobre.	Novembre.	Décembre.	Prix de l'année.
Corse	45 41	43 36	43 98	44 53	46 45	41 87	34 15	36 75	31 70	33 68	33 52	34 00	39 41

PRIX MOYEN	Janvier.	Février.	Mars.	Avril.	Mai.	Juin.	Juillet.	Août.	Septembre.	Octobre.	Novembre.	Décembre.	Prix de l'année.
dans les sept départements du rayon ordinaire d'approvisionnement de Paris (Aisne, Eure, Eure-et-Loir, Oise, Seine-et-Oise, Seine, Seine-et-Marne)	36 36	36 21	35 64	[illegible]	[illegible]	[illegible]	35 61	34 07	32 56	32 93	31 78	33 06	36 79
dans toute la France	34 96	36 46	37 29	[illegible]	[illegible]	[illegible]	36 19	32 28	31 05	31 60	31 02	32 36	36 16

PRIX MOYEN, PAR DÉPARTEMENT ET PAR MO[IS, DE L']HECTOLITRE DE FROMENT, PENDANT L'ANNÉE 1818.

(1re RÉGION.) NORD-OUEST.

DÉPARTEMENTS.	JANVIER.	FÉVRIER.	MARS.	AVRIL.	MAI.	JUIN.	JUILLET.	AOÛT.	SEPTEMBRE.	OCTOBRE.	NOVEMBRE.	DÉCEMBRE.	PRIX de l'année.
	fr. c.	fr. c.	fr. c.	fr. c.	fr. c.	fr. c.	fr. c.	fr. c.	fr. c.	fr. c.	fr. c.	fr. c.	fr. c.
Finistère	27 02	26 21	28 60	28 19	21 10	22 80	20 11	20 39	20 51	21 50	21 17	20 34	23 71
Côtes-du-Nord	25 75	20 55	25 98	21 80	20 64	19 08	18 68	22 99	22 63	23 30	22 30	22 02	22 05
Morbihan	17 39	27 65	26 06	25 63	23 10	24 81	21 01	20 38	25 30	20 07	25 50	25 44	25 71
Ille-et-Vilaine	27 21	25 04	22 71	22 91	19 20	10 73	21 20	24 41	22 42	23 07	23 54	21 06	23 09
Manche	24 61	21 81	20 31	20 03	18 92	17 49	16 39	19 80	19 18	20 47	21 07	19 08	19 94
Calvados	28 58	25 45	21 39	29 51	21 86	22 37	21 87	23 13	22 54	22 53	21 86	20 94	23 11
Orne	27 29	25 00	23 20	23 47	21 08	21 63	23 15	22 95	22 74	25 35	22 07	21 41	23 15
Mayenne	27 51	21 67	24 01	25 48	22 91	23 72	21 79	25 51	23 60	25 27	22 08	22 55	24 28
Sarthe	27 16	25 03	23 38	25 01	22 78	22 45	24 69	23 79	23 15	22 44	21 01	22 11	23 71
Prix moyen	27 05	25 63	21 11	21 33	21 62	21 63	21 73	23 19	22 40	22 01	22 35	22 05	23 26

(2e RÉGION.) NORD.

DÉPARTEMENTS.	JANVIER.	FÉVRIER.	MARS.	AVRIL.	MAI.	JUIN.	JUILLET.	AOÛT.	SEPTEMBRE.	OCTOBRE.	NOVEMBRE.	DÉCEMBRE.	PRIX de l'année.
	fr. c.	fr. c.	fr. c.	fr. c.	fr. c.	fr. c.	fr. c.	fr. c.	fr. c.	fr. c.	fr. c.	fr. c.	fr. c.
Nord	30 95	29 44	29 00	[illegible]	[illegible]	[illegible]	23 06	22 39	23 63	20 50	19 40	18 17	21 21
Pas-de-Calais	30 50	25 37	25 10	[illegible]	[illegible]	[illegible]	22 26	22 12	21 72	20 93	18 14	17 37	22 53
Somme	27 45	33 87	22 04	[illegible]	[illegible]	[illegible]	20 90	20 15	20 74	19 40	18 15	16 08	20 91
Seine-Inférieure	28 86	21 76	21 33	[illegible]	[illegible]	[illegible]	21 34	21 05	22 54	22 39	21 00	19 59	22 69
Oise	28 37	25 88	21 74	[illegible]	[illegible]	[illegible]	23 01	23 29	21 37	20 22	19 00	18 10	23 38
Aisne	29 06	25 76	23 50	[illegible]	[illegible]	[illegible]	20 35	17 72	17 91	16 70	15 63	14 94	20 38
Eure	30 80	28 00	26 40	[illegible]	[illegible]	[illegible]	21 82	24 12	23 61	23 49	22 11	20 50	21 44
Eure-et-Loir	27 08	21 89	25 38	[illegible]	[illegible]	[illegible]	21 85	23 75	23 41	21 04	21 71	19 77	23 17
Seine-et-Oise	30 17	25 86	26 47	[illegible]	[illegible]	[illegible]	25 17	24 96	24 07	22 01	21 61	20 13	24 29
Seine	30 87	26 83	27 12	[illegible]	[illegible]	[illegible]	23 31	25 49	24 06	21 38	21 81	18 88	24 30
Seine-et-Marne	28 76	26 15	24 07	[illegible]	[illegible]	[illegible]	22 86	22 28	20 91	19 45	18 64	17 29	22 00
Prix moyen	29 00	25 86	25 19	[illegible]	[illegible]	[illegible]	23 23	23 50	22 11	20 05	19 70	18 97	22 84

(3e RÉGION.) NORD-EST.

DÉPARTEMENTS.	JANVIER.	FÉVRIER.	MARS.	AVRIL.	MAI.	JUIN.	JUILLET.	AOÛT.	SEPTEMBRE.	OCTOBRE.	NOVEMBRE.	DÉCEMBRE.	PRIX de l'année.
	fr. c.	fr. c.	fr. c.	fr. c.	fr. c.	fr. c.	fr. c.	fr. c.	fr. c.	fr. c.	fr. c.	fr. c.	fr. c.
Ardennes	31 66	28 79	27 10	24 70	22 17	24 50	22 00	19 38	17 85	16 86	16 04	15 36	22 27
Marne	25 50	20 77	21 75	19 19	18 23	19 40	19 38	17 33	16 08	15 11	14 81	14 35	18 81
Aube	26 74	21 47	22 89	19 61	19 54	19 90	20 70	19 02	18 50	17 49	16 30	15 30	20 07
Haute-Marne	25 30	23 04	21 66	19 67	18 03	19 98	21 77	18 13	17 53	16 60	16 30	15 06	19 54
Meuse	28 14	24 64	22 74	22 26	19 73	20 01	20 28	18 38	16 71	16 29	14 80	13 88	19 83
Moselle	31 30	26 15	21 21	21 00	18 36	20 41	21 09	19 10	17 03	16 58	15 10	14 36	20 40
Meurthe	28 06	24 79	23 20	21 15	18 70	21 26	24 27	22 58	20 70	19 05	18 13	16 65	21 02
Vosges	30 61	27 09	23 06	23 63	19 91	22 07	23 07	22 72	20 89	19 16	18 16	17 80	22 47
Bas-Rhin	31 53	28 71	25 60	22 62	21 69	25 15	27 02	25 35	22 51	20 11	18 46	18 81	24 03
Haut-Rhin	29 51	30 32	27 11	26 32	24 60	27 47	28 19	26 08	22 07	22 26	20 31	20 05	25 30
Prix moyen	28 98	26 22	24 08	22 06	20 12	22 06	22 98	20 70	19 05	17 90	16 86	16 33	21 15

(4e RÉGION.) OUEST.

DÉPARTEMENTS.	JANVIER.	FÉVRIER.	MARS.	AVRIL.	MAI.	JUIN.	JUILLET.	AOÛT.	SEPTEMBRE.	OCTOBRE.	NOVEMBRE.	DÉCEMBRE.	PRIX de l'année.
	fr. c.	fr. c.	fr. c.	fr. c.	fr. c.	fr. c.	fr. c.	fr. c.	fr. c.	fr. c.	fr. c.	fr. c.	fr. c.
Loire-Inférieure	30 43	28 46	28 84	30 06	21 29	25 06	27 61	20 78	28 06	26 47	21 86	25 45	27 21
Maine-et-Loire	29 36	27 90	27 83	27 31	21 82	24 30	27 01	26 07	25 34	23 49	29 07	21 04	25 87
Indre-et-Loire	25 67	21 33	23 65	22 83	20 68	22 30	29 76	23 57	22 68	22 10	20 53	20 30	22 65
Vendée	28 58	27 10	21 60	21 19	21 13	21 03	24 02	21 07	24 12	23 07	21 05	20 87	23 00
Charente-Inférieure	30 02	27 08	27 02	25 87	27 36	28 73	27 65	28 42	27 33	26 39	21 14	23 03	26 27
Deux-Sèvres	26 83	21 84	21 24	23 63	20 90	23 80	25 81	25 31	24 35	21 04	22 17	21 46	23 97
Charente	27 52	26 05	25 42	24 90	20 76	23 65	26 20	26 29	25 08	21 56	23 77	23 98	24 73
Vienne	25 47	21 19	23 57	22 72	19 44	20 01	21 73	24 58	23 50	22 41	20 46	20 47	22 78
Haute-Vienne	26 86	24 63	22 90	21 20	19 22	19 46	21 97	23 29	21 42	21 90	20 21	20 15	21 06
Prix moyen	27 85	26 17	25 48	24 33	21 52	23 70	25 32	25 34	24 61	23 75	22 14	21 80	24 38

(5e RÉGION.) CENTRE.

DÉPARTEMENTS.	JANVIER.	FÉVRIER.	MARS.	AVRIL.	MAI.	JUIN.	JUILLET.	AOÛT.	SEPTEMBRE.	OCTOBRE.	NOVEMBRE.	DÉCEMBRE.	PRIX de l'année.
	fr. c.	fr. c.	fr. c.	fr. c.	fr. c.	fr. c.	fr. c.	fr. c.	fr. c.	fr. c.	fr. c.	fr. c.	fr. c.
Loir-et-Cher	25 85	25 49	23 46	[illegible]	[illegible]	[illegible]	25 00	29 91	22 14	20 52	19 49	19 71	22 15
Loiret	27 95	25 07	25 79	[illegible]	[illegible]	[illegible]	26 01	24 03	22 65	20 87	20 64	19 90	23 15
Yonne	24 40	22 58	20 88	[illegible]	[illegible]	[illegible]	20 15	18 27	17 13	17 80	17 08	16 79	19 31
Indre	26 24	24 02	22 11	[illegible]	[illegible]	[illegible]	21 01	22 03	21 33	21 10	19 56	20 00	21 68
Cher	28 13	25 20	23 88	[illegible]	[illegible]	[illegible]	21 23	21 70	21 14	21 75	19 55	20 00	22 72
Nièvre	26 07	21 18	22 80	[illegible]	[illegible]	[illegible]	22 97	21 93	20 34	20 27	19 61	19 26	21 59
Creuse	28 29	27 10	25 56	[illegible]	[illegible]	[illegible]	22 80	22 00	22 11	21 74	20 01	20 57	23 20
Allier	26 99	26 17	23 27	[illegible]	[illegible]	[illegible]	21 96	21 20	21 55	20 53	18 20	16 71	21 58
Puy-de-Dôme	26 89	25 41	22 53	[illegible]	[illegible]	[illegible]	19 86	20 56	21 50	19 93	18 20	19 05	21 07
Prix moyen	26 77	24 97	23 35	[illegible]	[illegible]	[illegible]	22 29	21 70	21 21	20 51	19 33	19 34	21 89

(6e RÉGION.) EST.

DÉPARTEMENTS.	JANVIER.	FÉVRIER.	MARS.	AVRIL.	MAI.	JUIN.	JUILLET.	AOÛT.	SEPTEMBRE.	OCTOBRE.	NOVEMBRE.	DÉCEMBRE.	PRIX de l'année.
	fr. c.	fr. c.	fr. c.	fr. c.	fr. c.	fr. c.	fr. c.	fr. c.	fr. c.	fr. c.	fr. c.	fr. c.	fr. c.
Côte-d'Or	26 71	25 26	23 41	20 97	19 25	21 70	23 61	22 25	21 12	20 92	19 55	19 01	21 98
Haute-Saône	28 61	25 91	23 59	22 74	19 49	23 95	25 91	23 19	21 37	20 95	19 08	19 88	22 87
Doubs	31 47	29 55	27 50	25 91	22 83	27 68	28 69	26 93	24 42	23 79	22 25	21 55	25 98
Jura	30 44	29 64	27 40	26 15	23 71	24 87	26 06	27 06	25 95	25 23	24 29	23 14	26 21
Saône-et-Loire	31 90	31 32	26 91	27 22	23 29	24 29	25 70	27 09	25 59	23 41	23 68	23 70	26 20
Loire	32 22	30 63	28 16	27 14	24 70	23 40	26 17	28 40	25 08	25 55	23 90	23 05	26 20
Rhône	31 32	29 28	26 28	26 18	24 25	21 68	27 14	28 16	25 39	24 40	23 57	22 10	25 89
Ain	33 26	31 51	28 29	27 83	23 31	25 20	26 66	27 50	25 15	25 13	24 36	23 97	26 77
Isère	32 51	30 93	27 90	28 44	26 80	26 78	28 41	28 20	26 50	23 87	23 51	24 45	27 15
Prix moyen	30 79	29 34	26 53	25 81	22 61	24 58	26 17	26 30	24 07	23 03	22 02	22 02	25 46

(7e RÉGION.) SUD-OUEST.

DÉPARTEMENTS.	JANVIER.	FÉVRIER.	MARS.	AVRIL.	MAI.	JUIN.	JUILLET.	AOÛT.	SEPTEMBRE.	OCTOBRE.	NOVEMBRE.	DÉCEMBRE.	PRIX de l'année.
	fr. c.	fr. c.	fr. c.	fr. c.	fr. c.	fr. c.	fr. c.	fr. c.	fr. c.	fr. c.	fr. c.	fr. c.	fr. c.
Gironde	31 30	31 43	31 55	30 39	27 46	29 10	30 05	31 55	30 71	29 70	26 82	26 94	30 08
Dordogne	31 73	30 28	27 72	27 02	21 27	25 00	25 31	27 69	26 57	26 54	25 02	25 82	26 29
Lot-et-Garonne	31 59	33 57	30 75	30 71	26 05	27 79	28 91	30 53	29 30	26 97	25 66	26 73	29 17
Landes	33 54	32 14	28 63	27 45	22 81	23 78	21 17	22 52	29 89	22 02	20 81	21 58	25 01
Gers	30 56	29 28	26 24	26 10	22 24	23 61	24 01	20 01	25 01	23 80	20 00	21 61	25 01
Basses-Pyrénées	32 22	32 16	29 06	25 70	25 15	25 15	21 33	22 17	25 49	22 63	21 60	22 11	25 11
Hautes-Pyrénées	31 17	31 21	28 40	25 47	22 36	23 00	24 72	23 85	23 52	23 88	22 39	23 10	25 34
Haute-Garonne	30 71	27 84	26 31	26 55	22 21	22 85	23 40	21 80	24 27	23 30	21 41	21 30	21 51
Ariége	27 00	29 06	27 13	27 89	23 21	23 56	25 04	24 06	23 58	22 22	20 80	20 80	25 06
Prix moyen	31 33	30 77	28 60	27 78	24 05	21 78	25 15	25 01	26 47	24 91	22 96	23 33	26 31

(8e RÉGION.) SUD.

DÉPARTEMENTS.	JANVIER.	FÉVRIER.	MARS.	AVRIL.	MAI.	JUIN.	JUILLET.	AOÛT.	SEPTEMBRE.	OCTOBRE.	NOVEMBRE.	DÉCEMBRE.	PRIX de l'année.
	fr. c.	fr. c.	fr. c.	fr. c.	fr. c.	fr. c.	fr. c.	fr. c.	fr. c.	fr. c.	fr. c.	fr. c.	fr. c.
Corrèze	31 22	30 70	28 19	[illegible]	[illegible]	[illegible]	23 50	21 55	24 16	23 12	21 10	21 03	25 08
Cantal	35 01	31 40	28 74	[illegible]	[illegible]	[illegible]	24 62	26 51	26 00	24 80	25 08	23 34	27 09
Lot	33 05	31 36	26 10	[illegible]	[illegible]	[illegible]	26 81	28 37	27 19	25 07	25 18	25 18	27 11
Aveyron	32 91	29 30	27 97	[illegible]	[illegible]	[illegible]	25 03	25 25	23 82	23 02	22 77	22 01	25 55
Lozère	32 26	30 73	28 80	[illegible]	[illegible]	[illegible]	26 26	28 15	25 62	25 00	25 76	25 73	27 20
Tarn-et-Garonne	32 81	29 07	27 61	[illegible]	[illegible]	[illegible]	30 78	29 08	28 18	27 08	21 39	21 06	27 14
Tarn	31 11	30 62	28 37	[illegible]	[illegible]	[illegible]	24 85	26 07	25 65	21 32	23 01	21 77	26 41
Hérault	37 96	32 25	31 07	[illegible]	[illegible]	[illegible]	28 80	29 09	29 27	29 53	27 58	26 53	29 65
Aude	35 32	31 90	29 28	[illegible]	[illegible]	[illegible]	26 78	26 60	25 89	21 48	23 80	22 37	27 12
Pyrénées-Orientales	35 63	31 81	29 40	[illegible]	[illegible]	[illegible]	26 50	28 65	26 75	27 90	27 23	26 07	28 56
Prix moyen	31 01	31 01	28 03	[illegible]	[illegible]	[illegible]	25 21	27 04	26 30	25 47	24 21	24 08	27 19

(9e RÉGION.) SUD-EST.

DÉPARTEMENTS.	JANVIER.	FÉVRIER.	MARS.	AVRIL.	MAI.	JUIN.	JUILLET.	AOÛT.	SEPTEMBRE.	OCTOBRE.	NOVEMBRE.	DÉCEMBRE.	PRIX de l'année.
	fr. c.	fr. c.	fr. c.	fr. c.	fr. c.	fr. c.	fr. c.	fr. c.	fr. c.	fr. c.	fr. c.	fr. c.	fr. c.
Haute-Loire	28 07	27 06	25 07	26 79	22 51	21 56	24 46	24 32	23 75	21 36	20 15	20 85	23 85
Ardèche	35 54	35 54	33 36	33 16	31 20	30 53	31 01	36 38	33 03	31 13	30 80	29 55	33 25
Drôme	31 95	29 20	26 60	27 05	25 05	25 67	27 04	29 90	28 17	27 56	25 58	25 36	27 44
Gard	41 30	37 20	35 73	31 39	31 05	32 87	36 18	35 01	33 19	32 29	31 45	29 61	34 31
Vaucluse	36 49	33 48	32 14	31 00	28 01	28 01	31 10	32 48	30 19	29 28	28 00	27 27	30 51
Basses-Alpes	36 15	32 43	29 81	30 08	27 46	27 88	30 08	30 41	28 25	27 30	26 74	26 00	29 37
Hautes-Alpes	36 24	34 81	30 99	30 26	30 08	29 21	28 51	30 25	28 18	26 24	25 91	25 07	29 77
Bouches-du-Rhône	31 15	29 38	28 75	27 36	23 79	21 50	28 40	29 31	27 64	26 97	26 14	23 39	27 52
Var	33 80	32 49	28 47	26 07	25 62	25 01	28 44	28 81	28 40	27 93	26 81	25 37	28 00
Prix moyen	35 52	32 06	30 18	29 54	27 15	27 39	29 67	30 90	28 04	27 61	25 78	25 24	29 35

(10e RÉGION.)

DÉPARTEMENTS.	JANVIER.	FÉVRIER.	MARS.	AVRIL.	MAI.	JUIN.	JUILLET.	AOÛT.	SEPTEMBRE.	OCTOBRE.	NOVEMBRE.	DÉCEMBRE.	PRIX de l'année.
Corse	33 51	33 54	30 51	27 68	27 10	28 39	25 58	21 70	21 36	24 18	23 21	23 26	26 00

PRIX MOYEN	JANVIER.	FÉVRIER.	MARS.	AVRIL.	MAI.	JUIN.	JUILLET.	AOÛT.	SEPTEMBRE.	OCTOBRE.	NOVEMBRE.	DÉCEMBRE.	PRIX de l'année.
dans les sept départements du rayon ordinaire d'approvisionnement de Paris (Aisne, Eure, Eure-et-Loir, Oise, Seine-et-Oise, Seine, Seine-et-Marne)	29 39	25 86	26 47	[illegible]	[illegible]	[illegible]	23 17	22 93	22 08	20 65	20 09	18 43	22 99
dans toute la France	30 31	28 09	26 28	[illegible]	[illegible]	[illegible]	24 78	21 87	23 60	22 96	21 80	21 39	24 65

(1re RÉGION.) NORD-OUEST.

DÉPARTEMENTS.	Janvier.	Février.	Mars.	Avril.	Mai.	Juin.	Juillet.	Août.	Septembre.	Octobre.	Novembre.	Décembre.	Prix de l'année.
	fr. c.	fr. c.	fr. c.	fr. c.	fr. c.	fr. c.	fr. c.	fr. c.	fr. c.	fr. c.	fr. c.	fr. c.	fr. c.
Finistère	17 06	17 41	17 50	17 11	16 89	17 12	16 02	16 18	15 80	15 70	16 45	17 30	16 77
Côtes-du-Nord	14 76	15 41	15 58	15 73	14 09	14 89	14 83	14 72	14 35	14 46	15 09	16 20	15 13
Morbihan	15 18	15 63	16 11	15 57	15 45	15 25	14 62	14 90	14 48	14 13	15 41	16 16	15 24
Ille-et-Vilaine	14 17	14 28	14 29	13 63	13 18	13 16	13 45	13 25	13 36	13 62	14 20	14 19	13 72
Manche	17 98	17 02	16 61	16 83	16 86	17 18	17 58	16 90	16 26	16 77	16 90	16 80	16 92
Calvados	18 06	17 84	17 66	17 34	17 38	18 19	18 03	17 45	17 26	18 57	19 17	18 97	18 02
Orne	17 41	17 10	17 26	17 29	16 88	17 83	17 47	17 05	16 97	17 40	18 91	18 15	17 56
Mayenne	13 33	13 57	13 68	12 00	12 39	12 69	12 53	12 14	12 11	12 78	14 99	15 32	13 21
Sarthe	15 77	15 95	16 17	15 53	15 07	15 52	15 05	15 10	14 80	15 57	17 80	18 08	15 86
Prix moyen	15 80	16 02	16 10	15 81	15 15	15 75	15 55	15 22	15 10	15 44	16 03	16 92	15 93

(2e RÉGION.) NORD.

DÉPARTEMENTS.	Janvier.	Février.	Mars.	Avril.	Mai.	Juin.	Juillet.	Août.	Septembre.	Octobre.	Novembre.	Décembre.	Prix de l'année.
	fr. c.	fr. c.	fr. c.	fr. c.	fr. c.	fr. c.	fr. c.	fr. c.	fr. c.	fr. c.	fr. c.	fr. c.	fr. c.
Nord	15 80	15 80	16 36	[illegible]	[illegible]	[illegible]	16 51	15 48	17 67	18 16	21 34	20 34	17 60
Pas-de-Calais	15 56	15 44	15 70	[illegible]	[illegible]	[illegible]	16 39	16 40	17 08	19 63	20 07	19 28	16 61
Somme	15 18	15 00	15 02	[illegible]	[illegible]	[illegible]	16 76	16 73	17 53	19 15	21 05	20 13	16 91
Seine-Inférieure	17 97	17 91	15 73	[illegible]	[illegible]	[illegible]	19 25	19 06	19 07	19 88	21 09	20 03	18 91
Oise	16 21	16 08	16 06	[illegible]	[illegible]	[illegible]	17 16	17 60	17 99	19 50	21 23	20 80	17 71
Aisne	16 43	14 65	14 83	[illegible]	[illegible]	[illegible]	15 78	15 65	16 65	18 69	21 56	21 20	16 08
Eure	17 75	17 34	17 64	[illegible]	[illegible]	[illegible]	19 34	19 56	19 65	20 92	22 98	22 22	19 13
Eure-et-Loir	17 50	17 53	17 59	[illegible]	[illegible]	[illegible]	18 09	17 83	18 50	21 63	21 41	22 38	19 12
Seine-et-Oise	17 95	18 02	18 41	[illegible]	[illegible]	[illegible]	17 97	18 06	19 16	23 40	25 44	21 02	19 78
Seine	17 67	17 70	18 01	[illegible]	[illegible]	[illegible]	17 57	17 31	19 24	21 02	20 07	23 06	19 10
Seine-et-Marne	16 26	16 57	17 26	[illegible]	[illegible]	[illegible]	17 26	17 27	18 15	20 73	22 88	22 42	18 44
Prix moyen	16 70	16 56	16 81	[illegible]	[illegible]	[illegible]	17 50	17 67	18 26	20 36	22 14	21 56	18 23

(3e RÉGION.) NORD-EST.

DÉPARTEMENTS.	Janvier.	Février.	Mars.	Avril.	Mai.	Juin.	Juillet.	Août.	Septembre.	Octobre.	Novembre.	Décembre.	Prix de l'année.
	fr. c.	fr. c.	fr. c.	fr. c.	fr. c.	fr. c.	fr. c.	fr. c.	fr. c.	fr. c.	fr. c.	fr. c.	fr. c.
Ardennes	13 07	13 25	13 60	14 01	14 69	15 06	15 16	14 91	17 07	19 09	19 46	19 41	15 54
Marne	13 57	13 87	14 01	14 00	13 61	14 08	14 32	14 79	16 87	18 30	19 13	18 82	15 45
Aube	15 50	15 83	16 01	16 18	15 38	15 60	15 61	16 46	17 79	19 46	21 47	21 89	17 27
Haute-Marne	13 22	13 94	14 85	14 71	14 33	14 00	14 71	15 00	19 11	19 79	21 62	21 80	16 31
Meuse	12 40	12 28	12 29	13 87	13 37	13 88	13 93	13 00	16 77	18 03	18 41	18 74	14 90
Moselle	13 49	14 10	14 78	14 26	13 29	13 96	13 11	14 35	18 32	18 23	19 30	19 71	15 43
Meurthe	14 82	15 61	16 13	16 47	15 23	14 97	14 68	17 63	18 38	20 26	20 55	20 30	17 17
Vosges	16 73	17 01	17 79	17 10	16 47	16 10	16 33	18 16	20 44	22 06	22 02	24 32	18 57
Bas-Rhin	16 14	17 62	18 58	19 06	17 41	18 08	18 13	20 29	21 05	29 17	23 00	19 11	19 45
Haut-Rhin	19 14	20 00	20 40	21 31	20 11	20 86	19 69	21 61	22 65	23 06	21 61	23 86	21 55
Prix moyen	14 84	15 36	15 98	16 13	15 41	15 66	15 67	16 52	18 65	20 13	20 90	20 86	17 20

(4e RÉGION.) OUEST.

DÉPARTEMENTS.	Janvier.	Février.	Mars.	Avril.	Mai.	Juin.	Juillet.	Août.	Septembre.	Octobre.	Novembre.	Décembre.	Prix de l'année.
	fr. c.	fr. c.	fr. c.	fr. c.	fr. c.	fr. c.	fr. c.	fr. c.	fr. c.	fr. c.	fr. c.	fr. c.	fr. c.
Loire-Inférieure	15 12	15 41	15 45	14 91	14 60	14 92	14 31	14 39	15 11	15 93	16 05	15 99	15 30
Maine-et-Loire	14 11	14 92	14 98	14 18	13 86	14 41	13 19	13 14	13 86	14 18	16 10	17 30	14 55
Indre-et-Loire	15 31	15 47	15 60	15 31	15 20	15 41	14 71	14 06	15 34	15 90	17 05	17 53	15 68
Vendée	13 80	14 00	13 80	13 73	13 11	13 18	12 77	13 90	14 45	14 43	17 01	17 50	14 29
Charente-Inférieure	14 21	14 33	14 37	14 18	13 75	13 80	13 83	13 81	15 16	15 29	17 28	18 64	14 01
Deux-Sèvres	12 98	13 25	13 39	13 19	12 60	14 30	12 29	12 31	12 72	12 80	14 01	16 05	13 71
Charente	13 14	12 88	13 83	13 35	13 22	13 53	13 03	14 34	15 31	14 06	16 78	18 56	14 46
Vienne	13 45	13 92	14 38	13 68	13 35	13 20	12 89	12 90	13 04	14 15	15 78	17 25	14 05
Haute-Vienne	13 77	13 63	14 18	14 17	13 94	13 84	13 94	15 03	15 27	15 86	16 83	19 50	15 01
Prix moyen	13 97	14 24	14 47	14 11	13 73	13 86	13 52	13 70	14 61	14 89	16 83	17 83	14 61

(5e RÉGION.) CENTRE.

DÉPARTEMENTS.	Janvier.	Février.	Mars.	Avril.	Mai.	Juin.	Juillet.	Août.	Septembre.	Octobre.	Novembre.	Décembre.	Prix de l'année.
	fr. c.	fr. c.	fr. c.	fr. c.	fr. c.	fr. c.	fr. c.	fr. c.	fr. c.	fr. c.	fr. c.	fr. c.	fr. c.
Loir-et-Cher	16 34	16 18	16 70	[illegible]	[illegible]	[illegible]	16 15	16 42	16 79	18 75	20 35	19 32	17 14
Loiret	16 11	17 55	17 41	[illegible]	[illegible]	[illegible]	17 01	17 13	18 08	20 70	22 80	21 33	18 21
Yonne	16 67	17 26	17 29	[illegible]	[illegible]	[illegible]	16 86	16 91	17 84	19 70	21 53	21 31	18 16
Indre	16 77	17 13	17 13	[illegible]	[illegible]	[illegible]	16 75	16 32	17 09	19 22	21 11	21 02	17 77
Cher	14 66	15 62	16 15	[illegible]	[illegible]	[illegible]	16 42	16 04	18 53	20 01	21 21	21 06	17 37
Nièvre	15 37	15 75	17 25	[illegible]	[illegible]	[illegible]	18 60	18 49	18 75	21 77	22 15	22 06	18 56
Creuse	16 83	17 10	17 01	[illegible]	[illegible]	[illegible]	18 03	18 61	21 18	22 08	21 45	21 70	19 50
Allier	13 78	13 80	14 75	[illegible]	[illegible]	[illegible]	16 20	19 67	22 28	24 01	20 57	20 50	18 01
Puy-de-Dôme	13 82	14 23	14 85	[illegible]	[illegible]	[illegible]	16 09	18 91	22 96	23 74	27 41	20 94	18 75
Prix moyen	15 63	16 08	16 01	[illegible]	[illegible]	[illegible]	16 90	17 70	19 37	21 41	23 11	22 74	18 21

(6e RÉGION.) EST.

DÉPARTEMENTS.	Janvier.	Février.	Mars.	Avril.	Mai.	Juin.	Juillet.	Août.	Septembre.	Octobre.	Novembre.	Décembre.	Prix de l'année.
	fr. c.	fr. c.	fr. c.	fr. c.	fr. c.	fr. c.	fr. c.	fr. c.	fr. c.	fr. c.	fr. c.	fr. c.	fr. c.
Côte-d'Or	15 95	16 38	17 34	17 42	17 18	18 41	18 61	21 55	22 78	23 21	25 79	25 45	20 09
Haute-Saône	16 16	16 69	17 07	17 57	16 86	17 27	17 46	20 63	22 18	23 26	25 52	25 42	19 69
Doubs	17 88	18 23	18 57	19 02	18 07	19 87	19 60	22 97	24 40	26 10	27 51	27 60	21 75
Jura	17 69	17 76	18 72	18 95	19 20	20 20	20 44	23 66	23 32	24 55	27 47	27 15	21 59
Saône-et-Loire	16 77	17 26	17 90	18 17	18 30	19 20	19 25	21 65	22 55	24 31	25 10	28 00	21 13
Loire	18 02	17 81	17 85	18 09	18 05	18 47	19 21	23 07	23 92	26 39	30 02	29 76	21 72
Rhône	17 80	17 42	18 13	18 39	19 40	19 36	19 98	22 26	23 38	24 83	29 01	30 35	21 97
Ain	17 36	17 87	17 81	18 20	18 15	18 75	18 20	20 31	21 32	23 21	27 38	28 69	20 61
Isère	17 15	17 36	17 40	17 01	18 02	18 00	19 25	20 80	22 85	23 27	27 40	28 80	20 77
Prix moyen	17 21	17 38	17 00	18 27	18 23	18 85	19 10	21 79	22 91	24 10	27 78	28 20	21 02

(7e RÉGION.) SUD-OUEST.

DÉPARTEMENTS.	Janvier.	Février.	Mars.	Avril.	Mai.	Juin.	Juillet.	Août.	Septembre.	Octobre.	Novembre.	Décembre.	Prix de l'année.
	fr. c.	fr. c.	fr. c.	fr. c.	fr. c.	fr. c.	fr. c.	fr. c.	fr. c.	fr. c.	fr. c.	fr. c.	fr. c.
Gironde	17 31	17 16	17 40	16 48	16 03	16 80	16 36	17 80	19 10	18 35	20 86	21 00	17 97
Dordogne	17 00	17 41	17 34	17 03	16 37	17 77	17 70	18 95	19 10	20 71	21 24	21 81	18 56
Lot-et-Garonne	16 65	17 37	17 18	16 39	16 73	17 33	16 70	18 02	18 82	19 05	19 88	20 81	17 90
Landes	17 15	18 43	17 50	15 80	15 54	15 99	13 07	15 49	15 77	16 50	16 80	17 80	16 42
Gers	14 68	15 01	14 35	13 72	13 55	13 75	12 89	15 30	16 05	16 44	19 02	20 10	15 35
Basses-Pyrénées	17 55	18 07	18 92	17 06	16 53	16 60	14 60	15 98	16 31	17 19	17 72	18 58	16 98
Hautes-Pyrénées	17 62	17 36	17 08	16 51	15 84	15 00	15 14	15 72	16 03	16 61	18 26	19 40	16 77
Haute-Garonne	15 68	16 59	15 56	15 33	15 30	15 06	15 30	15 81	16 92	17 01	20 66	21 00	16 66
Ariège	16 29	16 00	16 10	16 16	16 00	16 31	16 17	17 37	17 96	17 83	20 98	21 79	17 49
Prix moyen	16 65	17 05	16 75	16 06	15 83	16 06	15 40	16 53	17 37	17 77	19 50	20 20	17 10

(8e RÉGION.) SUD.

DÉPARTEMENTS.	Janvier.	Février.	Mars.	Avril.	Mai.	Juin.	Juillet.	Août.	Septembre.	Octobre.	Novembre.	Décembre.	Prix de l'année.
	fr. c.	fr. c.	fr. c.	fr. c.	fr. c.	fr. c.	fr. c.	fr. c.	fr. c.	fr. c.	fr. c.	fr. c.	fr. c.
Corrèze	17 27	17 41	17 71	[illegible]	[illegible]	[illegible]	19 89	17 76	18 70	19 68	21 43	21 78	18 37
Cantal	16 89	17 67	17 37	[illegible]	[illegible]	[illegible]	15 84	15 90	16 85	19 18	20 49	22 36	17 18
Lot	16 06	17 30	17 53	[illegible]	[illegible]	[illegible]	18 89	19 00	20 35	21 14	21 95	22 83	19 01
Aveyron	15 92	15 35	15 31	[illegible]	[illegible]	[illegible]	15 51	16 02	18 68	19 07	20 13	21 25	17 15
Lozère	16 48	15 46	16 62	[illegible]	[illegible]	[illegible]	16 43	16 72	18 07	19 31	22 16	23 40	17 83
Tarn-et-Garonne	15 68	16 30	16 06	[illegible]	[illegible]	[illegible]	15 08	16 08	18 10	18 68	20 93	21 02	17 04
Tarn	16 31	16 11	16 00	[illegible]	[illegible]	[illegible]	16 80	18 71	20 23	20 25	22 22	23 74	18 15
Hérault	21 03	20 73	20 48	[illegible]	[illegible]	[illegible]	19 40	21 04	24 07	22 80	25 88	26 73	21 86
Aude	17 55	17 00	17 65	[illegible]	[illegible]	[illegible]	17 08	19 56	20 31	20 21	22 86	23 10	19 15
Pyrénées-Orientales	19 89	20 26	20 49	[illegible]	[illegible]	[illegible]	21 15	20 34	20 52	20 00	23 59	24 05	20 07
Prix moyen	17 34	17 44	17 53	[illegible]	[illegible]	[illegible]	17 43	18 48	19 05	20 19	22 15	23 03	18 70

(9e RÉGION.) SUD-EST.

DÉPARTEMENTS.	Janvier.	Février.	Mars.	Avril.	Mai.	Juin.	Juillet.	Août.	Septembre.	Octobre.	Novembre.	Décembre.	Prix de l'année.
	fr. c.	fr. c.	fr. c.	fr. c.	fr. c.	fr. c.	fr. c.	fr. c.	fr. c.	fr. c.	fr. c.	fr. c.	fr. c.
Haute-Loire	16 93	16 20	17 07	17 31	16 84	17 35	17 23	20 11	21 60	24 00	26 04	25 85	19 83
Ardèche	21 29	21 89	22 11	22 21	21 09	22 51	22 92	24 01	20 31	26 75	29 62	30 13	24 30
Drôme	18 73	19 06	19 05	19 30	19 05	20 12	20 88	22 62	23 59	24 82	30 33	30 86	22 36
Gard	21 65	22 45	22 41	22 58	22 39	23 23	23 68	21 58	25 07	25 39	28 18	28 48	24 15
Vaucluse	21 29	23 63	22 58	21 95	21 37	22 09	22 87	24 61	25 39	26 21	30 29	30 85	24 15
Basses-Alpes	23 35	23 81	23 07	23 40	22 74	23 25	24 72	22 60	22 74	22 87	25 31	25 26	23 49
Hautes-Alpes	19 35	19 59	20 11	20 13	19 67	20 52	20 54	20 62	20 93	21 11	22 10	24 81	20 89
Bouches-du-Rhône	22 60	22 15	22 11	21 12	20 33	20 06	20 43	21 50	22 93	23 32	28 29	26 65	22 85
Var	22 07	22 86	21 99	22 33	22 56	21 08	21 01	21 58	23 12	24 87	27 07	27 85	23 26
Prix moyen	21 05	21 56	21 29	21 14	20 84	21 83	21 42	22 71	23 61	24 15	27 51	27 01	22 81

(10e RÉGION.)

DÉPARTEMENTS.	Janvier.	Février.	Mars.	Avril.	Mai.	Juin.	Juillet.	Août.	Septembre.	Octobre.	Novembre.	Décembre.	Prix de l'année.
	fr. c.	fr. c.	fr. c.	fr. c.	fr. c.	fr. c.	fr. c.	fr. c.	fr. c.	fr. c.	fr. c.	fr. c.	fr. c.
Corse	17 85	18 31	19 99	19 94	20 24	19 22	17 38	18 71	20 29	19 29	20 54	21 52	19 51

Prix moyens	Janvier.	Février.	Mars.	Avril.	Mai.	Juin.	Juillet.	Août.	Septembre.	Octobre.	Novembre.	Décembre.	Prix de l'année.
dans les sept départements du rayon ordinaire d'approvisionnement de Paris (Aisne, Eure, Eure-et-Loir, Oise, Seine-et-Oise, Seine, Seine-et-Marne)	17 03	16 86	17 20	[illegible]	[illegible]	[illegible]	17 66	17 66	18 54	20 95	23 34	22 30	18 68
dans toute la France	16 39	16 22	17 08	[illegible]	[illegible]	[illegible]	16 91	17 85	18 85	19 83	21 87	22 13	18 21

IV.

TABLEAU

DES IMPORTATIONS ET EXPORTATIONS DE FROMENT

COMPARÉES AUX PRIX RÉGULATEURS ET AUX DROITS VARIABLES

DE CHAQUE FRONTIÈRE,

SOUS LES RÉGIMES SUCCESSIFS DES LOIS DE 1819, 1821, 1830 ET 1832, JUSQU'A 1835 INCLUSIVEMENT.

LOI 1819.

PREMIÈRE CLASSE.

PREMIÈRE SECTION.

Départements frontières : *Gironde, Landes, Basses-Pyrénées, Hautes-Pyrénées, Ariége et Haute-Garonne.*

Loi de 1819.

ARRÊTÉS. DATES.	MERCURIALES. Marans.	Bordeaux.	Toulouse.	Prix régulateurs.	DROITS. Entrée par navires français (venant des pays de production).	Entrée par navires français (d'ailleurs que des pays de production).	Entrée par navires étrangers et par terre.	Sortie.	COMMERCE. Importations.	Exportations.	Entrepôts.	OBSERVATIONS.
	fr. c.	fr. c.	fr. c.	fr. c.	fr. c.	fr. c.	fr. c.	fr. c.	q. m.	q. m.	q. m.	
1819.												
31 août	19 33	21 73	18 55	18 56	Prohibée.		Prohibée.	0 25	»	»	»	
30 septembre	13 73	19 70	15 01	15 17	Idem.		Idem.	0 25	»	»	1,416	
31 octobre	13 32	17 90	14 38	15 73	Idem.		Idem.	0 25	»		1,416	
30 novembre	13 26	17 61	14 11	16 28	Idem.		Idem.	0 25	»		1,416	
31 décembre	13 56	17 58	14 96	16 32	Idem.		Idem.	0 25		2	1,416	
									»	2		
										Terme moyen.	1,416	
1820.												
31 janvier	13 00	16 78	14 41	14 62	Idem.		Idem.	0 25	»	115	1,416	
29 février	13 33	17 12	15 21	15 45	Idem.		Idem.	0 25	»	»	1,416	
31 mars	16 12	18 36	17 68	17 31	Idem.		Idem.	0 25	»	108	1,416	
30 avril	14 78	18 97	18 91	17 81	Idem.		Idem.	0 25	»	4	1,416	
31 mai	16 11	20 33	17 70	18 33	Idem.		Idem.	0 25	»	3	1,416	
30 juin	18 00	20 55	17 74	19 51	Prohibée.	Prohibée.	Prohibée.	0 25		215	2,350	
31 juillet	18 35	20 58	17 30	19 33	Idem.	Idem.	Idem.	0 25	»	»	2,180	
31 août	17 33	18 33	16 02	17 55	Idem.	Idem.	Idem.	0 25		4	2,618	
30 septembre	18 33	17 50	16 45	17 69	Idem.	Idem.	Idem.	0 25	»	33	2,618	
31 octobre	18 66	19 50	16 61	18 75	Idem.	Idem.	Idem.	0 25		21	2,618	
30 novembre	18 26	20 00	16 61	19 22	Idem.	Idem.	Idem.	0 25	»	30	2,618	
31 décembre	17 71	20 12	17 67	19 91	Idem.	Idem.	Idem.	0 25	»	30	2,618	
									»	571		
										Terme moyen.	2,103	
1821.												
31 janvier	17 05	20 00	16 99	19 81	Idem.	Idem.	Idem.	0 25	»	16	2,817	
28 février	16 63	19 58	16 43	17 93	Idem.	Idem.	Idem.	0 25	»	108	2,507	
31 mars	16 23	17 67	16 79	17 08	Idem.	Idem.	Idem.	0 25	»	88	2,824	
30 avril	16 39	18 80	17 09	17 40	Idem.	Idem.	Idem.	0 25	»	80	3,473	
31 mai	15 44	18 19	16 52	16 71	Idem.	Idem.	Idem.	0 25	»	6	1,739	
30 juin	15 63	17 67	15 56	16 94	Idem.	Idem.	Idem.	0 25	»	16	1,139	
										316		
										Terme moyen.	2,237	

DEUXIÈME SECTION.

Départements frontières : *Pyrénées-Orientales, Aude, Hérault, Gard, Bouches-du-Rhône, Var, Basses-Alpes, Hautes-Alpes, Isère, Ain, Jura, Doubs.*

Loi de 1819.

ARRÊTÉS. DATES.	MERCURIALES. Toulouse.	Marseille.	Arles.	Lyon.	Prix régulateurs.	DROITS. Entrée par navires français (venant des pays de production).	Entrée par navires français (d'ailleurs que des pays de production).	Entrée par navires étrangers et par terre.	Sortie.	COMMERCE. Importations.	Exportations.	Entrepôts.	OBSERVATIONS.
	fr. c.	fr. c.	fr. c.	fr. c.	fr. c.	fr. c.	fr. c.	fr. c.	fr. c.	q. m.	q. m.	q. m.	
1819.													
31 août	16 03	25 15	22 81	20 02	21 00	3 25		4 25	0 25	16,654	18	30,167	[illegible]
30 septembre	15 01	24 05	22 70	16 83	18 08	Prohibée.		Prohibée.	0 25	37,557	973	40,386	
31 octobre	14 38	21 25	21 61	16 25	16 56	Idem.		Idem.	0 25	»	4,072	33,984	
30 novembre	14 11	25 28	21 15	16 50	16 60	Idem.		Idem.	0 25	»	7,330	60,227	
31 décembre	11 96	25 83	22 04	15 32	16 58	Idem.		Idem.	0 25	2,181	7,497	23,330	
										56,412	30,789		
											Terme moyen.	49,395	
1820.													
31 janvier	14 41	21 48	23 83	14 78	15 13	Idem.		Idem.	0 25	»	5,873	151,848	
29 février	15 21	25 68	22 22	15 84	16 38	Idem.		Idem.	0 25	1,037	2,112	166,536	
31 mars	17 68	21 33	24 71	18 09	18 83	Idem.		Idem.	0 25	»	616	208,843	
30 avril	18 91	23 32	25 86	19 23	20 63	3 25		4 25	0 25	57,103	352	161,406	
31 mai	17 70	22 50	21 07	20 89	20 51	3 25		4 25	0 25	144,602	166	52,841	
30 juin	17 71	22 32	21 85	21 43	21 00	3 25	4 25	5 50	0 25	10,903	205	99,575	
31 juillet	17 30	27 14	21 77	20 81	20 89	3 25	4 25	5 50	0 25	9,810	»	174,168	
31 août	16 02	21 25	24 06	20 81	21 22	2 25	3 25	1 50	0 25	16,030	»	278,903	
30 septembre	16 45	23 50	24 42	20 51	21 08	2 25	3 25	1 50	0 25	28,681	220	303,396	
31 octobre	15 84	23 42	23 78	20 81	21 11	2 25	3 25	4 50	0 25	28,174	326	290,008	
30 novembre	16 61	23 12	23 70	21 30	21 69	2 25	3 25	4 50	0 25	19,047	60	267,114	
31 décembre	17 02	24 22	26 13	22 53	22 16	1 25	2 25	3 50	0 25	21,140	36	198,500	
										386,505	10,162		
											Terme moyen.	195,818	
1821.													
31 janvier	16 80	19 70	25 99	22 35	21 65	2 25	3 25	4 50	0 25	131,711	58	55,403	
28 février	16 43	22 91	25 60	21 51	21 75	2 25	3 25	1 50	0 25	195	30	43,182	
31 mars	16 72	18 80	25 78	21 48	20 22	3 25	4 25	5 50	0 25	1,114	»	11,200	
30 avril	17 02	20 93	25 18	18 91	18 71	Prohibée.	Prohibée.	Prohibée.	0 25	657	102	12,248	
31 mai	16 72	20 26	25 52	18 35	18 73	Idem.	Idem.	Idem.	0 25	»	271	36,733	
30 juin	15 74	18 83	22 22	17 08	17 30	Idem.	Idem.	Idem.	0 25	»	878	15,570	
										133,607	1,318		
											Terme moyen.	31,056	

DEUXIÈME CLASSE.

PREMIÈRE SECTION.

Départements frontières : *Haut-Rhin*, *Bas-Rhin*.

Loi de 1819.

ARRÊTÉS. DATES.	MERCURIALES. MULHAUSEN.	STRASBOURG.	PRIX régulateur.	DROITS. ENTRÉE. par navires français (venant des pays de production)	(par navires français d'ailleurs que des pays de production)	par navires étrangers et par terre.	SORTIE.	COMMERCE. IMPORTATIONS.	EXPORTATIONS.	ENTREPÔTS.
	fr. c.	fr. c.	fr. c.	fr. c.	fr. c.	fr. c.	fr. c.	q. m.	q. m.	q. m.
1819.										
31 août	21 50	11 46	18 35	3 25		1 25	0 25	183	»	»
30 septembre	16 14	13 38	14 27	Prohibée.		Prohibée.	0 25	»	10	»
31 octobre	16 65	13 60	14 44	*Idem.*		*Idem.*	0 25	»	130	»
30 novembre	15 10	12 96	13 37	*Idem.*		*Idem.*	0 25	»	387	»
31 décembre	15 11	11 63	13 48	*Idem.*		*Idem.*	0 25	»	307	»
								183	1,033	
									Terme moyen.	»
1820.										
31 janvier	14 10	11 09	12 61	*Idem.*		*Idem.*	0 25	»	143	»
29 février	16 37	12 02	13 63	*Idem.*		*Idem.*	0 25	»	81	»
31 mars	17 19	13 20	11 51	*Idem.*		*Idem.*	0 25	»	51	»
30 avril	18 01	14 25	15 12	*Idem.*		*Idem.*	0 25	»	10	»
31 mai	17 21	14 12	15 80	*Idem.*		*Idem.*	0 25	»	37	»
				par navires français venant des pays de production.	par navires français d'ailleurs que des pays de production.	par navires étrangers et par terre.				
				fr. c.	fr. c.	fr. c.				
30 juin	16 78	16 89	17 65	Prohibée.	Prohibée.	Prohibée.	0 25	»	176	»
31 juillet	19 16	15 06	16 83	*Idem.*	*Idem.*	*Idem.*	0 25	»	»	»
31 août	17 27	14 59	15 49	*Idem.*	*Idem.*	*Idem.*	0 25	»	185	»
30 septembre	17 92	16 06	17 08	*Idem.*	*Idem.*	*Idem.*	0 25	»	61	»
31 octobre	18 47	17 90	18 01	3 25	1 25	5 50	0 25	»	110	»
30 novembre	17 63	16 83	17 05	Prohibée.	Prohibée.	Prohibée.	0 25	»	241	»
31 décembre	18 06	16 61	16 95	*Idem.*	*Idem.*	*Idem.*	0 25	»	308	»
								»	1,304	
									Terme moyen.	»
1821.										
31 janvier	18 21	16 81	17 18	*Idem.*	*Idem.*	*Idem.*	0 25	»	193	»
28 février	17 82	16 01	16 56	*Idem.*	*Idem.*	*Idem.*	0 25	»	168	»
31 mars	18 13	16 15	16 49	*Idem.*	*Idem.*	*Idem.*	0 25	»	250	»
30 avril	18 15	16 27	16 82	*Idem.*	*Idem.*	*Idem.*	0 25	»	317	»
31 mai	17 45	14 83	15 71	*Idem.*	*Idem.*	*Idem.*	0 25	»	311	»
30 juin	17 14	15 12	15 70	*Idem.*	*Idem.*	*Idem.*	0 25	»	310	»
								»	1,838	
									Terme moyen.	»

DEUXIÈME SECTION.

Nord, *Pas-de-Calais*, *Seine-Inférieure*, *Eure* et *Calvados*.

Loi de 1819.

DATES.	MERCURIALES. BERGUES.	ARRAS.	ROYE.	SOISSONS.	PARIS.	[illegible]	[illegible]	DROITS. ENTRÉE. par navires français (venant des pays de production)	(par navires français d'ailleurs que des pays de production)	par navires étrangers et par terre.	SORTIE.	COMMERCE. IMPORTATIONS.	EXPORTATIONS.	ENTREPÔTS.
	fr. c.	fr. c.	fr. c.	fr. c.	fr. c.	fr. c.		fr. c.		fr. c.	fr. c.	q. m.	q. m.	q. m.
1819.														
31 août	18 06	16 81	18 13	17 81	22 03	20 01	[illegible]	2 25		3 25	0 25	»	171	»
30 septembre	18 50	15 65	16 07	11 35	17 42	18 83	[illegible]	Prohibée.		Prohibée.	0 25	493	1,742	»
31 octobre	16 52	11 46	14 33	13 50	17 10	18 17	[illegible]	*Idem.*		*Idem.*	0 25	»	1,106	»
30 novembre	17 03	12 81	13 91	13 63	15 47	17 56	[illegible]	*Idem.*		*Idem.*	0 25	»	155	»
31 décembre	15 85	14 27	12 76	13 19	15 11	16 57	[illegible]	*Idem.*		*Idem.*	0 25	»	181	»
												493	3,843	
													Terme moyen.	»
1820.														
31 janvier	15 72	11 13	12 45	12 96	11 86	10 75	[illegible]	*Idem.*		*Idem.*	0 25	»	615	»
29 février	16 09	14 79	12 73	13 00	14 71	16 59	[illegible]	*Idem.*		*Idem.*	0 25	»	504	»
31 mars	16 56	16 11	11 85	15 08	18 08	19 0[illegible]	[illegible]	*Idem.*		*Idem.*	0 25	»	940	»
30 avril	17 08	11 80	15 59	15 74	18 55	18 91	[illegible]	*Idem.*		*Idem.*	0 25	»	192	1,460
31 mai	17 90	17 09	19 86	21 60	24 70	21 50	[illegible]	2 25		3 25	0 25	652	11	31,376
								par navires français venant des pays de production.	par navires français d'ailleurs que des pays de production.	par navires étrangers et par terre.				
								fr. c.	fr. c.	fr. c.				
30 juin	18 06	16 06	17 10	21 07	24 19	21 17	[illegible]	1 25	2 25	3 50	0 25	2,879	10	63,101
31 juillet	19 77	17 58	20 05	20 40	23 10	23 83	[illegible]	1 25	2 25	3 50	0 25	1,010	1	50,055
31 août	17 49	15 42	16 12	17 87	20 06	21 07	[illegible]	1 25	1 25	5 50	0 25	3,644	»	96,891
30 septembre	18 37	17 99	22 38	21 55	22 30	23 17	[illegible]	1 25	2 25	3 50	0 25	7,170	810	96,306
31 octobre	19 13	19 34	21 30	16 83	21 51	23 33	[illegible]	1 25	2 25	3 50	0 25	7,773	»	103,788
30 novembre	18 56	18 71	21 23	20 93	21 47	23 30	[illegible]	1 25	2 25	3 50	0 25	13,088	»	127,771
31 décembre	18 47	18 91	21 28	22 00	24 47	23 61	[illegible]	1 25	2 25	3 50	0 25	30,571	»	120,620
												66,849	2,518	
													Terme moyen.	76,895
1821.														
31 janvier	18 40	18 92	20 48	20 83	23 83	23 17	[illegible]	1 25	2 25	3 50	0 25	28,141	»	103,172
28 février	18 25	18 06	20 07	20 51	21 38	21 83	[illegible]	2 25	3 25	4 50	0 25	11,191	22	83,174
31 mars	18 68	17 48	19 78	19 36	22 38	22 33	[illegible]	2 25	3 25	4 50	0 25	2,133	34	88,885
30 avril	18 77	17 05	18 23	17 80	19 57	21 35	[illegible]	2 25	4 25	5 50	0 25	85	16	87,536
31 mai	18 15	15 20	15 20	15 88	16 89	20 06	[illegible]	Prohibée.	Prohibée.	Prohibée.	0 25	»	3	92,672
30 juin	19 92	16 62	19 30	16 27	18 11	20 35	[illegible]	3 25	4 25	6 50	0 25	1,332	5	93,921
												43,882	74	
													Terme moyen.	90,783

TROISIÈME SECTION.

Loire-Inférieure, *Vendée*, *Charente-Inférieure*.

Loi de 1819.

DATES.	MERCURIALES. SAUMUR.	NANTES.	MARANS.	PRIX régulateur.	DROITS. ENTRÉE. par navires français (venant des pays de production)	(par navires français d'ailleurs que des pays de production)	par navires étrangers et par terre.	SORTIE.	COMMERCE. IMPORTATIONS.	EXPORTATIONS.	ENTREPÔTS.
	fr. c.	fr. c.	fr. c.	fr. c.	fr. c.		fr. c.	fr. c.	q. m.	q. m.	q. m.
1819.											
31 août	13 47	24 14	10 33	19 46	3 25		3 25	0 25	»	»	»
30 septembre	14 80	18 79	13 73	14 83	Prohibée.		Prohibée.	0 25	»	»	»
31 octobre	13 80	17 24	13 38	13 90	*Idem.*		*Idem.*	0 25	»	5,717	»
30 novembre	13 97	17 61	13 26	14 15	*Idem.*		*Idem.*	0 25	»	1,196	»
31 décembre	13 87	17 19	13 56	14 12	*Idem.*		*Idem.*	0 25	»	»	»
									»	7,033	
										Terme moyen.	»
1820.											
31 janvier	14 00	16 10	13 00	13 53	*Idem.*		*Idem.*	0 25	»	»	»
29 février	13 30	16 35	13 33	13 63	*Idem.*		*Idem.*	0 25	»	»	»
31 mars	15 07	18 19	16 12	16 26	*Idem.*		*Idem.*	0 25	»	»	»
30 avril	15 33	17 73	11 58	15 70	*Idem.*		*Idem.*	0 25	»	»	»
31 mai	19 33	20 00	16 41	17 51	*Idem.*		*Idem.*	0 25	»	192	»
					par navires français venant des pays de production.	par navires français d'ailleurs que des pays de production.	par navires étrangers et par terre.				
					fr. c.	fr. c.	fr. c.				
30 juin	13 47	21 76	18 00	18 29	3 25	4 25	5 50	0 25	»	»	»
31 juillet	17 47	21 73	18 33	18 62	3 25	4 25	5 50	0 25	»	»	»
31 août	16 00	19 61	17 33	17 71	Prohibée.	Prohibée.	Prohibée.	0 25	»	»	»
30 septembre	16 40	20 38	18 33	19 04	2 25	3 25	4 50	0 25	»	»	»
31 octobre	18 80	20 80	18 66	19 47	2 25	3 25	4 50	0 25	»	»	»
30 novembre	19 90	21 60	18 26	19 68	2 25	3 25	4 50	0 25	»	»	»
31 décembre	19 20	20 54	17 71	18 86	3 25	4 25	5 50	0 25	»	»	»
									»	192	
										Terme moyen.	»
1821.											
31 janvier	17 73	21 12	17 01	18 54	3 25	4 25	5 50	0 25	»	»	»
28 février	16 90	20 51	16 63	17 50	Prohibée.	Prohibée.	Prohibée.	0 25	»	275	»
31 mars	17 07	20 36	16 23	17 88	*Idem.*	*Idem.*	*Idem.*	0 25	»	1,071	»
30 avril	16 51	19 74	16 39	16 70	*Idem.*	*Idem.*	*Idem.*	0 25	»	»	»
31 mai	15 07	18 08	15 44	14 85	*Idem.*	*Idem.*	*Idem.*	0 25	»	»	»
30 juin	15 47	19 53	15 63	16 41	*Idem.*	*Idem.*	*Idem.*	0 25	»	»	»
									»	1,346	
										Terme moyen.	»

PREMIÈRE SECTION.

Départements frontières : *Moselle, Meuse, Ardennes, Aisne.*

Loi de 1819.

ARRÊTÉS. DATES.	MERCURIALES. METZ.	VERDUN.	CHARLEVILLE.	SOISSONS.	PRIX régulateurs.	DROITS. ENTRÉE par navires français (venant des pays de production)	par navires français d'ailleurs que des pays de production	par navires étrangers et par terre.	SORTIE.	COMMERCE. IMPORTATIONS.	EXPORTATIONS.	ENTREPÔTS.	OBSERVATIONS.
	fr. c.	fr. c.	fr. c.	fr. c.	fr. c.	fr. c.	fr. c.	fr. c.	fr. c.	q. m.	q. m.	q. m.	
1819.													
31 août	12 98	11 32	14 13	17 07	15 29	Prohibée.		Prohibée.	0 25	″	″	″	
30 septembre	11 31	12 01	15 72	14 35	13 53	Idem.		Idem.	0 25	″	710	″	
31 octobre	10 53	11 57	12 61	13 50	12 77	Idem.		Idem.	0 25	″	4,031	″	
30 novembre	10 61	10 71	13 05	12 83	12 31	Idem.		Idem.	0 25	″	4,113	″	
31 décembre	10 82	10 59	12 23	13 12	12 36	Idem.		Idem.	0 25	″	2,905	″	
										″	11,763	″	
1820.													
31 janvier	9 80	10 29	12 29	12 06	10 05	Idem.		Idem.	0 25	″	4,337		
29 février	10 47	10 16	12 12	12 09	12 20	Idem.		Idem.	0 25	″	3,480	″	
31 mars	12 46	10 30	13 10	15 06	14 07	Idem.		Idem.	0 25	″	4,123	″	
30 avril	12 40	11 36	15 96	15 74	11 59	Idem.		Idem.	0 23	″	1,104	700	
31 mai	16 15	15 58	18 23	21 34	19 79	0 25		1 25	Prohibée.	135	75	″	
30 juin	19 49	18 61	21 49	21 07	20 89	0 25	1 25	1 25	Idem.	970	″	″	
31 juillet	17 62	17 87	22 11	20 50	20 67	0 25	1 25	1 25	Idem.	″	″		
31 août	15 78	15 79	18 57	19 87	17 38	2 25	3 25	4 50	0 25	51	93	″	
30 septembre	16 41	17 80	21 13	21 55	20 60	0 25	1 25	1 25	Prohibée.	080	18	″	
31 octobre	15 85	17 28	20 60	19 83	19 10	0 25	1 25	1 25	Idem.	1,175	″	″	
30 novembre	15 41	15 45	10 12	20 93	18 81	1 25	2 25	3 50	0 25	1,168	900	1,363	
31 décembre	10 58	17 86	21 21	22 60	20 38	0 25	1 25	1 25	Prohibée.	1,363	107	″	
										5,182	14,421	1,070	
1821.													
31 janvier	16 40	15 19	20 03	20 83	19 04	0 25	1 25	1 25	Idem.	2,098		″	
28 février	15 27	15 60	19 08	20 54	18 71	1 25	2 25	3 50	0 25	1,202	312	″	
31 mars	15 06	11 50	18 51	19 36	18 22	1 25	2 24	3 50	0 25		520	″	
30 avril	14 41	14 22	17 65	17 80	16 28	3 25	1 25	4 50	0 25	″	751	″	
31 mai	19 20	12 60	15 38	15 98	16 71	3 25	4 25	5 50	0 25	″	1,013	″	
30 juin	12 27	12 24	17 01	16 27	15 01	Prohibée.	Prohibée.	Prohibée.	0 25	″	1,098	″	
										3,369	3,769	″	

DEUXIÈME SECTION.

Départements frontières : *Manche, Ille-et-Vilaine, Côtes-du-Nord, Finistère et Morbihan.*

Loi de 1819.

ARRÊTÉS. DATES.	MERCURIALES. SAINT-LÔ.	PAIMPOL.	QUIMPER.	HENNEBONT.	NANTES.	PRIX régulateurs.	DROITS. ENTRÉE par navires français (venant des pays de production)	par navires français d'ailleurs que des pays de production	par navires étrangers et par terre.	SORTIE.	COMMERCE. IMPORTATIONS.	EXPORTATIONS.	ENTREPÔTS.	OBSERVATIONS.
	fr. c.	fr. c.	fr. c.	fr. c.	fr. c.	fr. c.	fr. c.	fr. c.	fr. c.	fr. c.	q. m.	q. m.	q. m.	
1819.														
31 août	20 94	18 68	22 15	21 21	21 14	20 55	0 25		1 25	Prohibée.	″	″	″	
30 septembre	18 50	17 22	15 38	20 70	18 70	18 82	1 25		2 25	0 25	″	″	″	
31 octobre	19 49	14 67	15 84	19 43	17 24	17 68	2 25		3 25	0 25	″	37	″	
30 novembre	18 45	14 39	15 35	19 55	17 64	17 17	2 25		3 25	0 25	″	1,716	″	
31 décembre	18 88	14 10	13 10	18 34	17 18	17 09	2 25		3 25	0 25	″	36	″	
											″	1,789	″	
1820.														
31 janvier	18 51	14 10	15 00	18 09	16 10	16 35	3 25		4 25	0 25	″	1,903	″	
29 février	17 78	14 72	16 22	18 31	16 35	16 15	3 25		4 25	0 25	″	353	″	
31 mars	20 46	15 00	16 80	18 25	18 12	18 12	1 25		2 25	0 25	″	″	″	
30 avril	20 70	17 50	16 85	17 71	17 73	18 35	1 25		2 25	0 25	″	80	″	
31 mai	23 80	17 22	16 01	18 71	20 20	20 38	0 25		1 25	Prohibée.	377	″	″	
30 juin	27 23	19 72	19 69	19 96	21 80	22 21	0 25	1 25	1 25	Idem.	151	″	″	
31 juillet	26 65	20 97	18 08	16 86	21 73	21 37	0 25	1 25	1 25	Idem.	″	″	″	
31 août	22 27	18 88	16 93	19 79	19 61	19 86	0 25	1 25	1 25	Idem.	″	″	″	
30 septembre	21 78	16 20	15 60	16 69	20 38	19 65	0 25	1 25	1 25	Idem.	9	″	″	
31 octobre	22 30	16 33	16 26	17 43	20 80	20 07	0 25	1 25	1 25	Idem.	774	″	″	
30 novembre	21 88	17 91	16 07	17 96	21 60	21 09	0 25	1 25	1 25	Idem.	″	″	″	
31 décembre	24 26	18 88	19 20	19 67	20 94	21 21	0 25	1 25	1 25	Idem.	317	″	″	
											1,628	9,426	″	
1821.														
31 janvier	22 00	18 33	18 66	21 46	21 12	21 06	0 25	1 25	1 25	Idem.	431	″	″	
28 février	21 00	18 33	20 40	20 42	20 51	20 40	0 25	1 25	1 25	Idem.	″	″	″	
31 mars	21 56	18 05	19 10	19 83	20 49	20 46	0 25	1 25	1 25	Idem.	″	″	″	
30 avril	20 11	16 52	18 56	20 33	19 72	19 18	0 25	1 25	1 25	Idem.	″	″	″	
31 mai	18 93	17 22	15 60	19 46	18 98	18 73	1 25	2 25	3 50	0 25	23	″	″	
30 juin	21 03	16 05	16 28	19 06	19 52	19 49	0 25	1 25	1 25	Prohibée.	″	″	″	
											451	″	″	

LOIS DE 1830 ET 1832.

PREMIE LASSE.

SECT NIQUE.

Départements frontières : *Pyrénées-Orientales, Hérault, Gard, Bouches-du-Rhône, Var et Corse.*

Loi de 1821.

ARRÊTÉS. DATES.	MERCURIALES. Toulouse.	Fleurance.	Marseille.	Gray.	Prix régulateurs.	DROITS. Entrée par navires français venant des pays de production.	Entrée par navires français d'ailleurs que des pays de production.	Entrée par navires étrangers et par terre.	Sortie.	COMMERCE. Importations.	Exportations.	Entrepôts.	OBSERVATIONS.
	fr. c.	fr. c.	fr. c.	fr. c.	fr. c.	fr. c.	fr. c.	fr. c.	fr. c.	q. m.	q. m.	q. m.	
1821.													
31 juillet	15 41	14 30	21 10	16 17	16 90	Prohibée.	Prohibée.	Prohibée.	0 25		2,085	51,097	
31 août	16 07	14 86	24 65	15 23	17 70	Idem.	Idem.	Idem.	0 25	»	4	47,791	
30 septembre	15 93	14 46	23 07	13 97	16 87	Idem.	Idem.	Idem.	0 25	»	»	53,554	
31 octobre	15 58	14 22	21 30	14 25	17 13	Idem.	Idem.	Idem.	0 25	»	—	53,560	
30 novembre	14 06	14 33	21 47	13 75	16 16	Idem.	Idem.	Idem.	0 25	»	»	61,908	
31 décembre	14 25	14 30	22 15	13 83	16 89	Idem.	Idem.	Idem.	0 25	»	16	60,931	
										»	2,105		
											Terme moyen.	54,704	
1822.													
31 janvier	14 13	14 30	21 02	13 58	16 07	Idem.	Idem.	Idem.	0 25	»	1	50,045	
28 février	14 25	14 31	20 63	13 58	15 70	Idem.	Idem.	Idem.	0 25		64	53,341	
31 mars	13 95	13 93	19 03	13 42	15 31	Idem.	Idem.	Idem.	0 25	»	12	50,296	
30 avril	14 34	13 35	19 63	14 06	15 08	Idem.	Idem.	Idem.	0 25	»	10	47,167	
31 mai	16 41	15 25	22 83	13 25	16 91	Idem.	Idem.	Idem.	0 25		114	52,923	
30 juin	15 43	14 61	20 35	13 33	15 90	Idem.	Idem.	Idem.	0 25	»	22	56,180	
31 juillet	17 51	16 53	22 51	14 68	17 98	Idem.	Idem.	Idem.	0 25	»	41	83,800	
31 août	17 01	15 30	22 14	15 00	17 60	Idem.	Idem.	Idem.	0 25	»	3	96,258	
30 septembre	16 13	14 91	21 60	14 83	16 97	Idem.	Idem.	Idem.	0 25	»	»	92,106	
31 octobre	16 16	14 44	20 46	14 75	16 40	Idem.	Idem.	Idem.	0 25	»	974	60,809	
30 novembre	16 20	14 36	21 50	15 36	15 90	Idem.	Idem.	Idem.	0 25	»	979	41,401	
31 décembre	16 40	14 66	20 86	15 75	16 92	Idem.	Idem.	Idem.	0 25	»	3,967	32,773	
										»	5,308		
											Terme moy.	62,080	
1823.													
31 janvier	17 01	16 36	23 33	16 09	18 18	Idem.	Idem.	Idem.	0 25	»	380	17,163	
28 février	17 29	17 78	23 51	16 40	18 71	Idem.	Idem.	Idem.	0 25		236	15,140	
31 mars	21 22	19 58	24 14	15 87	20 79	Idem.	Idem.	Idem.	0 25		166	20,103	
30 avril	21 39	20 83	25 26	19 00	21 62	Idem.	Idem.	Idem.	0 25		2,319	34,192	
31 mai	19 22	19 13	22 54	17 34	19 61	Idem.	Idem.	Idem.	0 25	»	2,332	49,357	
30 juin	17 17	17 20	22 13	15 83	18 12	Idem.	Idem.	Idem.	0 26	»	204	50,831	
31 juillet	16 39	17 73	22 51	16 00	18 31	Idem.	Idem.	Idem.	0 25		119	29,128	
31 août	14 66	15 46	23 03	15 83	17 23	Idem.	Idem.	Idem.	0 25	»	2,500	60,789	
30 septembre	14 36	14 22	22 83	15 83	16 81	Idem.	Idem.	Idem.	0 25		52	66,188	
31 octobre	14 85	14 13	22 10	15 85	16 80	Idem.	Idem.	Idem.	0 25		8	131,831	
30 novembre	14 05	14 84	21 92	15 33	17 00	Idem.	Idem.	Idem.	0 25	»	603	12,710	

Loi de 1821.

ARRÊTÉS. DATES.	MERCURIALES. Toulouse.	Fleurance.	Marseille.	Gray.	Prix régulateurs.	DROITS. Entrée par navires français venant des pays de production.	Entrée par navires français d'ailleurs que des pays de production.	Entrée par navires étrangers et par terre.	Sortie.	COMMERCE. Importations.	Exportations.	Entrepôts.	OBSERVATIONS.
	fr. c.	fr. c.	fr. c.	fr. c.	fr. c.	fr. c.	fr. c.	fr. c.	fr. c.	q. m.	q. m.	q. m.	
31 décembre	14 55	15 25	22 50	14 75	17 22	Prohibée.	Prohibée.	Prohibée.	0 25	»	1	135,436	
										»	9,518		
											Terme moyen.	57,973	
1824.													
31 janvier	14 89	15 36	23 15	14 58	17 00	Idem.	Idem.	Idem.	0 25	»	2	138,909	
29 février	14 99	14 91	21 96	15 00	18 55	Idem.	Idem.	Idem.	0 25		3	164,019	
31 mars	15 00	15 50	21 52	15 00	16 75	Idem.	Idem.	Idem.	0 25	»	»	152,155	
30 avril	15 64	15 61	22 26	15 13	17 17	Idem.	Idem.	Idem.	0 25	»	198	114,346	
31 mai	16 01	15 37	21 90	14 33	17 16	Idem.	Idem.	Idem.	0 25	»	2	98,331	
30 juin	14 97	14 42	21 29	14 83	16 38	Idem.	Idem.	Idem.	0 25	»	9	107,472	
31 juillet	14 54	13 40	21 49	15 33	15 73	Idem.	Idem.	Idem.	0 25	»	36	122,368	
31 août	12 96	11 79	21 00	15 25	14 73	Idem.	Idem.	Idem.	0 25	»	12	133,903	
30 septembre	13 51	12 08	21 40	14 58	15 30	Idem.	Idem.	Idem.	0 23	»	89	157,230	
31 octobre	13 78	12 40	19 80	15 06	15 97	Idem.	Idem.	Idem.	0 25	»	107	153,017	
30 novembre	13 86	12 62	21 27	15 31	15 82	Idem.	Idem.	Idem.	0 25	»	103	147,897	
31 décembre	13 85	12 06	20 16	15 50	15 54	Idem.	Idem.	Idem.	0 25	»	2,307	151,505	
										»	2,898		
											Terme moyen.	138,755	
1825.													
31 janvier	13 52	12 23	20 11	15 50	15 31	Idem.	Idem.	Idem.	0 25	»	80	165,710	
28 février	13 40	12 10	21 14	15 18	15 64	Idem.	Idem.	Idem.	0 25	»	3,253	118,931	
31 mars	13 34	12 18	19 57	15 00	15 09	Idem.	Idem.	Idem.	0 25	»	1,303	128,168	
30 avril	13 32	12 18	19 35	15 09	14 90	Idem.	Idem.	Idem.	0 25		3,046	110,036	
31 mai	13 10	11 65	19 20	15 00	14 75	Idem.	Idem.	Idem.	0 25		110	79,897	
30 juin	14 20	12 52	19 20	15 40	15 38	Idem.	Idem.	Idem.	0 25	»	748	54,696	
31 juillet	13 01	11 74	18 24	15 50	14 78	Idem.	Idem.	Idem.	0 25	»	1,538	90,317	
31 août	13 03	12 05	18 47	15 50	15 01	Idem.	Idem.	Idem.	0 25	»	111	103,700	
30 septembre	13 10	12 55	18 34	15 50	15 11	Idem.	Idem.	Idem.	0 25		1,207	134,189	
31 octobre	13 17	12 27	19 22	15 95	15 16	Idem.	Idem.	Idem.	0 25	»	2,029	133,650	
30 novembre	12 46	12 47	18 18	16 24	15 05	Idem.	Idem.	Idem.	0 26	»	46	133,166	
31 décembre	12 70	11 85	17 85	16 61	14 78	Idem.	Idem.	Idem.	0 25	»	55	149,513	
										»	14,269		
											Terme moyen.	121,752	
1826.													
31 janvier	12 63	12 23	18 13	16 18	14 79	Idem.	Idem.	Idem.	0 26	»	1,026	141,090	
28 février	12 65	12 63	19 26	16 12	15 37	Idem.	Idem.	Idem.	0 26	»	1,207	115,861	

5.

SECTION UNIQUE.

Départements frontières : *Pyrénées-Orientales, Hérault, Gard, Bouches-du-Rhône, Var et Corse.*

Loi de 1821.

ARRÊTÉS. DATES.	MERCURIALES. TOULOUSE.	FLEURANCE.	MARSEILLE.	GRAY.	PRIX régulateurs.	DROITS. ENTRÉE par navires français venant des pays de production.	par navires français d'ailleurs que des pays de production.	par navires étrangers et par terre.	SORTIE.	COMMERCE. IMPORTATIONS.	EXPORTATIONS.	ENTREPÔTS.	OBSERVATIONS.
	fr. c.	fr. c.	fr. c.	fr. c.	fr. c.	fr. c.	fr. c.	fr. c.	fr. c.	q. m.	q. m.	q. m.	
31 mars	12 80	12 10	18 10	15 03	11 83	Prohibée.	Prohibée.	Prohibée.	0 25	»	381	91,037	
30 avril	12 61	11 90	18 03	15 26	14 61	Idem.	Idem.	Idem.	0 25	»	2,370	83,160	
31 mai	14 60	12 13	19 67	15 13	14 90	Idem.	Idem.	Idem.	0 25	»	916	87,300	
30 juin	13 25	13 03	18 34	15 11	14 93	Idem.	Idem.	Idem.	0 25	»	16	101,808	
31 juillet	12 00	12 34	18 40	15 00	14 83	Idem.	Idem.	Idem.	0 25	»	1,104	99,058	
31 août	12 55	10 84	21 16	15 87	15 40	Idem.	Idem.	Idem.	0 25	»	1,253	103,130	
30 septembre	13 08	11 36	21 06	16 13	15 41	Idem.	Idem.	Idem.	0 25	»	1,470	94,039	
31 octobre	12 42	11 27	21 11	16 18	15 51	Idem.	Idem.	Idem.	0 25	»	5,375	81,076	
30 novembre	13 16	11 16	20 82	16 52	15 86	Idem.	Idem.	Idem.	0 25	»	1,310	71,272	
31 décembre	13 77	11 11	19 75	16 22	16 12	Idem.	Idem.	Idem.	0 25	»	330	80,189	
										»	15,763		
											Terme moyen.	91,100	
1827.													
31 janvier	15 02	14 07	21 62	16 05	17 09	Idem.	Idem.	Idem.	0 25	»	1,885	63,937	
28 février	16 09	15 45	21 31	16 91	17 21	Idem.	Idem.	Idem.	0 25	»	501	50,686	
31 mars	15 70	11 50	21 09	16 50	16 95	Idem.	Idem.	Idem.	0 25	»	1,145	31,197	
30 avril	15 23	14 50	20 82	16 97	16 85	Idem.	Idem.	Idem.	0 25	»	1,236	22,342	
31 mai	11 93	15 43	20 11	16 59	16 34	Idem.	Idem.	Idem.	0 25	»	1,579	19,009	
30 juin	15 23	11 52	19 82	16 15	16 11	Idem.	Idem.	Idem.	0 25	»	2,918	16,818	
31 juillet	15 28	13 98	19 49	16 77	16 38	Idem.	Idem.	Idem.	0 25	»	730	10,091	
31 août	15 37	14 02	20 18	18 51	17 25	Idem.	Idem.	Idem.	0 25	»	3	14,890	
30 septembre	17 79	16 91	24 25	21 03	20 15	Idem.	Idem.	Idem.	0 25	»	570	21,836	
31 octobre	17 45	15 52	21 49	21 75	19 61	Idem.	Idem.	Idem.	0 25	»	582	21,814	
30 novembre	19 14	17 62	25 18	23 31	21 40	Idem.	Idem.	Idem.	0 25	»	986	42,371	
31 décembre	21 24	18 37	27 44	20 70	23 41	Idem.	Idem.	Idem.	0 25	»	1	66,664	
										»	12,400		
											Terme moyen.	32,311	
1828.													
31 janvier	21 01	15 82	26 51	25 00	23 71	Idem.	Idem.	Idem.	0 25	»	5	50,688	
29 février	23 41	24 14	27 31	25 63	21 09	2 25	3 25	4 50	0 25	32,423	»	46,135	
31 mars	23 68	21 00	26 30	21 31	23 09	Prohibée.	Prohibée.	Prohibée.	0 25	135,509	3	3,361	
30 avril	22 76	20 20	26 10	21 58	22 11	Idem.	Idem.	Idem.	0 25	36,634	3	15,508	
31 mai	22 91	19 83	24 95	21 18	22 22	Idem.	Idem.	Idem.	0 25	»	4	23,712	
30 juin	20 23	18 10	22 47	20 00	20 22	Idem.	Idem.	Idem.	0 25	»	»	41,868	
31 juillet	18 82	18 11	20 61	20 00	10 38	Prohibée.	Prohibée.	Prohibée.	0 25	»	12	51,126	
31 août	18 81	16 08	25 02	21 57	20 54	Idem.	Idem.	Idem.	0 25	»	»	63,007	
30 septembre	20 22	17 06	26 23	19 81	21 05	Idem.	Idem.	Idem.	0 25	»	5	55,257	
31 octobre	19 91	18 51	26 70	19 91	21 27	Idem.	Idem.	Idem.	0 25	1,579	»	55,641	
30 novembre	20 00	19 73	18 82	19 55	21 20	Idem.	Idem.	Idem.	0 25	»	»	61,471	
31 décembre	21 08	20 54	20 09	19 82	22 77	Idem.	Idem.	Idem.	0 25	»	»	53,844	
										208,523	30		
											Terme moyen.	40,250	
1829.													
31 janvier	21 38	20 91	28 85	19 62	22 09	Idem.	Idem.	Idem.	0 25	»	194	47,306	
28 février	21 49	21 70	29 09	19 61	22 73	Idem.	Idem.	Idem.	0 25	»	1,586	43,217	
31 mars	19 91	19 43	27 35	19 41	21 52	Idem.	Idem.	Idem.	0 25	253	245	34,175	
30 avril	19 06	19 69	26 12	18 37	20 81	Idem.	Idem.	Idem.	0 25	»	»	29,475	
31 mai	20 19	19 27	26 32	20 86	21 06	Idem.	Idem.	Idem.	0 25	»	1	24,057	
30 juin	19 83	19 01	26 06	21 37	21 57	Idem.	Idem.	Idem.	0 25	»	»	19,386	
31 juillet	18 38	17 65	25 03	21 16	20 55	Idem.	Idem.	Idem.	0 25	»	»	17,545	
31 août	18 56	16 64	28 55	18 21	20 67	Idem.	Idem.	Idem.	0 25	»	9	10,993	
30 septembre	18 21	16 08	26 83	18 75	20 11	Idem.	Idem.	Idem.	0 25	2	14	12,708	
31 octobre	18 31	17 11	27 05	20 03	20 08	Idem.	Idem.	Idem.	0 25	»	»	9,793	
30 novembre	18 80	17 61	26 60	20 55	20 90	Idem.	Idem.	Idem.	0 25	»	1	6,450	
31 décembre	18 25	16 70	26 91	20 22	20 71	Idem.	Idem.	Idem.	0 25	»	»	5,809	
										255	2,050		
											Terme moyen.	22,357	
1830.													
31 janvier	18 47	16 44	20 36	20 15	20 48	Idem.	Idem.	Idem.	0 25	27	»	1,514	
28 février	18 65	16 85	25 29	20 06	20 50	Idem.	Idem.	Idem.	0 25	»	5	7,250	
31 mars	19 00	16 87	26 43	21 11	20 88	Idem.	Idem.	Idem.	0 25	»	»	20,209	
30 avril	20 47	17 51	27 69	23 93	22 30	Idem.	Idem.	Idem.	0 25	»	»	48,935	
31 mai	20 23	17 58	27 77	25 07	22 90	Idem.	Idem.	Idem.	0 25	298	»	69,708	
30 juin	20 07	17 03	25 10	21 93	22 25	Idem.	Idem.	Idem.	0 25	»	1	42,318	
31 juillet	20 05	17 80	21 86	25 70	22 13	Idem.	Idem.	Idem.	0 25	»	»	36,120	
31 août	20 05	19 51	28 30	25 73	23 13	Idem.	Idem.	Idem.	0 25	5	1	81,545	
30 septembre	18 66	19 80	27 47	26 15	23 29	Idem.	Idem.	Idem.	0 25	14	»	174,962	
										338	5		
											Terme moyen.	54,421	

PREMIÈRE CLASSE. (Suite.)

SECTION UNIQUE.

Départements frontières : *Pyrénées-Orientales, Hérault, Gard, Bouches-du-Rhône, Var et Corse.*

Loi de 1830.

ARRÊTÉS. DATES.	MERCURIALES. TOULOUSE.	LYON.	MARSEILLE.	GRAY.	PRIX régulateurs.	DROITS. ENTRÉE par navires français et par terre.	par navires étrangers.	SORTIE.	COMMERCE. IMPORTATIONS.	EXPORTATIONS.	ENTREPÔTS.
	fr. c.	fr. c.	fr. c.	fr. c.	fr. c.	fr. c.	fr. c.	fr. c.	q. m.	q. m.	q. m.
31 octobre	19 12	20 21	22 27	20 72	26 41	0 25	1 25	Prohibée.	110,605	»	134,718
30 novembre	18 77	22 15	26 85	23 23	24 73	2 00	3 00	0 25	333,279	»	1,430
31 décembre	18 53	27 72	27 88	23 53	24 42	2 00	3 00	0 25	119,273	11	7,779
									563,157	16	
										Terme moyen.	47,986
1831.											
31 janvier	19 34	28 73	28 51	23 42	24 50	2 00	3 00	0 25	11,681	2,100	35,936
28 février	19 57	27 15	28 80	23 41	21 73	2 00	3 00	0 25	37,373	250	63,120
31 mars	19 77	24 01	28 02	21 34	23 14	Prohibée.	Prohibée.	0 25	106,616	»	9,087
30 avril	19 35	22 62	24 25	19 31	20 90	Idem.	Idem.	0 25	50,993	»	16,006
31 mai	19 53	23 00	27 18	19 81	22 63	Idem.	Idem.	0 25	5,768	»	8,517
30 juin	19 31	23 06	20 52	20 30	22 30	Idem.	Idem.	0 25	7,980	»	8,143
31 juillet	20 15	23 01	27 15	20 09	22 75	Idem.	Idem.	0 25	»	1	18,573
31 août	20 05	25 47	27 91	20 89	25 58	Idem.	Idem.	0 25	»	»	35,295
30 septembre	19 20	24 51	27 45	22 11	23 38	Idem.	Idem.	0 45	»	31	50,111
31 octobre	19 27	21 07	27 64	22 30	23 28	Idem.	Idem.	0 25	»	4	138,967
30 novembre	19 21	23 12	27 83	21 60	22 06	Idem.	Idem.	0 26	»	13	153,215
31 décembre	20 04	23 45	28 33	21 24	23 36	Idem.	Idem.	0 25	»	1	202,001
									219,205	2,400	
										Terme moyen.	57,533
1832.											
31 janvier	20 36	22 05	28 42	20 06	23 30	Idem.	Idem.	0 25	»	»	281,965
29 février	21 64	22 63	28 92	20 31	23 54	Idem.	Idem.	0 25	26,031	»	295,101
31 mars	21 35	23 07	31 04	21 61	25 18	1 00	2 00	0 25	235,746	»	190,701
									261,777	»	
										Terme moyen.	255,850
Loi de 1832.											
30 avril	23 01	23 35	36 02	22 22	21 87	2 25	3 50	0 25	343,595	7	49,071
31 mai	25 08	26 14	30 73	23 61	20 45	0 25	1 50	4 00	133,511	1	49,130
30 juin	25 54	30 16	32 79	32 56	30 97	0 25	0 25	12 00	201,100	30	129,097
31 juillet	19 70	25 00	26 12	26 44	21 18	2 25	3 50	0 25	427,120	»	4,201
31 août	17 40	21 83	26 64	22 60	23 14	4 75	6 00	0 25	226,089	28	11,030
30 septembre	17 30	22 85	26 43	20 63	21 80	6 25	7 50	0 25	100,583	2	18,500
31 octobre	17 17	21 89	26 48	19 73	21 32	6 25	7 50	0 25	15,614	»	31,617
30 novembre	17 01	19 87	21 48	17 95	19 85	9 25	10 50	0 25	1,565	»	42,751
31 décembre	16 88	21 76	22 35	18 22	19 80	9 25	10 50	0 25	31	»	41,898
									1,449,631	68	
										Terme moyen.	38,016
1833.											
31 janvier	17 01	20 91	25 54	18 50	19 98	9 25	10 50	0 25	1,093	»	58,914
28 février	17 26	20 55	25 00	18 59	20 21	7 75	9 00	0 25	6	3	58,289

OBSERVATIONS.

Le prix de [illegible] francs [illegible] centimes, [illegible] arrêté le 30 avril 1831, pa[illegible] comparativement aux prix correspondants, une différence [illegible] provient de ce que les mercuriales de la première et de la deuxième [illegible] d'avril ne comprenaient que le [illegible] d'un prix inférieur [illegible] de la localité qui figuraient sur les mercuriales.

Loi de 1832.

ARRÊTÉS. DATES.	MERCURIALES. TOULOUSE.	LYON.	MARSEILLE.	GRAY.	PRIX régulateurs.	DROITS. ENTRÉE par navires français et par terre.	par navires étrangers.	SORTIE.	COMMERCE. IMPORTATIONS.	EXPORTATIONS.	ENTREPÔTS.	OBSERVATIONS.
	fr. c.	fr. c.	fr. c.	fr. c.	fr. c.	fr. c.	fr. c.	fr. c.	q. m.	q. m.	q. m.	
31 mars	16 40	20 47	22 64	17 53	19 28	9 25	10 50	0 25	524	2	61,069	
30 avril	16 35	19 54	20 16	17 10	18 30	10 75	12 00	0 25	17	»	75,878	
31 mai	15 44	19 48	20 02	17 00	18 15	10 75	12 00	0 25	»	»	72,832	
30 juin	16 18	19 85	19 90	17 07	18 38	10 75	12 00	0 25	»	»	83,338	
31 juillet	15 91	21 06	21 40	16 53	19 23	9 25	10 50	0 25	32	2	79,705	
31 août	15 93	19 09	22 35	17 07	18 58	10 75	12 00	0 26	97	»	76,089	
30 septembre	14 98	17 60	21 50	15 31	17 60	12 25	13 50	0 26	»	»	64,004	
31 octobre	14 88	17 21	20 31	15 96	17 09	12 25	13 50	0 25	13	»	56,768	
30 novembre	14 74	16 53	20 51	14 74	16 62	13 75	15 00	0 25	»	3	43,784	
31 décembre	14 70	16 65	20 20	15 00	16 65	13 75	15 00	0 25	41	»	39,536	
									1,885	10		
										Terme moyen.	64,268	
1834.												
31 janvier	14 61	16 00	20 20	14 67	16 61	13 75	15 00	0 25	21	»	39,938	
28 février	14 42	16 51	19 13	14 64	16 22	13 75	15 00	0 25	»	»	39,110	
31 mars	14 45	15 99	18 99	14 29	15 83	15 25	16 50	0 26	»	»	27,111	
30 avril	14 51	16 02	18 64	14 05	15 60	15 25	16 50	0 25	39	3	27,124	
31 mai	15 50	16 50	18 62	14 20	16 47	13 75	15 00	0 25	88	»	42,090	
30 juin	15 05	15 94	20 12	13 53	16 11	13 75	15 00	0 25	1	»	48,950	
31 juillet	15 11	15 98	20 78	13 40	16 33	13 75	15 00	0 25	1	»	52,064	
31 août	14 73	16 03	20 01	13 74	16 28	13 75	15 00	0 25	»	»	45,479	
30 septembre	14 50	16 25	19 84	13 65	16 06	13 75	15 00	0 25	3	3	37,220	
31 octobre	14 20	15 68	19 72	13 86	15 74	15 25	16 50	0 25	»	10	24,632	
30 novembre	14 73	15 56	20 57	13 11	16 00	13 75	15 00	0 25	9	»	14,341	
31 décembre	15 02	15 33	22 26	13 75	16 59	13 75	15 00	0 25	»	156	17,580	
									165	172		
										Terme moyen.	31,637	
1835.												
31 janvier	15 21	15 37	20 27	13 95	15 83	15 25	16 50	0 25	»	46	33,658	
28 février	15 26	15 31	20 78	14 01	16 35	13 75	15 00	0 25	7	219	37,356	
31 mars	15 64	15 41	19 61	14 26	16 24	13 75	15 00	0 25	28	1,321	38,137	
30 avril	15 74	15 34	19 80	14 54	16 35	13 75	15 00	0 25	8	806	34,863	
31 mai	16 04	15 30	18 89	14 31	16 16	13 75	15 00	0 25	»	222	37,223	
30 juin	16 40	15 36	19 63	13 78	16 20	13 75	15 00	0 25	3	97	36,300	
31 juillet	16 50	14 97	19 56	13 50	16 15	13 75	15 00	0 25	91	103	31,731	
31 août	15 65	13 55	20 00	12 70	15 37	15 25	16 50	0 25	»	299	32,015	
30 septembre	11 55	13 38	18 50	12 30	14 72	16 75	18 00	0 25	15	83	20,109	
31 octobre	14 74	13 78	18 98	12 39	11 97	16 75	18 00	0 25	»	173	23,146	
30 novembre	15 45	14 16	21 86	14 00	16 24	13 75	15 00	0 25	0	152	19,805	
31 décembre	15 81	11 94	22 15	13 66	16 61	13 75	15 00	0 25	275	3	15,019	
									437	3,532		
										Terme moyen.	29,731	

DEUXIÈME CLASSE.

PREMIÈRE SECTION.

Départements frontières : *Gironde, Landes, Basses-Pyrénées, Hautes-Pyrénées, Ariége, Haute-Garonne.*

Loi de 1821.

ARRÊTÉS. DATES.	MERCURIALES. Marans.	Bordeaux.	Toulouse.	Prix régulateurs.	DROITS. Entrée par navires français venant des pays de production.	Entrée par navires français d'ailleurs que des pays de production.	Entrée par navires étrangers et par terre.	Sortie.	COMMERCE. Importations.	Exportations.	Entrepôts.	OBSERVATIONS.
	fr. c.	fr. c.	fr. c.	fr. c.	fr. c.	fr. c.	fr. c.	fr. c.	q. m.	q. m.	q. m.	
1821.												
31 juillet	16 07	17 50	15 44	16 54	Prohibée.	Prohibée.	Prohibée.	0 25	»	»	1,739	
31 août	16 50	18 00	16 07	16 80	*Idem.*	*Idem.*	*Idem.*	0 25	»	1,160	1,739	
30 septembre	15 61	17 85	15 35	16 47	*Idem.*	*Idem.*	*Idem.*	0 25	»	»	1,140	
31 octobre	15 11	17 85	15 58	16 17	*Idem.*	*Idem.*	*Idem.*	0 25	»	»	1,146	
30 novembre	15 44	17 83	14 96	16 08	*Idem.*	*Idem.*	*Idem.*	0 25	»	»	1,146	
31 décembre	15 44	17 62	14 95	15 73	*Idem.*	*Idem.*	*Idem.*	0 25	»	3	2,810	
									»	1,163		
										Terme moyen.	1,681	
1822.												
31 janvier	14 50	17 08	14 13	15 26	*Idem.*	*Idem.*	*Idem.*	0 25	»	5	2,810	
28 février	11 11	16 44	14 23	14 93	*Idem.*	*Idem.*	*Idem.*	0 25	»	34	2,810	
31 mars	12 83	16 17	13 95	14 38	*Idem.*	*Idem.*	*Idem.*	0 25	»	03	1,831	
30 avril	12 88	15 00	14 34	13 88	*Idem.*	*Idem.*	*Idem.*	0 25	»	18	2,596	
31 mai	12 80	16 00	16 39	15 10	*Idem.*	*Idem.*	*Idem.*	0 25	»	19	2,596	
30 juin	12 93	16 00	15 42	14 67	*Idem.*	*Idem.*	*Idem.*	0 25	»	47	2,582	
31 juillet	13 50	17 67	17 84	16 34	*Idem.*	*Idem.*	*Idem.*	0 25	»	29	2,090	
31 août	14 63	18 08	17 01	16 84	*Idem.*	*Idem.*	*Idem.*	0 25	»	1	2,177	
30 septembre	14 67	17 35	16 45	16 53	*Idem.*	*Idem.*	*Idem.*	0 25	»	8	2,177	
31 octobre	13 29	16 14	10 16	15 90	*Idem.*	*Idem.*	*Idem.*	0 25	»	5	2,177	
30 novembre	13 31	15 49	16 20	15 02	*Idem.*	*Idem.*	*Idem.*	0 25	»	5	2,148	
31 décembre	13 31	15 42	16 40	15 05	*Idem.*	*Idem.*	*Idem.*	0 25	»	5	489	
									»	198		
										Terme moyen.	2,259	
1823.												
31 janvier	13 45	15 49	17 04	16 30	*Idem.*	*Idem.*	*Idem.*	0 25	»	85	429	
28 février	14 99	17 35	17 29	16 30	*Idem.*	*Idem.*	*Idem.*	0 25	»	1	367	
31 mars	16 45	20 17	21 29	19 30	*Idem.*	*Idem.*	*Idem.*	0 25	»	»	2,440	
30 avril	17 80	20 00	21 30	19 74	*Idem.*	*Idem.*	*Idem.*	0 25	»	»	2,440	
31 mai	17 56	19 50	19 22	18 70	*Idem.*	*Idem.*	*Idem.*	0 25	»	38	2,004	
30 juin	17 16	18 08	17 17	17 42	*Idem.*	*Idem.*	*Idem.*	0 25	»	25	2,429	
31 juillet	16 50	17 01	16 29	17 03	*Idem.*	*Idem.*	*Idem.*	0 25	»	7	1,402	
31 août	14 81	17 00	14 65	15 56	*Idem.*	*Idem.*	*Idem.*	0 25	»	4	5,720	
30 septembre	14 18	16 02	14 36	15 18	*Idem.*	*Idem.*	*Idem.*	0 25	»	358	955	
31 octobre	15 12	17 00	14 85	15 70	*Idem.*	*Idem.*	*Idem.*	0 25	»	4,235	1,104	

DEUXIÈME SECTION.

Départements frontières : *Basses-Alpes, Hautes-Alpes, Isère, Ain, Jura et Doubs.*

Loi de 1821.

ARRÊTÉS. DATES.	MERCURIALES. Gray.	Saint-Laurent.	Grand-Lemps.	Prix régulateurs.	DROITS. Entrée par navires français venant des pays de production.	Entrée par navires français d'ailleurs que des pays de production.	Entrée par navires étrangers et par terre.	Sortie.	COMMERCE. Importations.	Exportations.	Entrepôts.	OBSERVATIONS.
	fr. c.	fr. c.	fr. c.	fr. c.	fr. c.	fr. c.	fr. c.	fr. c.	q. m.	q. m.	q. m.	
1821.												
31 juillet	16 15	17 07	20 67	18 15	Prohibée.	Prohibée.	Prohibée.	0 25	»	1,301	»	
31 août	16 23	17 00	20 53	17 50	*Idem.*	*Idem.*	*Idem.*	0 25	»	348	»	
30 septembre	13 97	15 58	17 33	15 63	*Idem.*	*Idem.*	*Idem.*	0 25	»	1,310	»	
31 octobre	14 75	16 25	17 00	15 09	*Idem.*	*Idem.*	*Idem.*	0 25	»	2,307	»	
30 novembre	13 75	16 25	17 00	15 27	*Idem.*	*Idem.*	*Idem.*	0 25	»	2,461	»	
31 décembre	13 83	16 25	16 50	15 53	*Idem.*	*Idem.*	*Idem.*	0 25	»	2,676	»	
									»	11,173		
										Terme moyen.	»	
1822.												
31 janvier	13 58	16 66	16 50	15 25	*Idem.*	*Idem.*	*Idem.*	0 25	»	1,095	»	
28 février	13 58	16 25	16 60	15 41	*Idem.*	*Idem.*	*Idem.*	0 25	»	1,010	»	
31 mars	13 44	16 25	16 26	15 20	*Idem.*	*Idem.*	*Idem.*	6 25	»	521	»	
30 avril	12 25	15 00	15 06	14 73	*Idem.*	*Idem.*	*Idem.*	0 25	»	443	»	
31 mai	12 26	14 00	15 00	14 08	*Idem.*	*Idem.*	*Idem.*	0 25	»	407	»	
30 juin	13 33	13 33	11 67	12 78	*Idem.*	*Idem.*	*Idem.*	0 25	»	186	»	
31 juillet	11 68	11 82	16 33	15 30	*Idem.*	*Idem.*	*Idem.*	0 25	»	620	»	
31 août	15 00	15 00	15 60	15 22	*Idem.*	*Idem.*	*Idem.*	0 25	»	574	»	
30 septembre	14 83	14 75	16 20	15 15	*Idem.*	*Idem.*	*Idem.*	0 25	»	429	»	
31 octobre	14 75	14 82	15 58	15 07	*Idem.*	*Idem.*	*Idem.*	0 25	»	358	»	
30 novembre	15 36	16 78	15 83	15 66	*Idem.*	*Idem.*	*Idem.*	0 25	»	450	»	
31 décembre	15 75	16 57	16 00	16 11	*Idem.*	*Idem.*	*Idem.*	0 25	»	163	»	
									»	8,026		
										Terme moyen.	»	
1823.												
31 janvier	16 00	17 23	15 80	16 34	*Idem.*	*Idem.*	*Idem.*	0 25	»	179	»	
28 février	16 20	16 98	15 47	16 18	*Idem.*	*Idem.*	*Idem.*	0 25	»	184	»	
31 mars	17 87	17 05	17 50	17 08	*Idem.*	*Idem.*	*Idem.*	0 25	»	62	»	
30 avril	19 08	18 55	19 00	18 59	*Idem.*	*Idem.*	*Idem.*	0 25	»	126	»	
31 mai	19 31	15 67	18 00	17 18	*Idem.*	*Idem.*	*Idem.*	0 25	»	97	»	
30 juin	15 83	16 09	17 75	16 75	*Idem.*	*Idem.*	*Idem.*	0 25	»	133	»	
31 juillet	16 00	17 34	17 60	16 98	*Idem.*	*Idem.*	*Idem.*	0 25	»	198	»	
31 août	15 83	18 00	17 00	17 14	*Idem.*	*Idem.*	*Idem.*	0 25		208	»	
30 septembre	15 63	14 88	16 33	15 68	*Idem.*	*Idem.*	*Idem.*	0 25	»	189	»	
31 octobre	15 83	16 12	17 00	16 34	*Idem.*	*Idem.*	*Idem.*	0 25	»	185	»	

PREMIÈRE SECTION.

Départements frontières : *Gironde, Landes, Basses-Pyrénées, Hautes-Pyrénées, Ariége, Haute-Garonne.*

Loi de 1821.

ARRÊTÉS. DATES.	MERCURIALES. MARANS.	BORDEAUX.	TOULOUSE.	PRIX régulateurs.	DROITS. ENTRÉE par navires français venant des pays de production.	d'ailleurs que des pays de production.	par navires étrangers et par terre.	SORTIE.	COMMERCE. IMPORTATIONS.	EXPORTATIONS.	ENTREPÔTS.	OBSERVATIONS.
	fr. c.	fr. c.	fr. c.	fr. c.	fr. c.	fr. c.	fr. c.	fr. c.	q. m.	q. m.	q. m.	
30 novembre	15 33	17 08	14 95	15 79	Prohibée.	Prohibée.	Prohibée.	0 25		1,013	1,198	
31 décembre	16 00	18 33	14 75	15 92	*Idem.*	*Idem.*	*Idem.*	0 25	/	/	1,199	
										5,783		
										Terme moyen.	3,304	
1824.												
31 janvier	16 00	18 50	14 89	16 40	*Idem.*	*Idem.*	*Idem.*	0 25	/	1	1,197	
29 février	15 60	17 89	14 92	16 14	*Idem.*	*Idem.*	*Idem.*	0 25	/	/	531	
31 mars	16 06	17 69	15 00	16 25	*Idem.*	*Idem.*	*Idem.*	0 25		712	531	
30 avril	15 74	18 00	15 61	16 46	*Idem.*	*Idem.*	*Idem.*	0 25	/	1	531	
31 mai	15 78	18 00	16 01	16 09	*Idem.*	*Idem.*	*Idem.*	0 25	/	/	1,105	
30 juin	15 67	17 75	14 97	16 13	*Idem.*	*Idem.*	*Idem.*	0 25	/	/	1,105	
31 juillet	16 22	17 17	14 54	15 98	*Idem.*	*Idem.*	*Idem.*	0 25		1,208	1,105	
31 août	16 33	16 42	12 96	15 10	*Idem.*	*Idem.*	*Idem.*	0 25	/	13	1,105	
30 septembre	15 15	15 68	13 51	14 58	*Idem.*	*Idem.*	*Idem.*	0 25	/	10	1,106	
31 octobre	14 41	15 00	13 78	14 40	*Idem.*	*Idem.*	*Idem.*	0 25		15	1,119	
30 novembre	14 44	14 83	13 86	14 38	*Idem.*	*Idem.*	*Idem.*	0 25	/	5	1,106	
31 décembre	14 73	14 61	13 85	14 41	*Idem.*	*Idem.*	*Idem.*	0 25		2,050	1,105	
									/	4,015		
										Terme moyen.	979	
1825.												
31 janvier	14 00	14 25	13 52	14 14	*Idem.*	*Idem.*	*Idem.*	0 25		2,580	1,105	
28 février	14 66	14 25	13 40	14 19	*Idem.*	*Idem.*	*Idem.*	0 25	/	2,290	1,105	
31 mars	14 33	14 25	13 34	14 97	*Idem.*	*Idem.*	*Idem.*	0 25	/	1,085	1,105	
30 avril	12 75	14 00	13 32	13 35	*Idem.*	*Idem.*	*Idem.*	0 25		4,291	1,105	
31 mai	12 07	14 08	13 16	13 30	*Idem.*	*Idem.*	*Idem.*	0 25		2	1,105	
30 juin	12 06	14 25	14 20	13 73	*Idem.*	*Idem.*	*Idem.*	0 25		593	1,105	
31 juillet	12 57	14 20	13 01	13 97	*Idem.*	*Idem.*	*Idem.*	0 25		255	1,105	
31 août	12 53	15 14	13 03	13 58	*Idem.*	*Idem.*	*Idem.*	0 25		136	1,105	
30 septembre	13 44	15 56	13 10	14 03	*Idem.*	*Idem.*	*Idem.*	0 25	/	1,280	1,105	
31 octobre	14 11	15 19	12 17	14 15	*Idem.*	*Idem.*	*Idem.*	0 25	/	825	1,106	
30 novembre	13 60	15 65	12 46	13 00	*Idem.*	*Idem.*	*Idem.*	0 25	/	1,097	1,173	
31 décembre	13 00	16 00	12 70	14 12	*Idem.*	*Idem.*	*Idem.*	0 25	/	304	1,173	
									/	14,833		
										Terme moyen.	1,116	

DEUXIÈME SECTION.

Départements frontières : *Basses-Alpes, Hautes-Alpes, Isère, Ain, Jura et Doubs.*

Loi de 1821.

ARRÊTÉS. DATES.	MERCURIALES. GRAY.	SAINT-LAURENT.	GRAND-LEMPS.	PRIX régulateurs.	DROITS. ENTRÉE par navires français venant des pays de production.	d'ailleurs que des pays de production.	par navires étrangers et par terre.	SORTIE.	COMMERCE. IMPORTATIONS.	EXPORTATIONS.	ENTREPÔTS.	OBSERVATIONS.
	fr. c.	fr. c.	fr. c.	fr. c.	fr. c.	fr. c.	fr. c.	fr. c.	q. m.	q. m.	q. m.	
30 novembre	15 33	16 66	17 67	16 55	Prohibée.	Prohibée.	Prohibée.	0 25	/	58		
31 décembre	11 55	17 00	18 00	16 58	*Idem.*	*Idem.*	*Idem.*	0 25	/	62	/	
										1,052		
										Terme moyen.	/	
1824.												
31 janvier	14 58	17 45	17 50	16 51	*Idem.*	*Idem.*	*Idem.*	0 25	/	13		
29 février	15 10	17 15	17 50	16 66	*Idem.*	*Idem.*	*Idem.*	0 25		24	/	
31 mars	16 00	17 23	17 10	16 11	*Idem.*	*Idem.*	*Idem.*	0 25		114	/	
30 avril	15 17	15 55	17 05	16 79	*Idem.*	*Idem.*	*Idem.*	0 25		93	/	
31 mai	15 53	17 10	19 97	17 17	*Idem.*	*Idem.*	*Idem.*	0 25		160	/	
30 juin	14 83	16 55	19 07	17 01	*Idem.*	*Idem.*	*Idem.*	0 25		509	/	
31 juillet	15 34	16 65	18 87	16 95	*Idem.*	*Idem.*	*Idem.*	0 25	/	326	/	
31 août	15 25	15 65	17 47	16 12	*Idem.*	*Idem.*	*Idem.*	0 25	/	584	/	
30 septembre	14 58	15 88	18 53	16 35	*Idem.*	*Idem.*	*Idem.*	0 25		823	/	
31 octobre	15 00	16 77	18 13	16 65	*Idem.*	*Idem.*	*Idem.*	0 25		2,110	/	
30 novembre	15 21	17 77	18 33	15 17	*Idem.*	*Idem.*	*Idem.*	0 25	/	2,027	/	
31 décembre	15 50	18 78	19 13	17 82	*Idem.*	*Idem.*	*Idem.*	0 25	/	1,811	/	
									/	8,103		
										Terme moyen.	/	
1825.												
31 janvier	15 50	18 35	19 60	17 78	*Idem.*	*Idem.*	*Idem.*	0 25		541		
28 février	15 16	18 50	19 60	17 07	*Idem.*	*Idem.*	*Idem.*	0 25	/	2,990	/	
31 mars	15 00	17 12	18 93	17 01	*Idem.*	*Idem.*	*Idem.*	0 25	/	619	/	
30 avril	15 00	17 42	18 67	16 93	*Idem.*	*Idem.*	*Idem.*	0 25		1,112	/	
31 mai	15 00	17 77	19 10	17 29	*Idem.*	*Idem.*	*Idem.*	0 25		811	/	
30 juin	15 50	18 40	20 00	17 99	*Idem.*	*Idem.*	*Idem.*	0 25	/	841	/	
31 juillet	15 50	18 00	19 10	17 39	*Idem.*	*Idem.*	*Idem.*	0 25	/	250	/	
31 août	15 50	18 12	17 87	17 16	*Idem.*	*Idem.*	*Idem.*	0 25	/	495	/	
30 septembre	15 50	18 19	18 60	17 20	*Idem.*	*Idem.*	*Idem.*	0 25	/	134	/	
31 octobre	15 05	18 77	17 81	17 53	*Idem.*	*Idem.*	*Idem.*	0 25	/	112	/	
30 novembre	16 21	18 88	17 50	17 54	*Idem.*	*Idem.*	*Idem.*	0 25	/	135	/	
31 décembre	16 54	19 00	17 60	17 54	*Idem.*	*Idem.*	*Idem.*	0 25	/	32	/	
									/	6,465		
										Terme moyen.	/	

PREMIÈRE SECTION.

Départements frontières : *Gironde, Landes, Basses-Pyrénées, Hautes-Pyrénées, Ariège, Haute-Garonne.*

Loi de 1821.

ARRÊTÉS.	MERCURIALES.				DROITS.				COMMERCE.			OBSERVATIONS.
					ENTRÉE							
					PAR NAVIRES FRANÇAIS		PAR NAVIRES étrangers et par terre.					
DATES.	MARANS.	BORDEAUX.	TOULOUSE.	PRIX régulateur.	venant des pays de production.	d'ailleurs que des pays de production.		SORTIE.	IMPORTATIONS.	EXPORTATIONS.	ENTREPÔTS.	
	fr. c.	fr. c.	fr. c.	fr. c.	fr. c.	fr. c.	fr. c.	fr. c.	q. m.	q. m.	q. m.	
1826.												
31 janvier	13 74	15 38	12 65	13 91	Prohibée.	Prohibée.	Prohibée.	0 25	»	1,324	1,173	
28 février	13 58	15 94	12 65	14 00	Idem.	Idem.	Idem.	0 25	»	2,070	1,173	
31 mars	13 41	15 89	12 80	14 03	Idem.	Idem.	Idem.	0 25	»	2,164	1,173	
30 avril	13 48	15 30	12 64	13 71	Idem.	Idem.	Idem.	0 25	»	637	1,173	
31 mai	13 20	14 72	12 70	13 54	Idem.	Idem.	Idem.	0 25	»	68	1,173	
30 juin	13 59	15 00	13 25	14 15	Idem.	Idem.	Idem.	0 25	»	806	1,173	
31 juillet	13 53	15 84	13 06	14 31	Idem.	Idem.	Idem.	0 25	»	1,129	1,173	
31 août	13 66	15 72	12 55	13 98	Idem.	Idem.	Idem.	0 25	»	10	1,173	
30 septembre	13 51	14 07	13 08	13 85	Idem.	Idem.	Idem.	0 25	»	206	1,173	
31 octobre	13 45	14 47	12 42	13 57	Idem.	Idem.	Idem.	0 25	»	1,115	1,173	
30 novembre	13 61	15 84	13 18	14 20	Idem.	Idem.	Idem.	0 25	»	583	1,173	
31 décembre	14 00	17 31	13 72	15 01	Idem.	Idem.	Idem.	0 25	»	900	1,173	
									»	12,302		
										Terme moyen.	1,173	
1827.												
31 janvier	14 21	17 55	15 68	15 80	Idem.	Idem.	Idem.	0 25	»	1,980	1,173	
28 février	14 10	17 82	16 05	16 25	Idem.	Idem.	Idem.	0 25	»	»	1,173	
31 mars	14 28	17 56	15 70	15 85	Idem.	Idem.	Idem.	0 25		»	1,173	
30 avril	14 25	17 44	15 23	15 64	Idem.	Idem.	Idem.	0 25	»	»	»	
31 mai	15 00	16 44	14 53	14 91	Idem.	Idem.	Idem.	0 25	»	79	»	
30 juin	15 72	17 53	15 24	15 72	Idem.	Idem.	Idem.	0 25	»	24		
31 juillet	13 64	16 46	15 28	15 03	Idem.	Idem.	Idem.	0 25	»	3		
31 août	13 34	16 83	15 37	15 18	Idem.	Idem.	Idem.	0 25	»	1	»	
30 septembre	15 36	19 14	17 19	17 40	Idem.	Idem.	Idem.	0 25	»	8	»	
31 octobre	14 08	18 58	17 45	16 58	Idem.	Idem.	Idem.	0 25	»	9	»	
30 novembre	16 36	20 25	19 11	18 38	Idem.	Idem.	Idem.	0 25		»		
31 décembre	18 22	21 38	21 25	20 54	Idem.	Idem.	Idem.	0 25	»	»		
									»	1,182		
										Terme moyen.	1,173	
1828.												
31 janvier	17 95	21 07	21 64	20 04	Idem.	Idem.	Idem.	0 25	»	»		
29 février	18 59	21 68	23 11	21 22	Idem.	Idem.	Idem.	0 25	»	1		
31 mars	17 55	21 47	23 08	20 70	Idem.	Idem.	Idem.	0 25			»	
30 avril	17 53	21 32	22 70	20 51	Idem.	Idem.	Idem.	0 25	»	»	»	

DEUXIÈME SECTION.

Départements frontières : *Basses-Alpes, Hautes-Alpes, Isère, Ain, Jura et Doubs.*

Loi de 1821.

ARRÊTÉS.	MERCURIALES.				DROITS.				COMMERCE.			OBSERVATIONS
					ENTRÉE							
					PAR NAVIRES FRANÇAIS		PAR NAVIRES étrangers et par terre.					
DATES.	GRAY.	SAINT-LAURENT.	GRAND-LEMPS.	PRIX régulateur.	venant des pays de production.	d'ailleurs que des pays de production.		SORTIE.	IMPORTATIONS.	EXPORTATIONS.	ENTREPÔTS.	
	fr. c.	fr. c.	fr. c.	fr. c.	fr. c.	fr. c.	fr. c.	fr. c.	q. m.	q. m.	q. m.	
1826.												
31 janvier	16 18	18 40	17 50	17 36	Prohibée.	Prohibée.	Prohibée.	0 25	»	34	»	
28 février	16 12	18 66	17 50	17 43	Idem.	Idem.	Idem.	0 25	»	36		
31 mars	15 93	18 40	17 71	17 36	Idem.	Idem.	Idem.	0 25	»	36		
30 avril	15 86	17 97	17 23	16 88	Idem.	Idem.	Idem.	0 25	»	41	»	
31 mai	15 10	17 97	17 24	16 77	Idem.	Idem.	Idem.	0 25	»	22	»	
30 juin	15 11	17 06	17 21	16 70	Idem.	Idem.	Idem.	0 25	»	100	»	
31 juillet	15 00	17 18	16 86	16 34	Idem.	Idem.	Idem.	0 25	»	151	»	
31 août	15 37	17 24	17 15	16 87	Idem.	Idem.	Idem.	0 25	»	355	»	
30 septembre	16 15	17 55	17 42	17 03	Idem.	Idem.	Idem.	0 25	»	83	»	
31 octobre	16 18	17 56	17 60	17 11	Idem.	Idem.	Idem.	0 25	»	35		
30 novembre	17 01	16 59	17 23	16 95	Idem.	Idem.	Idem.	0 25	»	54		
31 décembre	16 12	17 78	17 20	17 07	Idem.	Idem.	Idem.	0 25	»	65		
									»	1,145		
										Terme moyen.	»	
1827.												
31 janvier	16 05	17 33	17 00	16 79	Idem.	Idem.	Idem.	0 25	»	8	»	
28 février	16 01	17 86	16 80	16 91	Idem.	Idem.	Idem.	0 25	»	99	»	
31 mars	16 50	17 80	16 89	17 10	Idem.	Idem.	Idem.	0 25	»	»	»	
30 avril	16 87	18 51	17 27	17 55	Idem.	Idem.	Idem.	0 25	»	29	»	
31 mai	16 88	17 04	18 42	17 45	Idem.	Idem.	Idem.	0 25	»	33		
30 juin	16 19	19 00	17 85	17 68	Idem.	Idem.	Idem.	0 25	»	16	»	
31 juillet	16 77	19 10	15 18	18 02	Idem.	Idem.	Idem.	0 25	»	50	»	
31 août	18 54	21 11	19 34	19 66	Idem.	Idem.	Idem.	0 25	»	83	»	
30 septembre	21 42	22 32	23 71	22 28	2 25	3 25	4 50	0 25		114	»	
31 octobre	21 75	23 33	24 08	22 50	2 25	3 25	4 50	0 25	15	20	»	
30 novembre	23 31	28 10	25 17	25 87	0 25	1 25	1 25	Prohibée.	64	65	»	
31 décembre	26 70	29 44	29 63	26 50	0 25	1 25	1 25	Idem.	331	»	»	
									413	835		
										Terme moyen.	»	
1828.												
31 janvier	25 00	29 20	29 03	28 31	0 25	1 25	1 25	Idem.	2,077	»		
29 février	25 63	30 73	28 98	28 45	0 25	1 25	1 25	Idem.	1,100	»		
31 mars	24 31	31 09	32 76	29 60	0 25	1 25	1 25	Idem.	680	»	»	
30 avril	24 58	31 00	34 49	29 33	0 25	1 25	1 25	Idem.	358			

PREMIÈRE SECTION.

Départements frontières : *Gironde, Landes, Basses-Pyrénées, Hautes-Pyrénées, Ariége, Haute-Garonne.*

Loi de 1821.

ARRÊTÉS. DATES.	MERCURIALES. MARANS.	BORDEAUX.	TOULOUSE.	PRIX régulateurs.	DROITS. ENTRÉE. PAR NAVIRES FRANÇAIS venant des pays de production.	d'ailleurs que des pays de production.	PAR NAVIRES étrangers et par terre.	SORTIE.	COMMERCE. IMPORTATIONS.	EXPORTATIONS.	ENTREPÔTS.	OBSERVATIONS.
	fr. c.	fr. c.	fr. c.	fr. c.	fr. c.	fr. c.	fr. c.	fr. c.	q. m.	q. m.	q. m.	
31 mai	17 56	20 97	22 91	20 85	Prohibée.	Prohibée.	Prohibée.	0 25	-		-	
30 juin	19 07	18 64	20 23	18 30	Idem.	Idem.	Idem.	0 25			-	
31 juillet	16 85	18 38	18 82	18 01	Idem.	Idem.	Idem.	0 25	-		-	
31 août	19 61	20 34	18 81	19 50	Idem.	Idem.	Idem.	0 25	-	9	-	
30 septembre	17 00	20 47	20 22	19 51	Idem.	Idem.	Idem.	0 25		1,594	-	
31 octobre	17 70	21 08	19 01	19 57	Idem.	Idem.	Idem.	0 25	-	14,966	-	
30 novembre	18 47	23 23	20 69	20 80	Idem.	Idem.	Idem.	0 25	-	6,400	-	
31 décembre	19 07	24 73	21 68	21 83	Idem.	Idem.	Idem.	0 25		24,082	-	
									-	47,991		
										Terme moyen.	-	
1829.												
31 janvier	17 46	25 98	21 38	21 37	Idem.	Idem.	Idem.	0 25		7,377	-	
28 février	19 26	24 16	21 40	21 64	Idem.	Idem.	Idem.	0 25	-	-	-	
31 mars	19 20	24 80	19 91	20 77	Idem.	Idem.	Idem.	0 25		-	-	
30 avril	19 55	23 16	19 06	20 50	Idem.	Idem.	Idem.	0 25	-	-	-	
31 mai	21 04	23 35	20 79	21 81	Idem.	Idem.	Idem.	0 25	-	-	-	
30 juin	21 08	22 75	19 83	21 52	Idem.	Idem.	Idem.	0 25	-		-	
31 juillet	21 33	20 16	18 38	19 96	Idem.	Idem.	Idem.	0 25	-	-	-	
31 août	19 31	19 76	18 60	19 22	Idem.	Idem.	Idem.	0 25		8	-	
30 septembre	18 35	19 70	18 21	18 78	Idem.	Idem.	Idem.	0 25		1		
31 octobre	18 53	20 73	18 31	19 19	Idem.	Idem.	Idem.	0 25		4		
30 novembre	18 60	21 64	18 80	19 68	Idem.	Idem.	Idem.	0 25	-	-		
31 décembre	18 40	20 67	18 25	19 24	Idem.	Idem.	Idem.	0 25	-	-	-	
										7,390		
										Terme moyen.	-	
1830.												
31 janvier	18 72	21 29	18 47	19 72	Idem.	Idem.	Idem.	0 25	-	-	-	
28 février	18 56	21 28	18 05	19 49	Idem.	Idem.	Idem.	0 25	-	-		
31 mars	18 76	20 95	19 09	19 60	Idem.	Idem.	Idem.	0 25	-	-		
30 avril	18 40	20 57	20 47	19 98	Idem.	Idem.	Idem.	0 25	-		-	
31 mai	18 50	20 72	20 83	20 08	Idem.	Idem.	Idem.	0 25	-		-	
30 juin	19 78	20 92	20 97	20 56	Idem.	Idem.	Idem.	0 25			-	
31 juillet	19 87	21 64	20 03	20 52	Idem.	Idem.	Idem.	0 25	-		-	
31 août	19 27	21 06	20 05	20 16	Idem.	Idem.	Idem.	0 25	-	-	-	
30 septembre	18 82	22 76	19 00	20 42	Idem.	Idem.	Idem.	0 25	3	-	-	
									3	-		
										Terme moyen.	-	

DEUXIÈME SECTION.

Départements frontières : *Basses-Alpes, Hautes-Alpes, Isère, Ain, Jura et Doubs.*

Loi de 1821.

ARRÊTÉS. DATES.	MERCURIALES. GRAY.	SAINT-LAURENT.	GRAND-LEMPS.	PRIX régulateurs.	DROITS. ENTRÉE. PAR NAVIRES FRANÇAIS venant des pays de production.	d'ailleurs que des pays de production.	PAR NAVIRES étrangers et par terre.	SORTIE.	COMMERCE. IMPORTATIONS.	EXPORTATIONS.	ENTREPÔTS.	OBSERVATIONS.
	fr. c.	fr. c.	fr. c.	fr. c.	fr. c.	fr. c.	fr. c.	fr. c.	q. m.	q. m.	q. m.	
31 mai	21 18	27 77	28 59	25 83	0 25	1 25	1 25	Prohibée.	235	-		
30 juin	20 02	28 09	27 81	25 31	0 25	1 25	1 25	Idem.	584		-	
31 juillet	20 60	27 33	27 84	25 05	0 25	1 25	1 25	Idem.	1,105	-		
31 août	21 57	23 85	24 18	23 19	1 25	2 25	3 50	0 25	209	9		
30 septembre	19 80	23 08	22 54	21 47	Prohibée.	Prohibée.	Prohibée.	0 25		30	-	
31 octobre	19 91	24 21	23 12	22 41	2 25	3 25	4 50	0 25	4	4,230	-	
30 novembre	19 55	23 00	23 13	21 80	Prohibée.	Prohibée.	Prohibée.	0 25		61	-	
31 décembre	19 83	23 77	23 31	22 30	2 25	3 25	4 50	0 25		38	-	
									2,142	4,307		
										Terme moyen.		
1829.												
31 janvier	19 62	22 91	23 53	21 78	Prohibée.	Prohibée.	Prohibée.	0 25	-	16		
28 février	19 04	22 43	23 40	21 85	Idem.	Idem.	Idem.	0 25		14	-	
31 mars	19 41	22 19	22 76	21 46	Idem.	Idem.	Idem.	0 25		2		
30 avril	18 37	21 01	22 37	20 50	Idem.	Idem.	Idem.	0 25	-	6		
31 mai	20 86	21 77	23 20	21 04	Idem.	Idem.	Idem.	0 25	-	6	-	
30 juin	21 30	21 88	23 17	22 15	2 25	3 25	4 50	0 25	12	1	-	
31 juillet	21 16	21 77	22 74	21 89	Prohibée.	Prohibée.	Prohibée.	0 25	73	54	-	
31 août	18 94	21 71	22 21	20 90	Idem.	Idem.	Idem.	0 25	18	230		
30 septembre	18 75	21 40	22 35	20 83	Idem.	Idem.	Idem.	0 25		985		
31 octobre	20 02	22 87	23 45	22 27	2 25	3 25	4 50	0 25	22	391	-	
30 novembre	20 55	23 82	24 31	22 76	2 25	3 25	4 50	0 25		245	-	
31 décembre	20 94	23 68	24 00	22 86	2 25	3 25	4 50	0 25	-	5,450		
									155	7,400		
										Terme moyen.		
1830.												
31 janvier	20 15	23 10	24 10	22 48	2 25	3 25	4 50	0 25		175	-	
28 février	20 06	23 43	24 69	23 00	2 25	3 25	4 50	0 25	3	906	-	
31 mars	21 11	21 62	23 93	23 21	1 25	2 25	3 50	0 25	79	2,334	-	
30 avril	23 93	26 68	25 10	25 28	0 25	1 25	1 25	Prohibée.	410	188	-	
31 mai	25 07	27 77	27 07	26 84	0 25	1 25	1 25	Idem.	940	19	-	
30 juin	24 93	27 39	26 91	26 30	0 25	1 25	1 25	Idem.	4,201	13	-	
31 juillet	25 70	28 31	28 00	27 34	0 25	1 25	1 25	Idem.	169	30	-	
31 août	25 72	30 29	27 00	27 67	0 25	1 25	1 25	Idem.	282	53	-	
30 septembre	26 47	30 74	27 72	28 04	0 25	1 25	1 25	Idem.	509	-		
									5,994	3,391		
										Terme moyen.		

PREMIÈRE SECTION.

Départements frontières : *Gironde, Landes, Basses-Pyrénées, Hautes-Pyrénées, Ariège, Haute-Ga*

Loi de 1830.

ARRÊTÉS. DATES.	MERCURIALES. MARANS.	BORDEAUX.	TOULOUSE.	PRIX régulateurs.	DROITS. ENTRÉE par navires français et par terre.	par navires étrangers.	SORTIE.	COMMERCE. IMPORTATIONS.	EXPORTATIONS.	ENTREPÔTS.	OBSERVATIONS.
	fr. c.	fr. c.	fr. c.	fr. c.	fr. c.	fr. c.	fr. c.	q. m.	q. m.	q. m.	
31 octobre	19 06	23 07	19 49	20 52	Prohibée.	Prohibée.	0 25	30		,,	
30 novembre	18 80	22 30	18 72	19 90	Idem.	Idem.	0 25	892	530	,,	
31 décembre	19 01	22 16	18 53	19 90	Idem.	Idem.	0 25	,,	7,781	,,	
								912	8,651		
									Terme moyen.	,,	
1831.											
31 janvier	18 47	22 01	19 34	19 94	Idem.	Idem.	0 25	10	8,538	,,	
28 février	18 63	21 96	18 57	20 05	Idem.	Idem.	0 25	,,	7,272	,,	
31 mars	18 28	22 67	18 77	20 57	Idem.	Idem.	0 25	8	1,011	,,	
30 avril	19 34	22 78	19 38	20 49	Idem.	Idem.	0 25	23	,,	,,	
31 mai	19 01	22 80	19 53	20 46	Idem.	Idem.	0 25	24	,,	,,	
30 juin	19 32	22 85	19 31	20 50	Idem.	Idem.	0 25	20	,,	,,	
31 juillet	19 64	24 22	20 15	20 85	Idem.	Idem.	0 25	21	,,	,,	
31 août	19 35	23 37	20 82	21 08	Idem.	Idem.	0 25	177	,,	,,	
30 septembre	19 43	23 56	19 90	20 73	Idem.	Idem.	0 25	37	,,	,,	
31 octobre	18 92	23 34	19 21	20 47	Idem.	Idem.	0 25	10	,,	,,	
30 novembre	18 73	23 40	19 24	20 67	Idem.	Idem.	0 25	3,852	,,	,,	
31 décembre	19 26	25 14	20 02	21 17	Idem.	Idem.	0 25	3	,,	,,	
								4,233	16,823		
									Terme moyen.	,,	
1832.											
31 janvier	19 08	25 19	20 38	21 85	Idem.	Idem.	0 25	20	,,	,,	
29 février	17 66	25 31	21 84	22 19	2 00	3 00	0 25	5,180	,,	,,	
31 mars	21 14	26 31	21 35	23 94	1 00	2 00	0 25	6,145	,,	,,	
								11,335	,,		
Loi de 1832.									Terme moyen.	,,	
30 avril	23 41	27 14	23 91	24 83	0 25	1 50	4 00	42,140	,,	2,805	
31 mai	,,	26 05	25 08	25 56	0 25	1 50	6 00	40,978	,,	,,	
30 juin	24 33	25 20	25 64	25 30	0 25	1 50	6 00	26,101	,,	,,	
31 juillet	22 00	22 03	18 70	21 03	3 25	4 50	0 25	11,508	,,	,,	
31 août	15 67	17 28	17 40	16 81	10 75	12 00	0 25	1,745	,,	212	
30 septembre	15 88	17 10	17 30	16 79	10 75	12 00	0 25	,,	,,	242	
31 octobre	16 00	17 40	17 17	16 80	10 75	12 00	0 25	401	,,	212	
30 novembre	16 27	17 01	17 01	16 77	10 75	12 00	0 25	,,	,,	242	
31 décembre	16 50	17 20	16 88	16 88	10 75	12 00	0 25	,,	2	242	
								123,886	2		
									Terme moyen.	079	
1833.											
31 janvier	16 76	17 43	17 05	17 08	9 25	10 50	0 25	,,	,,	244	
28 février	16 53	16 88	17 26	16 89	10 75	12 00	0 25	,,	,,	242	

DEUXIÈME SECTION.

Départements frontières : *Basses-Alpes, Hautes-Alpes, Isère, Ain, Jura et Doubs.*

Loi de 1830.

ARRÊTÉS. DATES.	MERCURIALES. GRAY.	SAINT-LAURENT.	GRAND-LEMPS.	PRIX régulateurs.	DROITS. ENTRÉE par navires français et par terre.	par navires étrangers.	SORTIE.	COMMERCE. IMPORTATIONS.	EXPORTATIONS.	ENTREPÔTS.	OBSERVATIONS.
	fr. c.	fr. c.	fr. c.	fr. c.	fr. c.	fr. c.	fr. c.	q. m.	q. m.	q. m.	
1er octobre	20 13	29 76	28 32	26 27	0 25	1 25	Prohibée.	603	,,	,,	
1er novembre	25 29	28 05	27 62	27 17	0 25	1 25	Idem.	571	,,	,,	
31 décembre	24 53	30 21	28 05	26 89	0 25	1 25	Idem.	1,920	,,	,,	
								3,094	,,		
									Terme moyen.	,,	
1831.											
31 janvier	23 49	28 88	26 01	26 77	0 25	1 25	Idem.	1,007	,,	,,	
28 février	23 41	27 25	26 17	25 58	0 25	1 25	Idem.	9	,,	,,	
31 mars	21 31	20 51	25 10	24 33	0 25	1 25	Idem.	597	,,	,,	
30 avril	19 31	23 88	24 58	23 51	2 00	3 00	0 25	25	18	,,	
31 mai	19 81	23 83	25 36	23 00	2 00	3 00	0 25	9	48	,,	
30 juin	20 30	24 08	25 42	23 46	1 00	2 00	0 25	16	19	,,	
31 juillet	20 80	23 75	25 25	23 23	1 00	2 00	0 25	5	45	,,	
31 août	20 80	25 47	25 08	21 01	0 25	1 25	Prohibée.	158	1	,,	
30 septembre	22 14	25 00	28 38	24 74	0 25	1 25	Idem.	212	81	,,	
31 octobre	22 20	25 66	25 73	23 53	0 25	1 25	Idem.	37	4	,,	
30 novembre	21 66	24 11	24 20	23 52	1 00	2 00	0 25	8	871	,,	
31 décembre	21 24	24 48	23 07	23 26	1 00	2 00	0 25	,,	2,109	,,	
								2,083	9,337		
									Terme moyen.	,,	
1832.											
31 janvier	20 96	23 69	23 85	22 83	2 00	3 00	0 25	,,	595	,,	
29 février	20 81	24 05	24 75	23 20	1 00	2 00	0 25	,,	540	,,	
31 mars	21 64	24 76	25 05	23 81	1 00	2 00	0 25	1	329	,,	
								1	1,473		
Loi de 1832.									Terme moyen.	,,	
30 avril	22 22	25 27	26 49	24 01	0 25	1 50	4 00	4	330	,,	
31 mai	23 64	25 73	27 45	25 62	0 25	1 50	6 00	114	114	,,	
30 juin	32 56	28 52	31 48	30 78	0 25	0 25	16 00	20	68	,,	
31 juillet	26 44	26 74	28 04	27 07	0 25	0 25	10 00	22	31	,,	
31 août	22 60	22 73	24 13	23 15	1 25	2 50	2 00	21	120	,,	
30 septembre	20 03	23 01	23 28	22 31	2 25	3 50	0 25	125	1,612	,,	
31 octobre	19 73	21 48	21 33	21 18	3 25	4 50	0 25	53	2,310	,,	
30 novembre	17 95	20 87	21 16	20 26	4 75	6 00	0 25	,,	4,134	,,	
31 décembre	18 23	21 10	21 27	20 56	4 75	6 00	0 25	,,	1,841	,,	
								365	11,433		
									Terme moyen.	,,	
1833.											
31 janvier	18 50	21 87	21 28	20 55	4 75	6 00	0 25	,,	1,315	,,	
28 février	18 58	21 44	21 19	20 28	4 75	6 00	0 25	,,	1,282	,,	

PREMIÈRE SECTION.

Départements frontières : *Gironde, Landes, Basses-Pyrénées, Hautes-Pyrénées, Ariége, Haute-Ga…*

Loi de 1832.

ARRÊTÉS. DATES.	MERCURIALES. MARANS.	BORDEAUX.	TOULOUSE.	PRIX régulateurs.	DROITS. ENTRÉE par navires français et par terre.	par navires étrangers.	SORTIE.	COMMERCE. IMPORTATIONS.	EXPORTATIONS.	ENTREPÔTS.	OBSERVATIONS.
	fr. c.	fr. c.	fr. c.	fr. c.	fr. c.	fr. c.	fr. c.	q. m.	q. m.	q. m.	
31 mars	15 47	16 58	16 59	16 18	10 75	12 00	0 25	»	»	»	
30 avril	14 24	16 08	16 35	15 56	12 25	13 50	0 25	»	»	305	
31 mai	14 25	15 44	15 44	15 04	11 25	12 50	0 25	»	81	305	
30 juin	14 77	15 83	15 12	15 00	11 25	13 50	0 25	»	5	305	
31 juillet	15 66	15 61	15 24	16 50	10 75	12 00	0 25	»	1	305	
31 août	15 65	17 23	15 23	16 01	10 75	12 00	0 25		1	305	
30 septembre	15 43	16 64	14 52	15 50	12 25	13 50	0 25		4	305	
31 octobre	14 43	16 53	14 88	15 28	12 25	13 50	0 25	»	»		
30 novembre	11 39	16 15	14 73	15 08	12 25	13 50	0 25	»	»		
31 décembre	14 30	16 01	14 70	15 01	12 25	13 50	0 25	»	»	»	
								»	90		
									Terme moyen.	280	
1834.											
31 janvier	14 34	16 21	14 61	15 05	12 25	13 50	0 25	»	»	»	
29 février	14 21	16 40	14 42	14 01	13 75	15 00	0 25	»	79	»	
31 mars	13 70	15 36	14 45	14 87	13 75	15 00	0 25	»	»	»	
30 avril	12 90	15 34	14 51	14 21	13 75	15 00	0 25	»	42		
31 mai	14 16	17 19	15 50	15 62	12 25	13 50	0 25	»	583	»	
30 juin	13 62	16 88	15 00	15 20	12 25	13 50	0 25	»	60	»	
31 juillet	13 75	17 18	15 11	15 33	12 25	13 50	0 25	»	16	»	
31 août	13 84	16 70	14 73	15 12	12 25	13 50	0 25	»	»		
30 septembre	13 39	16 37	14 50	14 72	13 75	15 00	0 25	»	16	»	
31 octobre	13 26	15 78	14 20	14 11	13 75	15 00	0 25	»	»	»	
30 novembre	12 25	15 96	14 73	14 65	13 75	15 00	0 25	»	52	»	
31 décembre	11 87	16 06	15 03	15 33	12 25	13 50	0 25	»	53		
								»	904		
									Terme moyen.	»	
1835.											
31 janvier	11 31	15 90	15 21	15 05	12 25	13 50	0 25	»	12	»	
28 février	11 29	15 53	15 27	15 12	12 25	13 50	0 25	»	73	»	
31 mars	13 12	15 80	15 04	15 22	12 25	13 50	0 25	»	503	»	
30 avril	13 25	15 75	15 71	14 81	13 75	15 00	0 25	»	239	»	
31 mai	13 16	15 96	16 04	15 01	12 25	13 50	0 25	»	377	»	
30 juin	13 19	16 54	16 30	15 38	12 25	13 50	0 25	»	47	»	
31 juillet	13 05	16 10	16 50	15 23	12 25	13 50	0 25	»	18	»	
31 août	12 39	14 05	15 05	14 03	13 75	15 00	0 25	»	17	»	
30 septembre	12 10	11 72	14 55	13 19	15 25	16 50	0 25		9	»	
31 octobre	12 60	15 20	14 74	14 54	13 75	15 00	0 25	»	1		
30 novembre	13 63	16 00	15 45	15 33	12 25	13 50	0 25		»	»	
31 décembre	13 73	17 08	15 81	15 74	12 25	13 50	0 25	»	»	»	
								»	1,314		
									Terme moyen.	»	

DEUXIÈME SECTION.

Départements frontières : *Basses-Alpes, Hautes-Alpes, Isère, Ain, Jura et Doubs.*

Loi de 1832.

ARRÊTÉS. DATES.	MERCURIALES. GRAY.	SAINT-LAURENT.	GRAND-LEMPS.	PRIX régulateurs.	DROITS. ENTRÉE par navires français et par terre.	par navires étrangers.	SORTIE.	COMMERCE. IMPORTATIONS.	EXPORTATIONS.	ENTREPÔTS.	OBSERVATIONS.
	fr. c.	fr. c.	fr. c.	fr. c.	fr. c.	fr. c.	fr. c.	q. m.	q. m.	q. m.	
31 mars	17 53	21 16	21 30	20 03	4 75	6 00	0 25	»	3,682	»	
30 avril	17 10	21 13	21 00	19 71	6 25	7 50	0 25	»	1,001	»	
31 mai	17 06	20 97	21 31	19 78	6 25	7 50	0 25	»	5,051	»	
30 juin	17 67	20 09	21 16	19 73	6 25	7 50	0 25	»	560	»	
31 juillet	18 53	20 74	22 01	20 42	4 75	6 00	0 25	2	509	»	
31 août	17 07	17 41	19 90	18 33	7 75	9 00	0 25	»	674	»	
30 septembre	16 31	17 30	18 20	17 30	9 25	10 50	0 25	»	584	»	
31 octobre	15 35	16 90	18 24	17 05	9 25	10 50	0 25	»	542	»	
30 novembre	14 74	16 27	17 75	16 06	10 75	12 00	0 25	»	577	»	
31 décembre	15 00	16 82	17 07	16 30	10 75	12 00	0 25	»	884	»	
								2	17,198		
									Terme moyen.	»	
1834.											
31 janvier	14 87	15 16	16 80	16 30	10 75	12 00	0 25	»	890	»	
28 février	14 83	16 24	17 60	16 42	10 75	12 00	0 25	»	495	»	
31 mars	14 20	16 88	17 38	16 25	10 75	12 00	0 25	»	496	»	
30 avril	15 05	16 80	17 30	16 05	10 75	12 00	0 25	»	623	»	
31 mai	14 20	16 08	18 81	16 35	10 75	12 00	0 25	»	550	»	
30 juin	13 53	15 09	16 29	15 37	12 25	13 50	0 25	»	408	»	
31 juillet	13 49	15 20	17 09	15 26	12 25	13 50	0 25	»	512	»	
31 août	14 01	13 74	17 27	15 27	12 25	13 50	0 25	»	853	»	
30 septembre	13 66	14 46	16 97	15 00	12 25	13 50	0 25	»	917	»	
31 octobre	13 36	14 83	16 55	14 91	13 75	15 00	0 25	»	1,326	»	
30 novembre	13 45	13 14	16 85	15 14	12 25	13 50	0 25	»	730	»	
31 décembre	13 75	15 77	16 80	15 44	12 25	13 50	0 25	»	1,300	»	
								»	9,169		
									Terme moyen.	»	
1835.											
31 janvier	13 95	15 81	16 81	15 87	12 25	13 50	0 25	»	602	»	
28 février	13 04	16 60	16 98	15 67	12 25	13 50	0 25	»	633	»	
31 mars	11 25	16 09	17 44	15 94	12 25	13 50	0 25	»	582	»	
30 avril	11 55	16 53	17 45	16 17	10 75	12 00	0 25	»	884	»	
31 mai	11 34	15 09	17 37	15 80	12 25	13 50	0 25	»	1,008	»	
30 juin	12 78	15 52	16 88	15 39	12 25	13 50	0 25	»	673	»	
31 juillet	13 60	15 67	16 19	15 15	12 25	13 50	0 25	»	656	»	
31 août	12 22	14 04	14 79	13 84	15 25	16 50	0 25	»	1,132	»	
30 septembre	12 36	12 74	15 01	13 60	15 25	16 50	0 25	»	1,053	»	
31 octobre	12 39	11 74	16 30	14 82	13 75	15 00	0 25	»	804	»	
30 novembre	13 23	11 08	15 50	11 29	13 75	15 00	0 25	»	984	»	
31 décembre	13 66	15 80	16 10	15 41	12 25	13 50	0 25	»	641	»	
								»	9,891		
									Terme moyen.	»	

TROISIÈME CLASSE.

PREMIÈRE SECTION.

Départements frontières : *Haut-Rhin, Bas-Rhin.*

Loi de 1821.

ARRÊTÉS. DATES.	MERCURIALES. MULHAUSEN.	STRASBOURG.	PRIX régulateurs.	DROITS. ENTRÉE. Par navire français venant des pays de production.	d'ailleurs que des pays de production.	Par navires étrangers et par terre.	SORTIE.	COMMERCE. IMPORTATIONS.	EXPORTATIONS.	ENTREPÔT.
	fr. c.	fr. c.	fr. c.	fr. c.	fr. c.	fr. c.	fr. c.	q. m.	q. m.	q. m.
1821.										
31 juillet	19 05	16 26	17 07	Prohibée.	Prohibée.	Prohibée.	0 25	»	495	»
31 août	16 61	14 70	15 66	Idem.	Idem.	Idem.	0 25	»	611	»
30 septembre	14 47	12 01	13 26	Idem.	Idem.	Idem.	0 25	»	909	»
31 octobre	15 30	12 86	11 14	Idem.	Idem.	Idem.	0 25	»	1,507	»
30 novembre	13 50	12 70	13 10	Idem.	Idem.	Idem.	0 25	»	1,418	»
31 décembre	13 42	12 32	12 87	Idem.	Idem.	Idem.	0 25	»	3,000	»
								»	7,020	
									Terme moyen.	»
1822.										
31 janvier	12 76	12 15	12 44	Idem.	Idem.	Idem.	0 25	»	1,416	»
28 février	11 76	12 08	12 42	Idem.	Idem.	Idem.	0 25	»	1,133	»
31 mars	12 08	12 27	12 49	Idem.	Idem.	Idem.	0 25	»	1,353	»
30 avril	12 07	12 11	12 08	Idem.	Idem.	Idem.	0 25	»	1,581	»
31 mai	12 05	12 17	12 11	Idem.	Idem.	Idem.	0 25	»	1,020	»
30 juin	12 90	15 35	14 13	Idem.	Idem.	Idem.	0 25	»	216	»
31 juillet	16 72	16 05	15 81	Idem.	Idem.	Idem.	0 25	»	84	»
31 août	16 77	18 58	17 40	Idem.	Idem.	Idem.	0 25	»	63	»
30 septembre	18 60	18 03	18 36	Idem.	Idem.	Idem.	0 25	»	5	»
31 octobre	20 76	18 95	19 80	Idem.	Idem.	Idem.	0 25	»	3	»
30 novembre	19 78	20 18	19 46	Idem.	Idem.	Idem.	0 25	»	3	»
31 décembre	20 49	19 99	20 21	2 25	3 25	4 50	0 25	»	1	»
								»	7,433	
									Terme moyen.	»
1823.										
31 janvier	21 17	20 19	20 68	2 25	3 25	4 50	0 25	»	1	»
28 février	21 45	20 51	21 00	2 25	3 25	4 50	0 25	»	»	»
31 mars	20 95	20 20	20 58	2 25	3 25	4 50	0 25	11	4	»
30 avril	21 91	20 32	21 13	1 25	2 25	3 50	0 25	27	2	»
31 mai	22 90	19 52	21 21	1 25	2 25	3 50	0 25	5	2	»
30 juin	19 90	17 50	18 70	Prohibée.	Prohibée.	Prohibée.	0 25	»	1	»
31 juillet	20 86	18 86	19 57	Idem.	Idem.	Idem.	0 25	»	4	»
31 août	18 62	16 61	17 62	Idem.	Idem.	Idem.	0 25	»	30	»
30 septembre	15 21	11 92	13 56	Idem.	Idem.	Idem.	0 25	»	28	»
31 octobre	14 82	12 88	13 75	Idem.	Idem.	Idem.	0 25	»	148	»

DEUXIÈME SECTION.

Nord, Pas-de-Calais, Seine-Inférieure, Eure, Calvados.

Loi de 1821.

DATES.	MERCURIALES. BERGUES.	ARRAS.	ROYE.	SOISSONS.	PARIS.	ROUEN.	PRIX régulateurs.	DROITS. ENTRÉE. Par navire français venant des pays de production.	d'ailleurs que des pays de production.	Par navires étrangers et par terre.	SORTIE.	COMMERCE. IMPORTATIONS.	EXPORTATIONS.	ENTREPÔTS.
	fr. c.	fr. c.	fr. c.	fr. c.	fr. c.	fr. c.	fr. c.	fr. c.	fr. c.	fr. c.	fr. c.	q. m.	q. m.	q. m.
1821.														
31 juillet	18 55	16 61	17 05	16 80	18 01	20 50	[illegible]	Prohibée.	Prohibée.	Prohibée.	0 25	»	»	93,340
31 août	18 02	16 60	17 31	17 80	18 34	21 90	[illegible]	Idem.	Idem.	Idem.	0 25	»	18	93,340
30 septembre	19 08	17 03	16 85	16 18	16 75	20 16	[illegible]	Idem.	Idem.	Idem.	0 25	»	119	89,312
31 octobre	19 93	16 72	16 38	16 18	17 58	20 16	[illegible]	Idem.	Idem.	Idem.	0 25	»	19	87,193
30 novembre	19 72	15 61	13 87	13 58	16 26	19 16	[illegible]	Idem.	Idem.	Idem.	0 25	»	21	83,030
31 décembre	19 03	15 46	13 91	13 70	16 81	17 50	[illegible]	Idem.	Idem.	Idem.	0 25	»	»	92,182
												»	177	
													Terme moyen.	88,168
1822.														
31 janvier	19 30	14 84	13 43	12 91	14 70	16 50	[illegible]	Idem.	Idem.	Idem.	0 25	»	»	79,558
28 février	18 95	14 70	13 08	13 29	15 10	16 00	[illegible]	Idem.	Idem.	Idem.	0 25	»	36	74,585
31 mars	18 16	13 95	12 02	11 75	14 30	15 58	[illegible]	Idem.	Idem.	Idem.	0 25	»	18	71,970
30 avril	16 02	12 73	11 19	10 98	12 23	11 16	[illegible]	Idem.	Idem.	Idem.	0 25	»	97	62,514
31 mai	16 43	13 51	12 82	11 35	13 40	11 75	[illegible]	Idem.	Idem.	Idem.	0 25	»	89	53,701
30 juin	15 05	12 30	12 10	10 03	12 95	14 08	[illegible]	Idem.	Idem.	Idem.	0 25	»	66	48,900
31 juillet	16 22	13 25	12 61	11 40	14 27	15 95	[illegible]	Idem.	Idem.	Idem.	0 25	»	25	47,551
31 août	16 47	12 10	14 62	14 92	15 35	16 60	[illegible]	Idem.	Idem.	Idem.	0 25	»	84	45,109
30 septembre	15 78	14 10	15 56	14 82	15 83	16 33	[illegible]	Idem.	Idem.	Idem.	0 25	»	50	43,785
31 octobre	16 19	13 45	14 75	14 78	17 19	16 08	[illegible]	Idem.	Idem.	Idem.	0 25	»	33	43,033
30 novembre	15 82	14 56	15 21	15 04	15 61	16 85	[illegible]	Idem.	Idem.	Idem.	0 25	»	33	24,071
31 décembre	15 64	13 96	15 31	14 98	16 05	15 30	[illegible]	Idem.	Idem.	Idem.	0 25	»	42	
												»	576	
													Terme moyen.	51,060
1823.														
31 janvier	15 51	14 00	15 30	14 09	15 97	10 35	[illegible]	Idem.	Idem.	Idem.	0 25	»	48	48
28 février	15 80	14 87	15 75	15 26	16 24	16 33	[illegible]	Idem.	Idem.	Idem.	0 25	»	23	23,976
31 mars	15 88	16 01	17 70	16 56	17 73	17 52	[illegible]	Idem.	Idem.	Idem.	0 25	»	101	23,976
30 avril	18 00	17 35	19 41	18 16	19 74	19 85	[illegible]	Idem.	Idem.	Idem.	0 25	»	»	23,976
31 mai	18 43	17 64	18 20	18 90	19 00	20 08	[illegible]	Idem.	Idem.	Idem.	0 25	»	»	23,355
30 juin	16 19	18 00	16 51	17 92	16 18	15 47	[illegible]	Idem.	Idem.	Idem.	0 25	»	»	23,355
31 juillet	18 57	18 90	18 64	18 27	17 70	20 50	[illegible]	Idem.	Idem.	Idem.	0 25	»	»	23,355
31 août	20 11	18 06	18 39	17 40	17 57	20 53	[illegible]	Idem.	Idem.	Idem.	0 25	»	19	23,355
30 septembre	18 18	16 53	13 95	15 14	14 91	18 47	[illegible]	Idem.	Idem.	Idem.	0 25	»	596	21,134
31 octobre	17 00	11 41	11 35	14 70	16 91	16 07	[illegible]	Idem.	Idem.	Idem.	0 25	»	35	21,734

TROISIÈME SECTION.

Loire-Inférieure, Vendée, Charente-Inférieure.

Loi de 1821.

DATES.	MERCURIALES. SAUMUR.	NANTES.	MARANS.	PRIX régulateurs.	DROITS. ENTRÉE. Par navire français venant des pays de production.	d'ailleurs que des pays de production.	Par navires étrangers et par terre.	SORTIE.	COMMERCE. IMPORTATIONS.	EXPORTATIONS.	ENTREPÔT.
	fr. c.	fr. c.	fr. c.	fr. c.	fr. c.	fr. c.	fr. c.	fr. c.	q. m.	q. m.	q. m.
1821.											
31 juillet	16 00	19 14	18 67	17 27	Prohibée.	Prohibée.	Prohibée.	0 25	»	»	»
31 août	16 00	19 68	16 67	17 39	Idem.	Idem.	Idem.	0 25	»	»	»
30 septembre	16 80	18 77	15 61	17 00	Idem.	Idem.	Idem.	0 25	»	»	»
31 octobre	16 09	17 60	15 11	16 94	Idem.	Idem.	Idem.	0 25	»	»	»
30 novembre	15 20	17 77	15 44	16 14	Idem.	Idem.	Idem.	0 25	»	»	»
31 décembre	13 60	16 58	15 44	15 31	Idem.	Idem.	Idem.	0 25	»	»	»
									»	»	
										Terme moyen.	»
1822.											
31 janvier	14 26	16 33	14 56	15 03	Idem.	Idem.	Idem.	0 25	»	»	»
28 février	14 25	16 03	14 11	14 82	Idem.	Idem.	Idem.	0 25	»	»	»
31 mars	13 60	15 79	12 83	14 08	Idem.	Idem.	Idem.	0 25	»	»	»
30 avril	13 20	13 85	12 28	13 11	Idem.	Idem.	Idem.	0 25	»	»	»
31 mai	12 07	15 65	12 80	13 73	Idem.	Idem.	Idem.	0 25	»	»	»
30 juin	12 27	14 91	12 83	13 31	Idem.	Idem.	Idem.	0 25	»	»	»
31 juillet	13 47	16 20	13 50	14 11	Idem.	Idem.	Idem.	0 25	»	»	»
31 août	11 15	17 50	11 83	13 40	Idem.	Idem.	Idem.	0 25	»	»	»
30 septembre	13 47	16 36	11 07	14 88	Idem.	Idem.	Idem.	0 25	»	»	»
31 octobre	14 13	16 11	13 30	14 02	Idem.	Idem.	Idem.	0 25	»	»	»
30 novembre	14 03	16 80	13 34	15 03	Idem.	Idem.	Idem.	0 25	»	»	»
31 décembre	14 80	16 75	13 34	14 90	Idem.	Idem.	Idem.	0 25	»	»	»
									»	»	
										Terme moyen.	»
1823.											
31 janvier	14 66	16 80	13 45	14 97	Idem.	Idem.	Idem.	0 25	»	»	»
28 février	14 97	17 65	15 90	15 63	Idem.	Idem.	Idem.	0 25	»	»	»
31 mars	17 63	19 71	16 45	18 01	Idem.	Idem.	Idem.	0 25	»	»	»
30 avril	16 80	19 60	17 89	18 12	Idem.	Idem.	Idem.	0 25	»	143	»
31 mai	17 20	20 58	17 56	18 45	Idem.	Idem.	Idem.	0 25	»	»	»
30 juin	17 07	19 78	17 16	18 11	Idem.	Idem.	Idem.	0 25	»	»	»
31 juillet	17 07	19 70	16 50	17 78	Idem.	Idem.	Idem.	0 25	»	303	»
31 août	16 60	19 15	11 81	15 74	Idem.	Idem.	Idem.	0 25	»	»	»
30 septembre	14 60	17 80	14 28	15 65	Idem.	Idem.	Idem.	0 25	»	»	»
31 octobre	15 07	18 92	15 22	16 37	Idem.	Idem.	Idem.	0 25	»	1,158	»

TROISIÈME CLASSE. (Suite.)

PREMIÈRE SECTION.

Départements frontières : *Haut-Rhin*, *Bas-Rhin.*

Loi de 1821.

ARRÊTÉS. DATES.	MERCURIALES. Mulhausen.	MERCURIALES. Strasbourg.	MERCURIALES. Prix régulateurs.	DROITS. Entrée par navires français venant des pays de production.	DROITS. Entrée par navires français d'ailleurs que des pays de production.	DROITS. Entrée par navires étrangers et par terre.	DROITS. Sortie.	COMMERCE. Importations.	COMMERCE. Exportations.	COMMERCE. Entrepôts.
	fr. c.	fr. c.	fr. c.	fr. c.	fr. c.	fr. c.	fr. c.	q. m.	q. m.	q. m.
30 novembre…	15 07	12 83	13 95	Prohibée.	Prohibée.	Prohibée.	0 25	"	58	"
31 décembre…	14 48	12 49	13 42	*Idem.*	*Idem.*	*Idem.*	0 25	"	137	"
								43	105	
									Terme moyen.	
1824.										
31 janvier…	14 43	12 01	13 22	*Idem.*	*Idem.*	*Idem.*	0 25	"	115	"
29 février…	14 03	12 86	13 80	*Idem.*	*Idem.*	*Idem.*	0 25	"	188	
31 mars…	15 10	13 00	14 26	*Idem.*	*Idem.*	*Idem.*	0 25	"	108	"
30 avril…	17 57	13 48	15 53	*Idem.*	*Idem.*	*Idem.*	0 25	"	102	"
31 mai…	15 32	13 07	11 20	*Idem.*	*Idem.*	*Idem.*	0 25	"	394	"
30 juin…	16 71	13 17	14 97	*Idem.*	*Idem.*	*Idem.*	0 25		438	"
31 juillet…	16 65	14 66	15 60	*Idem.*	*Idem.*	*Idem.*	0 25	"	880	"
31 août…	15 33	11 73	13 54	*Idem.*	*Idem.*	*Idem.*	0 25	"	404	"
30 septembre…	14 12	10 40	12 96	*Idem.*	*Idem.*	*Idem.*	0 25	"	820	"
31 octobre…	13 97	11 31	12 64	*Idem.*	*Idem.*	*Idem.*	0 25	"	607	"
30 novembre…	13 90	12 85	13 38	*Idem.*	*Idem.*	*Idem.*	0 25	"	1,506	"
31 décembre…	15 30	12 05	11 12	*Idem.*	*Idem.*	*Idem.*	0 25		950	
								"	5,309	
									Terme moyen.	"
1825.										
31 janvier…	14 35	12 47	13 35	*Idem.*	*Idem.*	*Idem.*	0 25	"	960	"
28 février…	13 60	12 05	12 82	*Idem.*	*Idem.*	*Idem.*	0 25	"	970	"
31 mars…	13 70	12 16	12 93	*Idem.*	*Idem.*	*Idem.*	0 25	"	988	"
30 avril…	14 43	12 32	13 37	*Idem.*	*Idem.*	*Idem.*	0 25	"	538	"
31 mai…	14 00	11 60	12 80	*Idem.*	*Idem.*	*Idem.*	0 25	"	933	"
30 juin…	15 13	12 36	13 85	*Idem.*	*Idem.*	*Idem.*	0 25	"	381	"
31 juillet…	14 25	12 15	13 20	*Idem.*	*Idem.*	*Idem.*	0 25	"	230	"
31 août…	14 47	13 03	11 05	*Idem.*	*Idem.*	*Idem.*	0 25	"	115	"
30 septembre…	11 66	13 46	11 16	*Idem.*	*Idem.*	*Idem.*	0 25	"	47	"
31 octobre…	14 85	12 07	13 90	*Idem.*	*Idem.*	*Idem.*	0 25	"		"
30 novembre…	15 70	13 21	14 55	*Idem.*	*Idem.*	*Idem.*	0 25	"	33	"
31 décembre…	15 26	13 54	14 40	*Idem.*	*Idem.*	*Idem.*	0 25	"	75	
								"	5,354	
									Terme moyen.	"

DEUXIÈME SECTION.

Nord, *Pas-de-Calais*, *Seine-Inférieure*, *Eure*, *Calvados.*

Loi de 1821.

ARRÊTÉS. DATES.	MERCURIALES. Bergues.	MERCURIALES. Arras.	MERCURIALES. Roye.	MERCURIALES. Soissons.	MERCURIALES. Paris.	MERCURIALES. Rouen.	MERCURIALES. Prix régulateurs.	DROITS. Entrée par navires français venant des pays de production.	DROITS. Entrée par navires français d'ailleurs que des pays de production.	DROITS. Entrée par navires étrangers et par terre.	DROITS. Sortie.	COMMERCE. Importations.	COMMERCE. Exportations.	COMMERCE. Entrepôts.
	fr. c.	fr. c.	fr. c.	fr. c.	fr. c.	fr. c.	fr. c.	fr. c.	fr. c.	fr. c.	fr. c.	q. m.	q. m.	q. m.
30 novembre…	17 48	13 57	13 71	13 28	15 09	15 85	[illegible]	Prohibée.	Prohibée.	Prohibée.	0 25	"	8	21,734
31 décembre…	15 77	13 42	13 43	11 10	15 83	15 39	[illegible]	*Idem.*	*Idem.*	*Idem.*	0 25	"	35	76,721
												"	1,087	
													Terme moyen.	25,596
1824.														
31 janvier…	15 90	13 07	13 04	13 62	14 90	16 10	[illegible]	*Idem.*	*Idem.*	*Idem.*	0 25	"	5	75,321
29 février…	15 92	13 18	13 40	13 08	15 34	15 31	[illegible]	*Idem.*	*Idem.*	*Idem.*	0 25	"	6	75,855
31 mars…	16 41	13 37	13 18	13 37	15 39	15 67	[illegible]	*Idem.*	*Idem.*	*Idem.*	0 25		"	75,020
30 avril…	15 37	13 15	13 18	13 76	15 41	15 61	[illegible]	*Idem.*	*Idem.*	*Idem.*	0 25	"	9	75,208
31 mai…	15 78	13 18	12 55	13 37	15 75	16 20	[illegible]	*Idem.*	*Idem.*	*Idem.*	0 25	"	400	71,792
30 juin…	15 22	12 65	12 57	13 16	15 07	14 67	[illegible]	*Idem.*	*Idem.*	*Idem.*	0 25	"	1	74,702
31 juillet…	15 02	13 24	13 07	13 87	15 98	15 71	[illegible]	*Idem.*	*Idem.*	*Idem.*	0 25		1	74,702
31 août…	15 86	13 08	13 56	14 19	16 74	15 75	[illegible]	*Idem.*	*Idem.*	*Idem.*	0 25		32	71,795
30 septembre…	15 94	13 36	13 14	13 11	16 57	16 00	[illegible]	*Idem.*	*Idem.*	*Idem.*	0 25	"	101	74,663
31 octobre…	14 83	12 93	13 17	13 50	16 06	16 06	[illegible]	*Idem.*	*Idem.*	*Idem.*	0 25		18	74,551
30 novembre…	16 02	13 41	12 31	12 85	15 50	16 14	[illegible]	*Idem.*	*Idem.*	*Idem.*	0 25		3	74,551
31 décembre…	16 84	13 75	12 93	13 48	15 70	16 61	[illegible]	*Idem.*	*Idem.*	*Idem.*	0 25	"	5	71,551
												"	581	
													Terme moyen.	74,940
1825.														
31 janvier…	17 50	15 65	13 03	13 65	15 50	16 35	[illegible]	*Idem.*	*Idem.*	*Idem.*	0 25	"	"	74,591
28 février…	15 85	17 90	14 16	13 98	15 39	16 40	[illegible]	*Idem.*	*Idem.*	*Idem.*	0 25	"	1	74,551
31 mars…	16 19	15 60	14 89	14 37	15 47	16 89	[illegible]	*Idem.*	*Idem.*	*Idem.*	0 25	"	1,816	74,551
30 avril…	16 05	11 85	14 16	14 47	15 44	16 30	[illegible]	*Idem.*	*Idem.*	*Idem.*	0 25	"	1,037	74,551
31 mai…	17 80	15 31	13 70	14 36	15 42	16 30	[illegible]	*Idem.*	*Idem.*	*Idem.*	0 25	"	"	71,709
30 juin…	17 55	15 69	14 23	14 33	15 07	16 38	[illegible]	*Idem.*	*Idem.*	*Idem.*	0 25	"		69,836
31 juillet…	17 09	15 54	14 34	14 21	15 27	16 67	[illegible]	*Idem.*	*Idem.*	*Idem.*	0 25	"	13	69,836
31 août…	17 36	14 09	15 74	15 29	16 80	17 41	[illegible]	*Idem.*	*Idem.*	*Idem.*	0 25	"	40	69,836
30 septembre…	18 85	16 14	16 08	15 45	16 00	16 61	[illegible]	*Idem.*	*Idem.*	*Idem.*	0 25	"	18	69,836
31 octobre…	18 08	16 13	15 79	15 36	17 21	18 00	[illegible]	*Idem.*	*Idem.*	*Idem.*	0 25	"		67,844
30 novembre…	18 13	16 22	16 54	15 97	16 92	19 00	[illegible]	*Idem.*	*Idem.*	*Idem.*	0 25	"	2	66,702
31 décembre…	18 47	16 02	16 48	16 99	17 20	18 51	[illegible]	*Idem.*	*Idem.*	*Idem.*	0 25	"	5	68,980
												"	2,932	
													Terme moyen.	70,617

TROISIÈME SECTION.

Loire-Inférieure, *Vendée*, *Charente-Inférieure.*

Loi de 1821.

ARRÊTÉS. DATES.	MERCURIALES. Saumur.	MERCURIALES. Nantes.	MERCURIALES. Marans.	MERCURIALES. Prix régulateurs.	DROITS. Entrée par navires français venant des pays de production.	DROITS. Entrée par navires français d'ailleurs que des pays de production.	DROITS. Entrée par navires étrangers et par terre.	DROITS. Sortie.	COMMERCE. Importations.	COMMERCE. Exportations.	COMMERCE. Entrepôts.
	fr. c.	fr. c.	fr. c.	fr. c.	fr. c.	fr. c.	fr. c.	fr. c.	q. m.	q. m.	q. m.
30 novembre…	15 05	10 11	15 33	16 51	Prohibée.	Prohibée.	Prohibée.	0 25		2	
31 décembre…	15 20	12 83	16 00	16 68	*Idem.*	*Idem.*	*Idem.*	0 25		"	"
									"	2,156	
										Terme moyen.	"
1824.											
31 janvier…	15 47	16 81	16 00	16 76	*Idem.*	*Idem.*	*Idem.*	0 25	"	8	"
29 février…	15 60	18 07	15 60	16 69	*Idem.*	*Idem.*	*Idem.*	0 25		365	"
31 mars…	16 60	18 04	16 06	17 00	*Idem.*	*Idem.*	*Idem.*	0 25	"	"	
30 avril…	16 00	18 64	15 71	16 59	*Idem.*	*Idem.*	*Idem.*	0 25	"		"
31 mai…	16 00	17 81	15 77	16 00	*Idem.*	*Idem.*	*Idem.*	0 25		"	"
30 juin…	14 05	17 05	15 67	16 08	*Idem.*	*Idem.*	*Idem.*	0 25	"	"	"
31 juillet…	16 60	18 12	16 34	16 68	*Idem.*	*Idem.*	*Idem.*	0 25		1,297	"
31 août…	15 50	18 03	16 21	16 51	*Idem.*	*Idem.*	*Idem.*	0 25	"	"	"
30 septembre…	14 21	15 64	15 15	15 43	*Idem.*	*Idem.*	*Idem.*	0 25		"	"
31 octobre…	14 13	15 07	14 41	14 56	*Idem.*	*Idem.*	*Idem.*	0 25	"	"	"
30 novembre…	15 20	16 12	14 45	15 25	*Idem.*	*Idem.*	*Idem.*	0 25	"		"
31 décembre…	14 53	16 17	14 72	15 11	*Idem.*	*Idem.*	*Idem.*	0 25	"		"
									"	1,668	
										Terme moyen.	"
1825.											
31 janvier…	14 40	15 58	14 66	14 91	*Idem.*	*Idem.*	*Idem.*	0 25	"	2,100	"
28 février…	14 40	16 00	14 06	14 09	*Idem.*	*Idem.*	*Idem.*	0 25	"	343	"
31 mars…	14 00	15 01	14 33	14 16	*Idem.*	*Idem.*	*Idem.*	0 25	"	"	"
30 avril…	13 87	15 31	12 75	13 90	*Idem.*	*Idem.*	*Idem.*	0 25	"	"	"
31 mai…	13 00	15 19	12 63	13 81	*Idem.*	*Idem.*	*Idem.*	0 25	"	"	"
30 juin…	13 60	14 02	12 96	13 43	*Idem.*	*Idem.*	*Idem.*	0 25	"	"	
31 juillet…	13 60	15 01	12 80	13 75	*Idem.*	*Idem.*	*Idem.*	0 25	"		"
31 août…	13 07	17 18	12 53	14 23	*Idem.*	*Idem.*	*Idem.*	0 25	"	"	"
30 septembre…	14 53	16 82	13 41	14 93	*Idem.*	*Idem.*	*Idem.*	0 25	"	"	"
31 octobre…	14 13	16 57	14 11	14 93	*Idem.*	*Idem.*	*Idem.*	0 25	"		
30 novembre…	14 40	16 29	13 61	14 56	*Idem.*	*Idem.*	*Idem.*	0 25	"	"	"
31 décembre…	14 30	16 58	13 08	15 05	*Idem.*	*Idem.*	*Idem.*	0 25	"	"	"
									"	2,443	
										Terme moyen.	"

TROISIÈME CLASSE. (Suite.)

PREMIÈRE SECTION.

Départements frontières : *Haut-Rhin*, *Bas-Rhin*.

Loi de 1821.

ARRÊTÉS. DATES.	MERCURIALES. Mulhausen.	Strasbourg.	Prix régulateurs.	DROITS. Entrée par navires français venant des pays de production.	Entrée par navires français d'Europe que des pays de production.	Entrée par navires étrangers ou par terre.	Sortie.	COMMERCE. Importations.	Exportations.	Entrepôts.
	fr. c.	fr. c.	fr. c.	fr. c.	fr. c.	fr. c.	fr. c.	q. m.	q. m.	q. m.
1826.										
31 janvier	11 76	13 57	11 10	Prohibée.	Prohibée.	Prohibée.	0 25	»	66	»
28 février	11 57	13 98	14 25	Idem.	Idem.	Idem.	0 25	»	41	»
31 mars	13 08	14 32	11 15	Idem.	Idem.	Idem.	0 25	»	16	»
30 avril	11 49	14 20	14 38	Idem.	Idem.	Idem.	0 25	»	11	»
31 mai	14 52	14 04	14 27	Idem.	Idem.	Idem.	0 25	»	5	»
30 juin	16 02	11 41	15 21	Idem.	Idem.	Idem.	0 25	»	»	»
31 juillet	15 21	13 78	14 94	Idem.	Idem.	Idem.	0 25	»	5	»
31 août	17 80	14 35	16 07	Idem.	Idem.	Idem.	0 25	»	3	»
30 septembre	17 03	11 82	15 38	Idem.	Idem.	Idem.	0 25	»	»	»
31 octobre	18 73	16 00	17 82	Idem.	Idem.	Idem.	0 25	»	»	»
30 novembre	20 33	16 86	18 50	Idem.	Idem.	Idem.	0 25	»	»	»
31 décembre	20 20	16 66	18 17	Idem.	Idem.	Idem.	0 25	»	17	»
								»	150	
									Terme moyen.	»
1827.										
31 janvier	18 09	16 07	17 58	Idem.	Idem.	Idem.	0 25	»	6	»
28 février	19 82	17 33	18 58	Idem.	Idem.	Idem.	0 25	»	1	»
31 mars	20 53	17 86	19 31	Idem.	Idem.	Idem.	0 25	»	»	»
30 avril	21 61	19 31	20 46	2 25	3 25	4 50	0 25	»	»	»
31 mai	20 51	17 63	19 07	Prohibée.	Prohibée.	Prohibée.	0 25	»	»	»
30 juin	21 21	17 73	19 47	Idem.	Idem.	Idem.	0 25	»	18	»
31 juillet	19 92	17 04	18 88	Idem.	Idem.	Idem.	0 25	»	»	»
31 août	20 16	20 73	20 50	2 25	3 25	4 50	0 25	11	»	»
30 septembre	22 88	20 05	21 91	1 75	2 25	3 50	0 25	3,631	»	»
31 octobre	23 05	22 00	22 52	0 25	1 25	1 25	Prohibée.	23,300	»	»
30 novembre	21 91	21 76	22 93	0 25	1 25	1 25	Idem.	18,169	»	»
31 décembre	23 38	22 21	22 80	0 25	1 25	1 25	Idem.	21,058	»	»
								67,078	25	
									Terme moyen.	»
1828.										
31 janvier	23 91	22 26	23 08	0 25	1 25	1 25	Prohibée.	13,280	»	»
29 février	23 13	21 83	22 33	0 25	1 25	1 25	Idem.	11,716	»	»
31 mars	23 12	21 51	22 21	0 25	1 25	1 25	Idem.	11,455	»	»
30 avril	23 30	21 00	22 10	0 25	1 25	1 25	Idem.	14,291	»	»

DEUXIÈME SECTION.

Nord, *Pas-de-Calais*, *Seine-Inférieure*, *Eure et Calvados*.

Loi de 1821.

DATES.	MERCURIALES. Bergues.	Arras.	Roye.	Soissons.	Paris.	Rouen.	Prix régulateurs.	DROITS. Entrée par navires français venant des pays de production.	Entrée par navires français d'ailleurs que des pays de production.	Entrée par navires étrangers et par terre.	Sortie.	COMMERCE. Importations.	Exportations.	Entrepôts.
	fr. c.	fr. c.	fr. c.	fr. c.	fr. c.	fr. c.	fr. c.	fr. c.	fr. c.	fr. c.	fr. c.	q. m.	q. m.	q. m.
1826.														
31 janvier	18 46	15 94	15 07	16 90	17 03	18 10	[illegible]	Prohibée.	Prohibée.	Prohibée.	0 25	»	2	65,075
28 février	17 80	15 21	15 83	16 77	17 47	17 99	[illegible]	Idem.	Idem.	Idem.	0 25	»	»	60,658
31 mars	17 57	15 19	15 48	16 21	17 85	17 01	[illegible]	Idem.	Idem.	Idem.	0 25	»	»	60,587
30 avril	17 33	14 81	15 01	16 01	16 53	17 32	[illegible]	Idem.	Idem.	Idem.	0 25	»	3	60,589
31 mai	10 80	11 63	14 50	15 79	16 47	10 49	[illegible]	Idem.	Idem.	Idem.	0 25	»	»	60,589
30 juin	17 53	15 79	15 76	16 62	17 15	18 39	[illegible]	Idem.	Idem.	Idem.	0 25	»	»	60,582
31 juillet	17 23	14 79	15 08	16 42	16 86	18 31	[illegible]	Idem.	Idem.	Idem.	0 25	»	»	60,589
31 août	17 36	15 36	15 12	16 57	17 20	17 97	[illegible]	Idem.	Idem.	Idem.	0 25	»	6	60,582
30 septembre	17 08	14 50	14 77	15 22	17 73	18 16	[illegible]	Idem.	Idem.	Idem.	0 25	»	90	60,582
31 octobre	17 12	14 76	14 83	15 57	18 31	18 45	[illegible]	Idem.	Idem.	Idem.	0 25	»	7	53,087
30 novembre	16 95	14 77	15 08	15 52	18 00	19 91	[illegible]	Idem.	Idem.	Idem.	0 25		242	60,684
31 décembre	16 02	15 11	15 16	15 88	19 05	18 30	[illegible]	Idem.	Idem.	Idem.	0 25	»	202	60,589
												»	559	
													Terme moyen.	60,515
1827.														
31 janvier	16 07	15 52	14 96	16 01	17 38	18 01	[illegible]	Idem.	Idem.	Idem.	0 25	»	306	59,199
28 février	16 72	15 29	15 47	16 16	17 72	15 35	[illegible]	Idem.	Idem.	Idem.	0 25	»	90	58,478
31 mars	16 50	15 38	15 33	15 72	17 72	18 04	[illegible]	Idem.	Idem.	Idem.	0 25	»	319	57,545
30 avril	16 63	15 13	15 15	16 07	18 00	18 31	[illegible]	Idem.	Idem.	Idem.	0 25	»	371	56,666
31 mai	16 93	15 04	15 19	15 88	17 58	16 51	[illegible]	Idem.	Idem.	Idem.	0 25	»	243	56,606
30 juin	16 60	15 75	15 61	16 29	17 45	16 69	[illegible]	Idem.	Idem.	Idem.	0 25	»	87	55,380
31 juillet	17 15	15 71	16 00	16 85	17 31	19 63	[illegible]	Idem.	Idem.	Idem.	0 25	»	25	55,250
31 août	17 47	15 80	16 55	16 68	17 11	18 50	[illegible]	Idem.	Idem.	Idem.	0 25	»	1	55,250
30 septembre	17 54	16 55	17 21	17 74	18 47	18 79	[illegible]	Idem.	Idem.	Idem.	0 25	»	111	55,250
31 octobre	19 41	17 06	18 50	19 82	21 26	19 81	[illegible]	Idem.	Idem.	Idem.	0 25	»	1	53,987
30 novembre	20 89	19 43	19 48	21 26	23 47	20 19	[illegible]	[illegible]	3 25	4 50	0 25	»	5	53,987
31 décembre	20 48	18 58	20 35	22 20	23 71	20 84	[illegible]	[illegible]	2 25	3 50	0 25	735	»	53,987
												735	1,567	
													Terme moyen.	55,985
1828.														
31 janvier	22 21	19 47	20 40	21 55	23 47	20 11	[illegible]	[illegible]	2 25	3 50	0 25	4,086	»	55,125
29 février	21 34	18 86	19 00	19 48	20 78	20 64	[illegible]	[illegible]	3 25	4 50	0 25	3,422	»	55,635
31 mars	21 25	18 51	19 33	20 30	21 32	19 67	[illegible]	[illegible]	3 25	4 60	0 25	25,694	»	56,005
30 avril	21 26	17 78	19 23	20 24	21 06	19 84	[illegible]	Prohibée.	Prohibée.	Prohibée.	0 25	15,018	»	65,873

TROISIÈME SECTION.

Loire-Inférieure, *Vendée*, *Charente-Inférieure*.

Loi de 1821.

DATES.	MERCURIALES. Saumur.	Nantes.	Marans.	Prix régulateurs.	DROITS. Entrée par navires français venant des pays de production.	Entrée par navires français d'ailleurs que des pays de production.	Entrée par navires étrangers et par terre.	Sortie.	COMMERCE. Importations.	Exportations.	Entrepôts.
	fr. c.	fr. c.	fr. c.	fr. c.	fr. c.	fr. c.	fr. c.	fr. c.	q. m.	q. m.	q. m.
1826.											
31 janvier	15 33	16 01	13 74	15 03	Prohibée.	Prohibée.	Prohibée.	0 25	»	»	»
28 février	14 80	16 06	13 58	14 81	Idem.	Idem.	Idem.	0 25	»	»	»
31 mars	15 22	15 00	13 41	14 85	Idem.	Idem.	Idem.	0 25	»	»	»
30 avril	11 07	15 86	13 28	14 00	Idem.	Idem.	Idem.	0 25	»	»	»
31 mai	14 40	15 92	13 20	11 51	Idem.	Idem.	Idem.	0 25	»	»	»
30 juin	14 27	16 05	13 59	11 61	Idem.	Idem.	Idem.	0 25	»	»	»
31 juillet	14 67	16 28	13 53	14 83	Idem.	Idem.	Idem.	0 25	»	»	»
31 août	14 00	15 41	13 65	14 35	Idem.	Idem.	Idem.	0 25	»	»	»
30 septembre	14 57	13 73	13 51	13 97	Idem.	Idem.	Idem.	0 25	»	»	»
31 octobre	14 53	11 00	13 45	13 00	Idem.	Idem.	Idem.	0 25	»	»	»
30 novembre	13 42	13 81	13 61	13 62	Idem.	Idem.	Idem.	0 25	»	61	
31 décembre	14 53	15 40	14 00	14 65	Idem.	Idem.	Idem.	0 25	»	1,311	»
									»	1,378	
										Terme moyen.	»
1827.											
31 janvier	15 07	15 14	11 24	14 31	Idem.	Idem.	Idem.	0 25	»	1,648	»
28 février	15 20	16 11	11 19	15 20	Idem.	Idem.	Idem.	0 25	»	»	»
31 mars	15 20	15 09	11 28	15 16	Idem.	Idem.	Idem.	0 25	»	172	»
30 avril	15 07	15 85	14 25	15 05	Idem.	Idem.	Idem.	0 25	»	»	»
31 mai	14 20	15 47	13 68	14 61	Idem.	Idem.	Idem.	0 25	»	»	»
30 juin	11 83	15 46	13 72	14 83	Idem.	Idem.	Idem.	0 25	»	»	»
31 juillet	11 67	15 78	13 61	14 19	Idem.	Idem.	Idem.	0 25	»	»	»
31 août	11 97	14 25	13 31	13 95	Idem.	Idem.	Idem.	0 25	»	4	»
30 septembre	14 53	15 63	15 26	15 14	Idem.	Idem.	Idem.	0 25	»	1,000	»
31 octobre	14 10	15 69	14 90	15 00	Idem.	Idem.	Idem.	0 25	»	»	»
30 novembre	16 26	16 76	16 38	16 47	Idem.	Idem.	Idem.	0 25	»	»	»
31 décembre	18 90	18 80	18 09	18 72	Idem.	Idem.	Idem.	0 25	»	»	»
									»	3,424	
										Terme moyen.	»
1828.											
31 janvier	18 00	18 51	17 95	18 15	Idem.	Idem.	Idem.	0 25	»	2,085	»
29 février	18 00	18 65	18 50	18 74	Idem.	Idem.	Idem.	0 25	»	»	»
31 mars	18 40	12 76	17 55	18 40	Idem.	Idem.	Idem.	0 25	»	»	»
30 avril	17 85	19 06	17 53	18 15	Idem.	Idem.	Idem.	0 25	»	»	»

TROISIÈME CLASSE. (Suite.)

PREMIÈRE SECTION.

Départements frontières : *Haut-Rhin*, *Bas-Rhin*.

Loi de 1821.

ARRÊTÉS. DATES.	MERCURIALES. Mulhausen.	Strasbourg.	Prix régulateurs.	DROITS. Entrée par navires français venant des pays de production.	d'ailleurs que des pays de production.	par navires étrangers et par terre.	Sortie.	COMMERCE. Importations.	Exportations.	Entrepôt.
	fr. c.	fr. c.	fr. c.	fr. c.	fr. c.	fr. c.	fr. c.	q. m.	q. m.	q. m.
31 mai	22 73	19 63	21 18	1 25	2 25	3 50	0 25	4,738	»	»
30 juin	23 33	21 40	22 51	0 25	1 25	1 25	Prohibée.	2,000	»	»
31 juillet	24 02	22 06	23 04	0 25	1 25	1 25	Idem.	3,402	»	»
31 août	19 52	20 11	19 81	Prohibée.	Prohibée.	Prohibée.	0 25	1,719	4	»
30 septembre	18 67	20 74	19 70	Idem.	Idem.	Idem.	0 25	»	»	»
31 octobre	20 40	22 28	21 31	1 25	2 25	3 50	0 25	68	»	»
30 novembre	21 04	22 60	21 82	1 25	2 25	3 50	0 25	3,781	»	»
31 décembre	20 33	21 93	21 13	1 25	2 25	3 50	0 25	448	»	»
								63,793	4	
									Terme moyen.	»
1829.										
31 janvier	19 24	21 76	20 56	2 25	3 25	4 50	0 25	1,001	»	»
28 février	20 11	21 50	20 89	2 25	3 25	4 50	0 25	1	»	»
31 mars	20 51	21 19	20 85	2 25	3 25	4 50	0 25	3	»	»
30 avril	21 11	20 89	20 56	2 25	3 25	4 50	0 25	224	9	»
31 mai	20 87	21 30	21 09	1 25	2 25	3 50	0 25	1,127	»	»
30 juin	23 48	22 57	23 02	0 25*	0 25*	0 25*	Prohibée.	8,043	»	»
31 juillet	23 03	21 87	22 95	0 25*	0 25*	0 25*	Idem.	6,116	»	»
31 août	19 21	18 42	18 82	Prohibée.	Prohibée.	Prohibée.	0 25	8,580	9	»
30 septembre	18 58	17 45	18 01	Idem.	Idem.	Idem.	0 25	»	19	»
31 octobre	22 37	20 58	21 17	1 25	2 25	3 50	0 25	1,160	35	
30 novembre	23 24	20 12	21 68	1 25	2 25	3 50	0 25	5,136	1	008
31 décembre	22 11	19 01	20 26	2 25	3 25	4 50	0 25	72	8	608
								31,072	63	
									Terme moyen.	008
1830.										
31 janvier	22 21	20 60	21 40	1 25	2 25	3 50	0 25	38	4	008
28 février	23 03	21 07	22 05	0 25	1 25	1 25	Prohibée.	12,840	»	»
31 mars	22 98	21 06	22 01	0 25	1 25	1 25	Idem.	9,027	»	»
30 avril	21 49	20 02	20 75	2 25	3 25	4 50	0 25	570	»	»
31 mai	20 97	22 57	21 93	1 25	2 25	3 50	0 25	1,041	»	»
30 juin	21 84	20 18	21 10	1 25	2 25	3 50	0 25	4,818	»	»
31 juillet	23 63	21 16	22 39	0 25	1 25	1 25	Prohibée.	15,796	»	»
31 août	23 31	20 12	21 72	1 25	2 25	3 50	0 25	16,229	»	1
30 septembre	23 56	21 09	22 33	0 25	1 25	1 25	Prohibée.	8,403	»	»
								90,155	4	
									Terme moyen.	008

DEUXIÈME SECTION.

Nord, *Pas-de-Calais*, *Seine-Inférieure*, *Eure et Calvados*.

Loi de 1821.

DATES.	MERCURIALES. Lille.	Arras.	[illegible]	[illegible]	[illegible]	[illegible]	Prix régulateurs.	DROITS. Entrée par navires français venant des pays de production.	d'ailleurs que des pays de production.	par navires étrangers et par terre.	Sortie.	COMMERCE. Importations.	Exportations.	Entrepôt.
	fr. c.	fr. c.	fr. c.	fr. c.	fr. c.	fr. c.	fr. c.	fr. c.	fr. c.	fr. c.	fr. c.	q. m.	q. m.	q. m.
31 mai	21 31	19 30	18 78	18 80	19 68	20 02		Prohibée.	Prohibée.	Prohibée.	0 25	»	»	73,007
30 juin	21 02	19 17	18 32	18 48	19 01	20 35		Idem.	Idem.	Idem.	0 25	»	»	74,551
31 juillet	21 93	19 89	19 60	20 68	21 26	21 40		2 25	3 25	4 50	0 25	7,890	2	62,048
31 août	24 71	23 15	22 49	23 49	24 54	23 79		0 25	1 25	1 25	Prohibée.	72,017	6	»
30 septembre	24 64	23 06	23 16	23 80	24 37	23 92		0 25	1 25	1 25	Idem.	113,807	»	4,223
31 octobre	24 76	23 77	25 37	24 41	25 09	24 01		0 25	1 25	1 25	Idem.	71,187	»	»
30 novembre	25 76	25 30	26 81	26 01	27 60	26 15		0 25	1 25	1 25	Idem.	14,314	»	»
31 décembre	26 13	24 67	26 40	26 83	28 29	27 38		0 25	1 25	1 25	Idem.	5,117	»	19,367
												284,182	8	
													Terme moyen.	51,733
1829.														
31 janvier	25 43	25 18	25 20	25 05	25 65	25 92		0 25	1 25	1 25	Idem.	8,204	»	28,395
28 février	26 31	24 92	26 21	25 42	25 78	25 92		0 25	1 25	1 25	Idem.	29,130	»	28,812
31 mars	26 20	25 96	26 14	25 20	25 68	25 45		0 25	1 25	1 25	Idem.	92,685	»	9,579
30 avril	28 36	30 15	31 54	28 75	29 83	26 70		0 25	1 25	1 25	Idem.	158,039	»	5,233
31 mai	30 35	29 97	32 57	32 18	34 67	28 58		0 25	1 25	1 25	Idem.	198,455	»	60,083
30 juin	27 10	27 87	28 73	28 48	30 45	28 85		0 25*	0 25*	0 25*	Idem.	153,581	»	9,080
31 juillet	25 84	26 09	26 47	26 13	27 05	27 49		0 25*	0 25*	0 25*	Idem.	89,257	»	11,005
31 août	21 10	24 37	23 68	23 38	25 88	23 21		0 25*	0 25*	0 25*	Idem.	53,061	»	9,130
30 septembre	24 31	21 86	20 80	22 08	21 73	22 14		0 25*	0 25*	0 25*	Idem.	47,971	»	8,663
31 octobre	25 04	21 37	23 17	24 39	21 31	23 01		0 25*	0 25*	0 25*	Idem.	85,237	»	8,807
30 novembre	25 01	24 93	23 17	24 30	23 13	23 81		0 25*	0 25*	0 25*	Idem.	78,653	»	8,100
31 décembre	21 37	21 29	20 95	21 28	23 18	21 65		1 25	2 25	3 50	0 25	28,398		3,140
												1,032,037	»	
													Terme moyen.	15,918
1830.														
31 janvier	20 98	21 69	20 72	20 90	22 00	21 90		1 25	2 25	3 50	0 25	3,519	»	2,934
28 février	21 75	20 25	20 17	20 48	21 98	20 59		2 25	3 25	4 50	0 25	1,095	6	904
31 mars	22 13	20 22	19 81	20 33	21 29	20 45		2 25	3 25	4 50	0 25	2,208	10	2,226
30 avril	20 50	17 94	19 47	20 73	22 20	21 03		2 25	3 25	4 50	0 25	12,295	»	5,000
31 mai	21 30	20 09	19 31	21 00	22 45	20 53		2 25	3 25	4 50	0 25	4,761	»	4,065
30 juin	22 06	20 42	19 54	20 77	21 76	20 61		2 25	3 25	4 50	0 25	4,225	»	5,162
31 juillet	24 08	20 70	21 52	22 60	23 73	23 31		0 25	1 25	1 25	Prohibée.	19,355	3	10,019
31 août	20 45	18 01	19 41	21 25	21 36	22 37		2 25	3 25	4 50	0 25	30,900	»	2,007
30 septembre	21 12	20 80	22 03	20 42	22 39	23 41		2 25	2 25	3 50	0 25	4,564	»	3,760
												80,689	28	
													Terme moyen.	4,085

* Application de la décision du ministre des finances du [illegible] 1829.

TROISIÈME SECTION.

Loire-Inférieure, *Vendée*, *Charente-Inférieure*.

Loi de 1821.

DATES.	MERCURIALES. [illegible]	Nantes.	Marans.	Prix régulateurs.	DROITS. Entrée par navires français venant des pays de production.	d'ailleurs que des pays de production.	par navires étrangers et par terre.	Sortie.	COMMERCE. Importations.	Exportations.	Entrepôt.
	fr. c.	fr. c.	fr. c.	fr. c.	fr. c.	fr. c.	fr. c.	fr. c.	q. m.	q. m.	q. m.
31 mai	17 90	18 88	17 50	17 92	Prohibée.	Prohibée.	Prohibée.	0 25	»	1,200	»
30 juin	16 53	18 53	16 07	17 04	Idem.	Idem.	Idem.	0 25	»	»	»
31 juillet	16 80	18 27	16 31	17 19	Idem.	Idem.	Idem.	0 25	»	305	»
31 août	19 20	22 09	19 64	20 27	2 25	3 25	4 50	0 25	»	2	»
30 septembre	18 76	22 04	17 00	19 35	Prohibée.	Prohibée.	Prohibée.	0 25	»	3,738	»
31 octobre	20 00	22 66	17 70	20 32	2 25	3 25	4 50	0 25	»	»	»
30 novembre	21 47	24 50	18 47	21 48	1 25	2 25	3 50	0 25	»	22,329	»
31 décembre	22 80	21 86	19 07	22 24	0 25	1 25	1 25	Prohibée.	»	9,113	»
									»	41,842	
										Terme moyen.	»
1829.											
31 janvier	21 87	23 81	17 46	21 04	1 25	2 25	3 50	0 25	»	3	»
28 février	21 87	25 18	19 26	22 10	0 25	1 25	1 25	Prohibée.	»	»	»
31 mars	22 00	21 81	19 20	22 01	0 25	1 25	1 25	Idem.	»	»	»
30 avril	23 30	24 97	19 56	22 61	0 25	1 25	1 25	Idem.	212	»	»
31 mai	22 80	27 73	21 02	25 85	0 25	1 25	1 25	Idem.	»	»	»
30 juin	23 80	25 53	21 98	23 76	0 25*	0 25*	0 25*	Idem.	»	»	»
31 juillet	23 60	26 08	21 33	23 68	0 25*	0 25*	0 25*	Idem.	»	»	»
31 août	21 87	24 90	19 34	22 04	0 25*	0 25*	0 25*	Idem.	3,673	»	»
30 septembre	22 40	21 06	18 35	21 73	1 25	2 25	3 50	0 25	171	»	»
31 octobre	21 73	26 14	18 53	21 80	1 25	2 25	3 50	0 25	»	»	»
30 novembre	21 87	24 25	18 60	21 57	1 25	2 25	3 50	0 25	745	»	»
31 décembre	20 00	24 20	18 79	21 08	1 25	2 25	3 50	0 25	1,098	»	»
									5,897	3	
										Terme moyen.	»
1830.											
31 janvier	20 40	22 79	18 71	21 02	1 25	2 25	3 50	0 25	4,309	»	»
28 février	21 20	22 91	18 56	20 89	2 25	3 25	4 50	0 25	2,737	»	»
31 mars	20 63	23 70	18 78	20 99	2 25	3 25	4 50	0 25	115	»	»
30 avril	19 40	23 45	18 30	20 85	2 25	3 25	4 50	0 25	»	»	»
31 mai	20 13	23 53	18 50	20 75	2 25	3 25	4 50	0 25	486	»	303
30 juin	19 47	21 95	19 78	20 73	2 25	3 25	4 50	0 25	»	8	303
31 juillet	21 33	24 05	19 97	21 77	1 25	2 25	3 50	0 25	896	»	303
31 août	19 90	22 57	19 27	20 49	2 25	3 25	4 50	0 25	303	»	»
30 septembre	17 33	21 81	18 82	19 32	Prohibée.	Prohibée.	Prohibée.	0 25	»	»	»
									6,860	8	
										Terme moyen.	303

TROISIÈME CLASSE. (Suite.)

PREMIÈRE SECTION.

Départements frontières : *Haut-Rhin, Bas-Rhin.*

Loi de 1830.

ARRÊTÉS. DATES.	MERCURIALES. MULHAUSEN.	STRASBOURG.	PRIX régulateurs.	DROITS. ENTRÉE par navires français et par terre.	par navires étrangers.	SORTIE.	COMMERCE. IMPORTATIONS.	EXPORTATIONS.	ENTREPÔTS.
	fr. c.	fr. c.	fr. c.	fr. c.	fr. c.	fr. c.	q. m.	q. m.	q. m.
31 octobre......	24 31	21 74	23 02	0 25	1 25	Prohibée.	22,157	″	″
30 novembre....	23 27	20 81	21 04	0 25	1 25	Idem.	34,116	″	″
31 décembre....	21 93	20 06	21 40	1 00	2 00	0 25	16,210	″	″
							72,533		
								Terme moyen.	″
1831.									
31 janvier......	22 35	21 16	21 75	1 00	2 00	0 25	4,328	29	″
28 février......	22 30	21 22	21 79	1 00	2 00	0 25	4,094	23	″
31 mars........	22 63	21 64	22 12	0 25	1 25	Prohibée.	5,904	″	″
30 avril........	23 05	22 20	22 72	0 25	1 25	Idem.	10,112	″	″
31 mai..........	22 46	21 45	21 96	1 00	2 00	0 25	9,284	″	″
30 juin..........	21 05	22 15	23 10	0 25	1 25	Prohibée.	5,920	″	″
31 juillet........	25 10	24 75	25 02	0 25	1 25	Idem.	8,827	″	″
31 août..........	25 15	25 01	25 08	0 25	1 25	Idem.	9,817	″	″
30 septembre....	24 11	24 57	24 34	0 25	1 25	Idem.	11,061	″	″
31 octobre......	26 74	25 81	26 27	0 25	1 25	Idem.	9,811	″	″
30 novembre....	25 09	25 15	25 19	0 25	1 25	Idem.	9,202	″	″
31 décembre....	23 56	23 53	23 70	0 25	1 25	Idem.	6,110	″	″
							96,159	52	
								Terme moyen.	″
1832.									
31 janvier......	23 80	23 52	23 66	0 25	1 25	Idem.	17,720	″	″
29 février......	24 37	23 57	24 67	0 25	1 25	Idem.	19,100		150
31 mars........	27 96	25 73	26 81	0 25	1 25	Idem.	14,404	″	″
							51,206	″	
			Loi de 1832.					Terme moyen.	150
30 avril........	29 14	25 81	27 62	0 25	0 25	14 00	5,216	″	″
31 mai..........	29 20	26 81	27 53	0 25	0 25	14 00	3,767	″	″
30 juin..........	35 88	31 53	33 70	0 25	0 25	26 00	5,821	″	″
31 juillet........	29 57	26 76	28 17	0 25	0 25	10 00	7,396	″	″
31 août..........	21 82	22 28	23 56	0 25	1 50	6 00	7,300	″	″
30 septembre....	22 09	20 37	21 68	1 25	2 50	2 00	4,601	″	″
31 octobre......	21 32	19 21	20 33	2 25	3 50	0 25	1,026	18	″
30 novembre....	21 47	18 82	20 14	2 25	3 50	0 25	72	131	″
31 décembre....	21 88	19 09	20 48	2 25	3 50	0 25	104	149	″
							31,436	301	
								Terme moyen.	″
1833.									
31 janvier......	21 04	19 42	20 03	2 25	3 50	0 25	588	15	
28 février......	20 06	17 71	18 52	1 75	6 00	0 25	846	109	″

DEUXIÈME SECTION.

Nord, Pas-de-Calais, Somme, Seine-Inférieure, Eure et Calvados.

Loi de 1830.

ARRÊTÉS. DATES.	MERCURIALES. BERGUES.	ARRAS.	ROYE.	SOISSONS.	PARIS.	ROUEN.	PRIX régulateurs.	DROITS. ENTRÉE par navires français et par terre.	par navires étrangers.	SORTIE.	COMMERCE. IMPORTATIONS.	EXPORTATIONS.	ENTREPÔTS.
	fr. c.	fr. c.	fr. c.	fr. c.	fr. c.	fr. c.	fr. c.	fr. c.	fr. c.	fr. c.	q. m.	q. m.	q. m.
31 octobre......	23 74	23 07	23 74	23 33	24 67	23 85	[illegible]	0 25	1 25	Prohibée.	23,714	″	1,709
30 novembre....	24 58	24 48	23 60	21 95	23 33	23 01	[illegible]	0 25	1 25	Idem.	30,132	″	12,025
31 décembre....	21 61	23 03	21 72	22 58	22 10	21 66	[illegible]	0 25	1 25	Idem.	7,512	″	6,785
											61,418		
												Terme moyen.	8,130
1831.													
31 janvier......	24 69	22 60	21 20	21 88	22 15	21 21	[illegible]	0 25	1 25	Idem.	5,593	″	1,150
28 février......	24 88	24 03	21 70	22 55	23 19	22 09	[illegible]	0 25	1 25	Idem.	15,903	″	901
31 mars........	25 22	21 83	20 85	21 90	22 61	21 58	[illegible]	0 25	1 25	Idem.	5,716	″	901
30 avril........	25 40	21 73	19 03	21 78	21 80	20 84	[illegible]	1 00	2 00	0 25	9,300	1,046	901
31 mai..........	25 13	21 38	20 37	24 31	21 93	22 13	[illegible]	0 25	1 25	Prohibée.	2,160	″	901
30 juin..........	25 61	23 60	22 65	24 05	23 86	24 51	[illegible]	0 25	1 25	Idem.	14,220	″	3,753
31 juillet........	27 27	24 18	22 96	23 63	24 71	23 40	[illegible]	0 25	1 25	Idem.	27,277	″	7,646
31 août..........	20 33	25 19	23 56	23 07	23 06	23 41	[illegible]	0 25	1 25	Idem.	14,722		3,339
30 septembre....	25 40	24 50	22 71	22 60	24 13	23 56	[illegible]	0 25	1 25	Idem.	21,537	″	901
31 octobre......	25 88	23 08	22 15	23 00	24 57	21 09	[illegible]	0 25	1 25	Idem.	13,500	″	700
30 novembre....	23 94	23 07	22 11	21 70	22 78	22 71	[illegible]	0 25	1 25	Idem.	10,008	″	7,656
31 décembre....	23 77	21 26	19 90	21 00	22 08	22 08	[illegible]	1 00	2 00	0 25	13,093	″	6,375
											151,900	1,046	
												Terme moyen.	3,050
1832.													
31 janvier......	22 76	21 35	20 81	20 80	21 99	21 68	[illegible]	1 00	2 00	0 25	1,180	″	20,557
29 février......	24 18	21 97	20 80	21 10	23 14	19 49	[illegible]	0 25	1 25	Prohibée.	12,821	″	9,883
31 mars........	21 60	21 70	21 10	22 10	22 73	21 01	[illegible]	0 25	1 25	Idem.	96,113	″	13,131
											110,480	″	
							Loi de 1832.					Terme moyen.	11,025
30 avril........	25 51	21 05	23 85	24 01	24 00	24 03	[illegible]	0 25	0 25	8 00	162,109	″	17,531
31 mai..........	24 96	21 25	21 00	23 18	21 11	24 99	[illegible]	0 25	0 25	8 00	170,432	″	10,309
30 juin..........	25 16	25 47	25 08	27 02	27 35	25 20	[illegible]	0 25	0 25	10 00	229,834	″	31,608
31 juillet........	25 52	21 39	24 54	25 20	25 60	24 78	[illegible]	0 25	0 25	10 00	168,805	″	66,284
31 août..........	23 02	21 10	23 47	24 83	23 06	21 74	[illegible]	0 25	1 50	6 00	124,050	″	30,545
30 septembre....	20 72	17 00	19 07	18 37	20 18	19 67	[illegible]	1 75	4 50	0 25	15,049	175	7,571
31 octobre......	20 39	16 90	18 36	18 14	20 91	18 99	[illegible]	1 75	6 00	0 25	7	3,897	2,951
30 novembre....	18 18	16 02	16 39	16 24	17 18	16 53	[illegible]	7 75	9 00	0 25	8	7,131	1,510
31 décembre....	17 90	15 70	15 76	16 41	17 90	15 80	[illegible]	7 75	9 00	0 25	″	623	1,500
											836,011	11,756	
												Terme moyen.	19,583
1833.													
31 janvier......	17 22	15 98	15 59	16 11	17 84	16 31	[illegible]	7 75	9 00	0 25	″	12	1,510
28 février......	17 03	15 12	14 73	15 46	17 25	15 82	[illegible]	8 25	10 50	0 25	″	434	1,510

TROISIÈME SECTION.

Loire-Inférieure, Vendée, Charente-Inférieure.

Loi de 1830.

ARRÊTÉS. DATES.	MERCURIALES. SAUMUR.	NANTES.	MARANS.	PRIX régulateurs.	DROITS. ENTRÉE par navires français et par terre.	par navires étrangers.	SORTIE.	COMMERCE. IMPORTATIONS.	EXPORTATIONS.	ENTREPÔTS.	OBSERVATIONS.
	fr. c.	fr. c.	fr. c.	fr. c.	fr. c.	fr. c.	fr. c.	q. m.	q. m.	q. m.	
31 octobre......	17 60	22 21	19 05	19 03	Prohibée.	Prohibée.	0 25	″	″	″	
30 novembre....	18 40	21 08	18 86	19 45	Idem.	Idem.	0 25	″	600	″	
31 décembre....	18 13	20 59	19 01	19 31	Idem.	Idem.	0 25	″	2,880	″	
								″	3,480		
									Terme moyen.	″	
1831.											
31 janvier......	18 00	21 21	18 47	19 93	Idem.	Idem.	0 25	″	19,815	″	
28 février......	18 40	20 54	18 63	19 02	Idem.	Idem.	0 25	791	9,872	″	
31 mars........	19 20	22 11	19 28	20 21	2 00	3 00	0 25	″	1,201	″	
30 avril........	18 40	22 09	19 31	19 93	Prohibée.	Prohibée.	0 25	″	966	″	
31 mai..........	18 40	22 11	19 01	19 95	Idem.	Idem.	0 25	″	″	″	
30 juin..........	19 20	22 71	19 36	20 41	2 00	3 00	0 25	″	12	″	
31 juillet........	20 27	22 80	19 64	20 98	2 00	3 00	0 25	″	″	″	
31 août..........	21 20	23 30	19 85	21 46	1 00	2 00	0 25	″	″	″	
30 septembre....	19 47	21 53	19 65	21 15	1 00	2 00	0 25	″	″	″	
31 octobre......	20 00	21 60	18 89	20 99	2 00	3 00	0 25	″	″	″	
30 novembre....	20 00	21 10	18 73	21 22	1 00	2 00	0 25	″	″	″	
31 décembre....	20 10	23 56	19 90	21 20	1 00	2 00	0 25	″	″	″	
								791	31,866		
									Terme moyen.	″	
1832.											
31 janvier......	20 80	23 53	19 05	21 30	1 00	2 00	0 25	″	1		
29 février......	22 27	21 21	19 06	22 01	0 25	1 25	Prohibée.	″	″		
31 mars........	23 33	27 05	21 11	23 81	0 25	1 25	Idem.	1,050	″	″	
								1,050	1		
				Loi de 1832.					Terme moyen.		
30 avril........	21 80	28 11	23 11	25 59	0 25	0 25	10 00	15,515	″	″	
31 mai..........	21 27	28 05		26 11	0 25	0 25	12 00	23,595	″	″	
30 juin..........	23 33	38 27	24 33	26 60	0 25	0 25	10 00	1,429	″	″	
31 juillet........	22 27	28 18	22 00	21 76	0 25	0 25	8 00	1,380	″	″	
31 août..........	18 93	20 26	15 07	18 02	4 75	6 00	0 25	949	″	″	
30 septembre....	15 20	19 22	15 82	16 77	7 75	9 00	0 25	″	″	″	
31 octobre......	11 53	17 81	16 00	16 41	7 75	9 00	0 25	″	″	″	
30 novembre....	14 40	17 53	16 27	16 20	7 75	9 00	0 25	″	″	127	
31 décembre....	11 40	17 12	16 56	16 12	7 75	9 00	0 25	″	″	″	
								42,891	″		
									Terme moyen.	127	
1833.											
31 janvier......	14 40	16 63	16 56	16 03	9 25	10 50	0 25	″	″	″	
28 février......	14 80	15 80	16 55	16 01	7 75	9 00	0 25	″	″		

TROISIÈ[illegible]LASSE. (Suite.)

PREMIÈRE SECTION.

Départements frontières : *Haut-Rhin, Bas-Rhin.*

Loi de 1832.

ARRÊTÉS. DATES.	MERCURIALES. Mulhausen.	Strasbourg.	Prix régulateur.	DROITS. Entrée par navires français et par terre.	par navires étrangers.	Sortie.	COMMERCE. Importations.	Exportations.	Entrepôts.
	fr. c.	fr. c.	fr. c.	fr. c.	fr. c.	fr. c.	q. m.	q. m.	q. m.
31 mars	18 94	17 98	18 13	4 75	6 00	0 25	-	"	"
30 avril	19 58	17 68	18 63	4 75	6 00	0 25	"	86	"
31 mai	19 71	17 18	18 44	4 75	6 00	0 25	"	98	"
30 juin	18 79	17 91	18 35	4 75	6 00	0 25	8	117	"
31 juillet	18 80	18 45	18 90	4 75	6 00	0 25	2	208	"
31 août	16 60	15 84	16 29	7 75	9 00	0 25	"	200	"
30 septembre	15 45	15 12	15 29	9 25	10 50	0 25	11	211	"
31 octobre	15 50	15 15	15 32	9 25	10 50	0 25	"	295	"
30 novembre	15 06	14 41	14 75	10 75	12 00	0 25	"	699	"
31 décembre	14 61	14 22	14 41	10 75	12 00	0 25	"	1,521	1,027
							455	3,707	
								Terme moyen.	1,027
1834.									
31 janvier	14 64	14 12	14 68	10 75	12 00	0 25	"	1,001	1,027
28 février	14 96	14 45	14 70	10 75	12 00	0 25	7	1,017	1,027
31 mars	13 17	13 89	13 61	12 25	13 50	0 25	"	317	594
30 avril	14 05	14 15	14 55	10 75	12 00	0 25	"	615	591
31 mai	14 20	13 44	13 80	12 25	13 50	0 25	"	531	1,207
30 juin	16 11	14 16	15 28	9 25	10 50	0 25	"	565	1,207
31 juillet	14 55	13 18	13 87	12 25	13 50	0 25	"	315	1,207
31 août	15 04	15 51	15 24	9 25	10 50	0 25	"	406	997
30 septembre	14 75	15 82	15 29	9 25	10 50	0 25	"	609	897
31 octobre	15 12	15 31	15 23	9 25	10 50	0 25	"	707	1,088
30 novembre	16 51	15 66	16 10	7 75	9 00	0 25	"	310	1,184
31 décembre	16 15	15 40	15 70	9 25	10 50	0 25	2	92	1,010
							9	7,661	
								Terme moyen.	1,003
1835.									
31 janvier	15 88	15 78	15 83	9 25	10 50	0 25	"	173	1,010
28 février	15 85	16 24	16 01	7 75	9 00	0 25	2	100	981
31 mars	16 69	16 92	16 80	7 75	9 00	0 25	2	19	972
30 avril	17 51	18 08	17 96	6 25	7 50	0 25	"	87	972
31 mai	15 09	16 95	16 07	7 75	9 00	0 25	"	37	972
30 juin	16 61	15 25	16 03	9 25	10 50	0 25	"	272	957
31 juillet	16 36	15 30	15 96	9 25	10 50	0 25	"	117	957
31 août	15 17	14 02	14 59	10 75	12 00	0 25	"	269	957
30 septembre	11 90	15 14	13 65	12 25	13 50	0 25	"	181	857
31 octobre	15 01	13 56	14 30	10 75	12 00	0 25	"	390	957
30 novembre	15 18	13 67	14 42	10 75	12 00	0 25	"	479	957
31 décembre	14 50	13 69	14 19	10 75	12 00	0 25	"	385	957
							4	2,471	
								Terme moyen.	957

DEUXI[illegible]ECTION.

Nord, Pas-de-Calais, So[illegible]-Inférieure, Eure et Calvados.

[illegible] 1832.

DATES.	MERCURIALES. Bergues.	Arras.	Roye.	Soissons.	Paris.	Dôle.	Prix régulateur.	DROITS. Entrée par navires français et par terre.	par navires étrangers.	Sortie.	COMMERCE. Importations.	Exportations.	Entrepôts.
	fr. c.	fr. c.	fr. c.	fr. c.	fr. c.	fr. c.	fr. c.	fr. c.	fr. c.	fr. c.	q. m.	q. m.	q. m.
31 mars	15 90	14 60	14 10	15 07	16 33	15 33	[illegible]	9 25	10 50	0 25	-	46	4,510
30 avril	16 27	13 72	14 33	14 50	16 06	14 89	[illegible]	10 75	12 00	0 25	"	103	4,510
31 mai	15 65	13 57	13 48	13 73	15 19	14 14	[illegible]	10 75	12 00	0 25	"	189	4,510
30 juin	15 56	14 60	13 75	15 05	16 54	14 36	[illegible]	9 25	10 50	0 25	"	196	4,510
31 juillet	16 58	13 73	14 04	16 15	17 40	15 70	[illegible]	9 25	10 50	0 25	"	5	3,020
31 août	15 94	13 74	14 30	15 85	17 04	14 86	[illegible]	9 25	10 50	0 25	"	211	2,990
30 septembre	15 15	11 36	11 39	15 84	16 38	15 30	[illegible]	9 25	10 50	0 25	8	549	3,020
31 octobre	15 17	13 82	11 52	14 95	17 41	16 10	[illegible]	9 25	10 50	0 25	"	194	3,020
30 novembre	15 13	14 01	13 35	13 91	15 97	16 38	[illegible]	10 75	12 00	0 25	2	107	3,040
31 décembre	14 80	13 26	13 86	14 20	16 08	15 51	[illegible]	10 75	12 00	0 25	"	107	1,786
											10	1,870	
												Terme moyen.	3,052
1834.													
31 janvier	15 00	13 15	13 50	14 09	15 19	15 30	[illegible]	10 75	12 00	0 25	"	164	1,765
28 février	14 19	12 80	13 13	14 10	16 30	14 98	[illegible]	10 75	12 00	0 25	"	189	1,064
31 mars	14 46	12 15	12 70	13 27	14 09	13 91	[illegible]	12 25	13 50	0 25	"	1,565	1,640
30 avril	13 59	11 78	12 43	13 13	14 08	14 17	[illegible]	12 25	13 50	0 25	"	187	1,640
31 mai	14 82	12 57	12 90	13 56	14 21	14 84	[illegible]	12 25	13 50	0 25	"	2,150	1,640
30 juin	14 09	12 90	13 07	13 66	15 26	14 40	[illegible]	12 25	13 50	0 25	"	80	1,640
31 juillet	14 58	12 73	13 20	14 11	15 06	15 20	[illegible]	10 75	12 00	0 25	"	22	1,640
31 août	14 55	13 20	12 72	14 60	15 19	15 41	[illegible]	10 75	12 00	0 25	2	88	1,610
30 septembre	13 90	13 03	12 75	14 30	15 17	14 88	[illegible]	10 75	12 00	0 25	13	24	1,640
31 octobre	14 70	13 30	13 60	14 20	16 19	15 03	[illegible]	10 75	12 00	0 25	5	26	1,640
30 novembre	14 08	14 66	14 71	15 04	16 73	15 02	[illegible]	9 25	10 50	0 25	7	2,309	1,640
31 décembre	15 69	14 37	15 45	15 27	16 37	15 06	[illegible]	9 25	10 50	0 25	"	35	1,640
											30	6,896	
												Terme moyen.	1,604
1835.													
31 janvier	15 39	14 61	15 13	16 52	18 36	16 00	[illegible]	9 25	10 50	0 25	"	35	1,640
28 février	16 07	14 72	15 28	15 98	18 27	15 41	[illegible]	9 25	10 50	0 25	7	57	1,640
31 mars	16 54	14 43	15 40	16 22	16 65	15 14	[illegible]	9 25	10 50	0 25	"	67	1,610
30 avril	16 35	14 33	15 18	16 11	17 11	15 30	[illegible]	9 25	10 50	0 25	1	46	1,640
31 mai	15 62	13 50	14 10	15 21	16 18	14 79	[illegible]	10 75	12 00	0 25	"	86	1,640
30 juin	15 30	13 76	13 73	14 75	16 17	14 32	[illegible]	10 75	12 00	0 25	"	145	89
31 juillet	14 30	11 08	13 35	13 90	16 22	14 26	[illegible]	10 75	12 00	0 25	"	21	1,010
31 août	15 08	11 09	12 03	13 29	14 60	13 85	[illegible]	12 25	13 50	0 25	19	21	1,040
30 septembre	13 96	12 97	12 40	12 80	14 07	14 95	[illegible]	12 25	13 50	0 25	20	314	1,640
31 octobre	14 37	13 62	12 38	12 88	14 47	13 68	[illegible]	12 25	13 50	0 25	"	168	1,640
30 novembre	14 81	13 85	12 87	13 25	14 76	14 38	[illegible]	12 25	13 50	0 25	"	110	1,640
31 décembre	15 23	13 27	12 99	13 15	14 50	13 79	[illegible]	12 25	13 50	0 25	15	40	1,640
											85	1,149	
												Terme moyen.	1,500

TROISIÈME SECTION.

Loire-Inférieure, Vendée, Charente-Inférieure.

Loi de 1832.

DATES.	MERCURIALES. Saumur.	Nantes.	Marans.	Prix régulateur.	DROITS. Entrée par navires français et par terre.	par navires étrangers.	Sortie.	COMMERCE. Importations.	Exportations.	Entrepôts.	OBSERVATIONS.
	fr. c.	fr. c.	fr. c.	fr. c.	fr. c.	fr. c.	fr. c.	q. m.	q. m.	q. m.	
31 mars	14 40	16 11	15 47	15 33	9 25	10 50	0 25	"	"	-	
30 avril	13 87	15 52	14 24	14 54	10 75	12 00	0 25	"	469	"	
31 mai	13 80	14 78	14 25	14 21	10 75	12 00	0 25	"	58	"	
30 juin	14 80	16 18	14 77	15 25	9 25	10 50	0 25	"	"	"	
31 juillet	14 67	16 04	15 60	15 77	9 25	10 50	0 25	"	"	"	
31 août	14 40	15 80	15 65	15 28	9 25	10 50	0 25	"	967	"	
30 septembre	14 40	14 87	15 43	14 90	10 75	12 00	0 25	"	"	"	
31 octobre	13 73	15 59	14 43	14 58	10 75	12 00	0 25	"	150	"	
30 novembre	14 13	15 47	14 30	14 60	10 75	12 00	0 25	"	"	"	
31 décembre	13 33	15 46	14 30	14 37	10 75	12 00	0 25	"	"	"	
								"	1,644		
									Terme moyen.	"	
1834.											
31 janvier	13 20	15 43	14 39	14 36	10 75	12 00	0 25	"	"	"	
28 février	13 20	15 99	14 81	14 45	10 75	12 00	0 25	"	1	"	
31 mars	13 03	15 57	13 79	14 10	10 75	12 00	0 25	"	"	"	
30 avril	12 53	15 32	12 90	13 72	12 25	13 50	0 25	"	"	"	
31 mai	13 00	16 11	11 16	11 75	10 75	12 00	0 25	"	912	"	
30 juin	13 20	15 69	13 68	14 14	10 75	12 00	0 25	"	"	"	
31 juillet	13 47	16 33	13 75	14 59	10 75	12 00	0 25	"	1,089	"	
31 août	13 60	17 48	13 84	14 97	10 75	12 00	0 25	"	"	"	
30 septembre	13 60	16 28	13 39	14 40	10 75	12 00	0 25	"	"	"	
31 octobre	12 93	14 65	13 26	13 95	12 25	13 50	0 25	"	19	-	
30 novembre	12 93	16 02	13 35	14 07	10 75	12 00	0 25	"	"	-	
31 décembre	13 00	16 77	14 87	15 05	9 25	10 50	0 25	"	"	"	
								"	2,013		
									Terme moyen.	"	
1835.											
31 janvier	13 00	16 15	14 31	14 70	10 75	12 00	0 25	"	"	"	
28 février	13 47	15 86	14 29	14 54	10 75	12 00	0 25	"	"	"	
31 mars	13 33	16 41	13 71	14 47	10 75	12 00	0 25	"	"	"	
30 avril	13 60	16 12	13 95	14 38	10 75	12 00	0 25	"	"	"	
31 mai	13 87	15 60	13 15	14 23	10 75	12 00	0 25	"	"	"	
30 juin	14 60	16 05	13 19	14 68	10 75	12 00	0 25	"	"	"	
31 juillet	14 40	16 94	13 05	14 45	10 75	12 00	0 25	"	"	"	
31 août	13 47	15 23	12 39	13 60	12 25	13 50	0 25	"	"	"	
30 septembre	13 33	15 00	12 10	13 68	12 25	13 50	0 25	"	"	"	
31 octobre	13 07	15 42	12 00	13 72	12 25	13 50	0 25	"	"	"	
30 novembre	14 13	15 50	13 03	14 44	10 75	12 00	0 25	"	"	"	
31 décembre	14 27	16 36	13 73	14 59	10 75	12 00	0 25	"	"	"	
								"	"		
									Terme moyen.	"	

PREMIÈRE SECTION.

Départements frontières : *Moselle, Meuse, Ardennes, Aisne.*

Loi de 1821.

ARRÊTÉS. DATES.	MERCURIALES. METZ.	VERDUN.	CHARLEVILLE.	SOISSONS.	PRIX régulateurs.	DROITS. ENTRÉE par navires français venant des pays de production.	d'ailleurs que des pays de production.	par navires étrangers et par terre.	SORTIE.	COMMERCE. IMPORTATIONS.	EXPORTATIONS.	ENTREPÔTS.	OBSERVATIONS.
	fr. c.	fr. c.	fr. c.	fr. c.	fr. c.	fr. c.	fr. c.	fr. c.	fr. c.	q. m.	q. m.	q. m.	
1821.													
31 juillet	17 16	12 27	17 21	16 80	14 01	Prohibée.	Prohibée.	Prohibée.	0 25	»	609	»	
31 août	11 79	11 72	16 12	17 87	14 45	*Idem.*	*Idem.*	*Idem.*	0 25	»	750	»	
30 septembre	11 34	11 47	15 46	16 19	13 61	*Idem.*	*Idem.*	*Idem.*	0 25	»	2,363	»	
31 octobre	10 98	11 34	15 05	16 18	13 55	*Idem.*	*Idem.*	*Idem.*	0 25	»	1,092	»	
30 novembre	9 71	10 90	13 54	13 58	11 94	*Idem.*	*Idem.*	*Idem.*	0 25	»	1,102	»	
31 décembre	9 76	11 09	13 06	13 73	11 94	*Idem.*	*Idem.*	*Idem.*	0 25		1,079	»	
										»	7,310		
											Terme moyen.	»	
1822.													
31 janvier	9 61	10 64	12 28	12 81	11 58	*Idem.*	*Idem.*	*Idem.*	0 25		1,012		
28 février	9 88	9 60	12 97	13 39	11 01	*Idem.*	*Idem.*	*Idem.*	0 25	»	690	»	
31 mars	9 87	9 81	12 39	11 76	10 04	*Idem.*	*Idem.*	*Idem.*	0 25	»	636	»	
30 avril	9 39	9 06	12 49	10 28	10 33	*Idem.*	*Idem.*	*Idem.*	0 25	»	614	»	
31 mai	9 05	9 73	12 24	11 35	10 58	*Idem.*	*Idem.*	*Idem.*	0 25		729	»	
30 juin	8 00	8 91	11 86	10 83	10 08	*Idem.*	*Idem.*	*Idem.*	0 25	»	214	»	
31 juillet	9 01	8 58	12 68	11 40	10 71	*Idem.*	*Idem.*	*Idem.*	0 25	»	364	»	
31 août	12 38	10 97	12 89	14 53	12 70	*Idem.*	*Idem.*	*Idem.*	0 25	»	321	»	
30 septembre	12 15	10 60	14 37	14 82	13 00	*Idem.*	*Idem.*	*Idem.*	0 25		518	»	
31 octobre	13 97	11 00	14 70	14 78	13 23	*Idem.*	*Idem.*	*Idem.*	0 25	»	515	»	
30 novembre	15 41	11 41	14 34	15 01	13 54	*Idem.*	*Idem.*	*Idem.*	0 25	»	515	»	
31 décembre	15 30	13 11	15 84	14 98	14 21	*Idem.*	*Idem.*	*Idem.*	0 25	»	156	»	
										»	6,218		
											Terme moyen.	»	
1823.													
31 janvier	15 14	13 46	15 13	14 90	14 31	*Idem.*	*Idem.*	*Idem.*	0 25	»	22	»	
28 février	15 22	13 80	15 92	15 25	15 05	*Idem.*	*Idem.*	*Idem.*	0 25	»	450	»	
31 mars	15 21	14 04	15 25	16 06	15 45	*Idem.*	*Idem.*	*Idem.*	0 25	»	210	»	
30 avril	15 20	13 60	16 75	19 18	16 21	*Idem.*	*Idem.*	*Idem.*	0 25	»	353	»	
31 mai	15 16	14 15	16 88	18 96	16 20	*Idem.*	*Idem.*	*Idem.*	0 25	»	262	»	
30 juin	11 60	14 02	17 37	17 92	15 05	*Idem.*	*Idem.*	*Idem.*	0 25	»	221	»	
31 juillet	14 30	14 01	17 44	18 27	16 02	*Idem.*	*Idem.*	*Idem.*	0 25	»	105	»	
31 août	13 77	15 53	17 09	17 40	16 10	*Idem.*	*Idem.*	*Idem.*	0 25	»	185	»	
30 septembre	12 22	14 55	15 20	15 14	14 43	*Idem.*	*Idem.*	*Idem.*	0 25	»	301	»	
31 octobre	12 81	13 09	14 60	14 40	13 81	*Idem.*	*Idem.*	*Idem.*	0 25	»	450	»	

DEUXIÈME SECTION.

Départements frontières : *Manche, Ille-et-Vilaine, Côtes-du-Nord, Finistère, Morbihan.*

Loi de 1821.

ARRÊTÉS. DATES.	MERCURIALES. SAINT-LÔ.	PAIMPOL.	QUIMPER.	HENNEBONT.	NANTES.	PRIX régulateurs.	DROITS. ENTRÉE par navires français venant des pays de production.	d'ailleurs que des pays de production.	par navires étrangers et par terre.	SORTIE.	COMMERCE. IMPORTATIONS.	EXPORTATIONS.	ENTREPÔTS.	OBSERVATIONS.
	fr. c.	fr. c.	fr. c.	fr. c.	fr. c.	fr. c.	fr. c.	fr. c.	fr. c.	fr. c.	q. m.	q. m.	q. m.	
1821.														
31 juillet	20 09	16 60	18 22	20 40	19 14	18 93	2 25	3 25	4 50	0 25	»	179	»	
31 août	20 60	15 80	16 89	19 14	19 68	18 31	2 25	3 25	4 50	0 25	»	»	»	
30 septembre	20 33	17 46	16 28	17 31	18 77	18 05	2 25	3 25	4 50	0 25	»	»	»	
31 octobre	20 64	15 00	15 89	16 50	17 60	17 15	Prohibée.	Prohibée.	Prohibée.	0 25	»	»	»	
17 novembre	19 47	14 15	16 08	15 63	17 72	16 50	*Idem.*	*Idem.*	*Idem.*	0 25	»	»		
3 décembre	19 24	14 15	16 51	15 89	16 58	16 49	*Idem.*	*Idem.*	*Idem.*	0 25	»	1	»	
											»	180	»	
												Terme moyen.	»	
1822.														
31 janvier	18 07	13 86	16 20	15 73	16 34	16 22	*Idem.*	*Idem.*	*Idem.*	0 25	»	»	»	
28 février	17 33	13 30	14 85	15 59	16 08	15 44	*Idem.*	*Idem.*	*Idem.*	0 25	»	»	»	
31 mars	16 80	15 60	15 09	15 63	16 73	15 58	*Idem.*	*Idem.*	*Idem.*	0 25	»	»	»	
30 avril	15 89	12 72	14 06	15 30	13 86	15 73	*Idem.*	*Idem.*	*Idem.*	0 25	»	6	»	
31 mai	17 00	13 33	11 39	15 37	15 65	15 13	*Idem.*	*Idem.*	*Idem.*	0 25	»	»	»	
30 juin	16 63	12 78	14 07	14 53	14 91	14 68	*Idem.*	*Idem.*	*Idem.*	0 25	»	41	197	
31 juillet	16 45	12 63	14 36	13 62	16 26	14 67	*Idem.*	*Idem.*	*Idem.*	0 25	»	»	197	
31 août	17 73	14 15	14 65	15 19	17 50	15 85	*Idem.*	*Idem.*	*Idem.*	0 25	»	»	»	
30 septembre	16 58	12 50	14 01	14 02	16 36	14 68	*Idem.*	*Idem.*	*Idem.*	0 25	»	1,106	»	
31 octobre	16 43	12 50	13 11	14 42	16 44	14 58	*Idem.*	*Idem.*	*Idem.*	0 25	»	922	»	
30 novembre	16 20	12 00	12 03	14 50	16 81	14 52	*Idem.*	*Idem.*	*Idem.*	0 25	»	222	»	
31 décembre	15 03	13 04	13 20	11 61	16 75	14 71	*Idem.*	*Idem.*	*Idem.*	0 25	»	»	»	
											»	1,387	»	
												Terme moyen.	197	
1823.														
31 janvier	15 31	12 63	13 50	15 21	16 80	14 60	*Idem.*	*Idem.*	*Idem.*	0 25	»	»	»	
28 février	14 91	12 78	14 16	15 72	17 05	15 11	*Idem.*	*Idem.*	*Idem.*	0 25	»	90	»	
31 mars	16 06	13 32	15 30	17 00	19 71	16 27	*Idem.*	*Idem.*	*Idem.*	0 25	»	341	»	
30 avril	14 78	16 39	17 27	18 08	19 66	17 36	*Idem.*	*Idem.*	*Idem.*	0 25	»	8	»	
31 mai	16 92	16 87	17 32	19 55	20 58	18 14	2 25	3 25	4 50	0 25	»	14	»	
30 juin	17 14	16 09	16 27	19 06	19 78	17 00	Prohibée.	Prohibée.	Prohibée.	0 25	»	»	»	
31 juillet	19 64	15 80	16 29	17 52	19 70	17 50	*Idem.*	*Idem.*	*Idem.*	0 25	»	»	»	
31 août	18 65	15 13	17 08	18 16	19 15	17 64	*Idem.*	*Idem.*	*Idem.*	0 25	»	»	»	
30 septembre	17 46	14 72	16 25	16 07	17 79	16 30	*Idem.*	*Idem.*	*Idem.*	0 25	»	100	»	
31 octobre	15 73	12 77	15 88	14 48	18 88	15 54	*Idem.*	*Idem.*	*Idem.*	0 25	»	»	»	

PREMIÈRE SECTION.

Départements frontières : *Moselle, Meuse, Ardennes, Aisne.*

Loi de 1821.

ARRÊTÉS. Dates.	MERCURIALES. Metz.	Verdun.	Charleville.	Soissons.	Prix régulateurs.	DROITS. Entrée par navires français venant des pays de production.	Entrée par navires français d'ailleurs que des pays de production.	Entrée par navires étrangers et par terre.	Sortie.	COMMERCE. Importations.	Exportations.	Entrepôts.	OBSERVATIONS.
	fr. c.	fr. c.	fr. c.	fr. c.	fr. c.	fr. c.	fr. c.	fr. c.	fr. c.	q. m.	q. m.	q. m.	
30 novembre	11 66	13 33	13 75	13 38	13 05	Prohibée.	Prohibée.	Prohibée.	0 25	»	308	»	
31 décembre	11 40	13 02	14 13	14 19	13 19	Idem.	Idem.	Idem.	0 25	»	334	»	
										»	3,153	»	
											Terme moyen.	»	
1824.													
31 janvier	12 30	12 41	13 65	13 09	13 02	Idem.	Idem.	Idem.	0 25	»	168	»	
29 février	12 46	12 23	13 75	13 68	13 03	Idem.	Idem.	Idem.	0 25	»	117	»	
31 mars	12 31	12 08	13 33	13 37	12 77	Idem.	Idem.	Idem.	0 25	»	87	»	
30 avril	12 49	12 03	13 24	13 70	12 88	Idem.	Idem.	Idem.	0 25	»	116	»	
31 mai	11 57	11 74	13 27	13 37	12 49	Idem.	Idem.	Idem.	0 25	»	124	»	
30 juin	11 84	11 30	13 41	13 16	12 43	Idem.	Idem.	Idem.	0 25	»	21	»	
31 juillet	12 50	11 19	13 41	13 87	12 74	Idem.	Idem.	Idem.	0 25	»	60	»	
31 août	11 27	11 00	13 93	14 10	12 55	Idem.	Idem.	Idem.	0 25	»	47	»	
30 septembre	10 36	10 94	14 35	13 41	12 27	Idem.	Idem.	Idem.	0 25	»	26	»	
31 octobre	10 79	10 68	13 87	13 50	12 21	Idem.	Idem.	Idem.	0 25	»	30	»	
30 novembre	10 23	10 60	12 03	12 85	11 65	Idem.	Idem.	Idem.	0 25	»	21	»	
31 décembre	10 65	10 63	12 72	13 48	11 87	Idem.	Idem.	Idem.	0 25	»	58	»	
										»	862	»	
											Terme moyen.	»	
1825.													
31 janvier	10 77	10 00	12 86	13 15	11 82	Idem.	Idem.	Idem.	0 25	»	15	»	
28 février	10 58	10 81	12 93	13 98	12 08	Idem.	Idem.	Idem.	0 25	»	10	»	
31 mars	10 60	10 74	12 87	14 37	12 12	Idem.	Idem.	Idem.	0 25	»	25	»	
30 avril	10 16	10 85	12 78	14 47	12 07	Idem.	Idem.	Idem.	0 25	»	200	»	
31 mai	9 89	12 80	10 86	14 36	11 08	Idem.	Idem.	Idem.	0 25	»	15	»	
30 juin	11 27	10 81	12 80	14 02	12 23	Idem.	Idem.	Idem.	0 25	»	3	»	
31 juillet	10 90	11 10	13 09	14 21	12 38	Idem.	Idem.	Idem.	0 25	»	25	»	
31 août	11 98	11 00	12 90	16 29	13 03	Idem.	Idem.	Idem.	0 25	»	28	»	
30 septembre	12 08	12 14	14 90	15 45	13 60	Idem.	Idem.	Idem.	0 25	»	37	»	
31 octobre	12 01	11 71	14 91	15 35	13 40	Idem.	Idem.	Idem.	0 25	»	52	»	
30 novembre	12 41	11 91	14 93	15 07	13 80	Idem.	Idem.	Idem.	0 25	»	22	»	
31 décembre	12 01	12 16	15 13	16 08	14 05	Idem.	Idem.	Idem.	0 25	»	41	»	
										»	542	»	
											Terme moyen.	»	

DEUXIÈME SECTION.

Départements frontières : *Manche, Ille-et-Vilaine, Côtes-du-Nord, Finistère, Morbihan.*

Loi de 1821.

ARRÊTÉS. Dates.	MERCURIALES. Saint-Lô.	Paimpol.	Quimper.	Hennebon.	Nantes.	Prix régulateurs.	DROITS. Entrée par navires français venant des pays de production.	Entrée par navires français d'ailleurs que des pays de production.	Entrée par navires étrangers et par terre.	Sortie.	COMMERCE. Importations.	Exportations.	Entrepôts.	OBSERVATIONS.
	fr. c.	fr. c.	fr. c.	fr. c.	fr. c.	fr. c.	fr. c.	fr. c.	fr. c.	fr. c.	q. m.	q. m.	q. m.	
30 novembre	16 33	13 33	15 90	16 15	19 14	16 01	Prohibée.	Prohibée.	Prohibée.	0 25	»	2	»	
31 décembre	16 27	14 72	15 50	17 57	18 83	16 06	Idem.	Idem.	Idem.	0 25	»	128	»	
											»	625	»	
												Terme moyen.	»	
1824.														
31 janvier	15 84	12 08	15 02	17 43	18 82	16 13	Idem.	Idem.	Idem.	0 25	»	107	»	
29 février	15 40	13 74	15 64	17 61	18 87	16 45	Idem.	Idem.	Idem.	0 25	»	361	»	
31 mars	15 50	14 02	16 98	17 63	18 94	16 45	Idem.	Idem.	Idem.	0 25	»	86	»	
30 avril	15 43	14 16	16 83	17 20	18 04	15 45	Idem.	Idem.	Idem.	0 25	»	»	»	
31 mai	15 30	14 44	16 54	17 61	17 84	16 35	Idem.	Idem.	Idem.	0 25	»	»	»	
30 juin	15 72	11 02	16 70	17 36	17 65	16 28	Idem.	Idem.	Idem.	0 25	»	»	»	
31 juillet	17 28	15 05	16 40	17 90	18 22	17 02	Idem.	Idem.	Idem.	0 25	»	»	»	
31 août	16 30	15 00	15 91	16 93	18 03	16 44	Idem.	Idem.	Idem.	0 25	»	5	»	
30 septembre	17 06	15 00	14 06	15 02	15 62	15 36	Idem.	Idem.	Idem.	0 25	»	»	»	
31 octobre	17 04	13 35	13 10	15 02	15 07	15 05	Idem.	Idem.	Idem.	0 25	»	852	»	
30 novembre	17 58	13 33	14 43	15 43	16 12	15 58	Idem.	Idem.	Idem.	0 25	»	1,131	»	
31 décembre	20 21	13 95	15 25	16 25	16 17	16 30	Idem.	Idem.	Idem.	0 25	»	»	»	
											»	2,443	»	
												Terme moyen.	»	
1825.														
31 janvier	20 24	14 72	15 00	16 96	15 58	15 38	Idem.	Idem.	Idem.	0 25	»	»	»	
28 février	19 70	14 18	15 03	16 98	15 00	16 12	Idem.	Idem.	Idem.	0 25	»	»	»	
31 mars	18 07	15 00	14 74	16 15	15 04	15 98	Idem.	Idem.	Idem.	0 25	»	»	»	
30 avril	19 02	14 30	14 20	16 25	15 34	15 84	Idem.	Idem.	Idem.	0 25	»	»	»	
31 mai	19 07	13 88	15 33	16 99	15 19	15 20	Idem.	Idem.	Idem.	0 25	»	173	»	
30 juin	22 51	13 75	13 80	17 05	19 02	16 15	Idem.	Idem.	Idem.	0 25	»	»	»	
31 juillet	18 39	15 55	14 25	15 78	15 01	15 80	Idem.	Idem.	Idem.	0 25	»	»	»	
31 août	18 02	14 26	14 52	16 70	17 08	16 13	Idem.	Idem.	Idem.	0 25	»	»	»	
30 septembre	18 03	14 09	13 36	17 72	16 82	15 98	Idem.	Idem.	Idem.	0 25	»	»	»	
31 octobre	18 84	14 16	13 89	17 63	16 67	16 20	Idem.	Idem.	Idem.	0 25	»	»	»	
30 novembre	19 22	14 78	15 96	17 80	16 23	16 47	Idem.	Idem.	Idem.	0 25	»	»	»	
31 décembre	18 88	15 52	15 17	17 70	16 70	16 80	Idem.	Idem.	Idem.	0 25	»	»	»	
											»	173	»	
												Terme moyen.	»	

QUATRIÈME CLASSE. (Suite.)

PREMIÈRE SECTION.

Départements frontières : *Moselle, Meuse, Ardennes, Aisne.*

Loi de 1821.

ARRÊTÉS. DATES.	MERCURIALES. Metz.	Verdun.	Charleville.	Soissons.	Prix régulateurs.	DROITS. Entrée par navire français venant des pays de production.	Entrée par navire français d'ailleurs que des pays de production.	Entrée par navire étranger et par terre.	Sortie.	COMMERCE. Importations.	Exportations.	Entrepôts.	OBSERVATIONS.
	fr. c.	fr. c.	fr. c.	fr. c.	fr. c.	fr. c.	fr. c.	fr. c.	fr. c.	q. m.	q. m.	q. m.	
1826.													
31 janvier	11 76	12 03	14 13	16 80	13 96	Prohibée.	Prohibée.	Prohibée.	0 25	»	2	»	
28 février	11 74	12 01	14 87	16 77	13 85	Idem.	Idem.	Idem.	0 25	»	12	»	
31 mars	11 87	11 79	14 65	16 24	13 68	Idem.	Idem.	Idem.	0 25	»	34	»	
30 avril	11 59	11 77	14 26	16 01	13 74	Idem.	Idem.	Idem.	0 25	»	66	»	
31 mai	11 50	11 40	14 32	15 79	13 27	Idem.	Idem.	Idem.	0 25	»	30	»	
30 juin	11 81	11 41	14 17	16 62	13 51	Idem.	Idem.	Idem.	0 25	»	48	»	
31 juillet	11 80	11 30	14 11	16 42	13 41	Idem.	Idem.	Idem.	0 25	»	23	»	
31 août	12 21	11 41	14 02	16 57	13 74	Idem.	Idem.	Idem.	0 25	»	36	»	
30 septembre	12 98	12 87	14 01	15 29	13 77	Idem.	Idem.	Idem.	0 25	»	85	»	
31 octobre	12 56	12 57	13 94	15 57	13 06	Idem.	Idem.	Idem.	0 25	»	163	»	
30 novembre	12 16	12 32	14 04	15 52	13 51	Idem.	Idem.	Idem.	0 25	»	303	»	
31 décembre	12 01	12 49	13 87	13 86	13 56	Idem.	Idem.	Idem.	0 25	»	320	»	
											1,182		
											Terme moyen.	»	
1827.													
31 janvier	13 00	12 85	13 42	16 04	14 00	Idem.	Idem.	Idem.	0 25		290	»	
28 février	13 09	12 70	13 26	16 16	13 88	Idem.	Idem.	Idem.	0 25	»	210	»	
31 mars	15 10	13 67	13 57	15 72	14 41	Idem.	Idem.	Idem.	0 25	»	415	»	
30 avril	15 97	14 47	14 33	16 07	14 90	Idem.	Idem.	Idem.	0 25	»	250	»	
31 mai	15 13	14 01	14 55	15 86	14 42	Idem.	Idem.	Idem.	0 25	»	329	»	
30 juin	15 00	12 84	15 50	16 22	14 41	Idem.	Idem.	Idem.	0 25	»	422		
31 juillet	13 05	12 93	15 17	16 25	14 50	Idem.	Idem.	Idem.	0 25		125	»	
31 août	13 64	13 03	15 04	16 67	14 59	Idem.	Idem.	Idem.	0 25	»	68	»	
30 septembre	15 85	15 91	17 31	17 75	16 26	Idem.	Idem.	Idem.	0 25	»	46	»	
31 octobre	17 08	17 06	19 41	19 82	18 47	2 25	3 25	4 50	0 25	»	298	»	
30 novembre	19 50	17 96	18 54	21 26	19 50	1 25	2 25	3 50	0 25	»	81	»	
31 décembre	20 28	19 30	20 15	22 20	20 50	0 25	1 25	1 25	Prohibée.	1,770	29		
										1,770	2,380		
											Terme moyen.		
1828.													
31 janvier	20 04	19 50	19 24	21 35	20 08	0 25	1 25	1 25	Idem.	1,773		»	
29 février	19 50	19 15	18 89	19 46	19 25	1 25	2 25	3 50	0 25	2,420	29	»	
31 mars	19 16	18 70	18 97	20 30	19 30	1 25	2 25	3 50	0 25	6,006	19	»	
30 avril	18 74	18 13	18 66	20 24	19 04	2 25	3 25	4 50	0 25	»	24	»	

DEUXIÈME SECTION.

Départements frontières : *Manche, Ille-et-Vilaine, Côtes-du-Nord, Finistère, Morbihan.*

Loi de 1821.

ARRÊTÉS. DATES.	MERCURIALES. Saint-Lô.	Paimpol.	Quimper.	Hennebon.	Nantes.	Prix régulateurs.	DROITS. Entrée par navire français venant des pays de production.	Entrée par navire français d'ailleurs que des pays de production.	Entrée par navire étranger et par terre.	Sortie.	COMMERCE. Importations.	Exportations.	Entrepôts.	OBSERVATIONS.
	fr. c.	fr. c.	fr. c.	fr. c.	fr. c.	fr. c.	fr. c.	fr. c.	fr. c.	fr. c.	q. m.	q. m.	q. m.	
1826.														
31 janvier	18 38	15 08	16 26	17 99	16 02	16 39	Prohibée.	Prohibée.	Prohibée.	0 25	»	»	»	
28 février	17 81	15 62	15 10	17 87	16 00	16 19	Idem.	Idem.	Idem.	0 25	»	»	»	
31 mars	17 31	15 74	15 76	17 76	15 90	16 18	Idem.	Idem.	Idem.	0 25	»	»	»	
30 avril	17 79	15 52	16 12	18 10	15 86	16 74	Idem.	Idem.	Idem.	0 25	»	»	»	
31 mai	18 02	15 85	16 34	18 40	15 92	17 00	Idem.	Idem.	Idem.	0 25		»	»	
30 juin	19 82	16 18	16 20	19 41	16 05	17 53	Idem.	Idem.	Idem.	0 25	»	»	»	
31 juillet	18 05	15 65	15 45	18 41	16 28	16 05	Idem.	Idem.	Idem.	0 25	»	»	»	
31 août	19 03	15 01	15 12	17 96	15 42	16 30	Idem.	Idem.	Idem.	0 25	»	18	»	
30 septembre	17 78	14 15	15 09	16 29	13 72	15 10	Idem.	Idem.	Idem.	0 25	»	1,017	»	
31 octobre	18 27	13 53	14 63	16 05	14 00	15 22	Idem.	Idem.	Idem.	0 25	»	1,506		
30 novembre	18 38	14 14	14 38	16 13	13 81	15 37	Idem.	Idem.	Idem.	0 26	»	»	»	
31 décembre	18 50	14 56	15 56	16 05	15 40	16 01	Idem.	Idem.	Idem.	0 26	»		»	
											»	3,145		
												Terme moyen.	»	
1827.														
31 janvier	18 16	14 56	15 99	16 96	15 14	16 10	Idem.	Idem.	Idem.	0 25		547	»	
28 février	17 73	15 59	17 20	17 80	16 11	16 57	Idem.	Idem.	Idem.	0 25	»	»	»	
31 mars	17 50	16 06	16 76	17 43	16 00	16 75	Idem.	Idem.	Idem.	0 25	»	11	»	
30 avril	16 89	15 79	16 58	17 64	15 85	16 56	Idem.	Idem.	Idem.	0 25	»	»	»	
31 mai	16 94	15 40	15 69	17 86	15 45	16 15	Idem.	Idem.	Idem.	0 25		1	»	
30 juin	17 15	15 01	16 53	17 89	15 46	16 31	Idem.	Idem.	Idem.	0 25	»	»	»	
31 juillet	17 00	15 12	16 54	16 48	15 20	16 10	Idem.	Idem.	Idem.	0 25		»	»	
31 août	16 47	14 70	15 09	16 15	14 25	15 45	Idem.	Idem.	Idem.	0 25	»	»	»	
30 septembre	16 55	15 24	15 09	15 35	15 02	15 60	Idem.	Idem.	Idem.	0 25	»	»	»	
31 octobre	16 99	14 04	15 44	15 96	15 09	15 57	Idem.	Idem.	Idem.	0 25	»		»	
30 novembre	17 58	14 35	15 51	16 70	16 76	16 19	Idem.	Idem.	Idem.	0 25	»	»	»	
31 décembre	17 08	15 93	17 48	18 50	18 80	17 59	Idem.	Idem.	Idem.	0 25	»	1	»	
											»	563		
												Terme moyen.	»	
1828.														
31 janvier	17 40	15 85	17 82	16 65	18 51	17 64	Idem.	Idem.	Idem.	0 25	»		»	
29 février	17 10	15 87	19 08	18 59	19 65	18 00	3 25	4 25	5 50	0 25	»	»	»	
31 mars	17 40	15 96	18 06	18 77	19 20	18 02	2 25	3 25	4 50	0 25	»	2	»	
30 avril	17 31	15 55	18 35	18 06	19 00	17 74	Prohibée.	Prohibée.	Prohibée.	0 25	»	»	»	

PREMIÈRE SECTION.

Départements frontières : *Moselle, Meuse, Ardennes, Aisne.*

Loi de 1821.

ARRÊTÉS. DATES.	MERCURIALES. Metz.	Verdun.	Charleville.	Soissons.	Prix régulateurs.	DROITS. ENTRÉE par navires français venant des pays de production.	d'ailleurs que des pays de production.	par navires étrangers et par terre.	SORTIE.	COMMERCE. IMPORTATIONS.	EXPORTATIONS.	ENTREPÔTS.	OBSERVATIONS.
	fr. c.	fr. c.	fr. c.	fr. c.	fr. c.	fr. c.	fr. c.	fr. c.	fr. c.	q. m.	q. m.	q. m.	
31 mai	17 98	16 80	19 33	18 80	18 93	2 25	3 25	1 50	0 25	3	12	"	
30 juin	18 35	16 44	19 11	19 29	18 38	2 25	3 25	4 50	0 25	1	"	"	
31 juillet	21 12	19 32	19 63	20 68	20 19	0 25	1 25	1 25	Prohibée.	3,061	"	"	
31 août	21 51	21 28	21 91	22 48	22 52	0 25	1 25	1 25	Idem.	10,475	"	"	
30 septembre	21 20	20 81	23 80	23 09	22 90	0 25	1 25	1 25	Idem.	10,421	"	"	
31 octobre	21 80	21 80	23 17	21 41	22 32	0 25	1 25	1 25	Idem.	9,608	"	"	
30 novembre	20 55	22 41	22 50	26 01	22 03	0 25	1 25	1 25	Idem.	8,196	"	"	
31 décembre	19 79	20 04	22 45	20 83	22 88	0 25	1 25	1 25	Idem.	2,447	"	"	
										65,553	12		
											Terme moyen.	"	
1829.													
31 janvier	17 09	19 50	21 17	25 06	20 05	0 25	1 25	1 25	Idem.	2,695	"	"	
28 février	19 07	19 11	21 75	25 42	21 34	0 25	1 25	1 25	Idem.	2,307	"	"	
31 mars	19 46	18 60	21 17	25 20	21 16	0 25	1 25	1 25	Idem.	6,980	"	"	
30 avril	18 88	18 80	22 92	28 75	22 35	0 25	1 25	1 25	Idem.	26,551	"	"	
31 mai	21 50	21 20	20 89	28 18	20 40	0 25	1 25	1 25	Idem.	21,095	"	"	
30 juin	22 31	23 52	21 80	28 46	25 05	0 25*	0 25*	0 25*	Idem.	11,403	"	"	* Application de la décision du ministre des finances du 22 juin 1829.
31 juillet	21 73	23 35	25 01	26 13	24 05	0 25*	0 25*	0 25*	Idem.	5,640	"	"	
31 août	16 06	20 52	22 50	23 38	20 44	0 25*	0 25*	0 25*	Idem.	3,000	"	"	
30 septembre	15 44	18 50	21 28	22 09	19 31	1 25	2 25	3 50	0 25	4,129	637	"	
31 octobre	19 75	19 78	22 58	24 32	21 61	0 25	1 25	1 25	Prohibée.	20,529	"	"	
30 novembre	19 91	21 84	22 73	24 36	22 21	0 25	1 25	1 25	Idem.	21,335	"	"	
31 décembre	18 60	19 85	20 74	21 28	20 14	0 25	1 25	1 25	Idem.	5,807	"	"	
										139,761	637		
											Terme moyen.	"	
1830.													
31 janvier	19 57	19 80	20 10	20 90	20 14	0 25	1 25	1 25	Idem.	6,250	"	"	
28 février	19 43	19 73	19 48	20 68	19 78	1 25	2 25	3 50	0 25	4,306	8	"	
31 mars	19 03	18 82	19 53	20 33	19 43	1 25	2 25	3 50	0 25	2,508	11	9,504	
30 avril	18 36	18 17	19 35	20 73	19 15	1 25	2 25	3 50	0 25	4,776	2	2,504	
31 mai	20 57	20 87	21 09	21 00	21 08	0 25	1 25	1 25	Prohibée.	58,831	11	"	
30 juin	20 64	21 09	20 35	20 77	20 86	0 25	1 25	1 25	Idem.	40,581	"	"	
31 juillet	21 05	22 47	21 36	22 31	21 80	0 25	1 25	1 25	Idem.	23,254	"	"	
31 août	18 21	19 27	19 98	21 25	19 67	1 25	2 25	3 50	0 25	2,257	"	"	
30 septembre	20 50	21 25	22 11	20 42	21 10	0 25	1 25	1 25	Prohibée.	5,173	"	"	
										118,233	35		
											Terme moyen.	2,504	

DEUXIÈME SECTION.

Départements frontières : *Manche, Ille-et-Vilaine, Côtes-du-Nord, Finistère, Morbihan.*

Loi de 1821.

ARRÊTÉS. DATES.	MERCURIALES. Saint-Lô.	Paimpol.	Quimper.	Hennebon.	Nantes.	Prix régulateurs.	DROITS. ENTRÉE par navires français venant des pays de production.	d'ailleurs que des pays de production.	par navires étrangers et par terre.	SORTIE.	COMMERCE. IMPORTATIONS.	EXPORTATIONS.	ENTREPÔTS.	OBSERVATIONS.
	fr. c.	fr. c.	fr. c.	fr. c.	fr. c.	fr. c.	fr. c.	fr. c.	fr. c.	fr. c.	q. m.	q. m.	q. m.	
avril	16 44	16 44	18 39	18 42	18 68	18 11	2 25	3 25	4 50	0 25	2,837	"	"	
juin	16 73	16 37	18 90	19 61	18 53	18 14	2 25	3 25	4 50	0 25	"	"	"	
juillet	19 42	17 49	18 64	22 39	18 27	19 24	1 25	2 25	3 50	0 25	1,383	185	"	
août	21 35	19 50	21 77	24 81	22 00	21 80	0 25	1 25	1 25	Prohibée.	"	"	"	
septembre	22 31	19 88	19 50	23 91	22 04	21 54	0 25	1 25	1 25	Idem.	"	"	"	
octobre	23 22	18 56	18 08	23 90	22 66	20 98	0 25	1 25	1 25	Idem.	2,005	"	"	
novembre	25 05	19 19	20 18	25 07	21 50	22 98	0 25	1 25	1 25	Idem.	"	"	"	
décembre	26 17	20 91	22 32	27 70	21 86	24 81	0 25	1 25	1 25	Idem.	"	"	"	
											7,015	487		
												Terme moyen.	"	
1829.														
janvier	25 09	19 12	23 05	26 40	23 81	23 74	0 25	1 25	1 25	Idem.	1,072	"	"	
février	25 50	21 25	23 68	26 05	25 18	24 45	0 25	1 25	1 25	Idem.	"	"	"	
mars	25 21	21 08	23 07	26 35	24 81	24 90	0 25	1 25	1 25	Idem.	1,388	"	"	
avril	20 14	20 72	21 25	25 50	21 07	23 89	0 25	1 25	1 25	Idem.	635	"	"	
mai	33 06	23 74	29 74	26 65	27 73	26 84	0 25	1 25	1 25	Idem.	1,109	"	146	
juin	26 61	22 44	23 15	25 91	25 53	25 31	0 25*	0 25*	0 25*	Idem.	2,263	"	"	* Application de la décision du ministre des finances du 22 juin 1829.
juillet	25 57	21 15	24 30	24 18	26 88	21 27	0 25*	0 25*	0 25*	Idem.	3,791	"	"	
août	25 49	18 58	17 95	20 86	21 90	21 41	0 25*	0 25*	0 25*	Idem.	6,537	"	"	
septembre	24 73	16 90	15 70	18 00	21 67	20 14	0 25*	0 25*	0 25*	Idem.	"	"	"	
octobre	26 19	16 00	18 88	22 63	25 14	21 76	0 25*	0 25*	0 25*	Idem.	2,150	"	"	
novembre	25 45	18 80	21 79	22 93	21 25	22 70	0 25*	0 25*	0 25*	Idem.	1,118	"	"	
décembre	26 33	18 55	20 56	21 51	24 96	22 04	0 25*	0 25*	0 25*	Idem.	2,000	"	414	
											24,183	"		
												Terme moyen.	280	
1830.														
janvier	23 15	17 41	18 58	22 02	22 70	20 73	0 25*	0 25*	0 25*	Idem.	10,745	"	"	
février	21 01	18 01	20 19	21 46	22 01	20 76	0 25*	0 25*	0 25*	Idem.	10,086	"	24	
mars	22 12	18 37	20 80	21 62	23 70	21 35	0 25*	0 25*	0 25*	Idem.	23,002	"	"	
avril	20 49	17 04	20 10	20 92	23 45	20 56	0 25*	0 25*	0 25*	Idem.	65,790	"	24	
mai	21 26	17 85	19 63	21 10	22 52	20 71	0 25*	0 25*	0 25*	Idem.	44,730	"	"	
juin	22 89	17 53	19 01	20 80	22 05	20 85	0 25*	0 25*	0 25*	Idem.	53,286	"	"	
juillet	24 64	19 43	18 93	21 04	24 05	21 63	0 25*	0 25*	0 25*	Idem.	92,752	"	3,210	
août	22 03	15 51	18 57	21 30	22 57	20 30	0 25*	0 25*	0 25*	Idem.	70,091	"	"	
septembre	21 98	17 63	17 29	19 03	21 81	19 42	1 25	2 25	3 50	0 25	23,720	"	"	
											413,760	"		
												Terme moyen.	1,088	

PREMIÈRE SECTION.

Départements frontières : *Moselle, Meuse, Ardennes, Aisne.*

Loi de 1830.

ARRÊTÉS. DATES.	MERCURIALES. METZ.	VERDUN.	CHARLEVILLE.	SOISSONS.	PRIX régulateur.	DROITS. ENTRÉE par navires français et par terre.	par navires étrangers.	SORTIE.	COMMERCE. IMPORTATIONS.	EXPORTATIONS.	ENTREPÔTS.	OBSERVATIONS.
	fr. c.	fr. c.	fr. c.	fr. c.	fr. c.	fr. c.	fr. c.	fr. c.	q. m.	q. m.	q. m.	
31 octobre	21 57	24 10	24 25	23 33	23 31	0 25	1 25	Prohibée.	21,452	"	"	
30 novembre	22 18	23 43	24 27	21 95	22 90	0 25	1 25	Idem.	29,402	"	"	
31 décembre	22 03	23 06	24 87	27 88	23 22	0 25	1 25	Idem.	17,130	"	"	
									67,984	"		
										Terme moyen.	"	
1831.												
31 janvier	21 99	22 80	23 18	21 86	22 63	0 25	1 25	Idem.	2,373	"	"	
28 février	21 06	21 87	23 03	22 55	22 27	0 25	1 25	Idem.	1,383	"	"	
31 mars	22 20	21 31	22 67	21 90	22 10	0 25	1 25	Idem.	880	"	"	
30 avril	22 72	21 41	22 11	21 28	21 88	0 25	1 25	Idem.	2,844	"	"	
31 mai	21 08	20 60	21 70	22 21	21 50	0 25	1 25	Idem.	1,029	"	"	
30 juin	21 75	20 58	23 08	21 85	22 30	0 25	1 25	Idem.	17,203	"	"	
31 juillet	21 28	22 60	25 28	23 63	23 04	0 25	1 25	Idem.	3,377	"	"	
31 août	22 12	22 19	25 60	23 87	23 62	0 25	1 25	Idem.	1,302	"	"	
30 septembre	21 16	20 55	23 06	22 60	21 96	0 25	1 25	Idem.	1,078	"	"	
31 octobre	21 80	21 43	22 18	23 00	22 19	0 25	1 25	Idem.	808	"	"	
30 novembre	21 37	21 83	21 45	21 70	21 60	0 25	1 25	Idem.	753	"	"	
31 décembre	20 64	21 11	20 44	21 00	20 76	0 25	1 25	Idem.	4,094	"	4,472	
									37,482	"		
										Terme moyen.	8,178	
1832.												
31 janvier	20 88	20 15	20 35	20 86	20 56	0 25	1 25	Idem.	9,158	"	9,422	
29 février	21 00	19 77	20 19	21 40	20 59	0 25	1 25	Idem.	3,433	"	2,051	
31 mars	22 46	20 05	20 78	22 10	21 35	0 25	1 25	Idem.	8,489	"	667	
									11,080	"		
										Terme moyen.	1,713	

Loi de 1832.

ARRÊTÉS. DATES.	METZ.	VERDUN.	CHARLEVILLE.	SOISSONS.	PRIX régulateur.	ENTRÉE par navires français et par terre.	par navires étrangers.	SORTIE.	IMPORTATIONS.	EXPORTATIONS.	ENTREPÔTS.	OBSERVATIONS.
30 avril	23 50	21 70	23 30	24 03	23 18	0 25	0 25	10 00	20,835	"	667	
31 mai	21 79	23 13	23 25	23 78	23 88	0 25	0 25	10 00	11,147	"	"	
30 juin	27 86	27 87	20 91	27 02	27 21	0 25	0 25	18 00	22,550	"	"	
31 juillet	27 14	26 50	26 45	26 20	26 30	0 25	0 25	10 00	11,971	"	"	
31 août	24 57	23 59	24 46	24 83	24 35	0 25	0 25	12 00	3,040	"	"	
30 septembre	19 30	17 22	19 39	18 37	16 57	2 25	3 50	0 25	989	110	"	
31 octobre	18 31	17 01	18 21	18 14	17 80	3 25	4 50	0 25	153	661	"	
30 novembre	16 86	16 57	17 02	16 22	16 69	4 25	6 00	0 25	"	760	"	
31 décembre	17 84	16 08	16 93	16 41	16 81	4 75	6 00	0 25	"	680	"	
									70,535	2,210		
										Terme moyen.	667	
1833.												
31 janvier	17 54	15 90	16 75	16 41	16 63	4 75	6 00	0 25	18	206	"	
28 février	17 06	15 98	16 39	15 46	16 02	4 75	6 00	0 25	63	529	219	

DEUXIÈME SECTION.

Départements frontières : *Manche, Ille-et-Vilaine, Côtes-du-Nord, Finistère, Morbihan.*

Loi de 1830.

ARRÊTÉS. DATES.	MERCURIALES. SAINT-LÔ.	PAIMPOL.	QUIMPER.	HENNEBONT.	NANTES.	PRIX régulateur.	DROITS. ENTRÉE par navires français et par terre.	par navires étrangers.	SORTIE.	COMMERCE. IMPORTATIONS.	EXPORTATIONS.	ENTREPÔTS.	OBSERVATIONS.
	fr. c.	fr. c.	fr. c.	fr. c.	fr. c.	fr. c.	fr. c.	fr. c.	fr. c.	q. m.	q. m.	q. m.	
Octobre	23 96	15 01	20 58	20 45	22 24	20 53	0 25	1 25	Prohibée.	15,832	"	3,026	
Novembre	24 43	15 39	19 78	19 85	21 08	20 13	0 25	1 25	Idem.	4,161	"	"	
Décembre	23 15	16 10	19 21	20 06	20 79	20 01	0 25	1 25	Idem.	"	"	"	
										22,091	"		
											Terme moyen.	3,026	
1831.													
Janvier	21 50	16 23	19 08	20 11	21 24	19 07	1 00	2 00	0 25	846	928	"	
Février	21 21	18 69	19 01	19 74	20 54	19 84	1 00	2 00	0 25	201	7,491	"	
Mars	20 00	18 64	19 68	19 88	22 11	20 26	0 25	1 25	Prohibée.	2,074	513	"	
Avril	20 61	18 88	19 81	20 07	22 00	20 38	0 25	1 25	Idem.				
Mai	22 45	19 80		19 92	22 11	20 85	0 25	1 25	Idem.	"	"		
Juin	23 01	19 04	19 71	20 56	22 74	20 87	0 25	1 25	Idem.	"	"		
Juillet	21 63	18 80	20 78	21 23	22 86	21 54	0 25	1 25	Idem.	"	"	"	
Août	21 35	19 30	20 48	26 43	23 20	22 19	0 25	1 25	Idem.				
Septembre	19 33	20 58	19 61	23 56	21 57	21 56	0 25	1 25	Idem.	1	"	"	
Octobre	20 55	19 73	20 53	23 33	21 00	21 75	0 25	1 25	Idem.	13,429	"	"	
Novembre	20 00	19 70	20 04	23 21	21 10	21 60	0 25	1 25	Idem.	"	"	"	
Décembre	20 59	20 87	20 82	23 50	23 06	21 90	0 25	1 25	Idem.	"	"	"	
										17,359	8,932		
											Terme moyen.	"	
1832.													
Janvier	20 00	19 34	20 80	23 40	23 53	21 53	0 25	1 25	Idem.	6,337	"	"	
Février	21 22	20 39	22 18	25 76	21 21	22 79	0 25	1 25	Idem.	9,002	"	"	
Mars	23 57	23 73	21 09	25 71	27 08	24 95	0 25	1 25	Idem.	11,402	"	"	
										26,741	"		
											Terme moyen.	"	

Loi de 1832.

ARRÊTÉS. DATES.	SAINT-LÔ.	PAIMPOL.	QUIMPER.	HENNEBONT.	NANTES.	PRIX régulateur.	ENTRÉE par navires français et par terre.	par navires étrangers.	SORTIE.	IMPORTATIONS.	EXPORTATIONS.	ENTREPÔTS.	OBSERVATIONS.
Avril	25 43	22 54	24 17	25 14	28 61	24 90	0 25	0 25	12 00	18,003	"	"	
Mai	23 37	22 35	24 53	25 00	28 03	24 06	0 25	0 25	12 00	3,622	"	2,327	
Juin	21 00	21 33	23 47	21 61	26 27	25 10	0 25	0 25	14 00	6,223	"	2,327	
Juillet	21 43	21 83	23 56	22 32	18 18	26 23	0 25	0 25	12 00	3,865	"	2,327	
Août	24 72	10 34	22 80	21 24	23 20	22 29	0 25	0 25	8 00	2,247	"	"	
Septembre	21 23	15 20	17 33	18 02	19 22	18 21	2 25	3 50	0 25	3,007	"	"	
Octobre	19 81	13 29	16 80	17 28	17 81	17 10	3 25	4 50	0 25	"	"	354	
Novembre	19 80	14 16	16 55	17 40	17 03	16 97	3 75	6 00	0 25		"	354	
Décembre	16 52	14 16	16 42	17 01	17 42	16 [illegible]	3 75	6 00	0 25	"	3	354	
										38,020	3		
											Terme moyen.	1,330	
1833.													
Janvier	17 79	14 16	16 77	16 85	16 63	16 44	4 75	6 00	0 25	"	"	354	
Février	16 25	15 01	16 21	17 25	16 80	16 31	4 75	6 00	0 25	"	"	"	

PREMIÈRE SECTION.

Départements frontières : *Moselle, Meuse, Ardennes, Aisne.*

Loi de 1832.

ARRÊTÉS. DATES.	MERCURIALES. METZ.	VERDUN.	CHARLEVILLE.	SOISSONS.	PRIX régulateurs.	DROITS. ENTRÉE par navires français et par terre.	par navires étrangers.	SORTIE.	COMMERCE. IMPORTATIONS.	EXPORTATIONS.	ENTREPÔTS.	OBSERVATIONS.
	fr. c.	fr. c.	fr. c.	fr. c.	fr. c.	fr. c.	fr. c.	fr. c.	q. m.	q. m.	q. m.	
31 mars	10 45	14 77	15 09	15 07	16 50	6 25	7 50	0 25	91	151	»	
30 avril	15 63	14 00	15 39	14 59	14 99	7 75	9 00	0 25	»	151	»	
31 mai	15 20	13 40	14 89	13 73	14 33	7 75	9 00	0 25	»	116	»	
30 juin	16 34	13 08	13 71	16 08	11 70	7 75	9 00	0 25	20	152	»	
31 juillet	16 25	14 00	14 92	16 45	15 61	6 25	7 50	0 25	»	70	»	
31 août	13 70	12 07	14 41	15 85	14 15	7 75	9 00	0 25	1	108	»	
30 septembre	12 75	11 70	13 59	15 94	13 33	9 25	10 50	0 25	»	154	»	
31 octobre	13 00	11 72	13 37	14 97	13 26	9 25	10 50	0 25	»	120	»	
30 novembre	12 00	11 57	12 67	13 91	12 92	10 75	12 00	0 25	»	61	»	
31 décembre	11 53	11 36	12 54	14 20	12 50	10 75	12 00	0 25	»	102	»	
									112	1,231		
										Terme moyen.	212	
1834.												
31 janvier	11 89	11 41	12 47	14 09	12 56	10 75	12 00	0 25		110	»	
28 février	11 49	11 07	12 65	14 16	12 34	10 75	12 00	0 25	»	81	»	
31 mars	11 90	10 69	12 89	13 87	11 94	12 25	13 50	0 25	»	35		
30 avril	10 68	10 46	12 24	13 43	11 79	12 25	13 50	0 25	»	80	»	
31 mai	11 21	9 85	11 78	13 50	11 83	12 25	13 50	0 25	»	42	»	
30 juin	10 85	9 88	11 73	13 05	11 53	12 25	13 50	0 25	»	33	»	
31 juillet	10 97	9 82	12 61	14 11	11 70	12 25	13 50	0 25	»	61	»	
31 août	11 12	10 78	13 12	14 09	12 57	10 75	12 00	0 25		33	»	
30 septembre	11 90	11 04	13 18	14 10	12 38	10 75	12 00	0 25	»	213	»	
31 octobre	10 06	11 14	12 94	14 20	12 30	10 75	12 00	0 25	»	80	»	
30 novembre	11 20	11 09	13 27	15 04	12 18	10 75	12 00	0 25		163	»	
31 décembre	11 95	11 39	13 31	15 07	12 88	10 75	12 00	0 25	»	71	»	
									»	1,002		
										Terme moyen.	»	
1835.												
30 janvier	11 90	11 27	13 77	16 52	13 37	9 25	10 50	0 25	»	44	»	
28 février	11 63	11 53	13 86	16 65	13 25	9 25	10 50	0 25	»	53		
31 mars	12 04	11 75	13 85	16 99	13 21	9 25	10 50	0 25	»	33		
30 avril	12 94	12 15	13 86	16 11	13 70	9 25	10 50	0 25	»	56	»	
31 mai	12 78	12 02	13 38	15 94	13 34	9 25	10 50	0 25	»	89	»	
30 juin	12 10	11 71	13 20	11 15	12 81	10 75	12 00	0 25	»	225	»	
31 juillet	12 01	11 33	13 36	14 09	12 67	10 75	12 00	0 25	15	214		
31 août	11 67	11 23	12 69	13 99	12 11	10 75	12 00	0 25	»	231	»	
30 septembre	9 95	10 75	11 70	12 69	11 38	12 25	13 50	0 25	»	152	»	
31 octobre	10 30	10 84	11 43	12 88	11 91	12 25	13 50	0 25	»	118	»	
30 novembre	10 68	10 21	11 50	13 25	11 18	12 25	13 50	0 25		164	»	
31 décembre	10 75	10 91	11 02	13 15	11 54	12 25	13 50	0 25	»	177	»	
									15	1,576		
										Terme moyen.		

DEUXIÈME SECTION.

Départements frontières : *Manche, Ille-et-Vilaine, Côtes-du-Nord, Finistère, Morbihan.*

Loi de 1832.

ARRÊTÉS. DATES.	MERCURIALES. SAINT-LÔ.	PAIMPOL.	QUIMPER.	HENNEBON.	NANTES.	PRIX régulateurs.	DROITS. ENTRÉE par navires français et par terre.	par navires étrangers.	SORTIE.	COMMERCE. IMPORTATIONS.	EXPORTATIONS.	ENTREPÔTS.	OBSERVATIONS.
	fr. c.	fr. c.	fr. c.	fr. c.	fr. c.	fr. c.	fr. c.	fr. c.	fr. c.	q. m.	q. m.	q. m.	
mars	15 40	11 57	10 54	17 47	16 11	15 94	6 25	7 50	0 25	»	15	70	
avril	11 50	14 16	15 83	17 67	15 52	15 51	6 25	7 50	0 25	»	2	»	
mai	14 71	13 61	15 33	17 31	14 78	15 15	6 25	7 50	0 25		»	»	
juin	14 33	14 77	15 64	17 18	16 18	15 10	6 25	7 50	0 25	»	89	»	
juillet	15 07	13 33	15 72	17 76	16 24	15 70	6 25	7 50	0 25		»	»	
août	15 81	14 00	16 34	17 20	15 80	15 85	6 25	7 50	0 25		14	»	
septembre	14 86	12 92	16 45	18 24	14 61	15 43	6 25	7 50	0 25	»	95	»	
octobre	14 59	13 91	15 80	17 83	15 58	15 58	6 25	7 50	0 25	»	64	»	
novembre	11 74	13 34	15 53	17 10	15 47	15 10	6 25	7 50	0 25	»	7	»	
décembre	14 24	13 87	15 06	16 76	15 46	15 09	6 25	7 50	0 25	»	14	»	
										»	230		
											Terme moyen.	219	
1834.													
janvier	14 87	13 33	14 32	16 84	15 43	14 90	7 75	9 00	0 25	»	14	»	
février	14 01	13 40	14 99	17 28	15 93	15 90	6 25	7 50	0 25	»	37	»	
mars	13 89	13 75	14 52	17 17	15 57	14 08	7 75	9 00	0 25	»	1,076	153	
avril	13 91	13 33	13 98	16 60	15 35	14 05	7 75	9 00	0 25	»	80	»	
mai	15 87	14 30	14 20	17 50	16 11	15 63	6 25	7 50	0 25	»	30	»	
juin	16 22	15 20	15 86	17 88	15 62	15 77	6 25	7 50	0 25	»	7	»	
juillet	14 47	14 74	16 37	17 50	16 33	15 68	6 25	7 50	0 25	»	5	»	
août	14 47	14 46	15 80	16 61	17 48	15 77	6 25	7 50	0 25	»	561	»	
septembre	13 88	14 34	15 10	15 81	18 28	15 09	6 25	7 50	0 25	»	213	»	
octobre	14 41	14 83	15 53	16 50	15 66	15 39	6 25	7 50	0 25	»	40	»	
novembre	11 27	14 17	14 85	15 88	16 02	15 01	6 25	7 50	0 25	»	0	»	
décembre	15 35	14 40	15 98	15 91	16 77	15 51	6 25	7 50	0 25	»	»	»	
										»	2,060		
											Terme moyen.	153	
1835.													
janvier	14 26	14 39	15 63	17 21	16 17	15 68	6 25	7 50	0 25	»	2	»	
février	14 07	14 86	15 71	16 78	15 86	15 41	6 25	7 50	0 25	»	5	»	
mars	13 88	15 11	15 98	16 73	16 11	15 50	6 25	7 50	0 25		»	»	
avril	14 24	15 04	16 10	16 74	16 26	15 63	6 25	7 50	0 25	»	1	»	
mai	14 00	14 80	15 86	16 90	15 60	15 43	6 25	7 50	0 25	»	»	»	
juin	11 21	14 74	15 75	16 99	16 05	15 55	6 25	7 50	0 25	»	3	»	
juillet	15 10	14 66	16 22	16 37	15 30	15 60	6 25	7 50	0 25	»	»	»	
août	15 03	14 88	15 52	16 85	15 23	15 52	6 25	7 50	0 25	»	18	»	
septembre	13 30	15 36	14 07	16 60	15 60	14 90	7 75	9 00	0 25	»	6	»	
octobre	13 16	15 24	14 82	16 77	15 12	15 10	6 25	7 50	0 25	»	»	»	
novembre	13 78	14 30	15 33	17 16	15 50	15 21	6 25	7 50	0 25	»	5	»	
décembre	14 67	13 60	15 36	16 62	16 38	15 33	6 25	7 50	0 25	»	770	»	
											811		
											Terme moyen.	»	

V.

RELEVÉ

DES RAPPORTS ANNUELS

SUR LE PRODUIT DES RÉCOLTES DE CÉRÉALES,

DE 1815 A 1835.

ANNÉES.	NOMBRE D'HECTARES ENSEMENCÉS EN FROMENT.	MÉTEIL.	SEIGLE.	ORGE.	SARRASIN.	MAÏS ET MILLET.	AVOINE.	LÉGUMES SECS.	AUTRES MENUS GRAINS.	TOTAUX PAR DÉPARTEMENT.	NOMBRE D'HECTARES ENSEMENCÉS EN POMMES DE TERRE.
	hect.	hect.	hect.	hect.	hect.	hect.	hect.	hect.	hect.	hect.	hect.
1815..	[illegible]	[illegible]	[illegible]	[illegible]	[illegible]	[illegible]	[illegible]	[illegible]	[illegible]	[illegible]	
1816..	[illegible]	[illegible]	[illegible]	[illegible]	[illegible]	[illegible]	[illegible]	[illegible]	[illegible]	[illegible]	»
1817..	[illegible]	[illegible]	[illegible]	[illegible]	[illegible]	[illegible]	[illegible]	[illegible]	[illegible]	[illegible]	[illegible]
1818..	[illegible]	[illegible]	[illegible]	[illegible]	[illegible]	[illegible]	[illegible]	[illegible]	[illegible]	[illegible]	[illegible]
1819..											
1820..	[illegible]	[illegible]	[illegible]	[illegible]	[illegible]	[illegible]	[illegible]	[illegible]	[illegible]	[illegible]	[illegible]
1821..	[illegible]	[illegible]	[illegible]	[illegible]	[illegible]	[illegible]	[illegible]	[illegible]	[illegible]	[illegible]	[illegible]
1822..	[illegible]	[illegible]	[illegible]	[illegible]	[illegible]	[illegible]	[illegible]	[illegible]	[illegible]	[illegible]	[illegible]
1823..	[illegible]	[illegible]	[illegible]	[illegible]	[illegible]	[illegible]	[illegible]	[illegible]	[illegible]	[illegible]	[illegible]
1824..	[illegible]	[illegible]	[illegible]	[illegible]	[illegible]	[illegible]	[illegible]	[illegible]	[illegible]	[illegible]	[illegible]
1825..	[illegible]	[illegible]	[illegible]	[illegible]	[illegible]	[illegible]	[illegible]	[illegible]	[illegible]	[illegible]	»
1826..	[illegible]	[illegible]	[illegible]	[illegible]	[illegible]	[illegible]	[illegible]	[illegible]	[illegible]	[illegible]	»
1827..	[illegible]	[illegible]	[illegible]	[illegible]	[illegible]	[illegible]	[illegible]	[illegible]	[illegible]	[illegible]	
1828..	[illegible]	[illegible]	[illegible]	[illegible]	[illegible]	[illegible]	[illegible]	[illegible]	[illegible]	[illegible]	
1829..	[illegible]	[illegible]	[illegible]	[illegible]	[illegible]	[illegible]	[illegible]	[illegible]	[illegible]	[illegible]	[illegible]
1830..	[illegible]	[illegible]	[illegible]	[illegible]	[illegible]	[illegible]	[illegible]	[illegible]	[illegible]	[illegible]	[illegible]
1831..	[illegible]	[illegible]	[illegible]	[illegible]	[illegible]	[illegible]	[illegible]	[illegible]	[illegible]	[illegible]	[illegible]
1832..	[illegible]	[illegible]	[illegible]	[illegible]	[illegible]	[illegible]	[illegible]	[illegible]	[illegible]	[illegible]	[illegible]
1833..	[illegible]	[illegible]	[illegible]	[illegible]	[illegible]	[illegible]	[illegible]	[illegible]	[illegible]	[illegible]	[illegible]
1834..	[illegible]	[illegible]	[illegible]	[illegible]	[illegible]	[illegible]	[illegible]	[illegible]	[illegible]	[illegible]	[illegible]
1835..	[illegible]	[illegible]	[illegible]	[illegible]	[illegible]	[illegible]	[illegible]	[illegible]	[illegible]	[illegible]	[illegible]

ANNÉES.	NOMBRE D'HECTOLITRES DE GRAINS RÉCOLTÉS PAR HECTARE EN FROMENT.	MÉTEIL.	SEIGLE.	ORGE.	SARRASIN.	MAÏS ET MILLET.	AVOINE.	LÉGUMES SECS.	AUTRES MENUS GRAINS.	POMMES DE TERRE.
	h. l. c.	h. l. c.	h. l. c.	h. l. c.	h. l. c.	h. l. c.	h. l. c.	h. l. c.	h. l. c.	h. l. c.
1815..	[illegible]	[illegible]	[illegible]	[illegible]	[illegible]	[illegible]	[illegible]	[illegible]	[illegible]	
1816..	[illegible]	[illegible]	[illegible]	[illegible]	[illegible]	[illegible]	[illegible]	[illegible]	[illegible]	»
1817..	[illegible]	[illegible]	[illegible]	[illegible]	[illegible]	[illegible]	[illegible]	[illegible]	[illegible]	[illegible]
1818..	[illegible]	[illegible]	[illegible]	[illegible]	[illegible]	[illegible]	[illegible]	[illegible]	[illegible]	[illegible]
1819..										
1820..	[illegible]	[illegible]	[illegible]	[illegible]	[illegible]	[illegible]	[illegible]	[illegible]	[illegible]	[illegible]
1821..	[illegible]	[illegible]	[illegible]	[illegible]	[illegible]	[illegible]	[illegible]	[illegible]	[illegible]	[illegible]
1822..	[illegible]	[illegible]	[illegible]	[illegible]	[illegible]	[illegible]	[illegible]	[illegible]	[illegible]	[illegible]
1823..	[illegible]	[illegible]	[illegible]	[illegible]	[illegible]	[illegible]	[illegible]	[illegible]	[illegible]	[illegible]
1824..	[illegible]	[illegible]	[illegible]	[illegible]	[illegible]	[illegible]	[illegible]	[illegible]	[illegible]	[illegible]
1825..	[illegible]	[illegible]	[illegible]	[illegible]	[illegible]	[illegible]	[illegible]	[illegible]	[illegible]	[illegible]
1826..	[illegible]	[illegible]	[illegible]	[illegible]	[illegible]	[illegible]	[illegible]	[illegible]	[illegible]	[illegible]
1827..	[illegible]	[illegible]	[illegible]	[illegible]	[illegible]	[illegible]	[illegible]	[illegible]	[illegible]	
1828..	[illegible]	[illegible]	[illegible]	[illegible]	[illegible]	[illegible]	[illegible]	[illegible]	[illegible]	
1829..	[illegible]	[illegible]	[illegible]	[illegible]	[illegible]	[illegible]	[illegible]	[illegible]	[illegible]	[illegible]
1830..	[illegible]	[illegible]	[illegible]	[illegible]	[illegible]	[illegible]	[illegible]	[illegible]	[illegible]	[illegible]
1831..	[illegible]	[illegible]	[illegible]	[illegible]	[illegible]	[illegible]	[illegible]	[illegible]	[illegible]	[illegible]
1832..	[illegible]	[illegible]	[illegible]	[illegible]	[illegible]	[illegible]	[illegible]	[illegible]	[illegible]	[illegible]
1833..	[illegible]	[illegible]	[illegible]	[illegible]	[illegible]	[illegible]	[illegible]	[illegible]	[illegible]	[illegible]
1834..	[illegible]	[illegible]	[illegible]	[illegible]	[illegible]	[illegible]	[illegible]	[illegible]	[illegible]	[illegible]
1835..	[illegible]	[illegible]	[illegible]	[illegible]	[illegible]	[illegible]	[illegible]	[illegible]	[illegible]	[illegible]

ANNÉES.	NOMBRE D'HECTOLITRES RÉCOLTÉS SUR LA TOTALITÉ DES TERRES ENSEMENCÉES EN FROMENT.	MÉTEIL.	SEIGLE.	ORGE.	SARRASIN.	MILLET ET MAÏS.	AVOINE.	LÉGUMES SECS.	AUTRES MENUS GRAINS.	TOTAL DE LA RÉCOLTE EN CÉRÉALES.	RÉCOLTE EN POMMES DE TERRE.	[illegible]
	hect.	hect.	hect.	hect.	hect.	hect.	hect.	hect.	hect.	hect.	hect.	hect.
1815..	[illegible]	[illegible]	[illegible]	[illegible]	[illegible]	[illegible]	[illegible]	[illegible]	[illegible]	[illegible]	[illegible]	[illegible]
1816..	[illegible]	[illegible]	[illegible]	[illegible]	[illegible]	[illegible]	[illegible]	[illegible]	[illegible]	[illegible]	[illegible]	[illegible]
1817..	[illegible]	[illegible]	[illegible]	[illegible]	[illegible]	[illegible]	[illegible]	[illegible]	[illegible]	[illegible]	[illegible]	[illegible]
1818..	[illegible]	[illegible]	[illegible]	[illegible]	[illegible]	[illegible]	[illegible]	[illegible]	[illegible]	[illegible]	[illegible]	[illegible]
1819..	[illegible]	[illegible]	[illegible]	[illegible]	[illegible]	[illegible]	[illegible]	[illegible]	[illegible]	[illegible]	[illegible]	[illegible]
1820..	[illegible]	[illegible]	[illegible]	[illegible]	[illegible]	[illegible]	[illegible]	[illegible]	[illegible]	[illegible]	[illegible]	[illegible]
1821..	[illegible]	[illegible]	[illegible]	[illegible]	[illegible]	[illegible]	[illegible]	[illegible]	[illegible]	[illegible]	[illegible]	[illegible]
1822..	[illegible]	[illegible]	[illegible]	[illegible]	[illegible]	[illegible]	[illegible]	[illegible]	[illegible]	[illegible]	[illegible]	[illegible]
1823..	[illegible]	[illegible]	[illegible]	[illegible]	[illegible]	[illegible]	[illegible]	[illegible]	[illegible]	[illegible]	[illegible]	[illegible]
1824..	[illegible]	[illegible]	[illegible]	[illegible]	[illegible]	[illegible]	[illegible]	[illegible]	[illegible]	[illegible]	[illegible]	[illegible]
1825..	[illegible]	[illegible]	[illegible]	[illegible]	[illegible]	[illegible]	[illegible]	[illegible]	[illegible]	[illegible]	[illegible]	[illegible]
1826..	[illegible]	[illegible]	[illegible]	[illegible]	[illegible]	[illegible]	[illegible]	[illegible]	[illegible]	[illegible]	»	»
1827..	[illegible]	[illegible]	[illegible]	[illegible]	[illegible]	[illegible]	[illegible]	[illegible]	[illegible]	[illegible]		
1828..	[illegible]	[illegible]	[illegible]	[illegible]	[illegible]	[illegible]	[illegible]	[illegible]	[illegible]	[illegible]		
1829..	[illegible]	[illegible]	[illegible]	[illegible]	[illegible]	[illegible]	[illegible]	[illegible]	[illegible]	[illegible]	[illegible]	[illegible]
1830..	[illegible]	[illegible]	[illegible]	[illegible]	[illegible]	[illegible]	[illegible]	[illegible]	[illegible]	[illegible]	[illegible]	[illegible]
1831..	[illegible]	[illegible]	[illegible]	[illegible]	[illegible]	[illegible]	[illegible]	[illegible]	[illegible]	[illegible]	[illegible]	[illegible]
1832..	[illegible]	[illegible]	[illegible]	[illegible]	[illegible]	[illegible]	[illegible]	[illegible]	[illegible]	[illegible]	[illegible]	[illegible]
1833..	[illegible]	[illegible]	[illegible]	[illegible]	[illegible]	[illegible]	[illegible]	[illegible]	[illegible]	[illegible]	[illegible]	[illegible]
1834..	[illegible]	[illegible]	[illegible]	[illegible]	[illegible]	[illegible]	[illegible]	[illegible]	[illegible]	[illegible]	[illegible]	[illegible]
1835..	[illegible]	[illegible]	[illegible]	[illegible]	[illegible]	[illegible]	[illegible]	[illegible]	[illegible]	[illegible]	[illegible]	[illegible]

VI.

RELEVÉS

DES RAPPORTS PARTICULIERS DU PRODUIT DES RÉCOLTES,

PAR DÉPARTEMENTS,

Pour les années 1815 et 1816, deux mauvaises récoltes consécutives;
1826, bonne récolte;
1830, récolte médiocre;
1832 et 1833, deux récoltes abondantes consécutives.

RÉGIONS.	DÉPARTEMENTS.	NOMBRE D'HECTOLITRES RÉCOLTÉS SUR LA TOTALITÉ DES TERRES ENSEMENCÉES EN FROMENT.	MÉTEIL.	SEIGLE.	ORGE.	SARRASIN.	MAÏS ET MILLET.	AVOINE.	LÉGUMES SECS.	AUTRES MENUS GRAINS.	TOTAL de LA RÉCOLTE GÉNÉRALE.
		hect.	hect.	hect.	hect.	hect.	hect.	hect.	hect.	hect.	hect.
1re Nord-Ouest.	Finistère	437,902	83,240	204,049	395,100	395,828	3,537	863,159	15,560	»	2,598,581
	Côtes-du-Nord	434,000	84,000	448,000	148,000	370,000		526,500	4,000	»	2,040,509
	Morbihan	355,830	»	664,000	3,260	341,255	50,150	246,040	9,310	4,200	1,714,050
	Ille-et-Vilaine	452,144	130,830	340,620	96,063	607,306	300	470,536	8,264	»	2,305,274
	Manche	910,000	50,000	90,000	1,030,000	884,800	»	215,610	4,000	540	3,137,950
	Calvados	1,302,000	81,000	78,000	776,000	224,600	»	548,000	21,000	54,000	2,510,000
	Orne	455,257	87,191	113,426	169,630	144,068	»	508,355	19,700	»	1,498,[illegible]
	Mayenne	190,058	23,150	470,333	15,300	409,046	»	300,753	»	»	1,408,685
	Sarthe	234,500	108,500	240,800	153,000	110,000	110,000	249,000	70,470	31,820	1,308,090
	TOTAUX	4,870,491	660,920	2,550,048	2,807,412	3,555,019	403,987	3,940,984	165,301	93,080	18,105,571
4e Ouest.	Loire-Inférieure	308,019	1,560	287,094	20,973	107,818	14,074	83,708	2,642	165	880,665
	Maine-et-Loire	330,975	157,617	438,100	98,708	20,500	1,920	106,933	13,960	960	1,167,612
	Indre-et-Loire	383,901	69,055	141,330	170,110	1,250	30,180	381,483	12,680	1,275	1,178,633
	Vendée	605,752	71,800	263,841	120,746	26,413	8,048	66,784	22,884	2,874	1,254,742
	Charente-Inférieure	530,100	63,450	21,000	209,049	»	113,140	139,846	22,736	40,720	1,081,181
	Deux-Sèvres	280,305	143,070	251,696	305,180	10,250	3,407	156,182	12,036	7,100	1,175,840
	Charente	294,000	26,000	130,900	144,000	10,000	162,000	140,000	24,000	3,000	1,060,000
	Vienne	380,175	84,637	403,500	231,000	4,625	7,500	323,835	10,190	35,612	1,580,941
	Haute-Vienne	59,750	2,610	307,476	12,199	147,504	11,828	30,020	3,650	2,415	597,618
	TOTAUX	3,147,070	688,774	2,085,062	1,391,104	336,360	354,507	1,420,101	134,217	74,157	9,936,352
7e Sud-Ouest.	Gironde	428,904	58,156	231,348	5,206	1,210	151,000	21,684	16,320	15,664	931,222
	Dordogne	447,330	75,694	148,200	10,410	2,272	250,000	13,500	40,000	4,590	991,666
	Lot-et-Garonne	677,292	38,108	173,556	1,880	339	967,203	13,991	50,654	2,334	1,981,311
	Landes	170,000	»	160,000	100	»	300,000	7,400	2,500	19,006	659,006
	Gers	909,481	29,497	33,297	37,020	»	50,976	115,735	24,000	18,000	1,153,900
	Basses-Pyrénées	307,328	»	9,720	20,015	»	643,650	29,360	7,300	»	1,018,081
	Hautes-Pyrénées	351,000	54,808	83,811	23,170	9,080	411,400	91,800	8,875	»	934,338
	Haute-Garonne	475,000	11,900	100,000	4,907	20,312	213,000	26,000	30,000	5,120	893,610
	Ariège	100,105	5,890	77,074	100	52,409	122,540	31,500	8,000	1,579	399,497
	TOTAUX	3,506,443	315,303	1,030,697	103,209	86,717	2,501,365	349,942	180,632	60,000	8,367,315

DÉPARTEMENTS.	NOMBRE D'HECTOLITRES DE GRAINS RÉCOLTÉS PAR HECTARE EN FROMENT.	MÉTEIL.	SEIGLE.	ORGE.	SARRASIN.	MAÏS ET MILLET.	AVOINE.	LÉGUMES SECS.	AUTRES MENUS GRAINS.	RÉCOLTE SUBSIDIAIRE EN POMMES DE TERRE.	CHÂTAIGNES.	OBSERVATIONS.
	hect. lit.	hect. lit.	hect. lit.	hect. lit.	hect. lit.	hect. lit.	hect. lit.	hect. lit.	hect. lit.	hect.	hect.	
Finistère	21. »	12. 55	10. 62	23. 37	18. 83	12. 50	29. 26	13. »		103,664	30,000	
Côtes-du-Nord	14. »	14.	10. »	18. 20	8. »	» »	13. 20	20. »	» »	60,000	10,000	
Morbihan	10. 17	» »	6. 72	6. 50	8. 60	5. 12	11. 30	13. 02	14. »	63,240	20,000	
Ille-et-Vilaine	8. »	7. »	8. 50	11.	6. 50	6. »	11. »	8. »	»	16,661	35,760	
Manche	14	10.	10. »	24. »	12. 15	» »	16. 57	40. »	22. »	4,480	5,000	
Calvados	15. »	11.	11. »	12. »	8. »	»	16. »	6. »	6. »	120,000		
Orne	7. 95	6. 33	8. 17	9. 10	5. 06	» »	9. 10	7. 33	» »	13,840		
Mayenne	6. »	7. »	7. »	8. »	11. »		8. »	» »	»			
Sarthe	5. »	5. »	5.	9. »	11. »	11. »	10. »	0. »	10. »	250,000	33,800	
TOTAUX										719,305	110,560	
Loire-Inférieure	3. 09	5. 68	13. 38	13. 76	6. 25	7. 45	11. 88	4. 29	10. 50	58,168	10,348	
Maine-et-Loire	6. 10	10. 32	7. 11	8. 10	4. 06	6. »	9. 61	12. 02	16. »	184,352	15,250	
Indre-et-Loire	6. »	6. 20	7. 10	7. »	10. »	12. »	9. »	5. »	5. 60	103,114	»	
Vendée	6. 60	8. 07	9. 75	5. 45	15. 33	10. 33	12. 24	8. 75	9. »	42,096	1,000	
Charente-Inférieure	4. 50	4. 50	4. »	6. 50	» »	5. »	7. »	7. »	5. 60	80,550	400	
Deux-Sèvres	7. 04	9. 40	9. 10	11. 93	8. 10	9. 01	13. 05	4. 01	11. 51	9,300	15,500	
Charente	5. »	6. »	5.	6. »	5. »	6.	10. »	3. »	5. »	180,000	123,000	
Vienne	5. 15	6. 77	7. 40	7. »	16. 50	18. 50	12. 46	8. 20	12. 95	144,300	6,000	
Haute-Vienne	6. 75	8. 25	6. »	8. 50	7. »	15. 75	9. 50	7. »	7. »	553,400	236,100	
TOTAUX										1,302,940	499,458	
Gironde	5. »	7. »	8.	6. 50	6.	7. »	8. »	0. »	1. »	535,530	1,365	
Dordogne	5. 65	4. 10	3. 55	5. 80	2. 25	5.	7. 60	4.	5. »	260,000	1,200,000	
Lot-et-Garonne	4. 27	1. 22	4. 88	6. »	5. 50	10. »	8. 50	9. 10	2. 40	21,227	13,246	
Landes	4. 10	» »	8. 50	20. »	» »	6. »	6. 17	4. 08	2. »	4,000	5,500	
Gers	5. »	5. 25	4. 50	8. »	» »	3. 20	13. 08	4. »	6. »	8,580		
Basses-Pyrénées	8.	» »	12.	11. »	» »	13. »	10. »	12. »	» »	10,000	16,275	
Hautes-Pyrénées	8. »	7. »	6. »	7. »	8. »	20. »	9. »	5. »	»	15,000	9,800	
Haute-Garonne	5.	5. 60	6. 25	8. »	12. 60	7. »	12. »	9. »	8. 70	150,000	6,000	
Ariège	4. »	1. »	4.	6. »	7. »	15. »	8. »	5. »	6. »	738,000	70,250	
TOTAUX										1,710,267	1,360,006	

RELEVÉ DES RAPPORTS PARTICULIERS DU PRODUIT DE LA RÉCOLTE DE 1815.

RÉGIONS.	DÉPARTEMENTS.	NOMBRE D'HECTOLITRES RÉCOLTÉS SUR LA TOTALITÉ DES TERRES ENSEMENCÉES EN									TOTAL de la récolte céréale.
		FROMENT.	MÉTEIL.	SEIGLE.	ORGE.	SARRASIN.	MAÏS ET MILLET.	AVOINE.	LÉGUMES SECS.	AUTRES MENUS GRAINS.	
		hect.	hect.	hect.	hect.	hect.	hect.	hect.	hect.	hect.	hect.
2e Nord.	Nord	1,614,352	301,199	205,721	413,000	12,121	»	1,340,800	31,300	347,751	4,147,344
	Pas-de-Calais	1,204,505	864,342	257,730	115,809	9,875	9,650	1,794,463	25,114	20,070	4,709,290
	Somme	401,086	1,086,960	160,761	200,360	15,210	»	1,063,958	39,030	94,715	3,121,016
	Seine-Inférieure	1,965,595	79,100	143,794	110,030	3,350	»	1,161,300	8,380	61,200	3,151,500
	Oise	1,130,375	326,437	327,901	230,803	»	»	1,067,512	45,270	162,052	3,276,301
	Aisne	1,123,990	555,051	400,067	114,115	11,755	»	1,590,614	64,111	470,008	4,410,701
	Eure	858,686	197,268	60,608	34,000	720	»	637,000	73,950	41,400	1,340,151
	Eure-et-Loir	837,342	339,253	111,750	121,879	»	»	1,136,401	40,073	»	2,421,146
	Seine-et-Oise	1,386,036	276,112	160,271	178,353	7,134	»	2,169,371	40,300	79,633	4,403,531
	Seine	71,209	1,762	49,311	48,300	90	»	130,140	17,124	5,530	309,811
	Seine-et-Marne	1,545,000	100,000	152,068	76,800	»	»	1,719,000	21,500	46,900	3,840,000
	Totaux	10,980,067	4,236,203	2,219,810	2,026,301	83,961	9,650	14,616,204	404,605	1,331,264	35,902,351
5e Centre.	Loir-et-Cher	278,111	13,220	149,284	44,130	73,830	24	651,920	16,128	5,254	1,166,111
	Loiret	374,284	220,350	221,010	100,327	21,165	1,000	1,121,813	7,063	23,196	2,164,111
	Yonne	515,405	176,752	100,171	185,120	1,110	»	426,020	11,157	1,491	1,518,026
	Indre	318,701	31,182	167,199	345,433	18,891	»	402,400	2,272	»	1,803,000
	Cher	109,600	81,600	155,415	508,303	28,600	»	540,000	25,800	95,000	1,701,119
	Nièvre	196,765	51,153	143,120	106,475	15,078	180	197,554	1,900	4,516	630,871
	Creuse	6,930	»	603,000	6,109	53,950	480	44,010	6,400	»	750,032
	Allier	216,175	»	504,186	161,405	710	»	195,000	20,000	»	1,150,000
	Puy-de-Dôme	398,000	106,000	806,405	297,600	43,800	6,500	670,600	54,000	26,400	2,300,200
	Totaux	2,516,170	756,466	2,910,390	1,701,045	294,462	8,381	3,963,185	163,400	80,927	12,434,177
8e Sud.	Corrèze	15,840	»	201,600	4,821	160,000	3,260	60,000	2,600	»	503,624
	Cantal	56,630	22,600	621,500	27,000	46,080	187	173,330	15,400	»	964,047
	Lot	450,006	»	199,000	21,000	18,000	180,000	32,000	8,000	»	920,000
	Aveyron	157,316	29,396	268,670	89,038	12,072	96,242	180,497	12,350	1,115	806,053
	Lozère	48,000	43,800	106,000	45,400	1,600	55	50,000	4,000	95	368,900
	Tarn-et-Garonne	382,705	57,850	59,951	4,886	»	84,175	37,334	7,333	11,027	655,365
	Tarn	400,819	34,192	204,014	5,170	2,400	518,268	61,963	34,000	13,714	1,397,031
	Hérault	470,808	3,558	78,316	23,114	930	8,902	73,490	1,031	3,190	687,514
	Aude	634,000	35,100	118,000	39,200	4,800	654,000	225,300	37,009	16,000	1,819,600
	Pyrénées-Orientales	240,216	68,514	164,715	9,103	5,718	7,872	5,392	12,140	710	591,424
	Totaux	2,893,306	279,112	2,174,008	264,846	256,380	1,476,401	902,912	134,534	46,197	8,519,616

RÉGIONS.	DÉPARTEMENTS.	NOMBRE D'HECTOLITRES DE GRAINS RÉCOLTÉS PAR HECTARE EN									RÉCOLTE SUBSIDIAIRE EN		OBSERVATIONS.
		FROMENT.	MÉTEIL.	SEIGLE.	ORGE.	SARRASIN.	MAÏS ET MILLET.	AVOINE.	LÉGUMES SECS.	AUTRES MENUS GRAINS.	POMMES DE TERRE.	CHÂTAIGNES.	
		hect. lit.	hect. lit.	hect. lit.	hect. lit.	hect. lit.	hect. lit.	hect. lit.	hect. lit.	hect. lit.	hect.	hect.	
2e Nord.	Nord	12. 50	18. »	17. »	23. »	17. »	»	25.	15. »	14. »	513,033	»	
	Pas-de-Calais	11. 91	18. 27	16. 49	25. 19	25.	16. »	25. 84	10. 52	9. 99	575,075		
	Somme	15. »	15. »	14. »	20. »	12. »	»	14. »	13. »	15. »	50,420		
	Seine-Inférieure	18. 50	14. 20	13. 07	16. 56	5. 50	»	22. 50	8. »	6. 10	140,000		
	Oise	13. 30	12. 50	10. 50	22. 50	»		22. »	9.	7. 20	141,275		
	Aisne	14. »	14. 21	13. 18	19. »	13. »	»	20. 36	18. 50	17. 10	100,800		
	Eure	9. »	6. »	4. »	8. »	6. »	»	10. »	8.	12.	16,000		
	Eure-et-Loir	8. 84	8. 19	6. 94	9. 21	»	»	11. 84	17. 58	»	6,815		
	Seine-et-Oise	11. 79	14. 70	13. 50	17. 80	11. 50	»	26. »	13. 30	15.	148,160	18,938	
	Seine	16. 65	16. 02	14. 41	20. 36	10.	»	26. 39	12. 46	16.	113,633	8,740	
	Seine-et-Marne	13. 50	10. »	15. »	11. »	»	»	18. »	10. »	8. »	84,810	»	
	Totaux	»	»	»	»	»	»	»	»	»	1,835,191	27,953	
5e Centre.	Loir-et-Cher	3. 72	6. 38	5. 54	6. 25	5. 50	12. »	9. 84	15. 82	4. 33	»		
	Loiret	8. 13	8. 36	6. 85	11. 06	4. 17	5. »	16. 43	3. 84	4. 58	6,185	1,250	
	Yonne	9. »	8.	5. 60	8. »	10. »	»	7. »	7. 50	7. »	20,010	3,000	
	Indre	6. 40	6. 40	4. 80	8. 80	6. »	»	9. 00	4. »	»	14,480	13,068	
	Cher	6. 50	5. 50	3. 42	10. 33	13. »	»	13.	13. 33	13.	67,900	55,000	
	Nièvre	5. »	4. 50	1.	6. 50	7. »	8. »	8. 50	6. »	11.	360,000	530	
	Creuse	4. »	»	5. »	6. »	5.	1.	12. »	8. »	»	109,900	30,000	
	Allier	5. »	»	6. »	13. »	4. »	»	15.	10. »	»	201,600	15,000	
	Puy-de-Dôme	10. »	10. »	5. »	12. »	6.	13. »	12.	11.	12. »	383,000	1,780	
	Totaux	»	»	»		»	»	»	»	»	1,204,274	119,638	
8e Sud.	Corrèze	4. 40	»	1. 50	4. 50	6. »	5. »	15.	4.	»	200,000	500,000	
	Cantal	9. »	11. »	8. »	13. 20	3. 00	14. 40	16. 50	11.	»	96,000	48,000	
	Lot	5. »	»	6. »	5. »	6. »	6. »	6. »	1. »	»	90,000	100,000	
	Aveyron	4. 78	1. 84	6. 30	8. 83	6. 02	6. »	6. 98	4. 20	9. 70	906,706	180,003	
	Lozère	6. »	7. »	7. »	7. »	2. 90	2. 80	10. »	5.	5. »	304,800	60,000	
	Tarn-et-Garonne	3. »	7. »	6.	3. »	»	5. »	5. 50	1. 50	3. »	3,150	»	
	Tarn	5. 50	5. »	5. »	4. 50	9.	14. »	8. 75	8. »	8.	179,000	40,000	
	Hérault	12. »	10. 50	11. »	14. »	10. »	8. 50	10. »	9.	17. »	18,978	13,785	
	Aude	15. »	9. »	10. »	14. »	19. »	30. »	15.	9. 25	8. »	116,000	25,500	
	Pyrénées-Orientales	20. »	12. »	13. »	15. »	8. »	6.	14. »	6.	4. »	65,832	»	
	Totaux	»	»	»	»	»	»	»	»	»	1,291,566	976,380	

RELEVÉ DES RAPPORTS PARTICULIERS DU PRODUIT DE LA RÉCOLTE DE 1815.

RÉGIONS.	DÉPARTEMENTS.	NOMBRE D'HECTOLITRES RÉCOLTÉS SUR LA TOTALITÉ DES TERRES ENSEMENCÉES EN FROMENT.	MÉTEIL.	SEIGLE.	ORGE.	SARRASIN.	MAÏS ET MILLET.	AVOINE.	LÉGUMES SECS.	AUTRES MENUS GRAINS.	TOTAL de la récolte en grains.
		hect.	hect.	hect.	hect.	hect.	hect.	hect.	hect.	hect.	hect.
3e Nord-Est.	Ardennes	630,000	111,000	880,000	820,000	8,250		962,000	1,000	8,000	2,783,250
	Marne	830,000	97,000	1,296,000	649,000	80,000		1,841,000	·		6,795,300
	Aube	589,815	451,934	455,079	150,712	9,585		506,725	5,004	1,318	2,261,340
	Haute-Marne	348,750	22,800	215,978	379,800	1,200		589,000	1,050	350	1,568,058
	Meuse	657,748	3,012	31,832	561,000			655,181	5,378	380	1,913,381
	Moselle	641,220	81,887	191,082	397,253		2,156	1,060,741	19,890	20,830	2,545,119
	Meurthe	709,636	12,646	40,175	161,867	36	40	1,170,011	12,954	1,946	2,351,609
	Vosges	344,900	30,640	130,680	92,150	17,868	210	733,914	9,070	461	1,380,015
	Bas-Rhin	558,472	35,342	250,584	329,000	1,336	16,920	151,813	83,420	17,110	1,434,864
	Haut-Rhin	256,093	40,878	204,181	290,080	8,760	3,177	70,080	14,352	75,270	963,209
	Totaux	5,567,172	676,458	3,107,587	3,095,211	150,104	24,840	5,913,474	183,894	129,561	20,981,291
6e Est.	Côte-d'Or	772,739	183,909	214,277	419,610	1,318	48,055	938,856	45,320	30,103	2,649,465
	Haute-Saône	505,723	62,497	100,539	150,582	11,518	67,348	866,928	12,081	3,304	1,771,646
	Doubs	551,744	115,835	31,040	67,547		18,750	475,776	47,054	·	1,000,812
	Jura	315,616	23,006	42,260	181,883	8,855	221,303	137,908	42,108	1,314	1,011,534
	Saône-et-Loire	395,100	18,300	567,600	89,315	150,000	330,000	112,000	55,000	4,100	1,017,233
	Loire	154,800	1,800	460,665	7,800	750		51,000	3,140	·	682,563
	Rhône	75,000	16,800	78,800	7,660	7,169		35,000	1,800		213,895
	Ain	287,568	67,821	240,014	309,600	111,320	257,200	239,650	30,400		1,544,064
	Isère	416,267	198,460	377,560	400,880	71,760	11,800	190,584	25,100	350	1,296,841
	Totaux	3,430,765	683,125	2,130,056	1,512,477	367,254	951,800	2,170,050	271,050	30,400	11,855,398
9e Sud-Est.	Haute-Loire	58,500	27,000	514,550	206,810	0,000		303,600	48,505	38,950	1,230,435
	Ardèche	111,750	11,100	333,445	62,700	9,100	4,650	67,500	9,586	4,754	614,585
	Drôme	431,000	37,482	163,202	22,850	23,030	0,916	76,300	6,170	7,967	758,187
	Gard	232,500	45,756	61,100	33,720	3,400	6,760	36,530	3,615	100	480,830
	Vaucluse	157,876	30,084	80,551	41,891	40,721	4,600	34,225	6,690	1,200	415,851
	Basses-Alpes	236,725	81,800	64,000	38,160			48,000	17,500	17,500	530,397
	Hautes-Alpes	150,016	125,330	151,917	29,107	832		142,014	4,660	7,297	611,540
	Bouches-du-Rhône	169,650		37,283	10,518	35	373	91,353	3,193	816	323,779
	Var	250,118	14,804	10,436	14,035	5	3,220	23,401	15,000	2,011	319,336
	Totaux	2,000,417	101,175	1,438,301	433,803	85,093	39,165	814,301	112,041	80,886	5,346,528
10e	Corse	80,470		153,740	40,045		71,375		55,000		399,825

DÉPARTEMENTS.	NOMBRE D'HECTOLITRES DE GRAINS RÉCOLTÉS PAR HECTARE EN FROMENT.	MÉTEIL.	SEIGLE.	ORGE.	SARRASIN.	MAÏS ET MILLET.	AVOINE.	LÉGUMES SECS.	AUTRES MENUS GRAINS.	RÉCOLTE SUBSIDIAIRE EN POMMES DE TERRE.	CHÂTAIGNES.	OBSERVATIONS.
	hect. lit.	hect. lit.	hect. lit.	hect. lit.	hect. lit.	hect. lit.	hect. lit.	hect. lit.	hect. lit.	hect.	hect.	
Ardennes	8. »	8. »	8. »	11.	5. 50	»	13. »	5. »	5. »	250,000		
Marne	10. »	5. »	10. »	12. »	8.	»	12.	» »	» »	»		
Aube	8. »	7. »	8. »	8. »	3. »	»	9. »	6. »	8.	96,327	»	
Haute-Marne	4. 50	6. »	7. »	11. »	11. »	»	10. »	4. »	6. »	80,500	»	
Meuse	7. »	8. »	9.	12. 75	» »	»	11. »	10. 50	3. »	450,000	»	
Moselle	11. »	12. 50	10. 27	22. 50	»	18. »	27. »	15. »	12. 78	912,580	»	
Meurthe	9. 75	13. 25	10. 35	14. 50	»	16. 33	19. 37	11. 46	11. 61	1,054,392	»	
Vosges	10. »	10.	10. »	13.	13. »	6. »	18. »	10.	8. »	1,065,800	»	
Bas-Rhin	12. 15	13. 80	24.	17. 50	9. »	14. »	19. »	13. »	14. 50	2,009,312	»	
Haut-Rhin	10. »	8. 50	8.	12. »	10.	9. »	16. »	8. »	9. »	1,111,910	10,000	
Totaux	» »	»	» »	» »	» »	» »	» »	» »	» »	7,004,817	10,000	
Côte-d'Or	7. 34	5. 73	6. 84	10. 64	4. 07	9. 15	10. 99	10. 38	10. 80	138,490		
Haute-Saône	8. 79	8. 88	8. 43	10. 10	7. 99	15. 25	8. 68	7. 20	5. 05	262,280	»	
Doubs	10. 50	9.	9. »	10. 50	»	15. »	18. »	12. »	» »	186,800		
Jura	8. 11	8. 06	8. 30	14. 21	11. 38	19. 06	13. 52	12. 68	3. 95	271,880	»	
Saône-et-Loire	8. »	9. 78	8. 99	14. 50	10. »	15.	13. »	11. »	11. »	400,000	»	
Loire	5. »	8. »	6. 07	9. »	3. 75		9. »	5. 25	»	601,422	»	
Rhône	7. 50	8. »	8. »	12. »	10. »		16. »	6. »	»	187,600	14,000	
Ain	7. 30	7. 20	8. 40	10. »	4. »	10. »	11. 40	7. »	»	300,000	»	
Isère	6. 92	10. 48	9. 20	19. 50	5. 80	9. 38	20. 30	11.	5. »	815,000	5,123	
Totaux	» »	» »	» »	» »	» »	» »	» »	» »	» »	3,906,412	19,123	
Haute-Loire	8. »	6. »	7. 50	18. »	4. 30	»	11. »	9. »	9. »	630,000		
Ardèche	9. »	6. »	7. »	8. 50	7. »	3. »	9. »	6. »	6. »	177,115	114,037	
Drôme	5. 88	9. 35	9. 11	14. 80	5. 89	22. 29	17. 30	7. 72	6. 49	101,300	6,030	
Gard	5. 09	7. 14	7. 90	9. 30	9. »	3. 50	8. 60	4. 50	6. 56	151,327	55,000	
Vaucluse	7. 87	8.	8. 25	10. 87	9. 50	11. 50	10. 25	7. »	8. 67	114,000		
Basses-Alpes	3. 25	3. 41	4. »	17. 00	»	»	1. 80	2. 50	2. 90	330,000	6,000	
Hautes-Alpes	12. 41	17. 89	17. 83	22. 39	4. 16	»	31. 03	12. »	13. 25	222,032	»	
Bouches-du-Rhône	4. 91	»	5. 77	8. »	17. 50	20. »	4. 50	6. 25	9. 25	10,325		
Var	4. »	4. »	4. »	7. »	3. »	10. »	6. »	4. »	4. »	33,770	8,112	
Totaux	» »	» »	» »	» »	» »	» »	» »	» »	»	1,812,869	279,129	
Corse	5. 65	»	7. 50	6. 25	»	43. 75	» »	25. »	» »	12,000	199,800	

RÉCAPITULATION

DES RAPPORTS PARTICULIERS PRODUIT DE LA RÉCOLTE DE 1815.

INDICATION des RÉGIONS.	NOMBRE D'HECTOLITRES RÉCOLTÉS SUR LA TOTALITÉ DES TERRES ENSEMENCÉES EN									TOTAL de LA RÉCOLTE GÉNÉRALE.
	FROMENT.	MÉTEIL.	SEIGLE.	ORGE.	SARRASIN.	MAÏS ET MILLET.	AVOINE.	LÉGUMES SECS.	AUTRES MENUS GRAINS.	
	hect.	hect.	hect.	hect.	hect.	hect.	hect.	hect.	hect.	hect.
1er Nord-Ouest	4,870,101	690,990	1,559,038	2,307,112	3,063,018	103,587	5,516,081	165,201	93,020	18,465,871
2e Nord	10,960,067	1,236,703	2,219,810	2,028,301	93,161	9,890	14,016,902	404,005	1,331,961	32,992,583
3e Nord-Est	[illegible]	678,438	3,107,587	3,095,210	150,091	21,880	7,940,171	185,891	125,561	20,801,091
4e Ouest	3,147,070	686,771	2,085,062	1,301,101	330,203	354,505	1,420,101	124,217	74,137	9,509,852
5e Centre	2,716,170	736,406	2,346,300	1,794,815	222,467	6,185	3,983,125	203,100	69,247	12,081,174
6e Est	3,430,365	683,125	2,130,035	1,512,177	307,201	251,890	2,470,000	271,059	30,469	11,857,288
7e Sud-Ouest	3,706,443	345,383	1,030,627	405,001	86,745	2,501,585	180,812	190,020	89,100	8,362,118
8e Sud	2,903,306	275,412	1,474,089	844,855	240,050	1,476,494	904,012	131,534	46,787	8,519,606
9e Sud-Est	2,090,217	101,175	1,436,707	453,960	85,023	29,125	814,201	142,041	60,896	5,516,139
10e Corse	80,270		15,750	60,625		74,375		45,000		320,020
Pour toute la France.	39,460,371	8,732,132	19,078,595	12,993,741	5,011,512	5,630,960	36,438,171	1,816,084	1,962,064	132,025,130

INDICATION des RÉGIONS.	NOMBRE D'HECTOLITRES DE GRAINS RÉCOLTÉS PAR HECTARE EN									RÉCOLTE SUBSIDIAIRE EN	
	FROMENT.	MÉTEIL.	SEIGLE.	ORGE.	SARRASIN.	MAÏS ET MILLET.	AVOINE.	LÉGUMES SECS.	AUTRES MENUS GRAINS.	POMMES DE TERRE.	CHÂTAIGNES.
	hect. lit. c.	hect. lit. c.	hect. lit. c.	hect. lit. c.	hect. lit. c.	hect. lit. c.	hect. lit. c.	hect. lit. c.	hect. lit. c.	hect.	hect.
1er Nord-Ouest										722,308	140,500
2e Nord										2,935,121	27,903
3e Nord-Est										7,004,047	10,000
4e Ouest										1,102,290	460,408
5e Centre										1,364,975	119,038
6e Est										3,800,472	19,183
7e Sud-Ouest										1,719,297	1,366,096
8e Sud										1,201,556	970,389
9e Sud-Est										1,819,880	470,129
10e Corse										42,000	199,800
Pour toute la France.	1. 39. 40	9. 52. 89	7. 61. 58	12. 11. 55	8. 11. 82	10. 30. 86	11. 58. 41	8. 18. 13	9. 79. 15	21,587,015	3,610,100

RELEVÉ DES RAPPORTS PARTICULIERS DU PRODUIT DE LA RÉCOLTE DE 1816

RÉGIONS.	DÉPARTEMENTS.	NOMBRE D'HECTOLITRES RÉCOLTÉS SUR LA TOTALITÉ DES TERRES ENSEMENCÉES EN FROMENT.	MÉTEIL.	SEIGLE.	ORGE.	SARRASIN.	MAÏS ET MILLET.	AVOINE.	LÉGUMES SECS.	MENUS GRAINS.	TOTAL DE LA RÉCOLTE GÉNÉRALE.
		hect.	hect.	hect.	hect.	hect.	hect.	hect.	hect.	hect.	hect.
1re Nord-Ouest.	Finistère	417,320	61,304	480,400	420,531	163,478	»	844,206	7,245	»	2,433,000
	Côtes-du-Nord	311,000	66,000	449,000	128,000	188,000		693,000	1,900	»	1,836,900
	Morbihan	356,500	»	702,440	3,350	172,240		274,306	9,600	1,250	1,837,306
	Ille-et-Vilaine	338,840	212,780	441,056	119,125	677,830	300	556,460	9,300	»	2,361,701
	Manche	1,036,000	144,700	190,400	337,400	189,343	»	556,500	38,300	»	3,093,183
	Calvados	1,100,000	70,000	112,000	336,000	156,000		468,000	8,500	60,000	2,610,500
	Orne	426,000	112,000	162,000	190,000	13,800		560,000	8,000	»	1,501,800
	Mayenne	366,000	49,000	729,115	97,300	164,139	»	192,518	»	»	1,832,104
	Sarthe	540,000	226,000	570,000	140,000	70,000	37,500	473,600	12,000	20,800	1,875,300
	TOTAUX	5,428,130	956,841	3,880,190	2,307,306	2,122,155	37,800	4,758,020	104,105	85,000	19,619,080
4e Ouest.	Loire-Inférieure	515,716	3,420	374,031	24,164	180,583	12,810	61,106	4,867	84	1,173,910
	Maine-et-Loire	750,000	240,000	768,000	191,300	51,000	8,000	138,000	22,500	6,000	2,190,900
	Indre-et-Loire	458,600	76,760	150,150	409,110	1,060	30,000	400,900	18,720	1,311	1,316,873
	Vendée	675,000	81,676	202,258	182,500	28,350	4,491	51,844	35,443	3,485	1,357,086
	Charente-Inférieure	477,460	74,006	32,512	198,018	»	117,469	117,390	23,136	31,900	1,213,949
	Deux-Sèvres	330,033	151,940	354,800	202,780	56,200	24,140	188,300	41,700	5,800	1,414,680
	Charente	310,000	60,000	130,000	150,000	10,000	106,000	120,000	40,000	3,000	857,000
	Vienne	470,000	81,500	180,000	330,000	4,000	35,500	510,000	14,400	33,600	1,831,000
	Haute-Vienne	54,078	1,510	375,000	14,912	207,810	3,150	27,395	3,650	1,410	680,073
	TOTAUX	3,917,391	801,592	2,715,954	1,630,908	581,123	[illegible]	1,617,903	183,018	85,730	12,048,559
7e Sud-Ouest.	Gironde	540,000	35,136	230,000	4,800	»	136,400	93,610	40,000	»	999,955
	Dordogne	475,012	15,764	110,020	16,257	4,500	180,550	13,500	60,000	5,000	956,983
	Lot-et-Garonne	744,331	54,105	177,800	1,204	211	271,180	12,480	35,000	4,670	1,302,086
	Landes	171,000	»	180,000	960	»	153,000	16,689	5,400	18,000	546,750
	Gers	1,011,855	35,895	40,319	47,407	»	63,740	144,715	40,000	52,500	1,442,132
	Basses-Pyrénées	505,040	»	19,733	23,293	»	501,290	94,814	4,061	»	1,143,952
	Hautes-Pyrénées	329,902	135,360	158,230	30,317	19,320	400,940	56,056	14,031	»	985,918
	Haute-Garonne	1,250,000	»	78,490	10,800	10,500	[illegible]	32,000	58,800	»	1,839,400
	Ariége	140,507	11,019	169,797	1,101	58,254	[illegible]	[illegible]	8,529	1,404	559,639
	TOTAUX	5,183,143	317,184	1,165,779	156,965	91,788	2,116,119	504,392	259,011	85,372	9,778,431

RÉGIONS.	DÉPARTEMENTS.	NOMBRE D'HECTOLITRES DE GRAINS RÉCOLTÉS PAR HECTARE EN FROMENT.	MÉTEIL.	SEIGLE.	ORGE.	SARRASIN.	MAÏS ET MILLET.	AVOINE.	LÉGUMES SECS.	MENUS GRAINS.	RÉCOLTE SUBSIDIAIRE EN POMMES DE TERRE.	CHÂTAIGNES.	OBSERVATIONS.
		hect. lit.	hect. lit.	hect. lit.	hect. lit.	hect. lit.	hect. lit.	hect. lit.	hect. lit.	hect. lit.	hect.	hect.	
1re Nord-Ouest.	Finistère	14. 20	17. 66	15. 78	23. 33	5. 88	»	20. 88	8. »	» »	211,792	»	
	Côtes-du-Nord	11. »	11. »	10. »	16. »	4. »	» »	17. »	8. »	» »	72,000	5,860	
	Morbihan	10. 90	» »	7. »	7. 50	14. 25	» »	12. 60	14. »	11. »	90,200	»	
	Ille-et-Vilaine	9. 50	11. »	11. »	13. 50	6. 50	6. »	13. »	9. »	» »	18,450	»	
	Manche	14. »	13. 16	11. 20	18. 75	4. 95	» »	19. 35	5. 50	» »	90,000	»	
	Calvados	14. »	14. »	14. »	16. »	8. 00	» »	18. »	8. »	6. »	130,800	»	
	Orne	8. »	8. »	9. »	10.	6. 00	» »	10. »	9. »	» »	18,000	»	
	Mayenne	12. »	13. »	13. »	13. »	3. 66	» »	13. »	» »	» »	»	»	
	Sarthe	12. »	12. »	12. »	7. »	9 »	3. »	13. »	7. »	13. »	600,000	»	
	TOTAUX	»	» »	» »	» »	»	» »	» »	»	» »	1,437,112	5,860	
4e Ouest.	Loire-Inférieure	17. 77	13. 50	17. 32	16. 51	10. 39	8. 07	10. 11	6. 86	12. »	131,580	166	
	Maine-et-Loire	15. »	15. »	16. »	16. 50	17. »	16. »	18. »	8. »	6. »	654,000	»	
	Indre-et-Loire	7. »	7. 05	8. 05	8. 02	8. »	12. »	9. 05	6. 05	5. 00	45,300	»	
	Vendée	8. 60	9. 90	10. 80	8. 70	15. 30	9. »	11. 80	15. »	10. 30	59,300	850	
	Charente-Inférieure	4. 50	5. 50	4.	6.	» »	11. »	7. »	7. »	6. »	173,724	350	
	Deux-Sèvres	7. 94	6. 30	11. »	12. 14	21. »	15. 84	17. 35	8. 77	10. »	71,000	4,200	
	Charente	4. »	5.	5. »	5. »	5. »	4. »	9. »	5. »	5. »	360,000	25,000	
	Vienne	7. »	7. 05	10. »	12. »	15. »	18. »	20. »	12. »	12. »	440,000	1,900	
	Haute-Vienne	6. »	5. »	6. »	6. »	10. »	5. »	9. »	10. »	6. »	730,000	»	
	TOTAUX	» »	» »	» »	» »	» »	» »	» »	» »	» »	2,087,901	31,300	
7e Sud-Ouest.	Gironde	3. 75	8. »	7. 33	8. »	» »	6. »	6. 67	8. »	» »	350,000	2,000	
	Dordogne	4. 90	4. 93	3. 00	7. 07	4. 60	3. 75	7. 60	6. »	6. 25	580,200	250,000	
	Lot-et-Garonne	7. »	6. »	5. »	4. »	4. »	20. 50	8. 25	8. »	5. »	8,000	17,000	
	Landes	8. »	» »	7. »	21. »	» »	3. »	11. »	4. »	3. »	5,000	6,000	
	Gers	7. 30	6. 00	5. 03	11. 25	» »	4. »	16. 68	5. »	7. 50	600	»	
	Basses-Pyrénées	12. 00	» »	13. »	14. 70	» »	10. »	12. 80	9. 60	» »	9,300	38,970	
	Hautes-Pyrénées	12. »	14. »	12. 50	11. »	10. »	10. »	12. »	5. 40	» »	65,000	3,150	
	Haute-Garonne	12. »	Mêlé au seigle.	12. »	15. »	10. »	9. »	11. »	10. »	» »	94,000	»	
	Ariége	7. 50	7. 60	8. 14	6. 88	7. 85	10.	9. »	4. 95	5 33	1,018,500	50,000	
	TOTAUX	» »	»	» »	» »	» »	» »	»	» »	» »	2,036,210	373,136	

RELEVÉ DES RAPPORTS PARTICULIERS DU PRODUIT DE LA RÉCOLTE DE 1816.

RÉGIONS.	DÉPARTEMENTS.	NOMBRE D'HECTOLITRES RÉCOLTÉS SUR LA TOTALITÉ DES TERRES ENSEMENCÉES EN FROMENT.	MÉTEIL.	SEIGLE.	ORGE.	SARRASIN.	MAÏS ET MILLET.	AVOINE.	LÉGUMES SECS.	MENUS GRAINS.	TOTAL de la récolte ci-contre.
		hect.	hect.	hect.	hect.	hect.	hect.	hect.	hect.	hect.	hect.
2e Nord.	Nord	1,407,150	312,390	165,000	203,434	1,200		967,377	43,914	64,447	3,362,952
	Pas-de-Calais	1,163,533	757,775	830,034	414,344	2,700	2,080	1,076,568	13,977	15,140	4,350,649
	Somme	451,170	1,144,510	151,800	866,357	16,357	»	1,900,760	43,500	67,000	4,370,990
	Seine-Inférieure	1,814,120	56,683	145,745	103,221	3,000	»	1,129,379	1,080	41,556	3,273,112
	Oise	941,080	436,800	302,470	390,422	»	»	1,335,232	15,793	161,609	3,373,416
	Aisne	1,147,300	304,000	534,000	120,000	24,500		1,729,200	17,000	215,700	4,514,100
	Eure	1,197,081	348,500	133,232	33,810	761	»	638,660	18,120	13,920	3,263,316
	Eure-et-Loir	897,905	436,534	156,000	158,730	»	»	1,433,982	36,019	»	3,119,409
	Seine-et-Oise	1,988,667	337,791	358,403	811,900	7,145	»	2,471,168	21,438	17,190	5,155,068
	Seine	92,186	1,988	55,380	75,500	»	»	229,919	10,701	3,502	468,513
	Seine-et-Marne	1,380,000	150,000	166,000	90,000	»	»	1,900,000	28,800	90,000	3,730,800
	Totaux	11,931,405	4,585,218	2,301,618	2,063,503	58,340	2,080	15,011,931	265,264	712,304	36,924,018
5e Centre.	Loir-et-Cher	350,911	87,651	161,291	63,431	21,055	25	511,553	3,163	16,316	1,246,575
	Loiret	370,109	229,659	211,130	100,877	19,365	500	1,176,291	7,105	11,307	2,171,011
	Yonne	536,050	155,170	170,000	183,500	1,400	»	492,000	12,158	1,620	1,256,678
	Indre	291,234	38,513	216,481	314,816	15,072	»	170,703	3,387	»	1,373,108
	Cher	472,500	97,500	187,500	75,000	33,000	»	830,000	27,000	26,000	2,208,500
	Nièvre	258,210	51,300	103,580	261,248	785	319	212,400	12,160	7,110	1,003,871
	Creuse	9,000	»	794,600	8,000	71,000	256	59,300	900	»	877,656
	Allier	309,690	»	573,200	231,900	11,000	»	221,000	37,000		1,113,430
	Puy-de-Dôme	597,000	230,100	581,000	248,000	14,000	5,500	400,000	51,000	30,800	2,162,500
	Totaux	3,023,119	873,896	2,978,291	2,030,815	191,317	6,653	4,156,440	178,023	102,503	13,753,540
8e Sud.	Corrèze	23,010	»	271,200	5,798	90,000	3,460	60,000	2,600	»	545,868
	Cantal	61,710	22,000	465,000	26,400	22,100	»	157,300	»	»	755,010
	Lot	708,711	33,093	175,064	91,501	91,865	88,455	71,934	16,015	5,756	1,262,381
	Aveyron	147,941	41,096	193,827	66,777	9,054	17,780	135,117	9,468	854	694,050
	Lozère	51,000	20,469	168,000	19,000	1,800	60	50,000	1,500	45	311,780
	Tarn-et-Garonne	564,000	180,000	100,000	5,000		135,000	90,000	30,000	15,000	1,120,000
	Tarn	420,110	49,011	374,514	7,300	4,063	853,238	59,800	35,307	21,661	1,804,117
	Hérault	560,147	6,450	175,100	25,889	140	2,005	115,368	4,505	5,111	890,615
	Aude	981,000	35,000	210,000	27,510	7,000	273,000	255,000	30,000	11,100	1,838,910
	Pyrénées-Orientales	200,500	72,000	145,500	9,100	7,400	13,000	7,000	11,000	3,000	544,600
	Totaux	3,716,102	440,890	2,155,075	312,350	243,341	1,186,541	951,807	117,705	64,212	9,018,932

RÉGIONS.	DÉPARTEMENTS.	NOMBRE D'HECTOLITRES DE GRAINS RÉCOLTÉS PAR HECTARE EN FROMENT.	MÉTEIL.	SEIGLE.	ORGE.	SARRASIN.	MAÏS ET MILLET.	AVOINE.	LÉGUMES SECS.	AUTRES MENUS GRAINS.	RÉCOLTE SUBSIDIAIRE EN POMMES DE TERRE.	CHÂTAIGNES.	OBSERVATIONS.
		hect. lit.	hect. lit.	hect. lit.	hect. lit.	hect. lit.	hect. lit.	hect. lit.	hect. lit.	hect. lit.	hect.	hect.	
2e Nord.	Nord	15. »	14. »	15. »	21. »	16. »	» »	27. »	11. »	11. »	626,755	»	
	Pas-de-Calais	11. 50	18. 50	16.	24. 50	20. »	13. »	25. 75	12. »	22. »	456,435	»	
	Somme	15. »	16. »	13. »	24. »	12.	» »	15. »	11. »	10. »	99,800	»	
	Seine-Inférieure	11. 75	10. 90	12. 25	15. »	5. »	» »	20. 80	5. 25	7. 75	176,729	»	
	Oise	15. 33	15. »	14. »	22. 50	» »	» »	22. »	4. 50	5. 40	131,000	»	
	Aisne	15. 50	16. 50	15. »	20. »	7. »	» »	28. »	5. »	9. »	900,000	»	
	Eure	12. »	10. »	8. »	8. »	8. »	» »	10. »	2. »	4. »	15,000	»	
	Eure-et-Loir	13. 04	10. 52	9. 02	11. 90	»	» »	14. 06	14. 78	» »	7,022	»	
	Seine-et-Oise	16. 15	17. 98	17. 11	22. 07	13. 11	» »	20. 32	7. 01	9. 19	305,540	»	
	Seine	25. 61	18. 40	17. 78	20. 41	» »	» »	42. 83	5. 28	8. 98	600,214	»	
	Seine-et-Marne	13. 75	12. 50	11. »	12. »	» »	» »	20. »	12. »	10. »	129,000	»	
	Totaux	» »	» »	» »	» »	» »	» »	» »	» »	» »	3,540,737	»	
5e Centre.	Loir-et-Cher	5. 50	8. 50	6. 06	8. 50	1. 75	»	10. »	9. »	7. 50	»	»	
	Loiret	5. 38	8. 50	6. 50	11. 50	3. 66	2. 66	18. 61	3. 30	1. 50	14,810	»	
	Yonne	6. »	5. 90	6. 40	7. 30	0. »	» »	8. »	6. 25	0. »	23,100	2,600	
	Indre	6. »	7. 70	6. 10	9. 20	4. 60	» »	11. 90	4. 50	» »	41,011	3,000	
	Cher	7. 80	7. 50	7. 50	15. »	15. »	» »	15. »	18. »	12. »	67,816	»	
	Nièvre	5. »	9. »	9. »	12. »	0. 50	27. »	14. »	12. »	12. »	110,500	»	
	Creuse	5. »	» »	6. »	9. »	4.	» »	16. »	1. »	» »	158,000	»	
	Allier	13. 40	» »	10. »	12. »	7. »	» »	14. »	6. »	» »	250,000	8,000	
	Puy-de-Dôme	15. »	8. »	4. »	10. »	4. »	11. »	10. »	14. »	14. »	780,000	15,850	
	Totaux	» »	» »	» »	» »	» »	» »	» »	» »	» »	1,444,067	29,450	
8e Sud.	Corrèze	6. 04	» »	6. 01	5. 01	4. »	5. »	15. »	4. »	» »	300,000	25,000	
	Cantal	12. 10	11. »	6. »	12. 20	1. 60	» »	15. »	» »	» »	158,000	2,100	
	Lot	8. »	5. 00	8. »	8. »	9. »	3. »	9. 33	5. »	4. »	255,006	22,800	
	Aveyron	4. 28	4. 29	4. 50	6. 60	3. »	4. »	6. 81	4. 50	3. 75	356,796	107,780	
	Lozère	5. »	6. »	6. »	7. »	3. »	3. »	10. »	4. »	5. »	361,000	5,000	
	Tarn-et-Garonne	8. 50	10. »	10. »	5. »	»	7. 50	6. 50	6. »	6. »	6,000	»	
	Tarn	5. »	5. »	8. »	11. »	17. »	15. »	10. »	9. »	8. »	458,150	24,290	
	Hérault	12. 25	15. »	17. »	18. 25	14. »	11. 33	22. »	10. 75	10. »	61,160	11,331	
	Aude	15. »	16. »	15. »	16. »	17. 50	13. »	17.	9. »	8.	16,000	1,050	
	Pyrénées-Orientales	13. »	12. »	13. »	14. »	8. »	10. »	14.	7. »	10. »	12,000	»	
	Totaux	» »	» »	» »	» »	» »	» »	» »	» »	» »	2,009,574	309,951	

RÉGIONS.	DÉPARTEMENTS.	NOMBRE D'HECTOLITRES RÉCOLTÉS SUR LA TOTALITÉ DES TERRES ENSEMENCÉES EN									TOTAL de la récolte ci-contre.
		FROMENT.	MÉTEIL.	SEIGLE.	ORGE.	SARRASIN.	MAÏS et MILLET.	AVOINE.	LÉGUMES SECS.	AUTRES MENUS GRAINS.	
		hect.	hect.	hect.	hect.	hect.	hect.	hect.	hect.	hect.	hect.
3e Nord-Est.	Ardennes	538,000	102,000	108,000	210,000	8,800	»	687,500	4,000	5,000	1,728,800
	Marne	644,500	20,400	608,000	755,000	40,000	»	2,118,000	»	»	4,374,200
	Aube	197,068	»	252,411	210,360	3,564	»	852,132	5,237	1,300	1,530,312
	Haute-Marne	132,000	10,050	143,773	385,825	1,015	»	716,800	1,120	130	1,402,895
	Meuse	453,450	3,000	34,000	378,760	»	»	807,000	8,000	1,000	1,505,295
	Moselle	406,918	50,606	125,856	406,080	»	1,530	1,203,166	12,680	20,340	2,230,803
	Meurthe	530,585	8,930	30,757	101,086	»	»	962,821	21,804	»	1,666,290
	Vosges	310,500	27,549	115,680	83,915	7,292	101	655,500	6,960	330	1,210,015
	Bas-Rhin	510,390	45,351	95,828	507,962	63	3,302	130,734	23,960	45,065	1,350,856
	Haut-Rhin	104,237	54,397	66,198	206,040	3,091	721	163,306	9,771	5,449	606,566
	TOTAUX	4,018,212	310,852	1,634,178	3,318,510	64,160	9,756	8,403,874	99,037	79,083	18,020,638
6e Est.	Côte-d'Or	448,014	137,864	151,312	273,472	36	10,535	731,484	66,470	7,751	1,819,929
	Haute-Saône	384,480	57,810	91,105	170,487	6,475	17,500	391,800	9,725	4,500	1,140,079
	Doubs	220,685	122,500	40,600	99,400	»	4,725	371,250	15,800	»	866,200
	Jura	247,707	11,850	31,158	130,696	5,840	47,088	85,190	21,843	815	594,131
	Saône-et-Loire	450,000	12,000	660,000	70,000	60,000	60,000	108,000	50,000	2,700	1,372,700
	Loire	149,000	1,800	560,000	14,000	1,200	»	84,000	6,000	»	816,000
	Rhône	161,385	64,549	207,457	41,216	44,000	1,300	133,558	7,000	5,070	715,360
	Ain	311,640	67,844	205,026	333,500	40,770	38,850	476,400	21,330	»	1,340,904
	Isère	388,565	132,496	261,185	192,680	60,500	1,200	173,100	10,050	400	1,423,876
	TOTAUX	2,817,873	508,723	2,234,638	1,214,360	215,829	101,028	2,355,478	210,783	21,886	9,890,309
9e Sud-Est.	Haute-Loire	96,130	47,256	501,525	107,100	4,500	»	218,900	44,100	12,300	1,122,011
	Ardèche	150,000	14,800	402,600	37,000	18,300	31,000	90,000	15,980	4,100	764,155
	Drôme	514,781	40,970	113,465	81,746	53,030	14,190	90,100	7,872	3,300	929,884
	Gard	411,738	73,563	108,857	60,681	40,383	26,972	94,605	10,078	5,080	841,765
	Vaucluse	285,174	80,062	149,850	30,744	21,439	4,404	47,390	8,590	2,100	630,339
	Basses-Alpes	181,700	67,584	91,130	35,817	»	»	38,611	38,400	13,000	441,966
	Hautes-Alpes	97,200	73,400	136,330	15,600	750	»	37,800	1,350	4,500	361,089
	Bouches-du-Rhône	550,093	»	20,618	10,742	»	»	106,970	33,461	740	731,881
	Var	415,005	23,030	14,938	18,298	»	690	30,210	20,694	3,546	520,339
	TOTAUX	2,694,801	420,773	1,541,310	417,704	147,585	77,256	754,905	180,561	70,800	6,313,630
10e	Corse	99,335		12,500	90,000	»	56,250	»	49,420	»	297,495

RÉGIONS.	DÉPARTEMENTS.	NOMBRE D'HECTOLITRES DE GRAINS RÉCOLTÉS PAR HECTARE EN									RÉCOLTE SUBSIDIAIRE EN		OBSERVATIONS.
		FROMENT.	MÉTEIL.	SEIGLE.	ORGE.	SARRASIN.	MAÏS et MILLET.	AVOINE.	LÉGUMES SECS.	AUTRES MENUS GRAINS.	POMMES DE TERRE.	CHÂTAIGNES.	
		hect. lit.	hect. lit.	hect. lit.	hect. lit.	hect. lit.	hect. lit.	hect. lit.	hect. lit.	hect. lit.	hect.	hect.	
3e Nord-Est.	Ardennes	9. 70	8. 50	7. »	10. 10	5. 50	» »	12. 50	»	» »	110,000	»	
	Marne	7. 58	6. »	4. 06	14. »	4. »	»	14. »	»	» »	»	»	
	Aube	5. »	» »	4.	10. »	1. 80	» »	12. »	4. »	1. »	11,252	»	
	Haute-Marne	6. 30	3. »	1. 50	11. 50	5. 50	» »	12. »	2. 00	1. »	17,000	»	
	Meuse	5. »	6. »	6. »	13. »	» »	» »	15. »	8. »	4. »	540,000	»	
	Moselle	8. »	8. 50	9. »	24. »	» »	16. »	31. »	10. »	12. »	936,000	»	
	Meurthe	5. 72	7. 18	7. 07	11. 17	» »	» »	16. 10	8. »	» »	900,183	»	
	Vosges	5. »	9. »	9. »	13. »	2. »	4. »	16. »	8. »	7. »	1,190,000	»	
	Bas-Rhin	11. 95	13. 89	13. 88	18. 73	13. »	6. 34	22. 49	12. 36	14. 28	2,605,354	14	
	Haut-Rhin	8. 49	7. 80	6. 50	10. »	4. »	0. 85	13. 30	6. 30	5. 30	554,900	134	
	TOTAUX	» »	» »	» »	» »	» »	» »	» »	» »	» »	7,268,786	148	
6e Est.	Côte-d'Or	5. 07	5. 33	4. 07	7. 35	» »	2. 57	9. 66	5. »	3. »	268,885	»	
	Haute-Saône	8. »	8. »	7. »	11. »	5. »	1. »	12. »	5. »	5. »	195,000	»	
	Doubs	5. 75	8. 75	7. »	14. »	» »	3. 75	13. 50	8. »	» »	89,600	»	
	Jura	6. 58	6. 30	8. 10	8. 45	7. 30	4. 85	8. 35	6. 60	2. 50	320,520	»	
	Saône-et-Loire	6. »	8. »	8. »	14. »	3. »	3. »	12. »	6. 09	9. »	400,000	»	
	Loire	11. »	9. »	8. »	14.	6. »	» »	14. »	10. »	» »	830,500	»	
	Rhône	12. »	17.	11. »	12. »	10. »	26. »	18. »	26. »	27. »	235,770	37	
	Ain	6. »	7. 20	7. 90	10. »	1. 20	1. 40	19. »	4. »	» »	288,000	»	
	Isère	7. »	7. »	7. »	13. »	5. »	1. »	17. »	5. »	7. »	939,500	1,500	
	TOTAUX	» »	» »	» »	» »	» »	» »	» »	» »	» »	3,307,761	1,537	
9e Sud-Est.	Haute-Loire	2. »	5. »	7. 50	18. »	4. 50	»	10. »	9. »	9. »	681,000	»	
	Ardèche	8. »	8. »	8. »	10. »	10. »	20. »	12. »	10. »	11. »	186,875	30,555	
	Drôme	11. 73	10. 19	7. 70	14. 05	13. 56	19. 24	11. 58	7. 31	2. 79	273,960	4,180	
	Gard	12. 06	11. »	11. 09	14. »	10. 25	10. 60	17. 20	11. 03	3. 00	74,076	59,058	
	Vaucluse	14. »	12. »	15. »	14. »	12. »	16. »	14. »	8. 80	7. »	190,800	»	
	Basses-Alpes	5. 07	4. 59	8. 20	3. 29	»	»	3. 09	5. 12	5. 12	358,225	8,000	
	Hautes-Alpes	9. »	10. 50	10. »	11. »	3. 75	»	4. »	9. »	9. »	150,000	»	
	Bouches-du-Rhône	4. 15	»	6. 50	6. 75	»	»	9. 10	7. 25	7. 50	31,015	»	
	Var	4. 50	7. »	7. »	9. »	»	17. »	8. »	6. »	6. »	58,099	4,612	
	TOTAUX	» »	» »	» »	» »	» »	» »	»	» »	» »	1,891,518	106,299	
10e	Corse	6. 16	» »	8. 31	7. 50	» »	31. 03		18. 04	» »	24,000	90,000	

RÉCAPITULATION

DES RAPPORTS PARTICULIERS DU PRODUIT DE LA RÉCOLTE DE 1816.

INDICATION des RÉGIONS.	NOMBRE D'HECTOLITRES RÉCOLTÉS SUR LA TOTALITÉ DES TERRES ENSEMENCÉES en									TOTAL de la récolte
	FROMENT.	MÉTEIL.	SEIGLE.	ORGE.	SARRASIN.	MAÏS et MILLET.	AVOINE.	LÉGUMES SECS.	MENUS GRAINS.	
	hect.	hect.	hect.	hect.	hect.	hect.	hect.	hect.	hect.	hect.
1er Nord-Ouest	5,489,130	356,644	3,800,490	2,207,906	2,122,155	37,800	4,748,080	174,196	85,860	19,012,680
2e Nord	11,021,405	4,535,843	2,394,648	2,093,592	58,340	2,000	15,011,934	165,392	719,304	36,991,010
3e Nord-Est	4,018,212	390,952	1,691,650	3,348,510	64,156	9,750	2,403,674	94,037	70,363	18,030,019
4e Ouest	3,947,204	891,582	2,745,954	1,630,208	581,483	460,637	1,547,900	183,910	85,733	12,043,161
5e Centre	3,023,440	873,390	2,979,994	2,830,815	191,317	6,653	4,156,440	178,083	102,483	13,353,549
6e Est	2,843,073	400,782	2,834,538	1,214,360	215,889	191,098	3,355,178	210,783	21,086	9,800,394
7e Sud-Ouest	6,193,143	345,182	1,465,173	159,800	94,798	2,116,119	396,392	499,641	31,372	9,106,431
8e Sud	1,116,199	410,880	2,155,835	310,358	243,342	1,196,731	971,807	147,705	64,212	5,916,532
9e Sud-Est	2,621,861	429,774	1,381,316	417,701	147,585	17,820	724,307	180,394	79,969	5,973,089
10e Corse	90,395	.	11,500	30,000	.	50,850	.	20,440	.	207,605
Pour toute la France	43,310,694	9,305,887	30,918,556	13,810,317	3,638,931	4,153,310	38,486,624	1,882,810	1,319,703	136,619,383

INDICATION des RÉGIONS.	NOMBRE D'HECTOLITRES DE GRAINS RÉCOLTÉS PAR HECTARE en									RÉCOLTE SUBSIDIAIRE en	
	FROMENT.	MÉTEIL.	SEIGLE.	ORGE.	SARRASIN.	MAÏS et MILLET.	AVOINE.	LÉGUMES SECS.	MENUS GRAINS.	POMMES DE TERRE.	CHÂTAIGNES.
	hect. lit. c.	hect. lit. c.	hect. lit. c.	hect. lit. c.	hect. lit. c.	hect. lit. c.	hect. lit. c.	hect. lit. c.	hect. lit. c.	hect.	hect.
1er Nord-Ouest	.	.	.	.	.	.	.	.	.	1,437,242	5,099
2e Nord	.	.	.	.	.	.	.	.	.	3,540,731	.
3e Nord-Est	.	.	.	.	.	.	.	.	.	7,268,766	148
4e Ouest	.	.	.	.	.	.	.	.	.	1,687,904	32,300
5e Centre	.	.	.	.	.	.	.	.	.	1,444,007	28,430
6e Est	.	.	.	.	.	.	.	.	.	3,207,701	1,557
7e Sud-Ouest	.	.	.	.	.	.	.	.	.	2,038,210	373,190
8e Sud	.	.	.	.	.	.	.	.	.	2,092,772	209,931
9e Sud-Est	.	.	.	.	.	.	.	.	.	1,891,818	100,299
10e Corse	.	.	.	.	.	.	.	.	.	21,000	90,000
Pour toute la France	8. 12. 63	10. 66. 39	8. 21. 38	12. 33. 31	5. 53. 11	7. 14. 95	15. 58. 90	6. 97. 09	7. 19. 89	35,193,897	841,807

RÉGIONS.	DÉPARTEMENTS.	NOMBRE D'HECTOLITRES RÉCOLTÉS SUR LA TOTALITÉ DES TERRES ENSEMENCÉES EN FROMENT.	MÉTEIL.	SEIGLE.	ORGE.	SARRASIN.	MAÏS ET MILLET.	AVOINE.	LÉGUMES SECS.	AUTRES MENUS GRAINS.	TOTAL DE LA RÉCOLTE ci-contre.
		hect.	hect.	hect.	hect.	hect.	hect.	hect.	hect.	hect.	hect.
1re NORD-OUEST.	Finistère	472,800	100,000	720,000	600,000	616,500	»	842,500	»	»	3,382,000
	Côtes-du-Nord	783,697	103,920	558,071	179,769	752,619	»	1,088,695	18,111	»	3,486,705
	Morbihan	444,930	»	884,270	7,490	590,000	135,000	382,330	16,490	»	2,387,030
	Ille-et-Vilaine	721,036	246,590	494,326	177,053	683,112	»	666,276	5,580	»	2,989,912
	Manche	1,150,010	85,035	184,479	1,432,714	869,134	»	553,115	64,824	»	4,057,903
	Calvados	1,667,098	51,600	181,370	434,410	479,980	»	857,275	42,080	115,740	3,839,425
	Orne	700,000	137,000	169,500	288,500	127,440	»	1,193,000	44,000	»	2,671,500
	Mayenne	548,590	129,400	816,073	59,400	499,200	»	430,800	»	»	2,445,523
	Sarthe	409,350	216,900	880,720	474,160	88,400	45,220	319,980	36,510	42,826	1,911,345
	TOTAUX	6,898,800	1,075,295	4,884,302	3,350,339	4,635,985	180,220	6,353,791	207,094	158,536	27,183,701
4e OUEST.	Loire-Inférieure	1,147,074	30,081	548,150	61,413	296,000	92,800	157,800	17,900	1,887	2,253,843
	Maine-et-Loire	1,061,400	154,800	1,184,384	84,880	9,360	300	180,160	27,600	»	2,633,244
	Indre-et-Loire	411,000	100,000	132,000	70,400	2,100	3,000	316,000	12,600	4,000	1,141,600
	Vendée	1,380,375	114,187	270,600	330,000	21,500	22,500	86,000	28,000	1,800	2,243,461
	Charente-Inférieure	853,614	198,308	77,800	341,059	»	117,510	339,874	12,600	19,070	1,972,317
	Deux-Sèvres	362,802	184,905	372,800	450,440	12,309	13,901	183,827	10,600	13,218	2,054,002
	Charente	302,500	109,000	195,000	180,000	8,000	120,750	165,600	27,300	3,400	1,108,050
	Vienne	805,675	106,000	876,092	319,000	576	4,161	350,000	13,500	8,550	2,094,253
	Haute-Vienne	160,000	6,500	900,000	10,000	100,000	15,000	14,000	9,000	»	1,302,500
	TOTAUX	6,660,599	1,103,774	4,156,712	1,936,511	450,268	380,240	1,809,666	165,311	49,880	16,836,084
7e SUD-OUEST.	Gironde	634,616	46,000	262,417	3,800	1,391	88,825	38,400	49,[illegible]	»	1,114,586
	Dordogne	450,000	55,500	920,000	18,000	18,080	288,000	14,000	37,500	14,000	1,133,800
	Lot-et-Garonne	1,327,350	»	543,000	10,800	»	183,000	40,500	151,000	»	2,424,060
	Landes	273,089	1,126	266,095	1,609	3,560	301,000	17,850	6,000	40,240	1,000,550
	Gers	1,217,931	51,810	79,900	53,818	»	106,013	168,329	22,080	11,596	1,801,699
	Basses-Pyrénées	450,919	»	10,530	20,383	»	1,436,403	17,760	30,000	»	1,967,695
	Hautes-Pyrénées	317,107	138,870	207,000	56,404	49,700	206,700	177,750	14,100	»	1,236,857
	Haute-Garonne	1,968,957	155,030	381,316	49,061	70,800	521,702	265,760	83,216	60,111	3,198,901
	Ariège	230,304	20,020	85,750	4,600	71,540	196,160	62,752	34,021	2,806	568,931
	TOTAUX	6,364,525	481,421	2,675,004	207,455	193,321	3,009,130	786,181	392,5[illegible]	140,033	14,618,863

RÉGIONS.	DÉPARTEMENTS.	NOMBRE D'HECTOLITRES DE GRAINS RÉCOLTÉS PAR HECTARE EN FROMENT.	MÉTEIL.	SEIGLE.	ORGE.	SARRASIN.	MAÏS ET MILLET.	AVOINE.	LÉGUMES SECS.	AUTRES MENUS GRAINS.	POMMES de terre.	RÉCOLTE SUBSIDIAIRE EN POMMES DE TERRE.	CHÂTAIGNES.	OBSERVATIONS.
		hect. lit.	hect. lit.	hect. lit.	hect. lit.	hect. lit.	hect. lit.	hect. lit.	hect. lit.	hect. lit.	hect. lit.			
1re NORD-OUEST.	Finistère	16. »	20. »	24. 80	27. 50	22. 50	» »	29. 50	» »	» »	» »	Assez bonne.	»	
	Côtes-du-Nord	17. 83	14. 17	16. 62	17. 85	14. 52	» »	24. 10	14. 94	» »	» »	Médiocre.	»	
	Morbihan	9. 80	» »	7. 40	8. 80	10. »	9. »	14. 50	11. »	» »	» »	Bonne.	Bonne.	
	Ille-et-Vilaine	13. 20	10. 80	11. 30	15. 40	8. »	» »	14. 98	3. 50	» »	» »	Idem.	Idem.	
	Manche	15. 80	11. 20	12. 02	19. 49	13. 42	» »	19. 37	17. 54	» »	» »	Médiocre.	Idem.	
	Calvados	18. »	14. »	17. 50	17. 50	20. »	» »	22. 50	18. »	18. »	» »	Bonne.	»	
	Orne	10. »	10. »	10. »	8. »	9. »	» »	15. »	8. »	» »	» »	Idem.	»	
	Mayenne	13. 07	14. »	14. 23	14. »	12. 25	» »	12. »	» »	» »	» »	Bonne.	Bonne.	
	Sarthe	9. »	9. »	8. »	10. »	20. »	11. 25	12. »	15. »	14	» »	Assez bonne.	»	
	TOTAUX	» »	» »	» »	» »	» »	» »	» »	» »	» »	»	»	»	
4e OUEST.	Loire-Inférieure	12. »	11. »	10. »	11. »	25. »	30. »	10. »	11. »	10. »	»	Médiocre.	Bonne.	
	Maine-et-Loire	16. »	16. »	17. »	7. »	3. »	1. »	16. »	6. »	» »	» »	Bonne.	Très-bonne.	
	Indre-et-Loire	9. »	8. »	8. »	7. »	4. »	1. 50	8. »	4. 50	8. »	» »	Très-médiocre.	»	
	Vendée	16. 63	13. 19	13. 50	16. 50	9.	15. »	13. 75	7. »	6. »	» »	Mauvaise.	Bonne.	
	Charente-Inférieure	9. »	11.	10. »	12. »	» »	9. »	14. »	3. 20	6. »	» »	Médiocre.	»	
	Deux-Sèvres	9. 86	10. 95	14. 32	14. 00	10. 33	13. 20	12. 95	6. 25	11. 72	» »	Bonne.	Très-bonne.	
	Charente	7. 85	6. 75	7. 50	7. 50	4. »	5. 25	7. 50	3. 75	4. »	»	Médiocre.	Bonne.	
	Vienne	11. »	10. »	12. »	13. »	7. 20	4. »	14. »	7. 50	3 »	» »	Bonne.	Idem.	
	Haute-Vienne	16. »	13. »	12. »	10. »	3. »	30. »	12. »	18. »	» »	» »	Idem.	Assez bonne.	
	TOTAUX	» »	» »	» »	» »	» »	» »	» »	» »	» »	» »	»	»	
7e SUD-OUEST.	Gironde	10. 61	8. 75	7. 94	10. 33	5. 90	7. 69	10. 15	6. 20	» »	» »	Bonne.	»	
	Dordogne	4. 50	4. 50	5. 50	4. »	9. »	6. »	4. »	3. 75	3. »	»	Idem.	Bonne.	
	Lot-et-Garonne	10. 50	»	15. »	15. »	» »	10. »	15. »	12. »	» »	» »	Médiocre.	»	
	Landes	8. 40	7. 50	7. 15	7. 20	6. 40	10. »	5. 85	5. »	9. 00	» »	Bonne.	Bonne.	
	Gers	8. 15	8. 25	9. 90	0. 90	» »	9. 45	13. 02	2. 40	9. 00	» »	Très-médiocre.	»	
	Basses-Pyrénées	5. »	» »	13. »	13. »	» »	21. 60	16. »	10. »	» »	» »	Médiocre.	Médiocre.	
	Hautes-Pyrénées	12. »	13. 76	17. 85	13. 08	16. 50	13. 80	22. 50	4. 60	» »	» »	Moyenne.	Idem.	
	Haute-Garonne	14. 70	15. 05	15. 75	14. 40	13. 50	16. 86	17. 60	10. 90	8. »	» »	Assez bonne.	Idem.	
	Ariège	5. »	8. »	5. »	10. »	9. 80	16. »	8. »	8. »	3. 75	» »	Idem.	»	
	TOTAUX	» »	» »	» »	» »	» »	» »	» »	» »	» »	» »	»	»	

RÉGIONS	DÉPARTEMENTS.	NOMBRE D'HECTOLITRES RÉCOLTÉS SUR LA TOTALITÉ DES TERRES ENSEMENCÉES EN FROMENT.	MÉTEIL.	SEIGLE.	ORGE.	SARRASIN.	MAÏS ET MILLET.	AVOINE.	LÉGUMES SECS.	AUTRES MENUS GRAINS.	TOTAL de la récolte en grains.
		hect.	hect.	hect.	hect.	hect.	hect.	hect.	hect.	hect.	hect.
2e Nord.	Nord	2,806,616	372,776	249,311	178,758	4,710	»	1,354,450	100,807	54,754	5,083,892
	Pas-de-Calais	1,581,760	933,989	309,421	517,040	000	735	1,880,338	60,500	709,000	6,070,556
	Somme	1,278,289	1,509,741	288,090	217,710	6,000	»	1,063,132	36,630	515,700	4,993,546
	Seine-Inférieure	1,747,209	117,000	214,500	195,000	»	»	1,856,000	99,400	»	4,229,100
	Oise	1,134,508	633,601	340,305	168,003	»	»	1,045,313	23,775	136,518	3,389,774
	Aisne	1,730,625	541,775	413,200	84,000	19,000	»	1,074,000	49,000	302,200	5,103,800
	Eure	2,044,980	401,216	224,100	111,810		»	513,900	47,435	58,344	3,306,325
	Eure-et-Loir	1,035,354	490,000	199,000	197,300	»	»	1,518,033	96,085	»	3,496,360
	Seine-et-Oise	1,301,500	201,808	298,833	118,680	3,040		1,788,886	79,579	56,088	3,879,541
	Seine	88,313	9,451	51,408	46,876	117		110,040	12,222	3,445	315,588
	Seine-et-Marne	1,154,818	102,925	130,720	160,759	»	»	1,302,360	6,290	15,090	2,738,062
	Totaux	15,313,043	5,063,782	2,723,409	2,297,033	33,372	735	13,933,011	638,927	2,263,100	18,611,506
3e Centre.	Loir-et-Cher	455,820	75,115	166,116	44,277	64,836	»	391,004	3,173	2,694	1,205,365
	Loiret	501,200	219,060	301,191	236,560	20,805	2,009	1,129,640	21,240	44,179	2,480,025
	Yonne	703,500	216,000	239,400	200,000	12,000	»	432,000	11,400	6,000	1,826,200
	Indre	405,500	61,210	351,540	136,200	6,500	»	304,080	3,872	»	1,063,994
	Cher	471,028	90,903	265,364	253,025	15,203	»	205,810	6,158	7,024	1,311,635
	Nièvre	343,125	104,864	407,474	312,996	7,631	»	318,875	6,606	»	1,236,621
	Creuse	14,500		741,000	5,920	237,100	»	45,460	2,800		1,067,330
	Allier	547,300	»	813,160	60,000	1,800		176,000	12,000		1,626,300
	Puy-de-Dôme	570,509	161,037	1,940,211	299,175	61,210		617,548	40,380	32,150	3,755,138
	Totaux	4,429,471	891,529	5,054,044	1,017,313	428,508	2,009	3,556,533	121,170	92,017	16,380,407
8e Sud.	Corrèze	50,400	9,000	557,600	5,400	360,000	5,000	40,000	7,500		1,037,300
	Cantal	73,500	11,011	880,600	21,442	104,700	730	87,821	16,380	550	1,201,015
	Lot	714,000	38,250	199,900	54,000	168,000	450,000	54,000	10,900		1,690,350
	Aveyron	434,750	38,000	607,830	160,600	10,000	45,000	376,900	0,702	2,400	1,691,688
	Lozère	114,750	20,475	415,800	75,600	30,000	700	72,187	6,600	2,035	809,357
	Tarn-et-Garonne	348,840	72,130	94,996	10,368	»	224,072	50,340	45,314		1,147,660
	Tarn	850,000	51,000	376,000	3,720	9,600	300,000	81,000	80,000	5,400	1,706,120
	Hérault	628,710	12,300	137,880	20,375	315	8,125	412,750	16,120	9,300	1,253,065
	Aude	780,000	25,000	156,000	18,000	7,000	690,000	538,000	21,000	10,000	2,082,000
	Pyrénées-Orientales	191,350	66,000	195,000	7,920	12,000	30,000	7,200	14,000		515,122
	Totaux	4,361,100	310,100	3,028,114	440,805	791,015	1,582,056	1,581,501	156,110	30,012	13,337,302

DÉPARTEMENTS.	NOMBRE D'HECTOLITRES DE GRAINS RÉCOLTÉS PAR HECTARE EN FROMENT.	MÉTEIL.	SEIGLE.	ORGE.	SARRASIN.	MAÏS ET MILLET.	AVOINE.	LÉGUMES SECS.	AUTRES MENUS GRAINS.	POMMES de terre.	RÉCOLTE SUBSIDIAIRE EN POMMES DE TERRE.	CHÂTAIGNES.	OBSERVATIONS.
	hect. lit.	hect. lit.	hect. lit.	hect. lit.	hect. lit.	hect. lit.	hect. lit.	hect. lit.	hect. lit.	hect. lit.			
Nord	18. 71	18. 68	13. 38	29. 28	20. »	» »	38. 42	19. 50	18.	»	Très médiocre.	»	
Pas-de-Calais	17. 10	17. 10	10. 95	26. »	12. »	15. »	17. 30	17. »	48. »	»	Bonne.	»	
Somme	18. »	19. 80	17. 10	17. 70	10. »	» »	19. »	19. 80	14. »	»	Assez bonne.	»	
Seine-Inférieure	15. 60	13. »	14. 30	16. 25	» »	» »	23. 40	23. 10	»	»	Bonne.	»	
Oise	17. 50	16. 25	15. »	15. 75	» »	» »	16.	7. 50	9.	» »	Assez bonne.	»	
Aisne	18. 75	16. 67	11. 50	12. »	5. »	» »	18.	15. »	10. 50	» »	Très-médiocre.	»	
Eure	18. »	16. »	16. »	16. »	»	»	9. »	7.	7. »	»	Médiocre.	»	
Eure-et-Loir	19. 72	13. 57	11.	11. 44	» »	» »	15. 09	9. 46	»		Idem.	»	
Seine-et-Oise	16. 56	14. 26	14. 51	12. 84	14. 67	» »	21. 50	14. 38	12. 50	»	Bonne.	Bonne.	
Seine	17. 78	17. 20	17. 26	20. 55	28. »	» »	21. 41	12. 81	15. 10	»	Médiocre.	»	
Seine-et-Marne	18. 65	11. 50	8. 00	11. 50	» »	» »	12.	4. »	6. 30	» »	Idem.		
Totaux	» »		»	» »	» »	» »		» »	» »	» »			
Loir-et-Cher	20. 11	8. 69	6. 09	5. 50	4. 78	»	9. 61	5. 38	» »	» »	Médiocre.	»	
Loiret	10. »	10. »	10. »	10. »	5. »	10. »	16. »	4. 90	9. 60	» »	Idem.	Assez bonne.	
Yonne	10. 30	8. »	9. »	7. »	10. 50	»	6. »	3.	3.		Mauvaise.	Idem.	
Indre	10. »	14.	14.	11. »	12. 50	»	8. »	4. »		»	Médiocre.	Médiocre.	
Cher	9. 10	8. 09	6. 08	6. 31	5. 67	» »	6. 61	6.	6.		Idem.	Bonne.	
Nièvre	9. »	9. 50	9. 50	12. »	5. 25	» »	9. »	6. »	» »	» »	Idem.	»	
Creuse	20. »	»	6. »	6. »	12. »	»	9. »	14. »	»		Bonne.	Bonne.	
Allier	14. »		8. 60	4	6. »		8.	4. 50		»	Mauvaise.	Idem.	
Puy-de-Dôme	14. 85	12. 50	17. 50	15. »	20.	»	19. 50	10. »	10. »	» »	Médiocre.		
Totaux	» »	»	»	» »		»		» »	»	» »		»	
Corrèze	9. 20	9. »	8. 40	9. »	13. »	15. »	10. »	7. 50	»	»	Médiocre.	Médiocre.	
Cantal	29. 10	12. 10	11. »	13. 83	13. 50	19. 80	15. 95	13. 65	7. 15	» »	Bonne.	Bonne.	
Lot	8. 50	8. 50	7. 65	8. 50	14.	10.	6. »	1. 80	-		Idem.	Mauvaise.	
Aveyron	11. 56	10.	12. 88	15. 60	12. 50	7. 50	15. 67	1. 62	4.		Très-bonne.	Bonne.	
Lozère	13. 50	16. 45	19. 80	10. 90	15.	5. »	13. 75	16. 50	11. 25	»	Bonne.	Très-médiocre.	
Tarn-et-Garonne	11. 41	3. 61	5. 93	6. 30	» »	7. 49	11. 80	6. 17	»	»	Médiocre.	Médiocre.	
Tarn	10.	9.	8. »	10. 60	4. 60	16.	11.	5. »	3.		Mauvaise.	Mauvaise.	
Hérault	29. 50	16. »	12.	17. 50	7. »	12. 50	25.	29. 50	18.		Bonne.	Bonne.	
Aude	20.	10.	11. »	30. »	14.	16.	24.	1. »	5.		Médiocre.	Médiocre.	
Pyrénées-Orientales	10. 80	11. »	14. 10	13. 40	15. »	20. »	11	7. »	»		Idem.	Bonne.	
Totaux	» »	» »	»		»	»	»	»	»	»			

RÉGIONS.	DÉPARTEMENTS.	NOMBRE D'HECTOLITRES RÉCOLTÉS SUR LA TOTALITÉ DES TERRES ENSEMENCÉES EN FROMENT.	MÉTEIL.	SEIGLE.	ORGE.	SARRASIN.	MAÏS ET MILLET.	AVOINE.	LÉGUMES SECS.	AUTRES MENUS GRAINS.	TOTAL DE LA RÉCOLTE CI-CONTRE.
		hect.	hect.	hect.	hect.	hect.	hect.	hect.	hect.	hect.	hect.
3e Nord-Est.	Ardennes	674,400	140,150	335,725	250,350	10,566	»	592,000	8,882	24,225	2,237,321
	Marne	1,020,000	»	970,800	308,000	50,000	»	1,114,000	»	»	3,631,280
	Aube	611,194	46,210	452,700	215,448	98,560	»	645,520	15,807	5,880	2,035,252
	Haute-Marne	531,000	90,100	150,000	210,000	1,260	»	360,000	1,500	350	1,344,160
	Meuse	1,060,661	6,312	49,256	417,064	»	»	561,305	15,156	19,397	2,128,364
	Moselle	705,000	47,800	75,000	297,500	»	»	754,875	48,000	20,000	1,938,175
	Meurthe	1,088,217	91,040	78,426	205,793	841	1,396	1,031,408	38,744	143,182	2,600,337
	Vosges	491,787	43,176	139,901	94,447	20,635	2,163	670,056	20,812	1,031	1,484,002
	Bas-Rhin	653,881	70,241	122,199	630,064	»	35,207	236,064	50,340	119,025	2,109,856
	Haut-Rhin	365,500	92,125	150,000	273,750	6,720	7,200	150,000	18,560	10,230	1,035,094
	Totaux	7,307,075	404,840	2,136,708	3,000,017	136,836	35,966	6,357,204	217,411	445,820	20,605,331
8e Est.	Côte-d'Or	862,512	229,079	327,197	391,070	12,006	147,587	684,056	71,186	53,059	2,768,018
	Haute-Saône	573,750	75,000	105,300	160,000	31,000	60,000	303,000	20,610	12,000	1,331,160
	Doubs	478,450	91,500	30,000	130,500	»	30,400	327,000	[illegible]	5,000	1,140,650
	Jura	366,619	47,632	45,026	207,815	10,580	103,079	178,515	61,619	5,192	1,136,086
	Saône-et-Loire	708,400	43,211	781,770	87,560	130,125	205,591	112,360	20,300	4,200	2,094,039
	Loire	74,900	2,400	1,217,400	30,000	»	»	120,000	6,000	»	1,450,205
	Rhône	157,500	45,000	417,000	37,500	37,800	6,400	270,000	10,000	8,000	798,900
	Ain	401,035	64,200	280,062	324,059	250,000	314,000	131,000	30,150	»	1,814,646
	Isère	760,000	377,468	530,400	110,600	172,200	14,400	167,846	28,809	»	2,207,340
	Totaux	4,911,256	949,120	3,634,902	1,478,157	660,039	982,260	2,442,350	382,007	87,111	14,710,188
9e Sud-Est.	Haute-Loire	152,045	40,218	771,036	143,210	1,060	»	140,465	31,000	14,000	1,287,638
	Ardèche	153,000	13,600	472,500	36,000	15,500	9,200	103,500	9,000	1,750	812,050
	Drôme	605,007	56,562	147,545	17,945	6,902	1,063	165,030	5,192	2,731	1,008,966
	Gard	379,357	38,080	67,694	49,048	12,783	15,446	110,430	7,083	2,877	683,277
	Vaucluse	290,514	121,017	103,130	16,271	3,310	2,310	75,190	19,111	3,054	696,795
	Basses-Alpes	266,875	137,700	153,000	25,990	»	»	183,500	58,050	21,750	809,235
	Hautes-Alpes	255,137	58,720	105,511	79,570	»		28,098	9,615	18,833	564,439
	Bouches-du-Rhône	323,150	1,519	21,460	9,080	»	»	67,248	14,000	»	492,573
	Var	772,030	60,430	31,980	18,240	»	656	186,875	45,284	6,026	1,122,134
	Totaux	3,337,319	531,408	1,934,746	393,000	42,005	29,135	1,030,704	190,413	71,151	7,563,111
10e	Corse	224,370	»	36,473	198,826	»	10,391	»	22,920	»	496,980

DÉPARTEMENTS.	NOMBRE D'HECTOLITRES DE GRAINS RÉCOLTÉS PAR HECTARE EN FROMENT.	MÉTEIL.	SEIGLE.	ORGE.	SARRASIN.	MAÏS ET MILLET.	AVOINE.	LÉGUMES SECS.	AUTRES MENUS GRAINS.	POMMES DE TERRE.	RÉCOLTE SUBSIDIAIRE EN POMMES DE TERRE.	CHÂTAIGNES.	OBSERVATIONS.
	hect. lit.	hect. lit.	hect. lit.	hect. lit.	hect. lit.	hect. lit.	hect. lit.	hect. lit.	hect. lit.	hect. lit.			
Ardennes	14. 50	11. »	10. 50	11. »	12. »	» »	15. »	13. 75	15. »	» »	Assez bonne.	»	
Marne	12. 50	» »	8. »	8. »	6. »	» »	8. »	» »	» »	» »	Idem.	»	
Aube	11. »	19. 50	9. »	10. 80	9. 60	» »	7. 82	9. 60	7. 50	» »	Très-médiocre.	»	
Haute-Marne	6. 75	6. »	6. »	8. »	4. 90	» »	6. »	5. »	5. »	» »	Moyenne.	»	
Meuse	11. 10	10. 59	9. 99	2. 71	» »	» »	10. 21	11. 22	11. 48	» »	Bonne.	»	
Moselle	10. »	10. »	10. »	12. 50	» »	» »	13. 75	8. »	8. »	» »	Médiocre.	»	
Meurthe	12. 98	13. 96	13. 32	14. 34	18. 50	10. 50	16. 51	11. 50	47. 50	» »	Bonne.	»	
Vosges	12. 16	14. »	10. 29	10. 15	9. 35	24. 01	15. 78	10. 49	8. 60	» »	Médiocre.	»	
Bas-Rhin	15. 14	10. 33	16. 41	24. 51	» »	10. 30	25. 48	16. 03	22. 50	» »	Bonne.	»	
Haut-Rhin	12. 50	12. 50	12. »	19. 60	11. 20	16. »	12. 50	6. 40	8. 40	» »	Très-bonne.	»	
Totaux	» »	» »	» »	» »	»	»	» »	» »	» »	» »	»	»	
Côte-d'Or	10. 24	0. 76	8. 81	9. 72	12. 60	35. 77	8. 34	9. 84	18. 20	» »	Médiocre.	»	
Haute-Saône	12. 50	9. »	8. 10	8. »	10. »	10. »	10. »	9. »	6. »	» »	Mauvaise.	»	
Doubs	10. 50	10. 50	12. »	14. 50	»	21. »	17. »	10. »	6. »	» »	Moyenne.		
Jura	10. 33	9. 16	16. 19	12. 21	13. 71	11. 04	14. 79	13. 97	6. 05	» »	Mauvaise.	»	
Saône-et-Loire	11. 50	9. 62	11. 50	17. »	11. 10	10. 80	10. 50	5. »	9. 50	» »	Idem.	Bonne.	
Loire	5. »	8. »	12. »	10. »	» »	» »	8. »	6. »	1. »	» »	Idem.	Idem.	
Rhône	8. 75	11. 25	10. »	15. »	18. »	16. »	18. »	20. »	20. »	» »	Médiocre.	Idem.	
Ain	7. 87	6. »	8. 41	10. 62	7. 50	20. »	10. »	1. 50	»	» »	Idem.	»	
Isère	13. »	18. 20	13. »	13. 20	12. 80	12. »	16. »	12. »	» »	»	Très-mauvaise.	Bonne.	
Totaux	» »	» »	»	»	» »	» »	» »	»	» »	» »	»		
Haute-Loire	12. 48	10. 39	9. 14	15. 18	6. 60	» »	17. 28	12. 40	7. 21	»	Médiocre.	»	
Ardèche	12. 75	11. 25	7. »	8. »	6. 75	16. »	11. 25	6. »	3. 50	» »	Idem.	Mauvaise.	
Drôme	10. 85	10. 65	12. 42	9. 40	4. 66	1. 15	21. »	5. 10	4. 50	»	Idem.	Idem.	
Gard	11. 91	10. »	9. 10	12. 08	9. 51	15. 66	13. 10	5. 71	5. 46	»	Bonne.	Bonne.	
Vaucluse	8. 79	5. 07	10. 12	11. 60	5. 70	7. »	18. 68	7. 06	4. 35	» »	Médiocre.		
Basses-Alpes	7. 65	7. 65	10. 20	14. 10	»	» »	19. »	12. 20	14. 60	»	Mauvaise.	Mauvaise.	
Hautes-Alpes	10. 88	11. 76	10. 08	33. 00	»	»	16. 80	13. 44	16. 80	» »	Bonne.	»	
Bouches-du-Rhône	5. 50	8. 40	7. 50	8. 80		»	11. 90	9. 20	»	»	Médiocre.	»	
Var	10. »	10. »	10. »	10. »	» »	12. »	15. »	8. »	8. »	»	Mauvaise.	»	
Totaux	» »	» »	» »	»	»	» »	» »	» »	»	»	»	»	
Corse	18. »	» »	22. 50	18. »	»	11. 25	» »	30. »	» »	»	Bonne.	Bonne.	

RÉCAPITULATION

DES RAPPORTS PARTICULIERS DU PRODUIT DE LA RÉCOLTE DE 1826.

DÉSIGNATION des RÉGIONS.	NOMBRE D'HECTOLITRES RÉCOLTÉS SUR LA TOTALITÉ DES TERRES ENSEMENCÉES en FROMENT.	MÉTEIL.	SEIGLE.	ORGE.	SARRASIN.	MAÏS et MILLET.	AVOINE.	LÉGUMES secs.	MENUS GRAINS.	TOTAL de LA RÉCOLTE ci-contre.
	hect.	hect.	hect.	hect.	hect.	hect.	hect.	hect.	hect.	hect.
1re Nord-Ouest	6,829,800	1,075,225	4,284,302	3,300,330	4,636,285	180,220	6,353,791	207,021	158,636	27,183,161
2e Nord	15,213,013	5,053,782	2,728,402	2,297,039	33,372	795	13,933,041	832,333	2,263,469	42,661,765
3e Nord-Est	7,397,075	492,840	2,438,308	3,090,047	148,826	35,906	6,357,209	217,441	416,826	20,603,531
4e Ouest	6,868,598	1,103,721	4,120,512	1,038,511	450,968	320,326	1,800,665	167,312	62,889	15,838,090
5e Centre	4,925,472	561,759	5,031,011	1,217,713	452,558	2,000	3,556,535	121,280	82,047	16,390,107
6e Est	1,211,756	919,420	3,535,903	1,378,157	650,632	882,900	2,593,760	282,097	87,444	14,710,188
7e Sud-Ouest	6,364,525	191,421	2,075,004	207,455	193,341	4,006,130	786,181	402,565	120,023	14,549,168
8e Sud	4,701,400	416,160	3,688,112	446,805	791,615	1,555,056	1,521,551	176,416	30,643	13,337,303
9e Sud-Est	3,387,340	537,408	1,924,716	380,600	42,605	25,135	1,030,701	190,413	71,151	7,563,115
10e Côtes	221,310	»	30,473	128,820		16,391	»	22,930	»	422,009
Pour toute la France	59,631,917	11,111,482	29,631,465	15,253,582	7,408,498	7,140,888	37,862,453	2,720,389	3,304,528	174,305,488

DÉSIGNATION des RÉGIONS.	NOMBRE D'HECTOLITRES DE GRAINS RÉCOLTÉS PAR HECTARE en FROMENT.	MÉTEIL.	SEIGLE.	ORGE.	SARRASIN.	MAÏS et MILLET.	AVOINE.	LÉGUMES secs.	MENUS GRAINS.	POMMES de terre.	RÉCOLTE SUBSIDIAIRE en POMMES DE TERRE.	CHÂTAIGNES.
	hect. lit. c.	hect. lit. c.	hect. lit. c.	hect. lit. c.	hect. lit. c.	hect. lit. c.	hect. lit. c.	hect. lit. c.	hect. lit. c.	hect. lit. c.		
1re Nord-Ouest	»	»	»	»	»	»	»	»	»	»	»	»
2e Nord	»	»	»	»	»	»	»	»	»	»	»	»
3e Nord-Est	»	»	»	»	»	»	»	»	»	»	»	»
4e Ouest	»	»	»	»	»	»	»	»	»	»	»	»
5e Centre	»	»	»	»	»	»	»	»	»	»	»	»
6e Est	»	»	»	»	»	»	»	»	»	»	»	»
7e Sud-Ouest	»	»	»	»	»	»	»	»	»	»	»	»
8e Sud	»	»	»	»	»	»	»	»	»	»	»	»
9e Sud-Est	»	»	»	»	»	»	»	»	»	»	»	»
10e Côtes	»	»	»	»	»	»	»	»	»	»	»	»
Pour toute la France	11. 18. 69	12. 85. »	10. 95. 94	13. 50. 73	11. 70. 85	17. 55. 90	14. 30. 65	5. 40. 32	13. 72. 33	»	»	»

RÉGIONS.	DÉPARTEMENTS.	Nombre d'hectolitres récoltés sur la totalité des terres ensemencées en : Froment.	Méteil.	Seigle.	Orge.	Sarrasin.	Maïs et millet.	Avoine.	Légumes secs.	Autres menus grains.	Total de la récolte effective.
		hect.	hect.	hect.	hect.	hect.	hect.	hect.	hect.	hect.	hect.
1re Nord-Ouest.	Finistère	501,800	99,000	660,000	620,000	702,400	»	1,655,500	»	»	3,741,500
	Côtes-du-Nord	813,046	149,364	651,349	290,307	745,037	»	1,308,017	21,800	»	4,079,300
	Morbihan	584,173	1,168	1,307,874	8,255	1,163,198	93,958	912,381	21,360	60	4,330,133
	Ille-et-Vilaine	745,737	974,188	406,075	185,020	890,188	»	691,331	9,700	»	3,185,145
	Manche	1,177,155	65,803	117,985	1,135,364	656,728	»	590,914	64,736	»	3,711,729
	Calvados	1,260,000	22,050	105,000	440,600	460,090		700,000	84,000	77,000	3,043,050
	Orne	793,000	201,040	177,430	495,160	936,250	»	919,080	31,088	24,000	2,877,100
	Mayenne	441,200	112,100	409,050	57,536	370,590	»	351,000	»	»	1,833,286
	Sarthe	667,500	364,116	517,416	686,582	67,500	31,708	339,150	21,062	25,376	2,741,536
	Totaux	6,059,091	1,953,943	4,753,374	3,912,231	5,998,160	125,720	6,942,400	197,916	141,836	29,494,162
4e Ouest.	Loire-Inférieure	1,307,845	33,164	550,400	92,880	257,840	30,000	212,420	21,500	10,750	2,525,799
	Maine-et-Loire	665,200	149,600	993,760	169,400	36,000	3,500	251,000	55,320	»	2,386,780
	Indre-et-Loire	792,700	166,530	344,068	216,870	3,517	6,105	1,056,795	13,273	33,997	2,633,947
	Vendée	915,800	97,312	256,500	331,750	35,000	97,500	73,500	40,500	2,700	1,761,162
	Charente-Inférieure	689,550	165,850	99,796	380,840	»	440,937	591,099	276,674	13,550	2,657,372
	Deux-Sèvres	580,955	208,211	934,710	592,152	18,552	35,302	330,410	99,764	15,649	2,743,394
	Charente	250,000	80,000	103,800	180,000	3,000	941,500	105,000	50,100	3,000	1,876,790
	Vienne	660,075	99,600	250,240	381,900	»	6,464	475,000	14,080	2,860	1,710,100
	Haute-Vienne	109,910	»	900,000	6,000	80,000	7,390	31,500	8,000		1,033,849
	Totaux	5,901,511	999,407	4,395,314	2,311,390	410,500	778,998	2,983,610	493,458	82,570	18,327,589
7e Sud-Ouest.	Gironde	370,690	17,472	144,074	3,006	830	75,570	46,545	10,807	»	668,994
	Dordogne	301,070	42,850	130,000	25,600	18,000	192,800	15,000	30,000	12,000	773,330
	Lot-et-Garonne	1,531,990	»	452,180	2,450	»	90,740	18,000	69,000	»	2,181,790
	Landes	218,193	2,555	346,521	900	»	582,035	10,855	15,254	14,801	1,255,071
	Gers	1,170,981	6,878	57,618	31,412	»	278,565	121,305	90,749	18,876	1,741,659
	Basses-Pyrénées	587,007	»	12,011	27,106	»	1,316,115	13,191	10,968	21,000	1,981,698
	Hautes-Pyrénées	320,819	120,980	170,540	55,559	32,400	300,000	142,900	9,000	»	1,180,324
	Haute-Garonne	1,040,299	80,512	242,220	147,200	28,188	586,281	216,173	56,036	8,913	2,405,830
	Ariège	209,822	54,331	144,094	5,900	42,645	218,558	78,330	13,100	3,075	818,310
	Totaux	5,850,974	333,198	1,743,031	311,970	193,073	3,650,368	666,361	310,581	79,856	13,058,893

RÉGIONS.	DÉPARTEMENTS.	Nombre d'hectolitres de grains récoltés par hectare en : Froment.	Méteil.	Seigle.	Orge.	Sarrasin.	Maïs et millet.	Avoine.	Légumes secs.	Autres menus grains.	Pommes de terre.	Récolte subsidiaire en : Pommes de terre.	Châtaignes.	Observations.
		hect. lit.	hect. lit.	hect. lit.	hect. lit.	hect. lit.	hect. lit.	hect. lit.	hect. lit.	hect. lit.	hect. lit.	hect.	hect.	
1re Nord-Ouest.	Finistère	26. »	20. »	20. »	25. »	24. »	» »	24. 50	» »	» »	64. »	1,000,800	»	
	Côtes-du-Nord	17. 32	16. 05	16. 97	21. 57	19. 63	» »	26. 50	17. 12	» »	153. 00	401,782	»	
	Morbihan	15. 40	7. 60	18. 80	17. 50	21. »	10. 21	33. »	40. »	6. »	108. »	530,208	»	
	Ille-et-Vilaine	13. 05	12. »	17. 61	15. 55	8. 68	» »	15. 12	3. 50	» »	90. »	176,400	11,960	
	Manche	14. 64	13. 14	10. 05	20. 99	10. 97	» »	16. 47	19. 49	» »	138. 13	720,700	»	
	Calvados	16. »	13. 50	14. »	20. »	20. »	» »	20. »	12. »	12. »	» »	»	»	
	Orne	12. »	12. »	11. »	14. »	14. 25	» »	14. »	9. 32	10. »	36. »	65,912	»	
	Mayenne	10. »	10. »	10. »	14. »	11. »	» »	10. »	» »	» »	144. »	211,680	160	
	Sarthe	12. »	12. »	12. »	13. »	15. »	11. »	14. »	11. »	9. »	78. »	1,195,444	2,100	
	Totaux	» »	» »	» »	» »	» »	» »	» »	» »	» »	» »	4,098,772	14,330	
4e Ouest.	Loire-Inférieure	23. 60	23. 65	21. 50	25. 80	11. 50	15. »	27. 75	21. 50	21. 50	120. »	708,000	7,400	
	Maine-et-Loire	11. 75	13. »	15. »	14. »	12. »	7. »	20. »	19. »	» »	160. »	1,128,020	»	
	Indre-et-Loire	16. »	10. »	14. »	14. »	7. 50	6. 64	15. »	7. 50	7. 50	» »	»	»	
	Vendée	3. 37	11. 96	14. 25	16. 50	11. »	13. 75	15. »	9. »	8. »	95. »	437,000	»	
	Charente-Inférieure	7. »	10. »	13. 90	10. »	» »	18. 75	16. »	9. 00	10. »	86. »	640,050	»	
	Deux-Sèvres	3. 80	11. 03	21. »	16. »	15. 46	21. 53	21. 56	9. 58	11. 45	» »	58,640	10,000	
	Charente	5. »	5. »	6. 25	7. 50	3. »	10. 50	7. 50	6. »	5. »	60. »	900,000	67,500	
	Vienne	7. »	6. »	10. »	11. »	» »	4. »	19. »	8. »	1. »	» »	»	»	
	Haute-Vienne	18. »	» »	10. »	6. »	4. »	15. »	9. »	6. »	» »	60. »	480,000	168,000	
	Totaux	» »	» »	» »	» »	» »	» »	» »	» »	» »	» »	4,879,310	253,000	
7e Sud-Ouest.	Gironde	6. 25	5. 19	5. 13	3. »	4. 75	5. 33	11. 33	8. 00	» »	» »	318,828		
	Dordogne	3. »	3. 94	3. 25	1. »	9. »	4. »	5. »	3. »	3. »	30. »	630,000	150,000	
	Lot-et-Garonne	10. 18	» »	13. 50	13. 50	» »	5. 20	12. »	8. »	» »	50. »	180,000	»	
	Landes	5. 44	6. 53	8. 73	8. 30	» »	13. 34	13. 49	10. 30	5. 54	52. 61	50,000	»	
	Gers	5. 83	7. 48	4. 96	6. 00	» »	14. 70	11. 16	2. 50	8. 25	30. »	78,000	»	
	Basses-Pyrénées	9. 50	» »	15. »	11. »	» »	12. 50	11. »	12. »	» »	60. »	61,020	10,599	
	Hautes-Pyrénées	13. 96	12. 80	14. 70	19. 84	18. »	14. 10	18. »	33. 90	» »	66. »	244,200	»	
	Haute-Garonne	18. 38	12. 50	12. »	11. 80	13. 50	14. 40	15. 26	5. 00	7. 22	» »	»	»	
	Ariège	9. »	9. »	8. »	10. »	6. 00	13. 60	10. »	6. »	5. »	90. »	1,555,900	3,000	
	Totaux	» »	» »	» »	» »	» »	» »	» »	» »	» »	» »	3,118,952	192,500	

RÉGIONS.	DÉPARTEMENTS.	NOMBRE D'HECTOLITRES RÉCOLTÉS SUR LA TOTALITÉ DES TERRES ENSEMENCÉES EN FROMENT.	MÉTEIL.	SEIGLE.	ORGE.	SARRASIN.	MAÏS ET MILLET.	AVOINE.	LÉGUMES SECS.	MENUS GRAINS.	TOTAL de la récolte générale.
		hect.	hect.	hect.	hect.	hect.	hect.	hect.	hect.	hect.	hect.
4e Nord.	Nord	1,871,897	950,264	303,048	361,373	5,093	»	1,680,107	639,066	33,103	6,146,171
	Pas-de-Calais	1,108,301	718,333	207,746	473,640	661	130	2,194,290	40,120	630,000	6,600,024
	Somme	911,050	1,126,330	226,050	384,558	3,150	»	2,308,176	68,000	760,000	5,719,234
	Seine-Inférieure	2,093,000	155,000	176,000	176,000	»	»	1,870,000	20,000	»	4,490,009
	Oise	974,435	554,394	353,088	229,097	»	»	1,568,568	29,775	159,529	3,874,785
	Aisne	1,320,000	406,640	420,000	180,000	30,000	»	2,006,000	54,000	629,000	5,347,640
	Eure	1,980,319	405,360	113,580	100,390	»	»	908,060	111,790	104,010	3,798,361
	Eure-et-Loir	1,340,943	537,075	247,480	286,087	»	»	1,538,023	38,149	»	4,388,725
	Seine-et-Oise	1,530,100	2,519	536,173	2,400	»	»	2,075,112	83,093	»	4,830,080
	Seine	87,300	3,616	55,331	58,193	1,105	»	167,721	14,340	6,050	394,130
	Seine-et-Marne	1,300,090	144,624	172,400	240,330	»	»	2,132,680	31,440	72,516	4,116,060
	Totaux	14,360,010	4,394,708	2,811,367	2,454,858	40,020	130	19,070,730	1,174,962	2,529,566	47,436,340
5e Centre.	Loir-et-Cher	496,940	174,840	426,103	207,733	110,712	»	1,160,427	6,315	38,718	2,624,459
	Loiret	488,300	217,500	300,800	300,790	80,355	2,000	1,119,900	19,600	36,130	2,521,775
	Yonne	633,000	280,000	485,000	370,000	12,000	»	770,000	34,650	19,800	2,414,650
	Indre	495,540	68,910	857,900	676,252	750	»	637,516	13,815	5,400	2,757,308
	Cher	507,393	78,041	337,334	329,622	11,910	»	341,881	11,780	14,000	1,528,073
	Nièvre	335,576	166,200	197,884	295,076	48,410	»	553,938	5,376	»	1,608,541
	Creuse	12,000	»	1,060,000	10,800	30,000	»	48,750	1,400	»	1,208,950
	Allier	248,700	2,700	777,000	290,353	634	»	455,400	25,560	»	1,800,396
	Puy-de-Dôme	293,807	136,340	909,487	254,560	48,300	»	809,281	60,364	25,680	2,600,051
	Totaux	3,511,825	1,001,053	4,514,610	2,613,492	310,071	2,000	6,199,506	162,050	130,737	18,478,310
8e Sud.	Corrèze	51,030	7,900	305,000	6,300	139,000	14,000	76,560	16,500	»	730,319
	Cantal	36,000	5,808	340,500	25,080	85,680	30	90,180	16,170	715	610,763
	Lot	642,000	53,550	221,000	61,200	168,000	450,000	90,000	16,200	»	1,704,540
	Aveyron	371,602	34,695	447,932	169,165	11,180	78,300	501,143	18,375	5,810	1,653,271
	Lozère	76,500	51,200	231,000	113,100	18,000	96	141,375	11,009	4,050	650,128
	Tarn-et-Garonne	762,314	65,197	70,310	11,930	»	249,410	47,707	48,020	»	1,254,587
	Tarn	909,848	45,700	480,901	8,172	2,669	419,275	170,124	92,630	90,307	2,129,825
	Hérault	378,750	16,000	115,900	38,373	540	5,880	228,000	18,800	17,550	813,093
	Aude	700,000	21,950	154,000	43,300	10,800	203,000	363,000	17,345	9,700	1,670,336
	Pyrénées-Orientales	129,000	39,600	133,900	7,040	15,000	38,000	7,000	9,000	»	362,470
	Totaux	4,185,161	343,150	2,615,745	490,858	471,150	1,530,431	1,715,303	229,036	56,592	11,645,054

RÉGIONS.	DÉPARTEMENTS.	NOMBRE D'HECTOLITRES DE GRAINS RÉCOLTÉS PAR HECTARE EN FROMENT.	MÉTEIL.	SEIGLE.	ORGE.	SARRASIN.	MAÏS ET MILLET.	AVOINE.	LÉGUMES SECS.	MENUS GRAINS.	POMMES de terre.	RÉCOLTE SUBSIDIAIRE EN POMMES DE TERRE.	CHÂTAIGNES.	OBSERVATIONS.
		hect. lit.	hect. lit.	hect. lit.	hect. lit.	hect. lit.	hect. lit.	hect. lit.	hect. lit.	hect. lit.	hect. lit.	hect.	hect.	
4e Nord.	Nord	17. 30	17. 40	17. 20	26. 70	18. 20	» »	37. 20	23. 50	17. 40	177. »	2,101,324	»	
	Pas-de-Calais	13. 30	13. 27	18. 30	24. »	11. 40	15. »	31. 50	18.	40. »	182. »	1,509,840	»	
	Somme	13. 20	15. 90	14. 40	27. 20	10. 50	» »	24. »	23. »	22. »	190. »	528,200	»	
	Seine-Inférieure	17. »	15. 50	16. »	16. »	» »	» »	22. »	20. »	» »	180. »	540,000	»	
	Oise	15. »	16. 87	16. »	21. 37	» »	» »	21. »	7. 50	11. »	96. »	444,000	»	
	Aisne	13. 75	15. 52	14. »	15. »	10. »	» »	24. »	18. »	9. »	150. »	700,000	»	
	Eure	16. »	16. »	16. »	10. »	» »	» »	16. 25	14. »	11. »	176. »	707,590	»	
	Eure-et-Loir	15. 65	14. 91	13. 60	15. 92	» »	» »	19. 44	11. 28	» »	67. 31	96,767	»	
	Seine-et-Oise	» »	» »	» »	» »	» »	» »	» »	» »	» »	» »	»	»	
	Seine	22. 67	17. 70	20. 86	27. 83	25. 08	» »	31. 95	18. 74	16. »	200. »	361,400	»	
	Seine-et-Marne	13. 80	15. 80	11. 50	15. 60	» »	» »	22. »	16. »	10. 56	128. »	957,440	»	
	Totaux	» »	» »	» »	» »	» »	» »	» »	» »	» »	» »	8,006,480	»	
5e Centre.	Loir-et-Cher	16. 30	12. »	15. »	» »	8. »	» »	21. »	15. »	18. »	100. »	200,000	»	
	Loiret	10. »	10. »	10. »	14. »	5. »	10. »	20. »	4. 20	11. 20	240. »	303,000	»	
	Yonne	5. »	10. »	10. »	10. »	12. »	» »	11. »	9. »	9. »	90. »	60,000	»	
	Indre	8. »	10. »	11. »	13. 20	4. 25	» »	14. »	9. »	9. »	160. »	280,400	3,060	
	Cher	4. 91	7. 09	6. 70	8. 92	3. 70	» »	11. 08	10. 06	10. 11	22. »	78,095	4,306	
	Nièvre	8. »	8. »	7. 35	11. »	20. »	» »	15. 40	3. 60	» »	» »	»	»	
	Creuse	8. »	» »	8. »	9. »	9. »	» »	7. 50	7. »	» »	49. »	343,000	»	
	Allier	6. »	9. »	10. »	12. »	12. »	» »	20. »	9. »	» »	30. »	501,450	5,865	
	Puy-de-Dôme	8. 25	8. 55	7. 30	10. 80	14. »	» »	19. 50	8. »	8. »	24. »	640,784	»	
	Totaux	» »	» »	» »	» »	» »	» »	» »	»	» »	» »	2,310,230	13,231	
8e Sud.	Corrèze	8. 10	7. 20	5. 40	9. »	7. 60	20. »	14. 80	15. »	» »	» »	»	»	
	Cantal	6. 60	7. 26	4. 40	13. 20	6. 30	18. »	17. 40	14. 70	7. 15	35. »	350,000	30,000	
	Lot	7. 83	11. 29	8. 50	10. 20	14. »	10. »	10. »	1. 80	» »	30. »	300,000	100,000	
	Aveyron	9. 36	9. »	8. 73	15. 87	6. 50	9. »	19. 15	8. 75	8. 30	180.	1,395,000	110,000	
	Lozère	9. »	9. 40	11. »	25. 20	9. »	4. »	27. 20	27. 50	22. 50	111. »	440,400	50,000	
	Tarn-et-Garonne	9. 60	3. 26	4. 96	7. 95	» »	8. 01	9. 51	9. »	» »	» »	»	»	
	Tarn	11. »	16. »	8. 50	9. »	4. 80	12. 50	13. 40	10. »	11. »	30. »	358,140	28,560	
	Hérault	7. 50	10. »	12. »	17. 50	6. »	7. »	20. »	18. »	19. 50	52. »	134,800	48,000	
	Aude	10. »	8. 50	11. »	18. »	18. »	9. 60	16. 50	3. 15	4. 68	48. »	139,600	6,000	
	Pyrénées-Orientales	7. 20	6. 60	7. 70	8. 80	15. »	16. »	18. »	4. 60	»	75. »	197,500	60,000	
	Totaux	» »	» »	» »	» »	» »	» »	» »	» »	» »	» »	3,264,040	478,560	

RÉGIONS.	DÉPARTEMENTS.	NOMBRE D'HECTOLITRES RÉCOLTÉS SUR LA TOTALITÉ DES TERRES ENSEMENCÉES EN									TOTAL de la récolte ci-contre.
		FROMENT.	MÉTEIL.	SEIGLE.	ORGE.	SARRASIN.	MAÏS et MILLET.	AVOINE.	LÉGUMES SECS.	AUTRES MENUS GRAINS.	
		hect.	hect.	hect.	hect.	hect.	hect.	hect.	hect.	hect.	hect.
3e Nord-Est.	Ardennes	358,020	85,400	170,000	448,000	9,000	»	1,118,000	7,312	60,000	2,230,332
	Marne	1,040,000	»	612,000	612,000	80,000	»	1,716,000	»	»	4,040,000
	Aube	514,203	24,254	319,738	417,151	24,192	»	1,090,513	17,334	9,268	2,410,193
	Haute-Marne	197,000	10,050	75,000	452,000	210	»	720,000	300	140	1,454,700
	Meuse	616,654	3,865	30,011	814,935	»	»	899,423	16,312	10,477	2,391,517
	Moselle	692,000	60,500	81,060	423,400	»	»	960,060	78,000	24,000	2,338,500
	Meurthe	874,171	21,204	61,416	301,141	189	3,276	1,603,188	58,615	127,305	3,049,550
	Vosges	337,500	31,744	154,385	135,269	20,021	700	784,014	22,161	1,520	1,508,200
	Bas-Rhin	871,547	70,965	110,153	574,138		21,531	214,773	61,999	110,896	2,036,070
	Haut-Rhin	249,606	76,097	111,435	325,030	6,714	2,874	207,996	18,091	12,355	1,010,666
	Totaux	5,810,771	386,779	1,730,108	4,501,673	140,320	31,381	9,280,176	267,818	355,990	24,544,079
6e Est.	Côte-d'Or	891,175	233,220	350,265	763,429	9,549	72,574	1,481,710	91,008	171,324	4,065,338
	Haute-Saône	401,184	79,866	118,528	279,165	27,100	36,120	534,950	57,440	21,020	1,558,673
	Doubs	214,850	85,500	30,000	157,645	»	56,700	537,200	31,375	10,600	1,167,946
	Jura	275,082	52,374	40,170	339,860	8,610	250,360	254,373	84,537	11,000	1,389,545
	Saône-et-Loire	279,000	9,025	513,810	212,100	170,100	232,638	119,300	45,075	12,600	1,655,978
	Loire	36,000	1,600	700,000	42,000	»	»	252,000	72,000	»	1,113,000
	Rhône	90,000	20,000	108,500	37,500	9,450	2,400	418,400	2,000	1,600	689,850
	Ain	315,562	61,525	221,775	157,500	261,000	471,000	902,900	78,300	»	2,134,657
	Isère	615,080	209,620	636,480	143,520	134,400	10,080	461,390	25,200	»	1,999,310
	Totaux	3,160,133	813,330	2,762,595	2,425,638	633,127	1,132,309	4,954,829	470,335	232,001	15,675,043
9e Sud-Est.	Haute-Loire	91,140	38,908	461,070	341,540	3,030	»	186,624	37,200	10,270	1,169,692
	Ardèche	180,000	18,000	600,000	10,000	12,000	9,000	108,000	12,000	4,000	953,000
	Drôme	407,206	53,151	118,395	45,178	14,483	5,951	184,104	14,567	16,533	975,190
	Gard	376,234	47,720	91,870	30,800	22,786	26,288	92,190	10,560	9,851	719,646
	Vaucluse	201,154	50,626	96,140	8,851	3,490	2,335	60,660	9,080	3,124	449,460
	Basses-Alpes	151,000	29,343	94,400	186,379	»	»	163,000	7,056	75,218	538,776
	Hautes-Alpes	414,240	64,000	56,000	24,870	»	»	61,090	11,100	10,063	644,859
	Bouches-du-Rhône	122,630	1,565	36,020	11,018	»	4,317	48,082	8,345	5,192	488,368
	Var	480,100	11,000	19,970	3,266	»	1,560	214,557	31,162	3,137	764,981
	Totaux	2,827,553	351,083	1,581,495	701,657	55,519	49,301	1,116,869	141,900	131,491	6,558,036
10e	Corse	176,130	»	27,780	88,080	»	23,190	»	50,310	»	366,390

RÉGIONS.	DÉPARTEMENTS.	NOMBRE D'HECTOLITRES DE GRAINS RÉCOLTÉS PAR HECTARE, EN										RÉCOLTE SUBSIDIAIRE EN		OBSERVATIONS.
		FROMENT.	MÉTEIL.	SEIGLE.	ORGE.	SARRASIN.	MAÏS et MILLET.	AVOINE.	LÉGUMES SECS.	AUTRES MENUS GRAINS.	POMMES de terre.	POMMES DE TERRE.	CHÂTAIGNES.	
		hect. lit.	hect. lit.	hect. lit.	hect. lit.	hect. lit.	hect. lit.	hect. lit.	hect. lit.	hect. lit.	hect. lit.	hect.	hect.	
3e Nord-Est.	Ardennes	7. »	7. »	8. »	16. »	9. »	» »	21. »	11. 25	10. »	108. »	464,000	»	
	Marne	10. »	» »	6. »	13. »	8. »	» »	12. »	» »	» »	» »	300,000	»	
	Aube	8. 35	7. 35	6. »	16. 60	7. 30	» »	12. 65	10. 60	9. »	45. 50	102,466	»	
	Haute-Marne	8. 50	3. »	3. »	12. 55	9. 70	» »	12. »	7. »	2. »	105. »	240,000	»	
	Meuse	6. 97	6. 15	6. 48	18. 75	» »	» »	15. 79	11. 25	8. 25	60. 50	1,137,100		
	Moselle	10. »	11. »	12. »	16. 25	» »	»	17. 50	12.	8. »	72. »	1,512,000		
	Meurthe	11. 25	9. »	10. 50	18. 40	15. »	18. »	24. »	13. 20	135. » Navettes, colzas et chanvre.	125. 50	2,310,065		
	Vosges	8. 80	9. 60	11. »	14. 70	8. »	6. 25	16. 45	11. »	13.	156. »	2,892,410	»	
	Bas-Rhin	17. 68	16. 58	13. 48	23. 88	» »	16. 93	24. 01	17. 75	23. 01	170. 36	1,338,215	»	
	Haut-Rhin	9. »	10. 80	10. 20	14. 10	7. 70	6. 40	17. 30	8. 45	9. 90	120. »	1,958,091	»	
	Totaux	» »	» »	» »	» »	» »	»	»	» »	»	» »	15,451,567	»	
6e Est.	Côte-d'Or	10. 50	9. 61	8. 24	17. 01	10. 56	10. 17	18. 41	11. 61	60. 85	» »	»	»	
	Haute-Saône	8. »	8. 60	9. »	15. »	10. »	19. »	17.	15.	10. »	144. »	841,024	»	
	Doubs	6. 25	9.	10. 50	16. 25	» »	21.	17. »	12. 50	6.	120.	411,000	»	
	Jura	7. 22	9. 61	9. 44	16. 64	9. 60	15. 00	19. 22	17. 21	5. 53	91. 02	628,038	»	
	Saône-et-Loire	6. »	7. »	8. »	11. »	18. 80	11. 00	14. »	11. 25	7. 50	45. »	2,050,000	15,000	
	Loire	1. »	4.	7. »	12. »	»	» »	14.	12. »	»	40. »	400,000	»	
	Rhône	5. »	5. »	5. »	15. »	4. 50	6. »	27. »	4. »	4. »	» »	700,000	»	
	Ain	6. 10	5. 75	6. 75	15. »	7. 50	30.	20. »	9. »		18. »	648,000	1,950	
	Isère	10. 10	13. »	15. 00	15. 60	0. 00	8. 40	15. »	10. 50	» »	» »		»	
	Totaux	» »	» »	» »	» »	» »	» »	» »	»	»	» »	5,888,002	16,950	
9e Sud-Est.	Haute-Loire	8. 68	9. 24	6. 54	25. 30	6. »	» »	17. 28	9. 30	6. 18		1,311,000	»	
	Ardèche	33. »	10. »	8. »	8. »	6. »	15. »	9. »	8. »	4.	10.	258,000	125,000	
	Drôme	6. 51	7. 10	8. 07	13. 16	3. 20	3. 21	16. 63	6. 97	6. 39	»	1,941,880	»	
	Gard	11. 15	8. 14	8. 10	10. 80	8. 08	13. 36	11. 28	6. 65	5. 68	27. »	2,099,438	150,000	
	Vaucluse	6. 30	5. 07	5. 88	6. 72	5. 70	8. 40	10. 92	4. 40	3. 02	51. »	216,000	»	
	Basses-Alpes	8. »	10. 50	12. »	33. 60	» »	» »	20. 16	16. 80	16. 80	256. »	118,504	»	
	Hautes-Alpes	8. »	8. »	7. »	19. »	» »	» »	10.	6.	6. 40	150.	1,034,850	1,501	
	Bouches-du-Rhône	9. 15	11. 54	9. 25	10. 65	» »	12. 06	10. 14	5. 44	10. 20	» »	»	»	
	Var	6. 47	7. 35	7. 35	10. 25	» »	100. »	12. 65	6. 67	8. 30	» »	87,750	3,750	
	Totaux	» »	» »	» »	» »	» »	» »	» »	» »	»	»	6,988,016	283,341	
10e	Corse	12. »	» »	15. »	12. »	»	7. 50	» »	18. »	»	20. »	135,000	185,161	

RÉCAPITULATION

DES RAPPORTS PARTICULIERS DU PRODUIT DE LA RÉCOLTE DE 1830.

INDICATION des RÉGIONS.	NOMBRE D'HECTOLITRES RÉCOLTÉS SUR LA TOTALITÉ DES TERRES ENSEMENCÉES EN FROMENT.	MÉTEIL.	SEIGLE.	ORGE.	SARRASIN.	MAÏS ET MILLET.	AVOINE.	LÉGUMES SECS.	AUTRES MENUS GRAINS.	TOTAL de LA RÉCOLTE ci-contre.
	hect.	hect.	hect.	hect.	hect.	hect.	hect.	hect.	hect.	hect.
1re Nord-Ouest	6,859,091	1,853,943	4,723,974	3,914,234	5,958,460	125,720	6,942,409	127,016	121,936	29,494,163
2e Nord	11,260,010	4,394,169	9,811,307	2,454,858	40,020	930	19,070,730	1,174,282	2,529,566	47,436,540
3e Nord-Est	5,819,771	386,772	1,730,108	4,531,673	140,320	31,381	5,290,176	267,519	356,090	17,346,015
4e Ouest	5,904,541	990,297	4,365,314	2,341,350	446,500	778,598	2,903,076	405,459	89,476	18,317,549
5e Centre	3,511,695	1,061,693	4,314,615	2,643,499	310,071	2,000	6,120,806	169,050	136,727	18,473,210
6e Est	3,160,433	813,350	2,762,596	2,498,638	893,439	1,132,309	4,054,899	470,335	932,604	15,073,093
7e Sud-Ouest	5,856,974	333,198	1,543,034	311,976	122,673	3,056,368	606,264	310,581	79,055	13,078,893
8e Sud	4,185,164	345,150	2,615,793	490,858	471,460	1,539,451	1,715,307	929,036	66,452	11,847,651
9e Sud-Est	2,847,773	331,083	1,582,185	701,627	55,719	40,391	1,116,860	141,900	137,491	6,908,038
10e Corse	170,430	»	27,780	25,680	»	23,190	»	50,310	»	366,396
Pour toute la France	62,782,068	9,913,141	26,876,427	19,901,716	7,865,080	7,339,701	52,489,386	3,498,866	3,755,597	193,990,383

INDICATION des RÉGIONS.	NOMBRE D'HECTOLITRES DE GRAINS RÉCOLTÉS PAR HECTARE EN FROMENT.	MÉTEIL.	SEIGLE.	ORGE.	SARRASIN.	MILLET et MAÏS.	AVOINE.	LÉGUMES SECS.	AUTRES MENUS GRAINS.	POMMES de terre.	RÉCOLTE SUBSIDIAIRE EN POMMES DE TERRE.	CHÂTAIGNES.
	hect. lit. c.	hect. lit. c.	hect. lit. c.	hect. lit. c.	hect. lit. c.	hect. lit. c.	hect. lit. c.	hect. lit. c.	hect. lit. c.	hect. lit. c.	hect.	hect.
1re Nord-Ouest	»	»	»	»	»	»	»	»	»	»	4,066,772	14,330
2e Nord	»	»	»	»	»	»	»	»	»	»	8,006,489	»
3e Nord-Est	»	»	»	»	»	»	»	»	»	»	15,451,167	»
4e Ouest	»	»	»	»	»	»	»	»	»	»	4,872,310	652,900
5e Centre	»	»	»	»	»	»	»	»	»	»	2,340,259	13,291
6e Est	»	»	»	»	»	»	»	»	»	»	5,868,663	16,960
7e Sud-Ouest	»	»	»	»	»	»	»	»	»	»	3,117,253	192,589
8e Sud	»	»	»	»	»	»	»	»	»	»	3,362,010	412,569
9e Sud-Est	»	»	»	»	»	»	»	»	»	»	6,908,010	983,311
10e Corse	»	»	»	»	»	»	»	»	»	»	135,000	185,764
Pour toute la France	10 55 15	11 39 30	9 86 86	15 76 21	11 32 73	12 61 40	10 01 »	11 64 98	14 41 85	89 91 07	51,955,167	1,531,744

RÉGIONS.	DÉPARTEMENTS.	NOMBRE D'HECTOLITRES RÉCOLTÉS SUR LA TOTALITÉ DES TERRES ENSEMENCÉES EN FROMENT.	MÉTEIL.	SEIGLE.	ORGE.	SARRASIN.	MAÏS ET MILLET.	AVOINE.	LÉGUMES SECS.	AUTRES MENUS GRAINS.	TOTAL de la récolte ci-contre.
		hect.	hect.	hect.	hect.	hect.	hect.	hect.	hect.	hect.	hect.
1re Nord-Ouest.	Finistère	610,000	86,400	765,000	979,500	717,000	»	1,050,085	»		3,974,185
	Côtes-du-Nord	1,053,720	135,000	1,369,098	334,080	738,192	»	1,165,000	37,414	»	4,711,604
	Morbihan	577,300	3,800	890,000	4,200	807,520	70,500	761,400	13,000	»	3,138,320
	Ille-et-Vilaine	789,152	875,100	402,223	140,105	751,584	»	741,036	5,915	»	3,198,382
	Manche	1,088,692	54,238	125,085	1,112,115	682,076	»	508,504	38,417		3,609,112
	Calvados	1,505,170	28,611	103,060	383,110	287,709	»	819,854	33,740	61,200	3,322,632
	Orne	1,664,000	260,280	83,890	698,820	126,800	»	1,181,100	34,000	21,000	3,553,180
	Mayenne	1,111,000	158,000	281,000	104,600	307,875	»	811,000		»	3,711,075
	Sarthe	800,000	424,802	636,632	528,140	15,040	21,600	307,848	40,178	49,610	2,826,960
	Totaux	9,136,570	4,118,730	5,473,398	3,838,964	4,554,095	91,400	7,108,914	193,661	113,900	27,328,311
4e Ouest.	Loire-Inférieure	1,719,060	35,155	514,500	72,000	210,000	25,000	147,000	21,500	9,075	2,719,310
	Maine-et-Loire	903,120	200,000	868,452	118,635	133,840	7,110	921,540	126,800	»	3,609,505
	Indre-et-Loire	1,285,100	333,000	973,180	276,898	3,517	6,195	845,130	14,101	36,261	3,674,331
	Vendée	1,838,750	169,312	250,000	253,500	7,300	8,000	78,500	63,000	7,000	4,681,362
	Charente-Inférieure	954,900	113,160	114,114	490,556	»	73,256	322,630	32,030	51,120	2,113,674
	Deux-Sèvres	825,707	102,800	330,330	405,160	4,231	102,330	275,515	13,596	7,952	2,747,601
	Charente	437,500	120,000	217,500	180,000	8,000	120,750	126,038	25,400	9,100	1,217,350
	Vienne	1,216,008	231,912	180,080	653,052	890	1,770	484,916	13,320	5,070	3,037,318
	Haute-Vienne	168,000	»	900,000	12,000	140,000	1,800	73,500	6,000	»	1,301,300
	Totaux	9,838,865	1,301,316	4,874,455	2,416,331	533,911	317,211	3,270,157	316,455	120,111	22,149,191
7e Sud-Ouest.	Gironde	617,238	97,088	276,455	353	»	49,076	58,778	31,198	»	1,080,351
	Dordogne	740,000	91,300	291,000	51,100	13,200	181,440	19,800	21,000	8,400	1,415,440
	Lot-et-Garonne	1,072,680	»	656,610	6,340	»	79,290	19,800	46,000	»	1,790,650
	Landes	330,750	3,600	489,800	1,600	»	432,000	7,000	9,275	29,000	1,300,635
	Gers	1,590,781	7,930	111,024	70,161	»	68,051	169,310	5,311	12,315	2,325,915
	Basses-Pyrénées	616,810	»	10,030	30,352	»	700,000	15,300	4,200	»	1,380,304
	Hautes-Pyrénées	377,570	137,760	213,000	71,080	13,500	116,100	165,000	3,600	»	1,109,530
	Haute-Garonne	1,683,628	76,320	318,333	15,822	8,500	327,904	288,444	30,410	6,016	2,737,333
	Ariége	765,400	62,805	155,030	6,033	79,280	211,105	91,696	21,501	2,085	890,478
	Totaux	8,458,847	482,583	2,535,679	250,001	114,109	2,172,275	829,537	155,831	57,116	15,033,131

RÉGIONS.	DÉPARTEMENTS.	NOMBRE D'HECTOLITRES DE GRAINS RÉCOLTÉS PAR HECTARE EN FROMENT.	MÉTEIL.	SEIGLE.	ORGE.	SARRASIN.	MAÏS ET MILLET.	AVOINE.	LÉGUMES SECS.	AUTRES MENUS GRAINS.	POMMES DE TERRE.	RÉCOLTE SUBSIDIAIRE EN POMMES DE TERRE.	CHÂTAIGNES.	OBSERVATIONS.
		hect. lit.	hect. lit.	hect. lit.	hect. lit.	hect. lit.	hect. lit.	hect. lit.	hect. lit.	hect. lit.	hect. lit.	hect.	hect.	
1re Nord-Ouest.	Finistère	20. »	20. »	22. 50	27. 50	22. 50	» »	21. 30	» »	» »	81. »	1,200,000	»	
	Côtes-du-Nord	18. 65	16. 31	38. 56	19. 31	11. 83	» »	33. »	25. 78	»	170. 21	850,511	»	
	Morbihan	15. 40	16. »	11. 20	21. »	14. 40	7. 50	27. »	11. »	» »	144. »	536,000	70,000	
	Ille-et-Vilaine	14. 40	12. »	11. 50	12. 10	8. 80	» »	16. 00	3. 50	» »	90. »	184,050	15,875	
	Manche	16. 56	16. 63	13. 71	19. 88	9. 06	» »	20. 09	18. 10	» »	120. 50	710,915	»	
	Calvados	18. »	16. »	15. »	20. »	19. »		23. »	10. »	10. »	150.	153,000	»	
	Orne	16. »	16. »	11. »	18. »	6. »	»	18. »	10. »	10. »	36. »	85,380	»	
	Mayenne	19. »	19. »	19. 20	22. 80	6. 75	» »	20.	» »	» »	120. »	108,000	14,000	
	Sarthe	16. »	11. »	11. »	10. »	10. »	7. 50	12. »	9. »	10. »	35. »	088,500	4,000	
	Totaux	» »	» »	» »	» »	» »	» »	» »	» »	» »	» »	4,616,419	103,075	
4e Ouest.	Loire-Inférieure	30. »	18. 35	20. 60	20. »	9. »	17. 50	18. 36	21. 50	19. 35	» »	»	»	
	Maine-et-Loire	30. »	20. »	10. »	12. »	30. »	21. »	22. »	20. »	» »	100. »	778,000	15,000	
	Indre-et-Loire	20. »	29. »	90. »	14. »	7. 50	7. 50	14. »	8. »	8. »	» »	»	»	
	Vendée	16. 50	13. 15	15. »	10. 50	3. »	4. 50	15. »	9. »	7. »	40. »	180,000	»	
	Charente-Inférieure	16. 50	6. »	11. 50	10. 50	» »	3. 75	14. »	8. »	12. »	71. »	138,000	»	
	Deux-Sèvres	13. 48	13. 20	10. »	12. 50	4. 50	8. 81	17. 67	8. »	6. 67	» »	377,300	15,000	
	Charente	6. 75	7. 50	8. 75	7. 50	4. »	5. 25	9. »	3. »	4. »	25. »	400,000	300,000	
	Vienne	14. »	11. »	16. »	12. »	16. »	1. 05	14. »	5. »	11. »	» »	330,270	10,300	
	Haute-Vienne	16. »	» »	12. »	14. »	7. »	6. »	21. »	14. »	» »	» »	102,000	378,000	
	Totaux	» »	» »	» »	» »	» »	» »	» »	» »	» »	» »	2,305,630	718,300	
7e Sud-Ouest.	Gironde	10. 38	8. 75	9. 83	14. 12	» »	3. 33	12. »	3. 10	» »	» »	183,351	»	
	Dordogne	7. »	7. »	7. »	7. »	6. »	3. 60	4. »	2. »	2. »	27. »	591,060	600,000	
	Lot-et-Garonne	13. 50	» »	18. »	9. »	» »	4. 80	12. »	1. »	» »	» »	»	32,000	
	Landes	12. »	9. »	10. »	8. »	» »	6. »	10. »	1. 50	7. »	61. 50	24,000	»	
	Gers	11. 45	9. 90	9. 90	13. 40	» »	3. 50	11. 88	0. 50	4. 05	5. »	13,000	»	
	Basses-Pyrénées	10. »	» »	16. »	18. »	» »	10. »	18. »	6. »	» »	36. »	35,503	27,000	
	Hautes-Pyrénées	13. 50	17. 60	21. »	25. 00	7. 50	5. 40	21. »	1. 20	» »	44. »	162,800	»	
	Haute-Garonne	16. 35	14. »	17. »	14. 15	10. »	9. 17	20. 10	3. 20	3. 75	8. »	3,800	»	
	Ariége	10. »	9. »	10. »	11. 25	9. 80	12. »	19. »	6. »	5. »	80. »	1,291,560	3,000	
	Totaux	» »	» »	» »	» »	» »	» »	» »	» »	» »	» »	2,313,704	668,000	

RÉGIONS.	DÉPARTEMENTS.	NOMBRE D'HECTOLITRES RÉCOLTÉS SUR LA TOTALITÉ DES TERRES ENSEMENCÉES en FROMENT.	MÉTEIL.	SEIGLE.	ORGE.	SARRASIN.	MAÏS et MILLET.	AVOINE.	LÉGUMES secs.	AUTRES MENUS GRAINS.	TOTAL de la récolte céréale.
		hect.	hect.	hect.	hect.	hect.	hect.	hect.	hect.	hect.	hect.
4e Nord.	Nord	2,836,489	354,388	217,798	447,680	3,204	»	1,104,444	603,203	137,386	5,574,611
	Pas-de-Calais	2,710,134	1,302,145	278,540	633,030	456	1,750	1,811,356	101,940	1,070,880	7,515,000
	Somme	1,199,032	1,653,436	253,140	200,536	3,150	»	2,041,300	117,900	620,068	6,186,601
	Seine-Inférieure	4,530,000	308,000	217,500	217,500	»	»	2,237,500	26,500	»	5,507,050
	Oise	1,408,951	721,123	451,316	192,006	»	»	1,658,107	89,500	178,303	4,055,327
	Aisne	2,300,000	775,000	580,000	130,000	30,000	»	2,209,660	67,290	1,080,000	7,181,895
	Eure	2,369,804	293,835	296,406	68,313	»	»	887,260	99,120	96,500	4,101,515
	Eure-et-Loir	1,587,439	565,601	231,181	345,308	»	»	1,913,048	41,182	»	4,600,819
	Seine-et-Oise	2,003,967	3,280	701,111	3,100	»	»	2,570,421	»	»	5,276,191
	Seine	134,476	3,997	74,841	17,300	300	»	191,577	14,962	4,160	460,195
	Seine-et-Marne	1,915,909	176,930	289,800	200,300	»	»	1,710,000	10,000	73,510	4,414,660
	Totaux	20,034,106	6,005,674	3,610,658	2,590,278	37,810	1,750	18,303,973	1,233,597	3,030,315	55,041,965
5e Centre.	Loir-et-Cher	704,715	203,380	448,205	80,806	83,034	12,000	415,426	1,493	18,000	1,975,359
	Loiret	784,701	239,101	491,120	305,172	15,130	2,000	1,436,570	13,317	45,317	3,150,301
	Yonne	1,065,000	370,409	324,280	492,700	900	»	747,000	29,625	21,000	3,077,601
	Indre	895,085	109,436	271,376	180,101	3,000	»	417,081	6,795	1,335	2,302,190
	Cher	816,155	134,303	318,449	378,140	11,625	»	303,769	8,635	11,107	1,984,601
	Nièvre	405,880	138,000	315,000	263,300	5,600	»	460,000	6,500	»	1,797,100
	Creuse	17,000	»	1,002,000	13,600	87,500		45,000	4,320	»	1,841,320
	Allier	564,921	»	1,330,520	331,000	16,900		213,660	13,080	»	2,475,381
	Puy-de-Dôme	564,847	109,120	2,326,500	201,840	9,040		330,219	16,606	9,800	3,688,080
	Totaux	5,841,203	1,100,885	7,026,550	2,653,419	240,283	14,000	4,469,837	95,901	110,767	22,121,856
6e Sud.	Corrèze	68,010	11,860	810,000	8,820	99,750	7,000	44,000	5,500		1,054,080
	Cantal	61,500	8,800	880,000	16,720	30,740	18	45,240	6,630	390	1,050,418
	Lot	850,790	40,080	306,000	56,000	60,490	140,000	43,930	7,600	3,000	1,503,610
	Aveyron	609,136	86,033	468,308	92,775	6,352	15,720	247,011	6,300	500	1,574,311
	Lozère	134,875	90,155	227,200	31,500	»	»	27,275	1,100	405	513,450
	Tarn-et-Garonne	1,027,255	30,000	530,200	»	»	61,900	101,000	3,500	2,000	2,139,955
	Tarn	1,190,301	66,150	671,000	19,037	2,109	177,545	119,237	21,390	10,136	2,177,300
	Hérault	750,000	16,000	160,000	30,000	600	5,160	202,500	14,190	16,000	1,263,100
	Aude	988,000	30,000	100,000	45,800	13,200	210,000	402,000	9,700	5,800	1,807,500
	Pyrénées-Orientales	240,000	50,400	193,000	10,000	24,000	80,000	6,600	9,685	»	579,300
	Totaux	6,111,030	408,578	4,372,310	280,634	232,221	699,952	1,301,496	95,510	38,151	13,944,800

RÉGIONS.	DÉPARTEMENTS.	NOMBRE D'HECTOLITRES DE GRAINS RÉCOLTÉS PAR HECTARE en FROMENT.	MÉTEIL.	SEIGLE.	ORGE.	SARRASIN.	MAÏS et MILLET.	AVOINE.	LÉGUMES secs.	AUTRES MENUS GRAINS.	POMMES de terre.	RÉCOLTE SUBSIDIAIRE en POMMES DE TERRE.	CHÂTAIGNES.	OBSERVATIONS.
		hect. lit.	hect. lit.	hect. lit.	hect. lit.	hect. lit.	hect. lit.	hect. lit.	hect. lit.	hect. lit.	hect. lit.	hect.	hect.	
4e Nord.	Nord	21. 91	23. 30	20. 48	31. 55	19. 12	» »	28. 40	25. 75	23. 62	214. »	2,310,732	»	
	Pas-de-Calais	20. 20	20. 90	19. »	28. »	11. 48	17. 50	27. 30	18	48. »	144. »	1,317,000	»	
	Somme	18. »	18. »	19. 80	23. 90	10. 50	»	15. »	26. 80	34. 50	105. »	630,000	»	
	Seine-Inférieure	22. 10	24. 60	22. 50	22. 50	» »	» »	27. 50	26. 40	» »	225. »	675,000	»	
	Oise	21. 61	21. 05	20. 33	18. »	» »	» »	25. 37	10. »	14. 41	110. »	518,000	»	
	Aisne	19. »	23. »	19. »	13. 50	10. »	»	21. »	21. »	18. »	» »	»	»	
	Eure	20. 64	17. 08	18. 07	18. 62	» »	» »	21. »	19. »	17. 55	111. »	460,800	»	
	Eure-et-Loir	17. 50	11. 80	14. 54	16. 58	» »	» »	17. 91	14. 20	» »	40. »	85,080	»	
	Seine-et-Oise	23. »	23. »	21. »	25. »	» »	»	28. »	» »	» »	» »	»	»	
	Seine	13. 39	21. 26	24. 02	20. 87	20. »	»	36. 72	18. 70	11. 85	101. »	391,900	»	
	Seine-et-Marne	19. 55	19. 65	13. 80	16. 10	» »	» »	18. »	20. »	12. »	112. »	890,000	»	
	Totaux	» »	» »	» »	» »	» »	» »	» »	» »	» »	» »	7,318,012	»	
5e Centre.	Loir-et-Cher	15. »	14. »	15. »	9. »	6. »	10. »	8. »	3. »	6. »	30. »	58,880	»	
	Loiret	16. »	16. »	16. »	11. »	8.	10. »	20. »	4. 20	11. 20	210. »	474,000	»	
	Yonne	15. »	14. »	11. »	15. »	2. »	» »	10. »	7. 50	7. 50	16. »	48,800	»	
	Indre	16. »	16. »	16. »	11. »	5. »	» »	12. »	4. 50	7. 50	50. »	150,000	4,000	
	Cher	12. 71	10. 77	9. 25	9. 01	3. 43	» »	10. 19	6. 09	9. 10	15. »	54,276	10,000	
	Nièvre	12. »	11. 50	11. 50	10. 50	8. »	» »	11. 50	5. »	» »	» »	»	»	
	Creuse	19. »	» »	12. »	9. »	3. »	» »	6. »	6. »	» »	35. »	273,000	60,000	
	Allier	15. 41	» »	16. »	10. »	16.	» »	9.	4. »	» »	63. »	315,000	10,000	
	Puy-de-Dôme	19. 65	10. 25	16. »	10. »	9. »		9. 75	9. »	9. »	32. »	381,000	»	
	Totaux	» »	»	» »		» »	» »	» »	» »	» »	» »	1,757,058	84,000	
6e Sud.	Corrèze	10. 60	10. 60	10. 80	12. 00	4. 75	10. »	10. »	5. »	»	» »	»	»	
	Cantal	11. »	11. »	11. »	8. 00	9. 70	3. 00	8. 70	6. 30	4. 60	90. »	200,000	60,000	
	Lot	10. 50	10. 80	10. 20	8. 50	4. 80	3. 50	1. 87	1. 25	3. »	16	153,000	300,000	
	Aveyron	11. »	11. 70	12. 37	10. 75	5. 80	1. 80	9. »	4. 75	1. »	60. »	606,000	144,000	
	Lozère	15. 75	16. 15	13. 20	7. »	» »	» »	5. 50	2. 75	9. 25	»	»	»	
	Tarn-et-Garonne	12. 40	12. 50	16. »	20. »	» »	4. »	16. »	3. »	4. »	18. »	33,000	2,000	
	Tarn	11. »	11. »	12. »	16. 80	3. 60	5. 50	11. 90	4. »	4. »	13. »	146,418	220,927	
	Hérault	15. »	10. »	11. »	13. »	6. »	6. »	17. 50	19. »	16. 50	40. »	100,000	55,000	
	Aude	13. »	12. »	14. »	18. »	21. »	7. »	21. »	1. 80	9. 00	20. »	80,000	7,000	
	Pyrénées-Orientales	12. »	9. 90	12. 10	13. 20	21. »	30. »	14. »	4. 60	» »	65.	108,500	60,000	
	Totaux	» »	» »	» »	» »	» »	» »	» »	» »	» »	» »	1,370,548	207,927	

RÉGIONS.	DÉPARTEMENTS.	NOMBRE D'HECTOLITRES RÉCOLTÉS SUR LA TOTALITÉ DES TERRES ENSEMENCÉES en Froment.	Méteil.	Seigle.	Orge.	Sarrasin.	Maïs et millet.	Avoine.	Légumes secs.	Autres menus grains.	TOTAL de la récolte ci-contre.
		hect.	hect.	hect.	hect.	hect.	hect.	hect.	hect.	hect.	hect.
3e Nord-Est.	Ardennes	912,800	201,050	264,800	338,090	8,600	»	705,000	11,375	105,800	2,633,[illegible]
	Marne	1,785,000	»	1,020,000	610,000	50,000	»	1,144,000	»	»	4,539,000
	Aube	707,250	43,615	463,934	264,910	8,014	»	715,426	10,537	6,350	2,211,875
	Haute-Marne	1,030,000	101,830	134,250	410,000	1,256	»	625,100	1,750	35,700	2,340,070
	Meuse	1,235,100	6,160	58,212	430,700	»	»	607,100	21,300	11,880	2,373,602
	Moselle	1,663,000	75,000	100,800	402,502	»	»	912,500	74,000	24,000	3,684,000
	Meurthe	1,257,180	36,792	101,163	201,507	375	2,831	974,465	54,580	201,446	2,889,416
	Vosges	655,250	72,270	260,400	155,360	15,000	500	711,300	12,806	3,300	1,870,210
	Bas-Rhin	1,194,373	113,200	190,110	798,381	111	31,920	219,494	77,130	82,518	2,727,262
	Haut-Rhin	435,348	107,818	174,290	315,675	3,453	2,306	151,005	13,820	10,728	1,217,438
	Totaux	10,216,771	760,775	2,567,446	3,519,393	116,034	38,032	6,928,850	274,891	480,021	25,190,221
6e Est.	Côte-d'Or	1,500,118	307,518	410,883	757,100	6,518	52,036	1,331,005	67,165	131,274	4,641,877
	Haute-Saône	635,401	139,451	185,437	204,900	19,046	25,791	465,565	29,520	14,308	1,588,865
	Doubs	300,800	112,500	45,000	150,000	»	37,500	540,000	25,000	20,000	1,270,000
	Jura	603,992	98,658	50,010	271,081	5,712	98,305	148,035	17,750	9,850	1,303,011
	Saône-et-Loire	808,000	19,600	681,000	92,700	76,100	114,000	179,800	35,525	6,300	2,043,025
	Loire	130,200	6,400	1,198,000	50,400	4,200	2,100	252,000	36,000	»	1,737,500
	Rhône	141,000	36,000	217,000	31,250	»	1,200	387,500	2,000	4,500	820,150
	Ain	630,913	133,725	327,162	381,950	79,200	314,000	105,750	21,469	»	2,085,264
	Isère	795,520	430,460	712,560	143,540	112,000	9,000	106,300	26,800	»	2,334,289
	Totaux	5,891,011	1,210,445	4,353,901	2,068,813	253,086	641,855	3,013,073	279,549	183,411	18,540,891
9e Sud-Est.	Haute-Loire	179,800	53,130	1,029,110	107,271	1,200	»	56,118	19,840	5,360	1,436,986
	Ardèche	62,866	10,900	436,250	108,780	14,539	5,460	76,311	1,428	768	716,443
	Drôme	596,631	105,058	350,294	38,565	5,443	2,600	165,910	13,530	11,322	1,088,149
	Gard	310,305	28,072	108,000	45,500	9,600	10,800	100,000	4,700	2,100	620,537
	Vaucluse	336,338	103,229	129,381	10,214	5,799	1,577	97,061	7,135	2,138	695,191
	Basses-Alpes	517,800	61,000	64,000	21,870	»	150	48,861	11,100	10,278	741,266
	Hautes-Alpes	456,138	101,181	215,456	43,546	»	»	47,880	4,234	11,300	912,978
	Bouches-du-Rhône	499,239	2,072	20,760	13,158	»	»	75,022	6,866	3,569	629,890
	Var	515,813	24,912	16,190	17,184	»	1,200	207,590	10,727	3,855	691,040
	Totaux	3,917,082	500,565	2,406,016	409,183	36,574	22,004	905,071	100,549	50,879	8,417,880
10e	Corse	257,632	»	34,542	191,707	»	22,036	»	75,465	»	582,059

DÉPARTEMENTS.	NOMBRE D'HECTOLITRES DE GRAINS RÉCOLTÉS PAR HECTARE en Froment.	Méteil.	Seigle.	Orge.	Sarrasin.	Maïs et millet.	Avoine.	Légumes secs.	Autres menus grains.	Pommes de terre.	RÉCOLTE SUBSIDIAIRE en Pommes de terre.	Châtaignes.	OBSERVATIONS.
	hect. lit.	hect. lit.	hect. lit.	hect. lit.	hect. lit.	hect. lit.	hect. lit.	hect. lit.	hect. lit.	hect. lit.	hect.	hect.	
Ardennes	16. »	16. 80	12.	12. »	10. »	» »	15. »	17. 50	17. 50	96. »	412,800	»	
Marne	17. 50	» »	10.	10. »	8. »	» »	8. »	» »	» »	» »	400,000	»	
Aube	13. 07	13. 26	9. 38	12. 21	3. 37	» »	9. 21	6. 63	8. 45	54. »	92,612	»	
Haute-Marne	18. »	13. »	10.	13. »	5. »	» »	9. »	5. »	7. »	48. »	401,400	»	
Meuse	12. 51	10. 25	11. 88	9. 08	» »	» »	10. 29	13. 50	6. 60	66. »	1,171,400	»	
Moselle	15. »	15. »	14.	17. 50	» »	» »	16. 26	12. »	8. »	90. »	1,800,000	»	
Meurthe	15. 75	15. 55	16. 20	16. 10	15. »	16. »	15. »	13. 80	21. 90	111. »	2,016,951	»	
Vosges	15. »	16. 50	18.	16. »	5. »	5. »	16. »	8. »	8. »	80. »	1,500,000	»	
Bas-Rhin	15. 76	23. 74	21. 97	21. 88	14. 78	21. 15	27. 18	16. 77	19. 82	153. »	4,188,003	»	
Haut-Rhin	15. 90	15. 09	11. 60	15. 50	6. 40	6. 40	13. »	7. 70	8. »	160. »	1,810,000	»	
Totaux	» »	» »	» »	» »	»	» »	» »	» »	» »	» »	13,836,238	»	
Côte-d'Or	17. 91	13. 20	11. 50	16. 00	8. 75	11. 55	16. 80	8. 95	28. 65	» »	»	»	
Haute-Saône	13. »	14. »	15. »	11. »	6. »	9. »	15. »	10. »	8. »	80. »	712,740	»	
Doubs	11. 25	11. 25	11. 25	13. »	» »	15. »	18. »	10. »	10. »	72. »	324,000	»	
Jura	14. 66	13. 28	12. 06	13. 52	10. 88	6. 00	14. 70	7. 10	3. 86	71. »	478,916	»	
Saône-et-Loire	16. »	17. »	13. »	18. »	1. 80	6. »	14. »	8. 75	3. 75	18. »	900,000	15,000	
Loire	12. »	12. »	11. »	14. »	11. »	12. »	14. »	8. »	»	48. »	539,000	400	
Rhône	8. »	9. »	10. »	12. 50	» »	3. »	25. »	4. »	3. »	» »	325,000	»	
Ain	18. 93	11. 75	10. 12	12. 50	2. 25	20. »	12. 50	2. 84	» »	38. »	182,000	825	
Isère	15. 60	20. 80	18. 30	15. 60	8. »	8. »	11. »	12. »	» »	154. »	8,273,400	»	
Totaux	» »	»	» »	»	» »	»	» »		» »	» »	12,583,036	16,225	
Haute-Loire	14. 40	11. 55	13. 08	10. 12	3. »	» »	5. 76	6. 20	4. 12	61. »	768,000	»	
Ardèche	12. »	13. »	10. »	12. »	12. »	15. »	10. 50	4. »	3. »	8. »	74,000	90,000	
Drôme	13. 34	12. 60	11. 70	12. 50	1. 01	1. 30	13. 40	5. 95	1. 79	60. »	733,300	»	
Gard	11. »	8. »	12. »	13. »	6. »	9. »	20. »	4.	1. »	78. »	530,400	53,019	
Vaucluse	10. 50	10. 50	8. 83	9. 45	6. 27	5. 60	14. 00	3. 30	3. 02	30. »	150,000	»	
Basses-Alpes	12. »	8. »	8. »	11. »	» »	5. »	8. »	6. »	6. »	90. »	920,510	4,500	
Hautes-Alpes	18. »	21. »	21. »	20. 16	» »	» »	10. 08	10. 08	10. 08	250. »	418,201	»	
Bouches-du-Rhône	10. 86	14. 90	10. 08	11. 88	» »	» »	13. 41	7. 10	0. 06	» »	»		
Var	8. 20	7. 28	7. 55	12. »	»	100. »	17. 00	8. 10	7. 25	10. »	124,215	6,000	
Totaux	» »	» »	» »	» »	» »	» »	» »	» »	» »	» »	3,493,129	173,518	
Corse	12. »	» »	18. »	22. 50	» »	8. 71	» »	27. »	» »	100. »	199,800	170,680	

RÉCAPITULATION

DES RAPPORTS PARTICULIERS PRODUIT DE LA RÉCOLTE DE 1832.

INDICATION des RÉGIONS.	NOMBRE D'HECTOLITRES RÉCOLTÉS SUR LA TOTALITÉ DES TERRES ENSEMENCÉES en FROMENT.	MÉTEIL.	SEIGLE.	ORGE.	SARRASIN.	MAÏS ou MILLET.	AVOINE.	LÉGUMES SECS.	AUTRES MENUS GRAINS.	TOTAL de LA RÉCOLTE récoltée.
	hect.	hect.	hect.	hect.	hect.	hect.	hect.	hect.	hect.	hect.
1re Nord-Ouest	9,136,579	1,418,730	5,472,398	3,838,961	4,544,693	84,160	7,496,914	193,674	113,060	33,128,3[illegible]
2e Nord	20,034,006	6,005,074	3,015,658	5,568,572	57,310	1,750	18,505,973	1,273,307	3,932,715	56,081,2[illegible]
3e Nord-Est	10,216,371	500,556	2,767,316	3,679,393	118,034	30,668	6,926,350	274,801	480,091	25,496,33[illegible]
4e Ouest	6,838,805	4,391,915	4,874,155	3,116,981	553,011	317,241	2,570,157	316,455	190,111	23,442,28[illegible]
5e Centre	5,081,863	1,400,835	7,540,550	9,553,419	240,962	14,000	4,403,837	95,961	110,787	29,424,0[illegible]
6e Est	3,804,041	1,915,445	4,343,901	2,008,573	963,036	644,855	3,643,073	960,599	183,941	18,540,0[illegible]
7e Sud-Ouest	8,430,817	668,383	2,555,079	259,061	115,109	2,172,875	820,537	155,831	57,416	15,025,13[illegible]
8e Sud	6,411,030	409,818	1,378,310	980,632	232,221	610,974	1,304,406	95,510	38,151	12,022,2[illegible]
9e Sud-Est	3,947,093	500,505	2,406,016	409,103	36,574	98,086	225,871	109,640	50,879	8,447,8[illegible]
10e Corse	257,632	«	34,519	101,767	«	22,636	«	75,465	«	592,0[illegible]
Pour toute la France	80,089,016	15,027,150	31,096,755	18,517,858	6,151,293	4,036,887	46,100,708	2,869,653	5,057,851	216,144,2[illegible]

INDICATION des RÉGIONS.	NOMBRE D'HECTOLITRES DE GRAINS RÉCOLTÉS PAR HECTARE en FROMENT.	MÉTEIL.	SEIGLE.	ORGE.	SARRASIN.	MAÏS et MILLET.	AVOINE.	LÉGUMES SECS.	AUTRES MENUS GRAINS.	POMMES de TERRE.	RÉCOLTE SUBSIDIAIRE en POMMES DE TERRE.	CHATAIGNES.
	hect. lit. c.	hect. lit. c.	hect. lit. c.	hect. lit. c.	hect. lit. c.	hect. lit. c.	hect. lit. c.	hect. lit. c.	hect. lit. c.	hect. lit. c.	hect.	hect.
1re Nord-Ouest	«	«	«	«	«	«	«	«	«	«	4,616,410	103,675
2e Nord	«	«	«	«	«	«	«	«	«	«	7,318,012	«
3e Nord-Est	«	«	«	«	«	«	«	«	«	«	13,840,936	«
4e Ouest	«	«	«	«	«	«	«	«	«	«	2,305,630	718,300
5e Centre	«	«	«	«	«	«	«	«	«	«	1,737,938	81,000
6e Est	«	«	«	«	«	«	«	«	«	«	12,583,030	16,925
7e Sud-Ouest	«	«	«	«	«	«	«	«	«	«	2,313,704	662,006
8e Sud	«	«	«	«	«	«	«	«	«	«	1,070,948	907,097
9e Sud-Est	«	«	«	«	«	«	«	«	«	«	3,432,190	173,348
10e Corse	«	«	«	«	«	«	«	«	«	«	100,800	170,680
Pour toute la France	15 36 18	16 64 73	14 23 61	14 41 87	9 08 70	6 74 41	16 94 05	9 30 30	20 0 092	71 90 70	50,023,474	2,835,461

RÉGIONS.	DÉPARTEMENTS.	NOMBRE D'HECTOLITRES RÉCOLTÉS SUR LA TOTALITÉ DES TERRES ENSEMENCÉES EN FROMENT.	MÉTEIL.	SEIGLE.	ORGE.	SARRASIN.	MAÏS ET MILLET.	AVOINE.	LÉGUMES SECS.	AUTRES MENUS GRAINS.	TOTAL de la récolte ci-contre.
		hect.	hect.	hect.	hect.	hect.	hect.	hect.	hect.	hect.	hect.
1re Nord-Ouest.	Finistère	517,040	58,940	680,000	685,000	505,160	»	918,750	»	»	3,401,830
	Côtes-du-Nord	924,687	117,376	634,171	248,779	670,535	»	1,481,356	27,610	»	4,088,155
	Morbihan	415,148	1,600	1,000,812	2,025	617,309	122,388	578,547	10,340	»	2,347,839
	Ille-et-Vilaine	831,080	223,200	581,256	134,778	289,984	»	710,520	6,069	»	2,805,887
	Manche	1,010,916	66,087	139,891	983,041	443,315	»	549,000	55,465	»	3,256,641
	Calvados	1,199,237	25,004	66,531	975,009	116,574	»	534,000	48,622	30,468	2,397,495
	Orne	665,000	134,640	161,130	319,040	94,500	»	650,300	27,300	12,200	2,107,810
	Mayenne	1,034,100	113,050	432,000	51,300	411,500	»	460,000	»	»	2,518,550
	Sarthe	667,200	484,802	002,652	633,768	45,510	54,150	307,842	30,178	23,919	2,770,550
	Totaux	7,361,018	1,161,701	4,430,173	3,284,325	3,281,420	176,538	6,218,293	195,493	132,580	26,951,351
4e Ouest.	Loire-Inférieure	1,110,000	22,500	410,160	70,000	280,000	30,000	128,600	19,500	8,000	2,262,000
	Maine-et-Loire	702,956	135,500	726,910	56,178	19,300	2,900	150,490	09,600	»	1,826,134
	Indre-et-Loire	634,100	133,294	286,740	107,770	2,545	4,730	701,530	11,104	36,261	2,013,807
	Vendée	1,387,500	146,850	325,000	360,000	36,000	30,000	61,250	42,000	6,000	2,393,000
	Charente-Inférieure	703,809	112,020	90,480	310,020	»	225,720	314,680	45,084	65,130	1,909,976
	Deux-Sèvres	686,925	154,793	866,746	313,503	6,409	203,960	854,055	13,528	15,265	2,469,201
	Charente	270,850	88,000	164,800	167,500	52,600	241,500	126,000	48,175	3,000	1,148,095
	Vienne	1,054,900	244,068	297,324	396,191	438	11,042	546,855	13,960	5,070	2,638,083
	Haute-Vienne	107,000	»	800,000	10,000	990,000	11,250	63,000	7,500	»	1,918,510
	Totaux	6,800,403	1,037,275	3,950,440	1,840,791	657,253	763,453	2,310,218	251,471	150,620	17,870,652
7e Sud-Ouest.	Gironde	607,900	90,033	359,077	181	»	81,835	54,611	49,365	»	1,041,800
	Dordogne	535,000	67,500	210,000	30,500	10,800	901,000	16,000	42,000	16,800	1,145,000
	Lot-et-Garonne	1,314,020	»	427,700	3,150		111,600	9,000	60,000	»	1,945,400
	Landes	336,330	3,600	486,000	490	»	800,000	7,600	13,000	16,000	1,661,910
	Gers	918,433	3,960	74,580	40,086	»	310,000	97,584	51,200	33,703	1,603,535
	Basses-Pyrénées	497,700	»	11,000	27,860	»	1,050,000	19,800	6,300		1,608,790
	Hautes-Pyrénées	375,580	180,002	213,000	50,998	16,740	161,250	105,900	6,000	»	1,918,000
	Haute-Garonne	1,144,255	62,749	193,584	12,000	31,530	432,000	281,317	58,127	13,394	2,219,358
	Ariége	217,011	63,790	152,850	6,520	60,452	237,776	91,068	30,680	3,075	860,470
	Totaux	5,997,279	411,554	2,070,751	189,714	131,835	3,376,137	730,780	330,672	89,001	13,328,436

RÉGIONS.	DÉPARTEMENTS.	NOMBRE D'HECTOLITRES DE GRAINS RÉCOLTÉS PAR HECTARE EN FROMENT.	MÉTEIL.	SEIGLE.	ORGE.	SARRASIN.	MAÏS ET MILLET.	AVOINE.	LÉGUMES SECS.	AUTRES MENUS GRAINS.	POMMES de terre.	RÉCOLTE SUBSIDIAIRE EN POMMES DE TERRE.	CHÂTAIGNES.	OBSERVATIONS.
		hect. lit.	hect. lit.	hect. lit.	hect. lit.	hect. lit.	hect. lit.	hect. lit.	hect. lit.	hect. lit.	hect. lit.	hect.	hect.	
1re Nord-Ouest.	Finistère	16. »	14. »	20. »	25. »	18. »	» »	21. »	» »	» »	84. »	1,302,000	»	
	Côtes-du-Nord	16. 94	15. 01	11. 32	18. 25	16. 92	» »	26. 40	20. 05	»	163. »	1,008,830	»	
	Morbihan	11. 09	8. »	12. 71	14. 63	11. 06	12. 62	20. 44	21. 56	» »	00. »	406,000	72,000	
	Ille-et-Vilaine	16. 80	12. »	13. 80	13. 20	5. 40	» »	16. 20	3. 50	» »	72. »	153,300	70,175	
	Manche	18. 72	15. 20	11. 91	16. 81	5. 94	» »	18. 95	17. 12	» »	110. 38	720,813		
	Calvados	13. »	14. »	13. »	14. »	8. »	» »	15.	14. »	14. »	80. »	94,800	»	
	Orne	18. »	8. »	10. »	10.	4. 60	» »	10. »	8. »	8. »	32. »	75,840	»	
	Mayenne	13. 30	13. 30	8. 60	11. 40	7. 50	» »	12. »	» »	» »	110. »	110,000	12,000	
	Sarthe	14. »	14.	14. »	12. »	10. »	12. 75	12. »	9. »	8. »	» 40	954,080	4,000	
	Totaux	» »	» »	» »	» »	» »	» »	» »	» »	» »	» »	3,734,669	160,175	
4e Ouest.	Loire-Inférieure	14. 56	15. »	15. 20	15. 90	10. 75	12. »	17. 60	19. 50	18. »	» »	»		
	Maine-et-Loire	12. »	21. »	15. 58	7. 30	11. 55	8. »	14. 80	» »	» »	87. »	540,000	15,500	
	Indre-et-Loire	8. »	8. »	10. »	10. »	5. »	5. »	10. »	8. »	8. »	» »	»	»	
	Vendée	11. 25	11. 25	18. »	12. »	15. »	15. »	12. 50	6. »	6. »	60. »	360,000	»	
	Charente-Inférieure	8. 25	0. »	13. 20	9. »	» »	12. »	14. »	9. 00	18. »	36. »	180,000	»	
	Deux-Sèvres	10. 85	9. 64	18. 74	10. 30	7. 12	12. »	16. 27	6. 24	13. 74	» »	309,300	»	
	Charente	5. 42	5. 50	4. 25	6. 60	2. 64	10. 50	9. »	5. 50	5. »	55. »	580,000	170,000	
	Vienne	12. »	13. »	12. »	9. »	6. »	6. 30	15. »	5. »	14. »	» »	1,121,510	11,800	
	Haute-Vienne	10. »	» »	15. »	10. »	11. »	7. 50	18. »	7. 50	» »	150. »	1,320,000	378,000	
	Totaux	» »	» »	» »	» »	» »	» »	» »	» »	» »	» »	4,733,810	576,300	
7e Sud-Ouest.	Gironde	8. 58	6. 50	7. 75	8. 80	» »	5. 60	11. 25	7. 10	» »	» »	306,133		
	Dordogne	5. »	5. »	5. »	5. »	9. »	4. »	5. »	4. »	4. »	30. »	660,000	600,000	
	Lot-et-Garonne	9. »	» »	12. »	4. 50	» »	6. »	8. »	0. »	» »	15. »	150,000	20,000	
	Landes	9. »	6. 10	10. »	6. »	» »	10. »	10. »	2. »	4. »	40. »	24,600	»	
	Gers	6. 27	4. 05	6. 60	7. 50	» »	13. 50	8. 56	6. »	13. 20	30. »	50,000		
	Basses-Pyrénées	8. »	» »	14. »	14. »	» »	14. »	16. »	9. »	» »	18. »	49,900	19,044	
	Hautes-Pyrénées	15. 60	17. 98	21. »	21. 70	0. 30	7. 50	21. »	4. »	» »	82. »	305,950		
	Haute-Garonne	10. 61	9. 50	10. 24	8. 00	12. »	10. 40	19. »	8. 17	9. 22	21. »	8,250	»	
	Ariége	3. »	8. »	10. »	11. 25	8. 40	16. »	12. »	8. »	5. »	90. »	1,650,530	3,000	
	Totaux	» »	» »	» »	» »	» »	» »	» »	» »	» »	» »	3,862,360	937,044	

RÉGIONS.	DÉPARTEMENTS.	NOMBRE D'HECTOLITRES RÉCOLTÉS SUR LA TOTALITÉ DES TERRES ENSEMENCÉES EN FROMENT.	MÉTEIL.	SEIGLE.	ORGE.	SARRASIN.	MAÏS et MILLET.	AVOINE.	LÉGUMES SECS.	AUTRES MENUS GRAINS.	TOTAL de la récolte céréale.
		hect.	hect.	hect.	hect.	hect.	hect.	hect.	hect.	hect.	hect.
2e Nord.	Nord	2,363,754	331,749	221,081	409,504	5,600	510	1,448,490	601,858	431,565	5,591,519
	Pas-de-Calais	1,140,568	1,080,447	912,519	498,831	496	1,350	1,561,986	83,101	478,750	5,083,861
	Somme	1,085,913	1,030,808	905,344	220,585	2,260		1,838,120	248,100	521,184	5,008,304
	Seine-Inférieure	2,041,000	160,000	204,000	204,000	″		1,751,000	93,000	″	4,369,000
	Oise	1,174,201	615,983	381,127	237,053	″	″	1,503,414	37,108	166,753	4,192,800
	Aisne	1,035,000	684,950	556,000	135,000	30,000	″	2,024,000	67,800	1,080,000	6,533,430
	Eure	1,741,806	250,618	238,144	92,651	″	″	600,570	122,530	78,089	3,912,801
	Eure-et-Loir	1,394,964	504,190	218,363	183,977	″	″	1,621,217	76,017	″	3,998,769
	Seine-et-Oise	1,712,580	9,860	586,700	9,860	″		2,211,192	″	″	4,510,198
	Seine	105,000	9,830	54,789	36,280	500	″	140,395	10,795	4,375	361,465
	Seine-et-Marne	1,677,880	145,722	183,951	926,310	104	″	1,858,661	29,141	75,500	4,166,121
	Totaux	15,121,267	4,814,415	3,442,299	2,957,238	38,960	1,860	16,628,355	1,341,955	2,839,117	46,890,131
4e Centre.	Loir-et-Cher	490,230	152,985	200,543	68,934	55,356	5,100	417,050	6,315	15,000	1,517,887
	Loiret	918,304	204,019	360,541	217,680	19,910	2,000	1,145,526	13,230	34,744	2,715,868
	Yonne	852,100	345,900	190,040	416,705	5,110		717,600	35,550	28,800	2,794,785
	Indre	447,300	53,600	482,966	467,080	6,000	″	354,060	14,100	5,370	1,630,630
	Cher	453,350	108,052	308,063	377,802	14,298		300,600	10,000	9,405	1,586,739
	Nièvre	421,000	109,350	260,160	259,250	9,260	″	577,500		″	1,641,480
	Creuse	15,550	″	1,400,000	12,600	364,000		119,700	9,700		1,914,550
	Allier	541,209	9,150	1,452,500	174,200	14,400	″	374,250	56,600		2,607,308
	Puy-de-Dôme	304,320	214,298	2,182,518	254,050	21,000	″	567,190	101,490	60,504	3,606,278
	Totaux	4,407,309	1,230,247	6,852,068	2,257,276	508,554	7,400	4,583,588	218,640	170,563	20,300,510
8e Sud.	Corrèze	98,020	14,279	810,000	8,820	99,730	7,000	42,000	3,300	″	1,083,090
	Cantal	66,068	10,899	880,000	24,180	128,000	90	72,500	13,490	650	1,196,530
	Lot	609,000	34,000	241,500	71,400	100,900	180,000	124,500	24,000	5,000	1,637,300
	Aveyron	352,682	42,181	637,304	192,387	17,100	95,025	690,062	17,556	6,320	2,030,389
	Lozère	111,750	77,550	300,000	82,201	15,000	00	101,082	5,500	2,075	707,247
	Tarn-et-Garonne	900,626	63,375	163,625	″		310,000	55,650	25,100	2,010	1,521,886
	Tarn	830,243	44,060	477,117	10,000	2,390	348,536	150,915	63,100	29,400	1,960,281
	Hérault	687,500	15,000	103,100	35,000	600	8,500	280,000	27,000	10,300	1,239,100
	Aude	912,000	50,000	108,000	50,100	13,300	394,000	162,600	14,540	6,300	2,018,150
	Pyrénées-Orientales	154,200	50,400	176,000	10,500	22,500	120,000	14,000	10,000	″	558,600
	Totaux	4,722,021	400,022	3,891,235	483,117	401,970	1,553,211	2,033,889	200,786	62,795	14,191,601

RÉGIONS.	DÉPARTEMENTS.	NOMBRE D'HECTOLITRES DE GRAINS RÉCOLTÉS PAR HECTARE EN FROMENT.	MÉTEIL.	SEIGLE.	ORGE.	SARRASIN.	MAÏS et MILLET.	AVOINE.	LÉGUMES SECS.	AUTRES MENUS GRAINS.	POMMES de terre.	RÉCOLTE SUBSIDIAIRE EN POMMES DE TERRE.	CHÂTAIGNES.	OBSERVATIONS.
		hect. lit.	hect. lit.	hect. lit.	hect. lit.	hect. lit.	hect. lit.	hect. lit.	hect. lit.	hect. lit.	hect. lit.	hect.	hect.	
2e Nord.	Nord	20. 40	22. 52	19. 21	31. 60	21. 65	42. 50	35. 28	22. 20	24. 75	171. 60	2,167,754	″	
	Pas-de-Calais	13. 80	16. 51	16. 77	22. 31	0. 90	15. ″	23. ″	11. 25	15. 90	180. ″	1,680,000	″	
	Somme	15. 30	13. 30	11. 40	20. 40	7. 50	″ ″	16. ″	27. 00	20. 70	90. ″	526,500	″	
	Seine-Inférieure	16. 90	10. 90	18. 55	18. 55	″ ″	″	20. 30	23. 10	″ ″	180. ″	540,000	″	
	Oise	18. 12	18. 75	17. 50	21. 37	″ ″	″	23. ″	9. 37	11. 50	112. ″	518,000	″	
	Aisne	24. 75	19. 55	18. ″	13. 50	10. ″	″ ″	22. ″	21. ″	18. ″	56. ″	448,000	″	
	Eure	15. 20	15. 50	10. 20	15. 72	″ ″	″ ″	18. ″	15. ″	14. ″	160. ″	574,400		
	Eure-et-Loir	14. 84	13. 64	13. 38	13. 98	″ ″	″ ″	15. 93	12. 75	″ ″	64. ″	100,445	″	
	Seine-et-Oise	20. ″	20. ″	20. ″	21. ″	″ ″	″	21. ″	″ ″	″ ″	113. 77	148,098	″	
	Seine	12. 37	15. 41	19. 40	19. 18	20. ″	″	27. 60	15. 98	13. 37	196. ″	415,000	″	
	Seine-et-Marne	16. 85	14. 10	14. 25	16. 20	11. 75	″ ″	16. 15	14. 75	18. 50	132. ″	617,318	″	
	Totaux	″ ″	″ ″	″ ″	″ ″	″	″ ″	″ ″	″	″ ″	″ ″	5,714,575	″	
4e Centre.	Loir-et-Cher	20. 50	10. 50	10. 50	8. 75	4. ″	3. 50	7. 50	15. ″	7. 50	50. ″	150,000	″	
	Loiret	18. ″	12. ″	14. ″	19. ″	5. ″	10	16. ″	1. 20	11. 90	210. ″	480,000	″	
	Yonne	19. ″	12. ″	12. ″	11. 50	12.	″	10. ″	9. ″	9. ″	40. ″	122,000		
	Indre	8. ″	8. ″	14. ″	11. ″	10. ″		9. ″	9. ″	5. ″	100. ″	320,000	4,000	
	Cher	7. ″	8. 50	8. ″	9. ″	4. 20		10.	9. ″	9. ″	34. ″	190,090	12,000	
	Nièvre	20. ″	9. ″	9. ″	10. 80	7. 50	″	15. ″		″ ″	130. ″	842,850		
	Creuse	9. ″	″	10. ″	9. ″	13. ″	″	10. 50	11. ″	″ ″	84. ″	672,800	50,000	
	Allier	21. 70	21. 50	15. 50	8. ″	16. ″		15. ″	14. ″	″ ″	111. ″	930,600	15,000	
	Puy-de-Dôme	15. 69	16. 01	18. ″	13. 50	6. ″	″ ″	16. 25	12. ″	12.	80.	1,317,000	″	
	Totaux	″ ″		″	″ ″	″ ″	″ ″	″	″ ″	″	″ ″	4,309,850	81,000	
8e Sud.	Corrèze	10. 80	10. 60	10. 80	12. 60	4. 75	10. ″	10. ″	5. ″	″ ″	″ ″	″	″	
	Cantal	11. ″	13. 10	11. ″	12. 40	2. ″	18. ″	11. 50	12. 20	6. 50	30. ″	400,000	46,000	
	Lot	7. 25	8. 50	8. 50	10. 20	8. 40	12. ″	12. 60	4. ″	5. ″	52. ″	381,000	400,000	
	Aveyron	9. 02	11. 25	11. 22	17. 75	0. ″	10. 50	23. 12	8. 40	8. ″	250. ″	2,308,800	111,810	
	Lozère	11. 50	14. 10	17. 00	19. 60	5. 50	2. 50	15. 25	13. 75	11. 25	″ ″	″	″	
	Tarn-et-Garonne	6. 87	9. 75	8. 75	22. 30	″ ″	20. ″	13. 50	9. 80	3. 90	60. ″	78,000	3,000	
	Tarn	9. ″	9. ″	9. ″	10. 80	4. 50	11. 25	11. 90	10. ″	10. ″	36. ″	441,072	447,670	
	Hérault	13. ″	10. ″	14. ″	17. 50	8. ″	8. 50	20. ″	22. 50	18. ″	48. ″	192,000	60,000	
	Aude	12. ″	12. ″	12. ″	21. ″	24.	14. 80	21. ″	2. 70	3. 25	40. ″	100,000	6,000	
	Pyrénées-Orientales	6. 40	0. 90	11. ″	13. 20	22. 50	60. ″	20.	6. 50	″ ″	100. ″	150,000	15,000	
	Totaux	″ ″	″ ″	″ ″	″ ″	″ ″	″ ″	″	″ ″	″ ″	″	4,914,772	1,118,410	

RÉGIONS.	DÉPARTEMENTS.	NOMBRE D'HECTOLITRES RÉCOLTÉS SUR LA TOTALITÉ DES TERRES ENSEMENCÉES EN FROMENT.	MÉTEIL.	SEIGLE.	ORGE.	SARRASIN.	MAÏS ET MILLET.	AVOINE.	LÉGUMES SECS.	AUTRES MENUS GRAINS.	TOTAL DE LA RÉCOLTE ÉVALUÉE.
		hect.	hect.	hect.	hect.	hect.	hect.	hect.	hect.	hect.	hect.
3e Nord-Est.	Ardennes	918,000	176,400	285,000	241,000	8,680	»	799,000	6,750	90,000	2,503,[illegible]
	Marne	1,275,000	»	1,224,000	408,000	60,000	»	1,144,000	»	»	4,111,[illegible]
	Aube	550,523	30,088	474,548	808,173	15,243	74	681,000	15,985	8,803	2,099,[illegible]
	Haute-Marne	1,063,000	90,180	97,540	327,100	3,000	»	515,600	1,750	43,800	2,911,[illegible]
	Meuse	1,474,280	6,045	65,800	439,600	»	»	583,900	16,200	11,800	2,880,[illegible]
	Moselle	1,136,600	70,300	100,800	371,140	»	»	810,000	60,000	21,000	2,599,[illegible]
	Meurthe	1,473,870	38,516	127,379	168,626	300	1,440	985,230	65,031	14,373	2,873,[illegible]
	Vosges	719,100	93,100	275,400	100,200	51,000	600	070,046	16,000	4,300	1,509,[illegible]
	Bas-Rhin	1,166,839	65,434	136,847	196,959	317	24,221	101,227	19,294	55,947	2,187,[illegible]
	Haut-Rhin	450,984	114,257	175,067	270,067	6,816	3,068	131,338	13,335	8,758	1,175,[illegible]
	TOTAUX	9,986,407	729,622	2,943,531	3,089,385	150,186	30,903	6,659,115	230,235	262,311	24,081,2[illegible]
8e Est.	Côte-d'Or	1,439,475	172,672	345,213	482,021	11,592	60,745	940,676	78,101	78,770	3,510,[illegible]
	Haute-Saône	845,457	114,056	147,375	241,274	40,944	46,738	318,717	31,440	20,544	1,833,[illegible]
	Doubs	384,000	190,000	45,000	144,000	»	37,500	510,000	25,600	16,000	1,314,[illegible]
	Jura	827,008	73,265	58,110	370,380	45,534	310,190	341,243	28,257	40,676	2,130,[illegible]
	Saône-et-Loire	868,000	19,600	952,000	79,700	105,750	153,000	149,000	36,525	10,500	2,355,[illegible]
	Loire	113,000	4,800	1,512,000	35,000	4,000	2,400	195,000	50,000	»	1,917,200
	Rhône	199,000	39,000	196,360	15,000	24,200	2,800	77,590	1,500	1,600	476,900
	Ain	659,940	123,050	374,025	228,760	237,000	395,500	98,230	29,315	»	2,144,[illegible]
	Isère	993,520	430,560	742,500	143,680	212,800	15,300	164,360	38,000	»	2,698,[illegible]
	TOTAUX	5,996,350	1,190,003	4,375,189	1,756,624	703,120	1,060,215	2,697,728	318,475	174,000	18,603,1[illegible]
9e Sud-Est.	Haute-Loire	186,000	43,198	1,033,320	107,278	1,050	»	84,072	31,620	10,712	1,498,[illegible]
	Ardèche	68,107	40,346	570,044	139,892	15,110	2,003	72,650	2,400	1,270	895,1[illegible]
	Drôme	875,085	02,567	230,365	30,475	13,819	2,137	168,311	17,230	24,381	1,480,[illegible]
	Gard	404,230	31,740	105,800	59,276	6,000	24,800	108,800	7,385	3,360	761,[illegible]
	Vaucluse	429,486	101,904	145,143	18,451	6,069	2,603	77,877	9,196	9,231	799,[illegible]
	Basses-Alpes	480,474	72,300	43,242	20,071	»	125	60,708	11,023	13,710	710,[illegible]
	Hautes-Alpes	301,083	71,910	184,818	78,576	»	»	96,639	7,030	22,600	761,3[illegible]
	Bouches-du-Rhône	567,204	2,531	20,038	45,020	»	»	80,400	7,040	3,380	726,3[illegible]
	Var	762,972	25,501	16,018	17,230	»	1,100	226,200	37,380	3,105	1,090,[illegible]
	TOTAUX	4,097,130	475,661	2,375,331	168,072	43,248	31,447	1,004,250	131,450	85,061	8,711,2[illegible]
10e	Corse	413,424	»	40,917	219,760	»	48,001	»	64,835	»	786,[illegible]

DÉPARTEMENTS.	NOMBRE D'HECTOLITRES DE GRAINS RÉCOLTÉS PAR HECTARE EN FROMENT.	MÉTEIL.	SEIGLE.	ORGE.	SARRASIN.	MAÏS ET MILLET.	AVOINE.	LÉGUMES SECS.	AUTRES MENUS GRAINS.	POMMES DE TERRE.	RÉCOLTE SUBSIDIAIRE EN POMMES DE TERRE.	CHÂTAIGNES.	OBSERVATIONS.
	hect. lit.	hect. lit.	hect. lit.	hect. lit.	hect. lit.	hect. lit.	hect. lit.	hect. lit.	hect. lit.	hect. lit.	hect.	hect.	
Ardennes	16. »	14. »	13. »	9. »	10. »	» »	15. »	15. »	15. »	84. »	381,200	»	
Marne	12. 30	» »	12. »	8. »	6. »	» »	8. »	» »	» »	» »	300,000	»	
Aube	8. 67	9. 25	9. 20	10. 83	5. 64	16. 50	8. 64	9. 14	8. 98	111. »	227,271	»	
Haute-Marne	11. 46	11. 40	9. 80	9. 90	6. »	» »	8. »	5. »	7. »	120. »	1,476,000	»	
Meuse	12. 95	10. 25	11. 88	9. 68	» »	» »	9. 72	9. »	6. 60	71. »	1,279,850	»	
Moselle	16. »	15. »	14. »	10. 87	» »	» »	14. 37	11. 50	8. »	100. »	2,009,000	»	
Meurthe	15. »	13. 50	16. 80	11. 50	15. »	16. »	15. »	11. »	10. 49	185. »	3,654,776		
Vosges	17. »	19. »	19. »	16. »	20. »	5. »	16. »	10. »	10. »	180. »	3,771,000		
Bas-Rhin	19. 30	26. 29	17. 97	21. 68	11. 20	17. 65	22. 41	10. 20	12. 43	205. »	5,510,261	»	
Haut-Rhin	15. 10	16. 80	14. 10	12. 20	8. »	8. »	13. »	7. »	8. 50	167. »	3,211,022	»	
TOTAUX	» »	» »	» »	» »	» »	» »	» »	» »	» »	» »	21,501,579	»	
Côte-d'Or	11. 10	11. 56	10. 50	11. »	8. 05	17. 50	11. 30	10. 50	25. 50	69. »	801,019	»	
Haute-Saône	11. 42	14. »	13. 10	11. »	16. »	15. »	9. »	12. »	16. »	133. »	1,521,104	»	
Doubs	12. »	12. »	12. »	16. »	» »	13. »	18. »	10. »	8. »	78. »	251,000		
Jura	13. 18	16. 39	13. »	17. 30	24. 81	20. 63	23. 18	8. 98	11. 79	153. »	1,397,440	»	
Saône-et-Loire	14. »	14. »	14. »	18. »	9. »	8. »	14. »	8. 75	6. 25	36. »	1,800,000	20,000	
Loire	10. 7	8. »	14. »	10. »	10. »	8. »	10. »	10. »	» »	64. »	832,000	400	
Rhône	7. »	8. »	9. »	6. »	12. »	7. »	5. »	3. »	4. »	» »	»	»	
Ain	12. 24	11. 30	11. 25	7. 60	6. 75	25. »	7. 60	3. 37	» »	48. »	618,000	1,375	
Isère	15. 60	20. 80	18. 20	15. 60	13. 20	12. 80	14. »	15. »	» »	187.	10,771,200	»	
TOTAUX	» »	» »	» »	» »	» »	» »	» »	» »	» »	» »	18,031,763	21,775	
Haute-Loire	14. 88	9. 24	13. 08	10. 12	3. »	» »	8. 04	9. 30	8. 24	61. »	832,000	»	
Ardèche	13. »	12. »	13. 38	14. 68	12. 75	5. 50	10. »	7. »	5. »	11. »	00,000	103,000	
Drôme	11. 72	10. 97	11. 47	10. 30	2. 38	1. 33	14. 58	7. 38	9. 76	99. »	1,066,680	»	
Gard	13. »	15. »	12. »	14. »	6. »	15. »	17. »	6. »	6. »	78. »	604,000	»	
Vaucluse	12. 68	10. 50	10. 50	10. 60	7. 41	7. 70	14. 70	4. 40	3. 22	30. »	153,000	»	
Basses-Alpes	8. »	8. »	6. »	14. 50	» »	6. »	12. »	6. 75	7. 50	35. »	504,048	4,156	
Hautes-Alpes	12. »	15. »	18. »	23. 00	» »	» »	20. 10	10. 80	20. 10	206. »	418,304	»	
Bouches-du-Rhône	12. 34	10. 65	11. 10	14. 50	» »	» »	14. 50	7. 20	7. 15	» »	»	»	
Var	8. 50	5. »	4. 63	0. 01	» »	12. »	13. 21	6. 36	0. »	20. »	126,300	11,000	
TOTAUX	» »	» »	» »	» »	» »	» »	» »	» »	» »	» »	3,722,432	182,156	
Corse	21. »	» »	21. 50	22. 50	» »	11. 25	» »	22. 50	» »	100. »	130,100	189,490	

RÉCAP[...]ULATION

DES RAPPORTS PARTICULIERS [...]U PRODUIT DE LA RÉCOLTE DE 1833.

INDICATION des RÉGIONS.	NOMBRE D'HECTOLITRES RÉCOLTÉS SUR LA TOTALITÉ DES TERRES ENSEMENCÉES EN FROMENT.	MÉTEIL.	SEIGLE.	ORGE.	SARRASIN.	MAÏS ET MILLET.	AVOINE.	LÉGUMES SECS.	AUTRES MENUS GRAINS.	TOTAL de la récolte ci-dessus.
	hect.	hect.	hect.	hect.	hect.	hect.	hect.	hect.	hect.	hect.
1re Nord-Ouest	7,304,649	1,161,361	4,430,173	3,161,225	3,294,190	176,538	6,216,293	195,193	132,560	26,251,7[...]
2e Nord	16,294,307	4,844,445	3,142,289	2,267,933	36,906	1,869	16,028,355	1,041,955	4,530,417	46,888,1[...]
3e Nord-Est	9,086,907	722,024	2,693,631	3,089,365	150,286	30,903	6,669,115	260,235	702,311	21,091,3[...]
4e Ouest	6,896,493	1,637,275	3,039,440	1,846,761	637,358	763,443	2,310,246	264,471	140,640	17,870,8[...]
5e Centre	1,407,302	1,830,247	6,852,069	2,237,278	508,554	7,406	4,363,369	212,610	170,763	29,300,516
6e Est	3,906,380	1,199,063	4,375,182	1,766,694	703,480	1,069,213	2,807,728	348,476	175,000	16,401,18[...]
7e Sud-Ouest	5,297,379	411,554	2,070,751	188,714	134,329	3,370,137	736,789	339,072	84,301	13,336,4[...]
8e Sud	4,602,021	388,922	4,091,833	485,147	401,670	1,753,211	2,035,880	209,780	63,725	14,191,60[...]
9e Sud-Est	4,097,130	175,681	2,373,331	469,072	42,948	31,437	1,061,250	131,459	85,061	8,511,38[...]
10e Corse	413,494	»	40,927	218,700	»	28,501	»	64,035	»	766,67[...]
Pour toute la France.	66,073,141	11,436,493	34,491,534	15,997,119	5,919,084	7,233,003	42,903,886	3,965,121	3,051,507	190,099,1[...]

INDICATION des RÉGIONS.	NOMBRE D'HECTOLITRES DE GRAINS RÉCOLTÉS PAR HECTARE EN FROMENT.	MÉTEIL.	SEIGLE.	ORGE.	SARRASIN.	MAÏS ET MILLET.	AVOINE.	LÉGUMES SECS.	AUTRES MENUS GRAINS.	POMMES de TERRE.	RÉCOLTE SUBSIDIAIRE EN POMMES DE TERRE.	CHÂTAIGNES.
	hect. lit. c.	hect. lit. c.	hect. lit. c.	hect. lit. c.	hect. lit. c.	hect. lit. c.	hect. lit. c.	hect. lit. c.	hect. lit. c.	hect. lit. c.	hect.	hect.
1re Nord-Ouest	»	»	»	»	»	»	»	»	»	»	5,734,609	158,175
2e Nord	»	»	»	»	»	»	»	»	»	»	7,711,525	»
3e Nord-Est	»	»	»	»	»	»	»	»	»	»	21,891,379	»
4e Ouest	»	»	»	»	»	»	»	»	»	»	4,732,810	570,300
5e Centre	»	»	»	»	»	»	»	»	»	»	4,909,950	81,800
6e Est	»	»	»	»	»	»	»	»	»	»	16,094,769	91,775
7e Sud-Ouest	»	»	»	»	»	»	»	»	»	»	3,258,369	627,044
8e Sud	»	»	»	»	»	»	»	»	»	»	4,214,772	1,118,410
9e Sud-Est	»	»	»	»	»	»	»	»	»	»	3,703,382	190,156
10e Corse	»	»	»	»	»	»	»	»	»	»	150,100	150,490
Pour toute la France.	12 60 96	13 14 62	12 81 48	15 56 09	9 61 40	9 81 72	15 30 84	10 50 92	14 18 10	100 33 50	74,404,719	3,112,280

LA

VII.

RELEVÉ

DES RAPPORTS ANNUELS

SUR

LA CONSOMMATION PRÉSUMÉE DES GRAINS DANS TOUT LE ROYAUME,

DE 1815 A 1835.

Ces Rapports sont relatifs aux besoins depuis l'époque de la récolte jusqu'à l'époque correspondante de l'année suivante.

ÉVALUATION DES QUANTITÉS DE GRAINS ANNUELLEMENT NÉCESSAIRES.

ANNÉES.	POPULATION.	POUR LA NOURRITURE DES HABITANTS EN FROMENT.	MÉTEIL.	SEIGLE.	ORGE.	SARRASIN.	MAÏS ET MILLET.	AVOINE.	LÉGUMES SECS.	AUTRES MENUS GRAINS.	TOTAL des quantités de grains annuellement nécessaires à la nourriture des habitants.
		hect.	hect.	hect.	hect.	hect.	hect.	hect.	hect.	hect.	hect.
1815.	[illegible]	.	.	.	.	.	.	.	.	.	[illegible]
1816.	[illegible]	.	.	.	.	.	.	.	.	.	[illegible]
1817.	[illegible]	.	.	.	.	.	.	.	.	.	[illegible]
1818.	[illegible]	.	.	.	.	.	.	.	.	.	[illegible]
1819.	[illegible]	.	.	.	.	.	.	.	.	.	[illegible]
1820.	[illegible]	.	.	.	.	.	.	.	.	.	[illegible]
1821.	[illegible]	[illegible]	[illegible]	[illegible]	[illegible]	[illegible]	[illegible]	[illegible]	[illegible]	[illegible]	[illegible]
1822.	[illegible]	[illegible]	[illegible]	[illegible]	[illegible]	[illegible]	[illegible]	[illegible]	[illegible]	[illegible]	[illegible]
1823.	[illegible]	[illegible]	[illegible]	[illegible]	[illegible]	[illegible]	[illegible]	[illegible]	[illegible]	[illegible]	[illegible]
1824.	[illegible]	[illegible]	[illegible]	[illegible]	[illegible]	[illegible]	[illegible]	[illegible]	[illegible]	[illegible]	[illegible]
1825.	[illegible]	[illegible]	[illegible]	[illegible]	[illegible]	[illegible]	[illegible]	[illegible]	[illegible]	[illegible]	[illegible]
1826.	[illegible]	[illegible]	[illegible]	[illegible]	[illegible]	[illegible]	[illegible]	[illegible]	[illegible]	[illegible]	[illegible]
1827.	[illegible]	[illegible]	[illegible]	[illegible]	[illegible]	[illegible]	[illegible]	[illegible]	[illegible]	[illegible]	[illegible]
1828.	[illegible]	[illegible]	[illegible]	[illegible]	[illegible]	[illegible]	[illegible]	[illegible]	[illegible]	[illegible]	[illegible]
1829.	[illegible]	[illegible]	[illegible]	[illegible]	[illegible]	[illegible]	[illegible]	[illegible]	[illegible]	[illegible]	[illegible]
1830.	[illegible]	[illegible]	[illegible]	[illegible]	[illegible]	[illegible]	[illegible]	[illegible]	[illegible]	[illegible]	[illegible]
1831.	[illegible]	[illegible]	[illegible]	[illegible]	[illegible]	[illegible]	[illegible]	[illegible]	[illegible]	[illegible]	[illegible]
1832.	[illegible]	[illegible]	[illegible]	[illegible]	[illegible]	[illegible]	[illegible]	[illegible]	[illegible]	[illegible]	[illegible]
1833.	[illegible]	[illegible]	[illegible]	[illegible]	[illegible]	[illegible]	[illegible]	[illegible]	[illegible]	[illegible]	[illegible]
1834.	[illegible]	[illegible]	[illegible]	[illegible]	[illegible]	[illegible]	[illegible]	[illegible]	[illegible]	[illegible]	[illegible]
1835.	[illegible]	[illegible]	[illegible]	[illegible]	[illegible]	[illegible]	[illegible]	[illegible]	[illegible]	[illegible]	[illegible]

ANNÉES.	POUR LA NOURRITURE DES CHEVAUX, BESTIAUX, VOLAILLES ET AUTRES ANIMAUX DOMESTIQUES, EN FROMENT.	MÉTEIL.	SEIGLE.	ORGE.	SARRASIN.	MAÏS ET MILLET.	AVOINE.	LÉGUMES SECS.	AUTRES MENUS GRAINS.	TOTAL des quantités de grains annuellement nécessaires à la nourriture des animaux domestiques.
	hect.	hect.	hect.	hect.	hect.	hect.	hect.	hect.	hect.	hect.
1815.	.	.	.	.	.	.	.	.	.	[illegible]
1816.	.	.	.	.	.	.	.	.	.	[illegible]
1817.	.	.	.	.	.	.	.	.	.	[illegible]
1818.	.	.	.	.	.	.	.	.	.	[illegible]
1819.	.	.	.	.	.	.	.	.	.	[illegible]
1820.	.	.	.	.	.	.	.	.	.	[illegible]
1821.	[illegible]	[illegible]	[illegible]	[illegible]	[illegible]	[illegible]	[illegible]	[illegible]	[illegible]	[illegible]
1822.	[illegible]	[illegible]	[illegible]	[illegible]	[illegible]	[illegible]	[illegible]	[illegible]	[illegible]	[illegible]
1823.	[illegible]	[illegible]	[illegible]	[illegible]	[illegible]	[illegible]	[illegible]	[illegible]	[illegible]	[illegible]
1824.	[illegible]	[illegible]	[illegible]	[illegible]	[illegible]	[illegible]	[illegible]	[illegible]	[illegible]	[illegible]
1825.	[illegible]	[illegible]	[illegible]	[illegible]	[illegible]	[illegible]	[illegible]	[illegible]	[illegible]	[illegible]
1826.	[illegible]	[illegible]	[illegible]	[illegible]	[illegible]	[illegible]	[illegible]	[illegible]	[illegible]	[illegible]
1827.	[illegible]	[illegible]	[illegible]	[illegible]	[illegible]	[illegible]	[illegible]	[illegible]	[illegible]	[illegible]
1828.	[illegible]	[illegible]	[illegible]	[illegible]	[illegible]	[illegible]	[illegible]	[illegible]	[illegible]	[illegible]
1829.	[illegible]	[illegible]	[illegible]	[illegible]	[illegible]	[illegible]	[illegible]	[illegible]	[illegible]	[illegible]
1830.	[illegible]	[illegible]	[illegible]	[illegible]	[illegible]	[illegible]	[illegible]	[illegible]	[illegible]	[illegible]
1831.	[illegible]	[illegible]	[illegible]	[illegible]	[illegible]	[illegible]	[illegible]	[illegible]	[illegible]	[illegible]
1832.	[illegible]	[illegible]	[illegible]	[illegible]	[illegible]	[illegible]	[illegible]	[illegible]	[illegible]	[illegible]
1833.	[illegible]	[illegible]	[illegible]	[illegible]	[illegible]	[illegible]	[illegible]	[illegible]	[illegible]	[illegible]
1834.	[illegible]	[illegible]	[illegible]	[illegible]	[illegible]	[illegible]	[illegible]	[illegible]	[illegible]	[illegible]
1835.	[illegible]	[illegible]	[illegible]	[illegible]	[illegible]	[illegible]	[illegible]	[illegible]	[illegible]	[illegible]

ANNÉES.	POUR LES SEMENCES, EN FROMENT.	MÉTEIL.	SEIGLE.	ORGE.	SARRASIN.	MAÏS ET MILLET.	AVOINE.	LÉGUMES SECS.	AUTRES MENUS GRAINS.	TOTAL des quantités de grains annuellement nécessaires aux semences.
	hect.	hect.	hect.	hect.	hect.	hect.	hect.	hect.	hect.	hect.
1815.	.	.	.	.	.	.	.	.	.	[illegible]
1816.	.	.	.	.	.	.	.	.	.	[illegible]
1817.	.	.	.	.	.	.	.	.	.	[illegible]
1818.	.	.	.	.	.	.	.	.	.	[illegible]
1819.	.	.	.	.	.	.	.	.	.	[illegible]
1820.	.	.	.	.	.	.	.	.	.	[illegible]
1821.	[illegible]	[illegible]	[illegible]	[illegible]	[illegible]	[illegible]	[illegible]	[illegible]	[illegible]	[illegible]
1822.	[illegible]	[illegible]	[illegible]	[illegible]	[illegible]	[illegible]	[illegible]	[illegible]	[illegible]	[illegible]
1823.	[illegible]	[illegible]	[illegible]	[illegible]	[illegible]	[illegible]	[illegible]	[illegible]	[illegible]	[illegible]
1824.	[illegible]	[illegible]	[illegible]	[illegible]	[illegible]	[illegible]	[illegible]	[illegible]	[illegible]	[illegible]
1825.	[illegible]	[illegible]	[illegible]	[illegible]	[illegible]	[illegible]	[illegible]	[illegible]	[illegible]	[illegible]
1826.	[illegible]	[illegible]	[illegible]	[illegible]	[illegible]	[illegible]	[illegible]	[illegible]	[illegible]	[illegible]
1827.	[illegible]	[illegible]	[illegible]	[illegible]	[illegible]	[illegible]	[illegible]	[illegible]	[illegible]	[illegible]
1828.	[illegible]	[illegible]	[illegible]	[illegible]	[illegible]	[illegible]	[illegible]	[illegible]	[illegible]	[illegible]
1829.	[illegible]	[illegible]	[illegible]	[illegible]	[illegible]	[illegible]	[illegible]	[illegible]	[illegible]	[illegible]
1830.	[illegible]	[illegible]	[illegible]	[illegible]	[illegible]	[illegible]	[illegible]	[illegible]	[illegible]	[illegible]
1831.	[illegible]	[illegible]	[illegible]	[illegible]	[illegible]	[illegible]	[illegible]	[illegible]	[illegible]	[illegible]
1832.	[illegible]	[illegible]	[illegible]	[illegible]	[illegible]	[illegible]	[illegible]	[illegible]	[illegible]	[illegible]
1833.	[illegible]	[illegible]	[illegible]	[illegible]	[illegible]	[illegible]	[illegible]	[illegible]	[illegible]	[illegible]
1834.	[illegible]	[illegible]	[illegible]	[illegible]	[illegible]	[illegible]	[illegible]	[illegible]	[illegible]	[illegible]
1835.	[illegible]	[illegible]	[illegible]	[illegible]	[illegible]	[illegible]	[illegible]	[illegible]	[illegible]	[illegible]

ANNÉES.	POUR LES BRASSERIES, LES DISTILLERIES ET POUR TOUS AUTRES USAGES EN FROMENT.	MÉTEIL.	SEIGLE.	ORGE.	SARRASIN.	MAÏS ET MILLET.	AVOINE.	LÉGUMES SECS.	AUTRES MENUS GRAINS.	TOTAL des quantités de grains annuellement nécessaires à tous autres usages.	TOTAL de tous les grains consommés en chaque espèce de grains.
	hect.	hect.	hect.	hect.	hect.	hect.	hect.	hect.	hect.	hect.	hect.
1815.	.	.	.	.	.	.	.	.	.	[illegible]	[illegible]
1816.	.	.	.	.	.	.	.	.	.	[illegible]	[illegible]
1817.	.	.	.	.	.	.	.	.	.	[illegible]	[illegible]
1818.	.	.	.	.	.	.	.	.	.	[illegible]	[illegible]
1819.	.	.	.	.	.	.	.	.	.	[illegible]	[illegible]
1820.	.	.	.	.	.	.	.	.	.	[illegible]	[illegible]
1821.	[illegible]	[illegible]	[illegible]	[illegible]	[illegible]	[illegible]	[illegible]	[illegible]	[illegible]	[illegible]	[illegible]
1822.	[illegible]	[illegible]	[illegible]	[illegible]	[illegible]	[illegible]	[illegible]	[illegible]	[illegible]	[illegible]	[illegible]
1823.	[illegible]	[illegible]	[illegible]	[illegible]	[illegible]	[illegible]	[illegible]	[illegible]	[illegible]	[illegible]	[illegible]
1824.	[illegible]	[illegible]	[illegible]	[illegible]	[illegible]	[illegible]	[illegible]	[illegible]	[illegible]	[illegible]	[illegible]
1825.	[illegible]	[illegible]	[illegible]	[illegible]	[illegible]	[illegible]	[illegible]	[illegible]	[illegible]	[illegible]	[illegible]
1826.	[illegible]	[illegible]	[illegible]	[illegible]	[illegible]	[illegible]	[illegible]	[illegible]	[illegible]	[illegible]	[illegible]
1827.	[illegible]	[illegible]	[illegible]	[illegible]	[illegible]	[illegible]	[illegible]	[illegible]	[illegible]	[illegible]	[illegible]
1828.	[illegible]	[illegible]	[illegible]	[illegible]	[illegible]	[illegible]	[illegible]	[illegible]	[illegible]	[illegible]	[illegible]
1829.	[illegible]	[illegible]	[illegible]	[illegible]	[illegible]	[illegible]	[illegible]	[illegible]	[illegible]	[illegible]	[illegible]
1830.	[illegible]	[illegible]	[illegible]	[illegible]	[illegible]	[illegible]	[illegible]	[illegible]	[illegible]	[illegible]	[illegible]
1831.	[illegible]	[illegible]	[illegible]	[illegible]	[illegible]	[illegible]	[illegible]	[illegible]	[illegible]	[illegible]	[illegible]
1832.	[illegible]	[illegible]	[illegible]	[illegible]	[illegible]	[illegible]	[illegible]	[illegible]	[illegible]	[illegible]	[illegible]
1833.	[illegible]	[illegible]	[illegible]	[illegible]	[illegible]	[illegible]	[illegible]	[illegible]	[illegible]	[illegible]	[illegible]
1834.	[illegible]	[illegible]	[illegible]	[illegible]	[illegible]	[illegible]	[illegible]	[illegible]	[illegible]	[illegible]	[illegible]
1835.	[illegible]	[illegible]	[illegible]	[illegible]	[illegible]	[illegible]	[illegible]	[illegible]	[illegible]	[illegible]	[illegible]

OBSERVATIONS.

Pour éviter un double emploi ou des mécomptes, la population, dans chaque département, a été évaluée sans avoir égard aux passagers ni aux individus absents, non plus qu'aux militaires en garnison ou sous les drapeaux. En procédant ainsi, on a reconnu qu'il s'établissait une compensation telle que la population recensée du département représentait à très-peu près le nombre exact des consommateurs.

En 1830, la différence en moins de 56,430 individus comparativement à 1829, porte tout entière sur le département de la Seine.

TOTAL DES BESOINS ANNUELS DE LA FRANCE EN TOUTE ESPÈCE DE GRAINS.

ANNÉES.	FROMENT.	MÉTEIL.	SEIGLE.	ORGE.	SARRASIN.	MAÏS ET MILLET.	AVOINE.	LÉGUMES SECS.	AUTRES MENUS GRAINS.	TOTAUX.
	hect.	hect.	hect.	hect.	hect.	hect.	hect.	hect.	hect.	hect.
1815.	[illegible]	[illegible]	[illegible]	[illegible]	[illegible]	[illegible]	[illegible]	[illegible]	[illegible]	[illegible]
1816.	[illegible]	[illegible]	[illegible]	[illegible]	[illegible]	[illegible]	[illegible]	[illegible]	[illegible]	[illegible]
1817.	[illegible]	[illegible]	[illegible]	[illegible]	[illegible]	[illegible]	[illegible]	[illegible]	[illegible]	[illegible]
1818.	[illegible]	[illegible]	[illegible]	[illegible]	[illegible]	[illegible]	[illegible]	[illegible]	[illegible]	[illegible]
1819.	[illegible]	[illegible]	[illegible]	[illegible]	[illegible]	[illegible]	[illegible]	[illegible]	[illegible]	[illegible]
1820.	[illegible]	[illegible]	[illegible]	[illegible]	[illegible]	[illegible]	[illegible]	[illegible]	[illegible]	[illegible]
1821.	[illegible]	[illegible]	[illegible]	[illegible]	[illegible]	[illegible]	[illegible]	[illegible]	[illegible]	[illegible]
1822.	[illegible]	[illegible]	[illegible]	[illegible]	[illegible]	[illegible]	[illegible]	[illegible]	[illegible]	[illegible]
1823.	[illegible]	[illegible]	[illegible]	[illegible]	[illegible]	[illegible]	[illegible]	[illegible]	[illegible]	[illegible]
1824.	[illegible]	[illegible]	[illegible]	[illegible]	[illegible]	[illegible]	[illegible]	[illegible]	[illegible]	[illegible]
1825.	[illegible]	[illegible]	[illegible]	[illegible]	[illegible]	[illegible]	[illegible]	[illegible]	[illegible]	[illegible]
1826.	[illegible]	[illegible]	[illegible]	[illegible]	[illegible]	[illegible]	[illegible]	[illegible]	[illegible]	[illegible]
1827.	[illegible]	[illegible]	[illegible]	[illegible]	[illegible]	[illegible]	[illegible]	[illegible]	[illegible]	[illegible]
1828.	[illegible]	[illegible]	[illegible]	[illegible]	[illegible]	[illegible]	[illegible]	[illegible]	[illegible]	[illegible]
1829.	[illegible]	[illegible]	[illegible]	[illegible]	[illegible]	[illegible]	[illegible]	[illegible]	[illegible]	[illegible]
1830.	[illegible]	[illegible]	[illegible]	[illegible]	[illegible]	[illegible]	[illegible]	[illegible]	[illegible]	[illegible]
1831.	[illegible]	[illegible]	[illegible]	[illegible]	[illegible]	[illegible]	[illegible]	[illegible]	[illegible]	[illegible]
1832.	[illegible]	[illegible]	[illegible]	[illegible]	[illegible]	[illegible]	[illegible]	[illegible]	[illegible]	[illegible]
1833.	[illegible]	[illegible]	[illegible]	[illegible]	[illegible]	[illegible]	[illegible]	[illegible]	[illegible]	[illegible]
1834.	[illegible]	[illegible]	[illegible]	[illegible]	[illegible]	[illegible]	[illegible]	[illegible]	[illegible]	[illegible]
1835.	[illegible]	[illegible]	[illegible]	[illegible]	[illegible]	[illegible]	[illegible]	[illegible]	[illegible]	[illegible]

OBSERVATIONS.

Les consommations en menus grains par les animaux domestiques présentent souvent d'une année à l'autre de grandes variations. Les différences s'expliquent par l'espèce de produits et par l'usage qu'on en fait. Suivant les localités, on a compris sous la dénomination de menus grains le colza, la navette, le chènevis, la dravière, les lentilles-fourragères, la gesse, etc., etc., et dans plusieurs départements, la plupart des plantes dont il s'agit (lesquelles se sèment au printemps) sont employées comme fourrage et sont parfois consommées ainsi sur place par les bestiaux.

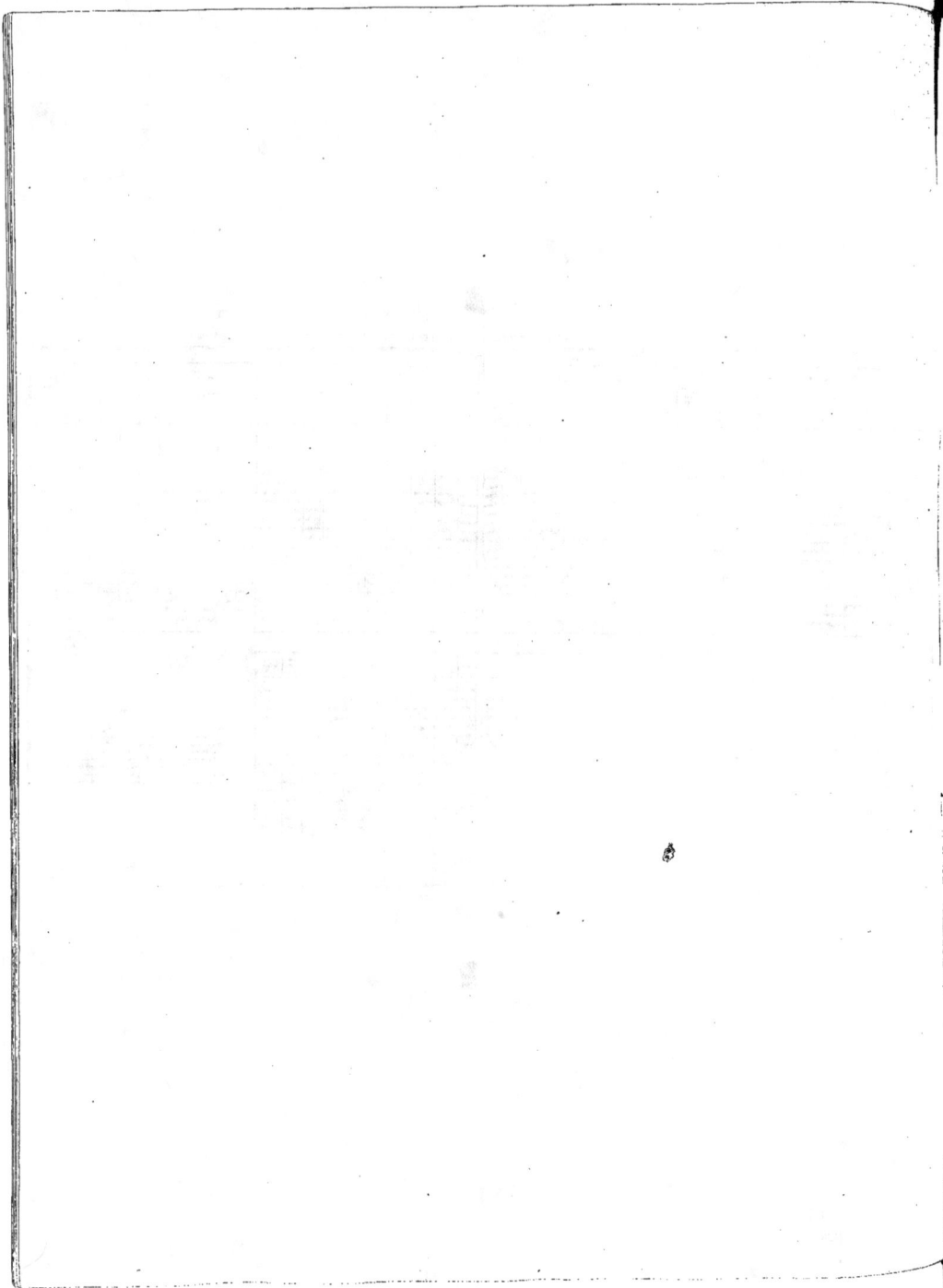

VIII.

RELEVÉ

DES RAPPORTS PARTICULIERS,

POUR 1835,

1° Du produit des récoltes de cette année;

2° De la consommation présumée depuis ladite récolte jusqu'à celle de 1836.

RÉGIONS.	DÉPARTEMENTS.	NOMBRE D'HECTOLITRES RÉCOLTÉS SUR LA TOTALITÉ DES TERRES ENSEMENCÉES EN FROMENT.	MÉTEIL.	SEIGLE.	ORGE.	SARRASIN.	MAÏS ET MILLET.	AVOINE.	LÉGUMES SECS.	AUTRES MENUS GRAINS.	TOTAL DE LA RÉCOLTE CI-DESSUS.
		hect.	hect.	hect.	hect.	hect.	hect.	hect.	hect.	hect.	hect.
1re Nord-Ouest.	Finistère	563,380	94,000	642,060	591,180	853,300	»	906,100	»	»	3,140,5[illegible]
	Côtes-du-Nord	869,593	149,828	587,535	293,142	301,974	»	1,840,197	11,437	»	4,146,[illegible]
	Morbihan	421,300	1,600	1,019,901	1,040	138,600	22,030	672,000	9,500	600	2,316,6[illegible]
	Ille-et-Vilaine	1,392,000	288,000	754,400	178,200	308,400	»	918,000	7,770	»	3,8[illegible]
	Manche	1,229,968	79,831	161,505	1,206,102	354,822	»	578,075	30,930	18,503	3,648,[illegible]
	Calvados	1,556,672	30,574	104,475	467,750	144,067		791,050	20,505	55,380	3,171,[illegible]
	Orne	798,000	162,300	133,560	499,160	236,250	»	918,080	27,200	12,200	2,850,[illegible]
	Mayenne	1,292,750	123,120	556,525	74,100	297,900	»	667,500	»	»	3,005,[illegible]
	Sarthe	560,140	390,570	427,000	461,293	51,000	53,531	262,900	18,862	26,008	2,181,[illegible]
	TOTAUX	8,083,013	1,220,143	4,160,[illegible]	3,382,167	2,[illegible]	75,611	7,585,702	126,294	117,091	28,269,[illegible]
4e Ouest.	Loire-Inférieure	683,650	10,680	233,000	31,577	301,530	32,900	131,781	7,000	1,250	1,454,[illegible]
	Maine-et-Loire	1,005,000	126,000	547,580	90,600	31,500	9,125	155,200	160,000	»	2,12[illegible]
	Indre-et-Loire	1,100,780	216,489	344,088	217,547	2,345	4,730	845,436	11,104	30,264	2,780,78[illegible]
	Vendée	2,024,000	189,000	142,500	405,000	6,760	17,500	13,500	40,000	6,000	2,914,3[illegible]
	Charente-Inférieure	664,538	97,360	46,380	274,771	»	300,900	581,400	40,344	114,030	2,151,[illegible]
	Deux-Sèvres	806,729	168,188	841,930	408,036	14,145	31,601	363,577	26,890	15,825	2,[illegible]
	Charente	343,500	109,990	217,120	191,890	16,000	235,400	131,180	63,000	3,000	1,304,[illegible]
	Vienne	881,500	137,020	490,565	297,000	682	17,994	634,100	10,646	2,000	2,333,[illegible]
	Haute-Vienne	160,500	»	1,040,000	7,000	180,000	40,000	96,000	18,000	»	1,541,500
	TOTAUX	7,686,201	1,121,207	3,684,290	2,015,412	552,962	671,050	3,016,177	308,750	178,300	19,385,401
7e Sud-Ouest.	Gironde	559,862	39,027	175,003	675	2,799	127,035	65,528	14,216	»	1,014,[illegible]
	Dordogne	545,700	68,850	214,200	37,230	19,200	231,850	10,000	31,500	14,000	1,1[illegible]
	Lot-et-Garonne	1,095,000	»	437,700	5,850	»	93,000	17,325	172,500	»	1,891,[illegible]
	Landes	290,000	»	300,000	540	»	455,000	5,000	59,000	10,000	1,[illegible]
	Gers	915,915	3,300	52,067	87,226	»	192,825	86,204	30,500	18,195	1,336,[illegible]
	Basses-Pyrénées	500,700	990	7,920	19,800	»	1,036,800	12,000	5,250		1,643,[illegible]
	Hautes-Pyrénées	194,512	194,016	146,160	51,868	32,400	449,250	138,350	10,500	»	1,[illegible]
	Haute-Garonne	1,209,283	61,946	822,632	20,568	11,038	631,323	263,097	40,224	5,910	2,[illegible]
	Ariége	229,200	66,288	161,420	5,085	79,628	240,701	80,520	48,085	2,140	880,[illegible]
	TOTAUX	5,609,072	354,300	1,709,290	108,211	179,006	3,428,377	675,918	432,815	55,381	12,[illegible]

DÉPARTEMENTS.	NOMBRE D'HECTOLITRES DE GRAINS RÉCOLTÉS PAR HECTARE EN FROMENT.	MÉTEIL.	SEIGLE.	ORGE.	SARRASIN.	MAÏS ET MILLET.	AVOINE.	LÉGUMES SECS.	AUTRES MENUS GRAINS.	POMMES DE TERRE.	RÉCOLTE SUBSIDIAIRE EN POMMES DE TERRE.	CHÂTAIGNES.	OBSERVATIONS.
	hect. lit.	hect. lit.	hect. lit.	hect. lit.	hect. lit.	hect. lit.	hect. lit.	hect. lit.	hect. lit.	hect. lit.	hect.	hect.	
Finistère	17. »	22. »	18. »	23. »	10. »	» »	20. 50	» »	» »	80. »	1,296,000	»	
Côtes-du-Nord	14. 94	14. 50	15. »	18. 25	5. 80	» »	29. 10	12. 50	» »	101. »	1,011,015	»	
Morbihan	11. »	8. »	13. 80	5. 20	2. 40	2. 40	22. 40	10. »	30. »	50. »	932,500	»	
Ille-et-Vilaine	24. »	19. 60	18. 40	10. 60	4. »	» »	27. »	4. 20	» »	60. »	516,000	104,950	
Manche	15. 26	14. 65	12. 94	20. 63	5. 58	» »	19. 24	11. 08	16. 55	23. 25	667,299	»	
Calvados	16. »	16. 99	17. 50	25. »	7. »	» »	25. »	7. 50	7. 50	72. »	57,000	»	
Orne	19. »	16. »	19. »	14. »	11. 25	» »	14. »	8. »	8. »	25. »	96,160	»	
Mayenne	17. 10	17. 10	11. 90	11. 40	5. 25	» »	14. »	» »	» »	130. »	208,800	10,000	
Sarthe	16. »	10. »	16. »	9. »	14. »	15. 75	10. »	7. 50	8. »	80. »	1,149,080	»	
TOTAUX	» »	» »	» »	» »	» »	» »	» »	» »	» »	» »	6,145,753	114,950	
Loire-Inférieure	19. 50	12. »	10. »	13. »	10. »	30. »	17. »	10. »	13. 50	» »	»	»	
Maine-et-Loire	16. »	13. »	12. »	12. »	7. 50	6. 25	16. »	21. »	»	100. »	994,300	9,000	
Indre-et-Loire	16. »	13. »	12. »	11. »	5. »	5. »	12. »	8. »	8. »	» »	»	»	
Vendée	13. 50	13. 50	14. 25	13. 50	9. 25	7. »	15. »	7. »	6. »	» »	»	»	
Charente-Inférieure	6. 75	5. »	4. 80	8. 25	»	15. »	20. »	9. 00	18. »	60. »	747,000	»	
Deux-Sèvres	11. 38	10. 74	17. 50	12. »	15. 51	14. 25	20. 21	7. 60	13. 50	121. 92	970,040	»	
Charente	6. 87	6. 87	8. 12	8. 12	8. »	8. 80	9. 37	7. 50	5. »	65. »	1,040,000	158,000	
Vienne	16. »	11. »	12. »	9. »	9. 75	9. 86	17. »	4. »	5. »	144. »	792,000	7,900	
Haute-Vienne	15. »	» »	13. »	7. »	9. »	20. »	24. »	15. »	»	150. »	1,915,000	221,060	
TOTAUX	» »	» »	» »	» »	»	» »	» »	» »	» »	» »	5,797,740	468,900	
Gironde	8. 05	7. 09	5. 10	4. 90	9. 50	7. 50	11. 60	6. 90	» »	11. 80	357,328	»	
Dordogne	5. 10	5. 10	5. 10	5. 10	9. »	4. 60	5. 50	3. »	3. »	30. »	858,000	50,000	
Lot-et-Garonne	7. 50	» »	12. »	7. 60	» »	5. »	10. 50	15. »	»	15. »	150,000	30,000	
Landes	7. »	» »	5. »	8. »	» »	9. 50	7. »	3. 50	4. »	40. »	88,000	»	
Gers	5. 77	4. 19	4. 12	4. 95	» »	8. 18	5. 44	3. 75	7. 25	10. 33	58,000	»	
Basses-Pyrénées	9. »	6. 80	9. 00	9. 90	» »	14. 40	19. »	7. »	» »	60. »	75,000	13,575	
Hautes-Pyrénées	12. 05	12. 48	12. 60	18. 50	18. »	15. 50	16. 50	3. 53	» »	38. »	385,000	»	
Haute-Garonne	11. 11	9. »	14. 50	11. »	16. »	13. 35	10. 37	5. 02	16. »	124. »	23,803	»	
Ariége	8. »	8. »	10. »	11. 25	11. 25	16. »	11. »	8. »	5. »	38. »	1,087,760	2,000	
TOTAUX	» »	» »	» »	»	»	» »	»	» »	»	»	3,389,489	95,575	

RÉGIONS.	DÉPARTEMENTS.	NOMBRE D'HECTOLITRES RÉCOLTÉS SUR LA TOTALITÉ DES TERRES ENSEMENCÉES en FROMENT.	MÉTEIL.	SEIGLE.	ORGE.	SARRASIN.	MAÏS et MILLET.	AVOINE.	LÉGUMES secs.	AUTRES MENUS GRAINS.	TOTAL de la récolte ci-contre.
		hect.	hect.	hect.	hect.	hect.	hect.	hect.	hect.	hect.	h.
2e Nord.	Nord	2,565,141	305,383	861,758	425,81?	6,093	600	1,091,410	115,231	330,536	5,935,90
	Pas-de-Calais	1,364,645	1,008,160	860,100	566,000	198	700	1,778,140	63,000	517,900	5,522,72
	Somme	1,311,048	1,305,108	263,431	283,270	1,800	»	1,836,160	109,924	468,665	5,785,8?
	Seine-Inférieure	2,501,600	185,000	253,000	249,500	»	»	2,130,000	94,000	»	5,312,00
	Oise	1,456,707	550,091	451,500	815,270	»	»	1,565,332	94,281	139,709	4,607,5?
	Aisne	1,810,000	611,600	576,000	135,000	30,000	»	2,035,000	63,000	900,000	6,327,0?
	Eure	1,875,127	965,821	242,301	23,841	»	»	778,566	100,610	86,160	3,495,1?
	Eure-et-Loir	1,513,461	146,728	211,853	347,797	»	»	1,958,864	53,227	»	4,531,9?
	Seine-et-Oise	1,728,380	263,069	465,778	200,779	7,170	»	2,092,126	60,970	70,404	4,818,9?
	Seine	98,614	2,863	65,416	26,120	360	»	157,900	7,350	5,460	31?,?
	Seine-et-Marne	2,175,110	164,310	192,832	203,080	2,004	»	1,006,420	15,366	76,565	4,365,8?
	TOTAUX	18,287,331	5,403,209	5,062,117	2,736,411	49,365	1,300	18,427,045	1,047,303	2,606,720	51,421,5?
5e Centre.	Loir-et-Cher	395,600	180,000	262,500	161,609	192,000	»	606,298	3,100	16,000	1,802,??
	Loiret	600,334	273,560	390,301	271,633	16,310	2,000	1,081,276	13,860	50,037	2,629,88
	Yonne	1,151,225	321,314	351,520	418,280	3,150	»	934,505	33,831	98,737	3,296,8?
	Indre	673,200	81,000	327,000	523,200	6,000	»	527,800	9,000	4,100	2,154,??
	Cher	664,847	117,118	349,719	379,330	15,261	»	465,613	8,347	8,931	1,952,??
	Nièvre	580,030	139,145	244,000	360,190	17,100	»	361,000	10,600	»	1,641,??
	Creuse	12,500	»	1,100,000	13,050	419,300	»	144,000	4,100	»	2,013,??
	Allier	669,336	1,100	1,011,000	441,600	16,800	»	829,300	45,000	»	3,338,??
	Puy-de-Dôme	558,150	148,821	1,450,250	271,167	41,520	»	465,165	75,136	51,840	3,203,??
	TOTAUX	5,164,844	1,253,151	6,291,116	2,862,181	681,376	2,000	5,347,167	201,231	165,865	21,579,50
8e Sud.	Corrèze	51,435	8,100	753,280	6,075	299,945	7,560	71,520	18,720	»	1,196,??
	Cantal	55,140	8,800	772,000	21,080	122,560	45	90,180	17,540	650	1,103,??
	Lot	611,700	30,000	229,500	59,500	84,000	360,000	135,000	30,000	6,000	1,615,5?
	Aveyron	301,125	30,375	612,165	15,738	12,550	65,925	410,350	14,455	10,300	1,625,??
	Lozère	111,550	77,850	345,100	63,200	9,050	»	78,187	4,400	1,920	662,??
	Tarn-et-Garonne	1,150,800	60,000	254,000	4,100	»	158,000	176,000	45,800	15,000	1,891,??
	Tarn	911,200	40,270	531,000	9,083	3,150	250,200	240,015	61,410	74,770	2,141,??
	Hérault	750,000	13,000	146,460	27,000	600	12,500	210,000	33,640	9,750	1,278,5?
	Aude	830,000	21,000	151,000	50,160	11,000	384,000	507,000	18,600	9,160	2,066,??
	Pyrénées-Orientales	151,800	44,000	165,600	10,380	5,000	100,000	9,800	12,000	»	11???
	TOTAUX	5,098,850	345,395	3,960,155	260,646	450,295	1,147,580	1,581,384	242,395	51,260	13,987,??

DÉPARTEMENTS.	NOMBRE D'HECTOLITRES DE GRAINS RÉCOLTÉS PAR HECTARE en FROMENT.	MÉTEIL.	SEIGLE.	ORGE.	SARRASIN.	MAÏS et MILLET.	AVOINE.	LÉGUMES secs.	AUTRES MENUS GRAINS.	POMMES de terre.	RÉCOLTE SUBSIDIAIRE en POMMES DE TERRE.	CHÂTAIGNES.	OBSERVATIONS.
	hect. lit.	hect. lit.	hect. lit.	hect. lit.	hect. lit.	hect. lit.	hect. lit.	hect. lit.	hect. lit.	hect. lit.	hect.	hect.	
Nord	22. 22	21. 71	19. 52	32. »	23. »	44. »	40. 58	22. 36	24. 75	150. »	1,950,750	»	
Pas-de-Calais	16. 60	17. »	17. »	30. »	0. 00	17. 50	26. »	11. »	11. »	115. »	1,522,500		
Somme	19.	19. »	15. »	22. 10	9. »	» »	16. »	16. 40	16. 40	90. »	604,350	»	
Seine-Inférieure	18. 22	16. 62	18. 58	20. 51	» »	» »	27. »	21. 50	» »	181. 86	584,000	»	
Oise	17. 47	19. 85	19. 00	20. 19	»	» »	45. 92	7. 30	8. 64	112. »	515,000	»	
Aisne	20. »	18. 40	16. »	13. 50	10. »	» »	22. »	18. »	15. »	36.	324,000		
Eure	17. 90	16. 80	16. »	15. 20	» »	» »	19. 55	16. »	11. »	148. »	748,600		
Eure-et-Loir	21. 13	14. 60	15. 26	15. 08		» »	16. 56	16. 74	19. 51	33. 75	148,922	»	
Seine-et-Oise	22. »	21. »	18. »	18. »	18. »	» »	21. »	7. »	12. »	99. »	453,133	»	
Seine	19. 35	16. 22	19. 77	17. 00	15. »	» »	27. 55	0. 80	12. 30	97. 44	258,550	»	
Seine-et-Marne	21. 25	18. 66	14. 60	17. 25	6.	» »	20. »	11. 06	13. 50	100. »	547,776	»	
TOTAUX	» »	» »	» »	» »	» »	» »	» »	» »	» »	» »	7,667,391	»	
Loir-et-Cher	10 »	10. »	10. »	7. »	16. »	» »	7. »	8. »	» »	50. »	130,000	4,800	
Loiret	16. »	15. »	12. »	12. »	5. »	10. »	11. »	4. 20	11. 20	160. »	292,800	»	
Yonne	15. »	14. »	13. »	13. »	10. 50	» »	13. »	9. »	9. »	34. »	136,152	»	
Indre	12. »	12. »	14. »	12. »	10. »	» »	14. »	6. »	9. »	80. »	320,000	4,500	
Cher	16. 33	9. 23	10. 20	9. 01	4. 84	» »	13. 48	7. 35	7. 03	30. »	140,573	13,000	
Nièvre	13. 15	11. 45	10. 16	13. 31	11. 40	» »	13. 60	9. 00	» »	48. »	300,000	»	
Creuse	8. »	» »	10.	10. 50	15. »	» »	12. »	16. »	» »	70.	305,000	15,000	
Allier	16. 40	17. 50	20. 70	16. »	11. »	» »	21. »	8. »	» »	72. »	613,000	8,060	
Puy-de-Dôme	11. 20	10. 40	12. 50	13. 50	11. 20	» »	13. 20	12. »	12. »	48. »	1,300,000	»	
TOTAUX	»	» »	» »	»	» »	» »	» »	» »	» »	» »	3,370,025	15,500	
Corrèze	8. 10	7. 20	8. 90	9. »	9. 40	12. 50	18. »	12. 60	» »	» »		»	
Cantal	9. 98	11. »	9. 90	13. 20	0. »	9. »	17. 40	10. 50	0. 50	40. »	400,000	30,000	
Lot	7. 62	5. 63	7. 05	8. 50	7. »	10. »	15. »	5.	6. »	30. »	360,000	200,000	
Aveyron	6. 83	10. 12	11. 47	11. 75	7. »	7. 50	11. 15	4. 80	7. »	250. »	3,100,000	52,000	
Lozère	13. 30	14. 20	15. 40	11. »	4. 50	» »	12. 75	11. »	9. »	155. »	465,000	30,000	
Tarn-et-Garonne	8. [illegible]	19. »	15. 75	10. 10	»	12. »	24. »	8. 40	10. 50	50.	60,000	»	
Tarn	10. »	10. »	10. »	10. 80	6.	10. »	17. »	10. »	16.	30.	337,230	307,500	
Hérault	15.	16. »	12. »	15. »	6. »	12. 50	30.	24. »	10. 60	64. »	250,000	71,000	
Aude	11. »	10. »	11. »	21. »	20. »	12. 80	27. »	3. 00	4. 55	56. »	240,000	7,000	
Pyrénées-Orientales	7. 80	8. 40	8. 80	13. 20	18. »	50. »	14.	8. »	»	125. »	312,500	15,000	
TOTAUX	»	» »	» »	»		»	» »	» »	»	»	5,550,730	716,100	

RÉGIONS.	DÉPARTEMENTS.	NOMBRE D'HECTOLITRES RÉCOLTÉS SUR LA TOTALITÉ DES TERRES ENSEMENCÉES EN FROMENT.	MÉTEIL.	SEIGLE.	ORGE.	SARRASIN.	MAÏS ET MILLET.	AVOINE.	LÉGUMES SECS.	AUTRES MENUS GRAINS.	TOTAL de la récolte ci-contre.
		hect.	hect.	hect.	hect.	hect.	hect.	hect.	hect.	hect.	hect.
5ᵉ Nord-Est.	Ardennes	912,000	201,860	352,000	210,000	6,850	»	755,000	3,300	135,000	2,386,36.
	Marne	1,830,000	»	1,040,000	510,000	90,000	»	1,430,000	»	»	4,370,00.
	Aube	777,111	45,935	524,501	396,014	29,131	»	963,374	15,858	8,240	2,680,13.
	Haute-Marne	1,304,195	29,750	85,000	880,000	2,700	»	913,000	6,720	52,500	3,612,73.
	Meuse	1,192,608	6,617	59,806	490,050	»	»	855,800	22,266	14,850	2,110,8.
	Moselle	1,215,500	50,600	118,500	385,000	»	»	929,680	72,000	94,000	2,816,6.
	Meurthe	1,621,855	30,840	119,935	176,116	988	7,456	1,161,054	59,167	252,137	3,431,3.
	Vosges	631,810	66,931	209,410	131,278	53,120	818	701,557	11,920	9,910	1,918,6.
	Bas-Rhin	1,010,616	86,209	154,515	561,520	209	20,841	249,067	37,417	87,306	2,938,8.
	Haut-Rhin	485,195	160,527	201,507	304,803	8,061	10,816	106,593	19,121	9,828	1,301,11.
	Totaux	10,633,823	781,838	3,833,901	3,378,447	181,381	46,931	7,940,078	241,429	573,970	20,612,51.
6ᵉ Est.	Côte-d'Or	1,327,379	288,026	308,310	591,297	13,149	67,223	1,206,350	95,104	143,286	4,065,32.
	Haute-Saône	763,351	113,444	140,070	275,671	23,048	33,306	457,051	25,078	11,451	1,616,52.
	Doubs	384,000	120,000	48,000	128,812	»	37,500	576,000	31,250	20,000	1,345,5.
	Jura	601,902	61,117	47,611	420,085	43,776	359,229	346,787	86,522	47,005	2,167,30.
	Saône-et-Loire	930,700	18,000	881,000	97,850	111,600	226,040	195,275	56,750	13,611	2,558,75.
	Loire	401,000	3,000	1,320,000	48,000	5,000	1,000	390,800	45,000	»	1,375,8.
	Rhône	162,000	60,000	271,850	37,100	26,100	3,200	403,000	2,000	2,000	960,3.
	Ain	682,500	126,400	449,650	437,300	237,000	471,050	131,000	117,410	»	2,651,0.
	Isère	823,120	430,500	848,040	113,520	201,000	14,400	140,880	38,000	»	2,739,4.
	Totaux	6,116,665	1,203,841	4,345,079	2,134,356	691,568	1,214,027	3,912,343	498,451	241,083	20,295,00.
9ᵉ Sud-Est.	Haute-Loire	93,000	173,250	1,197,910	130,150	600	»	120,000	37,200	11,530	1,782,36.
	Ardèche	62,868	2,299	522,408	191,317	14,532	6,780	90,456	2,836	1,307	893,77.
	Drôme	680,607	65,378	254,820	42,832	17,391	1,356	190,870	16,667	19,006	1,281,4.
	Gard	317,436	15,129	69,146	20,301	16,518	4,124	150,700	8,337	3,536	643,5.
	Vaucluse	461,032	90,381	158,260	15,372	7,206	3,231	81,000	11,715	2,491	837,4.
	Basses-Alpes	511,062	88,820	47,527	26,210	»	»	86,301	20,263	13,680	794,2.
	Hautes-Alpes	312,161	82,101	231,063	58,061	»	»	63,760	6,645	22,000	803,8.
	Bouches-du-Rhône	446,215	1,164	27,963	12,300	»	»	84,072	10,138	4,110	666,2.
	Var	548,350	20,025	17,343	15,003	»	»	170,000	37,155	5,023	831,0.
	Totaux	3,810,604	566,617	2,530,519	510,300	56,397	16,103	1,084,756	148,805	83,186	8,894,05.
10ᵉ	Corse	447,200	»	58,970	214,131	»	31,600	»	57,595	»	911,00.

DÉPARTEMENTS.	NOMBRE D'HECTOLITRES DE GRAINS RÉCOLTÉS PAR HECTARE EN FROMENT.	MÉTEIL.	SEIGLE.	ORGE.	SARRASIN.	MAÏS ET MILLET.	AVOINE.	LÉGUMES SECS.	AUTRES MENUS GRAINS.	POMMES de terre.	RÉCOLTE SUBSIDIAIRE EN POMMES DE TERRE.	CHÂTAIGNES.	OBSERVATIONS.
	hect. lit.	hect. lit.	hect. lit.	hect. lit.	hect. lit.	hect. lit.	hect. lit.	hect. lit.	hect. lit.	hect. lit.	hect.	hect.	
Ardennes	15. 93	16.	16. »	7. 50	8. »	» »	15. »	6. »	17. 50	60. »	258,000	»	
Marne	15. »	» »	10. »	10. »	8. »	» »	10. »	» »	» »	» »	300,000	»	
Aube	12. 21	12. 05	10. 43	13. 46	9. 50	10. 60	13. 10	10. 66	10. 94	101. 56	450,574	»	
Haute-Marne	12. 25	13. 30	8. 50	10. »	9. »	» »	11. »	8. 40	10. 50	110. »	1,100,000	»	
Meuse	12. 12	10. 95	11. 88	10. 89	» »	» »	10. 53	12. 37	8. 25	77. »	1,370,000	»	
Moselle	17. »	15. »	15. »	17. 50	» »	» »	16. 60	12. »	8. »	86. »	1,220,000	»	
Meurthe	20. 35	18. »	16. 80	13. 60	12. »	22. 80	18. »	15. 40	103. »	117. »	2,112,633	»	
Vosges	15. »	13. 75	15. »	14. »	20. »	7. 50	10. »	10. »	10. »	100. »	1,918,800	»	
Bas-Rhin	20. 50	21. 40	18. 51	21. 93	8. 05	17. 56	23. 82	14. 54	19. 00	169. 68	4,741,083	»	
Haut-Rhin	17. 20	16. 70	18. 60	13. 40	12. »	16. »	11. 30	8. 10	18. 50	137. »	2,458,561	»	
Totaux	» »	» »	» »	» »	» »	» »	» »	» »	» »	» »	16,071,071	»	
Côte-d'Or	14. 62	12. 65	10. 50	11. 83	8. 01	15. 20	15. 30	13. 41	30. 60	95. »	711,000	»	
Haute-Saône	13. 26	13. 08	11. 85	12. 55	16. 83	11. 34	14. 10	10. 32	9. 52	99. 24	1,098,381	»	
Doubs	12. »	12. »	12. »	11. 62	» »	13. »	18. »	12. 50	10. »	75. »	319,000	»	
Jura	17. 23	14. 35	11. 07	18. 48	20. 65	19. 17	23. 15	8. 96	13. 43	119. 64	718,831	»	
Saône-et-Loire	15. »	13. »	13. »	19. »	19. »	12. »	18. 25	12. 50	8. 12	45. »	2,210,000	8,000	
Loire	14. »	10. »	12. »	12. »	10. »	16. »	18. »	10. »	» »	70. »	1,040,000	2,000	
Rhône	5. »	10. »	12. 50	15. »	11. »	8. »	26. »	4. »	5. »	» »	»	»	
Ain	12. 50	12. »	13. 50	15. »	6. 75	30. »	25. »	13. 50	» »	61. »	890,000	1,800	
Isère	11. 60	20. 80	20. 80	15. 60	14. 40	12. »	12. »	15. »	» »	167. »	10,771,300	»	
Totaux	» »	» »	» »	» »	» »	» »	» »	» »	» »	» »	17,797,515	11,800	
Haute-Loire	7. 44	11. 55	15. 26	12. 65	9. »	» »	14. 00	12. 40	9. 24	102. »	2,088,000	»	
Ardèche	12. »	11. »	12. »	13. 60	12. »	18. 65	12. 45	8. »	5. 50	30. »	180,000	106,000	
Drôme	12. 48	11. 71	11. 50	13. 01	2. 88	1. 27	15. 40	6. 80	7. 02	80. »	1,040,000	»	
Gard	12. »	9. »	11. »	16. »	8. »	4. »	24. »	7. »	8. »	32. »	177,435	50,000	
Vaucluse	12. 60	10. 50	10. 50	19. 60	5. 12	5. 80	16. 90	5. 50	4. 90	60. »	307,320	»	
Basses-Alpes	9. »	7. 50	7. 50	10. »	» »	» »	16. »	9. »	9. »	50. »	721,236	4,110	
Hautes-Alpes	13. 50	16. 50	22. 50	26. 00	» »	» »	13. 44	13. 44	20. 16	320. »	522,880	»	
Bouches-du-Rhône	11. 16	11. 10	11. 10	11. »	» »	» »	14. 08	8. 20	7. 90	» »	»	»	
Var	7. 56	7. 50	7. 56	8. 84	» »	» »	11. 60	8. 58	13. 21	52. »	299,800	5,880	
Totaux	» »	» »	» »	» »	» »	» »	» »	» »	» »	» »	5,709,779	165,990	
Corse	30. »	» »	30. »	27. »	» »	17. 50	» »	37. 50	» »	125. »	173,125	170,025	

RÉCAPITULATION

DES RAPPORTS PARTICULIERS [illegible] PRODUIT DE LA RÉCOLTE DE 1835.

INDICATION des régions.	NOMBRE D'HECTOLITRES RÉCOLTÉS SUR LA TOTALITÉ DES TERRES ENSEMENCÉES en FROMENT.	MÉTEIL.	SEIGLE.	ORGE.	SARRASIN.	MAÏS et MILLET.	AVOINE.	LÉGUMES SECS.	MENUS GRAINS.	TOTAL de la récolte.
	hect.	hect.	hect.	hect.	hect.	hect.	hect.	hect.	hect.	hect.
1re Nord-Ouest	8,063,043	1,223,113	4,460,821	3,762,187	2,329,909	55,011	7,556,702	126,291	117,091	28,860,80
2e Nord	18,987,731	5,403,209	3,069,147	2,738,411	49,365	1,360	18,227,645	1,047,203	2,605,729	51,421,52
3e Nord-Est	10,033,233	381,858	2,853,294	3,378,417	181,381	18,031	7,010,078	241,429	573,070	25,648,51
4e [illegible]	7,086,204	1,121,907	3,084,299	2,015,412	553,032	071,250	3,015,177	398,750	178,369	19,545,43
5e Centre	8,164,819	1,258,131	0,301,146	2,862,104	681,370	2,000	5,017,157	201,231	165,805	21,774,29
6e Est	6,116,655	1,203,841	4,318,070	2,134,353	601,508	1,914,397	3,919,313	499,151	211,063	20,895,60
7e Sud-Ouest	5,069,078	354,300	1,708,236	169,211	170,006	3,428,377	675,018	432,815	55,381	12,072,05
8e Sud	5,098,850	315,395	3,905,455	369,600	456,295	1,457,900	1,994,387	232,395	77,390	13,039,68
9e Sud-Est	3,810,651	586,517	2,590,510	519,299	56,307	16,103	1,064,755	148,865	83,770	8,827,60
10e Corse	547,209	»	56,930	211,731	»	34,660	»	37,595	»	211,05
Pour toute la France	51,087,181	12,881,020	32,096,050	18,151,318	5,175,933	0,055,170	49,160,037	3,315,091	4,039,354	231,185,17

INDICATION des régions.	NOMBRE D'HECTOLITRES DE GRAINS RÉCOLTÉS PAR HECTARE en FROMENT.	MÉTEIL.	SEIGLE.	ORGE.	SARRASIN.	MAÏS et MILLET.	AVOINE.	LÉGUMES SECS.	MENUS GRAINS.	POMMES de terre.	RÉCOLTE SUBSIDIAIRE en POMMES DE TERRE.	CHÂTAIGNES.	OBSERVATIONS.
	hect. lit. c.	hect. lit. c.	hect. lit. c.	hect. lit. c.	hect. lit. c.	hect. lit. c.	hect. lit. c.	hect. lit. c.	hect. lit. c.	hect. lit. c.	hect.	hect.	
1re Nord-Ouest	15. 41. »	»	14. 17. »	16. 99. »	»	»	20. 33. »	»	»	71. 88. »	5,145,753	114,290	
2e Nord	18. 55. »	»	17. 47. »	21. 10. »	»	»	22. 53. »	»	»	110. 06. »	7,667,991	»	
3e Nord-Est	15. 15. »	»	11. 99. »	12. 08. »	»	»	13. 13. »	»	»	116. 93. »	10,674,071	»	
4e [illegible]	11. 35. »	»	12. 49. »	10. 45.	»	»	15. 44. »	»	»	90. 26. »	5,737,710	408,200	
5e Centre	12. 42. »	»	12. 54. »	11. 80. »	»	»	11. 63. »	»	»	58. 07. »	3,780,685	45,500	
6e Est	11. 33. »	»	12. 33. »	14. 28.		»	16. 63. »	»	»	107. 11. »	17,797,515	11,800	
7e Sud-Ouest	5. 61. »	»	7. 42. »	8. 25. »	»	»	15. 05. »	»	»	34. 15. »	3,580,480	24,575	
8e Sud	8. 76.		10. 61. »	12. 25. »	»	»	18. 61. »	»	»	90. 53. »	6,550,530	776,300	
9e Sud-Est	20. 55. »	»	13. 55. »	13. 03. »	»		15. 06. »	»	»	93. 35. »	5,709,779	105,990	
10e Corse	»	»	»	»	»	»	»			»	173,125	170,945	
Pour toute la France	13. 43. 14	14. 61. 50	12. 50. 10	13. 08. 30	7. 38. 48	11. 71. 56	15. 41. 33	10. 40. 63	11. 36. 83	89. 51. 71	71,982,811	1,848,540	

ÉVALUATION DES QUANTITÉS DE GRAINS ANNUELLEMENT NÉCESSAIRES

POUR LA NOURRITURE DES HABITANTS, EN

RÉGIONS	DÉPARTEMENTS	POPULATION du département, non compris les passagers	FROMENT	MÉTEIL	SEIGLE	ORGE	SARRASIN	MAÏS ET MILLET	AVOINE	LÉGUMES SECS	AUTRES MENUS GRAINS	TOTAL des quantités de grains nécessaires à la nourriture des habitants
			hect.	hect.	hect.	hect.	hect.	hect.	hect.	hect.	hect.	hect.
1re Nord-Ouest	Finistère	[illegible]	[illegible]	[illegible]	[illegible]	[illegible]	[illegible]	[illegible]	[illegible]	[illegible]	[illegible]	[illegible]
	Côtes-du-Nord	[illegible]	[illegible]	[illegible]	[illegible]	[illegible]	[illegible]	[illegible]	[illegible]	[illegible]	[illegible]	[illegible]
	Morbihan	[illegible]	[illegible]	[illegible]	[illegible]	[illegible]	[illegible]	[illegible]	[illegible]	[illegible]	[illegible]	[illegible]
	Ille-et-Vilaine	[illegible]	[illegible]	[illegible]	[illegible]	[illegible]	[illegible]	[illegible]	[illegible]	[illegible]	[illegible]	[illegible]
	Manche	[illegible]	[illegible]	[illegible]	[illegible]	[illegible]	[illegible]	[illegible]	[illegible]	[illegible]	[illegible]	[illegible]
	Calvados	[illegible]	[illegible]	[illegible]	[illegible]	[illegible]	[illegible]	[illegible]	[illegible]	[illegible]	[illegible]	[illegible]
	Orne	[illegible]	[illegible]	[illegible]	[illegible]	[illegible]	[illegible]	[illegible]	[illegible]	[illegible]	[illegible]	[illegible]
	Mayenne	[illegible]	[illegible]	[illegible]	[illegible]	[illegible]	[illegible]	[illegible]	[illegible]	[illegible]	[illegible]	[illegible]
	Sarthe	[illegible]	[illegible]	[illegible]	[illegible]	[illegible]	[illegible]	[illegible]	[illegible]	[illegible]	[illegible]	[illegible]
	Totaux	[illegible]	[illegible]	[illegible]	[illegible]	[illegible]	[illegible]	[illegible]	[illegible]	[illegible]	[illegible]	[illegible]
2e Ouest	Loire-Inférieure	[illegible]	[illegible]	[illegible]	[illegible]	[illegible]	[illegible]	[illegible]	[illegible]	[illegible]	[illegible]	[illegible]
	Maine-et-Loire	[illegible]	[illegible]	[illegible]	[illegible]	[illegible]	[illegible]	[illegible]	[illegible]	[illegible]	[illegible]	[illegible]
	Indre-et-Loire	[illegible]	[illegible]	[illegible]	[illegible]	[illegible]	[illegible]	[illegible]	[illegible]	[illegible]	[illegible]	[illegible]
	Vendée	[illegible]	[illegible]	[illegible]	[illegible]	[illegible]	[illegible]	[illegible]	[illegible]	[illegible]	[illegible]	[illegible]
	Charente-Inférieure	[illegible]	[illegible]	[illegible]	[illegible]	[illegible]	[illegible]	[illegible]	[illegible]	[illegible]	[illegible]	[illegible]
	Deux-Sèvres	[illegible]	[illegible]	[illegible]	[illegible]	[illegible]	[illegible]	[illegible]	[illegible]	[illegible]	[illegible]	[illegible]
	Charente	[illegible]	[illegible]	[illegible]	[illegible]	[illegible]	[illegible]	[illegible]	[illegible]	[illegible]	[illegible]	[illegible]
	Vienne	[illegible]	[illegible]	[illegible]	[illegible]	[illegible]	[illegible]	[illegible]	[illegible]	[illegible]	[illegible]	[illegible]
	Haute-Vienne	[illegible]	[illegible]	[illegible]	[illegible]	[illegible]	[illegible]	[illegible]	[illegible]	[illegible]	[illegible]	[illegible]
	Totaux	[illegible]	[illegible]	[illegible]	[illegible]	[illegible]	[illegible]	[illegible]	[illegible]	[illegible]	[illegible]	[illegible]
3e Sud-Ouest	Gironde	[illegible]	[illegible]	[illegible]	[illegible]	[illegible]	[illegible]	[illegible]	[illegible]	[illegible]	[illegible]	[illegible]
	Dordogne	[illegible]	[illegible]	[illegible]	[illegible]	[illegible]	[illegible]	[illegible]	[illegible]	[illegible]	[illegible]	[illegible]
	Lot-et-Garonne	[illegible]	[illegible]	[illegible]	[illegible]	[illegible]	[illegible]	[illegible]	[illegible]	[illegible]	[illegible]	[illegible]
	Landes	[illegible]	[illegible]	[illegible]	[illegible]	[illegible]	[illegible]	[illegible]	[illegible]	[illegible]	[illegible]	[illegible]
	Gers	[illegible]	[illegible]	[illegible]	[illegible]	[illegible]	[illegible]	[illegible]	[illegible]	[illegible]	[illegible]	[illegible]
	Basses-Pyrénées	[illegible]	[illegible]	[illegible]	[illegible]	[illegible]	[illegible]	[illegible]	[illegible]	[illegible]	[illegible]	[illegible]
	Hautes-Pyrénées	[illegible]	[illegible]	[illegible]	[illegible]	[illegible]	[illegible]	[illegible]	[illegible]	[illegible]	[illegible]	[illegible]
	Haute-Garonne	[illegible]	[illegible]	[illegible]	[illegible]	[illegible]	[illegible]	[illegible]	[illegible]	[illegible]	[illegible]	[illegible]
	Ariège	[illegible]	[illegible]	[illegible]	[illegible]	[illegible]	[illegible]	[illegible]	[illegible]	[illegible]	[illegible]	[illegible]
	Totaux	[illegible]	[illegible]	[illegible]	[illegible]	[illegible]	[illegible]	[illegible]	[illegible]	[illegible]	[illegible]	[illegible]

POUR LA NOURRITURE DES CHEVAUX, BESTIAUX, VOLAILLES ET AUTRES ANIMAUX DOMESTIQUES, EN — POUR LES SEMENCES, EN — POUR LES BRASSERIES, LES DISTILLERIES ET POUR TOUS AUTRES USAGES, EN

[illegible]

RÉGIONS	DÉPARTEMENTS.	POPULATION du département	POUR LA NOURRITURE DES HABITANTS, EN Froment.	Méteil.	Seigle.	Orge.	Sarrasin.	Maïs et millet.	Avoine.	Légumes secs.	Autres menus grains.	TOTAL des quantités de grains annuellement nécessaires à la nourriture des habitants.	POUR LA NOURRITURE DES CHEVAUX, BESTIAUX, VOLAILLES ET AUTRES ANIMAUX DOMESTIQUES, EN Froment.	Méteil.	Seigle.	Orge.	Sarrasin.	Maïs et millet.	Avoine.	Légumes secs.	Autres menus grains.	TOTAL des quantités de grains annuellement nécessaires à la nourriture des animaux domestiques.	POUR LES SEMENCES, EN Froment.	Méteil.	Seigle.	Orge.	Sarrasin.	Maïs et millet.	Avoine.	Légumes secs.	Autres menus grains.	TOTAL des quantités de grains annuellement nécessaires aux semences.	POUR LES BRASSERIES, LES DISTILLERIES ET POUR TOUS AUTRES USAGES, EN Froment.	Méteil.	Seigle.	Orge.	Sarrasin.	Maïs et millet.	Avoine.	Légumes secs.	Autres menus grains.	TOTAL des quantités de grains consommées pour tous autres usages.	TOTAL de tous les besoins annuels en toute espèce de grains.
			hect.	hect.	hect.	hect.	hect.	hect.	hect.	hect.	hect.	hect.	hect.	hect.	hect.	hect.	hect.	hect.	hect.	hect.	hect.	hect.	hect.	hect.	hect.	hect.	hect.	hect.	hect.	hect.	hect.	hect.	hect.	hect.	hect.	hect.	hect.	hect.	hect.	hect.	hect.	hect.	hect.
2e Nord.	Nord	[illegible]	[illegible]	[illegible]	[illegible]	[illegible]	[illegible]	[illegible]	[illegible]	[illegible]	[illegible]	[illegible]	[illegible]	[illegible]	[illegible]	[illegible]	[illegible]	[illegible]	[illegible]	[illegible]	[illegible]	[illegible]	[illegible]	[illegible]	[illegible]	[illegible]	[illegible]	[illegible]	[illegible]	[illegible]	[illegible]	[illegible]	[illegible]	[illegible]	[illegible]	[illegible]	[illegible]	[illegible]	[illegible]	[illegible]	[illegible]	[illegible]	[illegible]	[illegible]	[illegible]
	Pas-de-Calais	[illegible]	[illegible]	[illegible]	[illegible]	[illegible]	[illegible]	[illegible]	[illegible]	[illegible]	[illegible]	[illegible]	[illegible]	[illegible]	[illegible]	[illegible]	[illegible]	[illegible]	[illegible]	[illegible]	[illegible]	[illegible]	[illegible]	[illegible]	[illegible]	[illegible]	[illegible]	[illegible]	[illegible]	[illegible]	[illegible]	[illegible]	[illegible]	[illegible]	[illegible]	[illegible]	[illegible]	[illegible]	[illegible]	[illegible]	[illegible]	[illegible]	[illegible]	[illegible]	[illegible]
	Somme	[illegible]	[illegible]	[illegible]	[illegible]	[illegible]	[illegible]	[illegible]	[illegible]	[illegible]	[illegible]	[illegible]	[illegible]	[illegible]	[illegible]	[illegible]	[illegible]	[illegible]	[illegible]	[illegible]	[illegible]	[illegible]	[illegible]	[illegible]	[illegible]	[illegible]	[illegible]	[illegible]	[illegible]	[illegible]	[illegible]	[illegible]	[illegible]	[illegible]	[illegible]	[illegible]	[illegible]	[illegible]	[illegible]	[illegible]	[illegible]	[illegible]	[illegible]	[illegible]	[illegible]
	Seine-Inférieure	[illegible]	[illegible]	[illegible]	[illegible]	[illegible]	[illegible]	[illegible]	[illegible]	[illegible]	[illegible]	[illegible]	[illegible]	[illegible]	[illegible]	[illegible]	[illegible]	[illegible]	[illegible]	[illegible]	[illegible]	[illegible]	[illegible]	[illegible]	[illegible]	[illegible]	[illegible]	[illegible]	[illegible]	[illegible]	[illegible]	[illegible]	[illegible]	[illegible]	[illegible]	[illegible]	[illegible]	[illegible]	[illegible]	[illegible]	[illegible]	[illegible]	[illegible]	[illegible]	[illegible]
	Oise	[illegible]	[illegible]	[illegible]	[illegible]	[illegible]	[illegible]	[illegible]	[illegible]	[illegible]	[illegible]	[illegible]	[illegible]	[illegible]	[illegible]	[illegible]	[illegible]	[illegible]	[illegible]	[illegible]	[illegible]	[illegible]	[illegible]	[illegible]	[illegible]	[illegible]	[illegible]	[illegible]	[illegible]	[illegible]	[illegible]	[illegible]	[illegible]	[illegible]	[illegible]	[illegible]	[illegible]	[illegible]	[illegible]	[illegible]	[illegible]	[illegible]	[illegible]	[illegible]	[illegible]
	Aisne	[illegible]	[illegible]	[illegible]	[illegible]	[illegible]	[illegible]	[illegible]	[illegible]	[illegible]	[illegible]	[illegible]	[illegible]	[illegible]	[illegible]	[illegible]	[illegible]	[illegible]	[illegible]	[illegible]	[illegible]	[illegible]	[illegible]	[illegible]	[illegible]	[illegible]	[illegible]	[illegible]	[illegible]	[illegible]	[illegible]	[illegible]	[illegible]	[illegible]	[illegible]	[illegible]	[illegible]	[illegible]	[illegible]	[illegible]	[illegible]	[illegible]	[illegible]	[illegible]	[illegible]
	Eure	[illegible]	[illegible]	[illegible]	[illegible]	[illegible]	[illegible]	[illegible]	[illegible]	[illegible]	[illegible]	[illegible]	[illegible]	[illegible]	[illegible]	[illegible]	[illegible]	[illegible]	[illegible]	[illegible]	[illegible]	[illegible]	[illegible]	[illegible]	[illegible]	[illegible]	[illegible]	[illegible]	[illegible]	[illegible]	[illegible]	[illegible]	[illegible]	[illegible]	[illegible]	[illegible]	[illegible]	[illegible]	[illegible]	[illegible]	[illegible]	[illegible]	[illegible]	[illegible]	[illegible]
	Eure-et-Loir	[illegible]	[illegible]	[illegible]	[illegible]	[illegible]	[illegible]	[illegible]	[illegible]	[illegible]	[illegible]	[illegible]	[illegible]	[illegible]	[illegible]	[illegible]	[illegible]	[illegible]	[illegible]	[illegible]	[illegible]	[illegible]	[illegible]	[illegible]	[illegible]	[illegible]	[illegible]	[illegible]	[illegible]	[illegible]	[illegible]	[illegible]	[illegible]	[illegible]	[illegible]	[illegible]	[illegible]	[illegible]	[illegible]	[illegible]	[illegible]	[illegible]	[illegible]	[illegible]	[illegible]
	Seine-et-Oise	[illegible]	[illegible]	[illegible]	[illegible]	[illegible]	[illegible]	[illegible]	[illegible]	[illegible]	[illegible]	[illegible]	[illegible]	[illegible]	[illegible]	[illegible]	[illegible]	[illegible]	[illegible]	[illegible]	[illegible]	[illegible]	[illegible]	[illegible]	[illegible]	[illegible]	[illegible]	[illegible]	[illegible]	[illegible]	[illegible]	[illegible]	[illegible]	[illegible]	[illegible]	[illegible]	[illegible]	[illegible]	[illegible]	[illegible]	[illegible]	[illegible]	[illegible]	[illegible]	[illegible]
	Seine	[illegible]	[illegible]	[illegible]	[illegible]	[illegible]	[illegible]	[illegible]	[illegible]	[illegible]	[illegible]	[illegible]	[illegible]	[illegible]	[illegible]	[illegible]	[illegible]	[illegible]	[illegible]	[illegible]	[illegible]	[illegible]	[illegible]	[illegible]	[illegible]	[illegible]	[illegible]	[illegible]	[illegible]	[illegible]	[illegible]	[illegible]	[illegible]	[illegible]	[illegible]	[illegible]	[illegible]	[illegible]	[illegible]	[illegible]	[illegible]	[illegible]	[illegible]	[illegible]	[illegible]
	Seine-et-Marne	[illegible]	[illegible]	[illegible]	[illegible]	[illegible]	[illegible]	[illegible]	[illegible]	[illegible]	[illegible]	[illegible]	[illegible]	[illegible]	[illegible]	[illegible]	[illegible]	[illegible]	[illegible]	[illegible]	[illegible]	[illegible]	[illegible]	[illegible]	[illegible]	[illegible]	[illegible]	[illegible]	[illegible]	[illegible]	[illegible]	[illegible]	[illegible]	[illegible]	[illegible]	[illegible]	[illegible]	[illegible]	[illegible]	[illegible]	[illegible]	[illegible]	[illegible]	[illegible]	[illegible]
	Totaux	[illegible]	[illegible]	[illegible]	[illegible]	[illegible]	[illegible]	[illegible]	[illegible]	[illegible]	[illegible]	[illegible]	[illegible]	[illegible]	[illegible]	[illegible]	[illegible]	[illegible]	[illegible]	[illegible]	[illegible]	[illegible]	[illegible]	[illegible]	[illegible]	[illegible]	[illegible]	[illegible]	[illegible]	[illegible]	[illegible]	[illegible]	[illegible]	[illegible]	[illegible]	[illegible]	[illegible]	[illegible]	[illegible]	[illegible]	[illegible]	[illegible]	[illegible]	[illegible]	[illegible]
[illegible] Centre.	Loir-et-Cher	[illegible]	[illegible]	[illegible]	[illegible]	[illegible]	[illegible]	[illegible]	[illegible]	[illegible]	[illegible]	[illegible]	[illegible]	[illegible]	[illegible]	[illegible]	[illegible]	[illegible]	[illegible]	[illegible]	[illegible]	[illegible]	[illegible]	[illegible]	[illegible]	[illegible]	[illegible]	[illegible]	[illegible]	[illegible]	[illegible]	[illegible]	[illegible]	[illegible]	[illegible]	[illegible]	[illegible]	[illegible]	[illegible]	[illegible]	[illegible]	[illegible]	[illegible]	[illegible]	[illegible]
	Loiret	[illegible]	[illegible]	[illegible]	[illegible]	[illegible]	[illegible]	[illegible]	[illegible]	[illegible]	[illegible]	[illegible]	[illegible]	[illegible]	[illegible]	[illegible]	[illegible]	[illegible]	[illegible]	[illegible]	[illegible]	[illegible]	[illegible]	[illegible]	[illegible]	[illegible]	[illegible]	[illegible]	[illegible]	[illegible]	[illegible]	[illegible]	[illegible]	[illegible]	[illegible]	[illegible]	[illegible]	[illegible]	[illegible]	[illegible]	[illegible]	[illegible]	[illegible]	[illegible]	[illegible]
	Yonne	[illegible]	[illegible]	[illegible]	[illegible]	[illegible]	[illegible]	[illegible]	[illegible]	[illegible]	[illegible]	[illegible]	[illegible]	[illegible]	[illegible]	[illegible]	[illegible]	[illegible]	[illegible]	[illegible]	[illegible]	[illegible]	[illegible]	[illegible]	[illegible]	[illegible]	[illegible]	[illegible]	[illegible]	[illegible]	[illegible]	[illegible]	[illegible]	[illegible]	[illegible]	[illegible]	[illegible]	[illegible]	[illegible]	[illegible]	[illegible]	[illegible]	[illegible]	[illegible]	[illegible]
	Indre	[illegible]	[illegible]	[illegible]	[illegible]	[illegible]	[illegible]	[illegible]	[illegible]	[illegible]	[illegible]	[illegible]	[illegible]	[illegible]	[illegible]	[illegible]	[illegible]	[illegible]	[illegible]	[illegible]	[illegible]	[illegible]	[illegible]	[illegible]	[illegible]	[illegible]	[illegible]	[illegible]	[illegible]	[illegible]	[illegible]	[illegible]	[illegible]	[illegible]	[illegible]	[illegible]	[illegible]	[illegible]	[illegible]	[illegible]	[illegible]	[illegible]	[illegible]	[illegible]	[illegible]
	Cher	[illegible]	[illegible]	[illegible]	[illegible]	[illegible]	[illegible]	[illegible]	[illegible]	[illegible]	[illegible]	[illegible]	[illegible]	[illegible]	[illegible]	[illegible]	[illegible]	[illegible]	[illegible]	[illegible]	[illegible]	[illegible]	[illegible]	[illegible]	[illegible]	[illegible]	[illegible]	[illegible]	[illegible]	[illegible]	[illegible]	[illegible]	[illegible]	[illegible]	[illegible]	[illegible]	[illegible]	[illegible]	[illegible]	[illegible]	[illegible]	[illegible]	[illegible]	[illegible]	[illegible]
	Nièvre	[illegible]	[illegible]	[illegible]	[illegible]	[illegible]	[illegible]	[illegible]	[illegible]	[illegible]	[illegible]	[illegible]	[illegible]	[illegible]	[illegible]	[illegible]	[illegible]	[illegible]	[illegible]	[illegible]	[illegible]	[illegible]	[illegible]	[illegible]	[illegible]	[illegible]	[illegible]	[illegible]	[illegible]	[illegible]	[illegible]	[illegible]	[illegible]	[illegible]	[illegible]	[illegible]	[illegible]	[illegible]	[illegible]	[illegible]	[illegible]	[illegible]	[illegible]	[illegible]	[illegible]
	Creuse	[illegible]	[illegible]	[illegible]	[illegible]	[illegible]	[illegible]	[illegible]	[illegible]	[illegible]	[illegible]	[illegible]	[illegible]	[illegible]	[illegible]	[illegible]	[illegible]	[illegible]	[illegible]	[illegible]	[illegible]	[illegible]	[illegible]	[illegible]	[illegible]	[illegible]	[illegible]	[illegible]	[illegible]	[illegible]	[illegible]	[illegible]	[illegible]	[illegible]	[illegible]	[illegible]	[illegible]	[illegible]	[illegible]	[illegible]	[illegible]	[illegible]	[illegible]	[illegible]	[illegible]
	Allier	[illegible]	[illegible]	[illegible]	[illegible]	[illegible]	[illegible]	[illegible]	[illegible]	[illegible]	[illegible]	[illegible]	[illegible]	[illegible]	[illegible]	[illegible]	[illegible]	[illegible]	[illegible]	[illegible]	[illegible]	[illegible]	[illegible]	[illegible]	[illegible]	[illegible]	[illegible]	[illegible]	[illegible]	[illegible]	[illegible]	[illegible]	[illegible]	[illegible]	[illegible]	[illegible]	[illegible]	[illegible]	[illegible]	[illegible]	[illegible]	[illegible]	[illegible]	[illegible]	[illegible]
	Puy-de-Dôme	[illegible]	[illegible]	[illegible]	[illegible]	[illegible]	[illegible]	[illegible]	[illegible]	[illegible]	[illegible]	[illegible]	[illegible]	[illegible]	[illegible]	[illegible]	[illegible]	[illegible]	[illegible]	[illegible]	[illegible]	[illegible]	[illegible]	[illegible]	[illegible]	[illegible]	[illegible]	[illegible]	[illegible]	[illegible]	[illegible]	[illegible]	[illegible]	[illegible]	[illegible]	[illegible]	[illegible]	[illegible]	[illegible]	[illegible]	[illegible]	[illegible]	[illegible]	[illegible]	[illegible]
	Totaux	[illegible]	[illegible]	[illegible]	[illegible]	[illegible]	[illegible]	[illegible]	[illegible]	[illegible]	[illegible]	[illegible]	[illegible]	[illegible]	[illegible]	[illegible]	[illegible]	[illegible]	[illegible]	[illegible]	[illegible]	[illegible]	[illegible]	[illegible]	[illegible]	[illegible]	[illegible]	[illegible]	[illegible]	[illegible]	[illegible]	[illegible]	[illegible]	[illegible]	[illegible]	[illegible]	[illegible]	[illegible]	[illegible]	[illegible]	[illegible]	[illegible]	[illegible]	[illegible]	[illegible]
[illegible]	Corrèze	[illegible]	[illegible]	[illegible]	[illegible]	[illegible]	[illegible]	[illegible]	[illegible]	[illegible]	[illegible]	[illegible]	[illegible]	[illegible]	[illegible]	[illegible]	[illegible]	[illegible]	[illegible]	[illegible]	[illegible]	[illegible]	[illegible]	[illegible]	[illegible]	[illegible]	[illegible]	[illegible]	[illegible]	[illegible]	[illegible]	[illegible]	[illegible]	[illegible]	[illegible]	[illegible]	[illegible]	[illegible]	[illegible]	[illegible]	[illegible]	[illegible]	[illegible]	[illegible]	[illegible]
	Cantal	[illegible]	[illegible]	[illegible]	[illegible]	[illegible]	[illegible]	[illegible]	[illegible]	[illegible]	[illegible]	[illegible]	[illegible]	[illegible]	[illegible]	[illegible]	[illegible]	[illegible]	[illegible]	[illegible]	[illegible]	[illegible]	[illegible]	[illegible]	[illegible]	[illegible]	[illegible]	[illegible]	[illegible]	[illegible]	[illegible]	[illegible]	[illegible]	[illegible]	[illegible]	[illegible]	[illegible]	[illegible]	[illegible]	[illegible]	[illegible]	[illegible]	[illegible]	[illegible]	[illegible]
	Lot	[illegible]	[illegible]	[illegible]	[illegible]	[illegible]	[illegible]	[illegible]	[illegible]	[illegible]	[illegible]	[illegible]	[illegible]	[illegible]	[illegible]	[illegible]	[illegible]	[illegible]	[illegible]	[illegible]	[illegible]	[illegible]	[illegible]	[illegible]	[illegible]	[illegible]	[illegible]	[illegible]	[illegible]	[illegible]	[illegible]	[illegible]	[illegible]	[illegible]	[illegible]	[illegible]	[illegible]	[illegible]	[illegible]	[illegible]	[illegible]	[illegible]	[illegible]	[illegible]	[illegible]
	Aveyron	[illegible]	[illegible]	[illegible]	[illegible]	[illegible]	[illegible]	[illegible]	[illegible]	[illegible]	[illegible]	[illegible]	[illegible]	[illegible]	[illegible]	[illegible]	[illegible]	[illegible]	[illegible]	[illegible]	[illegible]	[illegible]	[illegible]	[illegible]	[illegible]	[illegible]	[illegible]	[illegible]	[illegible]	[illegible]	[illegible]	[illegible]	[illegible]	[illegible]	[illegible]	[illegible]	[illegible]	[illegible]	[illegible]	[illegible]	[illegible]	[illegible]	[illegible]	[illegible]	[illegible]
	Lozère	[illegible]	[illegible]	[illegible]	[illegible]	[illegible]	[illegible]	[illegible]	[illegible]	[illegible]	[illegible]	[illegible]	[illegible]	[illegible]	[illegible]	[illegible]	[illegible]	[illegible]	[illegible]	[illegible]	[illegible]	[illegible]	[illegible]	[illegible]	[illegible]	[illegible]	[illegible]	[illegible]	[illegible]	[illegible]	[illegible]	[illegible]	[illegible]	[illegible]	[illegible]	[illegible]	[illegible]	[illegible]	[illegible]	[illegible]	[illegible]	[illegible]	[illegible]	[illegible]	[illegible]
	Tarn-et-Garonne	[illegible]	[illegible]	[illegible]	[illegible]	[illegible]	[illegible]	[illegible]	[illegible]	[illegible]	[illegible]	[illegible]	[illegible]	[illegible]	[illegible]	[illegible]	[illegible]	[illegible]	[illegible]	[illegible]	[illegible]	[illegible]	[illegible]	[illegible]	[illegible]	[illegible]	[illegible]	[illegible]	[illegible]	[illegible]	[illegible]	[illegible]	[illegible]	[illegible]	[illegible]	[illegible]	[illegible]	[illegible]	[illegible]	[illegible]	[illegible]	[illegible]	[illegible]	[illegible]	[illegible]
	Tarn	[illegible]	[illegible]	[illegible]	[illegible]	[illegible]	[illegible]	[illegible]	[illegible]	[illegible]	[illegible]	[illegible]	[illegible]	[illegible]	[illegible]	[illegible]	[illegible]	[illegible]	[illegible]	[illegible]	[illegible]	[illegible]	[illegible]	[illegible]	[illegible]	[illegible]	[illegible]	[illegible]	[illegible]	[illegible]	[illegible]	[illegible]	[illegible]	[illegible]	[illegible]	[illegible]	[illegible]	[illegible]	[illegible]	[illegible]	[illegible]	[illegible]	[illegible]	[illegible]	[illegible]
	Hérault	[illegible]	[illegible]	[illegible]	[illegible]	[illegible]	[illegible]	[illegible]	[illegible]	[illegible]	[illegible]	[illegible]	[illegible]	[illegible]	[illegible]	[illegible]	[illegible]	[illegible]	[illegible]	[illegible]	[illegible]	[illegible]	[illegible]	[illegible]	[illegible]	[illegible]	[illegible]	[illegible]	[illegible]	[illegible]	[illegible]	[illegible]	[illegible]	[illegible]	[illegible]	[illegible]	[illegible]	[illegible]	[illegible]	[illegible]	[illegible]	[illegible]	[illegible]	[illegible]	[illegible]
	Aude	[illegible]	[illegible]	[illegible]	[illegible]	[illegible]	[illegible]	[illegible]	[illegible]	[illegible]	[illegible]	[illegible]	[illegible]	[illegible]	[illegible]	[illegible]	[illegible]	[illegible]	[illegible]	[illegible]	[illegible]	[illegible]	[illegible]	[illegible]	[illegible]	[illegible]	[illegible]	[illegible]	[illegible]	[illegible]	[illegible]	[illegible]	[illegible]	[illegible]	[illegible]	[illegible]	[illegible]	[illegible]	[illegible]	[illegible]	[illegible]	[illegible]	[illegible]	[illegible]	[illegible]
	Pyrénées-Orientales	[illegible]	[illegible]	[illegible]	[illegible]	[illegible]	[illegible]	[illegible]	[illegible]	[illegible]	[illegible]	[illegible]	[illegible]	[illegible]	[illegible]	[illegible]	[illegible]	[illegible]	[illegible]	[illegible]	[illegible]	[illegible]	[illegible]	[illegible]	[illegible]	[illegible]	[illegible]	[illegible]	[illegible]	[illegible]	[illegible]	[illegible]	[illegible]	[illegible]	[illegible]	[illegible]	[illegible]	[illegible]	[illegible]	[illegible]	[illegible]	[illegible]	[illegible]	[illegible]	[illegible]
	Totaux	[illegible]	[illegible]	[illegible]	[illegible]	[illegible]	[illegible]	[illegible]	[illegible]	[illegible]	[illegible]	[illegible]	[illegible]	[illegible]	[illegible]	[illegible]	[illegible]	[illegible]	[illegible]	[illegible]	[illegible]	[illegible]	[illegible]	[illegible]	[illegible]	[illegible]	[illegible]	[illegible]	[illegible]	[illegible]	[illegible]	[illegible]	[illegible]	[illegible]	[illegible]	[illegible]	[illegible]	[illegible]	[illegible]	[illegible]	[illegible]	[illegible]	[illegible]	[illegible]	[illegible]

ÉVALUATION DES QUANTITÉS DE GRAINS ANNUELLEMENT NÉCESSAIRES

RÉGIONS	DÉPARTEMENTS	POPULATION des départements	Nourriture des habitants: Froment	Méteil	Seigle	Orge	Sarrasin	Maïs et millet	Avoine	Légumes secs	Autres menus grains	TOTAL des quantités de grains nécessaires à la nourriture des habitants	Nourriture des chevaux, bestiaux, volailles et autres animaux domestiques: Froment	Méteil	Seigle	Orge	Sarrasin	Maïs et millet	Avoine	Légumes secs	Autres menus grains	TOTAL des quantités de grains nécessaires à la nourriture des animaux domestiques	Semences: Froment	Méteil	Seigle	Orge	Sarrasin	Maïs et millet	Avoine	Légumes secs	Autres menus grains	TOTAL des quantités de grains nécessaires aux semences	Brasseries, distilleries et tous autres usages: Froment	Méteil	Seigle	Orge	Sarrasin	Maïs et millet	Avoine	Légumes secs	Autres menus grains	TOTAL des quantités de grains nécessaires à tous autres usages	TOTAL de tous les besoins annuels en toute espèce de grains
			hect.	hect.	hect.	hect.	hect.	hect.	hect.	hect.	hect.	hect.	hect.	hect.	hect.	hect.	hect.	hect.	hect.	hect.	hect.	hect.	hect.	hect.	hect.	hect.	hect.	hect.	hect.	hect.	hect.	hect.	hect.	hect.	hect.	hect.	hect.	hect.	hect.	hect.	hect.	hect.	hect.
3e Nord-Est.	Ardennes	[illegible]	[illegible]	[illegible]	[illegible]	[illegible]	[illegible]	[illegible]	[illegible]	[illegible]	[illegible]	[illegible]	[illegible]	[illegible]	[illegible]	[illegible]	[illegible]	[illegible]	[illegible]	[illegible]	[illegible]	[illegible]	[illegible]	[illegible]	[illegible]	[illegible]	[illegible]	[illegible]	[illegible]	[illegible]	[illegible]	[illegible]	[illegible]	[illegible]	[illegible]	[illegible]	[illegible]	[illegible]	[illegible]	[illegible]	[illegible]	[illegible]	[illegible]	[illegible]	[illegible]
	Marne	[illegible]	[illegible]	[illegible]	[illegible]	[illegible]	[illegible]	[illegible]	[illegible]	[illegible]	[illegible]	[illegible]	[illegible]	[illegible]	[illegible]	[illegible]	[illegible]	[illegible]	[illegible]	[illegible]	[illegible]	[illegible]	[illegible]	[illegible]	[illegible]	[illegible]	[illegible]	[illegible]	[illegible]	[illegible]	[illegible]	[illegible]	[illegible]	[illegible]	[illegible]	[illegible]	[illegible]	[illegible]	[illegible]	[illegible]	[illegible]	[illegible]	[illegible]	[illegible]	[illegible]
	Aube	[illegible]	[illegible]	[illegible]	[illegible]	[illegible]	[illegible]	[illegible]	[illegible]	[illegible]	[illegible]	[illegible]	[illegible]	[illegible]	[illegible]	[illegible]	[illegible]	[illegible]	[illegible]	[illegible]	[illegible]	[illegible]	[illegible]	[illegible]	[illegible]	[illegible]	[illegible]	[illegible]	[illegible]	[illegible]	[illegible]	[illegible]	[illegible]	[illegible]	[illegible]	[illegible]	[illegible]	[illegible]	[illegible]	[illegible]	[illegible]	[illegible]	[illegible]	[illegible]	[illegible]
	Haute-Marne	[illegible]	[illegible]	[illegible]	[illegible]	[illegible]	[illegible]	[illegible]	[illegible]	[illegible]	[illegible]	[illegible]	[illegible]	[illegible]	[illegible]	[illegible]	[illegible]	[illegible]	[illegible]	[illegible]	[illegible]	[illegible]	[illegible]	[illegible]	[illegible]	[illegible]	[illegible]	[illegible]	[illegible]	[illegible]	[illegible]	[illegible]	[illegible]	[illegible]	[illegible]	[illegible]	[illegible]	[illegible]	[illegible]	[illegible]	[illegible]	[illegible]	[illegible]	[illegible]	[illegible]
	Meuse	[illegible]	[illegible]	[illegible]	[illegible]	[illegible]	[illegible]	[illegible]	[illegible]	[illegible]	[illegible]	[illegible]	[illegible]	[illegible]	[illegible]	[illegible]	[illegible]	[illegible]	[illegible]	[illegible]	[illegible]	[illegible]	[illegible]	[illegible]	[illegible]	[illegible]	[illegible]	[illegible]	[illegible]	[illegible]	[illegible]	[illegible]	[illegible]	[illegible]	[illegible]	[illegible]	[illegible]	[illegible]	[illegible]	[illegible]	[illegible]	[illegible]	[illegible]	[illegible]	[illegible]
	Moselle	[illegible]	[illegible]	[illegible]	[illegible]	[illegible]	[illegible]	[illegible]	[illegible]	[illegible]	[illegible]	[illegible]	[illegible]	[illegible]	[illegible]	[illegible]	[illegible]	[illegible]	[illegible]	[illegible]	[illegible]	[illegible]	[illegible]	[illegible]	[illegible]	[illegible]	[illegible]	[illegible]	[illegible]	[illegible]	[illegible]	[illegible]	[illegible]	[illegible]	[illegible]	[illegible]	[illegible]	[illegible]	[illegible]	[illegible]	[illegible]	[illegible]	[illegible]	[illegible]	[illegible]
	Meurthe	[illegible]	[illegible]	[illegible]	[illegible]	[illegible]	[illegible]	[illegible]	[illegible]	[illegible]	[illegible]	[illegible]	[illegible]	[illegible]	[illegible]	[illegible]	[illegible]	[illegible]	[illegible]	[illegible]	[illegible]	[illegible]	[illegible]	[illegible]	[illegible]	[illegible]	[illegible]	[illegible]	[illegible]	[illegible]	[illegible]	[illegible]	[illegible]	[illegible]	[illegible]	[illegible]	[illegible]	[illegible]	[illegible]	[illegible]	[illegible]	[illegible]	[illegible]	[illegible]	[illegible]
	Vosges	[illegible]	[illegible]	[illegible]	[illegible]	[illegible]	[illegible]	[illegible]	[illegible]	[illegible]	[illegible]	[illegible]	[illegible]	[illegible]	[illegible]	[illegible]	[illegible]	[illegible]	[illegible]	[illegible]	[illegible]	[illegible]	[illegible]	[illegible]	[illegible]	[illegible]	[illegible]	[illegible]	[illegible]	[illegible]	[illegible]	[illegible]	[illegible]	[illegible]	[illegible]	[illegible]	[illegible]	[illegible]	[illegible]	[illegible]	[illegible]	[illegible]	[illegible]	[illegible]	[illegible]
	Bas-Rhin	[illegible]	[illegible]	[illegible]	[illegible]	[illegible]	[illegible]	[illegible]	[illegible]	[illegible]	[illegible]	[illegible]	[illegible]	[illegible]	[illegible]	[illegible]	[illegible]	[illegible]	[illegible]	[illegible]	[illegible]	[illegible]	[illegible]	[illegible]	[illegible]	[illegible]	[illegible]	[illegible]	[illegible]	[illegible]	[illegible]	[illegible]	[illegible]	[illegible]	[illegible]	[illegible]	[illegible]	[illegible]	[illegible]	[illegible]	[illegible]	[illegible]	[illegible]	[illegible]	[illegible]
	Haut-Rhin	[illegible]	[illegible]	[illegible]	[illegible]	[illegible]	[illegible]	[illegible]	[illegible]	[illegible]	[illegible]	[illegible]	[illegible]	[illegible]	[illegible]	[illegible]	[illegible]	[illegible]	[illegible]	[illegible]	[illegible]	[illegible]	[illegible]	[illegible]	[illegible]	[illegible]	[illegible]	[illegible]	[illegible]	[illegible]	[illegible]	[illegible]	[illegible]	[illegible]	[illegible]	[illegible]	[illegible]	[illegible]	[illegible]	[illegible]	[illegible]	[illegible]	[illegible]	[illegible]	[illegible]
	TOTAUX	[illegible]	[illegible]	[illegible]	[illegible]	[illegible]	[illegible]	[illegible]	[illegible]	[illegible]	[illegible]	[illegible]	[illegible]	[illegible]	[illegible]	[illegible]	[illegible]	[illegible]	[illegible]	[illegible]	[illegible]	[illegible]	[illegible]	[illegible]	[illegible]	[illegible]	[illegible]	[illegible]	[illegible]	[illegible]	[illegible]	[illegible]	[illegible]	[illegible]	[illegible]	[illegible]	[illegible]	[illegible]	[illegible]	[illegible]	[illegible]	[illegible]	[illegible]	[illegible]	[illegible]
4e Est.	Côte-d'Or	[illegible]	[illegible]	[illegible]	[illegible]	[illegible]	[illegible]	[illegible]	[illegible]	[illegible]	[illegible]	[illegible]	[illegible]	[illegible]	[illegible]	[illegible]	[illegible]	[illegible]	[illegible]	[illegible]	[illegible]	[illegible]	[illegible]	[illegible]	[illegible]	[illegible]	[illegible]	[illegible]	[illegible]	[illegible]	[illegible]	[illegible]	[illegible]	[illegible]	[illegible]	[illegible]	[illegible]	[illegible]	[illegible]	[illegible]	[illegible]	[illegible]	[illegible]	[illegible]	[illegible]
	Haute-Saône	[illegible]	[illegible]	[illegible]	[illegible]	[illegible]	[illegible]	[illegible]	[illegible]	[illegible]	[illegible]	[illegible]	[illegible]	[illegible]	[illegible]	[illegible]	[illegible]	[illegible]	[illegible]	[illegible]	[illegible]	[illegible]	[illegible]	[illegible]	[illegible]	[illegible]	[illegible]	[illegible]	[illegible]	[illegible]	[illegible]	[illegible]	[illegible]	[illegible]	[illegible]	[illegible]	[illegible]	[illegible]	[illegible]	[illegible]	[illegible]	[illegible]	[illegible]	[illegible]	[illegible]
	Doubs	[illegible]	[illegible]	[illegible]	[illegible]	[illegible]	[illegible]	[illegible]	[illegible]	[illegible]	[illegible]	[illegible]	[illegible]	[illegible]	[illegible]	[illegible]	[illegible]	[illegible]	[illegible]	[illegible]	[illegible]	[illegible]	[illegible]	[illegible]	[illegible]	[illegible]	[illegible]	[illegible]	[illegible]	[illegible]	[illegible]	[illegible]	[illegible]	[illegible]	[illegible]	[illegible]	[illegible]	[illegible]	[illegible]	[illegible]	[illegible]	[illegible]	[illegible]	[illegible]	[illegible]
	Jura	[illegible]	[illegible]	[illegible]	[illegible]	[illegible]	[illegible]	[illegible]	[illegible]	[illegible]	[illegible]	[illegible]	[illegible]	[illegible]	[illegible]	[illegible]	[illegible]	[illegible]	[illegible]	[illegible]	[illegible]	[illegible]	[illegible]	[illegible]	[illegible]	[illegible]	[illegible]	[illegible]	[illegible]	[illegible]	[illegible]	[illegible]	[illegible]	[illegible]	[illegible]	[illegible]	[illegible]	[illegible]	[illegible]	[illegible]	[illegible]	[illegible]	[illegible]	[illegible]	[illegible]
	Saône-et-Loire	[illegible]	[illegible]	[illegible]	[illegible]	[illegible]	[illegible]	[illegible]	[illegible]	[illegible]	[illegible]	[illegible]	[illegible]	[illegible]	[illegible]	[illegible]	[illegible]	[illegible]	[illegible]	[illegible]	[illegible]	[illegible]	[illegible]	[illegible]	[illegible]	[illegible]	[illegible]	[illegible]	[illegible]	[illegible]	[illegible]	[illegible]	[illegible]	[illegible]	[illegible]	[illegible]	[illegible]	[illegible]	[illegible]	[illegible]	[illegible]	[illegible]	[illegible]	[illegible]	[illegible]
	Loire	[illegible]	[illegible]	[illegible]	[illegible]	[illegible]	[illegible]	[illegible]	[illegible]	[illegible]	[illegible]	[illegible]	[illegible]	[illegible]	[illegible]	[illegible]	[illegible]	[illegible]	[illegible]	[illegible]	[illegible]	[illegible]	[illegible]	[illegible]	[illegible]	[illegible]	[illegible]	[illegible]	[illegible]	[illegible]	[illegible]	[illegible]	[illegible]	[illegible]	[illegible]	[illegible]	[illegible]	[illegible]	[illegible]	[illegible]	[illegible]	[illegible]	[illegible]	[illegible]	[illegible]
	Rhône	[illegible]	[illegible]	[illegible]	[illegible]	[illegible]	[illegible]	[illegible]	[illegible]	[illegible]	[illegible]	[illegible]	[illegible]	[illegible]	[illegible]	[illegible]	[illegible]	[illegible]	[illegible]	[illegible]	[illegible]	[illegible]	[illegible]	[illegible]	[illegible]	[illegible]	[illegible]	[illegible]	[illegible]	[illegible]	[illegible]	[illegible]	[illegible]	[illegible]	[illegible]	[illegible]	[illegible]	[illegible]	[illegible]	[illegible]	[illegible]	[illegible]	[illegible]	[illegible]	[illegible]
	Ain	[illegible]	[illegible]	[illegible]	[illegible]	[illegible]	[illegible]	[illegible]	[illegible]	[illegible]	[illegible]	[illegible]	[illegible]	[illegible]	[illegible]	[illegible]	[illegible]	[illegible]	[illegible]	[illegible]	[illegible]	[illegible]	[illegible]	[illegible]	[illegible]	[illegible]	[illegible]	[illegible]	[illegible]	[illegible]	[illegible]	[illegible]	[illegible]	[illegible]	[illegible]	[illegible]	[illegible]	[illegible]	[illegible]	[illegible]	[illegible]	[illegible]	[illegible]	[illegible]	[illegible]
	Isère	[illegible]	[illegible]	[illegible]	[illegible]	[illegible]	[illegible]	[illegible]	[illegible]	[illegible]	[illegible]	[illegible]	[illegible]	[illegible]	[illegible]	[illegible]	[illegible]	[illegible]	[illegible]	[illegible]	[illegible]	[illegible]	[illegible]	[illegible]	[illegible]	[illegible]	[illegible]	[illegible]	[illegible]	[illegible]	[illegible]	[illegible]	[illegible]	[illegible]	[illegible]	[illegible]	[illegible]	[illegible]	[illegible]	[illegible]	[illegible]	[illegible]	[illegible]	[illegible]	[illegible]
	TOTAUX	[illegible]	[illegible]	[illegible]	[illegible]	[illegible]	[illegible]	[illegible]	[illegible]	[illegible]	[illegible]	[illegible]	[illegible]	[illegible]	[illegible]	[illegible]	[illegible]	[illegible]	[illegible]	[illegible]	[illegible]	[illegible]	[illegible]	[illegible]	[illegible]	[illegible]	[illegible]	[illegible]	[illegible]	[illegible]	[illegible]	[illegible]	[illegible]	[illegible]	[illegible]	[illegible]	[illegible]	[illegible]	[illegible]	[illegible]	[illegible]	[illegible]	[illegible]	[illegible]	[illegible]
5e Sud-Est.	Haute-Loire	[illegible]	[illegible]	[illegible]	[illegible]	[illegible]	[illegible]	[illegible]	[illegible]	[illegible]	[illegible]	[illegible]	[illegible]	[illegible]	[illegible]	[illegible]	[illegible]	[illegible]	[illegible]	[illegible]	[illegible]	[illegible]	[illegible]	[illegible]	[illegible]	[illegible]	[illegible]	[illegible]	[illegible]	[illegible]	[illegible]	[illegible]	[illegible]	[illegible]	[illegible]	[illegible]	[illegible]	[illegible]	[illegible]	[illegible]	[illegible]	[illegible]	[illegible]	[illegible]	[illegible]
	Ardèche	[illegible]	[illegible]	[illegible]	[illegible]	[illegible]	[illegible]	[illegible]	[illegible]	[illegible]	[illegible]	[illegible]	[illegible]	[illegible]	[illegible]	[illegible]	[illegible]	[illegible]	[illegible]	[illegible]	[illegible]	[illegible]	[illegible]	[illegible]	[illegible]	[illegible]	[illegible]	[illegible]	[illegible]	[illegible]	[illegible]	[illegible]	[illegible]	[illegible]	[illegible]	[illegible]	[illegible]	[illegible]	[illegible]	[illegible]	[illegible]	[illegible]	[illegible]	[illegible]	[illegible]
	Drôme	[illegible]	[illegible]	[illegible]	[illegible]	[illegible]	[illegible]	[illegible]	[illegible]	[illegible]	[illegible]	[illegible]	[illegible]	[illegible]	[illegible]	[illegible]	[illegible]	[illegible]	[illegible]	[illegible]	[illegible]	[illegible]	[illegible]	[illegible]	[illegible]	[illegible]	[illegible]	[illegible]	[illegible]	[illegible]	[illegible]	[illegible]	[illegible]	[illegible]	[illegible]	[illegible]	[illegible]	[illegible]	[illegible]	[illegible]	[illegible]	[illegible]	[illegible]	[illegible]	[illegible]
	Gard	[illegible]	[illegible]	[illegible]	[illegible]	[illegible]	[illegible]	[illegible]	[illegible]	[illegible]	[illegible]	[illegible]	[illegible]	[illegible]	[illegible]	[illegible]	[illegible]	[illegible]	[illegible]	[illegible]	[illegible]	[illegible]	[illegible]	[illegible]	[illegible]	[illegible]	[illegible]	[illegible]	[illegible]	[illegible]	[illegible]	[illegible]	[illegible]	[illegible]	[illegible]	[illegible]	[illegible]	[illegible]	[illegible]	[illegible]	[illegible]	[illegible]	[illegible]	[illegible]	[illegible]
	Vaucluse	[illegible]	[illegible]	[illegible]	[illegible]	[illegible]	[illegible]	[illegible]	[illegible]	[illegible]	[illegible]	[illegible]	[illegible]	[illegible]	[illegible]	[illegible]	[illegible]	[illegible]	[illegible]	[illegible]	[illegible]	[illegible]	[illegible]	[illegible]	[illegible]	[illegible]	[illegible]	[illegible]	[illegible]	[illegible]	[illegible]	[illegible]	[illegible]	[illegible]	[illegible]	[illegible]	[illegible]	[illegible]	[illegible]	[illegible]	[illegible]	[illegible]	[illegible]	[illegible]	[illegible]
	Basses-Alpes	[illegible]	[illegible]	[illegible]	[illegible]	[illegible]	[illegible]	[illegible]	[illegible]	[illegible]	[illegible]	[illegible]	[illegible]	[illegible]	[illegible]	[illegible]	[illegible]	[illegible]	[illegible]	[illegible]	[illegible]	[illegible]	[illegible]	[illegible]	[illegible]	[illegible]	[illegible]	[illegible]	[illegible]	[illegible]	[illegible]	[illegible]	[illegible]	[illegible]	[illegible]	[illegible]	[illegible]	[illegible]	[illegible]	[illegible]	[illegible]	[illegible]	[illegible]	[illegible]	[illegible]
	Hautes-Alpes	[illegible]	[illegible]	[illegible]	[illegible]	[illegible]	[illegible]	[illegible]	[illegible]	[illegible]	[illegible]	[illegible]	[illegible]	[illegible]	[illegible]	[illegible]	[illegible]	[illegible]	[illegible]	[illegible]	[illegible]	[illegible]	[illegible]	[illegible]	[illegible]	[illegible]	[illegible]	[illegible]	[illegible]	[illegible]	[illegible]	[illegible]	[illegible]	[illegible]	[illegible]	[illegible]	[illegible]	[illegible]	[illegible]	[illegible]	[illegible]	[illegible]	[illegible]	[illegible]	[illegible]
	Bouches-du-Rhône	[illegible]	[illegible]	[illegible]	[illegible]	[illegible]	[illegible]	[illegible]	[illegible]	[illegible]	[illegible]	[illegible]	[illegible]	[illegible]	[illegible]	[illegible]	[illegible]	[illegible]	[illegible]	[illegible]	[illegible]	[illegible]	[illegible]	[illegible]	[illegible]	[illegible]	[illegible]	[illegible]	[illegible]	[illegible]	[illegible]	[illegible]	[illegible]	[illegible]	[illegible]	[illegible]	[illegible]	[illegible]	[illegible]	[illegible]	[illegible]	[illegible]	[illegible]	[illegible]	[illegible]
	Var	[illegible]	[illegible]	[illegible]	[illegible]	[illegible]	[illegible]	[illegible]	[illegible]	[illegible]	[illegible]	[illegible]	[illegible]	[illegible]	[illegible]	[illegible]	[illegible]	[illegible]	[illegible]	[illegible]	[illegible]	[illegible]	[illegible]	[illegible]	[illegible]	[illegible]	[illegible]	[illegible]	[illegible]	[illegible]	[illegible]	[illegible]	[illegible]	[illegible]	[illegible]	[illegible]	[illegible]	[illegible]	[illegible]	[illegible]	[illegible]	[illegible]	[illegible]	[illegible]	[illegible]
	TOTAUX	[illegible]	[illegible]	[illegible]	[illegible]	[illegible]	[illegible]	[illegible]	[illegible]	[illegible]	[illegible]	[illegible]	[illegible]	[illegible]	[illegible]	[illegible]	[illegible]	[illegible]	[illegible]	[illegible]	[illegible]	[illegible]	[illegible]	[illegible]	[illegible]	[illegible]	[illegible]	[illegible]	[illegible]	[illegible]	[illegible]	[illegible]	[illegible]	[illegible]	[illegible]	[illegible]	[illegible]	[illegible]	[illegible]	[illegible]	[illegible]	[illegible]	[illegible]	[illegible]	[illegible]
10e	Corse	[illegible]	[illegible]	[illegible]	[illegible]	[illegible]	[illegible]	[illegible]	[illegible]	[illegible]	[illegible]	[illegible]	[illegible]	[illegible]	[illegible]	[illegible]	[illegible]	[illegible]	[illegible]	[illegible]	[illegible]	[illegible]	[illegible]	[illegible]	[illegible]	[illegible]	[illegible]	[illegible]	[illegible]	[illegible]	[illegible]	[illegible]	[illegible]	[illegible]	[illegible]	[illegible]	[illegible]	[illegible]	[illegible]	[illegible]	[illegible]	[illegible]	[illegible]	[illegible]	[illegible]

RÉCAPITULATION

DES RAPPORTS PARTICULIERS DE CONSOMMATION PRÉSUMÉE DE 1835.

ÉVALUATION DES QUANTITÉS DE GRAINS ANNUELLEMENT NÉCESSAIRES

INDICATION des RÉGIONS.	POPULATION du département, non compris les passagers.	POUR LA NOURRITURE DES HABITANTS, EN									TOTAL des quantités de grains annuellement nécessaires à la nourriture des habitants.
		FROMENT.	MÉTEIL.	SEIGLE.	ORGE.	SARRASIN.	MAÏS ET MILLET.	AVOINE.	LÉGUMES SECS.	AUTRES MENUS GRAINS.	
		hect.	hect.	hect.	hect.	hect.	hect.	hect.	hect.	hect.	hect.
1re Nord-Ouest	3,[illegible]	5,389,887	530,866	3,119,866	2,046,379	3,[illegible]	190,737	1,065,803	663,000	1,531	16,818,620
2e Nord	6,203,584	13,[illegible]	3,340,831	6,411,[illegible]	144,157	100	-	-	179,015	3,334	29,030,[illegible]
3e Nord-Est	3,[illegible]	6,417,[illegible]	572,[illegible]	4,[illegible]	1,091,063	10,[illegible]	1,022	66,[illegible]	565,[illegible]	70,[illegible]	10,519,[illegible]
4e Ouest	3,720,778	3,069,181	1,062,018	4,003,032	1,046,[illegible]	371,302	347,310	81,175	761,910	16,705	11,706,[illegible]
5e Centre	3,013,[illegible]	3,303,346	2,270,[illegible]	3,801,139	1,011,901	999,[illegible]	-	50,675	154,[illegible]	50,380	11,[illegible]
6e Est	3,625,106	2,753,200	781,[illegible]	3,610,831	913,[illegible]	214,[illegible]	633,301	104,[illegible]	566,290	30,397	9,[illegible]
7e Sud-Ouest	3,309,737	3,887,[illegible]	203,[illegible]	1,620,[illegible]	115,[illegible]	93,[illegible]	3,817,473	9,190	301,553	65,430	10,[illegible]
8e Sud	2,697,035	3,817,[illegible]	371,[illegible]	3,009,780	556,136	435,819	879,324	319,[illegible]	151,361	37,[illegible]	9,[illegible]
9e Sud-Est	[illegible]	4,356,[illegible]	467,[illegible]	2,653,107	719,[illegible]	39,[illegible]	11,700	11,873	180,686	99,163	7,[illegible]
10e Corse	[illegible]	157,867	-	99,655	128,377	-	69,685	-	38,553	-	435,[illegible]
Pour toute la France	33,[illegible]	50,[illegible]	9,[illegible]	31,[illegible]	8,979,[illegible]	4,[illegible]	5,[illegible]	1,[illegible]	3,716,[illegible]	330,012	107,[illegible]

INDICATION des RÉGIONS.	POUR LA NOURRITURE DES CHEVAUX, BESTIAUX, VOLAILLES ET AUTRES ANIMAUX DOMESTIQUES, EN									TOTAL des quantités de grains annuellement nécessaires à la nourriture des animaux domestiques.
	FROMENT.	MÉTEIL.	SEIGLE.	ORGE.	SARRASIN.	MAÏS ET MILLET.	AVOINE.	LÉGUMES SECS.	AUTRES MENUS GRAINS.	
	hect.	hect.	hect.	hect.	hect.	hect.	hect.	hect.	hect.	hect.
1re Nord-Ouest	609	58,[illegible]	20,[illegible]	635,[illegible]	250,[illegible]	30,000	4,638,[illegible]	79,[illegible]	[illegible]	[illegible]
2e Nord	24,[illegible]	97,[illegible]	164,075	911,210	45,[illegible]	[illegible]	13,131,[illegible]	127,[illegible]	[illegible]	[illegible]
3e Nord-Est	1,[illegible]	300	[illegible]	1,[illegible]	96,[illegible]	31,[illegible]	3,[illegible]	97,[illegible]	[illegible]	7,[illegible]
4e Ouest	-	-	3,[illegible]	86,[illegible]	149,[illegible]	229,030	1,[illegible]	33,[illegible]	[illegible]	[illegible]
5e Centre	69,000	3,[illegible]	137,[illegible]	304,[illegible]	153,[illegible]	[illegible]	2,[illegible]	8,[illegible]	[illegible]	[illegible]
6e Est	10,030	1,782	50,[illegible]	336,[illegible]	175,[illegible]	190,[illegible]	8,[illegible]	11,[illegible]	[illegible]	[illegible]
7e Sud-Ouest	1,000	1,500	93,[illegible]	66,[illegible]	39,[illegible]	[illegible]	673,[illegible]	38,[illegible]	[illegible]	[illegible]
8e Sud	4,700	918	16,[illegible]	80,[illegible]	94,[illegible]	209,[illegible]	500,[illegible]	70,[illegible]	[illegible]	[illegible]
9e Sud-Est	2,160	1,[illegible]	12,[illegible]	[illegible]	35,[illegible]	29,[illegible]	589,[illegible]	35,[illegible]	[illegible]	[illegible]
10e Corse	-	-	-	3,[illegible]	-	[illegible]				[illegible]
Pour toute la France	79,[illegible]	97,[illegible]	173,[illegible]	3,[illegible]	1,[illegible]	1,[illegible]	39,41[illegible]	[illegible]	[illegible]	[illegible]

INDICATION des RÉGIONS.	POUR LES SEMENCES, EN									TOTAL des quantités de grains annuellement nécessaires aux semences.
	FROMENT.	MÉTEIL.	SEIGLE.	ORGE.	SARRASIN.	MAÏS ET MILLET.	AVOINE.	LÉGUMES SECS.	AUTRES MENUS GRAINS.	
	hect.	hect.	hect.	hect.	hect.	hect.	hect.	hect.	hect.	hect.
1re Nord-Ouest	1,[illegible]	155,[illegible]	469,[illegible]	388,[illegible]	447,[illegible]	3,[illegible]	389,[illegible]	25,[illegible]	24,[illegible]	4,167,[illegible]
2e Nord	3,[illegible]	644,[illegible]	336,[illegible]	257,[illegible]	3,[illegible]	25	1,638,[illegible]	129,[illegible]	180,[illegible]	3,762,[illegible]
3e Nord-Est	1,[illegible]	109,[illegible]	169,[illegible]	521,[illegible]	49,[illegible]	1,[illegible]	1,[illegible]	36,636	27,[illegible]	[illegible]
4e Ouest	1,[illegible]	182,[illegible]	361,[illegible]	301,[illegible]	33,[illegible]	17,[illegible]	342,[illegible]	61,[illegible]	94,[illegible]	3,[illegible]
5e Centre	902,[illegible]	315,[illegible]	1,207,[illegible]	301,[illegible]	31,[illegible]	10	897,[illegible]	40,[illegible]	50,[illegible]	3,[illegible]
6e Est	[illegible]	108,[illegible]	794,[illegible]	213,[illegible]	33,[illegible]	45,[illegible]	633,[illegible]	18,[illegible]	91,[illegible]	3,[illegible]
7e Sud-Ouest	1,[illegible]	94,[illegible]	305,[illegible]	32,[illegible]	54,[illegible]	143,[illegible]	203,[illegible]	48,[illegible]	19,[illegible]	1,[illegible]
8e Sud	981,[illegible]	66,[illegible]	747,[illegible]	51,[illegible]	54,[illegible]	48,[illegible]	236,[illegible]	41,[illegible]	8,[illegible]	2,[illegible]
9e Sud-Est	789,[illegible]	55,[illegible]	269,[illegible]	49,[illegible]	3,[illegible]	3,[illegible]	153,[illegible]	67,[illegible]	16,[illegible]	1,[illegible]
10e Corse	36,[illegible]	-	5,[illegible]	15,[illegible]	-	[illegible]	-	7,[illegible]	-	53,[illegible]
Pour toute la France	10,[illegible]	1,[illegible]	[illegible]	2,[illegible]	606,[illegible]	211,[illegible]	4,[illegible]	451,[illegible]	303,[illegible]	23,[illegible]

INDICATION des RÉGIONS.	POUR LES BRASSERIES, LES DISTILLERIES ET POUR TOUS AUTRES USAGES, EN									TOTAL des quantités de grains annuellement nécessaires aux brasseries, distilleries et à tous autres usages.	TOTAL de tous les besoins annuels en toute espèce de grains.
	FROMENT.	MÉTEIL.	SEIGLE.	ORGE.	SARRASIN.	MAÏS ET MILLET.	AVOINE.	LÉGUMES SECS.	AUTRES MENUS GRAINS.		
	hect.	hect.	hect.	hect.	hect.	hect.	hect.	hect.	hect.	hect.	hect.
1re Nord-Ouest	3,[illegible]	-	-	101,[illegible]	-	-	-	7,[illegible]	-	110,[illegible]	25,[illegible]
2e Nord	144,[illegible]	10,[illegible]	78,[illegible]	1,617,[illegible]	308	-	18,775	7,[illegible]	34,[illegible]	[illegible]	41,[illegible]
3e Nord-Est	43,[illegible]	-	10,[illegible]	308,[illegible]	-		3,[illegible]	-	70,[illegible]	[illegible]	33,[illegible]
4e Ouest	3,550	-		50,[illegible]	-	-	[illegible]	-	[illegible]	[illegible]	16,[illegible]
5e Centre	33,[illegible]	[illegible]	21,[illegible]	116,[illegible]	-	-	20,[illegible]	5,[illegible]	[illegible]	[illegible]	17,[illegible]
6e Est	5,[illegible]	25	15,[illegible]	163,[illegible]	[illegible]	127	3,[illegible]	[illegible]	7,[illegible]	[illegible]	14,[illegible]
7e Sud-Ouest	-	-	-	4,[illegible]	-	-	-	-	[illegible]	[illegible]	13,[illegible]
8e Sud	16,[illegible]	-	1,700	33,[illegible]	-	1,[illegible]	-	1,[illegible]	[illegible]	49,[illegible]	13,[illegible]
9e Sud-Est	33,[illegible]	[illegible]	1,140	25,[illegible]	-	50	4,[illegible]	110	6,[illegible]	61,[illegible]	[illegible]
10e Corse	[illegible]	-	-	-	-	-	-	-	-	[illegible]	491,[illegible]
Pour toute la France	303,[illegible]	10,[illegible]	151,[illegible]	2,[illegible]	[illegible]	1,[illegible]	[illegible]	17,[illegible]	72,[illegible]	2,[illegible]	152,[illegible]

RÉSUMÉ GÉNÉRAL.

	FROMENT.	MÉTEIL.	SEIGLE.	ORGE.	SARRASIN.	MAÏS ET MILLET.	AVOINE.	LÉGUMES SECS.	AUTRES MENUS GRAINS.	TOTAL.
	hect.	hect.	hect.	hect.	hect.	hect.	hect.	hect.	hect.	hect.
Pour la nourriture des habitants	[illegible]	8,[illegible]	33,009,[illegible]	8,776,[illegible]	4,[illegible]	4,[illegible]	1,[illegible]	3,[illegible]	330,012	107,577,801
Pour les animaux domestiques	[illegible]	[illegible]	473,[illegible]	3,[illegible]	1,[illegible]	1,[illegible]	39,[illegible]	[illegible]	3,[illegible]	[illegible]
Pour les semences	[illegible]	[illegible]	[illegible]	2,[illegible]	606,[illegible]	[illegible]	[illegible]	[illegible]	303,[illegible]	23,734,[illegible]
Pour les brasseries, les distilleries et pour tous autres usages	[illegible]	10,[illegible]	151,[illegible]	2,[illegible]	[illegible]	1,[illegible]	[illegible]	[illegible]	72,[illegible]	2,[illegible]
TOTAL pour la France	[illegible]	[illegible]	[illegible]	17,[illegible]	[illegible]	[illegible]	[illegible]	[illegible]	[illegible]	152,[illegible]

IX.

RELEVÉ COMPARATIF

DES RAPPORTS SUR LES QUANTITÉS D'HECTARES

ENSEMENCÉS PAR DÉPARTEMENTS,

EN 1815 ET 1835.

ANNÉE 1815.

RÉGIONS.	DÉPARTEMENTS.	Nombre d'hectares ensemencés en froment.	méteil.	seigle.	orge.	sarrasin.	maïs et millet.	avoine.	légumes secs.	autres ensemencements.	TOTAUX par départements.	NOMBRE d'hectares ensemencés en pommes de terre.
		hect.	hect.	hect.	hect.	hect.	hect.	hect.	hect.	hect.	hect.	hect.
1re Nord-Ouest.	Finistère	31,911	4,758	27,051	17,054	32,481	263	32,142	843	.	116,101	2,30
	Côtes-du-Nord	31,000	0,000	28,000	9,000	47,000	.	30,000	900		150,200	4,40
	Morbihan	34,620	.	107,890	504	39,775	17,000	21,796	715	300	213,177	0,66
	Ille-et-Vilaine	56,518	19,977	40,073	8,753	104,232	50	42,776	1,033		273,392	1,59
	Manche	65,000	5,000	9,000	50,000	78,000		15,000	100	20	416,120	7,00
	Calvados	93,000	6,000	7,000	23,000	30,000		28,000	4,000	9,000	200,000	4,00
	Orne	57,265	13,768	18,521	18,640	23,091		55,831	4,050		191,014	4,80
	Mayenne	18,343	3,308	38,619	1,920	15,460	.	37,504	.	.	175,150	[illegible]
	Sarthe	46,900	21,700	48,000	17,000	10,000	10,000	32,000	7,830	4,180	186,510	12,02
	TOTAUX	463,857	80,507	344,601	141,848	101,545	27,332	295,039	18,751	14,500	1,701,561	35,81
4e Ouest.	Loire-Inférieure	40,562	205	21,157	1,522	17,351	2,010	5,700	616	10	89,453	1,09
	Maine-et-Loire	53,383	15,273	61,307	11,751	5,000	215	11,020	1,035	63	159,101	9,50
	Indre-et-Loire	83,904	9,850	16,300	25,588	125	2,640	42,307	1,536	228	163,611	3,16
	Vendée	70,330	8,250	27,061	20,232	1,853	100	4,646	2,317	419	135,277	1,80
	Charente-Inférieure	33,500	11,100	5,190	32,116	.	24,084	19,078	3,218	3,700	104,810	0,86
	Deux-Sèvres	50,345	15,087	26,701	25,506	2,025	1,101	10,370	0,100	625	124,140	2,52
	Charente	48,500	10,000	26,000	14,050	2,000	27,000	14,000	6,000	600	166,300	10,02
	Vienne	68,560	12,500	47,300	33,000	250	400	26,000	1,104	2,750	174,000	1,18
	Haute-Vienne	9,660	390	62,210	1,497	21,074	754	3,100	530	315	98,431	11,55
	TOTAUX	458,681	91,615	273,278	176,022	49,576	57,950	137,321	21,530	8,637	1,301,986	33,69
7e Sud-Ouest.	Gironde	61,272	9,308	29,201	887	485	22,000	2,098	2,730	3,306	130,827	10,00
	Dordogne	56,900	12,000	79,000	1,800	1,010	50,000	1,800	10,000	900	210,510	15,00
	Lot-et-Garonne	106,333	9,018	35,564	316	11	13,580	1,034	4,375	934	171,381	4,17
	Landes	28,000	.	25,400	35		50,000	1,200	1,200	6,000	111,835	2,00
	Gers	131,914	5,129	8,297	4,211		15,030	9,880	6,000	7,000	192,072	[illegible]
	Basses-Pyrénées	38,110	.	810	1,893		40,512	2,036	600		91,167	7,00
	Hautes-Pyrénées	38,500	13,544	13,000	3,310	1,210	20,558	10,300	1,760		105,051	6,00
	Haute-Garonne	95,000	7,800	10,000	550	1,513	39,720	8,000	4,000	510	164,193	8,80
	Ariège	20,021	1,430	15,418	105	7,157	11,636	3,501	1,018	262	68,760	0,00
	TOTAUX	618,030	64,118	187,749	13,170	11,566	267,115	40,858	31,273	19,009	1,256,832	60,57

ANNÉE 1835.

DÉPARTEMENTS.	Nombre d'hectares ensemencés en froment.	méteil.	seigle.	orge.	sarrasin.	maïs et millet.	avoine.	légumes secs.	autres ensemencements.	TOTAUX par départements.	NOMBRE d'hectares ensemencés en pommes de terre.	POPULATION déclarée pour chaque département, en 1815.	en 1835.	OBSERVATIONS.
	hect.	hect.	hect.	hect.	hect.	hect.	hect.	hect.	hect.	hect.	hect.			
Finistère	33,110	4,300	35,670	25,760	31,300		44,200		.	177,310	16,280	444,360	524,396	(a) A défaut de renseignements sur le nombre d'hectares employés à la culture des pommes de terre pour dans l'année 1815, on a donné ici le résultat des déclarations faites par les préfets pour l'année 1817.
Côtes-du-Nord	58,801	10,333	30,160	16,070	68,100		69,537	915		256,033	10,115	520,000	600,000	
Morbihan	38,300	200	76,060	566	57,750	9,200	30,000	500	20	212,950	4,650	336,048	434,592	
Ille-et-Vilaine	58,000	15,000	41,000	9,800	112,000	.	31,000	1,950		260,850	8,600	503,250	547,052	
Manche	88,553	5,908	11,700	38,714	63,811	.	28,991	2,581	1,003	251,972	6,508	581,400	591,284	
Calvados	91,299	1,807	5,070	18,710	20,561		31,618	2,716	7,381	186,168	800	495,000	494,702	
Orne	65,500	10,830	16,130	31,040	21,500		65,680	3,100	2,100	220,820	2,370	410,000	441,881	
Mayenne	75,600	7,400	46,750	6,500	55,550	.	47,500			239,360	1,710	332,254	352,586	
Sarthe	56,041	30,057	42,706	53,477	3,610	2,655	26,490	2,515	3,251	220,611	20,530	409,130	457,372	
TOTAUX	564,000	59,735	315,181	194,020	416,783	12,055	371,519	11,507	14,081	2,021,563	71,513	4,086,312	4,412,795	
Loire-Inférieure	58,172	1,200	23,000	2,120	30,853	1,960	7,158	708	100	124,776		400,924	470,093	
Maine-et-Loire	42,813	10,500	45,840	8,300	1,200	310	9,501	6,709	.	148,493	0,947	401,840	467,871	
Indre-et-Loire	79,270	16,653	28,071	19,777	420	946	70,153	1,763	4,533	222,538		270,000	297,000	
Vendée	150,000	11,000	10,000	30,000	3,000	2,500	4,000	7,000	1,000	222,400		268,300	330,350	
Charente-Inférieure	98,450	19,170	9,650	35,530	.	29,060	27,230	5,110	6,335	224,054	12,450	403,000	445,249	
Deux-Sèvres	70,890	15,500	46,356	30,003	912	2,800	17,200	3,142	1,257	190,321	8,040	240,141	294,850	
Charente	50,800	16,000	26,000	24,000	2,600	23,000	11,600	8,100	600	161,000	16,030	326,885	362,531	
Vienne	68,150	17,977	24,000	33,000	70	1,564	57,200	2,654	400	205,994	5,500	251,000	282,731	
Haute-Vienne	10,700		80,000	7,000	20,000	2,000	4,000	1,500		118,900	6,300	211,710	285,097	
TOTAUX	605,445	111,043	291,016	193,289	60,981	51,480	195,345	37,001	11,225	1,617,190	60,247	2,816,433	3,233,718	
Gironde	49,214	4,360	20,003	158	291	10,997	6,183	7,367		138,380	19,513	507,081	554,245	
Dordogne	107,080	12,500	14,030	7,300	2,200	60,400	3,200	10,400	4,200	210,300	22,000	420,000	482,000	
Lot-et-Garonne	148,120		36,420	700	.	18,600	1,050	11,500	.	215,050	10,000	325,218	346,885	
Landes	37,000		60,600	60	.	10,080	860	20,000	1,000	191,800	700	231,768	281,504	
Gers	138,706	800	11,800	5,500	.	21,000	11,600	10,800	9,500	222,800	30,000	282,011	312,160	
Basses-Pyrénées	62,300	100	800	2,000	.	74,000	1,000	750		139,250	1,050	381,012	428,401	
Hautes-Pyrénées	24,500	10,100	11,000	2,800	1,800	21,500	7,000	3,000		83,000	3,700	198,763	233,031	
Haute-Garonne	109,790	6,858	18,571	1,164	2,668	40,695	5,083	6,793	361	192,316	239	371,110	427,856	
Ariège	19,850	7,786	15,142	632	7,115	15,011	9,350	3,514	538	85,620	12,085	220,271	253,730	
TOTAUX	740,301	43,530	230,406	20,514	11,214	326,296	11,946	74,022	11,607	1,508,784	103,117	2,911,569	[illegible]	

ANNÉE 1815. — Nombre d'hectares ensemencés en :

Régions	Départements	Froment	Méteil	Seigle	Orge	Sarrasin	Maïs et millet	Avoine	Légumes secs	Prairies artificielles	Totaux par départements	Nombre d'hectares ensemencés en pommes de terre
		hect.	hect.	hect.	hect.	hect.	hect.	hect.	hect.	hect.	hect.	hect.
2e Nord.	Nord	34,856	16,733	12,109	14,940	713	.	35,154	2,087	23,411	128,006	10,000
	Pas-de-Calais	70,316	59,254	15,505	17,743	115	160	66,791	1,440	2,150	235,536	6,500
	Somme	30,222	71,084	12,136	13,010	1,268	.	75,047	3,003	6,381	213,750	3,000
	Seine-Inférieure	102,936	5,570	10,518	6,725	500	.	66,225	769	10,000	203,332	2,450
	Oise	90,430	30,915	31,220	10,258		.	75,796	5,031	25,185	268,941	3,000
	Aisne	93,510	36,135	35,693	6,904	3,197	.	78,303	3,418	27,178	283,815	7,000
	Eure	98,851	32,858	16,659	4,150	120	.	63,786	9,160	3,150	230,060	1,300
	Eure-et-Loir	68,828	11,317	10,092	13,402		.	97,317	2,279	.	230,235	[illegible]
	Seine-et-Oise	88,784	18,801	10,016	10,406	492	.	83,390	3,221	5,308	223,804	3,700
	Seine	4,131	110	3,353	2,370	0	.	5,168	1,371	443	17,558	1,500
	Seine-et-Marne	00,000	10,000	15,800	6,400	.	.	95,500	2,100	5,300	241,400	4,300
	Totaux	813,065	315,800	188,475	104,705	6,504	160	743,779	33,895	109,117	2,346,480	44,000
5e Centre.	Loir-et-Cher	48,584	11,178	26,531	7,105	13,110	2	58,455	640	1,006	162,511	4,300
	Loiret	46,011	27,543	32,704	14,492	5,008	200	68,242	2,077	4,957	201,299	1,000
	Yonne	57,067	23,344	29,134	23,830	111	.	60,800	1,501	213	195,880	3,400
	Indre	49,707	3,791	34,833	36,984	3,119	.	12,550	503	.	171,072	2,300
	Cher	03,000	13,000	25,000	49,000	2,000		44,000	1,500	2,000	197,700	1,800
	Nièvre	39,353	11,431	38,780	16,350	2,151	60	13,914	830	353	122,457	8,300
	Creuse	1,165	.	140,000	1,032	17,250	70	3,670	800		116,177	4,000
	Allier	43,065	.	31,056	12,400	180		13,005	8,000	.	161,391	10,000
	Puy-de-Dôme	39,800	10,600	133,400	21,800	7,300	500	17,500	3,900	2,400	270 000	19,000
	Totaux	388,002	101,193	522,470	185,557	51,122	832	316,221	19,616	11,646	1,627,810	50,800
8e Sud.	Corrèze	3,000		58,000	1,072	20,000	652	4,000	650		87,074	.
	Cantal	5,150	2,000	78,000	2,050	12,800	13	10,500	1,100	.	111,913	6,000
	Lot	90,000	.	20,000	3,000	6,000	20,000	4,000	2,000		149,000	18,000
	Aveyron	31,130	3,810	41,035	9,866	1,823	4,453	20,070	2,572	112	118,301	19,800
	Lozère	8,000	3,400	28,000	6,200	575	20	5,000	800	5	52,000	3,100
	Tarn-et-Garonne	78,211	8,270	9,999	902	.	16,635	6,789	4,817	4,009	129,632	4,000
	Tarn	83,784	6,365	52,885	1,240	250	44,000	6,686	4,511	1,504	201,715	24,600
	Hérault	30,365	377	5,504	1,051	25	352	4,072	169	168	51,687	1,800
	Aude	65,260	3,900	14,800	2,000	400	21,900	15,100	4,000	2,000	130,000	3,000
	Pyrénées-Orientales	20,568	5,712	12,675	641	710	1,312	428	2,070	178	44,430	2,000
	Totaux	446,012	34,264	320,288	29,552	39,580	109,337	76,555	23,078	8,450	1,060,674	83,600

ANNÉE 1835. — Nombre d'hectares ensemencés en :

Régions	Départements	Froment	Méteil	Seigle	Orge	Sarrasin	Maïs et millet	Avoine	Légumes secs	Prairies artificielles	Totaux par départements	Nombre d'hectares ensemencés en pommes de terre	Population déclarée pour chaque département en 1815	Population 1835	Observations
		hect.	hect.	hect.	hect.	hect.	hect.	hect.	hect.	hect.	hect.	hect.			
2e Nord.	Nord	115,459	14,000	10,773	13,439	201	15	41,465	10,921	13,355	226,764	13,065	939,833	989,938	
	Pas-de-Calais	89,710	59,300	15,300	18,500	30	40	68,330	4,500	37,700	286,470	10,500	683,260	655,215	
	Somme	70,619	73,432	14,563	12,771	200	.	114,760	9,235	25,472	321,045	6,715	490,000	543,704	
	Seine-Inférieure	118,000	11,000	12,000	12,000	.	.	90,000	1,000	.	245,000	3,200	641,841	693,683	
	Oise	64,829	32,833	22,693	10,667	.		65,357	3,970	14,502	214,871	4,095	374,000	397,725	
	Aisne	92,600	35,000	32,000	10,000	3,000	.	92,500	3,500	60,000	328,000	9,000	445,000	513,000	
	Eure	114,833	14,033	15,160	6,108		.	39,318	6,665	7,860	204,087	5,850	415,500	421,418	
	Eure-et-Loir	96,164	35,849	15,977	21,750	.	.	107,273	2,840	.	273,862	4,413	250,210	278,820	
	Seine-et-Oise	98,500	13,522	20,321	11,154	415		87,172	9,527	5,867	227,008	4,077	423,507	448,180	
	Seine	5,090	182	3,308	1,546	20	.	5,331	744	414	16,665	2,653	636,884	935,108	
	Seine-et-Marne	107,264	8,801	13,216	11,808	481	.	96,021	1,317	5,673	240,497	5,072	300,000	323,893	
	Totaux	885,514	298,736	175,320	129,745	4,410	55	808,888	63,089	170,873	2,587,260	69,670	5,407,785	6,103,514	
5e Centre.	Loir-et-Cher	47,390	18,900	26,250	23,500	12,200	.	86,514	740	4,500	219,904	2,600	212,552	235,750	
	Loiret	56,587	22,805	31,747	22,586	3,262	200	71,734	3,300	4,523	210,684	1,830	288,921	305,276	
	Yonne	74,953	22,951	27,040	36,022	300	.	71,885	3,759	3,193	240,103	3,782	326,324	352,525	
	Indre	56,100	6,800	23,400	43,600	600		37,700	1,600	000	170,400	4,000	261,721	245,289	
	Cher	41,967	11,000	31,085	42,011	3,302		30,000	1,133	1,038	159,330	3,307	220,000	256,059	
	Nièvre	42,880	10,500	25,000	37,000	1,500		25,000	1,100	.	132,900	7,500	245,560	282,521	
	Creuse	1,600	.	140,000	1,300	29,500		12,000	200		184,600	6,500	225,000	265,384	
	Allier	36,270	60	78,000	26,350	1,200		27,500	6,700		177,100	8,500	260,447	298,257	
	Puy-de-Dôme	40,233	14,310	110,620	20,082	3,706		35,239	6,263	1,570	241,125	25,000	534,563	573,106	
	Totaux	415,370	109,036	502,512	212,151	55,572	200	393,761	23,855	18,421	1,706,212	65,319	2,522,788	2,814,167	
8e Sud.	Corrèze	6,350	1,125	76,160	675	31,130	600	5,140	1,500	.	111,840	.	254,271	294,834	
	Cantal	5,600	800	80,000	1,300	13,000	5	6,200	1,100	100	108,305	10,000	250,000	262,013	
	Lot	21,000	4,000	30,000	7,000	12,000	40,000	8,000	6,000	4,000	173,000	12,000	254,500	281,505	
	Aveyron	40,800	3,000	53,400	6,850	1,850	8,790	30,000	2,350	1,500	151,140	12,400	331,375	350,056	
	Lozère	8,500	5,500	21,000	4,500	2,000		5,250	400	180	47,330	3,000	143,000	140,347	
	Tarn-et-Garonne	135,000	5,000	16,000	400	.	15,000	8,000	3,000	1,000	185,400	1,800	239,315	242,250	
	Tarn	94,100	1,067	53,440	612	650	40,520	12,885	6,444	2,427	205,254	11,441	295,885	335,844	
	Hérault	30,000	1,200	12,200	1,800	100	1,000	12,000	1,400	500	60,200	4,000	216,450	346,207	
	Aude	76,000	2,400	14,000	2,400	700	30,000	21,000	5,000	2,000	153,500	5,000	240,093	270,125	
	Pyrénées-Orientales	21,000	5,000	12,000	800	500	2,000	700	2,000		11,000	2,500	126,626	157,052	
	Totaux	522,350	31,802	368,110	30,167	52,470	127,321	107,175	29,791	8,567	1,270,769	61,341	2,441,015	2,692,233	

RELEVÉ COMPARATIF DES RAPPORTS SUR LES QUANTITÉS D'HECTARES ENSEMENCÉS PAR DÉPARTEMENTS, EN 1815 ET 1835.

ANNÉE 1815.

RÉGIONS.	DÉPARTEMENTS.	NOMBRE D'HECTARES ENSEMENCÉS EN Froment.	Méteil.	Seigle.	Orge.	Sarrasin.	Maïs et millet.	Avoine.	Légumes secs.	Autres ensemencements.	TOTAUX par départements.	NOMBRE d'hectares présumés en pommes de terre.
		hect.	hect.	hect.	hect.	hect.	hect.	hect.	hect.	hect.	hect.	hect.
3e Nord-Est.	Ardennes	70,600	19,000	35,000	20,000	1,500		71,000	800	1,000	221,900	6,09
	Marne	83,000	3,400	129,600	51,000	10,000	.	152,000	.	.	432,800	,
	Aube	67,535	35,903	56,884	19,061	3,191	.	66,525	831	211	219,170	2,62
	Haute-Marne	77,500	3,800	30,854	33,500	200	,	90,800	420	70	206,541	1,50
	Meuse	53,061	489	3,979	41,030	.		51,432	498	100	197,162	11,59
	Moselle	45,802	8,551	11,895	17,213	,	131	44,172	1,324	1,635	132,023	13,36
	Meurthe	72,862	965	1,228	7,229	8	3	64,037	2,073	107	152,492	13,11
	Vosges	31,400	3,084	13,068	6,343	3,989	35	40,773	907	58	102,747	16,10
	Bas-Rhin	40,652	2,561	10,081	18,900	119	1,352	6,927	6,443	1,180	88,735	21,16
	Haut-Rhin	35,043	1,878	25,323	19,165	856	353	7,008	1,791	8,364	93,584	18,38
	TOTAUX	601,128	80,511	321,722	240,011	19,916	1,871	568,071	15,073	13,355	1,876,569	98,41
6e Est.	Côte-d'Or	82,865	23,783	30,875	39,506	1,061	4,665	65,131	4,394	2,773	255,373	5,125
	Haute-Saône	50,023	7,000	12,904	15,820	1,158	4,115	32,537	1,803	555	126,941	6,805
	Doubs	43,985	12,815	3,586	6,435	.	1,250	26,134	3,921	.	78,616	3,50
	Jura	37,881	2,851	5,087	15,137	870	11,287	10,101	3,343	339	87,185	7,29
	Saône-et-Loire	60,110	1,370	56,800	6,150	15,000	22,000	8,500	5,000	400	181,530	10,10
	Loire	19,000	200	70,000	900	400		6,000	600	,	100,800	11,29
	Rhône	10,000	2,100	9,850	610	740	,	2,200	250	,	25,750	11,00
	Ain	39,940	9,120	28,680	19,350	27,980	25,750	15,950	5,580	,	172,650	14,00
	Isère	55,500	16,926	40,508	15,063	12,900	1,203	9,788	3,100	70	151,116	13,0
	TOTAUX	385,996	78,545	258,601	117,380	59,177	71,067	197,232	27,080	4,130	1,190,200	84,34
9e Sud-Est.	Haute-Loire	6,500	4,500	61,040	11,515	2,200	,	25,300	4,785	4,950	120,960	3,80
	Ardèche	12,750	1,850	15,675	6,600	1,300	1,550	7,500	1,508	209	81,075	7,75
	Drôme	43,889	4,008	14,625	1,611	3,016	415	4,409	1,090	1,215	75,431	1,50
	Gard	30,502	6,148	6,065	3,506	375	1,537	4,248	810	71	55,304	2,75
	Vaucluse	20,018	7,108	10,089	2,116	4,339	400	3,330	1,270	495	49,508	4,31
	Basses-Alpes	72,560	35,250	21,000	20,100	,	,	27,000	19,000	7,000	201,900	4,2
	Hautes-Alpes	8,105	7,000	8,522	1,300	200	.	6,306	390	550	32,353	1,61
	Bouches-du-Rhône	95,122	.	6,158	1,750	2	40	9,186	505	87	113,177	6,53
	Var	60,772	2,951	2,009	2,085	1	322	3,011	3,150	601	75,615	2,09
	TOTAUX	349,587	69,265	180,861	50,520	12,307	4,263	91,592	32,558	11,021	805,161	40,76
10e	Corse	17,805	.	9,100	10,500	,	1,700	,	2,300	,	32,300	3,19

ANNÉE 1835.

RÉGIONS.	DÉPARTEMENTS.	NOMBRE D'HECTARES ENSEMENCÉS EN Froment.	Méteil.	Seigle.	Orge.	Sarrasin.	Maïs et millet.	Avoine.	Légumes secs.	Autres ensemencements.	TOTAUX par départements.	NOMBRE d'hectares ensemencés en pommes de terre.	POPULATION déclarée pour chaque département, en 1815.	1835.	OBSERVATIONS.
		hect.	hect.	hect.	hect.	hect.	hect.	hect.	hect.	hect.	hect.	hect.			
3e Nord-Est.	Ardennes	57,300	19,600	22,000	28,000	800		53,000	650	6,000	180,110	4,300	269,000	290,622	
	Marne	104,000	,	107,000	51,000	10,000	.	143,000	.	,	408,000	,	304,000	347,316	
	Aube	58,828	3,753	50,105	24,205	3,098	.	79,050	1,600	818	221,357	1,525	208,615	246,361	
	Haute-Marne	97,560	7,500	10,000	28,000	300	,	88,000	800	5,000	232,100	10,000	236,260	249,707	
	Meuse	98,400	600	4,950	45,000	,	,	60,000	1,800	1,900	212,510	17,800	261,703	314,588	
	Moselle	71,500	5,000	7,500	24,000	,	,	58,000	6,000	3,000	171,000	20,000	410,000	417,000	
	Meurthe	60,089	2,047	7,130	12,702	21	327	64,303	3,812	2,458	173,101	10,303	362,128	415,568	
	Vosges	43,691	4,843	15,238	9,577	4,656	109	45,297	1,198	901	125,556	16,188	326,950	398,251	
	Bas-Rhin	50,588	3,125	8,187	23,300	37	1,029	9,012	4,579	1,892	105,415	27,964	532,000	540,830	
	Haut-Rhin	48,809	9,013	13,130	22,751	722	676	9,640	1,443	930	86,008	17,953	346,759	411,299	
	TOTAUX	688,814	50,051	230,316	268,155	17,697	2,311	605,349	18,772	25,808	1,915,585	141,033	3,280,405	3,637,300	
6e Est.	Côte-d'Or	58,740	24,840	35,078	41,370	1,375	4,327	82,768	7,076	3,036	260,210	7,600	350,731	375,013	
	Haute-Saône	37,139	8,678	9,510	21,988	1,421	2,915	32,115	2,430	1,518	138,435	11,189	306,130	311,365	
	Doubs	31,000	10,000	4,000	9,000	,	2,500	32,500	2,500	9,000	94,000	4,500	240,000	265,535	
	Jura	46,500	3,900	3,910	22,780	2,120	18,110	14,980	2,060	4,500	118,320	8,050	291,177	312,504	
	Saône-et-Loire	68,600	1,400	68,000	5,150	11,750	19,000	10,700	4,000	1,080	183,210	50,000	453,782	541,180	
	Loire	16,500	300	110,000	1,000	500	100	22,000	1,500	.	152,900	15,000	315,000	391,216	
	Rhône	10,700	1,080	21,760	2,300	2,100	400	15,500	500	100	65,100	,	340,215	416,575	
	Ain	54,000	19,700	33,300	30,500	35,200	15,750	13,100	8,700	.	198,400	14,000	319,314	346,030	
	Isère	39,200	10,700	40,100	9,300	14,000	1,200	11,740	3,400		139,240	57,669	471,000	550,258	
	TOTAUX	456,739	82,608	330,108	140,146	68,360	61,922	233,203	35,136	12,731	1,400,045	166,119	3,410,084	3,505,700	
9e Sud-Est.	Haute-Loire	19,580	15,000	78,500	11,000	300	.	9,000	3,060	1,400	130,780	14,000	268,200	292,078	
	Ardèche	5,530	903	13,539	9,065	1,211	364	7,468	357	251	68,206	9,000	290,833	340,734	
	Drôme	10,914	8,145	21,967	3,041	6,040	1,008	12,395	2,151	2,565	128,505	13,000	253,372	299,556	
	Gard	26,965	1,681	6,280	5,611	2,081	1,191	7,000	801	412	55,050	2,653	322,115	357,383	
	Vaucluse	36,843	9,163	14,501	1,320	800	330	5,000	3,130	529	63,816	5,122	205,832	239,113	
	Basses-Alpes	37,312	11,814	6,337	252	,	.	5,019	2,325	1,520	86,787	12,981	140,000	155,896	
	Hautes-Alpes	25,341	4,991	10,269	2,160	.	,	4,714	420	1,121	49,049	1,631	123,865	129,102	
	Bouches-du-Rhône	48,944	110	2,521	4,095		,	5,971	1,473	550	60,433	,	293,275	359,005	
	Var	75,376	2,750	2,205	1,510	.	,	14,733	4,330	455	101,481	3,350	266,990	321,686	
	TOTAUX	350,230	51,036	186,135	35,296	10,111	2,913	74,630	17,180	8,615	750,126	69,130	2,169,011	2,454,913	
10e	Corse	18,840	,	1,899	7,953	.	1,392	.	1,331		31,618	1,325	174,700	197,967	

RÉCAPITULATION

DU RELEVÉ COMPARATIF DES RAPPORTS SUR LES QUANTITÉS D'HECTARES ENSEMENCÉS PAR DÉPARTEMENTS, EN 1815 ET 1835.

ANNÉE 1815.

INDICATION des régions.	NOMBRE D'HECTARES ENSEMENCÉS en									TOTAUX par départements.	NOMBRE d'hectares ensemencés en pommes de terre.
	FROMENT.	MÉTEIL.	SEIGLE.	ORGE.	SARRASIN.	MAÏS ET MILLET.	AVOINE.	LÉGUMES SECS.	AUTRES ENSEMENCEMENS.		
	hect.	hect.	hect.	hect.	hect.	hect.	hect.	hect.	hect.	hect.	hect.
1re Nord-Ouest	463,857	80,507	314,604	141,848	401,545	25,033	285,039	18,751	11,500	1,701,584	38,671
2e Nord	813,065	315,800	168,475	104,705	6,504	160	743,779	33,885	100,114	2,346,490	34,631
3e Nord-Est	669,428	80,744	384,742	240,614	19,210	1,871	468,974	15,953	13,363	1,876,067	56,611
4e Ouest	488,084	91,645	273,278	170,024	48,576	57,230	137,341	21,232	8,637	1,391,985	53,672
5e Centre	309,662	101,105	549,479	185,557	51,422	532	346,921	19,816	11,018	1,627,810	50,847
6e Est	385,836	78,515	258,061	117,409	59,177	71,007	197,232	27,080	4,130	1,199,200	84,140
7e Sud-Ouest	618,646	61,418	167,740	13,170	11,606	267,117	40,858	34,253	19,009	1,255,830	66,974
8e Sud	419,012	34,861	310,988	29,552	30,580	108,237	76,355	23,019	8,406	1,060,678	83,616
9e Sud-Est	340,587	69,905	180,861	50,520	12,307	4,303	91,402	32,558	14,621	805,461	13,763
10e Corse	15,800	"	2,100	10,500	"	1,700	"	2,200	"	32,300	3,127
Totaux pour toute la France	4,591,577	916,258	2,573,980	1,072,097	654,609	541,813	2,106,481	269,287	200,446	13,276,301	558,889

ANNÉE 1835.

INDICATION des régions.	NOMBRE D'HECTARES ENSEMENCÉS en									TOTAUX par départements.	NOMBRE d'hectares ensemencés en pommes de terre.	POPULATION déclarée pour chaque département, en		OBSERVATIONS.
	FROMENT.	MÉTEIL.	SEIGLE.	ORGE.	SARRASIN.	MAÏS ET MILLET.	AVOINE.	LÉGUMES SECS.	AUTRES ENSEMENCEMENS.			1815.	1835.	
	hect.	hect.	hect.	hect.	hect.	hect.	hect.	hect.	hect.	hect.	hect.			
1re Nord-Ouest	564,600	99,735	315,184	222,920	415,783	12,055	371,710	11,507	14,667	2,021,567	71,513	4,086,319	4,412,795	
2e Nord	893,164	298,735	175,320	121,735	1,440	55	808,888	63,080	170,873	2,587,259	69,670	5,107,795	6,203,514	
3e Nord-Est	668,941	50,071	339,318	260,155	17,697	4,611	606,352	19,572	25,808	1,916,525	111,033	3,289,405	3,637,500	
4e Ouest	665,445	111,613	294,516	193,939	60,094	64,499	190,315	37,604	14,225	1,627,190	69,387	2,816,135	3,235,778	
5e Centre	415,370	100,036	501,542	412,151	56,572	900	329,764	23,865	18,124	1,760,912	65,310	2,522,788	2,814,167	
6e Est	495,539	82,008	326,198	149,410	68,369	51,522	235,203	35,196	12,731	1,400,045	166,119	3,119,682	3,525,700	
7e Sud-Ouest	712,364	43,530	230,196	20,514	11,211	346,230	41,918	34,092	11,692	1,508,184	105,117	2,944,509	3,319,798	
8e Sud	512,356	33,992	362,140	30,167	52,470	137,021	107,175	29,794	8,757	1,279,760	61,341	2,454,015	2,698,233	
9e Sud-Est	369,236	51,986	180,835	37,296	16,411	2,013	72,630	17,180	2,845	750,136	68,130	2,109,011	2,491,213	
10e Corse	18,840	"	1,800	7,953	"	1,003	"	1,534	"	31,018	1,386	170,700	197,967	
Totaux pour toute la France	5,335,643	874,276	2,658,948	1,309,186	560,935	595,337	2,840,360	317,083	285,322	14,888,395	803,844	28,998,650	32,663,085	

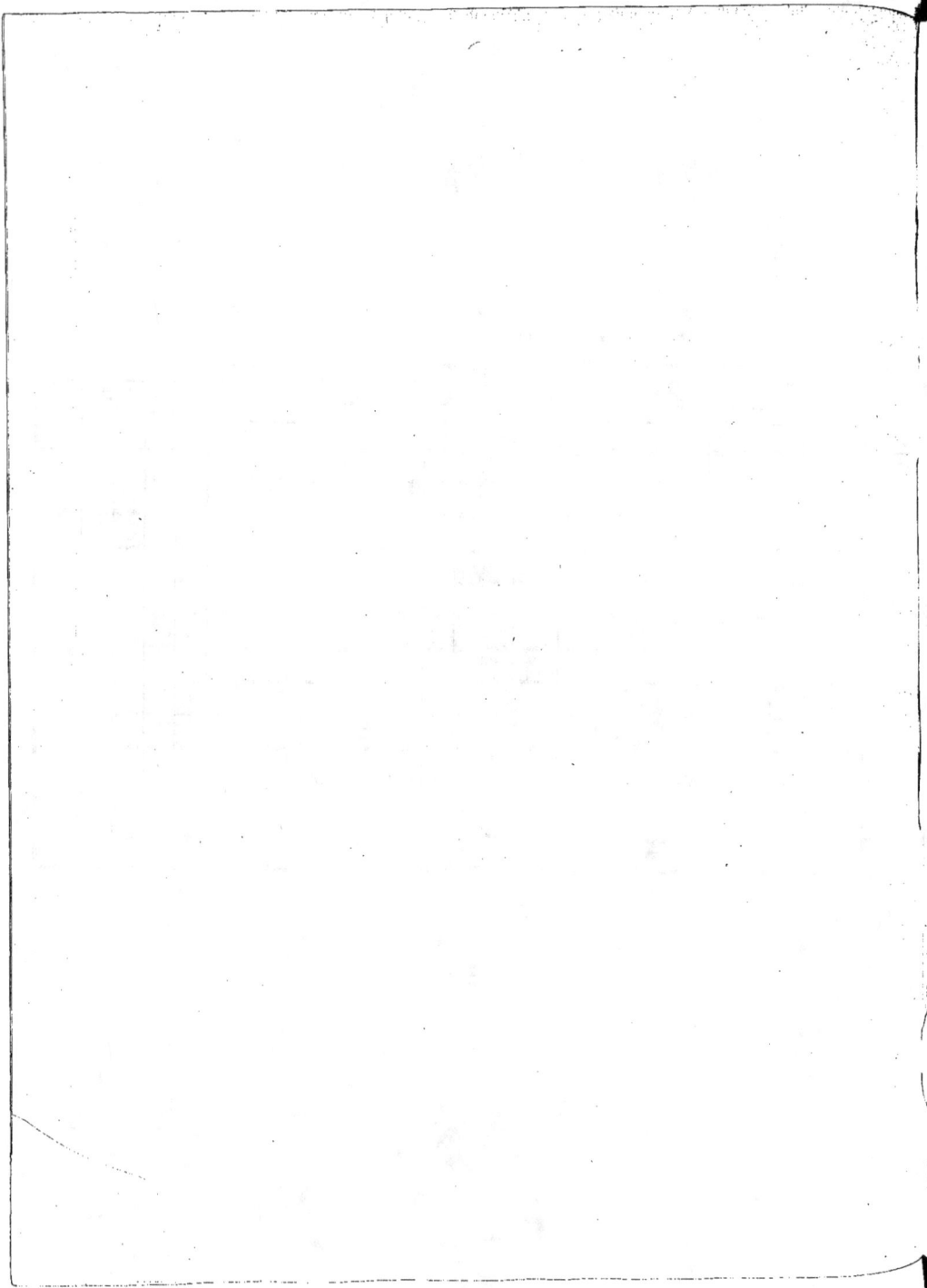

X.

ÉTAT

DU POIDS MOYEN DE L'HECTOLITRE DE FROMENT,

DANS CHAQUE DÉPARTEMENT,

DE 1819 A 1835.

RÉGIONS.	DÉPARTEMENTS.	1819. 1re qualité.	1820. 1re qualité.	1821. 1re qualité.	1822. 1re qualité.	1823. 1re qualité.	1825. 1re qualité.	1826. 1re qualité.	1827. 1re qualité.	1828. 1re qualité.	1828. 2e qualité.	1828. 3e qualité.	1829. 1re qualité.	1829. 2e qualité.	1829. 3e qualité.
		k. d.	k. d.	k. d.	k. d.	k. d.	k. d.	k. d.	k. d.	k. d.	k. d.	k. d.	k. d.	k. d.	k. d.
1re Nord-Ouest.	Finistère	77 08	76 60	75 42	76 81	76 11	78 32	78 16	77 61	76 34	74 62	73 21	76 80	75 35	66 [illegible]
	Côtes-du-Nord	77 42	78 31	74 97	77 00	78 23	78 65	77 41	77 13	75 54	73 01	71 07	76 18	74 14	[illegible]
	Morbihan	78 52	79 07	76 82	79 22	79 71	78 70	78 85	78 81	75 01	72 85	71 93	79 07	74 81	[illegible]
	Ille-et-Vilaine	78 45	77 51	76 37	77 05	76 97	78 54	76 01	77 53	74 31	71 80	68 93	74 83	72 48	[illegible]
	Manche	77 50	78 32	76 55	77 87	77 94	78 08	78 13	77 64	76 63	74 71	72 21	76 83	71 90	[illegible]
	Calvados	76 49	77 76	75 76	78 23	78 22	79 10	77 48	. .	78 96	74 55	74 72	78 36	75 96	[illegible]
	Orne	76 30	77 63	75 46	77 36	77 80	79 46	76 55	78 07	75 00	74 13	69 15	76 74	74 50	[illegible]
	Mayenne	75 45	75 33	75 03	75 00	77 01	78 83	76 10	78 14	74 09	71 67	69 83	73 64	72 23	[illegible]
	Sarthe	73 81	77 22	74 94	76 17	76 35	78 68	77 77	76 . .	74 18	71 54	68 97	75 85	73 80	[illegible]
	Poids moyen de chaque qualité	76 90	77 60	75 72	77 32	77 55	78 74	77 48	77 63	75 45	73 06	71 02	76 21	74 25	[illegible]
	Poids moyen des trois qualités									73 18			74 02		
4e Ouest.	Loire-Inférieure	76 87	78 68	77 35	77 66	78 48	79 29	78 41	78 78	76 . .	74 . .	72 15	76 18	75 34	[illegible]
	Maine-et-Loire	73 18	77 77	74 48	76 83	77 . .	78 72	77 77	76 05	73 68	71 42	69 06	74 11	72 38	[illegible]
	Indre-et-Loire	71 81	75 83	73 00	74 97	75 88	77 77	73 65	74 26	73 25	70 81	68 65	74 94	70 34	[illegible]
	Vendée	74 13	77 08	74 17	74 80	70	77 68	77 97	. .	72 90	69 53	67 53	75 55	72 80	[illegible]
	Charente-Inférieure	73 75	75 74	74 86	74 80	75 83	75 67	76 07	75 82	73 53	71 86	70 14	73 36	71 05	[illegible]
	Deux-Sèvres	71 79	75 70	73 82	74 22	75 46	76 49	71 25	74 08	71 38	69 06	66 06	72 59	71 05	[illegible]
	Charente	76 41	78 97	77 07	76 80	77 15	77 03	77 01	76 . .	76 12	74 37	72 05	74 13	74 05	[illegible]
	Vienne	74 . .	78 90	76 39	75 34	76 22	77 49	75 33	76 24	74 50	72 33	69 95	74 45	71 80	[illegible]
	Haute-Vienne	73 83	76 07	76 68	77 38	76 39	78 01	76 40	71 09	75 41	73 20	72 74	73 07	72 31	[illegible]
	Poids moyen de chaque qualité	73 07	77 33	76 41	75 78	76 14	77 72	76 40	76 01	74 09	71 04	70 06	74 16	72 33	70 0[illegible]
	Poids moyen des trois qualités									72 03			72 21		
7e Sud-Ouest.	Gironde	70 10	76 84	78 04	75 53	72 52	76 63	76 73	78 17	76 67	74 07	73 05	76 64	71 93	[illegible]
	Dordogne	76 40	76 40	76 99	76 63	74 44	76 83	78 15	77 20	77 70	70 83	71 08	77 10	75 01	[illegible]
	Lot-et-Garonne	74 97	76 00	77 15	75 56	77 . .	75 76	75 50	77 61	78 32	76 70	75 23	76 03	75 38	[illegible]
	Landes	76 32	75 46	76 28	72 30	75 04	74 11	74 50	77 07	76 50	72 83	71 73	75 06	73 09	[illegible]
	Gers	75 18	75 39	76 07	74 22	75 61	74 26	75 58	75 . .	77 86	76 11	71 30	76 55	74 23	[illegible]
	Basses-Pyrénées	66 41	76 24	78 65	75 00	77 27	76 59	77 08	75 43	76 26	74 90	72 08	77 00	75 45	[illegible]
	Hautes-Pyrénées	75 . .	75 . .	78 72	76 60	74 . .	75 71	75 98	75 42	78 . .	73 39	72 48	75 81	74 40	[illegible]
	Haute-Garonne	74 40	75 63	77 03	71 57	71 45	75 18	75 15	76 63	77 80	75 90	73 66	76 70	74 66	[illegible]
	Ariège	74 71	75 . .	75 36	73 51	73 03	74 55	71 25	75 40	70 03	71 47	73 49	76 32	73 88	[illegible]
	Poids moyen de chaque qualité	75 01	75 84	76 68	74 87	75	75 82	75 87	76 50	77 18	73 19	73 04	76 43	71 45	[illegible]
	Poids moyen des trois qualités									75 29			74 85		

ANNÉES.

RÉGIONS.	DÉPARTEMENTS.	1830. 1re qualité.	1830. 2e qualité.	1830. 3e qualité.	1831. 1re qualité.	1831. 2e qualité.	1831. 3e qualité.	1832. 1re qualité.	1832. 2e qualité.	1832. 3e qualité.	1833. 1re qualité.	1833. 2e qualité.	1833. 3e qualité.	1834. 1re qualité.	1834. 2e qualité.	1834. 3e qualité.	1835. 1re qualité.	1835. 2e qualité.	1835. 3e qualité.
		k. d.	k. d.	k. d.	k. d.	k. d.	k. d.	k. d.	k. d.	k. d.	k. d.	k. d.	k. d.	k. d.	k. d.	k. d.	k. d.	k. d.	k. d.
1re Nord-Ouest.	Finistère	76 10	74 33	72 31	77 18	76 06	73 04	78 49	76 31	74 31	74 84	75 36	75 18	77 97	76 56	74 78	79 22	77 79	75 56
	Côtes-du-Nord	76 48	74 74	72 16	75 86	74 10	72 47	77 76	76 38	74 81	78 40	77 57	76 01	79 03	77 80	76 61	78 94	77 40	74 01
	Morbihan	77 15	75 . .	73 09	76 17	74 09	71 92	77 86	74 90	74 07	78 35	76 03	74 80	77 77	75 46	73 45	78 61	77 25	74 90
	Ille-et-Vilaine	76 85	74 40	72 70	75 05	73 03	70 09	77 13	74 50	72 76	78 77	76 65	74 55	77 84	75 97	73 90	79 38	77 04	74 56
	Manche	78 84	76 10	74 45	79 18	77 15	75 14	79 56	77 85	75 83	80 31	78 09	77 08	79 63	77 73	70 14	80 02	78 25	76 31
	Calvados	78 32	76 17	74 13	79 . .	76 70	74 92	80 05	77 56	75 06	81 07	79 06	77 08	80 56	78 72	76 97	80 55	79 68	76 68
	Orne	76 39	74 65	72 50	78 . .	75 45	72 64	78 55	76 58	73 82	79 92	77 63	75 83	78 68	76 43	74 06	79 33	76 99	71 99
	Mayenne	75 96	73 52	71 13	75 70	73 01	70 65	77 60	76 13	73 85	78 17	76 80	75 32	77 57	75 75	74 07	79 06	77 93	76 84
	Sarthe	77 56	75 85	73 03	75 70	73 42	70 40	79 10	77 08	71 90	80 30	77 97	75 47	79 32	76 89	71 37	80 78	78 80	75 50
	Poids moyen de chaque qualité	77 01	74 90	72 94	76 88	74 86	72 35	78 58	76 15	74 28	79 60	77 50	75 58	78 77	76 83	74 09	79 01	77 80	75 10
	Poids moyen des trois qualités	74 98			74 70			76 32			77 60			76 84			77 05		
4e Ouest.	Loire-Inférieure	75 90	77 33	71 83	75 02	76 57	73 56	80 11	77 05	74 71	79 38	76 58	74 76	78 80	76 55	73 72	81 01	79 . .	77 13
	Maine-et-Loire	76 32	71 08	71 58	73 01	72 21	71 02	78 17	76 47	75 18	71 95	75 62	73 50	77 64	76 12	74 74	78 92	77 38	76 22
	Indre-et-Loire	75 20	73 52	71 31	73 04	72 08	70 95	77 21	75 21	73 82	77 60	75 88	71 11	77 70	76 07	73 01	78 51	76 62	74 63
	Vendée	76 40	73 44	71 11	73 91	70 65	70 37	77 85	75 75	74 53	76 26	74 08	71 77	76 78	73 27	72 06	77 60	75 26	71 10
	Charente-Inférieure	74 30	73 31	73 30	74 33	73 01	72 30	77 65	76 17	75 04	77 11	75 84	74 05	76 81	75 37	75 01	78 81	75 01	73 98
	Deux-Sèvres	75 43	73 01	71 51	74 03	73 40	71 67	76 81	75 09	73 03	77 17	76 07	71 84	77 31	75 82	74 98	77 55	75 16	73 60
	Charente	76 22	74 37	72 65	76 05	74 23	72 70	79 42	77 30	75 68	79 07	77 40	74 45	79 01	77 28	75 86	78 32	77 . .	75 18
	Vienne	77 17	71 01	73 21	76 30	71 34	72 03	77 87	75 64	73 55	78 48	75 50	73 11	78 00	76 07	72 09	79 05	76 30	75 88
	Haute-Vienne	75 36	71 19	73 25	74 10	73 37	72 39	77 65	76 31	75 21	77 01	75 78	74 69	77 81	76 32	74 10	77 . .	75 50	73 09
	Poids moyen de chaque qualité	75 80	74 31	72 52	75 22	73 61	71 71	78 04	76 11	71 55	77 57	75 86	73 38	77 70	75 87	71 15	78 31	76 41	74 54
	Poids moyen des trois qualités	73 31			73 58			76 12			76 00			75 03			76 35		
7e Sud-Ouest.	Gironde	76 05	74 18	72 61	75 08	74 06	72 62	70 45	77 34	75 19	78 14	76 50	74 88	78 85	76 09	74 30	77 66	76 18	73 31
	Dordogne	77 35	75 79	73 94	78 65	75 78	73 88	78 00	77 10	75 50	70 60	78 12	76 50	79 21	77 13	75 02	76 02	77 29	75 30
	Lot-et-Garonne	76 40	74 61	73 05	77 11	75 56	73 87	79 56	78 60	77 09	70 05	77 56	76 29	79 53	77 78	76 22	78 04	76 74	75 04
	Landes	74 14	72 09	70 71	73 13	70 83	68 08	76 02	75 54	74 16	74 57	73 13	70 48	73 40	71 . .	69 80	74 06	72 88	70 92
	Gers	76 55	75 13	73 01	75 55	74 21	72 70	78 70	77 21	75 53	78 32	77 05	75 38	76 56	74 94	73 23	76 72	73 86	72 85
	Basses-Pyrénées	78 19	70 10	71 04	76 14	74 24	63 91	79 45	77 88	76 66	70 91	75 52	74 20	75 35	73 50	71 87	77 06	76 16	72 87
	Hautes-Pyrénées	74 88	73 . .	69 60	77 06	75 90	73 70	75 06	73 01	71 63	75 33	74 23	73 50	75 83	74 83	69 73	75 33	73 01	71 81
	Haute-Garonne	74 60	74 33	72 55	75 09	74 01	72 05	78 16	76 09	75 . .	70 80	75 61	74 06	77 14	75 39	73 88	74 37	73 46	72 23
	Ariège	76 43	74 50	72 36	73 28	72 12	71 08	70 11	71 90	75 17	74 81	73 17	71 21	75 27	73 10	72 45	71 92	72 71	71 04
	Poids moyen de chaque qualité	76 95	74 42	72 41	75 04	74 12	71 33	78 11	76 41	71 82	77 18	75 08	74 21	76 75	71 03	72 80	76 46	74 00	74 74
	Poids moyen des trois qualités	74 38			73 80			76 46			75 60			74 76			71 61		

RÉGIONS.	DÉPARTEMENTS.	1819. 1re qualité.	1820. 1re qualité.	1821. 1re qualité.	1822. 1re qualité.	1823. 1re qualité.	1824. 1re qualité.	1826. 1re qualité.	1827. 1re qualité.	1828. 1re qualité.	1828. 2e qualité.	1828. 3e qualité.	1829. 1re qualité.	1829. 2e qualité.	1829. 3e qualité.
		k. d.	k. d.	k. d.	k. d.	k. d.	k. d.	k. d.	k. d.	k. d.	k. d.	k. d.	k. d.	k. d.	k. d.
2e Nord.	Nord	73 59	70 10	72 19	77 96	71 00	71 53	77 00	76 91	75 60	73 50	71 45	76 71	74 40	71 [illegible]
	Pas-de-Calais	73 18	70 34	71 86	77 55	74 11	77 02	76 18	75 »	73 72	71 65	69 67	74 35	71 87	69 [illegible]
	Somme	72 88	74 49	70 51	76 01	74 04	77 93	75 35	75 45	72 95	71 88	69 17	73 98	71 66	68 [illegible]
	Seine-Inférieure	74 21	70 54	72 71	76 60	74 40	77 75	76 40	77 34	74 48	72 14	69 75	76 76	72 21	71 [illegible]
	Oise	73 64	75 08	72 85	76 83	73 72	78 02	75 90	76 09	71 83	72 18	70 43	75 07	72 83	71 [illegible]
	Aisne	74 69	74 63	71 54	75 68	73 41	77 08	74 43	74 0[illegible]	74 70	71 47	68 70	74 50	71 90	70 [illegible]
	Eure	76 13	75 78	76 12	79 02	76 30	80 41	78 66	78 13	71 86	» »	» »	77 56	76 48	71 [illegible]
	Eure-et-Loir	74 50	78 54	70 84	77 41	78 87	81 34	77 90	78 11	74 71	72 35	70 90	76 97	74 08	74 [illegible]
	Seine-et-Oise	73 08	77 13	75 74	77 61	76 40	81 04	76 94	70 43	74 65	72 16	69 90	77 38	75 45	73 [illegible]
	Seine	73 81	73 20	72 94	71 61	73 03	78 78	75 03	74 35	73 67	71 41	67 84	76 18	74 84	73 [illegible]
	Seine-et-Marne	73 98	76 83	74 97	70 05	78 55	80 41	76 12	76 94	73 10	70 50	67 31	75 63	72 92	70 [illegible]
	Poids moyen de chaque qualité	73 71	76 07	73 54	76 85	74 89	79 25	76 14	76 23	74 39	71 00	69 44	76 60	73 68	71 [illegible]
	Poids moyen des trois qualités									71 89			74 03		
5e Centre.	Loir-et-Cher	73 12	75 81	75 10	75 41	76 58	78 08	75 27	» »	74 03	72 15	69 48	74 05	72 00	71 [illegible]
	Loiret	73 25	75 56	74 02	71 43	75 00	79 98	74 48	75 13	74 17	71 93	69 84	73 99	71 88	70 [illegible]
	Yonne	72 81	71 90	76 13	75 61	75 58	77 80	73 57	73 34	73 98	72 30	70 96	73 06	72 46	70 [illegible]
	Indre	75 »	78 06	77 12	76 56	76 82	77 11	73 72	73 »	73 46	70 31	68 31	75 13	72 52	69 [illegible]
	Cher	76 46	78 45	76 01	75 06	75 03	77 80	76 20	75 93	74 33	71 31	69 10	74 30	71 79	68 [illegible]
	Nièvre	73 55	75 36	71 27	73 97	74 41	74 85	73 22	73 00	71 83	68 81	66 70	72 81	70 53	68 [illegible]
	Creuse	70 50	78 69	77 06	70 19	77 57	77 47	75 64	76 54	77 25	75 71	74 63	78 44	76 07	73 [illegible]
	Allier	75 40	76 50	75 67	75 81	76 60	» »	76 70	» »	77 23	74 84	73 79	75 48	73 03	72 [illegible]
	Puy-de-Dôme	74 60	76 26	77 00	75 54	71 70	77 10	75 79	76 45	77 08	74 74	72 80	76 60	74 84	73 [illegible]
	Poids moyen de chaque qualité	74 48	76 01	76 »	75 73	75 88	77 45	75 19	75 15	74 84	72 40	70 09	75 07	72 98	71 [illegible]
	Poids moyen des trois qualités									72 47			73 03		
6e Sud.	Corrèze	79 24	79 31	80 00	80 03	79 37	80 78	78 73	77 54	79 »	76 50	73 74	79 43	76 63	73 [illegible]
	Cantal	71 34	73 60	75 60	76 02	74 41	75 20	71 99	75 »	73 75	74 57	73 84	73 12	71 41	67 [illegible]
	Lot	77 37	78 69	77 45	77 60	78 04	78 78	78 03	78 18	73 67	76 64	74 39	77 09	75 85	73 [illegible]
	Aveyron	73 38	74 92	75 24	71 70	71 67	75 31	74 74	74 97	76 »	74 63	73 31	76 05	75 33	73 [illegible]
	Lozère	76 50	75 67	77 94	77 16	74 44	77 07	76 13	76 46	77 21	74 31	72 32	77 77	75 21	73 [illegible]
	Tarn-et-Garonne	77 77	76 88	77 94	76 68	76 36	75 18	77 54	77 33	78 60	74 33	72 25	71 87	73 43	71 [illegible]
	Tarn	75 13	77 89	75 65	74 30	75 68	79 02	72 55	76 15	78 68	77 15	76 72	77 75	75 87	74 [illegible]
	Hérault	78 10	79 11	79 36	77 31	79 16	78 27	77 09	76 74	79 29	76 45	72 07	79 51	76 82	74 [illegible]
	Aude	77 06	77 11	77 55	75 97	75 60	76 60	76 81	76 63	77 78	75 51	73 10	76 28	74 77	72 [illegible]
	Pyrénées-Orientales	78 43	78 81	79 10	75 01	78 31	78 75	78 11	76 76	79 48	75 30	73 95	79 76	75 50	73 [illegible]
	Poids moyen de chaque qualité	76 33	77 09	77 53	76 39	79 19	77 58	77 13	76 51	78 10	75 54	73 51	77 48	75 11	73 [illegible]
	Poids moyen des trois qualités									75 74			75 21		

ANNÉES.

RÉGIONS.	DÉPARTEMENTS.	1830. 1re qualité.	1830. 2e qualité.	1830. 3e qualité.	1831. 1re qualité.	1831. 2e qualité.	1831. 3e qualité.	1832. 1re qualité.	1832. 2e qualité.	1832. 3e qualité.	1833. 1re qualité.	1833. 2e qualité.	1833. 3e qualité.	1834. 1re qualité.	1834. 2e qualité.	1834. 3e qualité.	1835. 1re qualité.	1835. 2e qualité.	1835. 3e qualité.
		k. d.	k. d.	k. d.	k. d.	k. d.	k. d.	k. d.	k. d.	k. d.	k. d.	k. d.	k. d.	k. d.	k. d.	k. d.	k. d.	k. d.	k. d.
2e Nord.	Nord	76 98	74 54	72 90	75 00	73 09	70 77	78 01	77 13	75 »	79 11	77 34	75 52	78 46	76 57	75 33	78 60	76 64	74 82
	Pas-de-Calais	75 40	73 60	71 37	73 43	71 37	69 38	77 36	75 78	73 76	77 01	75 40	73 51	76 68	74 82	73 10	77 07	75 98	71 30
	Somme	73 37	71 86	70 »	74 47	71 58	69 30	76 67	74 16	73 15	77 30	74 97	73 75	76 30	74 41	72 33	77 87	74 79	72 81
	Seine-Inférieure	76 43	74 37	72 40	76 48	74 30	72 63	77 84	75 12	73 51	70 89	76 95	74 88	79 03	76 53	74 21	78 54	76 04	74 65
	Oise	74 97	73 81	71 39	70 81	71 20	72 80	77 38	75 68	74 »	77 88	76 61	75 30	76 89	75 68	74 15	78 87	76 82	74 16
	Aisne	75 10	73 19	71 01	73 87	71 58	69 18	77 16	74 63	72 64	77 15	75 65	73 62	70 89	74 26	71 97	76 38	74 60	73 10
	Eure	76 98	75 62	74 36	77 82	76 35	74 61	79 63	77 48	75 20	79 87	78 15	76 87	79 21	77 90	70 21	78 50	77 12	75 27
	Eure-et-Loir	77 07	75 01	73 07	76 07	73 56	71 83	79 30	77 06	75 10	79 70	77 28	75 06	78 53	76 30	71 30	80 13	77 95	75 60
	Seine-et-Oise	77 21	75 45	74 18	79 50	74 04	72 30	79 06	77 10	74 90	79 89	77 49	75 15	77 72	75 32	73 28	80 01	77 26	74 93
	Seine	76 78	74 46	71 88	78 06	74 45	72 05	79 27	75 66	73 02	79 05	76 80	76 02	79 15	76 70	75 22	77 66	71 48	70 71
	Seine-et-Marne	75 54	73 35	71 22	76 27	71 21	71 88	78 01	70 10	73 90	79 16	76 83	74 52	76 82	74 58	72 93	78 64	70 12	73 49
	Poids moyen de chaque qualité	76 [illegible]	74 08	72 06	76 18	73 00	71 50	78 34	76 05	73 82	78 77	76 68	74 8[illegible]	77 73	75 53	73 84	78 61	75 95	73 08
	Poids moyen des trois qualités	74 01			73 76			76 10			76 77			75 80			76 15		
5e Centre.	Loir-et-Cher	77 10	75 48	71 16	75 87	73 10	72 80	78 40	76 32	71 87	78 10	76 39	74 54	76 67	78 90	74 21	78 05	77 52	75 65
	Loiret	75 8[illegible]	73 51	71 69	76 92	74 19	72 47	77 98	76 40	74 78	78 55	76 50	71 72	77 48	75 65	73 99	78 75	70 05	71 08
	Yonne	75 03	74 35	72 76	74 71	73 30	71 67	77 35	75 83	74 37	77 02	76 02	75 15	76 81	74 92	73 48	76 76	74 84	73 37
	Indre	77 77	74 78	71 51	77 »	74 10	71 70	78 87	76 50	73 61	78 31	76 90	73 01	77 63	75 18	70 08	78 15	75 86	71 33
	Cher	77 57	75 15	71 09	70 48	74 01	70 50	78 32	75 83	73 33	78 47	75 84	72 58	76 07	73 68	68 39	78 56	75 58	71 45
	Nièvre	75 90	74 02	71 40	71 78	72 »	69 86	76 33	71 16	71 51	76 03	74 06	71 56	76 56	71 10	71 37	77 10	74 51	71 90
	Creuse	75 12	» »	» »	76 77	» »	» »	79 13	77 41	76 01	77 50	76 23	74 15	75 89	71 28	72 41	76 61	74 59	73 17
	Allier	77 18	75 24	66 30	76 71	74 74	73 17	79 12	77 24	75 30	78 55	76 34	75 03	77 38	75 65	73 49	70 35	73 81	71 53
	Puy-de-Dôme	75 00	75 30	73 30	75 00	73 40	70 00	77 50	75 90	74 21	77 65	75 22	74 10	76 03	73 10	71 72	76 02	72 82	70 61
	Poids moyen de chaque qualité	76 15	74 72	71 64	75 00	73 74	71 54	78 08	76 20	71 20	77 92	76 00	73 90	76 81	74 83	72 22	77 26	75 10	74 72
	Poids moyen des trois qualités	74 31			73 74			76 10			76 06			74 04			75 03		
6e Sud.	Corrèze	79 60	77 28	75 08	77 10	71 91	72 12	79 57	77 02	71 11	78 71	76 87	73 82	73 38	77 10	75 21	79 56	75 30	73 48
	Cantal	74 93	73 38	72 36	74 42	72 20	70 82	76 67	71 65	73 32	75 65	75 25	72 15	75 05	74 39	71 12	74 87	73 27	67 98
	Lot	79 44	77 02	74 81	77 51	74 01	72 57	79 30	77 13	75 31	80 17	77 00	75 33	79 32	70 91	74 98	76 71	74 60	72 14
	Aveyron	76 31	74 58	79 18	76 33	74 45	73 21	78 48	76 27	73 72	77 20	76 15	74 80	77 26	75 55	73 91	78 11	77 33	75 06
	Lozère	79 16	76 41	74 90	77 66	75 25	73 60	77 41	75 46	73 85	76 86	75 25	73 90	76 41	71 77	74 12	75 31	74 85	73 55
	Tarn-et-Garonne	74 40	73 77	72 51	76 08	73 84	72 70	78 40	77 »	76 95	77 41	73 72	74 73	77 83	76 07	75 90	75 73	73 80	72 39
	Tarn	77 04	76 21	74 71	75 12	72 41	69 10	70 11	77 09	76 47	77 94	70 60	75 24	78 21	76 74	75 15	76 12	74 77	73 50
	Hérault	78 30	75 27	78 05	77 03	74 71	71 61	70 90	77 98	73 88	79 87	78 21	76 76	78 15	76 57	74 85	78 76	77 48	74 95
	Aude	75 80	75 08	72 60	76 15	73 61	69 92	78 37	75 82	72 09	76 95	74 56	71 42	77 28	71 61	71 40	70 40	73 00	70 18
	Pyrénées-Orientales	74 85	75 07	72 07	78 82	76 19	71 »	80 »	77 02	73 07	79 01	78 00	71 26	77 50	75 30	74 40	76 30	75 40	72 90
	Poids moyen de chaque qualité	77 30	75 26	73 48	76 56	74 08	71 65	78 73	76 50	74 29	78 07	76 37	74 15	77 81	75 87	73 77	77 08	75 02	72 47
	Poids moyen des trois qualités	75 41			74 11			76 55			76 20			75 83			74 80		

RÉGIONS.	DÉPARTEMENTS.	1819. 1re qualité.	1820. 1re qualité.	1821. 1re qualité.	1822. 1re qualité.	1823. 1re qualité.	1824. 1re qualité.	1825. 1re qualité.	1827. 1re qualité.	1828. 1re qualité.	1828. 2e qualité.	1828. 3e qualité.	1829. 1re qualité.	1829. 2e qualité.	1829. 3e qualité.
		k. d.	k. d.	k. d.	k. d.	k. d.	k. d.	k. d.	k. d.	k. d.	k. d.	k. d.	k. d.	k. d.	k. d.
3e Nord-Est.	Ardennes	75 85	75 83	73 50	76 31	74 21	78 60	75 63	76 33	73 48	71 14	66 63	73 14	72 57	[illegible]
	Marne	71 47	72 13	74 26	75 51	75 20	70 17	71 41	76 02	73 01	70 10	68 17	73 89	71 11	[illegible]
	Aube	73 58	76 28	74 80	75 19	74 45	76 02	75 43	76 76	75 04	72 41	70 31	74 01	72 66	[illegible]
	Haute-Marne	71 47	71 21	71 09	75 18	71 83	76 55	73 41	76 25	73 18	71 33	69 30	74 70	72 33	[illegible]
	Meuse	73 40	72 18	71 56	74 16	73 65	76 03	74 38	75 80	70 »	67 65	64 36	72 43	69 56	[illegible]
	Moselle	75 11	75 13	75 38	76 30	71 80	76 01	74 84	76 11	73 57	70 05	67 91	71 03	71 57	[illegible]
	Meurthe	74 91	74 04	75 86	76 12	77 31	79 02	71 12	76 01	74 98	70 85	68 11	75 50	73 57	[illegible]
	Vosges	77 05	75 01	75 87	70 83	75 31	79 64	74 38	75 22	74 03	71 10	68 55	76 08	73 07	[illegible]
	Bas-Rhin	77 31	76 77	76 67	78 30	76 02	79 68	75 02	77 49	75 41	73 45	71 58	76 83	74 78	[illegible]
	Haut-Rhin	76 81	76 33	76 70	78 09	77 41	79 04	76 72	78 55	75 13	74 31	71 50	78 04	78 19	[illegible]
	Poids moyen de chaque qualité	75 26	75 12	74 78	76 30	75 48	78 05	74 07	76 65	73 56	71 10	68 91	74 51	72 88	[illegible]
	Poids moyen des trois qualités									71 49			72 74		
6e Est.	Côte-d'Or	74 47	75 03	75 04	75 83	74 31	76 86	74 30	75 71	72 82	70 55	68 15	74 79	72 74	[illegible]
	Haute-Saône	74 87	73 71	72 78	71 56	75 48	75 78	75 61	» »	74 87	73 11	71 00	76 67	71 05	[illegible]
	Doubs	74 88	74 35	75 05	76 31	74 79	78 18	76 03	77 81	75 78	73 39	71 17	76 27	75 08	[illegible]
	Jura	75 49	74 99	76 30	76 64	75 11	77 55	77 46	78 48	76 15	74 12	72 30	76 08	74 86	[illegible]
	Saône-et-Loire	75 94	76 05	75 82	76 92	75 61	77 54	76 37	76 67	74 57	74 33	71 83	75 41	74 84	[illegible]
	Loire	73 84	74 16	76 10	75 30	74 85	75 17	74 70	75 »	76 78	74 »	71 43	76 61	75 01	[illegible]
	Rhône	» »	73 33	73 51	74 66	74 65	75 62	74 47	74 »	75 11	74 09	71 95	75 68	72 29	[illegible]
	Ain	75 70	76 91	75 60	76 30	76 30	76 45	71 48	76 50	75 93	73 80	71 07	76 61	73 45	[illegible]
	Isère	73 61	75 37	71 73	74 16	74 01	75 63	75 11	72 »	75 10	73 10	72 04	74 92	73 31	[illegible]
	Poids moyen de chaque qualité	74 70	74 87	75 07	75 56	74 85	76 47	75 20	76 15	75 27	73 31	71 40	75 82	73 98	[illegible]
	Poids moyen des trois qualités									73 33			73 03		
9e Sud-Est.	Haute-Loire	73 05	74 11	75 08	71 22	73 90	73 58	71 85	74 50	71 75	73 85	72 25	75 84	74 11	[illegible]
	Ardèche	76 61	77 07	77 80	70 78	75 98	75 87	77 65	75 45	79 29	77 50	75 50	79 20	77 72	[illegible]
	Drôme	75 »	76 69	75 76	71 56	75 06	75 »	75 »	75 10	76 75	74 27	71 08	76 58	75 16	[illegible]
	Gard	78 65	79 38	78 38	78 12	78 31	78 35	77 85	77 15	79 51	77 31	75 48	78 94	76 28	[illegible]
	Vaucluse	77 06	77 65	77 64	76 71	76 98	78 11	77 71	77 06	78 00	76 80	76 00	77 00	75 71	[illegible]
	Basses-Alpes	76 17	78 86	78 35	77 15	78 79	78 36	77 83	78 »	78 19	76 02	73 98	76 77	74 91	[illegible]
	Hautes-Alpes	76 74	80 56	79 24	77 81	77 33	78 10	79 02	» »	81 63	78 01	76 98	78 52	75 03	[illegible]
	Bouches-du-Rhône	78 01	79 27	78 06	77 78	77 94	78 92	77 80	78 65	78 85	77 10	74 85	78 82	76 08	[illegible]
	Var	78 61	79 10	70 91	78 98	80 76	78 18	78 52	78 87	80 73	77 00	74 60	79 92	77 48	[illegible]
	Poids moyens de chaque qualité	77 63	78 10	77 05	76 09	77 36	77 70	77 31	76 94	78 71	76 45	74 42	78 03	76 81	[illegible]
	Poids moyen des trois qualités									76 53			75 93		
10e	Corse. Poids de chaque qualité	80	79 49	81 10	70 19	78 75	79 18	77 86	78 01	79 06	76 75	74 81	79 96	77 17	[illegible]
	Corse. Poids moyen des trois qualités									76 88			77 59		

ANNÉES.

DÉPARTEMENTS.	1830. 1re qualité.	1830. 2e qualité.	1830. 3e qualité.	1831. 1re qualité.	1831. 2e qualité.	1831. 3e qualité.	1832. 1re qualité.	1832. 2e qualité.	1832. 3e qualité.	1833. 1re qualité.	1833. 2e qualité.	1833. 3e qualité.	1834. 1re qualité.	1834. 2e qualité.	1834. 3e qualité.	1835. 1re qualité.	1835. 2e qualité.	1835. 3e qualité.
	k. d.	k. d.	k. d.	k. d.	k. d.	k. d.	k. d.	k. d.	k. d.	k. d.	k. d.	k. d.	k. d.	k. d.	k. d.	k. d.	k. d.	k. d.
Ardennes	72 65	71 28	69 18	72 65	71 57	70 60	76 01	71 88	73 05	77 58	76 51	75 68	76 76	74 66	73 42	76 18	74 64	72 80
Marne	70 46	72 45	70 72	75 61	72 80	69 40	79 74	77 87	75 14	70 79	74 36	72 09	76 »	74 31	72 87	77 10	74 68	70 05
Aube	76 34	74 42	72 85	73 10	73 06	71 14	77 91	75 47	73 78	77 33	76 73	74 01	76 88	76 17	72 47	76 38	74 31	71 57
Haute-Marne	74 »	73 »	71 »	74 81	72 30	70 62	77 »	75 45	73 00	77 04	75 86	71 47	75 76	74 19	72 42	75 02	73 40	71 19
Meuse	74 27	70 02	69 38	73 08	70 77	69 20	75 81	71 04	72 76	76 60	74 32	73 42	75 43	73 62	72 61	74 42	72 24	71 37
Moselle	74 88	73 11	71 41	75 17	73 45	70 80	77 96	75 58	73 12	78 50	76 00	74 01	70 06	74 02	73 11	77 31	75 11	74 10
Meurthe	75 07	74 37	71 10	74 70	72 09	71 21	77 15	75 67	71 24	77 99	76 61	75 15	77 31	75 42	73 90	76 95	74 71	73 13
Vosges	75 76	73 81	74 34	76 26	73 97	71 62	77 80	75 90	74 53	78 44	77 65	75 89	78 15	76 56	74 05	77 53	76 18	74 17
Bas-Rhin	76 81	73 10	72 77	76 76	73 87	70 93	78 12	76 13	73 81	78 75	76 11	74 67	78 82	77 13	75 32	80 17	78 35	76 26
Haut-Rhin	77 56	74 79	72 10	70 86	74 21	71 41	79 07	77 80	75 84	79 26	76 66	77 80	79 46	76 82	74 60	79 93	77 11	74 40
Poids moyen de chaque qualité	75 30	73 14	71 32	75 12	72 01	70 61	77 08	75 90	74 03	77 78	76 06	74 48	77 00	75 27	73 18	77 21	74 97	72 81
Poids moyen des trois qualités	73 37			72 88			75 67			76 14			75 22			75 »		
Côte-d'Or	74 13	71 62	69 51	74 70	72 37	69 08	77 76	76 28	74 81	77 93	76 44	74 03	77 55	75 08	74 21	76 42	74 08	72 09
Haute-Saône	75 17	72 81	70 93	74 78	74 80	70 78	77 83	75 73	73 64	77 40	75 41	73 26	76 81	74 60	73 04	77 26	74 89	72 37
Doubs	75 91	73 12	70 60	75 67	73 19	70 42	78 90	77 11	71 67	78 30	76 80	74 90	78 23	76 45	74 59	76 15	70 47	73 50
Jura	74 88	74 63	69 99	75 37	73 07	71 07	78 76	76 75	75 54	77 86	74 84	73 33	77 37	75 58	73 31	76 22	76 16	73 70
Saône-et-Loire	75 38	73 70	72 15	74 70	73 13	71 26	79 08	77 01	75 45	77 79	76 43	76 20	76 61	74 97	73 85	77 60	76 15	74 08
Loire	74 30	74 »	71 50	75 15	71 91	68 06	76 27	74 78	72 75	75 36	75 26	71 76	75 80	75 60	72 30	76 10	73 80	71 50
Rhône	74 48	74 83	70 50	73 19	74 60	69 33	78 53	76 88	75 11	77 89	75 70	73 86	75 52	73 51	72 49	77 84	74 34	72 45
Ain	76 87	74 67	72 48	75 91	74 10	72 34	79 57	77 02	75 00	78 36	76 40	74 31	74 19	71 27	68 34	78 07	76 38	73 50
Isère	75 13	73 67	72 37	73 50	71 45	68 56	77 16	75 64	73 00	» »	» »	» »	76 33	71 86	72 41	76 85	71 85	72 41
Poids moyen de chaque qualité	75 41	73 15	71 07	74 78	74 67	70 31	78 23	76 31	74 51	77 54	75 67	73 72	76 27	74 51	72 66	77 47	75 26	73 03
Poids moyen des trois qualités	73 99			72 60			76 36			75 64			74 48			75 25		
Haute-Loire	76 87	74 21	72 64	76 46	73 24	71 31	70 61	75 86	75 96	75 60	73 50	72 67	76 22	73 23	67 45	74 68	72 66	71 28
Ardèche	80 25	78 21	76 38	77 60	74 60	71 »	78 10	77 03	76 02	77 48	75 73	71 34	78 60	76 60	74 40	78 55	76 83	76 25
Drôme	76 20	75 21	73 80	74 00	72 32	69 71	77 03	75 31	73 12	76 32	74 46	72 41	76 58	74 46	79 01	76 72	74 93	72 80
Gard	78 76	76 51	73 61	77 40	76 30	72 20	70 57	77 42	74 01	79 74	78 10	76 41	77 56	75 45	72 96	79 45	77 64	75 09
Vaucluse	78 06	76 85	75 61	76 68	74 30	72 02	78 60	76 10	73 31	78 11	76 52	73 93	78 34	76 04	73 62	78 21	75 36	72 68
Basses-Alpes	78 55	76 38	74 40	76 80	71 49	71 98	77 43	75 57	73 68	77 88	75 79	73 78	77 65	76 »	74 53	78 60	76 10	74 »
Hautes-Alpes	78 42	72 05	72 88	78 11	70 17	74 »	79 66	77 33	75 01	78 20	70 15	74 11	75 10	76 78	74 86	75 45	77 10	74 31
Bouches-du-Rhône	» »	» »	» »	76 51	74 »	71 50	78 82	76 02	73 07	79 03	70 72	74 15	78 20	76 30	73 10	78 28	75 40	73 12
Var	80 63	76 05	74 80	79 50	75 11	73 01	79 61	76 83	74 79	80 25	77 67	75 07	80 09	77 71	75 51	79 50	77 28	74 09
Poids moyens de chaque qualité	78 67	76 44	74 29	77 07	71 56	73 19	78 20	76 38	74 33	78 13	76 09	74 17	77 99	75 84	73 16	78 10	75 91	73 75
Poids moyen des trois qualités	76 47			74 01			76 33			76 13			75 66			75 91		
Corse. Poids de chaque qualité	79 74	76 58	74 41	80 23	77 21	74 08	80 05	77 »	75 13	79 41	76 95	73 41	79 07	77 06	75 54	80 »	78 80	75 53
Corse. Poids moyen des trois qualités	76 90			77 47			77 30			76 59			77 22			78 11		

RÉCAPITULATION

DE L'ÉTAT DU POIDS MOYEN DE L'HECTOLITRE DE FROMENT DANS CHAQUE DÉPARTEMENT, DE 1810 A 1835.

INDICATION des RÉGIONS.	1810. 1re qualité.	1820. 1re qualité.	1821. 1re qualité.	1822. 1re qualité.	1823. 1re qualité.	1825. 1re qualité.	1826. 1re qualité.	1827. 1re qualité.	1828. 1re qualité.	1828. 2e qualité.	1828. 3e qualité.	1829. 1re qualité.	1829. 2e qualité.	1829. 3e qualité.
	k. d.	k. d.	k. d.	k. d.	k. d.	k. d.	k. d.	k. d.	k. d.	k. d.	k. d.	k. d.	k. d.	k. d.
1re Nord-Ouest	76 90	77 60	75 72	77 32	77 55	78 72	77 52	77 63	75 45	73 00	71 08	76 24	71 85	[illegible]
2e Nord	73 71	76 07	73 51	76 85	74 90	70 25	76 14	76 23	71 32	71 90	69 44	76 69	73 09	[illegible]
3e Nord-Est	75 90	75 13	74 78	76 30	75 48	78 85	74 97	76 03	73 70	71 19	68 91	74 94	72 83	[illegible]
4e Ouest	78 07	77 33	75 44	75 78	76 14	77 74	76 20	76 01	74 09	71 94	70 06	74 18	72 32	[illegible]
5e Centre	71 48	76 01	76 »	76 73	75 88	77 45	75 19	75 16	74 89	72 10	70 09	75 07	72 86	[illegible]
6e Est	71 76	74 87	75 07	75 50	71 85	76 47	75 29	76 15	75 27	73 31	71 40	75 62	73 03	[illegible]
7e Sud-Ouest	75 01	75 81	76 69	74 81	75 »	75 81	75 85	76 50	77 18	75 10	73 31	76 43	74 45	[illegible]
8e Sud	76 35	77 00	77 53	76 30	76 19	77 64	77 13	76 71	78 16	75 54	73 54	77 48	76 11	[illegible]
9e Sud-Est	77 03	78 10	77 93	76 89	77 36	77 10	77 31	76 91	78 71	76 45	74 19	78 03	76 01	[illegible]
10e Corse	80 »	79 19	81 80	79 12	76 75	79 18	77 88	78 01	79 06	76 75	74 81	79 06	77 15	[illegible]
Poids moyen pour toute la France de chaque qualité	75 31	76 53	75 87	76 43	76 08	77 41	76 29	76 18	75 78	73 47	71 30	76 16	73 90	[illegible]
Poids moyen pour toute la France des trois qualités										73 55			74 01	

INDICATION des RÉGIONS.	1830. 1re qualité.	1830. 2e qualité.	1830. 3e qualité.	1831. 1re qualité.	1831. 2e qualité.	1831. 3e qualité.	1832. 1re qualité.	1832. 2e qualité.	1832. 3e qualité.	1833. 1re qualité.	1833. 2e qualité.	1833. 3e qualité.	1834. 1re qualité.	1834. 2e qualité.	1834. 3e qualité.	1835. 1re qualité.	1835. 2e qualité.	1835. 3e qualité.
	k. d.	k. d.	k. d.	k. d.	k. d.	k. d.	k. d.	k. d.	k. d.	k. d.	k. d.	k. d.	k. d.	k. d.	k. d.	k. d.	k. d.	k. d.
1re Nord-Ouest	77 81	74 59	72 91	76 88	71 86	73 37	78 58	75 47	71 23	79 50	77 53	75 58	78 77	76 85	74 92	79 04	75 80	75 60
2e Nord	[illegible]	74 08	72 06	76 16	73 60	71 50	78 32	76 07	73 99	78 77	70 68	74 87	77 73	75 73	73 04	78 51	75 05	73 98
3e Nord-Est	75 56	73 44	74 32	75 14	72 91	70 61	77 68	75 90	71 65	77 86	76 00	74 48	77 06	75 27	73 48	77 81	74 97	72 81
4e Ouest	[illegible]	74 31	72 52	75 22	73 64	71 91	78 02	76 11	74 53	77 87	75 06	73 98	77 76	75 87	74 15	78 31	76 41	74 33
5e Centre	[illegible]	71 72	71 01	75 20	73 73	71 52	78 08	76 20	74 20	77 09	76 06	73 09	76 84	74 83	72 22	77 96	75 10	72 78
6e Est	75 41	73 13	71 07	71 78	72 87	70 31	78 23	76 34	74 51	77 54	75 67	73 72	76 87	74 51	72 66	77 45	75 96	73 03
7e Sud-Ouest	[illegible]	74 42	72 41	75 01	74 12	71 33	78 14	76 41	74 62	77 16	75 68	74 21	76 75	74 63	72 90	76 48	74 69	72 74
8e Sud	[illegible]	75 26	73 48	76 50	74 00	71 68	76 53	76 56	71 39	76 07	78 31	74 15	77 85	75 87	73 77	77 08	75 02	73 47
9e Sud-Est	[illegible]	76 44	71 29	77 07	74 65	72 40	78 29	76 38	74 33	78 13	76 08	74 17	77 09	75 85	73 16	78 16	75 01	75 76
10e Corse	79 52	76 58	74 41	80 23	77 21	74 98	80 06	77 »	75 13	79 41	78 85	75 44	79 07	77 86	75 51	80 »	78 80	75 53
Poids moyen pour toute la France de chaque qualité	[illegible]	74 52	72 43	76 02	73 69	71 53	78 45	76 28	74 34	78 14	76 25	74 35	77 45	75 51	73 51	77 88	75 71	73 51
Poids moyen pour toute la France des trois qualités		74 51			73 79			76 28			76 25			75 49			75 68	

OBSERVATION.

Depuis 1810, le poids du froment est constaté chaque année dans le courant de décembre, par des épreuves authentiques faites sur les principaux marchés de [illegible] départements. Suivant les instructions ministérielles, ces épreuves, dirigées par les maires et surveillées par les préfets, doivent avoir lieu, dans chaque commune, en pesant successivement, pendant trois marchés consécutifs, neuf hectolitres de froment de chaque qualité, récolté dans le département et provenant de différents [illegible] de 1819 à 1827, on n'a constaté ainsi que le poids de la première qualité de ce grain; depuis 1828, on établit également celui de la deuxième et de la troisième qualités. Dans les communes où l'on taxe le prix du pain, les résultats des expériences servent généralement à la taxe; le ministère de la guerre y a aussi recours dans l'intérêt de ses approvisionnements. Les expériences ont lieu dans plus de mille communes.

On n'a pas de renseignements pour l'année 1824.

XI.

TABLEAU

DES PRIX MOYENS ANNUELS DE L'HECTOLITRE D'AVOINE,

DE 1817 A 1835.

(1re RÉGION.) NORD-OUEST.

Départements	1817	1819	1820	1821	1822	1823	1824	1825	1826	1827	1828	1829	1830	1831	1832	1833	1834	1835
	fr. c.	fr. c.	fr. c.	fr. c.	fr. c.	fr. c.	fr. c.	fr. c.	fr. c.	fr. c.	fr. c.	fr. c.	fr. c.	fr. c.	fr. c.	fr. c.	fr. c.	fr. c.
Finistère	[illegible]	[illegible]	[illegible]	[illegible]	[illegible]	[illegible]	[illegible]	[illegible]	[illegible]	[illegible]	[illegible]	[illegible]	[illegible]	[illegible]	[illegible]	[illegible]	[illegible]	[illegible]
Côtes-du-Nord	[illegible]	[illegible]	[illegible]	[illegible]	[illegible]	[illegible]	[illegible]	[illegible]	[illegible]	[illegible]	[illegible]	[illegible]	[illegible]	[illegible]	[illegible]	[illegible]	[illegible]	[illegible]
Morbihan	[illegible]	[illegible]	[illegible]	[illegible]	[illegible]	[illegible]	[illegible]	[illegible]	[illegible]	[illegible]	[illegible]	[illegible]	[illegible]	[illegible]	[illegible]	[illegible]	[illegible]	[illegible]
Ille-et-Vilaine	[illegible]	[illegible]	[illegible]	[illegible]	[illegible]	[illegible]	[illegible]	[illegible]	[illegible]	[illegible]	[illegible]	[illegible]	[illegible]	[illegible]	[illegible]	[illegible]	[illegible]	[illegible]
Manche	[illegible]	[illegible]	[illegible]	[illegible]	[illegible]	[illegible]	[illegible]	[illegible]	[illegible]	[illegible]	[illegible]	[illegible]	[illegible]	[illegible]	[illegible]	[illegible]	[illegible]	[illegible]
Calvados	[illegible]	[illegible]	[illegible]	[illegible]	[illegible]	[illegible]	[illegible]	[illegible]	[illegible]	[illegible]	[illegible]	[illegible]	[illegible]	[illegible]	[illegible]	[illegible]	[illegible]	[illegible]
Orne	[illegible]	[illegible]	[illegible]	[illegible]	[illegible]	[illegible]	[illegible]	[illegible]	[illegible]	[illegible]	[illegible]	[illegible]	[illegible]	[illegible]	[illegible]	[illegible]	[illegible]	[illegible]
Mayenne	[illegible]	[illegible]	[illegible]	[illegible]	[illegible]	[illegible]	[illegible]	[illegible]	[illegible]	[illegible]	[illegible]	[illegible]	[illegible]	[illegible]	[illegible]	[illegible]	[illegible]	[illegible]
Sarthe	[illegible]	[illegible]	[illegible]	[illegible]	[illegible]	[illegible]	[illegible]	[illegible]	[illegible]	[illegible]	[illegible]	[illegible]	[illegible]	[illegible]	[illegible]	[illegible]	[illegible]	[illegible]
Prix moyen	[illegible]	[illegible]	[illegible]	[illegible]	[illegible]	[illegible]	[illegible]	[illegible]	[illegible]	[illegible]	[illegible]	[illegible]	[illegible]	[illegible]	[illegible]	[illegible]	[illegible]	[illegible]

(2e RÉGION.) NORD.

Départements	1817	1819	1820	1821	1822	1823	1824	1825	1826	1827	1828	1829	1830	1831	1832	1833	1834	1835
	fr. c.	fr. c.	fr. c.	fr. c.	fr. c.	fr. c.	fr. c.	fr. c.	fr. c.	fr. c.	fr. c.	fr. c.	fr. c.	fr. c.	fr. c.	fr. c.	fr. c.	fr. c.
Nord	[illegible]	[illegible]	[illegible]	[illegible]	[illegible]	[illegible]	[illegible]	[illegible]	[illegible]	[illegible]	[illegible]	[illegible]	[illegible]	[illegible]	[illegible]	[illegible]	[illegible]	[illegible]
Pas-de-Calais	[illegible]	[illegible]	[illegible]	[illegible]	[illegible]	[illegible]	[illegible]	[illegible]	[illegible]	[illegible]	[illegible]	[illegible]	[illegible]	[illegible]	[illegible]	[illegible]	[illegible]	[illegible]
Somme	[illegible]	[illegible]	[illegible]	[illegible]	[illegible]	[illegible]	[illegible]	[illegible]	[illegible]	[illegible]	[illegible]	[illegible]	[illegible]	[illegible]	[illegible]	[illegible]	[illegible]	[illegible]
Seine-Inférieure	[illegible]	[illegible]	[illegible]	[illegible]	[illegible]	[illegible]	[illegible]	[illegible]	[illegible]	[illegible]	[illegible]	[illegible]	[illegible]	[illegible]	[illegible]	[illegible]	[illegible]	[illegible]
Oise	[illegible]	[illegible]	[illegible]	[illegible]	[illegible]	[illegible]	[illegible]	[illegible]	[illegible]	[illegible]	[illegible]	[illegible]	[illegible]	[illegible]	[illegible]	[illegible]	[illegible]	[illegible]
Aisne	[illegible]	[illegible]	[illegible]	[illegible]	[illegible]	[illegible]	[illegible]	[illegible]	[illegible]	[illegible]	[illegible]	[illegible]	[illegible]	[illegible]	[illegible]	[illegible]	[illegible]	[illegible]
Eure	[illegible]	[illegible]	[illegible]	[illegible]	[illegible]	[illegible]	[illegible]	[illegible]	[illegible]	[illegible]	[illegible]	[illegible]	[illegible]	[illegible]	[illegible]	[illegible]	[illegible]	[illegible]
Eure-et-Loir	[illegible]	[illegible]	[illegible]	[illegible]	[illegible]	[illegible]	[illegible]	[illegible]	[illegible]	[illegible]	[illegible]	[illegible]	[illegible]	[illegible]	[illegible]	[illegible]	[illegible]	[illegible]
Seine-et-Oise	[illegible]	[illegible]	[illegible]	[illegible]	[illegible]	[illegible]	[illegible]	[illegible]	[illegible]	[illegible]	[illegible]	[illegible]	[illegible]	[illegible]	[illegible]	[illegible]	[illegible]	[illegible]
Seine	[illegible]	[illegible]	[illegible]	[illegible]	[illegible]	[illegible]	[illegible]	[illegible]	[illegible]	[illegible]	[illegible]	[illegible]	[illegible]	[illegible]	[illegible]	[illegible]	[illegible]	[illegible]
Seine-et-Marne	[illegible]	[illegible]	[illegible]	[illegible]	[illegible]	[illegible]	[illegible]	[illegible]	[illegible]	[illegible]	[illegible]	[illegible]	[illegible]	[illegible]	[illegible]	[illegible]	[illegible]	[illegible]
Prix moyen	[illegible]	[illegible]	[illegible]	[illegible]	[illegible]	[illegible]	[illegible]	[illegible]	[illegible]	[illegible]	[illegible]	[illegible]	[illegible]	[illegible]	[illegible]	[illegible]	[illegible]	[illegible]

(3e RÉGION.) NORD-EST.

Départements	1817	1819	1820	1821	1822	1823	1824	1825	1826	1827	1828	1829	1830	1831	1832	1833	1834	1835
	fr. c.	fr. c.	fr. c.	fr. c.	fr. c.	fr. c.	fr. c.	fr. c.	fr. c.	fr. c.	fr. c.	fr. c.	fr. c.	fr. c.	fr. c.	fr. c.	fr. c.	fr. c.
Ardennes	[illegible]	[illegible]	[illegible]	[illegible]	[illegible]	[illegible]	[illegible]	[illegible]	[illegible]	[illegible]	[illegible]	[illegible]	[illegible]	[illegible]	[illegible]	[illegible]	[illegible]	[illegible]
Marne	[illegible]	[illegible]	[illegible]	[illegible]	[illegible]	[illegible]	[illegible]	[illegible]	[illegible]	[illegible]	[illegible]	[illegible]	[illegible]	[illegible]	[illegible]	[illegible]	[illegible]	[illegible]
Aube	[illegible]	[illegible]	[illegible]	[illegible]	[illegible]	[illegible]	[illegible]	[illegible]	[illegible]	[illegible]	[illegible]	[illegible]	[illegible]	[illegible]	[illegible]	[illegible]	[illegible]	[illegible]
Haute-Marne	[illegible]	[illegible]	[illegible]	[illegible]	[illegible]	[illegible]	[illegible]	[illegible]	[illegible]	[illegible]	[illegible]	[illegible]	[illegible]	[illegible]	[illegible]	[illegible]	[illegible]	[illegible]
Meuse	[illegible]	[illegible]	[illegible]	[illegible]	[illegible]	[illegible]	[illegible]	[illegible]	[illegible]	[illegible]	[illegible]	[illegible]	[illegible]	[illegible]	[illegible]	[illegible]	[illegible]	[illegible]
Moselle	[illegible]	[illegible]	[illegible]	[illegible]	[illegible]	[illegible]	[illegible]	[illegible]	[illegible]	[illegible]	[illegible]	[illegible]	[illegible]	[illegible]	[illegible]	[illegible]	[illegible]	[illegible]
Meurthe	[illegible]	[illegible]	[illegible]	[illegible]	[illegible]	[illegible]	[illegible]	[illegible]	[illegible]	[illegible]	[illegible]	[illegible]	[illegible]	[illegible]	[illegible]	[illegible]	[illegible]	[illegible]
Vosges	[illegible]	[illegible]	[illegible]	[illegible]	[illegible]	[illegible]	[illegible]	[illegible]	[illegible]	[illegible]	[illegible]	[illegible]	[illegible]	[illegible]	[illegible]	[illegible]	[illegible]	[illegible]
Bas-Rhin	[illegible]	[illegible]	[illegible]	[illegible]	[illegible]	[illegible]	[illegible]	[illegible]	[illegible]	[illegible]	[illegible]	[illegible]	[illegible]	[illegible]	[illegible]	[illegible]	[illegible]	[illegible]
Haut-Rhin	[illegible]	[illegible]	[illegible]	[illegible]	[illegible]	[illegible]	[illegible]	[illegible]	[illegible]	[illegible]	[illegible]	[illegible]	[illegible]	[illegible]	[illegible]	[illegible]	[illegible]	[illegible]
Prix moyen	[illegible]	[illegible]	[illegible]	[illegible]	[illegible]	[illegible]	[illegible]	[illegible]	[illegible]	[illegible]	[illegible]	[illegible]	[illegible]	[illegible]	[illegible]	[illegible]	[illegible]	[illegible]

(4e RÉGION.) OUEST.

Départements	1817	1819	1820	1821	1822	1823	1824	1825	1826	1827	1828	1829	1830	1831	1832	1833	1834	1835
Loire-Inférieure	[illegible]	[illegible]	[illegible]	[illegible]	[illegible]	[illegible]	[illegible]	[illegible]	[illegible]	[illegible]	[illegible]	[illegible]	[illegible]	[illegible]	[illegible]	[illegible]	[illegible]	[illegible]
Maine-et-Loire	[illegible]	[illegible]	[illegible]	[illegible]	[illegible]	[illegible]	[illegible]	[illegible]	[illegible]	[illegible]	[illegible]	[illegible]	[illegible]	[illegible]	[illegible]	[illegible]	[illegible]	[illegible]
Indre-et-Loire	[illegible]	[illegible]	[illegible]	[illegible]	[illegible]	[illegible]	[illegible]	[illegible]	[illegible]	[illegible]	[illegible]	[illegible]	[illegible]	[illegible]	[illegible]	[illegible]	[illegible]	[illegible]
Vendée	[illegible]	[illegible]	[illegible]	[illegible]	[illegible]	[illegible]	[illegible]	[illegible]	[illegible]	[illegible]	[illegible]	[illegible]	[illegible]	[illegible]	[illegible]	[illegible]	[illegible]	[illegible]
Charente-Inférieure	[illegible]	[illegible]	[illegible]	[illegible]	[illegible]	[illegible]	[illegible]	[illegible]	[illegible]	[illegible]	[illegible]	[illegible]	[illegible]	[illegible]	[illegible]	[illegible]	[illegible]	[illegible]
Deux-Sèvres	[illegible]	[illegible]	[illegible]	[illegible]	[illegible]	[illegible]	[illegible]	[illegible]	[illegible]	[illegible]	[illegible]	[illegible]	[illegible]	[illegible]	[illegible]	[illegible]	[illegible]	[illegible]
Charente	[illegible]	[illegible]	[illegible]	[illegible]	[illegible]	[illegible]	[illegible]	[illegible]	[illegible]	[illegible]	[illegible]	[illegible]	[illegible]	[illegible]	[illegible]	[illegible]	[illegible]	[illegible]
Vienne	[illegible]	[illegible]	[illegible]	[illegible]	[illegible]	[illegible]	[illegible]	[illegible]	[illegible]	[illegible]	[illegible]	[illegible]	[illegible]	[illegible]	[illegible]	[illegible]	[illegible]	[illegible]
Haute-Vienne	[illegible]	[illegible]	[illegible]	[illegible]	[illegible]	[illegible]	[illegible]	[illegible]	[illegible]	[illegible]	[illegible]	[illegible]	[illegible]	[illegible]	[illegible]	[illegible]	[illegible]	[illegible]
Prix moyen	[illegible]	[illegible]	[illegible]	[illegible]	[illegible]	[illegible]	[illegible]	[illegible]	[illegible]	[illegible]	[illegible]	[illegible]	[illegible]	[illegible]	[illegible]	[illegible]	[illegible]	[illegible]

(5e RÉGION.) CENTRE.

Départements	1817	1819	1820	1821	1822	1823	1824	1825	1826	1827	1828	1829	1830	1831	1832	1833	1834	1835
Loir-et-Cher	[illegible]	[illegible]	[illegible]	[illegible]	[illegible]	[illegible]	[illegible]	[illegible]	[illegible]	[illegible]	[illegible]	[illegible]	[illegible]	[illegible]	[illegible]	[illegible]	[illegible]	[illegible]
Loiret	[illegible]	[illegible]	[illegible]	[illegible]	[illegible]	[illegible]	[illegible]	[illegible]	[illegible]	[illegible]	[illegible]	[illegible]	[illegible]	[illegible]	[illegible]	[illegible]	[illegible]	[illegible]
Yonne	[illegible]	[illegible]	[illegible]	[illegible]	[illegible]	[illegible]	[illegible]	[illegible]	[illegible]	[illegible]	[illegible]	[illegible]	[illegible]	[illegible]	[illegible]	[illegible]	[illegible]	[illegible]
Indre	[illegible]	[illegible]	[illegible]	[illegible]	[illegible]	[illegible]	[illegible]	[illegible]	[illegible]	[illegible]	[illegible]	[illegible]	[illegible]	[illegible]	[illegible]	[illegible]	[illegible]	[illegible]
Cher	[illegible]	[illegible]	[illegible]	[illegible]	[illegible]	[illegible]	[illegible]	[illegible]	[illegible]	[illegible]	[illegible]	[illegible]	[illegible]	[illegible]	[illegible]	[illegible]	[illegible]	[illegible]
Nièvre	[illegible]	[illegible]	[illegible]	[illegible]	[illegible]	[illegible]	[illegible]	[illegible]	[illegible]	[illegible]	[illegible]	[illegible]	[illegible]	[illegible]	[illegible]	[illegible]	[illegible]	[illegible]
Creuse	[illegible]	[illegible]	[illegible]	[illegible]	[illegible]	[illegible]	[illegible]	[illegible]	[illegible]	[illegible]	[illegible]	[illegible]	[illegible]	[illegible]	[illegible]	[illegible]	[illegible]	[illegible]
Allier	[illegible]	[illegible]	[illegible]	[illegible]	[illegible]	[illegible]	[illegible]	[illegible]	[illegible]	[illegible]	[illegible]	[illegible]	[illegible]	[illegible]	[illegible]	[illegible]	[illegible]	[illegible]
Puy-de-Dôme	[illegible]	[illegible]	[illegible]	[illegible]	[illegible]	[illegible]	[illegible]	[illegible]	[illegible]	[illegible]	[illegible]	[illegible]	[illegible]	[illegible]	[illegible]	[illegible]	[illegible]	[illegible]
Prix moyen	[illegible]	[illegible]	[illegible]	[illegible]	[illegible]	[illegible]	[illegible]	[illegible]	[illegible]	[illegible]	[illegible]	[illegible]	[illegible]	[illegible]	[illegible]	[illegible]	[illegible]	[illegible]

(6e RÉGION.) EST.

Départements	1817	1819	1820	1821	1822	1823	1824	1825	1826	1827	1828	1829	1830	1831	1832	1833	1834	1835
Côte-d'Or	[illegible]	[illegible]	[illegible]	[illegible]	[illegible]	[illegible]	[illegible]	[illegible]	[illegible]	[illegible]	[illegible]	[illegible]	[illegible]	[illegible]	[illegible]	[illegible]	[illegible]	[illegible]
Haute-Saône	[illegible]	[illegible]	[illegible]	[illegible]	[illegible]	[illegible]	[illegible]	[illegible]	[illegible]	[illegible]	[illegible]	[illegible]	[illegible]	[illegible]	[illegible]	[illegible]	[illegible]	[illegible]
Doubs	[illegible]	[illegible]	[illegible]	[illegible]	[illegible]	[illegible]	[illegible]	[illegible]	[illegible]	[illegible]	[illegible]	[illegible]	[illegible]	[illegible]	[illegible]	[illegible]	[illegible]	[illegible]
Jura	[illegible]	[illegible]	[illegible]	[illegible]	[illegible]	[illegible]	[illegible]	[illegible]	[illegible]	[illegible]	[illegible]	[illegible]	[illegible]	[illegible]	[illegible]	[illegible]	[illegible]	[illegible]
Saône-et-Loire	[illegible]	[illegible]	[illegible]	[illegible]	[illegible]	[illegible]	[illegible]	[illegible]	[illegible]	[illegible]	[illegible]	[illegible]	[illegible]	[illegible]	[illegible]	[illegible]	[illegible]	[illegible]
Loire	[illegible]	[illegible]	[illegible]	[illegible]	[illegible]	[illegible]	[illegible]	[illegible]	[illegible]	[illegible]	[illegible]	[illegible]	[illegible]	[illegible]	[illegible]	[illegible]	[illegible]	[illegible]
Rhône	[illegible]	[illegible]	[illegible]	[illegible]	[illegible]	[illegible]	[illegible]	[illegible]	[illegible]	[illegible]	[illegible]	[illegible]	[illegible]	[illegible]	[illegible]	[illegible]	[illegible]	[illegible]
Ain	[illegible]	[illegible]	[illegible]	[illegible]	[illegible]	[illegible]	[illegible]	[illegible]	[illegible]	[illegible]	[illegible]	[illegible]	[illegible]	[illegible]	[illegible]	[illegible]	[illegible]	[illegible]
Isère	[illegible]	[illegible]	[illegible]	[illegible]	[illegible]	[illegible]	[illegible]	[illegible]	[illegible]	[illegible]	[illegible]	[illegible]	[illegible]	[illegible]	[illegible]	[illegible]	[illegible]	[illegible]
Prix moyen	[illegible]	[illegible]	[illegible]	[illegible]	[illegible]	[illegible]	[illegible]	[illegible]	[illegible]	[illegible]	[illegible]	[illegible]	[illegible]	[illegible]	[illegible]	[illegible]	[illegible]	[illegible]

(7e RÉGION.) SUD-OUEST.

Départements	1817	1819	1820	1821	1822	1823	1824	1825	1826	1827	1828	1829	1830	1831	1832	1833	1834	1835
Gironde	[illegible]	[illegible]	[illegible]	[illegible]	[illegible]	[illegible]	[illegible]	[illegible]	[illegible]	[illegible]	[illegible]	[illegible]	[illegible]	[illegible]	[illegible]	[illegible]	[illegible]	[illegible]
Dordogne	[illegible]	[illegible]	[illegible]	[illegible]	[illegible]	[illegible]	[illegible]	[illegible]	[illegible]	[illegible]	[illegible]	[illegible]	[illegible]	[illegible]	[illegible]	[illegible]	[illegible]	[illegible]
Lot-et-Garonne	[illegible]	[illegible]	[illegible]	[illegible]	[illegible]	[illegible]	[illegible]	[illegible]	[illegible]	[illegible]	[illegible]	[illegible]	[illegible]	[illegible]	[illegible]	[illegible]	[illegible]	[illegible]
Landes	[illegible]	[illegible]	[illegible]	[illegible]	[illegible]	[illegible]	[illegible]	[illegible]	[illegible]	[illegible]	[illegible]	[illegible]	[illegible]	[illegible]	[illegible]	[illegible]	[illegible]	[illegible]
Gers	[illegible]	[illegible]	[illegible]	[illegible]	[illegible]	[illegible]	[illegible]	[illegible]	[illegible]	[illegible]	[illegible]	[illegible]	[illegible]	[illegible]	[illegible]	[illegible]	[illegible]	[illegible]
Basses-Pyrénées	[illegible]	[illegible]	[illegible]	[illegible]	[illegible]	[illegible]	[illegible]	[illegible]	[illegible]	[illegible]	[illegible]	[illegible]	[illegible]	[illegible]	[illegible]	[illegible]	[illegible]	[illegible]
Hautes-Pyrénées	[illegible]	[illegible]	[illegible]	[illegible]	[illegible]	[illegible]	[illegible]	[illegible]	[illegible]	[illegible]	[illegible]	[illegible]	[illegible]	[illegible]	[illegible]	[illegible]	[illegible]	[illegible]
Haute-Garonne	[illegible]	[illegible]	[illegible]	[illegible]	[illegible]	[illegible]	[illegible]	[illegible]	[illegible]	[illegible]	[illegible]	[illegible]	[illegible]	[illegible]	[illegible]	[illegible]	[illegible]	[illegible]
Ariège	[illegible]	[illegible]	[illegible]	[illegible]	[illegible]	[illegible]	[illegible]	[illegible]	[illegible]	[illegible]	[illegible]	[illegible]	[illegible]	[illegible]	[illegible]	[illegible]	[illegible]	[illegible]
Prix moyen	[illegible]	[illegible]	[illegible]	[illegible]	[illegible]	[illegible]	[illegible]	[illegible]	[illegible]	[illegible]	[illegible]	[illegible]	[illegible]	[illegible]	[illegible]	[illegible]	[illegible]	[illegible]

(8e RÉGION.) SUD.

Départements	1817	1819	1820	1821	1822	1823	1824	1825	1826	1827	1828	1829	1830	1831	1832	1833	1834	1835
Corrèze	[illegible]	[illegible]	[illegible]	[illegible]	[illegible]	[illegible]	[illegible]	[illegible]	[illegible]	[illegible]	[illegible]	[illegible]	[illegible]	[illegible]	[illegible]	[illegible]	[illegible]	[illegible]
Cantal	[illegible]	[illegible]	[illegible]	[illegible]	[illegible]	[illegible]	[illegible]	[illegible]	[illegible]	[illegible]	[illegible]	[illegible]	[illegible]	[illegible]	[illegible]	[illegible]	[illegible]	[illegible]
Lot	[illegible]	[illegible]	[illegible]	[illegible]	[illegible]	[illegible]	[illegible]	[illegible]	[illegible]	[illegible]	[illegible]	[illegible]	[illegible]	[illegible]	[illegible]	[illegible]	[illegible]	[illegible]
Aveyron	[illegible]	[illegible]	[illegible]	[illegible]	[illegible]	[illegible]	[illegible]	[illegible]	[illegible]	[illegible]	[illegible]	[illegible]	[illegible]	[illegible]	[illegible]	[illegible]	[illegible]	[illegible]
Lozère	[illegible]	[illegible]	[illegible]	[illegible]	[illegible]	[illegible]	[illegible]	[illegible]	[illegible]	[illegible]	[illegible]	[illegible]	[illegible]	[illegible]	[illegible]	[illegible]	[illegible]	[illegible]
Tarn-et-Garonne	[illegible]	[illegible]	[illegible]	[illegible]	[illegible]	[illegible]	[illegible]	[illegible]	[illegible]	[illegible]	[illegible]	[illegible]	[illegible]	[illegible]	[illegible]	[illegible]	[illegible]	[illegible]
Tarn	[illegible]	[illegible]	[illegible]	[illegible]	[illegible]	[illegible]	[illegible]	[illegible]	[illegible]	[illegible]	[illegible]	[illegible]	[illegible]	[illegible]	[illegible]	[illegible]	[illegible]	[illegible]
Hérault	[illegible]	[illegible]	[illegible]	[illegible]	[illegible]	[illegible]	[illegible]	[illegible]	[illegible]	[illegible]	[illegible]	[illegible]	[illegible]	[illegible]	[illegible]	[illegible]	[illegible]	[illegible]
Aude	[illegible]	[illegible]	[illegible]	[illegible]	[illegible]	[illegible]	[illegible]	[illegible]	[illegible]	[illegible]	[illegible]	[illegible]	[illegible]	[illegible]	[illegible]	[illegible]	[illegible]	[illegible]
Pyrénées-Orientales	[illegible]	[illegible]	[illegible]	[illegible]	[illegible]	[illegible]	[illegible]	[illegible]	[illegible]	[illegible]	[illegible]	[illegible]	[illegible]	[illegible]	[illegible]	[illegible]	[illegible]	[illegible]
Prix moyen	[illegible]	[illegible]	[illegible]	[illegible]	[illegible]	[illegible]	[illegible]	[illegible]	[illegible]	[illegible]	[illegible]	[illegible]	[illegible]	[illegible]	[illegible]	[illegible]	[illegible]	[illegible]

(9e RÉGION.) SUD-EST.

Départements	1817	1819	1820	1821	1822	1823	1824	1825	1826	1827	1828	1829	1830	1831	1832	1833	1834	1835
Haute-Loire	[illegible]	[illegible]	[illegible]	[illegible]	[illegible]	[illegible]	[illegible]	[illegible]	[illegible]	[illegible]	[illegible]	[illegible]	[illegible]	[illegible]	[illegible]	[illegible]	[illegible]	[illegible]
Ardèche	[illegible]	[illegible]	[illegible]	[illegible]	[illegible]	[illegible]	[illegible]	[illegible]	[illegible]	[illegible]	[illegible]	[illegible]	[illegible]	[illegible]	[illegible]	[illegible]	[illegible]	[illegible]
Drôme	[illegible]	[illegible]	[illegible]	[illegible]	[illegible]	[illegible]	[illegible]	[illegible]	[illegible]	[illegible]	[illegible]	[illegible]	[illegible]	[illegible]	[illegible]	[illegible]	[illegible]	[illegible]
Gard	[illegible]	[illegible]	[illegible]	[illegible]	[illegible]	[illegible]	[illegible]	[illegible]	[illegible]	[illegible]	[illegible]	[illegible]	[illegible]	[illegible]	[illegible]	[illegible]	[illegible]	[illegible]
Vaucluse	[illegible]	[illegible]	[illegible]	[illegible]	[illegible]	[illegible]	[illegible]	[illegible]	[illegible]	[illegible]	[illegible]	[illegible]	[illegible]	[illegible]	[illegible]	[illegible]	[illegible]	[illegible]
Basses-Alpes	[illegible]	[illegible]	[illegible]	[illegible]	[illegible]	[illegible]	[illegible]	[illegible]	[illegible]	[illegible]	[illegible]	[illegible]	[illegible]	[illegible]	[illegible]	[illegible]	[illegible]	[illegible]
Hautes-Alpes	[illegible]	[illegible]	[illegible]	[illegible]	[illegible]	[illegible]	[illegible]	[illegible]	[illegible]	[illegible]	[illegible]	[illegible]	[illegible]	[illegible]	[illegible]	[illegible]	[illegible]	[illegible]
Bouches-du-Rhône	[illegible]	[illegible]	[illegible]	[illegible]	[illegible]	[illegible]	[illegible]	[illegible]	[illegible]	[illegible]	[illegible]	[illegible]	[illegible]	[illegible]	[illegible]	[illegible]	[illegible]	[illegible]
Var	[illegible]	[illegible]	[illegible]	[illegible]	[illegible]	[illegible]	[illegible]	[illegible]	[illegible]	[illegible]	[illegible]	[illegible]	[illegible]	[illegible]	[illegible]	[illegible]	[illegible]	[illegible]
Prix moyen	[illegible]	[illegible]	[illegible]	[illegible]	[illegible]	[illegible]	[illegible]	[illegible]	[illegible]	[illegible]	[illegible]	[illegible]	[illegible]	[illegible]	[illegible]	[illegible]	[illegible]	[illegible]

(10e RÉGION.)

Départements	1817	1819	1820	1821	1822	1823	1824	1825	1826	1827	1828	1829	1830	1831	1832	1833	1834	1835
Corse	.	.	.	.	.	.	.	.	.	.	.	.	.	.	.	.	.	.

	1817	1819	1820	1821	1822	1823	1824	1825	1826	1827	1828	1829	1830	1831	1832	1833	1834	1835
PRIX MOYEN DE LA FRANCE	[illegible]	[illegible]	[illegible]	[illegible]	[illegible]	[illegible]	[illegible]	[illegible]	[illegible]	[illegible]	[illegible]	[illegible]	[illegible]	[illegible]	[illegible]	[illegible]	[illegible]	[illegible]

(*) N. B. Il n'existe pas de renseignements pour l'année 1818.

XII.

TABLEAU

DU PRIX MOYEN DE L'HECTOLITRE D'AVOINE,

PAR DÉPARTEMENTS ET PAR MOIS,

PENDANT L'ANNÉE 1817.

DÉPARTEMENTS.	JANVIER.	FÉVRIER.	MARS.	AVRIL.	MAI.	JUIN.	JUILLET.	AOÛT.	SEPTEMBRE.	OCTOBRE.	NOVEMBRE.	DÉCEMBRE.	PRIX de l'année.
	fr. c.	fr. c.	fr. c.	fr. c.	fr. c.	fr. c.	fr. c.	fr. c.	fr. c.	fr. c.	fr. c.	fr. c.	fr. c.
(1re RÉGION.) NORD-OUEST.													
Finistère	7 89	8 81	10 17	12 05	13 68	14 20	12 15	9 15	6 90	7 25	7 07	7 87	9 80
Côtes-du-Nord	9 41	12 01	10 92	11 76	12 55	16 32	12 31	8 84	6 25	6 68	7 37	7 42	10 12
Morbihan	8 52	9 80	9 60	10 49	11 40	13 98	9 58	9 12	7 38	7 03	8 41	8 42	9 50
Ille-et-Vilaine	10 32	11 82	10 17	13 36	18 01	14 78	11 12	8 81	7 41	7 37	7 41	9 04	10 83
Manche	9 45	9 55	9 63	10 17	11 42	13 10	11 43	10 76	9 17	7 60	7 40	7 44	10 22
Calvados	9 83	10 01	10 01	10 80	11 91	14 62	11 67	11 16	9 68	8 83	8 61	8 50	10 35
Orne	8 20	8 29	8 16	8 70	12 61	13 41	9 68	9 98	8 18	7 60	7 18	7 78	9 18
Mayenne	10 07	10 82	10 61	10 13	11 77	14 87	10 00	9 87	8 27	8 09	7 50	7 71	10 05
Sarthe	7 32	8 [illegible]	7 48	7 16	10 05	10 88	8 03	8 19	7 74	7 80	8 11	8 70	8 31
Prix moyen	9 [illegible]	10 03	9 67	10 53	13 27	11 18	10 30	9 55	7 92	7 65	7 09	8 03	9 86
(2e RÉGION.) NORD.													
Nord	9 81	9 93	10 44	12 29	[illegible]	15 83	16 14	14 60	11 86	9 58	9 23	9 53	12 43
Pas-de-Calais	8 96	9 [illegible]	8 70	12 75	[illegible]	12 06	15 11	15 80	10 07	8 33	8 31	9 15	11 52
Somme	7 65	7 43	7 25	8 54	[illegible]	11 34	12 52	12 30	9 38	7 61	7 01	7 76	9 07
Seine-Inférieure	7 71	8 34	8 30	8 88	[illegible]	[illegible]	11 79	11 80	9 66	8 26	7 56	8 16	9 58
Oise	6 45	6 78	6 72	7 91	[illegible]	[illegible]	11 96	10 72	8 91	8 11	8 30	8 46	9 08
Aisne	7 30	8 [illegible]	8 10	10 17	[illegible]	12 27	11 54	13 37	9 74	8 17	8 32	8 50	10 61
Eure	9 02	8 89	8 15	8 64	[illegible]	12 12	10 64	10 33	8 90	8 09	7 81	8 34	9 37
Eure-et-Loir	6 75	6 99	6 68	6 01	[illegible]	10 65	8 40	9 12	8 62	8 35	8 19	8 60	8 23
Seine-et-Oise	7 20	7 16	7 42	7 72	[illegible]	11 19	10 12	10 32	9 09	9 37	9 14	9 49	9 70
Seine	8 70	9 16	8 66	8 79	[illegible]	12 07	11 61	11 47	11 07	10 80	10 58	10 07	10 73
Seine-et-Marne	7 21	7 84	8 12	9 05	[illegible]	13 30	12 20	12 21	8 95	8 90	9 [illegible]	9 47	9 91
Prix moyen	7 92	8 31	8 17	9 30	[illegible]	13 40	12 35	11 80	9 71	8 68	8 55	8 96	10 03
(3e RÉGION.) NORD-EST.													
Ardennes	10 20	10 76	12 13	13 70	16 90	20 17	11 63	15 85	10 19	9 07	9 40	9 09	12 68
Marne	7 28	8 45	9 17	10 13	13 66	16 72	14 87	13 45	8 14	7 13	7 42	7 21	10 24
Aube	7 14	8 81	8 89	9 85	14 67	14 11	14 42	10 08	6 09	6 31	6 72	7 04	9 56
Haute-Marne	7 44	8 57	9 63	11 06	18 61	16 29	13 01	10 48	7 27	6 93	7 21	7 53	10 36
Meuse	8 60	9 91	10 50	11 44	16 20	18 70	19 46	14 18	8 55	6 94	6 51	6 75	11 49
Moselle	9 56	12 09	12 80	14 30	19 61	23 80	24 28	13 36	8 70	7 56	7 01	7 40	13 22
Meurthe	11 42	14 32	15 01	11 85	19 75	20 75	21 31	11 80	9 43	9 87	7 06	7 03	13 34
Vosges	11 [illegible]	12 47	15 70	17 68	20 68	25 08	18 06	15 19	8 28	7 93	7 78	8 19	11 04
Bas-Rhin	14 41	15 98	16 79	19 72	23 95	25 06	23 35	14 58	10 69	10 71	10 06	10 81	16 42
Haut-Rhin	13 29	15 29	16 98	20 12	24 08	24 25	20 61	18 54	11 01	10 08	9 60	9 50	15 70
Prix moyen	10 03	11 31	12 51	14 43	18 69	20 94	18 17	13 78	8 91	7 89	7 91	8 11	12 73
(4e RÉGION.) OUEST.													
Loire-Inférieure	9 57	9 43	9 41	9 77	11 18	11 98	10 63	8 19	9 27	9 37	9 65	10 14	9 95
Maine-et-Loire	7 73	8 21	7 96	7 57	8 38	9 48	7 98	8 31	7 02	7 80	8 10	8 14	8 13
Indre-et-Loire	6 66	7 09	6 90	7 01	8 54	9 00	7 75	6 94	6 74	6 93	6 92	7 09	7 31
Vendée	8 21	8 11	8 54	8 31	7 28	8 18	7 35	6 15	7 56	7 17	8 05	8 12	7 86
Charente-Inférieure	10 12	9 58	9 27	9 06	9 10	9 44	7 90	6 37	7 09	7 51	8 10	7 87	8 51
Deux-Sèvres	8 03	7 80	8 49	8 66	9 15	8 99	7 16	6 36	9 45	6 81	7 34	7 47	7 53
Charente	9 74	9 04	8 84	9 46	10 04	9 50	8 20	8 04	9 86	7 58	7 65	7 89	8 46
Vienne	7 70	7 05	7 85	7 99	9 20	8 81	7 38	6 72	6 56	7 08	8 [illegible]	7 70	7 52
Haute-Vienne	8 05	8 72	9 05	9 22	9 85	11 05	10 12	9 51	8 16	7 92	7 29	8 10	9 01
Prix moyen	8 52	8 47	8 49	8 53	9 29	9 61	8 28	7 31	7 14	7 60	7 96	8 09	8 30
(5e RÉGION.) CENTRE.													
Loir-et-Cher	7 11	7 23	7 15	7 42	[illegible]	8 13	8 53	8 36	7 55	7 45	7 63	8 03	8 07
Loiret	7 62	7 84	7 80	9 13	[illegible]	[illegible]	10 41	10 49	9 06	8 06	9 20	9 51	9 35
Yonne	8 20	9 11	9 86	12 09	[illegible]	12 20	14 75	11 51	7 24	7 09	7 70	8 19	10 92
Indre	6 48	6 91	7 41	7 36	[illegible]	9 14	7 76	7 62	7 77	7 51	7 63	7 81	7 72
Cher	6 45	6 9[illegible]	7 32	9 06	[illegible]	10 12	9 22	8 50	7 76	7 45	7 49	7 94	8 31
Nièvre	7 10	7 60	9 47	10 72	[illegible]	9 70	10 77	10 10	8 14	7 43	7 97	7 87	9 47
Creuse	4 92	5 01	5 20	6 09	[illegible]	6 09	6 09	6 74	4 61	4 68	4 66	4 09	5 71
Allier	8 80	9 11	9 75	16 68	[illegible]	11 17	9 53	8 41	7 12	7 60	7 05	6 07	8 80
Puy-de-Dôme	8 91	9 71	10 22	11 01	[illegible]	11 05	8 75	8 12	7 08	8 27	7 00	7 46	9 23
Prix moyen	7 21	7 74	8 12	9 26	[illegible]	11 35	9 05	8 86	7 45	7 40	7 36	7 48	8 63
(6e RÉGION.) EST.													
Côte-d'Or	10 95	11 05	12 71	16 12	18 08	20 06	17 38	13 44	7 51	7 90	8 07	8 80	12 70
Haute-Saône	9 05	10 48	11 10	15 50	23 [illegible]	22 61	20 52	16 05	8 72	7 86	8 07	8 80	13 79
Doubs	11 51	15 05	15 13	18 95	21 90	23 18	20 10	14 00	11 11	9 84	9 86	9 91	15 20
Jura	11 68	12 29	13 51	21 19	22 55	21 77	20 54	13 35	7 70	8 03	8 47	8 77	14 22
Saône-et-Loire	11 57	12 50	13 95	13 73	15 48	17 40	15 [illegible]	10 53	9 01	8 98	8 97	9 57	12 21
Loire	11 47	11 14	11 35	12 70	15 35	14 62	11 69	8 10	8 04	8 50	9 12	9 38	11 00
Rhône	14 00	12 71	12 58	14 83	18 18	18 85	12 56	11 17	9 62	10 13	11 02	11 92	13 28
Ain	11 98	11 63	11 82	12 72	16 20	16 39	13 65	10 52	7 73	8 55	8 55	9 18	11 65
Isère	13 72	11 11	14 91	16 66	18 87	22 06	17 10	13 36	9 00	9 41	10 02	10 51	14 08
Prix moyen	11 84	12 30	13 35	15 83	19 16	19 73	16 58	12 14	8 85	8 88	9 20	9 63	13 13
(7e RÉGION.) SUD-OUEST.													
Gironde	10 21	10 45	10 89	10 38	10 60	11 49	11 02	9 50	9 29	9 77	10 21	10 31	10 35
Dordogne	10 08	10 88	11 50	11 09	11 55	12 66	11 17	8 87	7 77	8 65	9 12	9 56	10 23
Lot-et-Garonne	11 50	12 15	13 11	11 48	12 55	11 79	10 23	9 32	9 50	10 58	11 11	10 94	11 16
Landes	12 23	13 1[illegible]	1[illegible]	11 80	15 [illegible]	14 43	13 22	12 21	12 15	12 31	12 14	12 07	13 18
Gers	9 36	9 34	10 03	10 01	9 99	9 72	9 05	9 13	9 51	10 [illegible]	10 [illegible]	10 31	9 71
Basses-Pyrénées	11 [illegible]	11 98	12 80	13 09	13 07	13 11	11 08	11 16	10 [illegible]	10 85	11 62	12 15	12 90
Hautes-Pyrénées	13 70	13 87	14 70	11 50	11 49	14 56	13 09	11 88	12 06	11 61	12 37	13 43	13 18
Haute-Garonne	10 50	11 63	11 00	10 15	11 60	11 47	10 58	10 20	10 73	11 01	11 70	12 88	11 27
Ariége	10 77	11 85	11 93	11 49	12 11	12 8[illegible]	10 51	10 66	11 35	11 30	11 53	11 63	11 13
Prix moyen	11 18	11 73	12 21	11 95	12 20	12 38	11 21	10 23	10 31	10 60	11 08	11 54	11 30
(8e RÉGION.) SUD.													
Corrèze	8 16	8 66	10 4[illegible]	10 89	[illegible]	10 63	12 97	10 23	7 53	7 25	7 26	7 41	9 47
Cantal	10 04	10 18	10 82	11 5[illegible]	[illegible]	[illegible]	10 66	10 53	9 56	10 10	9 91	9 54	10 06
Lot	10 84	11 56	11 13	11 21	[illegible]	[illegible]	12 10	9 43	8 54	9 01	9 03	9 1[illegible]	10 67
Aveyron	13 23	11 [illegible]	11 16	14 26	[illegible]	[illegible]	14 09	11 55	10 30	11 23	11 70	11 71	12 60
Lozère	17 36	11 98	12 09	12 38	[illegible]	[illegible]	12 61	11 52	10 10	9 95	10 09	10 68	11 66
Tarn-et-Garonne	10 66	11 12	11 35	10 85	[illegible]	9 38	10 42	9 34	9 02	9 70	10 90	10 46	10 61
Tarn	11 09	11 35	11 41	11 47	[illegible]	[illegible]	10 70	10 97	10 86	10 85	10 80	10 58	11 02
Hérault	13 85	13 31	13 51	13 0[illegible]	[illegible]	14 06	14 58	14 71	11 81	14 83	14 15	11 21	13 22
Aude	14 05	13 62	11 30	14 12	[illegible]	8 11	12 29	12 40	12 00	12 57	12 19	13 15	12 90
Pyrénées-Orientales	13 05	13 02	13 02	13 12	[illegible]	13 03	12 35	12 55	12 48	12 10	11 19	11 24	12 31
Prix moyen	11 17	11 [illegible]	11 06	11 85	[illegible]	[illegible]	12 38	11 30	10 75	10 76	10 74	10 85	11 60
(9e RÉGION.) SUD-EST.													
Haute-Loire	10 89	11 33	11 39	11 57	13 23	14 22	12 21	10 07	8 01	8 12	8 20	8 51	10 70
Ardèche	14 58	14 09	13 54	14 67	16 10	15 05	12 51	12 39	11 61	11 56	11 81	12 61	13 49
Drôme	15 01	14 14	13 40	14 81	18 02	17 65	13 91	12 09	11 26	10 43	11 08	12 83	13 73
Gard	15 45	15 38	13 58	14 21	16 40	16 27	14 37	14 00	13 54	13 71	13 00	13 90	14 57
Vaucluse	14 02	13 74	12 18	12 94	15 28	15 68	11 93	13 32	11 87	12 05	12 36	13 16	13 25
Basses-Alpes	13 83	12 45	11 16	11 81	12 97	13 81	12 64	11 51	11 42	11 33	11 25	11 60	12 15
Hautes-Alpes	14 60	13 30	12 99	13 12	14 86	17 83	16 15	13 35	11 29	9 91	10 81	11 48	13 30
Bouches-du-Rhône	13 81	11 36	13 27	13 33	14 86	14 86	14 81	15 22	15 10	13 51	14 01	14 08	14 20
Var	14 84	15 11	13 84	13 56	14 82	11 25	12 76	13 38	14 05	13 70	14 98	14 41	14 08
Prix moyen	14 25	13 74	12 80	13 30	15 17	15 64	13 37	12 82	12 11	11 50	11 95	12 52	13 26
(10e RÉGION.)													
Corse													
Prix moyen de la France	10 12	10 [illegible]	10 80	11 [illegible]	[illegible]	[illegible]	12 [illegible]	10 04	9 [illegible]	9 07	9 16	9 [illegible]	11 [illegible]

XIII.

ÉTAT

DU POIDS MOYEN DE L'HECTOLITRE D'AVOINE,

DANS CHAQUE DÉPARTEMENT,

DE 1831 A 1835.

Each year column gives three values (1re qualité, 2e qualité, 3e qualité), in k. d.

(1re RÉGION.) NORD-OUEST.

DÉPARTEMENTS.	1830.	1831.	1832.	1833.	1834.	1835.
Finistère	[illegible]	[illegible]	[illegible]	[illegible]	[illegible]	[illegible]
Côtes-du-Nord	[illegible]	[illegible]	[illegible]	[illegible]	[illegible]	[illegible]
Morbihan	[illegible]	[illegible]	[illegible]	[illegible]	[illegible]	[illegible]
Ille-et-Vilaine	[illegible]	[illegible]	[illegible]	[illegible]	[illegible]	[illegible]
Mayenne	[illegible]	[illegible]	[illegible]	[illegible]	[illegible]	[illegible]
Calvados	[illegible]	[illegible]	[illegible]	[illegible]	[illegible]	[illegible]
Orne	[illegible]	[illegible]	[illegible]	[illegible]	[illegible]	[illegible]
Manche	[illegible]	[illegible]	[illegible]	[illegible]	[illegible]	[illegible]
Sarthe	[illegible]	[illegible]	[illegible]	[illegible]	[illegible]	[illegible]
Poids moyen de chaque qualité	[illegible]	[illegible]	[illegible]	[illegible]	[illegible]	[illegible]
Poids moyen des trois qualités	[illegible]	[illegible]	[illegible]	[illegible]	[illegible]	[illegible]

(2e RÉGION.) NORD.

DÉPARTEMENTS.	1830.	1831.	1832.	1833.	1834.	1835.
Nord	[illegible]	[illegible]	[illegible]	[illegible]	[illegible]	[illegible]
Pas-de-Calais	[illegible]	[illegible]	[illegible]	[illegible]	[illegible]	[illegible]
Somme	[illegible]	[illegible]	[illegible]	[illegible]	[illegible]	[illegible]
Seine-Inférieure	[illegible]	[illegible]	[illegible]	[illegible]	[illegible]	[illegible]
Oise	[illegible]	[illegible]	[illegible]	[illegible]	[illegible]	[illegible]
Aisne	[illegible]	[illegible]	[illegible]	[illegible]	[illegible]	[illegible]
Eure	[illegible]	[illegible]	[illegible]	[illegible]	[illegible]	[illegible]
Eure-et-Loir	[illegible]	[illegible]	[illegible]	[illegible]	[illegible]	[illegible]
Seine-et-Oise	[illegible]	[illegible]	[illegible]	[illegible]	[illegible]	[illegible]
Seine	[illegible]	[illegible]	[illegible]	[illegible]	[illegible]	[illegible]
Seine-et-Marne	[illegible]	[illegible]	[illegible]	[illegible]	[illegible]	[illegible]
Poids moyen de chaque qualité	[illegible]	[illegible]	[illegible]	[illegible]	[illegible]	[illegible]
Poids moyen des trois qualités	[illegible]	[illegible]	[illegible]	[illegible]	[illegible]	[illegible]

(3e RÉGION.) NORD-EST.

DÉPARTEMENTS.	1830.	1831.	1832.	1833.	1834.	1835.
Ardennes	[illegible]	[illegible]	[illegible]	[illegible]	[illegible]	[illegible]
Marne	[illegible]	[illegible]	[illegible]	[illegible]	[illegible]	[illegible]
Aube	[illegible]	[illegible]	[illegible]	[illegible]	[illegible]	[illegible]
Haute-Marne	[illegible]	[illegible]	[illegible]	[illegible]	[illegible]	[illegible]
Meuse	[illegible]	[illegible]	[illegible]	[illegible]	[illegible]	[illegible]
Moselle	[illegible]	[illegible]	[illegible]	[illegible]	[illegible]	[illegible]
Meurthe	[illegible]	[illegible]	[illegible]	[illegible]	[illegible]	[illegible]
Vosges	[illegible]	[illegible]	[illegible]	[illegible]	[illegible]	[illegible]
Bas-Rhin	[illegible]	[illegible]	[illegible]	[illegible]	[illegible]	[illegible]
Haut-Rhin	[illegible]	[illegible]	[illegible]	[illegible]	[illegible]	[illegible]
Poids moyen de chaque qualité	[illegible]	[illegible]	[illegible]	[illegible]	[illegible]	[illegible]
Poids moyen des trois qualités	[illegible]	[illegible]	[illegible]	[illegible]	[illegible]	[illegible]

(4e RÉGION.) OUEST.

DÉPARTEMENTS.	1830.	1831.	1832.	1833.	1834.	1835.
Loire-Inférieure	[illegible]	[illegible]	[illegible]	[illegible]	[illegible]	[illegible]
Maine-et-Loire	[illegible]	[illegible]	[illegible]	[illegible]	[illegible]	[illegible]
Indre-et-Loire	[illegible]	[illegible]	[illegible]	[illegible]	[illegible]	[illegible]
Vienne	[illegible]	[illegible]	[illegible]	[illegible]	[illegible]	[illegible]
Charente-Inférieure	[illegible]	[illegible]	[illegible]	[illegible]	[illegible]	[illegible]
Deux-Sèvres	[illegible]	[illegible]	[illegible]	[illegible]	[illegible]	[illegible]
Charente	[illegible]	[illegible]	[illegible]	[illegible]	[illegible]	[illegible]
Vendée	[illegible]	[illegible]	[illegible]	[illegible]	[illegible]	[illegible]
Haute-Vienne	[illegible]	[illegible]	[illegible]	[illegible]	[illegible]	[illegible]
Poids moyen de chaque qualité	[illegible]	[illegible]	[illegible]	[illegible]	[illegible]	[illegible]
Poids moyen des trois qualités	[illegible]	[illegible]	[illegible]	[illegible]	[illegible]	[illegible]

(5e RÉGION.) CENTRE.

DÉPARTEMENTS.	1830.	1831.	1832.	1833.	1834.	1835.
Loir-et-Cher	[illegible]	[illegible]	[illegible]	[illegible]	[illegible]	[illegible]
Loiret	[illegible]	[illegible]	[illegible]	[illegible]	[illegible]	[illegible]
Yonne	[illegible]	[illegible]	[illegible]	[illegible]	[illegible]	[illegible]
Indre	[illegible]	[illegible]	[illegible]	[illegible]	[illegible]	[illegible]
Cher	[illegible]	[illegible]	[illegible]	[illegible]	[illegible]	[illegible]
Nièvre	[illegible]	[illegible]	[illegible]	[illegible]	[illegible]	[illegible]
Creuse	[illegible]	[illegible]	[illegible]	[illegible]	[illegible]	[illegible]
Allier	[illegible]	[illegible]	[illegible]	[illegible]	[illegible]	[illegible]
Puy-de-Dôme	[illegible]	[illegible]	[illegible]	[illegible]	[illegible]	[illegible]
Poids moyen de chaque qualité	[illegible]	[illegible]	[illegible]	[illegible]	[illegible]	[illegible]
Poids moyen des trois qualités	[illegible]	[illegible]	[illegible]	[illegible]	[illegible]	[illegible]

(6e RÉGION.) EST.

DÉPARTEMENTS.	1830.	1831.	1832.	1833.	1834.	1835.
Côte-d'Or	[illegible]	[illegible]	[illegible]	[illegible]	[illegible]	[illegible]
Haute-Saône	[illegible]	[illegible]	[illegible]	[illegible]	[illegible]	[illegible]
Doubs	[illegible]	[illegible]	[illegible]	[illegible]	[illegible]	[illegible]
Jura	[illegible]	[illegible]	[illegible]	[illegible]	[illegible]	[illegible]
Saône-et-Loire	[illegible]	[illegible]	[illegible]	[illegible]	[illegible]	[illegible]
Loire	[illegible]	[illegible]	[illegible]	[illegible]	[illegible]	[illegible]
Rhône	[illegible]	[illegible]	[illegible]	[illegible]	[illegible]	[illegible]
Ain	[illegible]	[illegible]	[illegible]	[illegible]	[illegible]	[illegible]
Isère	[illegible]	[illegible]	[illegible]	[illegible]	[illegible]	[illegible]
Poids moyen de chaque qualité	[illegible]	[illegible]	[illegible]	[illegible]	[illegible]	[illegible]
Poids moyen des trois qualités	[illegible]	[illegible]	[illegible]	[illegible]	[illegible]	[illegible]

(7e RÉGION.) SUD-OUEST.

DÉPARTEMENTS.	1830.	1831.	1832.	1833.	1834.	1835.
Gironde	[illegible]	[illegible]	[illegible]	[illegible]	[illegible]	[illegible]
Dordogne	[illegible]	[illegible]	[illegible]	[illegible]	[illegible]	[illegible]
Lot-et-Garonne	[illegible]	[illegible]	[illegible]	[illegible]	[illegible]	[illegible]
Landes	[illegible]	[illegible]	[illegible]	[illegible]	[illegible]	[illegible]
Gers	[illegible]	[illegible]	[illegible]	[illegible]	[illegible]	[illegible]
Basses-Pyrénées	[illegible]	[illegible]	[illegible]	[illegible]	[illegible]	[illegible]
Hautes-Pyrénées	[illegible]	[illegible]	[illegible]	[illegible]	[illegible]	[illegible]
Haute-Garonne	[illegible]	[illegible]	[illegible]	[illegible]	[illegible]	[illegible]
Ariége	[illegible]	[illegible]	[illegible]	[illegible]	[illegible]	[illegible]
Poids moyen de chaque qualité	[illegible]	[illegible]	[illegible]	[illegible]	[illegible]	[illegible]
Poids moyen des trois qualités	[illegible]	[illegible]	[illegible]	[illegible]	[illegible]	[illegible]

(8e RÉGION.) SUD.

DÉPARTEMENTS.	1830.	1831.	1832.	1833.	1834.	1835.
Corrèze	[illegible]	[illegible]	[illegible]	[illegible]	[illegible]	[illegible]
Cantal	[illegible]	[illegible]	[illegible]	[illegible]	[illegible]	[illegible]
Lot	[illegible]	[illegible]	[illegible]	[illegible]	[illegible]	[illegible]
Aveyron	[illegible]	[illegible]	[illegible]	[illegible]	[illegible]	[illegible]
Lozère	[illegible]	[illegible]	[illegible]	[illegible]	[illegible]	[illegible]
Tarn-et-Garonne	[illegible]	[illegible]	[illegible]	[illegible]	[illegible]	[illegible]
Tarn	[illegible]	[illegible]	[illegible]	[illegible]	[illegible]	[illegible]
Hérault	[illegible]	[illegible]	[illegible]	[illegible]	[illegible]	[illegible]
Aude	[illegible]	[illegible]	[illegible]	[illegible]	[illegible]	[illegible]
Pyrénées-Orientales	[illegible]	[illegible]	[illegible]	[illegible]	[illegible]	[illegible]
Poids moyen de chaque qualité	[illegible]	[illegible]	[illegible]	[illegible]	[illegible]	[illegible]
Poids moyen des trois qualités	[illegible]	[illegible]	[illegible]	[illegible]	[illegible]	[illegible]

(9e RÉGION.) SUD-EST.

DÉPARTEMENTS.	1830.	1831.	1832.	1833.	1834.	1835.
Haute-Loire	[illegible]	[illegible]	[illegible]	[illegible]	[illegible]	[illegible]
Ardèche	[illegible]	[illegible]	[illegible]	[illegible]	[illegible]	[illegible]
Drôme	[illegible]	[illegible]	[illegible]	[illegible]	[illegible]	[illegible]
Gard	[illegible]	[illegible]	[illegible]	[illegible]	[illegible]	[illegible]
Vaucluse	[illegible]	[illegible]	[illegible]	[illegible]	[illegible]	[illegible]
Basses-Alpes	[illegible]	[illegible]	[illegible]	[illegible]	[illegible]	[illegible]
Hautes-Alpes	[illegible]	[illegible]	[illegible]	[illegible]	[illegible]	[illegible]
Bouches-du-Rhône	[illegible]	[illegible]	[illegible]	[illegible]	[illegible]	[illegible]
Var	[illegible]	[illegible]	[illegible]	[illegible]	[illegible]	[illegible]
Poids moyen de chaque qualité	[illegible]	[illegible]	[illegible]	[illegible]	[illegible]	[illegible]
Poids moyen des trois qualités	[illegible]	[illegible]	[illegible]	[illegible]	[illegible]	[illegible]

(10e RÉGION.)

DÉPARTEMENTS.	1830.	1831.	1832.	1833.	1834.	1835.
Corse	[illegible]	[illegible]	[illegible]	[illegible]	[illegible]	[illegible]
[illegible]	[illegible]	[illegible]	[illegible]	[illegible]	[illegible]	[illegible]

POIDS MOYEN DE L'HECTOLITRE D'AVOINE, DANS TOUTE LA FRANCE	1830.	1831.	1832.	1833.	1834.	1835.
en chaque qualité	[illegible]	[illegible]	[illegible]	[illegible]	[illegible]	[illegible]
des trois qualités	[illegible]	[illegible]	[illegible]	[illegible]	[illegible]	[illegible]

OBSERVATIONS. Depuis 1831, le poids moyen de l'avoine est constaté annuellement, dans le mois [illegible] mars, principalement pour le service du ministère de la guerre et [illegible] la qualité de chaque récolte. Les épreuves de pesage, surveillées par les préfets et dirigées par les maires, ont lieu sur les marchés [illegible]. D'après les instructions ministérielles, on doit peser trois boisseaux [illegible], chaque fois, pour chaque qualité, trois hectolitres. Le poids moyen [illegible] qualités, pour toute la France, résulte ainsi chaque année du pesage de plus de 41,000 hectolitres d'avoine dans près de 900 communes.

XIV.

RELEVÉ

DES RAPPORTS SUR LA STATISTIQUE DES BESTIAUX,

PAR DÉPARTEMENTS,

AU 1er JANVIER 1830.

RÉGIONS.	DÉPARTEMENTS.	QUANTITÉ D'HECTARES en prairies et herbages.	en pâturages de toute espèce.	TOTAL.	ESPÈCE BOVINE. TAUREAUX.	BŒUFS pour l'agriculture.	BŒUFS à l'engrais.	BŒUFS TOTAL.	VACHES pour l'agriculture.	VACHES à l'engrais.	VACHES TOTAL.	VEAUX.	TOTAL GÉNÉRAL.
		hect.	hect.	hect.									
1re NORD-OUEST.	Finistère	[illegible]	[illegible]	[illegible]	[illegible]	[illegible]	[illegible]	[illegible]	[illegible]	[illegible]	[illegible]	[illegible]	[illegible]
	Côtes-du-Nord	[illegible]	[illegible]	[illegible]	[illegible]	[illegible]	[illegible]	[illegible]	[illegible]	[illegible]	[illegible]	[illegible]	[illegible]
	Morbihan	[illegible]	[illegible]	[illegible]	[illegible]	[illegible]	[illegible]	[illegible]	[illegible]	[illegible]	[illegible]	[illegible]	[illegible]
	Ille-et-Vilaine	[illegible]	[illegible]	[illegible]	[illegible]	[illegible]	[illegible]	[illegible]	[illegible]	[illegible]	[illegible]	[illegible]	[illegible]
	Manche	[illegible]	[illegible]	[illegible]	[illegible]	[illegible]	[illegible]	[illegible]	[illegible]	[illegible]	[illegible]	[illegible]	[illegible]
	Calvados	[illegible]	[illegible]	[illegible]	[illegible]	[illegible]	[illegible]	[illegible]	[illegible]	[illegible]	[illegible]	[illegible]	[illegible]
	Orne	[illegible]	[illegible]	[illegible]	[illegible]	[illegible]	[illegible]	[illegible]	[illegible]	[illegible]	[illegible]	[illegible]	[illegible]
	Mayenne	[illegible]	[illegible]	[illegible]	[illegible]	[illegible]	[illegible]	[illegible]	[illegible]	[illegible]	[illegible]	[illegible]	[illegible]
	Sarthe	[illegible]	[illegible]	[illegible]	[illegible]	[illegible]	[illegible]	[illegible]	[illegible]	[illegible]	[illegible]	[illegible]	[illegible]
	TOTAUX. Poids et prix moyens.	[illegible]	[illegible]	[illegible]	[illegible]	[illegible]	[illegible]	[illegible]	[illegible]	[illegible]	[illegible]	[illegible]	[illegible]
4e OUEST.	Loire-Inférieure	[illegible]	[illegible]	[illegible]	[illegible]	[illegible]	[illegible]	[illegible]	[illegible]	[illegible]	[illegible]	[illegible]	[illegible]
	Maine-et-Loire	[illegible]	[illegible]	[illegible]	[illegible]	[illegible]	[illegible]	[illegible]	[illegible]	[illegible]	[illegible]	[illegible]	[illegible]
	Indre-et-Loire	[illegible]	[illegible]	[illegible]	[illegible]	[illegible]	[illegible]	[illegible]	[illegible]	[illegible]	[illegible]	[illegible]	[illegible]
	Vendée	[illegible]	[illegible]	[illegible]	[illegible]	[illegible]	[illegible]	[illegible]	[illegible]	[illegible]	[illegible]	[illegible]	[illegible]
	Charente-Inférieure	[illegible]	[illegible]	[illegible]	[illegible]	[illegible]	[illegible]	[illegible]	[illegible]	[illegible]	[illegible]	[illegible]	[illegible]
	Deux-Sèvres	[illegible]	[illegible]	[illegible]	[illegible]	[illegible]	[illegible]	[illegible]	[illegible]	[illegible]	[illegible]	[illegible]	[illegible]
	Charente	[illegible]	[illegible]	[illegible]	[illegible]	[illegible]	[illegible]	[illegible]	[illegible]	[illegible]	[illegible]	[illegible]	[illegible]
	Vienne	[illegible]	[illegible]	[illegible]	[illegible]	[illegible]	[illegible]	[illegible]	[illegible]	[illegible]	[illegible]	[illegible]	[illegible]
	Haute-Vienne	[illegible]	[illegible]	[illegible]	[illegible]	[illegible]	[illegible]	[illegible]	[illegible]	[illegible]	[illegible]	[illegible]	[illegible]
	TOTAUX. Poids et prix moyens.	[illegible]	[illegible]	[illegible]	[illegible]	[illegible]	[illegible]	[illegible]	[illegible]	[illegible]	[illegible]	[illegible]	[illegible]
7e SUD-OUEST.	Gironde	[illegible]	[illegible]	[illegible]	[illegible]	[illegible]	[illegible]	[illegible]	[illegible]	[illegible]	[illegible]	[illegible]	[illegible]
	Dordogne	[illegible]	[illegible]	[illegible]	[illegible]	[illegible]	[illegible]	[illegible]	[illegible]	[illegible]	[illegible]	[illegible]	[illegible]
	Lot-et-Garonne	[illegible]	[illegible]	[illegible]	[illegible]	[illegible]	[illegible]	[illegible]	[illegible]	[illegible]	[illegible]	[illegible]	[illegible]
	Landes	[illegible]	[illegible]	[illegible]	[illegible]	[illegible]	[illegible]	[illegible]	[illegible]	[illegible]	[illegible]	[illegible]	[illegible]
	Gers	[illegible]	[illegible]	[illegible]	[illegible]	[illegible]	[illegible]	[illegible]	[illegible]	[illegible]	[illegible]	[illegible]	[illegible]
	Basses-Pyrénées	[illegible]	[illegible]	[illegible]	[illegible]	[illegible]	[illegible]	[illegible]	[illegible]	[illegible]	[illegible]	[illegible]	[illegible]
	Hautes-Pyrénées	[illegible]	[illegible]	[illegible]	[illegible]	[illegible]	[illegible]	[illegible]	[illegible]	[illegible]	[illegible]	[illegible]	[illegible]
	Haute-Garonne	[illegible]	[illegible]	[illegible]	[illegible]	[illegible]	[illegible]	[illegible]	[illegible]	[illegible]	[illegible]	[illegible]	[illegible]
	Ariège	[illegible]	[illegible]	[illegible]	[illegible]	[illegible]	[illegible]	[illegible]	[illegible]	[illegible]	[illegible]	[illegible]	[illegible]
	TOTAUX. Poids et prix moyens.	[illegible]	[illegible]	[illegible]	[illegible]	[illegible]	[illegible]	[illegible]	[illegible]	[illegible]	[illegible]	[illegible]	[illegible]

RÉGIONS.	DÉPARTEMENTS.	BÊTES À LAINE. BÉLIERS.	BREBIS.	MOUTONS.	AGNEAUX.	TOTAL.	BOUCS.	CHÈVRES.	CHEVREAUX.	TOTAL.
1re NORD-OUEST.	Finistère	[illegible]	[illegible]	[illegible]	[illegible]	[illegible]	[illegible]	[illegible]	[illegible]	[illegible]
	Côtes-du-Nord	[illegible]	[illegible]	[illegible]	[illegible]	[illegible]	[illegible]	[illegible]	[illegible]	[illegible]
	Morbihan	[illegible]	[illegible]	[illegible]	[illegible]	[illegible]	[illegible]	[illegible]	[illegible]	[illegible]
	Ille-et-Vilaine	[illegible]	[illegible]	[illegible]	[illegible]	[illegible]	[illegible]	[illegible]	[illegible]	[illegible]
	Manche	[illegible]	[illegible]	[illegible]	[illegible]	[illegible]	[illegible]	[illegible]	[illegible]	[illegible]
	Calvados	[illegible]	[illegible]	[illegible]	[illegible]	[illegible]	[illegible]	[illegible]	[illegible]	[illegible]
	Orne	[illegible]	[illegible]	[illegible]	[illegible]	[illegible]	[illegible]	[illegible]	[illegible]	[illegible]
	Mayenne	[illegible]	[illegible]	[illegible]	[illegible]	[illegible]	[illegible]	[illegible]	[illegible]	[illegible]
	Sarthe	[illegible]	[illegible]	[illegible]	[illegible]	[illegible]	[illegible]	[illegible]	[illegible]	[illegible]
	TOTAUX. Poids et prix moyens.	[illegible]	[illegible]	[illegible]	[illegible]	[illegible]	[illegible]	[illegible]	[illegible]	[illegible]
4e OUEST.	Loire-Inférieure	[illegible]	[illegible]	[illegible]	[illegible]	[illegible]	[illegible]	[illegible]	[illegible]	[illegible]
	Maine-et-Loire	[illegible]	[illegible]	[illegible]	[illegible]	[illegible]	[illegible]	[illegible]	[illegible]	[illegible]
	Indre-et-Loire	[illegible]	[illegible]	[illegible]	[illegible]	[illegible]	[illegible]	[illegible]	[illegible]	[illegible]
	Vendée	[illegible]	[illegible]	[illegible]	[illegible]	[illegible]	[illegible]	[illegible]	[illegible]	[illegible]
	Charente-Inférieure	[illegible]	[illegible]	[illegible]	[illegible]	[illegible]	[illegible]	[illegible]	[illegible]	[illegible]
	Deux-Sèvres	[illegible]	[illegible]	[illegible]	[illegible]	[illegible]	[illegible]	[illegible]	[illegible]	[illegible]
	Charente	[illegible]	[illegible]	[illegible]	[illegible]	[illegible]	[illegible]	[illegible]	[illegible]	[illegible]
	Vienne	[illegible]	[illegible]	[illegible]	[illegible]	[illegible]	[illegible]	[illegible]	[illegible]	[illegible]
	Haute-Vienne	[illegible]	[illegible]	[illegible]	[illegible]	[illegible]	[illegible]	[illegible]	[illegible]	[illegible]
	TOTAUX. Poids et prix moyens.	[illegible]	[illegible]	[illegible]	[illegible]	[illegible]	[illegible]	[illegible]	[illegible]	[illegible]
7e SUD-OUEST.	Gironde	[illegible]	[illegible]	[illegible]	[illegible]	[illegible]	[illegible]	[illegible]	[illegible]	[illegible]
	Dordogne	[illegible]	[illegible]	[illegible]	[illegible]	[illegible]	[illegible]	[illegible]	[illegible]	[illegible]
	Lot-et-Garonne	[illegible]	[illegible]	[illegible]	[illegible]	[illegible]	[illegible]	[illegible]	[illegible]	[illegible]
	Landes	[illegible]	[illegible]	[illegible]	[illegible]	[illegible]	[illegible]	[illegible]	[illegible]	[illegible]
	Gers	[illegible]	[illegible]	[illegible]	[illegible]	[illegible]	[illegible]	[illegible]	[illegible]	[illegible]
	Basses-Pyrénées	[illegible]	[illegible]	[illegible]	[illegible]	[illegible]	[illegible]	[illegible]	[illegible]	[illegible]
	Hautes-Pyrénées	[illegible]	[illegible]	[illegible]	[illegible]	[illegible]	[illegible]	[illegible]	[illegible]	[illegible]
	Haute-Garonne	[illegible]	[illegible]	[illegible]	[illegible]	[illegible]	[illegible]	[illegible]	[illegible]	[illegible]
	Ariège	[illegible]	[illegible]	[illegible]	[illegible]	[illegible]	[illegible]	[illegible]	[illegible]	[illegible]
	TOTAUX. Poids et prix moyens.	[illegible]	[illegible]	[illegible]	[illegible]	[illegible]	[illegible]	[illegible]	[illegible]	[illegible]

RÉGIONS.	DÉPARTEMENTS.	POIDS MOYEN, en kilogrammes, DES VIANDE, CUIR ET SUIF de chaque espèce de bétail gras. BŒUFS, en viande.	BŒUFS, en cuir.	BŒUFS, en suif.	VACHES, en viande.	VACHES, en cuir.	VACHES, en suif.	MOUTONS, en viande.	MOUTONS, en cuir.	MOUTONS, en suif.
		kil.	kil.	kil.	kil.	kil.	kil.	k. d.	k. d.	k. d.
1re NORD-OUEST.	Finistère	[illegible]	[illegible]	[illegible]	[illegible]	[illegible]	[illegible]	[illegible]	[illegible]	[illegible]
	Côtes-du-Nord	[illegible]	[illegible]	[illegible]	[illegible]	[illegible]	[illegible]	[illegible]	[illegible]	[illegible]
	Morbihan	[illegible]	[illegible]	[illegible]	[illegible]	[illegible]	[illegible]	[illegible]	[illegible]	[illegible]
	Ille-et-Vilaine	[illegible]	[illegible]	[illegible]	[illegible]	[illegible]	[illegible]	[illegible]	[illegible]	[illegible]
	Manche	[illegible]	[illegible]	[illegible]	[illegible]	[illegible]	[illegible]	[illegible]	[illegible]	[illegible]
	Calvados	[illegible]	[illegible]	[illegible]	[illegible]	[illegible]	[illegible]	[illegible]	[illegible]	[illegible]
	Orne	[illegible]	[illegible]	[illegible]	[illegible]	[illegible]	[illegible]	[illegible]	[illegible]	[illegible]
	Mayenne	[illegible]	[illegible]	[illegible]	[illegible]	[illegible]	[illegible]	[illegible]	[illegible]	[illegible]
	Sarthe	[illegible]	[illegible]	[illegible]	[illegible]	[illegible]	[illegible]	[illegible]	[illegible]	[illegible]
	TOTAUX. Poids et prix moyens.	[illegible]	[illegible]	[illegible]	[illegible]	[illegible]	[illegible]	[illegible]	[illegible]	[illegible]
4e OUEST.	Loire-Inférieure	[illegible]	[illegible]	[illegible]	[illegible]	[illegible]	[illegible]	[illegible]	[illegible]	[illegible]
	Maine-et-Loire	[illegible]	[illegible]	[illegible]	[illegible]	[illegible]	[illegible]	[illegible]	[illegible]	[illegible]
	Indre-et-Loire	[illegible]	[illegible]	[illegible]	[illegible]	[illegible]	[illegible]	[illegible]	[illegible]	[illegible]
	Vendée	[illegible]	[illegible]	[illegible]	[illegible]	[illegible]	[illegible]	[illegible]	[illegible]	[illegible]
	Charente-Inférieure	[illegible]	[illegible]	[illegible]	[illegible]	[illegible]	[illegible]	[illegible]	[illegible]	[illegible]
	Deux-Sèvres	[illegible]	[illegible]	[illegible]	[illegible]	[illegible]	[illegible]	[illegible]	[illegible]	[illegible]
	Charente	[illegible]	[illegible]	[illegible]	[illegible]	[illegible]	[illegible]	[illegible]	[illegible]	[illegible]
	Vienne	[illegible]	[illegible]	[illegible]	[illegible]	[illegible]	[illegible]	[illegible]	[illegible]	[illegible]
	Haute-Vienne	[illegible]	[illegible]	[illegible]	[illegible]	[illegible]	[illegible]	[illegible]	[illegible]	[illegible]
	TOTAUX. Poids et prix moyens.	[illegible]	[illegible]	[illegible]	[illegible]	[illegible]	[illegible]	[illegible]	[illegible]	[illegible]
7e SUD-OUEST.	Gironde	[illegible]	[illegible]	[illegible]	[illegible]	[illegible]	[illegible]	[illegible]	[illegible]	[illegible]
	Dordogne	[illegible]	[illegible]	[illegible]	[illegible]	[illegible]	[illegible]	[illegible]	[illegible]	[illegible]
	Lot-et-Garonne	[illegible]	[illegible]	[illegible]	[illegible]	[illegible]	[illegible]	[illegible]	[illegible]	[illegible]
	Landes	[illegible]	[illegible]	[illegible]	[illegible]	[illegible]	[illegible]	[illegible]	[illegible]	[illegible]
	Gers	[illegible]	[illegible]	[illegible]	[illegible]	[illegible]	[illegible]	[illegible]	[illegible]	[illegible]
	Basses-Pyrénées	[illegible]	[illegible]	[illegible]	[illegible]	[illegible]	[illegible]	[illegible]	[illegible]	[illegible]
	Hautes-Pyrénées	[illegible]	[illegible]	[illegible]	[illegible]	[illegible]	[illegible]	[illegible]	[illegible]	[illegible]
	Haute-Garonne	[illegible]	[illegible]	[illegible]	[illegible]	[illegible]	[illegible]	[illegible]	[illegible]	[illegible]
	Ariège	[illegible]	[illegible]	[illegible]	[illegible]	[illegible]	[illegible]	[illegible]	[illegible]	[illegible]
	TOTAUX. Poids et prix moyens.	[illegible]	[illegible]	[illegible]	[illegible]	[illegible]	[illegible]	[illegible]	[illegible]	[illegible]

RÉGIONS.	DÉPARTEMENTS.	PRIX MOYEN, par tête, DE CHAQUE ESPÈCE DE BÉTAIL SUR PIED. TAUREAUX.	BŒUFS maigres.	BŒUFS gras.	VACHES maigres.	VACHES grasses.	VEAUX.	BÉLIERS.	BREBIS.	MOUTONS.	AGNEAUX.	BOUCS.	CHÈVRES.	CHEVREAUX.
		fr.	fr.	fr.	fr.	fr.	fr. c.	fr. c.	fr. c.	fr. c.	fr. c.	fr. c.	fr. c.	fr. c.
1re NORD-OUEST.	Finistère	[illegible]	[illegible]	[illegible]	[illegible]	[illegible]	[illegible]	[illegible]	[illegible]	[illegible]	[illegible]	[illegible]	[illegible]	[illegible]
	Côtes-du-Nord	[illegible]	[illegible]	[illegible]	[illegible]	[illegible]	[illegible]	[illegible]	[illegible]	[illegible]	[illegible]	[illegible]	[illegible]	[illegible]
	Morbihan	[illegible]	[illegible]	[illegible]	[illegible]	[illegible]	[illegible]	[illegible]	[illegible]	[illegible]	[illegible]	[illegible]	[illegible]	[illegible]
	Ille-et-Vilaine	[illegible]	[illegible]	[illegible]	[illegible]	[illegible]	[illegible]	[illegible]	[illegible]	[illegible]	[illegible]	[illegible]	[illegible]	[illegible]
	Manche	[illegible]	[illegible]	[illegible]	[illegible]	[illegible]	[illegible]	[illegible]	[illegible]	[illegible]	[illegible]	[illegible]	[illegible]	[illegible]
	Calvados	[illegible]	[illegible]	[illegible]	[illegible]	[illegible]	[illegible]	[illegible]	[illegible]	[illegible]	[illegible]	[illegible]	[illegible]	[illegible]
	Orne	[illegible]	[illegible]	[illegible]	[illegible]	[illegible]	[illegible]	[illegible]	[illegible]	[illegible]	[illegible]	[illegible]	[illegible]	[illegible]
	Mayenne	[illegible]	[illegible]	[illegible]	[illegible]	[illegible]	[illegible]	[illegible]	[illegible]	[illegible]	[illegible]	[illegible]	[illegible]	[illegible]
	Sarthe	[illegible]	[illegible]	[illegible]	[illegible]	[illegible]	[illegible]	[illegible]	[illegible]	[illegible]	[illegible]	[illegible]	[illegible]	[illegible]
	TOTAUX. Poids et prix moyens.	[illegible]	[illegible]	[illegible]	[illegible]	[illegible]	[illegible]	[illegible]	[illegible]	[illegible]	[illegible]	[illegible]	[illegible]	[illegible]
4e OUEST.	Loire-Inférieure	[illegible]	[illegible]	[illegible]	[illegible]	[illegible]	[illegible]	[illegible]	[illegible]	[illegible]	[illegible]	[illegible]	[illegible]	[illegible]
	Maine-et-Loire	[illegible]	[illegible]	[illegible]	[illegible]	[illegible]	[illegible]	[illegible]	[illegible]	[illegible]	[illegible]	[illegible]	[illegible]	[illegible]
	Indre-et-Loire	[illegible]	[illegible]	[illegible]	[illegible]	[illegible]	[illegible]	[illegible]	[illegible]	[illegible]	[illegible]	[illegible]	[illegible]	[illegible]
	Vendée	[illegible]	[illegible]	[illegible]	[illegible]	[illegible]	[illegible]	[illegible]	[illegible]	[illegible]	[illegible]	[illegible]	[illegible]	[illegible]
	Charente-Inférieure	[illegible]	[illegible]	[illegible]	[illegible]	[illegible]	[illegible]	[illegible]	[illegible]	[illegible]	[illegible]	[illegible]	[illegible]	[illegible]
	Deux-Sèvres	[illegible]	[illegible]	[illegible]	[illegible]	[illegible]	[illegible]	[illegible]	[illegible]	[illegible]	[illegible]	[illegible]	[illegible]	[illegible]
	Charente	[illegible]	[illegible]	[illegible]	[illegible]	[illegible]	[illegible]	[illegible]	[illegible]	[illegible]	[illegible]	[illegible]	[illegible]	[illegible]
	Vienne	[illegible]	[illegible]	[illegible]	[illegible]	[illegible]	[illegible]	[illegible]	[illegible]	[illegible]	[illegible]	[illegible]	[illegible]	[illegible]
	Haute-Vienne	[illegible]	[illegible]	[illegible]	[illegible]	[illegible]	[illegible]	[illegible]	[illegible]	[illegible]	[illegible]	[illegible]	[illegible]	[illegible]
	TOTAUX. Poids et prix moyens.	[illegible]	[illegible]	[illegible]	[illegible]	[illegible]	[illegible]	[illegible]	[illegible]	[illegible]	[illegible]	[illegible]	[illegible]	[illegible]
7e SUD-OUEST.	Gironde	[illegible]	[illegible]	[illegible]	[illegible]	[illegible]	[illegible]	[illegible]	[illegible]	[illegible]	[illegible]	[illegible]	[illegible]	[illegible]
	Dordogne	[illegible]	[illegible]	[illegible]	[illegible]	[illegible]	[illegible]	[illegible]	[illegible]	[illegible]	[illegible]	[illegible]	[illegible]	[illegible]
	Lot-et-Garonne	[illegible]	[illegible]	[illegible]	[illegible]	[illegible]	[illegible]	[illegible]	[illegible]	[illegible]	[illegible]	[illegible]	[illegible]	[illegible]
	Landes	[illegible]	[illegible]	[illegible]	[illegible]	[illegible]	[illegible]	[illegible]	[illegible]	[illegible]	[illegible]	[illegible]	[illegible]	[illegible]
	Gers	[illegible]	[illegible]	[illegible]	[illegible]	[illegible]	[illegible]	[illegible]	[illegible]	[illegible]	[illegible]	[illegible]	[illegible]	[illegible]
	Basses-Pyrénées	[illegible]	[illegible]	[illegible]	[illegible]	[illegible]	[illegible]	[illegible]	[illegible]	[illegible]	[illegible]	[illegible]	[illegible]	[illegible]
	Hautes-Pyrénées	[illegible]	[illegible]	[illegible]	[illegible]	[illegible]	[illegible]	[illegible]	[illegible]	[illegible]	[illegible]	[illegible]	[illegible]	[illegible]
	Haute-Garonne	[illegible]	[illegible]	[illegible]	[illegible]	[illegible]	[illegible]	[illegible]	[illegible]	[illegible]	[illegible]	[illegible]	[illegible]	[illegible]
	Ariège	[illegible]	[illegible]	[illegible]	[illegible]	[illegible]	[illegible]	[illegible]	[illegible]	[illegible]	[illegible]	[illegible]	[illegible]	[illegible]
	TOTAUX. Poids et prix moyens.	[illegible]	[illegible]	[illegible]	[illegible]	[illegible]	[illegible]	[illegible]	[illegible]	[illegible]	[illegible]	[illegible]	[illegible]	[illegible]

RÉGIONS.	DÉPARTEMENTS.	QUANTITÉ DE BESTIAUX de chaque espèce ANNUELLEMENT ABATTUS, POUR LA CONSOMMATION, dans tout le département. BŒUFS.	VACHES.	VEAUX.	MOUTONS.	AGNEAUX.	CHEVREAUX.	TOTAL.
1re NORD-OUEST.	Finistère	[illegible]	[illegible]	[illegible]	[illegible]	[illegible]	[illegible]	[illegible]
	Côtes-du-Nord	[illegible]	[illegible]	[illegible]	[illegible]	[illegible]	[illegible]	[illegible]
	Morbihan	[illegible]	[illegible]	[illegible]	[illegible]	[illegible]	[illegible]	[illegible]
	Ille-et-Vilaine	[illegible]	[illegible]	[illegible]	[illegible]	[illegible]	[illegible]	[illegible]
	Manche	[illegible]	[illegible]	[illegible]	[illegible]	[illegible]	[illegible]	[illegible]
	Calvados	[illegible]	[illegible]	[illegible]	[illegible]	[illegible]	[illegible]	[illegible]
	Orne	[illegible]	[illegible]	[illegible]	[illegible]	[illegible]	[illegible]	[illegible]
	Mayenne	[illegible]	[illegible]	[illegible]	[illegible]	[illegible]	[illegible]	[illegible]
	Sarthe	[illegible]	[illegible]	[illegible]	[illegible]	[illegible]	[illegible]	[illegible]
	TOTAUX. Poids et prix moyens.	[illegible]	[illegible]	[illegible]	[illegible]	[illegible]	[illegible]	[illegible]
4e OUEST.	Loire-Inférieure	[illegible]	[illegible]	[illegible]	[illegible]	[illegible]	[illegible]	[illegible]
	Maine-et-Loire	[illegible]	[illegible]	[illegible]	[illegible]	[illegible]	[illegible]	[illegible]
	Indre-et-Loire	[illegible]	[illegible]	[illegible]	[illegible]	[illegible]	[illegible]	[illegible]
	Vendée	[illegible]	[illegible]	[illegible]	[illegible]	[illegible]	[illegible]	[illegible]
	Charente-Inférieure	[illegible]	[illegible]	[illegible]	[illegible]	[illegible]	[illegible]	[illegible]
	Deux-Sèvres	[illegible]	[illegible]	[illegible]	[illegible]	[illegible]	[illegible]	[illegible]
	Charente	[illegible]	[illegible]	[illegible]	[illegible]	[illegible]	[illegible]	[illegible]
	Vienne	[illegible]	[illegible]	[illegible]	[illegible]	[illegible]	[illegible]	[illegible]
	Haute-Vienne	[illegible]	[illegible]	[illegible]	[illegible]	[illegible]	[illegible]	[illegible]
	TOTAUX. Poids et prix moyens.	[illegible]	[illegible]	[illegible]	[illegible]	[illegible]	[illegible]	[illegible]
7e SUD-OUEST.	Gironde	[illegible]	[illegible]	[illegible]	[illegible]	[illegible]	[illegible]	[illegible]
	Dordogne	[illegible]	[illegible]	[illegible]	[illegible]	[illegible]	[illegible]	[illegible]
	Lot-et-Garonne	[illegible]	[illegible]	[illegible]	[illegible]	[illegible]	[illegible]	[illegible]
	Landes	[illegible]	[illegible]	[illegible]	[illegible]	[illegible]	[illegible]	[illegible]
	Gers	[illegible]	[illegible]	[illegible]	[illegible]	[illegible]	[illegible]	[illegible]
	Basses-Pyrénées	[illegible]	[illegible]	[illegible]	[illegible]	[illegible]	[illegible]	[illegible]
	Hautes-Pyrénées	[illegible]	[illegible]	[illegible]	[illegible]	[illegible]	[illegible]	[illegible]
	Haute-Garonne	[illegible]	[illegible]	[illegible]	[illegible]	[illegible]	[illegible]	[illegible]
	Ariège	[illegible]	[illegible]	[illegible]	[illegible]	[illegible]	[illegible]	[illegible]
	TOTAUX. Poids et prix moyens.	[illegible]	[illegible]	[illegible]	[illegible]	[illegible]	[illegible]	[illegible]

RELEVÉ DES RAPPORTS SUR LA STATISTIQUE DES BESTIAUX AU 1er JANVIER 1830.

QUANTITÉ D'HECTARES — NOMBRE DES BESTIAUX (ESPÈCE BOVINE)

RÉGIONS	DÉPARTEMENTS	Hectares en prairies et luzernes (hect.)	en pâturages de toute espèce (hect.)	TOTAL (hect.)	TAUREAUX	BŒUFS pour l'agriculture	BŒUFS à l'engrais	BŒUFS TOTAL	VACHES pour l'agriculture	VACHES à l'engrais	VACHES TOTAL	VEAUX	TOTAL GÉNÉRAL
1er Nord	Nord	29,290	24,563	113,777	9,530	1,172	2,649	3,791	363	146,753	153,017	40,367	234,100
	Pas-de-Calais	39,882	43,891	83,797	4,860	330	1,458	2,019	115,139	31,086	177,155	45,935	230,759
	Somme	21,500	51,865	73,000	606	504	239	653	27,006	43,171	68,176	3,750	30,561
	Seine-Inférieure	19,720	46,713	66,433	1,370	-	160	160	90,300	44,000	134,300	33,500	198,030
	Oise	63,500	30,310	93,000	1,096	-	212	812	-	75,153	74,964	41,403	96,351
	Aisne	54,500	30,500	110,000	1,070	3,000	620	3,620		77,100	77,100	36,800	118,500
	Eure	30,331	36,534	66,766	963	117	634	334	48,538	6,871	54,459	16,127	66,810
	Eure-et-Loir	33,610	15,008	48,918	1,634	593	484	1,009	39,114	4,170	60,384	63,815	60,304
	Seine-et-Oise	36,713	35,445	71,138	910	17	-	11	37,088	6,492	63,501	66,027	96,850
	Seine	3,081	100	3,181	73	-	-	-	-	14,190	14,120	600	45,830
	Seine-et-Marne	30,000	318,000	294,000	400	-	-	-	17,300	-	47,702	140	18,709
	Totaux / Poids et prix moyens	383,633	656,756	1,230,808	12,295	5,183	7,134	12,309	496,135	376,300	887,813	307,308	1,036,138
2e Centre	Loir-et-Cher	98,380	75,000	98,560	3,442	10,000	4,000	12,000	36,889	16,000	50,869	16,019	97,330
	Loiret	20,300	46,900	67,200	2,102	4,010	816	5,510	65,608	7,335	70,143	28,176	100,306
	Yonne	73,080	48,009	85,140	3,045	13,803	1,571	17,406	42,393	11,888	56,554	12,004	89,608
	Indre	47,030	61,830	138,260	11,672	29,851	3,436	33,484	30,300	9,016	33,000	13,107	89,078
	Cher	43,313	36,811	106,190	2,735	18,014	4,270	63,101	57,347	5,708	63,634	9,033	98,171
	Nièvre	30,880	35,488	65,748	15,177	27,965	7,500	45,161	46,497	4,841	47,302	56,019	131,370
	Creuse	42,200	55,494	110,800	15,150	25,000	2,700	28,300	30,638	610	33,380	13,080	118,268
	Allier	60,393	60,062	158,680	17,302	37,134	4,083	41,153	46,630	3,803	50,107	22,697	176,834
	Puy-de-Dôme	34,150	81,338	160,604	9,250	13,397	1,051	14,486	51,433	3,032	59,465	35,631	130,097
	Totaux / Poids et prix moyens	383,301	367,388	959,060	18,857	155,388	30,795	286,000	472,280	85,914	508,833	861,321	1,087,833
3e Sud	Corrèze	67,820	95,980	175,977	4,314	16,010	2,721	18,780	47,704	4,026	51,930	23,607	100,063
	Cantal	60,810	140,500	910,070	3,314	15,010	2,909	18,000	70,000	63,070	100,300	49,000	134,214
	Lot	13,397	78,306	91,093	2,300	33,083	1,030	36,034	16,979	30	15,310	8,057	60,316
	Aveyron	48,220	221,391	270,611	6,423	31,080	4,523	30,476	40,090	9,183	34,840	18,130	119,136
	Lozère	15,000	120,735	144,735	3,640	16,602	1,700	18,143	19,191	274	13,735	7,768	36,300
	Tarn-et-Garonne	44,103	36,300	80,397	3,108	24,019	1,063	62,038	29,268	581	33,575	7,613	63,039
	Tarn	45,860	67,128	112,564	4,340	13,636	1,380	16,896	47,187	1,632	48,005	10,263	83,001
	Hérault	18,333	150,810	170,145	813	1,903	123	7,029	3,731	600	3,600	1,130	6,338
	Aude	16,331	53,012	71,613	1,700	44,227	478	14,770	7,463	317	7,760	3,063	22,476
	Pyrénées-Orientales	7,811	163,559	174,880	740	3,217	483	4,300	3,577	2,362	3,875	3,080	14,356
	Totaux / Poids et prix moyens	395,263	1,003,010	2,408,173	30,610	171,936	14,613	166,410	251,129	36,071	353,500	130,276	646,310

NOMBRE DES BESTIAUX (BÊTES À LAINE, CHÈVRES)

DÉPARTEMENTS	BÉLIERS	BREBIS	MOUTONS	AGNEAUX	TOTAL	BOUCS	CHÈVRES	CHEVREAUX	TOTAL
Nord	2,300	53,581	87,614	40,043	188,307	300	[illegible]	540	6,140
Pas-de-Calais	4,978	121,023	509,161	73,782	309,532	177	[illegible]	420	8,747
Somme	7,369	142,891	149,597	85,816	367,566	110	[illegible]	480	9,556
Seine-Inférieure	3,000	167,000	160,000	100,000	430,000	140	[illegible]	800	659
Oise	3,117	9,176	448,641	36,470	537,521	97	[illegible]	140	2,096
Aisne	3,719	296,200	214,000	204,000	780,010	-	[illegible]	-	-
Eure	1,791	185,065	218,307	84,009	433,302	30	[illegible]	333	575
Eure-et-Loir	4,000	292,008	253,401	145,131	700,580	439	[illegible]	477	1,207
Seine-et-Oise	13,805	315,097	383,113	176,200	736,436	120	[illegible]	400	830
Seine	600	5,343	17,793	9,504	33,180	80	[illegible]	40	460
Seine-et-Marne	7,310	157,000	110,000	2,790	340,010	130	[illegible]	300	1,620
Totaux (Nord)	47,001	1,827,014	2,450,000	735,608	3,810,635	1,201	13,71	4,795	18,812
Loir-et-Cher	6,000	124,000	53,000	85,300	271,700	390	352	3,000	6,449
Loiret	3,305	103,870	107,412	30,016	395,037	389	225	807	3,403
Yonne	9,143	103,345	95,801	22,340	229,462	470	1,074	600	9,436
Indre	16,874	462,213	336,814	150,663	125,061	1,417	9,30	10,017	28,913
Cher	3,601	293,504	187,148	118,865	643,300	297	[illegible]	1,050	17,001
Nièvre	3,300	108,254	79,037	30,048	313,100	230	[illegible]	500	4,200
Creuse	46,300	400,000	96,000	24,000	498,300	340	3,800	1,100	8,849
Allier	6,802	290,348	109,338	74,638	493,907	289	10,85	1,499	15,305
Puy-de-Dôme	5,763	155,813	110,455	74,318	360,633	189	10,18	8,831	18,530
Totaux (Centre)	75,181	2,138,506	971,630	760,530	3,970,317	4,800	60,41	27,024	105,730
Corrèze	8,700	109,000	208,164	20,210	401,007	861	3,67	8,211	7,022
Cantal	7,700	148,400	161,500	64,700	371,900	1,440	17,49	3,300	25,510
Lot	22,163	249,871	73,412	16,099	266,330	146	1,71	740	7,340
Aveyron	15,336	216,655	230,163	137,004	913,631	301	11,03	4,055	16,965
Lozère	6,109	108,436	132,874	53,071	310,748	410	4,11	4,270	8,530
Tarn-et-Garonne	7,105	101,077	78,539	94,504	284,385	51	[illegible]	310	879
Tarn	11,804	381,573	403,385	123,014	918,723	700	[illegible]	3,032	8,111
Hérault	8,044	306,181	456,775	122,003	533,006	803	[illegible]	5,094	14,020
Aude	7,103	198,316	320,348	111,047	577,540	900	[illegible]	5,180	11,000
Pyrénées-Orientales	8,100	110,300	135,355	65,088	405,000	375	[illegible]	4,008	14,900
Totaux (Sud)	20,279	2,008,344	1,331,414	864,507	3,199,501	4,033	15,84	48,418	193,803

POIDS MOYEN, en kilogrammes, DES VIANDE, CUIR ET SUIF de chaque espèce de bétail gras.

DÉPARTEMENTS	BŒUFS en viande (kil.)	BŒUFS en cuir (kil.)	BŒUFS en suif (kil.)	VACHES en viande (kil.)	VACHES en cuir (kil.)	VACHES en suif (kil.)	MOUTONS en viande (k. d.)	MOUTONS en cuir (k. d.)	MOUTONS en suif (k. d.)
Nord	606	30	30	312	37	27	25 -	3 -	3 -
Pas-de-Calais	307	45	30	270	34	30	30 -	5 -	4 -
Somme	307	30	40	259	30	16	19 -	2 -	2 -
Seine-Inférieure	345	35	41	317	60	30	21 -	4 -	4 -
Oise	300	40	30	299	27	25	25 -	3 -	6 -
Aisne	346	35	30	229	38	60	30 -	3 -	3 -
Eure	300	30	20	230	27	22	18 -	4 -	4 -
Eure-et-Loir	255	30	30	157	24	18	16 -	3 -	3 -
Seine-et-Oise	309	40	31	185	40	17	20 -	3 -	2 -
Seine	300	41	32	215	29	24	20 -	3 -	2 -
Seine-et-Marne	310	40	30	160	30	23	15 -	2 -	2 -
Poids et prix moyens (Nord)	304	39	34	235	27	25	26 87	3 26	2 82
Loir-et-Cher	331	31	31	161	31	36	20 -	4 -	3 -
Loiret	281	25	23	200	21	14	13 -	2 -	2 -
Yonne	253	31	18	162	60	16	13 -	2 -	2 -
Indre	297	30	40	187	20	12	12 -	1 -	2 -
Cher	283	27	29	215	21	17	12 -	1 -	2 -
Nièvre	253	24	29	164	20	17	12 -	2 -	2 -
Creuse	213	24	20	130	22	13	12 -	2 -	2 -
Allier	251	30	30	120	26	15	16 -	2 -	2 -
Puy-de-Dôme	213	24	20	119	40	15	14 -	2 -	2 -
Poids et prix moyens (Centre)	233	28	29	158	78	15	13 -	1 78	2 77
Corrèze	210	31	22	134	28	15	19 -	2 -	1 -
Cantal	207	40	31	102	28	21	13 -	2 -	2 -
Lot	235	40	30	180	23	13	13 -	1 -	2 -
Aveyron	215	21	17	123	22	20	18 -	2 -	1 -
Lozère	198	33	12	133	16	11	17 -	3 -	0 -
Tarn-et-Garonne	251	40	26	105	36	50	50 -	3 -	3 -
Tarn	236	24	22	122	21	15	15 -	3 -	2 -
Hérault	209	33	43	130	22	7	16	2 -	2 -
Aude	207	25	23	143	21	10	13 -	2 -	2 -
Pyrénées-Orientales	253	14	20	127	9	7	11 -	2 -	2 -
Poids et prix moyens (Sud)	220	32	23	123	22	14	15 60	2 20	1 85

PRIX MOYEN, par tête, DE CHAQUE ESPÈCE DE BÉTAIL SUR PIED.

DÉPARTEMENTS	TAUREAUX (fr.)	BŒUFS maigres (fr.)	BŒUFS gras (fr.)	VACHES maigres (fr.)	VACHES grasses (fr.)	VEAUX (fr. c.)	BÉLIERS (fr. c.)	BREBIS (fr. c.)	MOUTONS (fr. c.)	AGNEAUX (fr. c.)	BOUCS (fr. c.)	CHÈVRES (fr. c.)	CHEVREAUX (fr. c.)
Nord	120	150	250	116	120	27 00	5 60	18 00	24 00	12 00	10 00	10 00	4 00
Pas-de-Calais	125	170	207	115	200	25 00	27 00	20 00	28 00	12 00	13 00	15 00	4 33
Somme	112	115	250	30	130	15 00	35 00	13 00	21 00	9 00	11 00	11 00	4 00
Seine-Inférieure	145	134	300	122	294	40 00	30 00	20 00	20 00	14 00	10 00	10 00	6 00
Oise	-	-	300	-	280	28 00	-	14 00	20 00	15 00	-	-	-
Aisne	140	170	252	167	415	40 00	-	-	25 00	7 00	-	-	-
Eure	164	160	298	122	159	45 00	35 00	20 00	21 00	12 00	12 00	10 00	8 00
Eure-et-Loir	181	159	253	120	190	21 00	25 00	14 00	16 00	9 00	10 00	10 00	3 00
Seine-et-Oise	250	220	299	123	229	35 00	45 00	20 00	20 00	22 00	18 00	17 00	8 00
Seine	200	200	355	63	255	75 00	60 00	15 00	41 00	13 00	17 00	13 00	9 00
Seine-et-Marne	192	-	325	95	178	45 00	45 00	16 00	26 00	9 00	12 10	15 00	4 00
Poids et prix moyens (Nord)	161	154	285	112	200	41 00	40 21	16 70	23 55	11 00	13 33	13 00	4 36
Loir-et-Cher	106	190	300	91	126	20 00	11 70	8 00	16 00	3 00	10 00	10 00	1 00
Loiret	103	130	130	91	115	24 00	30 00	10 00	18 00	6 00	11 00	11 00	9 00
Yonne	112	174	217	80	117	12 00	17 00	7 00	10 00	4 70	11 00	9 00	2 00
Indre	94	186	280	80	127	18 30	15 00	6 00	9 00	6 00	10 00	7 00	1 50
Cher	130	215	316	55	136	22 00	17 00	7 00	15 00	3 07	6 00	4 00	1 50
Nièvre	120	127	240	80	133	21 00	22 00	3 00	6 00	3 00	11 00	6 00	1 67
Creuse	90	099	715	100	126	16 00	19 00	3 00	5 00	5 00	10 00	8 00	1 50
Allier	91	124	318	94	128	28 00	17 00	5 00	12 00	3 00	10 00	7 00	1 30
Puy-de-Dôme	134	128	299	94	130	18 00	15 00	6 00	11 00	3 00	10 00	11 00	1 00
Poids et prix moyens (Centre)	107	177	248	83	128	19 33	15 44	6 30	10 55	4 30	11 00	8 32	1 33
Corrèze	68	140	252	43	114	20 00	24 00	6 00	9 00	3 00	7 00	7 00	2 00
Cantal	115	170	215	80	140	30 00	25 00	7 00	12 00	3 00	17 00	18 00	1 30
Lot	140	200	270	80	130	40 00	20 00	10 00	15 00	7 00	17 00	10 00	2 00
Aveyron	150	134	203	85	153	27 00	20 00	3 00	13 00	5 00	18 00	13 00	3 00
Lozère	81	115	100	67	91	16 00	15 00	8 00	13 00	4 00	11 00	12 00	2 00
Tarn-et-Garonne	134	151	216	95	111	30 00	24 00	7 00	13 00	4 00	14 00	14 00	1 50
Tarn	113	131	193	84	133	21 00	24 00	6 00	12 00	5 00	10 00	11 00	3 00
Hérault	163	120	170	71	117	50 00	24 00	8 00	18 00	6 00	14 00	14 00	3 50
Aude	108	170	240	73	119	31 00	27 00	7 00	11 00	2 70	13 00	9 00	3 00
Pyrénées-Orientales	170	132	270	83	142	37 00	28 00	5 00	9 00	5 00	14 00	9 02	1 40
Poids et prix moyens (Sud)	129	145	209	76	129	30 30	17 49	7 50	17 30	3 30	14 85	10 80	2 70

QUANTITÉ DE BESTIAUX de chaque espèce ANNUELLEMENT ABATTUS, POUR LA CONSOMMATION, dans tout le département.

DÉPARTEMENTS	BŒUFS	VACHES	VEAUX	MOUTONS	AGNEAUX	CHEVREAUX	TOTAL
Nord	6,549	23,438	54,633	47,701	9,354	475	140,545
Pas-de-Calais	4,151	20,309	45,010	53,119	2,221	61	127,090
Somme	9,426	18,020	21,033	25,312	3,765	932	87,079
Seine-Inférieure	8,200	39,000	46,000	97,000	1,600	70	198,870
Oise	1,026	43,061	30,301	61,168	190	-	136,858
Aisne	5,130	49,200	40,300	34,000	5,300	-	109,930
Eure	4,091	16,353	80,330	39,160	1,083	140	109,916
Eure-et-Loir	4,443	6,118	15,413	14,330	1,103	120	43,063
Seine-et-Oise	17,031	3,745	20,993	110,013	327	50	160,179
Seine	23,000	13,863	111,020	408,021	470	490	721,000
Seine-et-Marne	31,800	10,899	136,030	301,700	-	-	475,000
Totaux (Nord)	191,420	175,003	555,631	1,336,871	25,714	2,020	2,890,791
Loir-et-Cher	4,162	1,095	13,770	11,106	-	3,180	33,000
Loiret	7,460	10,811	22,377	25,325	140	445	67,370
Yonne	3,406	6,200	13,122	20,421	120	450	38,354
Indre	6,100	2,400	11,000	15,000	12,300	18,000	56,500
Cher	9,000	9,000	9,250	3,000	600	9,050	31,200
Nièvre	3,407	4,674	15,300	37,000	615	7,077	31,130
Creuse	1,530	3,800	16,600	10,000	900	2,000	45,710
Allier	3,200	3,030	16,822	28,134	6,689	6,020	73,440
Puy-de-Dôme	1,500	3,010	30,138	57,175	3,176	4,384	113,993
Totaux (Centre)	51,720	50,031	147,311	200,670	51,079	46,527	537,339
Corrèze	1,510	1,237	10,236	26,160	1,600	3,030	43,197
Cantal	200	5,800	10,200	15,760	3,400	10,400	31,807
Lot	1,055	118	2,510	3,535	605	33	10,130
Aveyron	667	1,683	11,940	35,015	41,181	5,870	180,063
Lozère	912	615	4,155	16,778	615	5,517	37,537
Tarn-et-Garonne	1,050	1,008	9,950	18,116	10,061	340	36,591
Tarn	1,552	2,998	13,524	10,101	11,410	4,552	45,445
Hérault	2,570	5,909	12,991	913,701	19,266	10,101	363,179
Aude	9,273	3,076	4,738	30,482	31,637	6,533	88,000
Pyrénées-Orientales	3,077	3,193	1,408	60,641	43,549	6,679	78,890
Totaux (Sud)	13,259	20,088	75,108	491,307	180,794	58,636	902,813

RÉGIONS.	DÉPARTEMENTS.	QUANTITÉ D'HECTARES en prairies et luzernes.	en pâturage de toute espèce.	TOTAL.	NOMBRE DES BESTIAUX. ESPÈCE BOVINE. TAUREAUX.	BŒUFS pour l'agriculture.	BŒUFS à l'engrais.	BŒUFS TOTAL.	VACHES pour l'agriculture.	VACHES à l'engrais.	VACHES TOTAL.
		hect.	hect.	hect.							
3e Nord-Est.	Ardennes	58,059	28,812	91,058	1,296	9,582	2,065	11,647	56,220	6,172	61,330
	Marne	35,077	10,072	46,147	4,409	4,001	1,560	5,751	30,019	15,219	45,238
	Aube	30,707	26,914	61,621	588	8,690	400	9,090	28,030	8,750	37,780
	Haute-Marne	74,036	53,693	127,729	639	16,063	1,078	17,081	36,810	11,817	47,627
	Meuse	48,120	19,270	67,390	458	13,175	2,325	15,500	43,840	6,280	50,120
	Moselle	56,636	8,266	65,150	1,357	8,011	605	8,616	-	61,861	67,861
	Meurthe	57,258	58,113	118,151	1,811	6,065	1,254	7,339	44,568	5,150	49,708
	Vosges	91,028	49,011	140,044	3,801	39,973	4,190	44,163	58,565	9,616	68,273
	Bas-Rhin	56,606	11,630	68,236	1,118	12,308	1,823	14,131	59,366	15,387	74,753
	Haut-Rhin	52,606	19,401	72,000	140	14,036	1,515	15,551	59,130	3,183	62,063
	Totaux. Poids et prix moyens	515,636	331,405	846,847	17,363	133,501	18,353	172,854	433,427	114,337	536,814
6e Est.	Côte-d'Or	199,621	56,131	256,112	3,684	21,312	5,266	23,078	69,135	-	68,725
	Haute-Saône	34,527	35,258	69,285	549	42,924	2,638	44,862	55,410	3,918	59,328
	Doubs	66,813	22,111	108,051	1,879	30,021	4,304	35,328	40,603	8,838	48,821
	Jura	40,893	67,274	108,167	6,048	41,610	1,535	43,145	61,335	1,268	66,517
	Saône-et-Loire	100,000	77,000	180,000	22,000	67,100	27,300	81,000	53,000	22,400	62,100
	Loire	29,000	37,600	66,600	1,700	14,700	1,250	16,050	38,000	1,400	33,100
	Rhône	33,301	19,607	53,283	1,319	7,687	636	8,063	39,259	1,105	40,364
	Ain	56,116	54,266	110,381	17,344	36,403	5,080	41,164	90,033	5,089	95,078
	Isère	48,880	82,004	120,635	3,505	19,285	7,582	13,807	56,033	28,974	84,997
	Totaux. Poids et prix moyens	683,303	530,028	1,053,530	56,343	213,083	52,014	330,100	475,758	80,389	550,157
9e Sud-Est.	Haute-Loire	45,539	55,102	100,641	6,800	6,900	1,200	8,100	63,000	56,500	152,000
	Ardèche	29,600	34,400	63,000	348	3,000	600	3,640	5,800	330	6,130
	Drôme	17,033	143,305	161,348	53	8,316	772	9,088	6,601	207	3,007
	Gard	46,618	13,153	65,139	236	2,560	557	3,060	959	772	1,065
	Vaucluse	6,136	23,478	29,614	16	761	473	4,864	146	269	333
	Basses-Alpes	16,281	78,282	94,366	463	9,165	866	10,181	4,001	412	4,023
	Hautes-Alpes	21,180	81,991	103,081	366	7,933	318	8,149	19,363	737	20,060
	Bouches-du-Rhône	8,151	130,511	138,222	180	376	667	1,043	350	1,064	1,011
	Var	11,730	145,876	157,010	157	4,313	950	5,817	6,305	45	1,749
	Totaux. Poids et prix moyens	172,030	775,858	937,581	9,366	54,073	6,647	55,020	187,160	45,302	206,817
10e	Corse	7,008	151,743	179,441	5,474	16,180	5,257	21,337	16,866	14,002	25,850

NOMBRE DES BESTIAUX (suite) — VEAUX. TOTAL GÉNÉRAL. — BÊTES À LAINE: BÉLIERS. MÉRINOS. MOUTONS. AGNEAUX. TOTAL. — BOUCS. CHÈVRES. — PORCS: VERRATS. TOTAL.

POIDS MOYEN, en kilogrammes, DES VIANDE, CUIR ET SUIF de chaque espèce de bétail gras. BŒUFS. VACHES. MOUTONS. (en viande. en cuir. en suif.)

PRIX MOYEN, par tête, DE CHAQUE ESPÈCE DE BÉTAIL SUR PIED. BŒUFS. VACHES (maigres. gras.) VEAUX. BÉLIERS. MOUTONS. AGNEAUX. BOUCS. CHÈVRES. COCHONS.

QUANTITÉ DE BESTIAUX de chaque espèce ANNUELLEMENT ABATTUS, POUR LA CONSOMMATION, dans tout le département. BŒUFS. VACHES. VEAUX. MOUTONS. AGNEAUX. CHEVREAUX. TOTAL.

RÉCAPITULATION

DES RAPPORTS SUR LA STATISTIQUE DES BESTIAUX AU 1er JANVIER 1830.

RÉGIONS.	QUANTITÉ D'HECTARES en prairies et herbages.	en pâturage de toute espèce.	TOTAL.	NOMBRE DE BESTIAUX. — ESPÈCE BOVINE. TAUREAUX.	BŒUFS pour l'agriculture.	à l'engrais.	TOTAL.	VACHES pour l'agriculture.	à l'engrais.	TOTAL.	VEAUX.	TOTAL GÉNÉRAL.
	hect.	hect.	hect.									
1re Nord-Ouest	[illegible]	[illegible]	[illegible]	[illegible]	[illegible]	[illegible]	[illegible]	[illegible]	[illegible]	[illegible]	[illegible]	[illegible]
2e Nord	[illegible]	[illegible]	[illegible]	[illegible]	[illegible]	[illegible]	[illegible]	[illegible]	[illegible]	[illegible]	[illegible]	[illegible]
3e Nord-Est	[illegible]	[illegible]	[illegible]	[illegible]	[illegible]	[illegible]	[illegible]	[illegible]	[illegible]	[illegible]	[illegible]	[illegible]
4e Ouest	[illegible]	[illegible]	[illegible]	[illegible]	[illegible]	[illegible]	[illegible]	[illegible]	[illegible]	[illegible]	[illegible]	[illegible]
5e Centre	[illegible]	[illegible]	[illegible]	[illegible]	[illegible]	[illegible]	[illegible]	[illegible]	[illegible]	[illegible]	[illegible]	[illegible]
6e Est	[illegible]	[illegible]	[illegible]	[illegible]	[illegible]	[illegible]	[illegible]	[illegible]	[illegible]	[illegible]	[illegible]	[illegible]
7e Sud-Ouest	[illegible]	[illegible]	[illegible]	[illegible]	[illegible]	[illegible]	[illegible]	[illegible]	[illegible]	[illegible]	[illegible]	[illegible]
8e Sud	[illegible]	[illegible]	[illegible]	[illegible]	[illegible]	[illegible]	[illegible]	[illegible]	[illegible]	[illegible]	[illegible]	[illegible]
9e Sud-Est	[illegible]	[illegible]	[illegible]	[illegible]	[illegible]	[illegible]	[illegible]	[illegible]	[illegible]	[illegible]	[illegible]	[illegible]
10e Corse	[illegible]	[illegible]	[illegible]	[illegible]	[illegible]	[illegible]	[illegible]	[illegible]	[illegible]	[illegible]	[illegible]	[illegible]
Pour toute la France	[illegible]	[illegible]	[illegible]	[illegible]	[illegible]	[illegible]	[illegible]	[illegible]	[illegible]	[illegible]	[illegible]	[illegible]

RÉGIONS.	BÊTES À LAINE. BÉLIERS.	BREBIS.	MOUTONS.	AGNEAUX.	TOTAL.	BOUCS.	CHÈVRES.	CHEVREAUX.	TOTAL.
1re Nord-Ouest	[illegible]	[illegible]	[illegible]	[illegible]	[illegible]	[illegible]	[illegible]	[illegible]	[illegible]
2e Nord	[illegible]	[illegible]	[illegible]	[illegible]	[illegible]	[illegible]	[illegible]	[illegible]	[illegible]
3e Nord-Est	[illegible]	[illegible]	[illegible]	[illegible]	[illegible]	[illegible]	[illegible]	[illegible]	[illegible]
4e Ouest	[illegible]	[illegible]	[illegible]	[illegible]	[illegible]	[illegible]	[illegible]	[illegible]	[illegible]
5e Centre	[illegible]	[illegible]	[illegible]	[illegible]	[illegible]	[illegible]	[illegible]	[illegible]	[illegible]
6e Est	[illegible]	[illegible]	[illegible]	[illegible]	[illegible]	[illegible]	[illegible]	[illegible]	[illegible]
7e Sud-Ouest	[illegible]	[illegible]	[illegible]	[illegible]	[illegible]	[illegible]	[illegible]	[illegible]	[illegible]
8e Sud	[illegible]	[illegible]	[illegible]	[illegible]	[illegible]	[illegible]	[illegible]	[illegible]	[illegible]
9e Sud-Est	[illegible]	[illegible]	[illegible]	[illegible]	[illegible]	[illegible]	[illegible]	[illegible]	[illegible]
10e Corse	[illegible]	[illegible]	[illegible]	[illegible]	[illegible]	[illegible]	[illegible]	[illegible]	[illegible]
Pour toute la France	[illegible]	[illegible]	[illegible]	[illegible]	[illegible]	[illegible]	[illegible]	[illegible]	[illegible]

RÉGIONS.	POIDS MOYEN, en kilogrammes, DES VIANDE, CUIR ET SUIF de chaque espèce de bétail gras. BŒUFS en viande.	en cuir.	en suif.	VACHES en viande.	en cuir.	en suif.	MOUTONS en viande.	en cuir.	en suif.
	kil.	kil.	kil.	kil.	kil.	kil.	kil. c.	kil. c.	kil. c.
1re Nord-Ouest	[illegible]	[illegible]	[illegible]	[illegible]	[illegible]	[illegible]	[illegible]	[illegible]	[illegible]
2e Nord	[illegible]	[illegible]	[illegible]	[illegible]	[illegible]	[illegible]	[illegible]	[illegible]	[illegible]
3e Nord-Est	[illegible]	[illegible]	[illegible]	[illegible]	[illegible]	[illegible]	[illegible]	[illegible]	[illegible]
4e Ouest	[illegible]	[illegible]	[illegible]	[illegible]	[illegible]	[illegible]	[illegible]	[illegible]	[illegible]
5e Centre	[illegible]	[illegible]	[illegible]	[illegible]	[illegible]	[illegible]	[illegible]	[illegible]	[illegible]
6e Est	[illegible]	[illegible]	[illegible]	[illegible]	[illegible]	[illegible]	[illegible]	[illegible]	[illegible]
7e Sud-Ouest	[illegible]	[illegible]	[illegible]	[illegible]	[illegible]	[illegible]	[illegible]	[illegible]	[illegible]
8e Sud	[illegible]	[illegible]	[illegible]	[illegible]	[illegible]	[illegible]	[illegible]	[illegible]	[illegible]
9e Sud-Est	[illegible]	[illegible]	[illegible]	[illegible]	[illegible]	[illegible]	[illegible]	[illegible]	[illegible]
10e Corse	[illegible]	[illegible]	[illegible]	[illegible]	[illegible]	[illegible]	[illegible]	[illegible]	[illegible]
Pour toute la France	[illegible]	[illegible]	[illegible]	[illegible]	[illegible]	[illegible]	[illegible]	[illegible]	[illegible]

RÉGIONS.	PRIX MOYEN, par tête, DE CHAQUE ESPÈCE DE BÉTAIL SUR PIED. TAUREAUX.	BŒUFS maigres.	gras.	VACHES maigres.	grasses.	VEAUX.	BÉLIERS.	BREBIS.	MOUTONS.	AGNEAUX.	BOUCS.	CHÈVRES.	CHEVREAUX.
	fr.	fr.	fr.	fr.	fr.	fr. c.	fr. c.	fr. c.	fr. c.	fr. c.	fr. c.	fr. c.	fr. c.
1re Nord-Ouest	[illegible]	[illegible]	[illegible]	[illegible]	[illegible]	[illegible]	[illegible]	[illegible]	[illegible]	[illegible]	[illegible]	[illegible]	[illegible]
2e Nord	[illegible]	[illegible]	[illegible]	[illegible]	[illegible]	[illegible]	[illegible]	[illegible]	[illegible]	[illegible]	[illegible]	[illegible]	[illegible]
3e Nord-Est	[illegible]	[illegible]	[illegible]	[illegible]	[illegible]	[illegible]	[illegible]	[illegible]	[illegible]	[illegible]	[illegible]	[illegible]	[illegible]
4e Ouest	[illegible]	[illegible]	[illegible]	[illegible]	[illegible]	[illegible]	[illegible]	[illegible]	[illegible]	[illegible]	[illegible]	[illegible]	[illegible]
5e Centre	[illegible]	[illegible]	[illegible]	[illegible]	[illegible]	[illegible]	[illegible]	[illegible]	[illegible]	[illegible]	[illegible]	[illegible]	[illegible]
6e Est	[illegible]	[illegible]	[illegible]	[illegible]	[illegible]	[illegible]	[illegible]	[illegible]	[illegible]	[illegible]	[illegible]	[illegible]	[illegible]
7e Sud-Ouest	[illegible]	[illegible]	[illegible]	[illegible]	[illegible]	[illegible]	[illegible]	[illegible]	[illegible]	[illegible]	[illegible]	[illegible]	[illegible]
8e Sud	[illegible]	[illegible]	[illegible]	[illegible]	[illegible]	[illegible]	[illegible]	[illegible]	[illegible]	[illegible]	[illegible]	[illegible]	[illegible]
9e Sud-Est	[illegible]	[illegible]	[illegible]	[illegible]	[illegible]	[illegible]	[illegible]	[illegible]	[illegible]	[illegible]	[illegible]	[illegible]	[illegible]
10e Corse	[illegible]	[illegible]	[illegible]	[illegible]	[illegible]	[illegible]	[illegible]	[illegible]	[illegible]	[illegible]	[illegible]	[illegible]	[illegible]
Pour toute la France	[illegible]	[illegible]	[illegible]	[illegible]	[illegible]	[illegible]	[illegible]	[illegible]	[illegible]	[illegible]	[illegible]	[illegible]	[illegible]

RÉGIONS.	QUANTITÉ DE BESTIAUX de chaque espèce ANNUELLEMENT ABATTUS, POUR LA CONSOMMATION, dans chaque région. BŒUFS.	VACHES.	VEAUX.	MOUTONS.	AGNEAUX.	CHEVREAUX.	TOTAL.
1re Nord-Ouest	[illegible]	[illegible]	[illegible]	[illegible]	[illegible]	[illegible]	[illegible]
2e Nord	[illegible]	[illegible]	[illegible]	[illegible]	[illegible]	[illegible]	[illegible]
3e Nord-Est	[illegible]	[illegible]	[illegible]	[illegible]	[illegible]	[illegible]	[illegible]
4e Ouest	[illegible]	[illegible]	[illegible]	[illegible]	[illegible]	[illegible]	[illegible]
5e Centre	[illegible]	[illegible]	[illegible]	[illegible]	[illegible]	[illegible]	[illegible]
6e Est	[illegible]	[illegible]	[illegible]	[illegible]	[illegible]	[illegible]	[illegible]
7e Sud-Ouest	[illegible]	[illegible]	[illegible]	[illegible]	[illegible]	[illegible]	[illegible]
8e Sud	[illegible]	[illegible]	[illegible]	[illegible]	[illegible]	[illegible]	[illegible]
9e Sud-Est	[illegible]	[illegible]	[illegible]	[illegible]	[illegible]	[illegible]	[illegible]
10e Corse	[illegible]	[illegible]	[illegible]	[illegible]	[illegible]	[illegible]	[illegible]
Pour toute la France	[illegible]	[illegible]	[illegible]	[illegible]	[illegible]	[illegible]	[illegible]

DES

ET

XV.

RELEVÉ

DES RAPPORTS SUR LA CONSOMMATION ET LE PRIX DE LA VIANDE

DANS LES CHEFS-LIEUX DE DÉPARTEMENTS ET D'ARRONDISSEMENTS,

ET DANS LES VILLES AU-DESSUS DE 10,000 AMES, AYANT OU N'AYANT PAS D'OCTROI,

POUR LES ANNÉES 1816, 1820 ET 1833.

RÉGIONS	DÉPARTEMENTS	VILLES : nombre	VILLES : noms	POPULATION totale des villes dénommées	NOMBRE DE BESTIAUX ABATTUS : Bœufs	Vaches	Veaux	Moutons	Agneaux et chevreaux	Porcs
1re Nord-Ouest	Finistère	5	Brest, Châteaulin (*), Morlaix, Quimper, Quimperlé	50,646	6,003	5,590	22,970	11,963	831	3,060
	Côtes-du-Nord	5	Saint-Brieuc, Dinan, Guingamp, Lannion, Loudéac	29,348	1,309	3,900	15,821	15,357	9,743	5,454
	Morbihan	4	Vannes, Lorient, Pontivy, Ploërmel	34,570	3,129	875	21,319	10,881	0,946	2,616
	Ille-et-Vilaine	6	Rennes, Saint-Malo, Montfort, Redon, Vitré, Fougères	56,555	4,033	3,828	41,649	40,000	3,433	5,005
	Manche	5	[illegible], Avranches, Coutances, Mortain, Valognes	30,327	736	306	6,301	16,167	585	1,372
	Calvados	6	Bayeux, Caen, Falaise, Lisieux, Pont-l'Évêque, Vire	74,891	2,885	7,518	16,700	19,130	1,109	4,080
	Orne	4	Alençon, Argentan, Domfront, Mortagne	25,253	990	1,770	7,976	11,039	855	1,380
	Mayenne	3	Laval, Mayenne, Château-Gontier	23,020	1,175	400	5,108	4,800	728	1,734
	Sarthe	4	Le Mans, Mamers, La Flèche, Saint-Calais	34,104	733	1,108	8,397	10,074	032	2,540
	Totaux, poids, droits d'octroi et prix moyens	42	....	362,311	22,483	26,322	146,154	143,540	25,564	28,773
4e Ouest	Loire-Inférieure	4	Nantes, Ancenis, Châteaubriant, Savenay	80,708	3,406	350	24,571	24,096	205	7,332
	Maine-et-Loire	5	Angers, Baugé, Beaupréau, Saumur, Segré	47,687	1,967	602	10,052	13,107	654	6,011
	Indre-et-Loire	3	Tours, Loches, Chinon	30,092	1,457	306	11,511	10,104	840	681
	Vendée	3	Bourbon-Vendée, Fontenay, Les Sables	13,188	709	92	5,400	6,075	139	1,333
	Charente-Inférieure	5	La Rochelle, Rochefort, Saintes, Saint-Jean-d'Angély, Jonzac	50,151	2,431	"	7,000	16,147	3,321	4,160
	Deux-Sèvres	4	Niort, Melle, Bressuire, Parthenay	20,514	749	61	4,531	6,329	6,811	2,020
	Charente	5	Angoulême, Barbezieux, Cognac, Confolens, Ruffec	21,296	1,172	21	4,106	8,419	2,370	3,409
	Vienne	5	Poitiers, Châtellerault, Loudun, Montmorillon, Civray	36,080	1,311	510	4,778	20,583	14,334	3,601
	Haute-Vienne	4	Bellac, Rochechouart, Saint-Yrieix, Limoges	30,600	429	1,867	7,830	66,250	10,400	6,017
	Totaux, poids, droits d'octroi et prix moyens	38	....	344,077	13,624	3,982	78,021	150,720	39,303	34,587
5e Sud-Ouest	Gironde	4	Bordeaux, Libourne, Blaye, La Réole	106,456	7,940	511	13,140	33,131	32,731	22,701
	Dordogne	5	Bergerac, Nontron, Périgueux, Ribérac, Sarlat	23,186	585	70	1,396	4,090	394	2,035
	Lot-et-Garonne	4	Agen, Marmande, Nérac, Villeneuve	30,090	210	128	3,516	1,995	3,170	3,277
	Landes	3	Mont-de-Marsan, Saint-Sever, Dax	13,108	053	"	1,023	3,585	8,274	1,601
	Gers	5	Auch, Condom, Lectoure, Lombez, Mirande	21,600	275	53	5,050	707	2,531	1,606
	B.-Pyrénées	5	Pau, Oloron, Mauléon, Bayonne, Orthez	25,306	3,112	599	9,112	6,490	10,426	8,030
	H.-Pyrénées	3	Tarbes, Bagnères, Argelès	13,243	121	337	5,004	3,420	2,566	1,304
	Haute-Garonne	4	Toulouse, Muret, Saint-Gaudens, Villefranche	50,601	3,569	45	10,610	20,801	11,005	0,05[illegible]
	Ariége	3	Foix, Pamiers, Saint-Girons	12,278	359	84	2,254	1,063	1,568	1,335
	Totaux, poids, droits d'octroi et prix moyens	36	....	317,803	16,854	1,828	51,790	81,333	69,391	40,401

DÉPARTEMENTS	POIDS MOYEN EN VIANDE DES BESTIAUX ABATTUS (KILOGRAMMES) : Bœufs	Vaches	Veaux	Moutons	Agneaux et chevreaux	Porcs	QUANTITÉS DE KILOGRAMMES DE VIANDES provenant des bestiaux abattus d'après leur poids : Bœufs	Vaches	Veaux	Moutons	Agneaux et chevreaux	Porcs	Apportées du dehors, en quartiers ou dépecées
	kil. d.	kil. d.	kil. d.	kil. d.	kil. d.	kil. d.	kil.	kil.	kil.	kil.	kil.	kil.	kil.
Finistère	211 "	139 "	25 "	17	8 "	105 "	1,290,246	780,102	501,018	217,611	7,338	405,515	29,183
Côtes-du-Nord	171 "	100 "	31 "	17 "	6 "	101 "	330,644	448,020	578,630	274,163	57,410	518,350	"
Morbihan	162 "	70 "	22 "	20 "	6 "	67 "	558,123	31,875	473,118	241,619	58,139	184,065	58,656
Ille-et-Vilaine	160 "	100 "	22 "	12 "	7 "	7[illegible]	353,270	384,380	836,376	331,920	49,113	327,865	18,840
Manche	168 "	179 "	22 "	11 "	7 "	51 "	183,930	102,985	177,837	231,187	4,680	129,605	69,372
Calvados	206 "	180 "	35	18 "	14 "	149 "	568,305	1,433,650	600,048	360,165	11,396	645,600	15,352
Orne	259 "	155 "	30	16 "	17 "	106 "	230,690	275,100	235,080	210,714	11,275	146,825	12,605
Mayenne	250 "	160 "	25	18 "	5 "	101 "	293,750	70,350	129,780	80,088	3,734	175,300	9,461
Sarthe	219 "	102 "	30 "	15 "	12 "	38 "	163,300	227,500	250,900	152,030	7,105	293,505	23,003
Totaux	205 21	144 13	23 10	15 21	8 35	51 6	4,614,005	3,793,174	3,837,500	2,184,960	213,511	2,718,510	236,123
Loire-Inférieure	266 "	141 "	20 "	19 "	5 "	96 "	853,100	13,665	651,902	473,576	1,670	722,565	97,939
Maine-et-Loire	301 "	189 "	14	18 "	7 "	92 "	592,685	135,500	451,015	250,915	5,082	560,350	18,156
Indre-et-Loire	277	244 "	30 "	15 "	4 "	83 "	403,560	86,900	344,740	157,900	4,032	327,064	6,671
Vendée	300	175 "	30 "	17 "	9 "	116 "	210,600	16,100	156,000	103,275	1,114	153,385	3,040
Charente-Inférieure	283 "	"	35 "	19 "	4 "	143 "	683,445	"	207,480	307,011	13,184	512,080	9,351
Deux-Sèvres	286 "	176	25 "	16 "	1 "	103 "	214,540	10,745	113,295	117,080	26,566	207,280	24,386
Charente	302	155 "	40 "	17 "	5 "	101 "	344,573	3,900	167,502	140,133	12,515	316,300	16,630
Vienne	306 "	218 "	10 "	15 "	3 "	81 "	401,420	110,500	203,295	306,070	60,033	317,310	19,011
Haute-Vienne	268	150 "	30 "	10	2 "	72 "	114,790	279,850	261,222	501,170	41,900	130,470	5,123
Totaux	275 57	170 98	43 04	11 97	4	104 6	3,330,015	716,470	2,648,047	2,281,023	140,951	3,012,632	153,486
Gironde	319	231 "	59 "	45 "	5 "	60 "	2,536,950	120,410	713,140	840,473	159,093	2,058,750	137,600
Dordogne	303 "	105 "	47 "	15 "	3 "	55 "	177,300	13,010	65,026	65,039	1,120	259,965	3,815
Lot-et-Garonne	315 "	195 "	60 "	20 "	8 "	126 "	66,250	21,000	312,450	42,800	21,551	412,542	2,773
Landes	260 "	"	28	12 "	4 "	118 "	169,720	"	28,530	44,538	38,198	190,040	55,135
Gers	274 "	135 "	45	15 "	6 "	100 "	101,850	7,495	232,317	10,820	15,180	131,315	11,310
B.-Pyrénées	25[illegible] "	115 "	18 "	14 "	4 "	105 "	752,100	87,000	110,500	81,592	14,251	933,100	13,726
H.-Pyrénées	303 "	176	00 "	13 "	5 "	101 "	36,600	30,510	345,400	47,619	18,329	120,683	1,192
Haute-Garonne	301 "	75 "	33 "	15 "	6 "	116 "	1,083,316	3,375	400,760	443,263	104,805	773,903	48,088
Ariége	28[illegible] "	131 "	25 "	15 "	5 "	122 "	93,940	11,010	87,510	16,330	7,154	151,855	7,250
Totaux	307 98	178 60	51 89	18 72	5 85	103 9	4,982,896	306,090	2,256,559	1,578,371	160,041	5,121,217	280,078

DÉPARTEMENTS	TOTAL des quantités de viandes	DROITS D'OCTROI sur les bestiaux introduits sur pied, par tête : bœufs	vaches	veaux	moutons	agneaux et chevreaux	porcs	sur la viande dépecée, par kil. de viande	PRIX DES CINQ HECTOGRAMMES OU DE LA LIVRE DE VIANDE de : bœufs	vaches	veaux	moutons	agneaux et chevreaux	porcs
	kil.	fr. c.	fr. c.	fr. c.	fr. c.	fr. c.	fr. c.	fr. c.	fr. c.	fr. c.	fr. c.	fr. c.	fr. c.	fr. c.
Finistère	3,237,614	9 92	4 67	0 91	0 52	0 50	3 45	0 05	0 27	0 24	0 35	0 33	0 12	0 45
Côtes-du-Nord	2,147,848	3 09	1 85	0 27	0 25	0 2[illegible]	1 77	"	0 30	0 28	0 25	0 30	0 40	0 52
Morbihan	1,589,595	9 00	4 15	0 62	0 62	0 30	3 28	0 10	0 34	0 22	0 27	0 25	0 47	0 51
Ille-et-Vilaine	1,863,155	7 50	4 50	0 90	0 51	0 45	2 80	0 06	0 40	0 29	0 29	0 40	0 30	0 57
Manche	963,101	7 60	8 00	0 94	0 40	0 87	2 60	0 01	0 11	0 30	0 35	0 31	0 58	0 38
Calvados	3,078,172	14 68	7 84	1 80	1 25	0 60	3 38	0 12	0 11	0 40	0 30	0 47	0 30	0 44
Orne	1,157,287	0 70	5 13	0 89	0 42	0 72	2 10	0 01	0 11	0 35	0 38	0 37	0 25	0 43
Mayenne	784,016	11 94	8 04	1 04	1 54	0 32	3 30	0 11	0 48	0 30	0 10	0 41	0 20	0 16
Sarthe	1,093,808	5 51	5 65	1 18	0 50	0 10	2 41	0 06	0 35	0 34	0 34	0 36	0 78	0 10
Totaux	17,586,918	8 38	5 59	1 05	0 09	0 53	2 87	0 05	0 39	0 34	0 33	0 35	0 35	0 17
Loire-Inférieure	4,817,123	25 00	25 00	8 00	1 50	-	8 00	0 15	0 37	0 21	0 31	0 39	0 31	0 40
Maine-et-Loire	2,049,743	13 27	14 73	2 18	0 99	0 34	4 29	0 08	0 35	0 32	0 30	0 37	0 38	0 38
Indre-et-Loire	1,336,155	9 50	8 00	1 77	0 65	0 10	3 53	0 09	0 40	0 35	0 40	0 40	0 43	0 52
Vendée	643,308	13 33	10 00	1 74	0 65	0 22	2 88	0 05	0 37	0 47	0 37	0 35	0 35	0 14
Charente-Inférieure	1,785,674	16 92	-	2 51	1 11	0 45	3 91	0 07	0 45	"	0 39	0 38	0 35	0 4[illegible]
Deux-Sèvres	713,891	22 00	17 13	4 20	1 70	0 25	4 00	0 10	0 36	0 35	0 36	0 37	0 41	0 39
Charente	1,113,015	11 66	12 33	2 34	1 05	0 41	3 28	0 05	0 39	0 48	0 45	0 30	0 36	0 47
Vienne	1,310,904	10 63	7 26	1 07	0 64	0 18	3 13	0 05	0 39	0 31	0 37	0 39	-	0 41
Haute-Vienne	1,787,731	11 50	0 06	1 46	0 42	-	1 85	0 06	0 38	0 36	0 38	0 33	0 30	0 30
Totaux	13,513,535	14 87	12 56	2 17	0 88	0 28	3 63	0 08	0 36	0 34	0 38	0 33	0 34	0 43
Gironde	6,535,316	24 00	17 00	6 00	1 74	0 58	6 84	0 11	0 30	0 25	0 18	0 40	0 75	0 5[illegible]
Dordogne	585,312	14 50	6 37	1 99	0 07	0 18	3 01	0 01	0 30	0 21	0 35	0 38	"	0 41
Lot-et-Garonne	896,349	11 02	6 72	3 80	1 08	0 51	3 71	0 07	0 28	0 20	0 14	0 15	0 32	0 43
Landes	526,291	13 16	"	3 18	1 12	0 21	2 50	0 01	0 37	"	0 45	0 13	0 41	0 45
Gers	530,090	22 00	16 02	3 77	1 21	0 50	5 03	0 10	0 31	0 31	0 38	0 30	0 43	0 38
B.-Pyrénées	2,302,400	9 01	3 05	2 81	0 98	0 25	4 51	0 05	0 31	0 25	0 30	0 30	0 20	0 44
H.-Pyrénées	618,185	11 71	7 57	4 75	0 87	0 36	1 76	0 08	0 34	0 24	0 35	0 30	0 31	0 38
Haute-Garonne	2,918,192	22 12	8 06	6 14	1 56	0 96	7 43	0 40	0 39	0 22	0 47	0 15	0 15	0 56
Ariége	416,633	10 83	8 41	2 51	1 18	0 25	2 32	0 05	0 26	0 21	0 30	0 33	0 37	0 41
Totaux	15,559,497	15 47	9 19	4 25	1 19	0 42	4 21	0 05	0 31	0 22	0 40	0 40	0 43	0 19

(*) Les villes dont le nom est en italique sont celles où, en 1816, on ne percevait pas de droits d'octroi sur les bestiaux.

RÉGIONS.	DÉPARTEMENTS.	VILLES. Nombre.	VILLES. Noms.	POPULATION totale des villes dénommées.	NOMBRE DE BESTIAUX ABATTUS. Bœufs.	Vaches.	Veaux.	Moutons.	Agneaux et chevreaux.	Porcs.	POIDS MOYEN EN VIANDE DES BESTIAUX ABATTUS (KILOGRAMMES). Bœufs.	Vaches.	Veaux.	Moutons.	Agneaux et chevreaux.	Porcs.
											kil. d.	kil. d.	kil. d.	kil. d.	kil. d.	kil. d.
2e. Nord.	Nord	7	Dunkerque, Hazebrouck, Lille, Roubaix, Tourcoing, Cambrai, Valenciennes.	158,536	9,004	8,330	18,069	33,808	27	11,437	278 »	215 »	13 »	20 »	13 »	70 »
	Pas-de-Calais	7	Arras, Béthune, Boulogne, Calais, Montreuil, Saint-Omer, Saint-Pol.	74,720	913	7,047	11,510	16,420	323	9,087	290	210 »	45 »	22 »	9 »	60 »
	Somme	5	Amiens, Abbeville, Péronne, Montdidier, Doullens.	67,021	1,535	4,003	10,823	17,530	315	7,077	276 »	216 »	34 »	21 »	10 »	90 »
	Seine-Inférieure	6	Dieppe, le Havre, Neufchâtel, Rouen, Elbeuf, Yvetot.	141,238	8,143	7,079	17,493	39,840	60	10,002	279 »	216 »	44 »	22 »	10 »	81 »
	Oise	4	Beauvais, Clermont, Compiègne, Senlis	25,757	1,080	1,100	6,203	10,651	1,933	1,311	294 »	171 »	50 »	18 »	8 »	81 »
	Aisne	5	Laon, Saint-Quentin, Vervins, Soissons, Château-Thierry.	31,364	1,053	1,129	6,658	7,198	2,747	4,455	283 »	177 »	36 »	20 »	4 »	88 »
	Eure	5	Andelys, Bernay, Évreux, Louviers, Pont-Audemer.	28,747	1,350	2,559	5,144	7,030	38	1,812	220 »	217 »	53 »	17 »	10 »	98 »
	Eure-et-Loir	4	Chartres, Châteaudun, Dreux, Nogent-le-Rotrou.	34,702	1,027	1,385	8,131	6,007	»	2,435	304 »	137 »	41 »	16 »	»	80 »
	Seine-et-Oise	7	Mantes, Pontoise, Versailles, Saint-Germain, Corbeil, Étampes, Rambouillet.	60,377	6,319	1,081	17,308	28,352	77	8,201	289 »	179 »	37 »	17 »	5 »	83 »
	Seine. Paris (*)	2	Paris, Saint-Denis	547,756	71,037	9,176	74,515	328,061	»	71,400	325 »	225 »	57 »	23 »	»	100 »
	Seine. St-Denis			4,955	639	116	676	1,415	»	359	325 »	225 »	57 »	23 »	»	64 »
	Seine-et-Marne	5	Coulommiers, Fontainebleau, Meaux, Melun, Provins.	29,913	2,313	1,115	10,785	17,758	256	4,757	309 »	140 »	33 »	15 »	5 »	61 »
	Totaux, poids, droits d'octroi et prix moyens	53	....	1,203,069	107,563	45,161	190,718	493,264	5,776	138,635	310 90	211 31	47 04	21 84	6 69	89 »
5e. Centre.	Loir-et-Cher	3	Blois, Romorantin, Vendôme	29,568	1,048	302	5,701	5,191	140	2,569	277 »	166 »	33 »	17 »	9 »	79 »
	Loiret	4	Orléans, Pithiviers, Montargis, Gien	50,519	1,870	2,164	8,560	8,449	194	4,893	229	152 »	32 »	17 »	14 »	36 »
	Yonne	5	Auxerre, Avallon, Joigny, Sens, Tonnerre	35,053	1,379	1,332	10,437	9,601	»	2,862	243 »	147 »	25 »	15 »	»	67 »
	Indre	4	Châteauroux, Issoudun, La Châtre, Le Blanc	25,627	405	1,300	2,098	5,217	10,330	3,484	251 »	150 »	22 »	11 »	2 »	63 »
	Cher	3	Bourges, Saint-Amand, Sancerre	23,047	815	1,680	3,539	4,217	»	3,310	320 »	177 »	25	11 »	»	63 »
	Nièvre	4	Cosne, Clamecy, Château-Chinon, Nevers	21,830	1,115	904	5,695	12,657	515	2,763	263 »	173 »	21 »	14 »	2 »	74 »
	Creuse	3	Bourganeuf, Boussac, Guéret	9,159	102	401	3,160	1,050	2,000	1,560	240 »	150 »	27 »	12 »	3 »	54 »
	Allier	3	Moulins, Montluçon, La Palisse	25,187	2,018	642	7,018	13,220	1,130	4,300	304 »	246 »	32 »	15 »	3 »	110 »
	Puy-de-Dôme	5	Clermont, Ambert, Thiers, Riom, Issoire	59,859	1,164	2,010	16,714	15,818	2,864	6,176	248 »	172 »	29 »	15 »	2 »	103 »
	Totaux, poids, droits d'octroi et prix moyens	31	....	343,741	10,211	11,507	65,083	75,786	17,200	30,071	260 40	165 71	27 73	13 64	2 69	75 [illegible]
6e. Sud.	Corrèze	2	Tulle, Brive	18,160	429	230	2,007	3,347	500	794	283 »	125 »	30 »	16 »	2 »	94 »
	Cantal	4	Mauriac, Murat, Saint-Flour, Aurillac	30,793	248	617	10,056	12,719	2,705	1,461	300 »	174 »	30 »	16 »	5 »	115 »
	Lot	3	Cahors, Gourdon, Figeac	21,884	738	5	3,930	3,745	4,640	1,090	290 »	190 »	19 »	15 »	3 »	128 »
	Aveyron	5	Espalion, Milhau, Saint-Affrique, Rodez, Villefranche.	17,841	221	372	5,605	17,576	17,607	3,898	334 »	185 »	50 »	15 »	4 »	120 »
	Lozère	3	Mende, Florac, Marvejols	10,530	150	191	3,104	8,302	4,350	1,195	193 »	140 »	25 »	18 »	4 »	111 »
	Tarn-et-Garonne	3	Moissac, Montauban, Castelsarrasin	18,920	700	88	2,243	4,105	1,858	5,803	344 »	180 »	54 »	17 »	9 »	97 »
	Tarn	4	Albi, Castres, Gaillac, Lavaur	37,582	407	230	4,015	9,405	1,404	3,504	273 »	182 »	58 »	17 »	5 »	120 »
	Hérault	5	Montpellier, Béziers, Lodève, Saint-Pons, Cette.	66,237	1,012	1,490	5,514	81,210	13,797	7,289	243 »	140 »	24 »	16 »	7 »	94 »
	Aude	4	Carcassonne, Castelnaudary, Limoux, Narbonne.	37,052	880	328	3,117	13,119	10,316	4,100	258 »	200 »	55 »	16 »	8 »	105 »
	Pyrénées-Orient.	3	Perpignan, Céret, Prades	14,744	1,358	550	603	14,437	9,070	1,334	206 »	117 »	53 »	14 »	8 »	80 »
	Totaux, poids, droits d'octroi et prix moyens	36	....	273,183	6,704	4,349	41,700	160,208	60,415	32,490	272 97	168 55	17 73	16 89	6 41	118 67

DÉPARTEMENTS.	QUANTITÉS DE KILOGRAMMES DE VIANDES PROVENANT DES BESTIAUX ABATTUS D'APRÈS LEUR POIDS. Bœufs.	Vaches.	Veaux.	Moutons.	Agneaux et chevreaux.	Porcs.	Quantités de viandes, lard ou charcuterie, etc. dépecées.	TOTAL des quantités de viandes.	DROITS D'OCTROI SUR LES BESTIAUX INTRODUITS SUR PIED, par tête, bœufs.	vaches.	veaux.	moutons.	agneaux et chevreaux.	porcs.	sur la viande dépecée, par kil. de viande.	PRIX DES CINQ HECTOGRAMMES OU DE LA LIVRE DE VIANDE de bœuf.	vache.	veau.	mouton.	agneau et chevreau.	porc.
	kil.	kil.	kil.	kil.	kil.	kil.	kil.	kil.	fr. c.	fr. c.	fr. c.	fr. c.	fr. c.	fr. c.	fr. c.	fr. c.	fr. c.	fr. c.	fr. c.	fr. c.	fr. c.
Nord	2,548,021	1,574,870	779,230	769,224	350	805,690	114,837	6,595,213	12 46	7 01	2 52	1 89	1 70	3 12	0 11	0 60	0 40	0 60	0 38	0 53	0 70
Pas-de-Calais	261,190	1,522,310	656,830	361,489	3,227	712,495	120,093	3,640,637	8 31	5 85	1 54	1 09	1 07	3 11	0 05	0 40	0 40	0 47	0 41	0 56	0 57
Somme	421,560	1,055,800	372,070	410,360	3,258	544,910	26,516	2,827,494	9 2?	5 90	1 30	1 28	0 71	4 63	0 12	0 5?	0 18	0 40	0 50	0 62	0 65
Seine-Inférieure	2,217,852	1,541,830	769,170	830,331	690	617,625	29,649	6,413,960	23 00	18 00	4 00	2 32	1 1?	6 33	0 02	0 54	0 51	0 53	0 57	1 00	0 63
Oise	191,380	302,421	214,840	150,802	16,798	355,855	33,181	1,613,985	9 44	6 46	1 63	0 91	0 28	1 71	0 05	0 52	0 43	0 50	0 50	0 50	0 55
Aisne	159,961	200,875	211,843	143,775	11,966	360,050	77,141	1,336,134	10 35	5 40	1 29	0 78	0 16	2 94	0 05	0 53	0 39	0 39	0 47	0 58	0 53
Eure	242,395	555,865	270,140	137,605	380	150,335	77,308	1,540,208	5 52	4 78	1 15	0 88	0 80	2 61	0 07	0 51	0 40	0 45	0 51	0 50	0 58
Eure-et-Loir	455,190	209,425	375,560	94,017	»	191,845	16,083	1,357,343	9 60	7 00	0 95	0 50	»	2 32	0 06	0 45	0 39	0 41	0 14	»	0 50
Seine-et-Oise	1,826,647	191,100	641,337	411,020	385	703,030	38,486	3,014,022	10 90	0 80	1 88	0 70	0 80	2 31	0 06	0 48	0 30	0 53	0 40	0 40	0 61
Seine. Paris (*)	23,370,525	2,064,600	1,281,612	5,431,890	»	7,140,000	521,461	12,819,089	31 50	19 60	7 90	2 20	»	5 80	0 16	0 51	0 45	0 62	0 50	»	0 80
Seine. St-Denis	207,675	25,675	38,870	32,547	»	23,835	1,575	330,412	6 00	3 00	1 00	0 50	»	1 00	0 03	0 42	0 40	0 55	0 45		0 55
Seine-et-Marne	791,650	191,160	351,558	371,802	1,280	311,975	52,090	1,060,091	0 65	6 21	1 15	0 55	0 00	2 51	0 01	0 47	0 32	0 50	0 46	0 75	0 58
Totaux, poids, droits d'octroi et prix moyens	33,195,306	9,710,264	5,065,335	9,410,008	38,229	11,117,205	1,274,384	74,896,671	14 20	8 17	2 24	1 14	0 80	3 52	0 08	0 50	0 44	0 51	0 50	0 60	0 61
Loir-et-Cher	331,945	50,050	162,025	84,504	1,200	152,740	11,680	777,165	6 00	5 37	0 91	0 17	0 25	3 16	0 04	0 44	0 40	0 44	0 45	0 40	0 50
Loiret	428,560	374,325	311,300	91,319	4,328	266,160	17,107	1,491,909	11 75	7 10	1 56	1 28	0 36	3 68	0 08	0 41	0 37	0 45	0 46	0 25	0 52
Yonne	335,545	185,075	261,065	139,011	»	189,500	70,304	1,200,?40	10 03	10 03	1 05	0 55	»	3 75	0 09	0 41	0 41	0 41	0 11	0 45	0 52
Indre	135,000	204,300	59,829	61,032	24,642	220,915	1,194	725,222	8 70	5 73	1 49	0 54	»	2 42	0 06	0 38	0 31	0 11	0 36	0 15	0 43
Cher	160,700	298,200	90,975	68,215	»	203,850	6,722	835,602	10 63	7 20	1 30	0 71	»	2 91	0 08	0 23	0 34	0 34	0 44	»	0 40
Nièvre	333,575	150,825	122,206	181,305	1,050	207,400	7,350	1,012,832	9 12	9 18	1 27	0 77	0 80	2 40	0 09	0 40	0 31	0 30	0 54	0 20	0 48
Creuse	24,150	60,150	91,495	30,150	6,700	80,000	10,500	311,775	»	»	»	»	»			0 33	0 27	0 31	0 31	0 23	0 34
Allier	756,300	128,580	227,025	201,280	4,200	483,172	710	1,702,866	7 28	0 63	1 13	0 56	»	2 10	0 05	0 37	0 30	0 38	0 37	0 12	0 55
Puy-de-Dôme	285,060	453,100	470,375	266,283	5,913	431,130	94,856	2,017,030	9 63	6 87	1 10	0 70	0 25	1 07	0 05	0 38	0 30	0 38	0 36	0 32	0 48
Totaux, poids, droits d'octroi et prix moyens	2,865,835	1,921,835	1,806,48?	1,100,440	46,184	2,080,167	238,405	10,408,890	9 21	7 42	1 40	0 75	0 15	2 8?	0 07	0 39	0 35	0 40	0 41	0 28	0 47
Corrèze	121,420	30,000	62,020	65,640	1,000	56,000	2,200	308,950	6 96	1 50	1 02	0 41	0 05	1 50	0 10	0 21	0 25	0 31	0 31	0 35	0 38
Cantal	72,000	111,810	444,582	207,785	12,030	160,2??	1,500	1,019,005	7 35	1 81	1 03	0 21	0 15	2 40	0 03	0 30	0 27	0 21	0 34	0 15	0 40
Lot	207,600	900	158,500	59,320	4,070	258,???	10,003	709,955	16 33	21 00	4 61	1 70	0 15	3 52	0 11	0 33	0 30	0 10	0 40	0 30	0 50
Aveyron	58,296	60,030	276,186	269,0??	77,081	400,811	1,107	1,232,549	9 80	5 50	1 14	0 76	0 10	3 01	0 08	0 32	0 20	0 41	0 40	0 23	0 43
Lozère	45,000	17,020	76,706	140,556	6,960	104,760	3,150	415,012	9 60	6 40	2 00	1 00	»	3 50	0 10	0 33	0 24	0 40	0 45	0 28	0 18
Tarn-et-Garonne	210,585	40,400	130,585	71,302	16,330	563,190	821	1,057,12?	20 38	10 00	3 00	1 67	0 03	1 33	0 12	0 35	0 26	0 45	0 46	0 50	0 39
Tarn	110,860	43,016	254,301	39,750	7,038	420,015	9,573	886,181	16 00	11 00	4 00	1 71	0 97	5 00	0 11	0 30	0 29	0 50	0 57	0 40	0 50
Hérault	421,729	223,517	204,371	1,298,200	105,247	727,564	58,615	3,041,065	15 58	19 74	0 13	1 55	0 94	6 43	0 18	0 40	0 31	0 48	0 53	0 46	0 65
Aude	231,538	71,861	174,804	109,420	86,167	440,912	5,229	1,226,264	16 54	13 31	6 44	1 66	0 52	4 42	0 11	0 30	0 30	0 50	0 50	0 36	0 55
Pyrénées-Orient.	325,170	62,230	32,300	205,517	72,652	129,130	»	1,061,261	17 80	9 18	1 55	0 95	0 50	3 82	0 40	0 11	0 35	0 55	0 19	0 17	0 80
Totaux, poids, droits d'octroi et prix moyens	1,809,361	705,814	1,809,701	2,557,494	329,010	3,409,280	98,017	10,938,557	13 76	9 93	3 24	1 17	0 46	3 79	0 10	0 31	0 29	0 44	0 44	0 35	0 51

(*) Le prix de la viande à Paris est celui des ventes faites sur les marchés. Dans les étaux tenus en ville par les bouchers, les prix sont supérieurs, et pour le bœuf, par exemple, le taux moyen y est généralement de [illegible] à peu près.

RÉGIONS.	DÉPARTEMENTS.	VILLES. Nombre.	VILLES. Noms.	Population totale des villes dénommées.	Nombre de bestiaux abattus. Bœufs.	Vaches.	Veaux.	Moutons.	Agneaux et chevreaux.	Porcs.	Poids moyen en viande des bestiaux abattus (kilogrammes). Bœufs.	Vaches.	Veaux.	Moutons.	Agneaux et chevreaux.	Porcs.
											kil. d.	kil. d.	kil. d.	kil. d.	kil. d.	kil. d.
3e Nord-Est.	Ardennes	5	Charleville, Mézières, Rocroy, Sedan, Givet	30,840	3,010	1,501	7,700	1,994	100	5,583	253 »	145 »	24 »	15 »	3 »	84 »
	Marne	4	Châlons, Épernay, Reims, Vitry-le-Français	52,780	1,809	1,481	7,400	7,266	307	6,130	208 »	174 »	44 »	15 »	»	96 »
	Aube	5	Troyes, Arcis, Bar-sur-Aube, Bar-sur-Seine, Nogent	36,056	647	2,926	11,921	17,916	100	4,644	261 »	148 »	26 »	15 »	3 »	75 »
	Haute-Marne	3	Chaumont, Cirey, Langres	15,841	558	437	3,880	7,095	289	1,607	270 »	153 »	26 »	15 »	7 »	72 »
	Meuse	4	Bar-le-Duc, Commercy, Montmédy, Verdun	23,404	1,380	1,674	7,173	12,817	689	6,568	248 »	169 »	30 »	16 »	9 »	71 »
	Moselle	4	Metz, Briey, Thionville, Sarreguemines	61,276	2,400	1,988	11,045	18,191	11,817	11,859	300 »	174 »	29 »	19 »	5 »	79 »
	Meurthe	5	Nancy, Lunéville, Toul, Château-Salins, Sarrebourg	55,805	3,043	939	14,031	26,044	7,534	7,066	328 »	174 »	28 »	18 »	7 »	68 »
	Vosges	5	Épinal, Mirecourt, Neufchâteau, Remiremont, Saint-Dié	24,401	1,117	559	7,071	4,825	813	5,039	251 »	153 »	24 »	13 »	4 »	75 »
	Bas-Rhin	4	Saverne, Schlestadt, Strasbourg, Wissembourg	64,597	8,188	2,460	20,640	19,981	837	20,590	328 »	227 »	28 »	21 »	6 »	65 »
	Haut-Rhin	4	Altkirch, Belfort, Colmar, Mulhausen	48,040	2,083	351	5,963	4,200	»	3,291	348 »	203 »	29 »	20 »	»	82 »
	Totaux, poids, droits d'octroi et prix moyens	43		383,918	24,601	11,314	102,421	121,320	24,016	74,854	301 60	156 72	28 76	17 08	5 50	73 »
6e Est.	Côte-d'Or	4	Beaune, Châtillon, Dijon, Semur	35,227	2,182	475	14,238	12,509	774	5,759	200 »	131 »	27 »	15 »	6 »	103 »
	Haute-Saône	3	Gray, Lure, Vesoul	12,445	720	19	3,808	4,617	150	1,514	290 »	131 »	22 »	15 »	3 »	86 »
	Doubs	3	Besançon, Montbéliard, Pontarlier	38,300	2,168	102	6,718	9,319	952	5,250	314 »	200 »	32 »	17 »	4 »	96 »
	Jura	4	Dôle, Lons-le-Saulnier, Poligny, Saint-Claude	23,213	1,517	205	8,487	4,683	1,130	2,231	242 »	107 »	21 »	12 »	3 »	69 »
	Saône-et-Loire	5	Autun, Châlons, Mâcon, Louhans, Charolles	35,070	1,605	480	16,913	15,241	5,825	6,288	275 »	172 »	25 »	11 »	4 »	85 »
	Loire	2	Montbrison, Roanne	27,051	316	365	3,727	5,960	950	1,032	320 »	215 »	35 »	15 »	11 »	115 »
	Rhône	3	Lyon, la Guillotière, Villefranche	129,650	13,836	140	29,025	120,388	9,112	15,302	317 »	150 »	38 »	14 »	8 »	126 »
	Ain	3	Belley, Gex, Trévoux	18,550	325	165	1,556	9,202	315	367	209 »	180 »	29 »	15 »	4 »	58 »
	Isère	4	Grenoble, Vienne, Tour-du-Pin, Saint-Marcellin	37,490	3,850	498	11,648	21,911	4,073	2,074	243 »	150 »	47 »	17 »	6 »	133 »
	Totaux, poids, droits d'octroi et prix moyens	31		356,317	27,010	2,449	97,049	198,030	23,682	40,399	255 18	170 79	30 78	15 10	6 84	106 »
9e Sud-Est.	Haute-Loire	3	Le Puy, Brioude, Yssingeaux	24,037	8	1,113	11,174	18,644	1,257	1,043	300 »	166 »	26 »	13 »	4 »	140 »
	Ardèche	3	Largentière, Privas, Tournon	7,920	288	155	1,886	4,059	1,720	925	233 »	147 »	38 »	18 »	5 »	198 »
	Drôme	4	Die, Montélimart, Nyons, Valence	29,545	1,241	516	2,186	7,655	9,050	2,323	272 »	119 »	25 »	18 »	6 »	159 »
	Gard	5	Nîmes, Alais, Beaucaire, Uzès, Vigan	65,279	2,534	640	3,335	53,317	41,081	7,517	314 »	154 »	21 »	25 »	7 »	126 »
	Vaucluse	4	Apt, Avignon, Carpentras, Orange	11,803	2,150	166	282	35,711	96,360	3,734	222 »	147 »	40 »	17 »	7 »	92 »
	Basses-Alpes	5	Barcelonnette, Castellane, Digne, Forcalquier, Sisteron	13,446	301	61	439	9,494	5,072	1,400	168 »	111 »	28 »	11 »	5 »	90 »
	Hautes-Alpes	3	Briançon, Embrun, Gap	14,161	176	710	3,536	7,650	3,790	1,132	187 »	129 »	21 »	16 »	3 »	56 »
	Bouches-du-R.	4	Marseille, Aix, Arles, Tarascon	137,912	5,062	1,030	947	132,265	49,814	4,738	255 »	151 »	38 »	16 »	0 »	59 »
	Var	5	Brignoles, Draguignan, Grasse, Hyères, Toulon	53,070	2,937	103	631	37,537	10,087	3,730	219 »	162 »	38 »	16 »	6 »	71 »
	Totaux, poids, droits d'octroi et prix moyens	36		388,542	15,800	3,969	21,709	306,547	118,186	27,363	253 58	151 83	27 07	17 50	4 74	100 »
10e	Corse	5	Ajaccio, Bastia, Calvi, Corte, Sartène	21,059	3,145	982	409	6,873	2,050	2,655	79 »	63 »	10 »	9 »	3 »	48 »

DÉPARTEMENTS.	Quantités de kilogrammes de viandes provenant des bestiaux abattus d'après leur poids. Bœufs.	Vaches.	Veaux.	Moutons.	Agneaux et chevreaux.	Porcs.	Apportées du dehors, en quartiers, soit dépecées.	TOTAL des quantités de viandes.	Droits d'octroi sur les bestiaux introduits sur pied, par tête. Bœufs.	Vaches.	Veaux.	Moutons.	Agneaux et chevreaux.	Porcs.	Sur la viande dépecée, par kil. de viande.	Prix des cinq hectogrammes ou de la livre de viande de bœuf.	vache.	veau.	mouton.	agneau et chevreau.	porc.
	kil.	kil.	kil.	kil.	kil.	kil.	kil.	kil.	fr. c.	fr. c.	fr. c.	fr. c.	fr. c.	fr. c.	fr. c.	fr. c.	fr. c.	fr. c.	fr. c.	fr. c.	fr. c.
Ardennes	762,530	217,340	184,260	29,830	350	465,520	140,798	1,830,033	8 01	7 06	1 03	0 56	0 20	3 22	0 08	0 50	0 46	0 40	0 47	0 50	0 56
Marne	360,943	257,300	325,170	125,000	»	503,795	584,000	2,416,082	9 75	7 01	4 08	0 85	»	1 08	0 09	0 50	0 44	0 46	0 44	»	0 60
Aube	168,840	434,016	291,210	271,140	300	317,821	40,544	1,561,903	0 22	9 59	1 06	0 89	»	2 86	0 05	0 48	0 12	0 55	0 53	0 25	0 54
Haute-Marne	164,475	67,000	100,201	103,000	2,093	115,885	80,000	679,707	5 40	»	1 00	0 50	»	2 00	0 10	0 54	0 44	0 44	0 43	»	0 58
Meuse	344,640	282,700	221,470	160,670	6,140	485,240	50,510	1,603,509	7 60	0 40	1 40	0 90	0 20	1 19	0 08	0 43	0 40	0 44	0 46	0 30	0 63
Moselle	747,000	340,000	321,920	350,531	74,556	836,155	36,075	2,721,926	11 21	9 30	2 73	0 74	0 26	2 93	0 10	0 40	0 35	0 41	0 43	0 40	0 40
Meurthe	998,330	163,355	428,065	468,113	54,614	517,915	9,085	2,636,507	10 10	8 50	1 72	0 06	0 16	2 20	0 08	0 38	0 37	0 41	0 41	0 45	0 50
Vosges	463,620	84,425	159,271	63,510	3,012	284,925	2,515	1,087,474	6 61	5 03	1 05	0 46	0 17	1 52	0 09	0 37	0 30	0 31	0 36	0 29	0 42
Bas-Rhin	2,658,704	557,025	587,095	412,789	1,492	1,350,395	9,727	5,577,833	15 15	9 58	1 80	1 30	0 50	2 35	0 15	0 54	0 41	0 48	0 45	»	0 54
Haut-Rhin	724,500	102,645	221,110	100,855	»	273,900	31,539	1,454,839	10 54	3 94	0 52	0 38	»	1 37	0 10	0 40	0 33	0 39	0 30	»	0 50
Totaux, poids, droits d'octroi et prix moyens	7,482,061	2,515,200	2,818,077	2,180,242	139,406	5,371,561	988,147	21,573,786	9 40	7 52	1 56	0 77	0 25	2 50	0 09	0 45	0 30	0 41	0 41	0 38	0 51
Côte-d'Or	648,190	61,000	391,547	201,407	1,744	595,870	4,152	1,909,810	16 16	13 20	1 04	0 84	0 44	3 19	0 06	0 42	0 40	0 35	0 30	0 39	0 54
Haute-Saône	215,850	2,495	83,420	70,203	1,575	128,220	85,829	588,322	12 27	10 31	1 72	0 88	0 80	3 02	0 05	0 46	–	0 49	0 56	0 35	0 47
Doubs	681,017	20,400	206,211	145,367	3,808	456,618	2,070	1,505,318	23 50	6 04	2 71	1 55	0 40	3 21	0 10	0 12	0 38	0 40	0 50	»	0 53
Jura	386,054	44,300	182,110	56,032	3,740	199,380	12,380	883,628	18 57	8 61	1 31	0 93	0 25	2 68	0 10	0 41	0 30	0 10	0 13	0 35	0 46
Saône-et-Loire	447,300	82,100	428,575	225,815	23,300	581,000	38,983	1,831,723	12 11	10 97	1 20	0 85	0 30	3 16	0 07	0 41	0 34	0 40	0 40	0 30	0 47
Loire	105,600	60,650	130,155	89,535	10,360	118,875	5,160	553,144	11 10	11 56	1 75	0 81	0 35	3 00	0 03	0 37	0 35	0 37	0 36	0 35	0 40
Rhône	4,387,950	21,000	1,117,400	1,769,856	73,501	1,929,150	10,397	9,154,246	20 38	»	4 80	1 44	0 66	8 73	0 19	0 48	0 35	0 45	0 49	0 39	0 48
Ain	70,150	29,750	41,010	45,256	1,575	32,270	»	232,811	6 02	7 89	1 45	0 51	0 21	2 52	0 07	0 38	0 35	0 40	0 42	0 30	0 50
Isère	936,780	71,500	216,368	303,025	28,064	470,580	6,560	1,990,001	11 31	6 88	2 81	1 49	0 25	7 70	0 12	0 12	0 36	0 42	0 43	0 33	0 53
Totaux, poids, droits d'octroi et prix moyens	7,300,537	436,795	3,016,026	2,906,841	147,765	4,512,263	251,536	19,050,900	14 78	9 69	2 19	1 03	0 48	4 30	0 09	0 42	0 36	0 41	0 42	0 37	0 48
Haute-Loire	2,400	930,730	294,174	243,746	4,455	200,530	»	1,043,025	5 00	8 05	1 08	0 44	0 30	2 54	»	0 10	0 35	0 36	0 37	0 56	0 52
Ardèche	65,900	63,550	54,895	76,851	9,709	119,750	1,600	411,468	1 96	4 94	1 05	0 89	0 20	2 56	0 06	0 41	0 33	0 40	0 44	0 30	0 51
Drôme	301,940	70,350	64,090	137,733	50,260	325,396	1,089	1,020,274	15 38	11 68	9 60	1 45	0 41	4 74	0 11	0 41	0 49	0 41	0 43	0 42	0 66
Gard	795,394	96,558	100,110	1,329,550	303,084	876,131	31,570	3,533,006	18 21	10 77	5 05	1 07	0 67	0 41	0 10	0 43	0 31	0 88	0 50	0 66	0 58
Vaucluse	440,809	16,498	11,762	580,840	191,217	365,800	48,904	1,771,608	14 22	10 86	4 40	0 09	0 64	1 12	0 10	0 44	0 37	0 77	0 52	0 56	0 60
Basses-Alpes	50,916	8,810	10,113	137,489	28,875	119,830	10,986	378,930	15 80	7 36	2 78	1 23	0 41	6 81	0 09	0 36	0 25	0 40	0 49	0 43	0 51
Hautes-Alpes	93,500	23,300	73,300	129,745	18,040	63,900	1,539	403,937	12 46	6 19	2 15	1 49	0 18	3 49	0 11	0 39	0 30	0 24	0 40	0 40	0 46
Bouches-du-R.	1,394,360	155,670	35,252	2,126,430	313,682	470,140	82,253	4,604,113	10 85	16 41	13 04	1 63	0 70	13 41	0 09	0 41	0 37	1 04	0 47	0 58	0 63
Var	619,301	16,540	22,674	612,360	73,065	255,339	46,593	1,606,711	20 37	27 40	9 47	1 54	1 06	8 45	0 15	0 36	0 41	0 62	0 50	0 61	0 55
Totaux, poids, droits d'octroi et prix moyens	4,002,305	709,641	683,560	5,309,801	826,047	2,876,528	208,436	11,596,452	13 80	11 92	4 74	1 14	0 54	5 16	0 10	0 39	0 35	0 55	0 46	0 50	0 56
Corse	251,176	41,304	8,060	50,710	11,310	73,355	»	480,909	3 02	2 74	2 00	0 75	»	2 50	»	0 31	0 30	0 40	0 33	0 33	0 49

RÉCAPITULATION

DE LA CONSOMMATION ET DU PRIX DE LA VIANDE PENDANT L'ANNÉE 1816.

INDICATION des régions	Nombre de villes.	Population totale des villes dénommées.	Nombre des bestiaux abattus. Bœufs.	Vaches.	Veaux.	Moutons.	Agneaux et chevreaux.	Porcs.	Poids moyen en viande des bestiaux abattus (kilogrammes). Bœufs.	Vaches.	Veaux.	Moutons.	Agneaux et chevreaux.	Porcs.
									kil. d.	kil. d.	kil. d.	kil. d.	kil. d.	kil. d.
1re Nord-Ouest	49	368,341	23,483	26,329	146,414	143,560	25,364	96,773	205 24	144 13	27 40	15 21	8 36	94 69
2e Nord	57	1,153,040	107,703	45,181	106,718	463,282	5,776	138,636	310 99	211 31	47 54	21 81	6 02	89 75
3e Nord-Est	43	363,218	24,601	14,314	102,421	124,320	24,010	72,851	301 69	173 72	28 78	17 08	6 69	73 73
4e Ouest	38	341,012	13,624	3,988	78,021	159,739	30,303	34,587	287 73	170 98	33 94	14 27	4 »	104 45
5e Centre	31	265,741	10,214	11,587	65,083	75,786	17,900	30,071	220 39	103 71	27 75	14 64	9 09	73 83
6e Est	31	358,317	27,010	8,510	97,940	198,059	22,682	40,329	202 50	170 70	30 78	15 16	6 21	106 94
7e Sud-Ouest	30	312,967	16,834	1,828	51,109	84,324	69,304	49,491	307 98	178 66	41 88	15 71	5 86	103 66
8e Sud	36	273,182	6,793	4,342	41,700	160,903	62,415	33,496	272 27	152 55	47 78	15 89	6 44	101 63
9e Sud-Est	36	388,542	15,890	5,060	94,702	306,547	148,486	27,703	253 38	181 93	37 87	17 40	6 71	103 61
10e Corse	5	24,040	3,117	989	403	6,873	2,050	2,553	10 »	63 »	20 »	5 »	3 »	45 »
Totaux, poids, droits d'octroi et prix moyens...	356	3,922,369	249,288	116,127	798,709	1,063,385	416,776	457,564	258 26	180 54	35 90	17 63	6 05	92 25

INDICATION des régions	Quantités, en kilogrammes de viandes, provenant des bestiaux abattus d'après leur poids. Bœufs.	Vaches.	Veaux.	Moutons.	Agneaux et chevreaux.	Porcs.	apportées du dehors, soit en quartiers, soit dépecées.	TOTAL des quantités de viandes.
	kil.	kil.	kil.	kil.	kil.	kil.	kil.	kil.
1re Nord-Ouest	4,514,605	3,593,7[illegible]	3,587,309	2,182,989	213,511	2,718,549	236,125	17,086,918
2e Nord	33,495,306	9,746,[illegible]	4,685,33[illegible]	6,610,098	38,229	12,447,394	1,274,314	74,886,871
3e Nord-Est	7,122,088	2,415,9[illegible]	2,948,077	2,159,249	139,496	5,371,561	988,127	21,573,785
4e Ouest	3,930,015	516,0[illegible]	2,648,018	2,281,923	148,954	3,619,692	103,488	13,613,536
5e Centre	2,865,[illegible]	1,921,5[illegible]	1,806,85[illegible]	1,109,440	46,153	2,280,487	235,166	10,268,880
6e Est	7,500,637	408,1[illegible]	3,015,926	2,990,854	147,755	4,312,903	764,536	19,050,406
7e Sud-Ouest	5,106,620	326,[illegible]	2,096,339	1,378,27[illegible]	406,021	5,121,911	280,013	15,540,497
8e Sud	1,849,961	701,5[illegible]	1,992,791	2,557,404	389,009	3,400,200	98,078	10,202,577
9e Sud-Est	4,029,309	540,6[illegible]	853,000	5,392,801	996,017	2,876,349	308,436	14,036,458
10e Corse	284,470	41,3[illegible]	8,050	70,740	8,310	75,265	»	486,839
Totaux, poids, droits d'octroi et prix moyens...	71,378,330	20,[illegible]	28,621,451	29,163,672	2,543,013	42,416,818	3,731,582	298,685,650

INDICATION des régions	Droits d'octroi sur les bestiaux introduits sur pied, par tête, bœufs.	vaches.	veaux.	moutons.	agneaux et chevreaux.	porcs.	par la viande dépecée, par kil. de viande.	Prix des cinq hectogrammes ou de la livre de viande de bœufs.	vaches.	veaux.	moutons.	agneaux et chevreaux.	porcs.	Consommation moyenne par individu.
	fr. c.	fr. c.	fr. c.	fr. c.	fr. c.	fr. c.	fr. c.	fr. c.	fr. c.	fr. c.	fr. c.	fr. c.	fr. c.	kil.
1re Nord-Ouest	8 38	5 40	1 05	0 69	0 43	2 84	0 08	0 30	0 28	0 33	0 35	0 35	0 47	46 63
2e Nord	12 29	8 19	2 34	1 12	0 80	3 52	0 08	0 50	0 43	0 54	0 50	0 50	0 61	63 78
3e Nord-Est	0 40	7 52	1 50	0 77	0 23	2 50	0 09	0 45	0 39	0 44	0 44	0 39	0 54	56 29
4e Ouest	14 87	12 56	2 17	0 28	0 28	3 83	0 08	0 38	0 31	0 38	0 38	0 38	0 42	47 29
5e Centre	9 24	7 42	1 40	0 75	0 45	2 84	0 07	0 39	0 36	0 40	0 41	0 36	0 47	35 94
6e Est	14 78	9 60	2 19	1 02	0 48	4 20	0 09	0 42	0 30	0 41	0 42	0 37	0 49	53 16
7e Sud-Ouest	15 47	9 10	4 24	1 10	0 42	4 94	0 09	0 34	0 22	0 46	0 46	0 45	0 48	49 73
8e Sud	13 58	9 03	3 71	1 17	0 46	3 70	0 10	0 31	0 29	0 44	0 46	0 35	0 51	[illegible]
9e Sud-Est	13 50	11 02	4 74	1 14	0 51	5 1[illegible]	0 10	0 39	0 35	0 57	0 48	0 50	0 50	38 43
10e Corse	3 06	3 75	2 00	0 75	»	2 39	»	0 31	0 30	0 40	0 33	0 22	0 49	20 23
Totaux, poids, droits d'octroi et prix moyens...	12 34	9 70	2 50	0 98	0 47	3 72	0 09	0 40	0 34	0 43	0 42	0 39	0 51	50 71

RÉGIONS.	DÉPARTEMENTS.	VILLES. Nombre.	VILLES. Noms.	NOMBRE DE BESTIAUX ABATTUS. Bœufs.	Vaches.	Veaux.	Moutons.	Agneaux et chevreaux.	Porcs.	POIDS MOYEN EN VIANDE DES BESTIAUX ABATTUS (KILOGRAMMES). Bœufs. k. d.	Vaches. k. d.	Veaux. k. d.	Moutons. k. d.	Agneaux et chevreaux. k. d.	Porcs. k. d.
1re Nord-Ouest.	Finistère	5	Brest, Châteaulin, Morlaix, Quimper, Quimperlé	5,976	5,125	26,910	11,100	2,040	4,635	207 »	131 »	25 »	18 »	7 »	108 »
	Côtes-du-Nord	5	Saint-Brieuc, Dinan, Guingamp, Lannion, Loudéac	2,030	3,398	11,365	16,020	1,644	2,519	175 »	111 »	31 »	17 »	8 »	103 »
	Morbihan	4	Vannes, Lorient, Pontivy, Ploërmel	3,100	698	15,450	7,090	8,904	1,807	155 »	73 »	21 »	19 »	6 »	97 »
	Ille-et-Vilaine	6	Rennes, Saint-Malo, Montfort, Redon, Vitré, Fougères	5,111	4,844	47,022	30,400	5,303	5,521	170 »	100 »	41 »	12 »	7 »	76 »
	Manche	6	Saint-Lô, Avranches, Cherbourg, Coutances, Mortain, Valognes	1,513	1,406	8,416	20,288	1,205	3,440	265 »	101 »	30 »	14 »	8 »	118 »
	Calvados	6	Bayeux, Caen, Falaise, Lisieux, Pont-l'Évêque, Vire	3,591	2,062	18,260	24,349	1,310	3,158	271 »	202 »	33 »	18 »	11 »	101 »
	Orne	4	Alençon, Argentan, Domfront, Mortagne	1,035	1,554	7,862	15,237	1,038	1,251	200 »	159 »	31 »	17 »	12 »	111 »
	Mayenne	3	Laval, Mayenne, Château-Gontier	1,022	451	6,742	6,361	720	2,494	250 »	150 »	25 »	20 »	7 »	112 »
	Sarthe	4	Le Mans, Mamers, La Flèche, Saint-Calais	801	1,621	8,849	11,700	975	2,657	219 »	100 »	30	16 »	10 »	95 »
	Total, poids, droits d'octroi et prix moyens	43	…	24,210	23,209	146,032	152,132	23,919	19,857	209 86	140 97	25 79	15 16	9 30	96 »
4e Ouest.	Loire-Inférieure	5	Nantes, Ancenis, Châteaubriant, Paimbœuf, Savenay	3,396	698	26,610	27,221	138	8,373	231 »	142 »	28 »	18 »	5 »	97 »
	Maine-et-Loire	5	Angers, Baugé, Beaupréau, Saumur, Segré	2,077	673	15,714	19,120	645	5,513	298 »	190 »	30 »	15 »	9 »	93 »
	Indre-et-Loire	3	Tours, Loches, Chinon	1,677	403	12,326	19,747	1,754	4,200	277 »	223 »	31 »	15 »	6 »	48 »
	Vendée	3	Bourbon-Vendée, Fontenay, Les Sables	739	72	5,530	6,637	91	1,321	300 »	175 »	30 »	17 »	8 »	115 »
	Charente-Inférieure	6	La Rochelle, Rochefort, Saintes, Saint-Jean-d'Angély, Marennes, Jonzac	2,743	»	8,672	12,537	6,950	4,907	302 »	»	35 »	19 »	8 »	130 »
	Deux-Sèvres	4	Niort, Melle, Bressuire, Parthenay	760	36	1,943	4,353	5,715	1,811	272 »	162 »	25 »	10 »	4 »	102 »
	Charente	5	Angoulême, Barbezieux, Cognac, Confolens, Ruffec	1,480	5	4,983	5,955	3,479	3,310	304 »	155 »	39 »	19 »	5 »	105 »
	Vienne	5	Poitiers, Châtellerault, Loudun, Montmorillon, Civray	1,533	610	5,711	11,034	11,288	4,178	316 »	225 »	12 »	15 »	3 »	81 »
	Haute-Vienne	4	Bellac, Rochechouart, Saint-Yrieix, Limoges	402	2,056	7,419	71,388	10,475	5,008	258 »	152 »	28 »	10 »	3 »	77 »
	Total, poids, droits d'octroi et prix moyens	40	…	14,883	4,553	91,106	178,158	43,252	30,077	268 70	172 81	31 90	13 81	4 32	95 »
7e Sud-Ouest.	Gironde	4	Bordeaux, Libourne, Blaye, La Réole	8,130	615	13,505	31,660	27,388	14,709	350 »	230 »	59 »	25 »	5 »	93 »
	Dordogne	5	Bergerac, Nontron, Périgueux, Ribérac, Sarlat	858	102	3,141	5,600	431	4,354	280 »	184 »	15 »	11 »	3 »	69 »
	Lot-et-Garonne	4	Agen, Marmande, Nérac, Villeneuve	961	171	5,451	2,064	3,293	3,464	318 »	193 »	50 »	20 »	7 »	125 »
	Landes	3	Mont-de-Marsan, Saint-Sever, Dax	922	»	1,280	3,102	7,391	1,305	257 »	»	27 »	12 »	4 »	108 »
	Gers	5	Auch, Condom, Lectoure, Lombez, Mirande	101	68	1,738	819	3,115	1,301	273 »	141 »	15 »	14 »	5 »	96 »
	Basses-Pyrénées	5	Pau, Oloron, Mauléon, Bayonne, Orthez	2,918	571	7,981	6,100	11,758	14,272	250 »	145 »	25 »	12 »	4 »	112 »
	Hautes-Pyrénées	3	Tarbes, Bagnères, Argelès	250	223	5,551	3,091	2,600	1,394	301 »	173 »	69 »	13 »	7 »	110 »
	Haute-Garonne	4	Toulouse, Muret, Saint-Gaudens, Villefranche	4,384	50	10,175	29,730	18,178	8,467	304 »	75 »	43 »	14 »	5 »	116 »
	Ariège	3	Foix, Pamiers, Saint-Girons	812	289	2,535	947	1,866	1,387	239 »	126 »	38 »	15 »	4 »	122 »
	Total, poids, droits d'octroi et prix moyens	36	…	18,829	2,085	54,277	88,552	70,631	59,084	303 28	176 86	32 53	16 51	5 14	107 »

DÉPARTEMENTS.	QUANTITÉS DE KILOGRAMMES DE VIANDES PROVENANT DES BESTIAUX ABATTUS D'APRÈS LEUR POIDS. Bœufs. kil.	Vaches. kil.	Veaux. kil.	Moutons. kil.	Agneaux et chevreaux. kil.	Porcs. kil.	Apportées du dehors, soit en quartiers, soit dépecées. kil.	TOTAL des quantités de viandes. kil.	DROITS D'OCTROI sur les bestiaux introduits sur pied, par tête: bœufs. fr. c.	vaches. fr. c.	veaux. fr. c.	moutons. fr. c.	agneaux et chevreaux. fr. c.	porcs. fr. c.	sur la viande des quartiers, par kil. de viande. fr. c.	PRIX DES 5 HECTOGRAMMES OU DE LA LIVRE DE VIANDE de bœuf. fr. c.	vache. fr. c.	veau. fr. c.	mouton. fr. c.	agneaux et chevreaux. fr. c.	porc. fr. c.
Finistère	1,239,900	671,731	535,700	201,132	14,793	501,675	38,237	3,212,391	9 81	4 73	0 81	0 53	0 30	2 56	0 05	0 31	0 27	0 31	0 38	0 40	0 43
Côtes-du-Nord	355,865	375,120	350,185	265,900	12,686	271,725	»	1,044,131	3 88	1 84	0 27	0 27	0 21	1 09	»	0 36	0 28	0 32	0 31	0 38	0 52
Morbihan	465,200	51,250	334,008	149,387	71,912	172,035	50,840	1,282,622	12 00	5 31	0 80	0 80	0 33	3 06	0 10	0 36	0 22	0 26	0 31	0 29	0 55
Ille-et-Vilaine	868,540	486,450	902,820	367,500	60,900	422,280	26,246	3,226,865	7 50	4 50	1 00	0 51	0 25	2 80	0 08	0 08	0 26	0 28	0 28	0 29	0 57
Manche	400,586	285,850	252,874	300,782	10,708	405,920	58,363	1,749,202	10 54	15 54	1 34	0 81	0 86	5 81	0 07	0 44	0 41	0 39	0 31	0 50	0 47
Calvados	955,400	423,800	612,441	460,011	14,671	549,730	20,698	3,430,701	14 98	10 47	1 08	1 26	0 62	3 61	0 10	0 41	0 40	0 30	0 46	0 40	0 43
Orne	170,120	247,275	210,930	258,132	13,047	149,325	10,904	1,161,743	6 07	5 04	0 88	0 40	0 12	2 91	0 01	0 10	0 35	0 36	0 37	0 33	0 43
Mayenne	455,500	67,650	174,886	118,198	7,288	240,740	8,733	860,125	12 36	8 38	1 28	1 44	0 13	3 80	0 14	0 42	0 35	0 37	0 40	0 30	0 45
Sarthe	129,476	260,170	266,664	177,165	10,070	252,105	23,510	1,180,536	6 84	7 43	1 68	0 84	0 97	3 14	0 06	0 37	0 35	0 34	0 37	0 29	0 44
Total, poids, droits d'octroi et prix moyens	5,003,036	3,240,338	3,760,176	2,297,580	220,671	2,025,855	214,061	17,807,920	10 06	7 02	1 10	0 77	0 43	3 48	0 07	0 42	0 32	0 33	0 36	0 36	0 50
Loire-Inférieure	787,900	97,175	721,901	515,008	690	815,190	89,763	3,030,773	23 67	12 00	2 87	1 43	»	7 81	0 11	0 37	0 29	0 31	0 30	0 11	0 35
Maine-et-Loire	610,780	128,460	478,545	295,260	5,814	511,810	9,963	2,039,749	13 85	16 56	2 16	0 56	0 34	4 54	0 07	0 37	0 38	0 37	0 38	0 38	0 37
Indre-et-Loire	464,325	89,850	382,120	300,086	10,976	370,048	19,549	1,638,834	9 91	6 00	1 82	0 71	0 10	3 51	0 00	0 40	0 37	0 40	0 40	0 33	0 53
Vendée	221,760	12,600	165,900	112,591	752	151,915	947	666,465	13 14	10 00	1 73	0 62	0 25	2 87	0 05	0 37	0 30	0 37	0 38	0 37	0 48
Charente-Inférieure	824,210	»	303,565	235,840	56,664	594,010	121,066	2,114,355	18 35	»	2 58	1 31	0 34	4 45	0 09	0 35	»	0 30	0 39	0 30	0 45
Deux-Sèvres	105,920	5,835	125,018	68,398	22,650	185,420	32,179	646,860	20 81	15 69	2 75	1 48	0 17	4 36	0 10	0 35	0 31	0 35	0 36	0 18	0 37
Charente	448,000	1,180	198,100	111,932	18,135	347,400	17,577	1,145,573	13 71	»	2 75	1 85	0 15	3 04	0 04	0 36	»	0 16	0 40	0 35	0 48
Vienne	478,875	130,305	241,170	176,105	49,771	377,155	25,838	1,486,300	10 00	6 30	1 48	0 03	0 16	3 10	0 06	0 41	0 32	0 40	0 30	»	0 46
Haute-Vienne	103,667	313,103	280,026	654,657	31,335	402,889	1,085	1,760,162	11 50	6 40	2 63	0 73	»	3 04	0 06	0 30	0 29	0 27	0 25	0 30	0 38
Total, poids, droits d'octroi et prix moyens	4,313,067	786,047	2,907,013	2,470,251	187,307	3,786,843	314,256	11,790,034	15 00	10 53	2 35	1 04	0 27	4 20	0 08	0 38	0 34	0 37	0 37	0 34	0 42
Gironde	2,844,355	118,000	790,800	866,410	128,781	2,324,510	89,750	7,195,316	41 38	18 00	6 44	1 73	0 57	6 77	0 11	0 30	0 25	0 40	0 50	0 81	0 59
Dordogne	240,340	18,760	141,300	61,251	1,663	300,620	6,586	880,160	14 70	1 38	2 51	0 63	0 16	2 39	0 03	0 35	0 31	0 34	0 36	»	0 33
Lot-et-Garonne	42,850	33,040	361,305	41,210	24,238	424,491	3,391	990,658	12 18	7 08	3 48	1 07	0 50	3 23	0 08	0 20	0 18	0 42	0 42	0 34	0 41
Landes	237,575	»	35,200	40,244	34,466	161,500	62,010	577,665	13 43	»	3 10	1 10	0 22	3 09	0 04	0 31	»	0 34	0 36	0 33	0 51
Gers	109,840	9,815	217,800	12,104	18,034	134,105	16,108	517,222	22 36	15 79	4 19	1 26	0 50	5 10	0 16	0 32	0 20	0 39	0 39	0 40	0 39
Basses-Pyrénées	708,856	83,020	371,858	81,516	48,732	1,300,940	20,861	2,616,933	8 46	5 19	2 87	0 00	0 25	2 44	0 05	0 34	0 23	0 31	0 31	0 29	0 42
Hautes-Pyrénées	74,000	38,710	384,870	51,819	19,926	127,550	2,751	766,986	12 04	6 76	4 30	0 88	0 36	4 73	0 08	0 30	0 23	0 31	0 29	0 33	0 51
Haute-Garonne	1,336,965	3,750	441,396	143,470	109,761	983,909	77,056	3,396,950	22 65	9 00	8 40	1 06	0 37	7 37	0 10	0 35	0 40	0 52	0 48	0 45	0 59
Ariège	193,646	36,640	97,200	14,106	8,873	170,369	4,050	524,658	12 70	9 57	2 82	1 50	0 32	2 68	0 05	0 27	0 20	0 3[illegible]	0 36	0 37	0 38
Total, poids, droits d'octroi et prix moyens	5,883,437	355,635	2,867,718	1,042,059	353,747	6,087,059	284,[illegible]	17,107,167	15 50	9 35	3 01	1 24	0 43	4 42	0 08	0 31	0 21	0 39	0 40	0 42	0 43

Nota. Les villes dont le nom est en italique, sont celles où, en 1820, on ne percevait pas de droits d'octroi sur les bestiaux.

RÉGIONS.	DÉPARTEMENTS.	VILLES. Nombre.	VILLES. Noms.	NOMBRE DE BESTIAUX ABATTUS. Bœufs.	Vaches.	Veaux.	Moutons.	Agneaux et chevreaux.	Porcs.	POIDS MOYEN EN VIANDE DES BESTIAUX ABATTUS (KILOGRAMMES). Bœufs.	Vaches.	Veaux.	Moutons.	Agneaux et chevreaux.	Porcs.
										k. d.	k. d.	k. d.	k. d.	k. d.	k. d.
2e Nord.	Nord	8	Dunkerque, Hazebrouck, Lille, Roubaix, Tourcoing, Cambrai, Douai, Valenciennes.	9,855	5,167	20,606	23,057	53	12,533	275 »	220 »	43 »	18 »	12 »	71 »
	Pas-de-Calais	7	Arras, Béthune, Boulogne, Calais, Montreuil, Saint-Omer, Saint-Pol.	1,410	7,456	15,629	17,302	374	6,194	253 »	179 »	44 »	22 »	10 »	70 »
	Somme	5	Amiens, Abbeville, Péronne, Montdidier, Doullens.	1,142	5,627	10,971	17,414	420	7,400	278 »	217 »	34 »	24 »	10 »	78 »
	Seine-Inférieure	6	Dieppe, Le Havre, Neufchâtel, Rouen, Elbeuf, Yvetot.	7,747	6,530	17,166	36,578	109	6,715	279 »	218 »	44 »	22 »	10 »	80 »
	Oise	4	Beauvais, Clermont, Compiègne, Senlis.	1,490	550	4,091	7,771	1,517	3,001	293 »	170 »	50 »	18 »	8 »	81 »
	Aisne	5	Laon, Saint-Quentin, Vervins, Soissons, Château-Thierry.	1,937	1,405	8,001	8,101	2,365	4,687	284 »	177 »	31 »	18 »	4 »	61 »
	Eure	5	Andelys, Bernay, Évreux, Louviers, Pont-Audemer.	1,002	2,760	6,414	11,856	184	2,036	231 »	216 »	54 »	17 »	10 »	92 »
	Eure-et-Loir	4	Chartres, Châteaudun, Dreux, Nogent-le-Rotrou.	1,505	1,663	9,698	6,194	»	2,956	259 »	136 »	41 »	16 »	» »	76 »
	Seine-et-Oise	7	Mantes, Pontoise, Versailles, Saint-Germain, Corbeil, Étampes, Rambouillet.	6,011	391	19,120	29,651	27	8,135	495 »	178 »	35 »	15 »	» 5	61 »
	Seine. Paris(*)	2	Paris, Saint-Denis.	71,889	8,783	67,322	319,402	»	72,814	337 50	230 »	60 »	22 50	» »	100 »
	Seine. Saint-Denis			1,078	151	1,060	3,322	»	788	337 50	230 »	60 »	22 50	» »	79 »
	Seine-et-Marne	5	Coulommiers, Fontainebleau, Meaux, Melun, Provins.	2,321	1,449	11,546	18,331	266	4,837	306 »	171 »	32 »	15 »	6 »	66 »
	TOTAL, poids, droits d'octroi et prix moyens	58	....	108,808	40,733	193,386	502,075	5,302	136,094	319 03	204 94	47 51	21 74	6 80	90 »
6e Centre.	Loir-et-Cher	3	Blois, Romorantin, Vendôme.	1,486	157	6,941	5,604	850	3,231	217 »	170 »	20 »	15 »	8 »	60 »
	Loiret	4	Orléans, Pithiviers, Montargis, Gien.	2,309	2,621	10,566	8,019	47	5,650	220 »	152 »	32 »	11 »	12 »	56 »
	Yonne	5	Auxerre, Avallon, Joigny, Sens, Tonnerre.	1,652	1,510	13,038	12,708	»	3,101	214 »	140 »	26 »	15 »	» »	65 »
	Indre	3	Châteauroux, Issoudun, La Châtre.	576	1,400	3,257	5,536	7,300	3,003	255 »	150 »	22 »	14 »	» 2	81 »
	Cher	3	Bourges, Vierzon, Saint-Amand.	1,037	1,202	6,140	4,306	»	3,000	325 »	170 »	25 »	14 »	» »	62 »
	Nièvre	4	Cosne, Clamecy, Château-Chinon, Nevers.	1,329	900	6,757	13,759	510	3,099	283 »	170 »	21 »	14 »	» 2	71 »
	Creuse	3	Bourganeuf, Aubusson, Guéret.	150	410	4,000	1,750	3,100	1,650	233 »	160 »	27 »	12 »	» 3	55 »
	Allier	3	Moulins, Montluçon, La Palisse.	1,885	598	7,076	12,500	1,228	3,826	361 »	240 »	33 »	15 »	» 4	111 »
	Puy-de-Dôme	5	Clermont, Ambert, Thiers, Riom, Issoire.	1,341	2,532	16,651	19,304	3,698	4,562	250 »	171 »	20 »	15 »	» 2	101 »
	TOTAL, poids, droits d'octroi et prix moyens	33	....	12,028	11,656	74,774	84,580	15,127	32,391	272 36	156 12	26 25	14 48	2 90	80 0
8e Sud.	Corrèze	2	Tulle, Ussel.	283	219	2,811	5,306	600	1,044	287 »	125 »	38 »	17 »	9 »	80 »
	Cantal	4	Mauriac, Murat, Saint-Flour, Aurillac.	477	517	11,261	15,086	2,857	1,538	292 »	176 »	39 »	16 »	4 »	115 »
	Lot	3	Cahors, Gourdon, Figeac.	778	6	3,248	4,725	1,750	2,200	260 »	180 »	10 »	15 »	3 »	133 »
	Aveyron	5	Espalion, Milhau, Saint-Affrique, Rodez, Villefranche.	320	411	5,830	20,005	16,110	4,250	288 »	186 »	12 »	15 »	4 »	190 »
	Lozère	3	Mende, Florac, Marvejols.	141	107	2,750	8,312	1,430	1,130	195 »	131 »	24 »	17 »	4 »	110 »
	Tarn-et-Garonne	2	Moissac, Montauban.	505	38	2,356	3,074	1,918	5,082	352 »	200 »	52 »	17 »	8 »	96 »
	Tarn	4	Albi, Castres, Gaillac, Lavaur.	316	212	5,130	2,603	1,278	4,326	263 »	179 »	31 »	10 »	5 »	119 »
	Hérault	5	Montpellier, Béziers, Lodève, Saint-Pons, Cette.	1,311	1,575	6,105	82,928	20,390	5,206	231 »	150 »	72 »	16 »	7 »	94 »
	Aude	4	Carcassonne, Castelnaudary, Limoux, Narbonne.	270	330	3,115	11,010	9,900	3,946	271 »	208 »	33 »	17 »	8 »	108 »
	Pyrénées-Orientales	3	Perpignan, Céret, Prades.	1,975	600	626	13,265	7,597	1,801	206 »	145 »	54 »	14 »	8 »	80 »
	TOTAL, poids, droits d'octroi et prix moyens	35	....	6,974	4,370	43,201	167,819	64,139	33,609	271 72	177 08	47 81	16 25	6 16	105 2

DÉPARTEMENTS.	QUANTITÉS DE KILOGRAMMES DE VIANDES PROVENANT DES BESTIAUX ABATTUS D'APRÈS LEUR POIDS. Bœufs.	Vaches.	Veaux.	Moutons.	Agneaux et chevreaux.	Porcs.	Apportées du dehors, soit en quartiers, soit dépecées.	TOTAL des quantités de viandes.	DROITS D'OCTROI SUR LES BESTIAUX INTRODUITS SUR PIED, par tête. Bœufs.	Vaches.	Veaux.	Moutons.	Agneaux et chevreaux.	Porcs.	Sur la viande dépecée, par kil. de viande.	PRIX DES 5 HECTOGRAMMES OU DE LA LIVRE DE VIANDE de Bœufs.	Vaches.	Veaux.	Moutons.	Agneaux et chevreaux.	Porcs.
	kil.	kil.	kil.	kil.	kil.	kil.	kil.	kil.	fr. c.	fr. c.	fr. c.	fr. c.	fr. c.	fr. c.	fr. c.	fr. c.	fr. c.	fr. c.	fr. c.	fr. c.	fr. c.
Nord	2,715,112	1,138,734	908,090	689,855	650	807,720	92,255	6,460,336	13 21	8 96	2 51	1 86	1 77	3 37	0 11	0 51	0 47	0 51	0 51	0 53	0 57
Pas-de-Calais	408,309	1,331,610	601,560	377,018	3,739	812,464	139,304	3,706,867	6 43	6 85	1 43	1 06	0 85	3 35	0 05	0 48	0 51	0 51	0 53	0 50	0 51
Somme	317,020	1,365,640	375,060	413,003	4,100	674,732	37,580	2,987,085	10 00	8 67	1 50	1 32	0 53	4 66	0 10	0 58	0 52	0 51	0 54	0 66	0 63
Seine-Inférieure	2,161,380	1,159,306	779,137	795,830	1,000	590,615	128,710	5,900,903	23 60	18 00	3 64	2 09	1 20	6 27	0 09	0 50	0 48	0 55	0 50	1 00	0 62
Oise	437,107	95,050	231,930	141,266	13,154	247,607	38,017	1,211,031	10 36	6 75	1 04	0 90	0 28	2 07	0 05	0 54	0 43	0 50	0 51	0 50	0 68
Aisne	561,193	249,350	209,380	153,378	10,212	382,380	196,300	1,774,243	10 04	5 48	1 26	0 76	0 10	2 95	0 05	0 47	0 37	0 41	0 45	0 58	0 61
Eure	381,175	595,875	347,470	109,520	1,810	187,330	84,478	1,807,658	5 70	4 57	1 16	0 90	0 80	2 33	0 07	0 43	0 46	0 44	0 46	0 50	0 57
Eure-et-Loir	448,460	221,350	394,203	98,142	»	230,095	30,050	1,427,206	0 18	6 15	1 03	0 85	»	2 77	0 06	0 45	0 38	0 44	0 41	»	0 50
Seine-et-Oise	1,014,100	176,000	687,560	440,617	135	610,365	56,875	3,960,691	11 31	5 00	1 93	0 67	0 60	4 02	0 00	0 50	0 45	0 55	0 40	0 45	0 60
Paris(*)	24,262,537	1,660,090	4,042,920	7,181,145	»	7,281,400	1,232,914	45,604,006	30 60	25 50	10 15	2 41	»	8 90	0 22	0 49	0 40	0 56	0 56	»	0 80
Saint-Denis	363,635	35,305	63,600	116,745	»	55,160	4,601	641,046	0 80	3 60	1 00	0 50	»	1 00	0 03	0 45	0 42	0 60	0 50	»	0 60
Seine-et-Marne	708,860	612,375	376,163	255,919	1,330	321,300	60,148	2,610,935	2 25	7 86	1 31	0 60	0 60	2 72	0 01	0 47	0 29	0 50	0 47	0 75	0 58
TOTAL, poids, droits d'octroi et prix moyens	34,713,588	8,346,724	9,104,513	10,965,654	36,543	12,300,068	2,072,477	77,030,907	13 07	8 93	2 43	1 11	0 79	2 80	0 09	0 49	0 44	0 51	0 50	0 61	0 59
Loir-et-Cher	368,050	26,690	183,815	86,189	2,000	240,930	13,427	921,304	7 33	5 00	1 15	0 60	0 25	3 75	0 01	0 43	0 40	0 43	0 44	0 45	0 50
Loiret	525,875	394,700	350,120	114,479	564	371,580	31,401	1,809,782	11 54	7 81	2 00	1 30	0 50	3 78	0 10	0 40	0 36	0 39	0 46	0 35	0 51
Yonne	403,825	226,850	335,195	191,337	»	225,650	90,150	1,483,007	0 35	»	1 58	0 78	»	3 70	0 10	0 38	0 35	0 37	0 38	0 40	0 54
Indre	147,210	100,847	72,885	57,758	14,016	249,735	1,349	643,750	9 05	5 85	1 76	0 62	0 30	3 47	0 06	0 30	0 36	0 44	0 42	0 10	0 39
Cher	333,700	218,100	153,500	61,410	»	190,740	5,612	963,332	12 31	7 79	1 61	0 90	»	3 20	0 09	0 39	0 32	0 31	0 41	»	0 39
Nièvre	377,550	153,000	145,882	201,184	1,080	223,000	6,600	1,108,296	6 09	8 77	1 26	0 77	0 80	2 42	0 06	0 43	0 38	0 40	0 40	0 20	0 52
Creuse	38,250	65,600	109,000	21,375	7,050	91,000	21,000	348,100	»	»	»	»	»	»	»	0 34	0 27	0 31	0 29	0 22	0 32
Allier	681,000	147,560	285,610	190,895	4,084	644,170	1,600	1,920,136	8 50	0 12	1 43	0 57	»	2 70	0 05	0 32	0 25	0 32	0 33	0 12	0 52
Puy-de-Dôme	331,075	472,400	476,210	288,899	7,573	471,380	37,157	2,084,500	0 85	0 07	1 11	1 35	0 28	1 65	0 08	0 43	0 42	0 41	0 43	0 38	0 44
TOTAL, poids, droits d'octroi et prix moyens	3,276,000	1,819,747	2,112,217	1,213,514	37,807	2,301,847	210,662	11,371,804	9 08	6 87	1 45	0 86	0 43	2 07	0 07	0 39	0 31	0 30	0 40	0 20	0 40
Corrèze	138,465	31,000	90,140	107,020	1,000	89,160	1,617	460,002	9 16	1 50	1 17	0 65	0 05	1 68	0 00	0 30	0 25	0 32	0 32	0 25	0 37
Cantal	86,950	111,406	437,085	249,001	12,029	208,475	2,304	1,158,843	7 24	4 02	1 01	0 34	»	2 25	»	0 30	0 30	0 28	0 34	0 14	0 40
Lot	307,000	1,080	130,150	71,010	5,300	300,000	11,870	758,210	20 32	21 00	5 70	2 29	0 15	3 93	0 10	0 33	0 30	0 45	0 41	0 31	0 47
Aveyron	94,720	76,280	288,735	306,005	71,645	511,050	1,538	1,317,006	10 73	7 74	4 07	0 96	0 10	3 88	0 09	0 33	0 27	0 41	0 38	0 22	0 41
Lozère	27,490	19,180	67,475	140,416	6,200	158,100	5,300	430,531	3 09	0 00	2 00	1 00	»	3 50	0 10	0 35	0 20	0 37	0 47	0 27	0 47
Tarn-et-Garonne	177,015	76,000	122,050	61,303	18,804	549,270	863	1,005,275	20 15	10 00	4 00	1 67	0 32	4 37	0 15	0 30	0 25	0 45	0 45	0 30	0 43
Tarn	84,175	38,101	263,600	41,332	7,240	510,840	8,544	951,414	15 53	9 75	6 74	1 72	0 80	4 06	0 10	0 34	0 21	0 48	0 44	0 48	0 45
Hérault	304,814	237,330	445,013	1,303,599	154,312	874,864	60,020	3,410,048	15 35	12 48	6 57	1 53	0 78	6 42	0 18	0 42	0 38	0 61	0 48	0 48	0 62
Aude	308,763	68,571	166,011	198,678	80,868	429,411	7,903	1,303,236	18 11	14 49	7 01	1 74	0 37	5 14	0 11	0 38	0 29	0 37	0 35	0 38	0 51
Pyrénées-Orientales	581,246	57,120	33,622	191,257	55,533	143,410	»	1,038,112	17 61	8 29	4 55	0 99	0 50	3 81	0 08	0 30	0 31	0 40	0 41	0 45	0 78
TOTAL, poids, droits d'octroi et prix moyens	1,895,840	779,373	2,074,026	2,737,941	414,664	3,175,590	99,829	11,755,390	14 38	9 99	4 31	1 67	0 47	3 86	0 14	0 34	0 28	0 45	0 43	0 33	0 50

(*) Le prix de la viande à Paris est celui des ventes faites aux marchés. Dans les autres ventes en ville par les bouchers, les prix sont supérieurs, et pour le bœuf, par exemple, le taux moyen s'y tient généralement [illegible] les 5 hectogrammes.

RÉGIONS.	DÉPARTEMENTS.	VILLES. Nombre.	VILLES. Noms.	NOMBRE DE BESTIAUX ABATTUS. Bœufs.	Vaches.	Veaux.	Moutons.	Agneaux et chevreaux.	Porcs.	POIDS MOYEN EN VIANDE DES BESTIAUX ABATTUS (kilogrammes). Bœufs.	Vaches.	Veaux.	Moutons.	Agneaux et chevreaux.	Porcs.
										k. d.	k. d.	k. d.	k. d.	k. d.	k. d.
3e Nord-Est.	Ardennes	6	Charleville, Mézières, Rocroy, Rethel, Sedan, Vouziers	1,906	1,917	9,250	6,029	117	1,880	270 »	157 »	34 »	16 »	4 »	89 »
	Marne	4	Châlons, Épernay, Reims, Vitry-le-Français	2,132	2,066	9,751	7,452	410	6,005	271 »	171 »	44 »	18 »	7 »	30 »
	Aube	5	Troyes, Arcis, Bar-sur-Aube, Bar-sur-Seine, Nogent	671	3,394	13,029	15,955	150	4,960	258 »	136 »	22 »	15 »	3 »	79 »
	Haute-Marne	3	Chaumont, Vassy, Langres	797	711	6,533	9,177	109	1,670	276 »	147 »	26	14 »	7 »	74 »
	Meuse	4	Bar-le-Duc, Commercy, Montmédy, Verdun	1,101	1,329	7,771	9,840	919	5,257	231 »	158 »	29 »	16 »	9 »	53 »
	Moselle	4	Metz, Briey, Thionville, Sarreguemines	3,009	1,875	10,004	14,760	11,007	11,865	299 »	174 »	29 »	19 »	5 »	72 »
	Meurthe	5	Nancy, Lunéville, Toul, Château-Salins, Sarrebourg	3,471	901	16,432	16,672	7,717	9,317	331 »	177 »	29 »	17 »	6 »	85 »
	Vosges	5	Épinal, Mirecourt, Neufchâteau, Remiremont, Saint-Dié	1,334	901	8,719	5,568	1,817	5,253	255 »	150 »	24 »	13 »	1 »	71 »
	Bas-Rhin	4	Saverne, Schelestadt, Strasbourg, Wissembourg	8,183	1,593	21,941	11,207	123	19,155	345 »	227 »	29 »	21	6	61 »
	Haut-Rhin	4	Altkirch, Belfort, Colmar, Mulhouse	2,698	217	13,265	6,306		6,012	236 »	256 »	32 »	20 »	1 »	89 »
	Totaux, poids, droits d'octroi et prix moyens	41		25,698	14,832	116,094	105,457	23,239	71,813	306 87	169 31	29 41	17 35	5 68	74 »
6e Est.	Côte-d'Or	4	Beaune, Châtillon, Dijon, Semur	2,704	676	10,910	12,574	111	7,065	259 »	138 »	27 »	16 »	6 »	102 »
	Haute-Saône	3	Gray, Lure, Vesoul	961	15	4,186	3,280	600	2,396	214	136 »	22 »	15 »	3 »	83 »
	Doubs	3	Besançon, Montbéliard, Pontarlier	2,113	146	8,632	8,007	107	4,521	315 »	200 »	33 »	15 »	4 »	85 »
	Jura	4	Dôle, Poligny, Lons-le-Saulnier, Saint-Claude	1,130	257	8,881	6,095	1,201	2,845	250 »	107 »	28 »	12	3 »	92 »
	Saône-et-Loire	5	Autun, Chalon, Charolles, Louhans, Mâcon	1,819	601	10,847	13,114	7,169	7,381	274 »	179 »	23 »	15 »	4	84 »
	Loire	3	Montbrison, Roanne, Saint-Étienne	2,926	384	14,870	38,610	925	5,392	426 »	218 »	37 »	22 »	12 »	141 »
	Rhône	1	Lyon, La Croix-Rousse, La Guillotière, Villefranche	11,511	100	30,619	137,845	6,406	13,674	313 »	162 »	39 »	14 »	7 »	116 »
	Ain	4	Bourg, Belley, Gex, Trévoux	612	333	7,235	6,730	574	1,635	223 »	124 »	27 »	18 »	4 »	101 »
	Isère	4	Grenoble, Vienne, Tour-du-Pin, Saint-Marcellin	3,817	560	11,015	21,300	7,666	2,286	213 »	159 »	38 »	37 »	6 »	117 »
	Totaux, poids, droits d'octroi et prix moyens	34		31,196	3,572	122,447	252,383	21,495	46,185	303 14	165 63	31 76	16 23	5 71	107 »
9e Sud-Est.	Haute-Loire	3	Le Puy, Brioude, Yssingeaux	9	1,445	11,240	17,745	1,167	1,001	308 »	158 »	25 »	14	3 »	[illegible]
	Ardèche	3	Largentière, Privas, Tournon	192	403	1,751	4,629	1,980	788	227 »	146 »	30 »	16 »	3 »	[illegible]
	Drôme	4	Die, Montélimart, Nyons, Valence	1,300	475	2,491	10,101	10,230	2,295	202 »	148 »	34 »	18 »	6 »	[illegible]
	Gard	5	Nîmes, Alais, Beaucaire, Uzès, Vigan	2,500	670	3,807	57,709	13,930	2,181	318 »	151 »	27	21 »	7 »	[illegible]
	Vaucluse	4	Apt, Avignon, Carpentras, Orange	2,331	33	531	18,930	15,815	3,808	421 »	129 »	30 »	16 »	7 »	[illegible]
	Basses-Alpes	5	Barcelonnette, Castellane, Digne, Forcalquier, Sisteron	306	58	130	10,525	5,022	1,111	184 »	145 »	23 »	15 »	6 »	[illegible]
	Hautes-Alpes	3	Briançon, Embrun, Gap	237	451	2,036	7,815	5,015	1,111	101 »	130 »	21 »	16 »	3 »	[illegible]
	Bouches-du-Rhône	4	Marseille, Aix, Arles, Tarascon	5,747	1,076	1,084	163,760	63,734	5,332	202 »	151 »	41 »	16 »	6 »	[illegible]
	Var	5	Brignoles, Grasse, Hyères, Draguignan, Toulon	3,031	72	620	32,250	10,276	4,332	219 »	156 »	33 »	16 »	6 »	[illegible]
	Totaux, poids, droits d'octroi et prix moyens	36		15,763	4,984	24,007	343,177	134,951	20,134	306 14	151 73	27 49	17 38	6 56	[illegible]
10e	Corse	5	Ajaccio, Bastia, Calvi, Corte, Sartène	3,548	106	376	6,109	1,930	2,073	79 »	62 »	20 »	8 »	3 »	[illegible]

DÉPARTEMENTS.	QUANTITÉS DE KILOGRAMMES DE VIANDES provenant des bestiaux abattus d'après leur poids. Bœufs.	Vaches.	Veaux.	Moutons.	Agneaux et chevreaux.	Porcs.	apportées du dehors, soit en quartiers, soit dépecées.	TOTAL des quantités de viandes.	DROITS D'OCTROI sur les bestiaux introduits aux villes, par tête. Bœufs.	vaches.	veaux.	moutons.	agneaux et chevreaux.	porcs.	sur la viande dépecée, par kil. de viande.	PRIX DES 5 HECTOGRAMMES ou de la livre de viande de bœufs.	vaches.	veaux.	moutons.	agneaux et chevreaux.	porcs.
	kil.	kil.	kil.	kil.	kil.	kil.	kil.	kil.	fr. c.	fr. c.	fr. c.	fr. c.	fr. c.	fr. c.	fr. c.	fr. c.	fr. c.	fr. c.	fr. c.	fr. c.	fr. c.
Ardennes	533,000	301,310	337,410	97,361	486	437,372	186,112	1,395,497	9 23	6 60	1 00	0 88	0 37	3 01	0 06	0 48	0 43	0 45	0 47	0 16	0 40
Marne	605,337	353,500	428,050	111,340	»	500,625	506,481	2,548,173	16 55	8 21	2 21	0 96	»	4 87	0 10	0 45	0 42	0 44	0 42	»	0 37
Aube	155,820	486,375	313,480	231,825	150	294,880	53,751	1,018,631	10 00	7 75	1 40	0 72	»	2 50	0 07	0 41	0 37	0 40	0 39	0 20	0 47
Haute-Marne	221,380	104,335	170,000	137,019	2,814	120,070	80,800	845,498	10 00	7 00	1 60	0 50	»	2 50	0 10	0 36	0 30	0 36	0 35	»	0 36
Meuse	306,085	210,060	225,020	159,750	9,066	451,616	65,360	1,479,880	7 39	5 68	1 57	0 78	0 95	1 78	0 08	0 42	0 36	0 41	0 41	0 28	0 53
Moselle	945,900	326,025	296,170	281,125	55,705	841,070	110,137	2,839,232	13 04	10 85	3 17	0 86	0 21	3 40	0 10	0 40	0 35	0 41	0 39	0 45	0 50
Meurthe	1,110,330	160,025	477,730	297,660	59,002	647,915	21,500	2,819,117	10 66	9 33	2 06	0 73	0 41	2 31	0 07	0 47	0 36	0 44	0 43	0 41	0 53
Vosges	318,825	135,050	210,511	73,002	6,001	303,076	3,185	1,159,632	0 05	6 37	0 89	0 46	0 17	1 62	0 00	0 35	0 29	0 29	0 31	0 29	0 39
Bas-Rhin	2,661,250	361,825	621,035	308,517	833	1,252,196	2,193	5,210,093	14 70	9 40	1 71	1 41	0 50	2 26	0 13	0 39	0 31	0 36	0 30	»	0 30
Haut-Rhin	918,840	70,380	429,888	127,368	»	587,135	20,006	2,125,607	12 40	7 01	1 01	0 44	»	1 80	0 10	0 38	0 33	0 34	0 42	»	0 40
Totaux, poids, droits d'octroi et prix moyens	7,917,412	2,511,235	3,433,319	1,826,806	126,512	5,579,202	1,030,070	22,461,886	10 58	7 74	1 55	0 77	0 32	2 62	0 09	0 42	0 36	0 39	0 40	0 35	0 48
Côte-d'Or	717,470	93,100	533,140	197,760	831	723,160	3,348	2,269,133	16 30	11 50	1 68	0 84	0 49	3 26	0 05	0 38	0 37	0 38	0 38	0 38	0 50
Haute-Saône	205,453	2,075	91,915	50,404	2,100	180,510	61,090	602,478	12 36	11 00	1 70	0 91	0 80	3 68	0 05	0 43	»	0 41	0 19	0 30	0 41
Doubs	674,531	23,200	287,325	131,788	1,633	304,703	1,184	1,511,741	23 99	8 31	2 60	1 48	0 50	3 13	0 10	0 40	0 35	0 35	0 32	»	0 50
Jura	337,100	48,575	155,030	82,701	4,100	301,010	2,211	960,300	18 41	10 31	1 30	0 95	0 25	2 31	0 09	0 40	0 36	0 40	0 44	0 26	0 49
Saône-et-Loire	496,475	107,450	428,064	184,015	28,670	639,000	32,560	1,920,760	12 21	11 21	1 56	0 72	0 30	3 02	0 07	0 40	0 35	0 39	0 40	0 37	0 45
Loire	1,247,300	94,630	633,205	869,150	11,290	779,405	33,606	3,579,050	11 86	11 61	2 31	0 96	0 40	4 30	0 05	0 48	0 35	0 49	0 44	0 35	0 55
Rhône	4,555,760	73,000	1,201,760	2,034,155	47,137	1,727,075	140,512	9,779,400	19 70	5 60	4 50	1 30	0 58	7 30	0 20	0 42	0 13	0 49	0 40	0 49	0 52
Ain	136,510	61,750	196,020	123,730	2,434	164,075	»	676,537	0 28	7 98	1 40	0 62	0 23	3 48	0 05	0 40	0 30	0 40	0 42	0 30	0 18
Isère	888,730	84,000	422,808	808,950	42,418	321,005	13,302	2,580,543	7 81	0 39	2 81	1 50	0 61	5 10	0 15	0 38	0 33	0 36	0 36	0 47	0 53
Totaux, poids, droits d'octroi et prix moyens	9,351,848	597,620	3,880,087	4,602,532	140,051	5,103,063	295,667	21,081,210	14 60	10 31	2 21	1 01	0 49	4 50	0 06	0 42	0 35	0 41	0 41	0 35	0 50
Haute-Loire	2,772	230,267	209,794	212,008	4,155	260,817	»	1,038,813	5 00	8 01	1 07	0 46	0 30	2 55	»	0 40	0 35	0 30	0 36	0 55	0 50
Ardèche	43,770	78,075	51,083	78,305	10,631	100,160	1,500	300,017	5 98	5 08	1 45	0 51	0 06	2 61	0 06	0 41	0 31	0 37	0 43	0 37	0 39
Drôme	279,200	70,510	85,361	184,150	69,950	256,915	1,309	1,051,157	15 17	14 64	3 01	1 69	0 53	3 80	0 15	0 39	0 37	0 43	0 41	0 48	0 61
Gard	807,318	102,500	111,140	1,483,278	301,378	965,215	60,384	3,769,113	11 75	11 19	6 01	1 16	0 68	6 51	0 09	0 41	0 31	0 50	0 31	0 68	0 50
Vaucluse	146,281	4,257	21,239	704,128	112,957	352,075	57,700	1,879,305	13 13	6 00	4 49	0 86	0 50	4 11	0 10	0 43	0 29	0 78	0 52	0 56	0 60
Basses-Alpes	51,150	8,390	10,063	153,904	28,100	117,000	10,585	389,208	15 88	7 34	2 79	1 30	0 39	6 80	0 09	0 37	0 26	0 41	0 39	0 41	0 56
Hautes-Alpes	39,930	80,130	57,945	120,317	18,131	60,570	2,311	391,964	12 07	6 21	2 20	1 40	0 21	3 49	0 10	0 30	0 18	0 20	0 30	0 30	0 44
Bouches-du-Rhône	1,383,680	162,540	44,527	2,482,318	349,061	529,100	62,000	5,173,913	20 00	16 83	0 47	1 41	0 71	13 42	0 14	0 44	0 38	1 05	0 47	0 58	0 61
Var	665,833	11,256	21,111	537,836	68,931	324,328	42,165	1,673,003	14 25	29 49	11 32	1 89	1 14	8 92	0 15	0 48	0 49	0 87	0 55	0 66	0 59
Totaux, poids, droits d'octroi et prix moyens	4,030,155	555,921	678,631	6,020,213	1,006,021	3,088,726	238,630	15,750,077	13 35	11 74	4 61	1 19	0 51	5 80	0 10	0 40	0 31	0 61	0 43	0 59	0 56
Corse	306,419	51,885	8,138	66,484	6,660	92,450	»	532,083	3 00	2 75	2 00	0 75	»	2 49	»	0 31	0 30	0 40	0 33	0 26	0 50

RÉCAPITULATION

DE LA CONSOMMATION ET DU PRIX DE LA VIANDE PENDANT L'ANNÉE 1820.

INDICATION des sous-régions.	Nombre de villes.	NOMBRE DE BESTIAUX ABATTUS. Bœufs.	Vaches.	Veaux.	Moutons.	Agneaux et chevreaux.	Porcs.	POIDS MOYEN EN VIANDE DES BESTIAUX ABATTUS (KILOGRAMMES). Bœufs.	Vaches.	Veaux.	Moutons.	Agneaux et chevreaux.	Porcs.
								k. d.	k. d.	k. d.	k. d.	k. d.	k. d.
1re Nord-Ouest	45	24,219	25,909	116,038	152,132	23,219	29,857	290 88	140 87	26 79	15 10	0 50	93 [illegible]
2e Nord	56	108,800	40,793	193,386	502,075	5,308	130,094	319 03	201 94	47 54	21 72	6 82	90 [illegible]
3e Nord-Est	44	26,898	14,832	116,062	105,957	22,234	71,813	306 57	160 31	20 41	17 35	5 09	78 [illegible]
4e Ouest	40	14,823	4,553	91,106	178,458	43,259	39,077	292 79	172 84	31 01	13 84	4 33	88 [illegible]
5e Centre	33	12,028	11,656	71,774	64,596	16,127	32,391	272 36	156 15	26 25	14 48	2 30	80 [illegible]
6e Est	34	31,196	3,572	122,417	252,363	24,496	40,485	303 14	166 63	31 70	18 23	5 71	109 72
7e Sud-Ouest	36	15,623	2,085	54,377	88,552	75,031	59,081	306 28	176 80	51 73	18 51	5 14	108 [illegible]
8e Sud	35	6,974	4,379	43,394	107,819	64,133	35,860	271 72	177 08	17 81	16 25	6 46	105 7[illegible]
9e Sud-Est	36	15,709	4,088	24,087	343,477	152,874	29,192	256 14	181 73	27 40	17 56	6 56	102 [illegible]
10e Corse	5	3,518	980	376	6,400	1,030	2,073	79 00	63 00	20 00	2 00	3 00	45 [illegible]
Total, poids, droits d'octroi et prix moyens	364	262,093	110,911	867,241	1,881,109	429,194	480,135	293 30	173 83	35 66	17 86	6 45	92 9[illegible]

INDICATION des sous-régions.	QUANTITÉS DE KILOGRAMMES DE VIANDES provenant des bestiaux abattus d'après leur poids. Bœufs.	Vaches.	Veaux.	Moutons.	Agneaux et chevreaux.	Porcs.	apportées du dehors, soit en quartiers, soit dépecées.	TOTAL des quantités de viandes.
	kil.	kil.	kil.	kil.	kil.	kil.	kil.	kil.
1re Nord-Ouest	5,083,086	3,269,538	3,760,475	2,297,580	220,671	2,825,855	244,081	17,807,920
2e Nord	31,713,292	8,315,724	9,184,513	10,905,854	36,543	12,301,908	2,072,477	77,630,307
3e Nord-Est	7,549,412	2,411,235	3,433,349	1,820,806	126,512	5,579,903	1,039,670	22,461,880
4e Ouest	4,340,007	786,327	2,067,013	2,470,254	187,407	3,780,843	312,390	14,790,234
5e Centre	3,275,980	1,819,747	2,112,217	1,223,614	37,807	2,501,847	210,002	11,271,604
6e Est	2,457,000	501,580	3,580,687	4,609,539	140,091	5,103,063	206,067	24,081,210
7e Sud-Ouest	4,823,427	368,635	2,867,748	1,612,070	393,747	5,087,799	293,582	17,467,107
8e Sud	1,895,010	779,373	2,074,896	2,727,044	414,604	3,773,590	99,909	11,755,396
9e Sud-Est	4,023,187	764,994	678,031	6,028,213	1,006,008	3 008,790	232,699	15,750,872
10e Corse	300,277	61,885	8,138	66,484	6,000	22,439	»	559,023
Total, poids, droits d'octroi et prix moyens	76,821,201	18,260,408	30,032,027	33,791,257	2,571,294	45,307,132	4,708,073	213,552,21[illegible]

INDICATION des sous-régions.	DROITS D'OCTROI sur les bestiaux introduits aux [illegible], par tête, bœufs.	vaches.	veaux.	moutons.	agneaux et chevreaux.	porcs.	sur la viande dépecée, par kil. de viande.	PRIX DES 5 HECTOGRAMMES OU DE LA LIVRE DE VIANDE de bœufs.	vaches.	veaux.	moutons.	agneaux et chevreaux.	porcs.
	fr. c.	fr. c.	fr. c.	fr. c.	fr. c.	fr. c.	fr. c.	fr. c.	fr. c.	fr. c.	fr. c.	fr. c.	fr. c.
1re Nord-Ouest	10 06	7 08	1 10	0 77	0 12	3 18	0 08	0 42	0 32	0 33	0 36	0 36	0 50
2e Nord	13 07	8 93	2 43	1 14	0 70	3 80	0 08	0 49	0 44	0 51	0 30	0 61	0 50
3e Nord-Est	10 58	7 72	1 58	0 77	0 32	2 68	0 09	0 44	0 30	0 30	0 40	0 35	0 40
4e Ouest	15 00	10 53	2 35	1 01	0 27	4 20	0 08	0 38	0 34	0 37	0 37	0 31	0 42
5e Centre	9 68	6 87	1 45	0 80	0 42	2 97	0 07	0 30	0 34	0 30	0 40	0 20	0 46
6e Est	14 66	10 34	2 24	1 01	0 48	4 50	0 09	0 48	0 36	0 41	0 41	0 36	0 50
7e Sud-Ouest	15 98	9 35	4 01	1 21	0 43	4 12	0 09	0 31	0 31	0 30	0 40	0 49	0 47
8e Sud	14 38	9 89	4 31	1 27	0 47	3 96	0 12	0 34	0 28	0 45	0 43	0 38	0 50
9e Sud-Est	13 95	11 74	4 61	1 46	0 51	5 80	0 10	0 40	0 21	0 64	0 43	0 58	0 48
10e Corse	3 00	2 75	2 00	0 75	»	2 50	»	0 30	0 30	0 40	0 33	0 20	0 50
Total, poids, droits d'octroi et prix moyens	12 53	9 00	2 60	1 03	0 47	3 93	0 09	0 39	0 32	0 43	0 41	0 36	0 50

RÉGIONS.	DÉPARTEMENTS.	VILLES. NOMBRE.	VILLES. NOMS.	POPULATION totale des villes des contribuables.	NOMBRE DE BESTIAUX ABATTUS. Bœufs.	Vaches.	Veaux.	Moutons.	Agneaux et chevreaux.	Porcs.	POIDS MOYEN EN VIANDE DES BESTIAUX ABATTUS (KILOGRAMMES). Bœufs.	Vaches.	Veaux.	Moutons.	Agneaux et chevreaux.	Porcs.
											k. d.	k. d.	k. d.	k. d.	k. d.	k.
1re Nord-Ouest.	Finistère	5	Brest, Châteaulin, Morlaix, Quimper, Quimperlé.	57,017	6,690	5,880	31,605	11,108	1,758	6,230	218 »	140 »	27 »	18 »	8 »	101
	Côtes-du-Nord	5	Saint-Brieuc, Dinan, Guingamp, Lannion, Loudéac.	36,071	2,580	3,850	19,530	12,160	1,709	2,220	185 »	165 »	24 »	18 »	10 »	98
	Morbihan	4	Vannes, Lorient, Pontivy, Ploërmel	39,521	3,166	879	20,075	10,922	3,088	2,400	159 »	74 »	21 »	19 »	8 »	73
	Ille-et-Vilaine	6	Rennes, Saint-Malo, Montfort, Redon, Vitré, Fougères.	61,731	5,113	6,551	50,797	35,547	6,710	6,019	170 »	100 »	21 »	13 »	7 »	72
	Manche	6	Saint-Lô, Avranches, Cherbourg, Coutances, Mortain, Valognes.	57,511	4,222	1,318	9,854	21,353	1,674	4,233	299	188 »	30 »	13 »	9 »	115
	Calvados	6	Bayeux, Caen, Falaise, Lisieux, Pont-l'Évêque, Vire.	70,442	3,600	4,638	18,825	24,103	1,503	5,809	283 »	189 »	31 »	18 »	12 »	108
	Orne	4	Alençon, Argentan, Domfront, Mortagne	27,497	967	2,048	9,192	16,216	432	1,655	252 »	153 »	30 »	17 »	24 »	103
	Mayenne	3	Laval, Mayenne, Château-Gontier	29,341	838	630	6,804	5,649	537	2,549	250 »	150 »	26 »	19 »	6 »	101
	Sarthe	4	Le Mans, Mamers, la Flèche, Saint-Calais	35,673	936	1,932	9,627	12,317	1,102	3,358	247 »	160 »	30 »	15 »	9 »	89
	TOTAUX, poids, droits d'octroi et prix moyens	43	....	422,110	30,316	26,840	160,309	153,835	25,479	35,335	210 70	140 40	25 18	15 36	9 81	97
4e Ouest.	Loire-Inférieure	5	Nantes, Ancenis, Châteaubriant, Paimbœuf, Savenay.	100,142	3,620	436	28,549	21,399	150	7,953	291 »	134	28 »	19 »	5 »	97
	Maine-et-Loire	5	Angers, Beaupréau, Baugé, Saumur, Segré.	61,065	2,400	996	17,324	17,594	148	6,581	301 »	179 »	30 »	15 »	7 »	96
	Indre-et-Loire	3	Tours, Loches, Chinon	34,868	2,398	435	14,098	24,740	2,195	4,209	275 »	223 »	31 »	15 »	6 »	93
	Vendée	3	Bourbon-Vendée, Fontenay, les Sables	16,314	576	55	5,856	6,186	139	1,082	200 »	175 »	30 »	17 »	8 »	115
	Charente-Inférieure	6	La Rochelle, Rochefort, Saintes, Saint-Jean-d'Angély, Marennes, Jonzac.	52,363	3,058	»	9,539	15,065	6,890	6,569	203 »	88 »	35 »	18	7 »	110
	Deux-Sèvres	4	Niort, Melle, Bressuire, Parthenay	24,658	923	68	5,855	5,109	6,778	2,880	208 »	191 »	25 »	17	1 »	100
	Charente	5	Angoulême, Barbezieux, Cognac, Confolens, Ruffec.	27,012	1,674	3	5,307	4,426	2,073	3,300	315 »	160 »	41 »	19 »	5 »	105
	Vienne	5	Poitiers, Châtellerault, Loudun, Montmorillon, Civray.	53,454	1,834	736	7,144	16,868	11,343	5,249	321 »	220 »	45 »	16 »	3 »	91
	Haute-Vienne	4	Limoges, Bellac, Rochechouart, Saint-Yrieix.	41,015	411	2,400	6,093	31,197	10,554	5,466	265 »	150 »	39 »	10 »	2 »	73
	TOTAUX, poids, droits d'octroi et prix moyens	40	....	401,120	16,006	5,137	100,704	114,577	40,855	42,303	285 81	171 46	32 00	15 16	4 94	96
7e Sud-Ouest.	Gironde	6	Bordeaux, Libourne, Blaye, la Réole, Bazas, Lesparre.	131,593	8,024	1,853	16,295	46,245	36,031	23,944	250 »	241 »	61 »	25 »	5 »	90
	Dordogne	5	Périgueux, Bergerac, Nontron, Ribérac, Sarlat.	30,709	1,819	74	3,013	7,544	1,649	4,762	251 »	193 »	51 »	15 »	4 »	99
	Lot-et-Garonne	4	Agen, Marmande, Nérac, Villeneuve	36,235	488	377	7,201	3,016	9,008	1,206	316 »	192 »	66	18 »	7 »	119
	Landes	3	Mont-de-Marsan, Saint-Sever, Dax	13,881	1,521	»	2,440	3,361	9,349	1,299	156 »	»	27 »	12	5 »	119
	Gers	5	Auch, Condom, Lectoure, Lombez, Mirande.	27,508	509	142	9,069	980	1,476	2,015	180 »	115 »	18 »	15 »	5 »	111
	Basses-Pyrénées	5	Pau, Oloron, Mauléon, Bayonne, Orthez	41,145	3,147	515	7,285	6,633	12,040	7,015	238 »	115	10 »	12 »	4 »	107
	Hautes-Pyrénées	3	Tarbes, Bagnères, Argelès	18,170	169	866	3,761	6,140	3,516	1,909	307 »	177 »	68 »	12 »	7 »	160
	Haute-Garonne	4	Toulouse, Muret, Saint-Gaudens, Villefranche.	72,248	5,019	73	13,068	32,775	31,514	9,150	305 »	94 »	13 »	14 »	6 »	117
	Ariége	3	Foix, Pamiers, Saint-Girons	15,286	1,019	306	2,872	1,112	3,161	915	210 »	123 »	38	15 »	5 »	123
	TOTAUX, poids, droits d'octroi et prix moyens	35	....	377,002	22,079	4,216	67,897	108,744	102,844	55,815	300 58	108 03	52 77	26 30	5 27	103

DÉPARTEMENTS.	QUANTITÉS DE KILOGRAMMES DE VIANDES PROVENANT DES BESTIAUX ABATTUS, D'APRÈS LEUR POIDS. Bœufs.	Vaches.	Veaux.	Moutons.	Agneaux et chevreaux.	Porcs.	importées du dehors, soit en quartiers, soit dépecées.	TOTAL des quantités de viandes.	DROITS D'OCTROI SUR LES BESTIAUX SUR PIED, par tête, bœufs.	vaches.	veaux.	moutons.	agneaux et chevreaux.	porcs.	sur la viande dépecée, par 1 kil. de viande.	PRIX DES 5 HECTOGRAMMES OU DE LA LIVRE DE VIANDE de bœufs.	vaches.	veaux.	moutons.	agneaux et chevreaux.	Porcs.
									fr. c.	fr. c.	fr. c.	fr. c.	fr. c.	fr. c.	fr. c.	fr. c.	fr. c.	fr. c.	fr. c.	fr. c.	fr. c.
Finistère	1,191,891	888,054	856,903	203,014	14,098	701,035	36,996	4,193,001	0 79	4 86	0 88	0 71	0 23	4 30	0 06	0 35	0 27	0 38	0 46	0 40	0 41
Côtes-du-Nord	476,190	496,725	290,625	221,250	17,100	435,070	»	1,965,170	4 12	2 17	0 44	0 29	0 24	1 06	»	0 37	0 27	0 27	0 31	0 34	0 38
Morbihan	499,575	65,720	431,858	207,830	23,356	176,710	84,530	1,554,140	11 68	5 92	0 79	0 76	0 33	2 81	0 10	0 30	0 26	0 33	0 34	0 34	0 32
Ille-et-Vilaine	878,113	567,953	1,061,610	331,781	78,000	433,650	20,369	3,118,574	7 94	4 34	0 90	0 51	0 30	3 38	0 08	0 44	0 31	0 30	0 26	0 30	0 33
Manche	848,860	247,620	301,163	277,547	15,002	489,510	74,760	2,074,580	18 00	12 00	1 68	0 90	0 83	1 60	0 07	0 45	0 40	0 41	0 35	0 51	0 46
Calvados	1,056,085	922,750	627,141	459,121	17,320	622,925	38,203	3,701,494	15 74	11 91	2 20	1 41	0 66	4 58	0 07	0 46	0 41	0 38	0 47	0 52	0 45
Orne	249,600	314,485	281,015	281,174	10,260	171,800	28,137	1,318,711	10 97	6 05	1 13	0 54	0 65	3 40	0 05	0 42	0 36	0 35	0 37	0 34	0 43
Mayenne	209,500	104,500	178,054	108,003	3,361	250,080	7,036	861,532	15 98	11 09	2 20	1 91	1 01	4 38	0 12	0 41	0 34	0 38	0 43	0 39	0 45
Sarthe	231,250	310,055	286,010	187,015	10,960	302,010	11,787	1,341,137	8 10	7 85	1 08	0 55	0 76	3 35	0 09	0 38	0 36	0 33	0 38	0 46	0 43
TOTAUX	5,517,148	3,760,811	4,315,207	2,363,464	250,219	3,110,120	317,306	20,165,038	11 30	7 48	1 39	0 99	0 49	3 32	0 08	0 41	0 31	0 35	0 38	0 38	0 47
Loire-Inférieure	1,053,850	58,740	814,005	459,072	750	774,349	91,979	3,253,725	23 47	3 00	2 44	1 14	0 20	7 55	0 11	0 44	[illegible]	0 43	0 51	0 41	0 41
Maine-et-Loire	80,570	178,010	548,985	467,808	5,705	631,368	11,798	2,303,546	16 00	12 83	2 05	1 38	0 35	4 62	0 11	0 43	0 42	0 43	0 53	0 49	0 49
Indre-et-Loire	60,275	96,850	430,140	343,863	13,569	377,960	8,878	1,932,621	9 69	9 60	1 86	0 72	0 10	3 63	0 10	0 40	0 37	0 40	0 49	0 23	0 49
Vendée	112,500	9,625	175,680	110,432	1,112	193,433	5,571	798,853	13 00	10 00	1 76	0 03	0 25	2 68	0 05	0 36	0 27	0 38	0 38	0 36	0 42
Charente-Inférieure	563,700	»	338,285	301,180	50,518	671,865	131,435	2,400,853	18 79	»	3 76	1 38	0 36	4 47	0 09	0 36	»	0 36	0 36	0 30	0 14
Deux-Sèvres	196,132	13,010	150,400	86,756	28,101	278,000	45,186	858,580	17 99	19 45	3 00	1 72	0 30	4 56	0 08	0 36	0 35	0 36	0 36	0 32	0 35
Charente	481,355	480	218,557	70,203	12,960	336,706	40,665	1,221,010	13 08	15 00	2 85	1 36	0 46	4 00	0 09	0 36	0 27	0 36	0 41	0 31	0 48
Vienne	583,390	162,130	321,380	267,159	38,505	180,380	35,547	1,594,021	11 00	10 20	1 45	0 71	0 19	3 46	0 07	0 42	0 30	0 41	0 11	»	0 46
Haute-Vienne	111,064	361,125	231,142	272,630	22,012	377,830	76,643	1,452,046	11 58	6 02	3 04	0 67	»	3 28	0 09	0 30	0 29	0 38	0 30	0 30	0 39
TOTAUX	4,006,041	880,790	3,226,814	2,191,100	173,433	3,812,771	456,887	15,748,100	15 03	8 84	2 54	1 11	0 29	4 20	0 09	0 30	0 34	0 39	0 41	0 32	0 43
Gironde	[illegible]	453,015	990,200	1,994,229	176,064	2,101,080	140,377	8,990,705	24 30	20 00	0 00	1 07	0 57	6 73	0 14	0 40	0 29	0 53	0 56	0 60	0 59
Dordogne	457,690	14,310	153,485	115,689	6,532	469,830	23,668	1,203,218	15 00	0 41	4 79	0 75	0 25	3 25	0 04	0 37	0 30	0 38	0 41	»	0 38
Lot-et-Garonne	156,480	72,540	472,800	58,900	50,845	513,957	3,411	1,330,003	12 51	7 62	3 56	1 03	0 42	3 61	0 10	0 28	0 20	0 41	0 45	0 30	0 43
Landes	240,106	»	65,215	42,087	43,089	154,856	76,703	771,514	14 21	20 00	3 18	1 36	0 43	3 78	0 05	0 32	0 25	0 30	0 35	0 33	0 48
Gers	101,315	20,780	180,618	13,015	8,255	226,417	15,216	929,835	23 00	10 26	4 85	1 33	0 58	5 01	0 06	0 30	0 20	0 45	0 40	0 43	0 45
Basses-Pyrénées	749,780	71,000	337,576	78,781	49,960	808,050	90,289	2,289,041	15 40	6 44	3 21	1 12	[illegible]	2 93	0 05	0 39	0 27	0 35	0 37	0 29	0 42
Hautes-Pyrénées	48,000	153,150	308,070	76,290	37,112	309,290	7,386	939,707	12 12	7 72	4 73	0 89	0 35	4 65	0 09	0 36	0 28	0 37	0 32	0 30	0 34
Haute-Garonne	1,533,455	6,905	366,655	488,190	186,557	1,118,383	67,674	3,961,828	22 56	9 21	6 17	1 26	0 99	7 56	0 12	0 36	0 32	0 53	0 49	0 45	0 50
Ariége	212,390	39,000	100,150	17,180	16,175	113,015	4,700	548,620	15 12	11 50	2 82	1 36	0 31	3 11	0 10	0 33	0 27	0 40	0 44	0 43	0 47
TOTAUX	[illegible]	831,910	3,383,449	2,880,003	578,555	5,801,417	429,008	20,950,801	17 67	11 50	4 45	1 21	0 15	1 06	0 09	0 31	0 24	0 42	0 42	0 43	0 47

Nota. Les villes dont le nom est en italique [illegible], en 1833, [illegible] par de droit d'octroi sur les bestiaux.

RÉGIONS.	DÉPARTEMENTS.	VILLES. Nombre.	VILLES. Noms.	Population totale des villes dénommées.	Nombre de bestiaux abattus. Bœufs.	Vaches.	Veaux.	Moutons.	Agneaux et chevreaux.	Porcs.	Poids moyen en viande des bestiaux abattus (kilogrammes). Bœufs.	Vaches.	Veaux.	Moutons.	Agneaux et chevreaux.	Porcs.
											k. d.	k. d.	k. d.	k. d.	k. d.	k. d.
2e Nord.	Nord	9	Dunkerque, Hazebrouck, Lille, Roubaix, Tourcoing, Cambrai, Avesnes, Douai, Valenciennes.	196,360	10,715	8,746	26,228	27,067	212	10,083	376 »	234 »	42 »	25 »	14 »	72 »
	Pas-de-Calais	7	Arras, Béthune, Boulogne, Calais, Montreuil, Saint-Omer, Saint-Pol.	88,552	4,013	9,345	16,870	22,737	560	11,086	270 »	221 »	44 »	22 »	10 »	80 »
	Somme	5	Amiens, Abbeville, Péronne, Montdidier, Doullens.	75,437	2,642	5,506	11,875	15,830	324	7,443	270 »	215 »	34 »	21 »	10 »	77 »
	Seine-Inférieure	6	Dieppe, le Havre, Neufchâtel, Rouen, Bolbec, Yvetot.	190,027	6,026	7,357	19,205	33,328	594	12,011	280 »	210 »	44 »	22 »	10 »	78 »
	Oise	4	Beauvais, Clermont, Compiègne, Senlis.	29,527	2,098	1,309	5,601	11,309	807	5,134	276 »	107 »	50 »	10 »	9 »	82 »
	Aisne	5	Laon, Saint-Quentin, Vervins, Soissons, Château-Thierry.	41,497	2,083	1,098	6,380	6,093	310	5,166	277 »	175 »	36 »	12 »	6 »	75 »
	Eure	5	Andelys, Bernay, Évreux, Louviers, Pont-Audemer.	36,996	1,953	3,062	7,900	12,856	98	2,625	430 »	245 »	52 »	18 »	10 »	96 »
	Eure-et-Loir	4	Chartres, Châteaudun, Dreux, Nogent-le-Rotrou.	33,074	1,529	1,530	7,869	6,049	»	2,384	304 »	142 »	11 »	16 »	» »	79 »
	Seine-et-Oise	7	Mantes, Pontoise, Versailles, Saint-Germain, Corbeil, Étampes, Rambouillet.	63,716	7,380	1,195	20,007	22,442	80	8,672	482 »	177 »	37 »	17 »	5 »	94 »
	Seine. Paris*	2	Paris, Saint-Denis.	774,338	69,974	18,361	60,797	331,489	»	81,531	312 50	212 50	67 50	21 »	» »	100 »
	Seine. St-Denis			9,686	1,102	153	1,233	5,001	»	1,311	312 50	212 50	57 50	21 »	» »	60 »
	Seine-et-Marne	5	Coulommiers, Fontainebleau, Meaux, Melun, Provins.	32,281	2,868	1,814	10,733	15,553	263	4,715	303 »	167 »	37 »	16 »	5 »	66 »
	Totaux, poids, droits d'octroi et prix moyens	53	....	1,529,733	112,752	57,801	202,711	523,156	3,308	100,477	300 54	219 64	46 31	20 96	2 10	89 4
5e Centre.	Loir-et-Cher	3	Blois, Vendôme, Romorantin.	27,894	1,016	133	8,840	7,923	200	3,423	262 »	134 »	28 »	16 »	9 »	78 »
	Loiret	4	Orléans, Pithiviers, Montargis, Gien.	55,878	9,337	4,179	13,682	7,103	48	5,018	297 »	151 »	32 »	11 »	11 »	86 »
	Yonne	5	Auxerre, Avallon, Joigny, Sens, Tonnerre.	36,060	1,644	1,030	13,760	11,138	170	3,445	246 »	158 »	33 »	15 »	6 »	70 »
	Indre	4	Châteauroux, Issoudun, La Châtre, le Blanc.	32,308	1,030	1,020	5,154	8,092	11,360	3,560	250 »	134 »	23 »	11 »	3 »	63 »
	Cher	3	Bourges, Saint-Amand, Sancerre.	29,606	1,436	1,521	7,105	4,027	»	3,107	316 »	182 »	25 »	14 »	» »	61 »
	Nièvre	4	Cosne, Clamecy, Château-Chinon, Nevers.	30,476	1,325	1,038	7,380	8,802	480	3,813	270 »	171 »	21 »	14 »	9 »	73 »
	Creuse	4	Guéret, Aubusson, Bourganeuf, Boussac.	12,374	333	504	6,330	2,855	9,800	1,090	233 »	156 »	25 »	12 »	3 »	58 »
	Allier	4	Moulins, Montluçon, Gannat, La Palisse.	27,177	2,366	1,103	8,578	14,734	1,575	4,637	354 »	246 »	31 »	15 »	3 »	100 »
	Puy-de-Dôme	5	Clermont, Riom, Ambert, Thiers, Issoire.	61,112	1,503	2,636	13,347	21,800	3,396	5,068	250 »	109 »	48 »	16 »	3 »	90 »
	Totaux, poids, droits d'octroi et prix moyens	36	....	310,171	13,819	14,855	80,616	88,424	10,437	31,085	274 80	167 71	27 10	11 34	2 66	75 »
8e Sud.	Corrèze	3	Tulle, Brives, Ussel.	20,683	1,063	264	6,934	14,637	1,379	2,345	251 »	173 »	31 »	17 »	2 »	72 »
	Cantal	4	Mauriac, Murat, Saint-Flour, Aurillac.	22,981	325	937	10,835	11,572	2,830	2,003	300 »	185 »	30 »	16 »	4 »	111 »
	Lot	3	Cahors, Gourdon, Figeac.	23,503	960	7	3,103	5,348	2,030	1,825	282 »	180 »	49 »	15 »	3 »	135 »
	Aveyron	5	Espalion, Millau, Saint-Affrique, Rodez, Villefranche.	37,476	281	321	5,905	17,518	18,806	3,910	333 »	180 »	49 »	15 »	4 »	110 »
	Lozère	3	Mende, Florac, Marvejols.	11,901	173	258	3,315	9,883	1,370	1,626	194 »	145 »	24 »	18 »	4 »	117 »
	Tarn-et-Garonne	3	Moissac, Montauban, Castel-Sarrazin.	41,915	1,070	58	3,910	3,180	5,984	5,601	318 »	103 »	44 »	17 »	8 »	97 »
	Tarn	4	Albi, Castres, Gaillac, Lavaur.	42,957	971	510	5,095	5,728	6,759	4,771	264 »	180 »	58 »	15 »	5 »	128 »
	Hérault	5	Montpellier, Béziers, Lodève, Saint-Pons, Cette.	79,118	1,146	3,846	5,713	56,208	27,048	8,305	220 »	158 »	72 »	10 »	7 »	94 »
	Aude	4	Carcassonne, Castelnaudary, Limoux, Narbonne.	41,011	1,308	680	2,749	11,393	13,437	4,121	202 »	196 »	84 »	23 »	8 »	111 »
	Pyrénées-Orientales	3	Perpignan, Céret, Prades.	23,201	2,309	435	841	15,625	17,880	1,956	205 »	155	53 »	14 »	8 »	86 »
	Totaux, poids, droits d'octroi et prix moyens	37	....	317,808	9,532	7,409	47,706	190,806	92,397	30,305	272 60	163 61	46 17	16 63	6 56	100 »

DÉPARTEMENTS.	Quantités de kilogrammes de viandes provenant des bestiaux abattus, d'après leur poids. Bœufs.	Vaches.	Veaux.	Moutons.	Agneaux et chevreaux.	Porcs.	Apportées du dehors, soit en quartiers, soit dépecées.	Total des quantités de viandes.	Droits d'octroi sur les bestiaux sur pied, par tête. Bœufs.	Vaches.	Veaux.	Moutons.	Agneaux et chevreaux.	Porcs.	Sur la viande dépecée, par kil. de viande.	Prix des 5 hectogrammes ou de la livre de viande de bœuf.	Vache.	Veau.	Mouton.	Agneaux et chevreaux.	Porc.
									fr. c.	fr. c.	fr. c.	fr. c.	fr. c.	fr. c.	fr. c.	fr. c.	fr. c.	fr. c.	fr. c.	fr. c.	fr. c.
Nord	2,923,309	1,351,880	1,111,500	778,135	3,580	1,219,635	123,976	8,112,071	13 84	8 55	2 28	2 30	1 47	4 03	0 09	0 53	0 48	0 55	0 55	0 58	0 54
Pas-de-Calais	939,338	2,081,088	749,388	499,606	4,406	933,689	320,766	4,893,271	10 20	8 37	1 76	1 27	1 42	3 97	0 05	0 63	0 54	0 51	0 56	0 61	0 56
Somme	729,838	1,199,585	400,955	338,616	3,334	576,220	137,303	3,353,102	11 92	9 78	1 70	1 43	0 59	5 39	0 10	0 54	0 52	0 50	0 52	0 61	0 63
Seine-Inférieure	3,384,809	1,739,070	680,311	876,980	5,040	941,700	125,997	7,006,027	24 00	10 00	4 23	2 54	2 00	0 33	0 07	0 55	0 51	0 56	0 64	1 00	0 60
Oise	689,730	217,098	320,018	217,714	7,736	496,703	23,341	1,843,927	10 41	0 50	1 04	0 60	0 25	2 00	0 05	0 54	0 40	0 54	0 64	0 55	0 55
Aisne	578,075	298,685	238,710	130,041	2,048	416,070	313,789	1,980,448	12 42	6 48	1 37	0 83	0 22	2 75	0 09	0 48	0 34	0 44	0 45	0 54	0 58
Eure	449,385	709,505	396,707	227,523	980	258,327	152,253	2,234,620	7 78	8 76	1 58	1 15	1 00	5 64	0 08	0 46	0 46	0 39	0 45	0 50	0 57
Eure-et-Loir	401,240	217,825	325,904	93,082	»	256,235	25,940	1,391,831	12 65	7 29	1 38	0 63	»	2 95	0 06	0 48	0 41	0 48	0 48	»	0 51
Seine-et-Oise	2,254,310	210,925	734,894	492,065	400	818,370	68,106	4,580,160	11 41	6 00	1 09	0 70	0 60	3 86	0 06	0 51	0 42	0 50	0 55	0 40	0 60
Seine. Paris*	26,866,675	3,869,462	3,840,837	6,961,209	»	8,153,400	3,190,452	47,251,285	18 40	20 80	11 00	2 65	»	11 00	0 18	0 48	0 44	0 60	0 57	»	0 50
Seine. St-Denis	378,556	41,012	70,860	106,091	»	86,416	9,043	685,011	10 00	6 00	2 00	0 50	»	3 00	0 06	0 45	0 47	0 60	0 50	»	0 60
Seine-et-Marne	808,560	303,000	390,165	251,533	1,315	313,256	76,987	2,133,800	11 38	8 07	1 02	0 74	0 75	3 13	0 06	0 47	0 40	0 50	0 40	0 75	0 57
Totaux (Nord)	39,392,020	12,231,679	9,487,931	10,905,381	39,878	14,370,709	4,578,450	86,630,686	14 86	10 06	2 82	1 35	0 99	4 17	0 06	0 50	0 45	0 53	0 51	0 61	0 59
Loir-et-Cher	428,860	59,190	247,680	131,101	1,838	226,176	132,325	1,230,557	7 50	5 35	1 41	0 65	0 27	3 43	0 07	0 45	0 42	0 40	0 47	0 45	0 50
Loiret	531,210	651,325	436,615	100,863	576	283,310	173,109	2,163,028	12 61	0 30	2 14	1 40	0 50	4 18	0 12	0 43	0 38	0 40	0 48	0 25	0 55
Yonne	402,750	217,650	348,880	163,506	1,020	225,740	122,145	1,512,196	10 22	10 22	1 52	0 61	1 00	3 40	0 10	0 40	0 40	0 39	0 41	0 40	0 55
Indre	263,600	250,287	119,608	112,922	27,149	225,029	29,567	1,028,215	10 41	5 29	1 58	0 39	»	2 07	0 05	0 41	0 36	0 46	0 51	0 14	0 40
Cher	453,200	277,080	185,125	56,460	»	196,000	5,701	1,173,546	13 07	8 92	1 80	0 87	»	3 23	0 10	0 39	0 31	0 30	0 43	»	0 39
Nièvre	485,414	170,675	157,493	121,255	1,300	251,455	13,707	1,150,360	11 75	9 29	1 49	0 91	1 00	3 89	0 10	0 43	0 31	0 50	0 48	0 20	0 60
Creuse	77,600	92,700	165,252	31,702	6,800	116,580	22,560	512,244	4 38	3 35	0 50	0 25	0 10	1 00	0 01	0 30	0 27	0 31	0 35	0 23	0 34
Allier	838,100	303,290	280,983	224,328	5,025	511,298	21,837	2,188,383	7 86	5 30	1 38	0 50	»	2 05	0 05	0 30	0 31	0 36	0 37	0 12	0 56
Puy-de-Dôme	315,150	447,680	512,200	394,554	7,120	518,630	94,065	2,309,150	10 00	6 45	1 04	0 71	0 21	2 08	0 08	0 41	0 42	0 43	0 43	0 36	0 44
Totaux (Centre)	3,480,484	2,491,397	2,483,330	1,268,226	51,788	2,556,505	615,179	13,273,988	9 67	7 05	1 43	0 73	0 51	2 95	0 08	0 40	0 35	0 41	0 45	0 27	0 48
Corrèze	366,841	38,603	215,851	254,273	3,557	205,980	1,651	981,027	10 28	2 06	1 47	0 00	0 11	2 21	0 07	0 38	0 29	0 39	0 38	0 39	0 41
Cantal	90,730	173,710	426,320	192,400	12,560	231,050	6,247	1,142,077	7 43	5 36	1 15	0 30	0 25	2 16	0 05	0 35	0 30	0 31	0 36	0 14	0 46
Lot	272,560	1,260	156,960	80,192	7,020	246,400	7,700	765,372	20 35	24 00	5 50	2 29	0 17	3 80	0 12	0 36	0 30	0 40	0 46	0 22	0 46
Aveyron	93,945	74,660	294,280	270,482	88,437	472,656	1,239	1,289,406	13 41	2 12	3 53	0 87	0 10	4 07	0 06	0 32	0 27	0 42	0 41	0 22	0 44
Lozère	33,500	37,560	91,892	156,001	6,800	183,130	6,270	504,636	5 00	6 00	3 00	1 08	»	3 50	0 10	0 35	0 27	0 36	0 42	0 28	0 44
Tarn-et-Garonne	372,270	11,300	160,930	60,302	50,784	545,835	1,686	1,200,077	25 97	10 00	5 72	1 75	0 50	4 21	0 10	0 35	0 32	0 45	0 44	0 33	0 44
Tarn	253,620	98,895	205,305	91,391	30,796	567,330	36,352	1,344,110	17 05	10 02	7 09	1 85	0 46	4 04	0 10	0 31	0 25	0 54	0 48	0 48	0 49
Hérault	252,744	585,583	410,506	1,584,163	152,730	760,020	63,493	3,819,349	15 13	13 77	8 03	1 62	0 84	6 89	0 11	0 40	0 36	0 61	0 52	0 57	0 61
Aude	205,292	129,105	110,541	262,468	116,364	457,643	8,037	1,179,153	20 95	17 08	7 92	2 00	0 85	5 92	0 11	0 41	0 33	0 47	0 47	0 50	0 50
Pyrénées-Orientales	347,165	67,410	44,710	222,072	101,035	157,180	»	1,121,475	15 08	12 41	4 58	0 96	0 50	4 09	0 08	0 43	0 34	0 55	0 47	0 43	0 66
Totaux (Sud)	2,298,447	1,218,078	2,202,756	3,173,399	605,213	3,827,484	124,912	13,710,330	15 74	11 09	4 51	1 33	0 42	4 41	0 09	0 37	0 30	0 47	0 44	0 35	0 50

* Le prix de la viande à Paris est celui des ventes faites sur les marchés. Dans les étaux tenus en ville par les bouchers les prix sont supérieurs, et pour le bœuf, par exemple, le taux moyen s'y tient généralement à environ 70 centimes les cinq hectogrammes.

RÉGIONS.	DÉPARTEMENTS.	VILLES. NOMBRE.	VILLES. NOMS.	Population totale des villes dénommées.	NOMBRE DE BESTIAUX ABATTUS. Bœufs.	Vaches.	Veaux.	Moutons.	Agneaux et chevreaux.	Porcs.	POIDS MOYEN EN VIANDE DES BESTIAUX ABATTUS (KILOGRAMMES). Bœufs.	Vaches.	Veaux.	Moutons.	Agneaux et chevreaux.	Porcs.
											k. d.	k. d.	k. d.	k. d.	k. d.	k. d.
3e Nord-Est.	Ardennes	6	Charleville, Mézières, Rocroi, Rethel, Sedan, Vouziers.	37,991	3,361	3,125	9,669	5,339	118	4,145	276 »	162 »	27 »	17 »	4 »	99 »
	Marne	5	Châlons, Épernay, Reims, Vitry-le-Français, Sainte-Menehould.	64,584	3,065	2,397	11,263	8,415	150	6,358	271 »	172 »	44 »	10 »	» »	91 »
	Aube	5	Troyes, Arcis, Bar-sur-Aube, Bar-sur-Seine, Nogent.	36,858	799	3,042	13,534	11,655	200	4,036	261 »	113 »	26 »	15 »	3 »	73 »
	Haute-Marne	3	Chaumont, Vassy, Langres.	16,361	1,032	606	7,973	11,161	070	2,043	185 »	152 »	26 »	15 »	5 »	78 »
	Meuse	4	Bar-le-Duc, Commercy, Montmédy, Verdun.	28,291	1,851	1,836	9,031	10,998	1,008	6,793	250 »	101 »	31 »	16 »	9 »	72 »
	Moselle	4	Metz, Briey, Thionville, Sarreguemines.	56,006	3,558	2,710	6,082	15,085	7,509	9,882	208 »	174 »	28 »	19 »	5 »	31 »
	Meurthe	6	Nancy, Pont-à-Mousson, Lunéville, Toul, Château-Salins, Sarrebourg.	64,518	5,093	1,467	18,653	22,013	3,968	10,499	316 »	177 »	22 »	17 »	6 »	68 »
	Vosges	5	Épinal, Mirecourt, Neufchâteau, Remiremont, Saint-Dié.	30,361	1,494	1,156	9,379	4,013	1,318	5,719	257 »	140 »	35 »	14 »	4 »	71 »
	Bas-Rhin	4	Altkirch, Belfort, Colmar, Mulhouse.	70,661	6,856	2,558	24,994	10,473	97	15,536	324 »	225 »	28 »	22 »	5 »	44 »
	Haut-Rhin	4	Saverne, Schelestadt, Strasbourg, Wissembourg.	37,311	3,025	845	14,091	5,431	»	7,002	339 »	294 »	34 »	22 »	» »	81 »
	Totaux, poids, droits d'octroi et prix moyens	46		438,557	29,124	19,686	121,702	105,443	15,058	72,078	302 21	177 40	29 86	17 17	5 97	75 1
6e Est.	Côte-d'Or	4	Beaune, Châtillon, Dijon, Semur.	42,209	2,756	682	20,209	14,311	73	7,095	250 »	110 »	25 »	16 »	6 »	102 »
	Haute-Saône	3	Gray, Lure, Vesoul.	11,363	1,346	10	5,578	4,109	600	2,489	285 »	125 »	21 »	15 »	3 »	83 »
	Doubs	4	Besançon, Baume, Montbéliard, Pontarlier.	41,108	3,143	216	12,686	13,757	501	5,960	316 »	188 »	34 »	16 »	4 »	87 »
	Jura	4	Dôle, Lons-le-Saunier, Poligny, Saint-Claude.	29,072	1,613	347	8,575	3,400	1,941	2,387	240 »	106 »	22 »	12 »	3 »	94 »
	Saône-et-Loire	5	Autun, Chalon, Charolles, Louhans, Mâcon.	38,534	1,680	1,257	24,059	10,375	7,398	7,015	278 »	183 »	25 »	15 »	1 »	84 »
	Loire	3	Montbrison, Roanne, Saint-Étienne.	47,589	4,884	438	19,936	46,013	5,799	5,385	431 »	217 »	38 »	23 »	8 »	145 »
	Rhône	4	Lyon, la Croix-Rousse, la Guillotière, Villefranche.	167,683	17,127	530	37,520	151,670	5,910	15,213	310 »	185 »	30 »	14 »	6 »	158 »
	Ain	5	Bourg, Belley, Gex, Nantua, Trévoux.	29,373	1,342	475	9,837	7,535	1,132	1,216	217 »	134 »	23 »	16 »	4 »	209 »
	Isère	4	Grenoble, Vienne, Tour-du-Pin, Saint-Marcellin.	14,076	4,341	093	14,537	23,141	5,551	2,836	245 »	150 »	26 »	17 »	6 »	121 »
	Totaux, poids, droits d'octroi et prix moyens	36		148,710	38,293	4,957	152,053	286,959	34,275	50,615	307 21	171 »	31 17	16 54	5 75	105 8
9e Sud-Est.	Haute-Loire	3	Le Puy, Brioude, Yssingeaux.	27,195	6	1,391	11,192	17,834	1,167	1,900	304 »	165 »	26 »	13 »	3 »	135 »
	Ardèche	3	Largentière, Privas, Tournon.	11,232	348	481	1,564	3,053	2,270	715	236 »	147 »	35 »	18 »	5 »	187 »
	Drôme	4	Die, Montélimar, Nyons, Valence.	24,918	1,551	390	2,287	9,852	12,037	3,184	204 »	149 »	35 »	18 »	6 »	187 »
	Gard	5	Nîmes, Alais, Beaucaire, Uzès, Vigan.	74,381	3,730	1,373	3,864	64,497	51,358	8,131	385 »	155 »	39 »	25 »	7 »	165 »
	Vaucluse	4	Apt, Avignon, Carpentras, Orange.	51,536	3,517	40	708	54,557	19,992	4,033	392 »	134 »	40 »	16 »	7 »	98 »
	Hautes Basses-Alpes	3	Briançon, Embrun, Gap.	15,174	367	57	502	9,894	5,287	1,311	192 »	145 »	44 »	15 »	5 »	89 »
	Basses Hautes-Alpes	3	Barcelonnette, Castellane, Digne, Forcalquier, Sisteron.	19,350	441	1,130	3,206	8,720	6,300	1,204	188 »	131 »	31 »	16 »	3 »	56 »
	Bouches-du-Rhône	4	Marseille, Aix, Arles, Tarascon.	158,893	9,011	841	1,661	144,753	59,111	3,509	277 »	150 »	44 »	17 »	7 »	108 »
	Var	5	Brignoles, Grasse, Hyères, Draguignan, Toulon.	71,200	4,623	148	1,120	37,700	10,929	6,272	217 »	164 »	37 »	15 »	6 »	76 »
	Totaux, poids, droits d'octroi et prix moyens	36		490,191	23,093	5,854	26,563	351,609	174,767	34,682	282 38	154 24	28 58	17 88	6 36	103
10e	Corse	5	Ajaccio, Bastia, Calvi, Corte, Sartène.	28,183	1,213	900	390	5,107	1,910	2,776	70 »	63 »	10 »	9 »	3 »	65 »

DÉPARTEMENTS.	QUANTITÉS DE KILOGRAMMES DE VIANDES PROVENANT DES BESTIAUX ABATTUS, D'APRÈS LEUR POIDS. Bœufs.	Vaches.	Veaux.	Moutons.	Agneaux et chevreaux.	Porcs.	Approvisionnements du dehors, soit en quartiers, soit dépecées.	TOTAL des quantités de viande.	DROITS D'OCTROI SUR LES BESTIAUX SUR PIED, par tête. Bœufs.	vaches.	veaux.	moutons.	agneaux et chevreaux.	porcs.	sur la viande dépecée, par kil. de viande.	PRIX DES 5 HECTOGRAMMES OU DE LA LIVRE DE VIANDE de bœufs.	vaches.	veaux.	moutons.	agneaux et chevreaux.	porcs.
									fr. c.	fr. c.	fr. c.	fr. c.	fr. c.	fr. c.	fr. c.	fr. c.	fr. c.	fr. c.	fr. c.	fr. c.	fr. c.
Ardennes	911,240	515,002	256,853	90,063	197	373,860	138,996	1,816,373	11 46	8 65	1 29	1 19	0 32	3 67	0 09	0 49	0 47	0 42	0 49	0 36	0 46
Marne	830,535	412,630	491,275	134,399		618,100	625,860	3,117,119	11 49	0 56	2 43	1 05	»	5 24	0 09	0 45	0 42	0 43	0 44	»	0 37
Aube	208,559	340,886	355,735	176,487	600	395,098	99,804	1,681,550	11 32	7 93	1 02	0 91	»	3 09	0 06	0 45	0 39	0 43	0 45	0 35	0 50
Haute-Marne	191,900	90,780	189,600	165,005	5,000	152,140	88,350	992,655	10 00	7 50	1 00	0 50	0 10	2 50	0 10	0 44	0 30	0 41	0 40	»	0 54
Meuse	460,375	206,136	306,930	177,795	15,480	485,903	64,501	1,897,456	10 52	9 03	1 39	0 83	0 21	4 72	0 09	0 40	0 41	0 41	0 42	0 30	0 50
Moselle	1,063,000	470,875	332,125	290,175	37,815	708,355	319,041	3,161,489	15 32	12 04	2 28	0 80	0 25	3 54	0 10	0 44	0 38	0 42	0 48	0 48	0 55
Meurthe	1,613,650	263,040	535,145	392,187	27,567	717,190	15,300	3,561,315	11 08	9 73	2 33	0 83	0 31	2 50	0 10	0 45	0 36	0 43	0 41	0 42	0 52
Vosges	383,530	171,770	321,436	88,249	6,190	413,190	3,610	1,289,910	7 59	5 99	1 03	0 53	0 20	1 50	0 09	0 39	0 31	0 35	0 36	0 32	0 44
Bas-Rhin	2,110,050	642,200	651,650	225,317	389	1,049,785	17,173	4,780,877	15 63	8 60	1 87	1 45	0 50	2 37	0 15	0 54	0 48	0 41	0 52	»	0 52
Haut-Rhin	1,096,961	218,600	185,162	120,430	»	626,469	17,231	2,013,216	13 68	10 00	1 29	0 60	»	2 17	0 10	0 42	0 36	0 40	0 40	»	0 40
Totaux, poids, droits d'octroi et prix moyens	[illegible]	3,408,359	3,727,133	1,841,711	94,340	5,150,382	1,351,46	21,880,253	11 50	8 00	1 71	0 88	0 28	2 90	0 09	0 45	0 38	0 41	0 41	0 40	0 61
Côte-d'Or	715,380	75,250	646,740	124,950	440	722,645	13,732	2,297,513	16 86	11 75	1 70	0 97	0 48	3 30	0 08	0 41	0 43	0 41	0 44	0 45	0 53
Haute-Saône	391,240	1,250	119,805	63,817	2,100	206,530	38,233	825,184	12 30	10 00	1 71	0 92	0 80	3 44	0 05	0 40	0 40	0 42	0 43	0 39	0 46
Doubs	993,580	44,645	431,651	218,483	1,811	523,579	29,237	2,237,958	13 12	6 77	2 31	1 39	0 30	3 11	0 10	0 40	0 39	0 42	0 44	0 25	0 50
Jura	387,490	37,740	197,410	40,332	4,205	254,370	199,205	1,062,843	16 96	8 10	1 66	0 96	0 27	2 66	0 06	0 40	0 34	0 45	0 41	0 25	0 50
Saône-et-Loire	463,540	230,425	697,274	297,296	26,391	645,315	41,091	2,338,833	16 18	11 02	1 30	0 75	0 30	3 38	0 07	0 45	0 30	0 41	0 42	0 34	0 40
Loire	2,105,804	106,110	736,795	1,091,325	15,968	782,520	8,005	4,862,456	14 31	11 76	2 56	1 16	0 53	5 00	0 10	0 39	0 30	0 51	0 45	0 37	0 51
Rhône	5,309,000	30,100	1,170,010	2,175,750	40,832	1,904,150	50,332	11,205,775	19 13	5 60	4 34	1 37	0 41	5 04	0 19	0 49	0 45	0 40	0 40	0 42	0 56
Ain	373,488	63,862	128,690	135,618	1,096	149,795	14,072	900,331	9 77	0 76	1 48	0 09	0 18	3 29	0 06	0 32	0 37	0 35	0 40	0 27	0 48
Isère	1,058,220	116,850	420,658	330,860	57,630	281,350	23,020	2,198,730	11 52	9 45	3 19	1 51	0 60	6 30	0 12	0 46	0 44	0 44	0 45	0 55	0 60
Totaux, poids, droits d'octroi et prix moyens	11,204,468	647,662	4,750,633	4,740,133	185,329	5,516,853	394,136	28,429,054	15 50	8 96	2 31	1 12	0 45	4 40	0 09	0 41	0 38	0 41	0 43	0 37	0 58
Haute-Loire	1,884	231,314	297,720	211,936	4,186	256,568	»	1,033,377	5 00	8 12	1 07	0 46	0 30	2 55	»	0 10	0 35	0 36	0 37	0 45	0 40
Ardèche	38,610	70,875	55,090	71,512	13,496	91,670	2,400	386,713	7 30	4 70	1 81	0 46	0 19	1 50	0 08	0 31	0 31	0 47	0 38	0 42	0 48
Drôme	455,540	86,100	60,833	179,706	82,034	405,227	0,007	1,277,644	16 31	19 89	3 21	1 01	0 75	3 80	0 09	0 42	0 37	0 19	0 40	0 46	0 65
Gard	1,916,125	197,142	116,887	1,605,545	361,023	577,234	49,475	4,823,930	18 68	11 68	5 95	1 18	0 67	6 56	0 09	0 56	0 35	0 88	0 58	0 65	0 57
Vaucluse	787,462	5,306	28,433	890,238	141,552	460,750	42,338	2,356,637	17 27	6 34	6 26	1 13	0 61	6 23	0 10	0 46	0 31	0 79	0 54	0 58	0 54
Hautes Basses-Alpes	70,500	8,390	11,116	149,650	30,461	103,890	22,911	100,671	15 84	8 42	2 81	1 01	0 40	5 90	0 08	0 39	0 32	0 44	0 45	0 40	0 50
Basses Hautes-Alpes	82,600	148,500	70,985	113,983	22,930	67,900	7,300	513,628	15 61	8 10	2 17	1 18	0 10	5 60	0 12	0 40	0 35	0 33	0 44	0 41	0 49
Bouches-du-Rhône	2,496,305	120,150	74,003	2,423,662	436,203	593,660	84,782	6,234,035	23 70	18 86	9 80	1 78	0 97	13 75	0 09	0 41	0 40	1 09	0 53	0 60	0 60
Var	1,003,683	24,206	41,812	594,356	100,220	478,060	0,920	2,253,386	27 21	30 87	11 12	2 05	0 91	6 39	0 15	0 40	0 49	0 82	0 50	0 67	0 56
Totaux, poids, droits d'octroi et prix moyens	8,491,497	900,073	759,366	6,298,340	1,200,215	3,130,767	212,130	19,011,040	16 33	12 86	4 96	1 28	0 55	6 06	0 10	0 41	0 35	0 63	0 49	0 53	0 55
Corse	371,640	51,830	8,410	53,922	6,360	80,215	»	574,415	2 07	2 50	1 27	0 60	»	2 00	0 06	0 32	0 31	0 40	0 30	0 22	0 47

RÉCAPITULATION

DE LA CONSOMMATION ET DU PRIX DE LA VIANDE PENDANT L'ANNÉE 1833.

INDICATION DES RÉGIONS.	Nombre de villes.	Population totale des villes dénommées.	Nombre de bestiaux abattus. Bœufs.	Vaches.	Veaux.	Moutons.	Agneaux et chevreaux.	Porcs.
1er Nord-Ouest	43	528,446	26,346	20,830	168,303	153,835	26,470	35,332
2e Nord	39	1,532,782	114,784	47,801	202,141	593,156	3,308	100,477
3e Nord-Est	40	438,557	28,121	10,676	124,792	105,453	15,358	72,078
4e Ouest	40	401,120	16,308	5,137	100,701	141,577	40,855	49,363
5e Centre	36	316,471	13,849	14,655	80,610	88,124	13,457	31,085
6e Est	35	448,710	38,983	4,957	152,603	280,953	32,475	50,615
7e Sud-Ouest	38	377,868	44,079	1,816	67,807	103,741	100,821	55,815
8e Sud	37	347,898	9,534	7,408	47,705	190,000	94,501	26,365
9e Sud-Est	36	490,191	43,605	5,851	46,563	351,599	171,767	33,400
10e Corse	5	48,183	4,442	350	390	5,107	1,940	2,736
Totaux, poids, droits d'octroi et prix moyens	376	4,893,115	290,750	147,802	983,856	1,950,743	516,320	393,330

INDICATION DES RÉGIONS.	Poids moyen en viande des bestiaux abattus (kilogrammes). Bœufs. k. d.	Vaches. k. d.	Veaux. k. d.	Moutons. k. d.	Agneaux et chevreaux. k. d.	Porcs. k. d.
1er Nord-Ouest	216 79	150 40	25 48	15 36	9 81	87 37
2e Nord	300 54	212 61	46 31	20 96	9 16	89 66
3e Nord-Est	302 94	177 40	40 80	17 47	5 97	75 74
4e Ouest	[illegible] 81	171 40	32 06	15 18	4 21	90
5e Centre	274 90	107 71	27 40	14 31	2 66	76
6e Est	307 21	171	31 17	16 51	5 35	108 32
7e Sud-Ouest	262 58	108 03	52 77	26 30	5 87	103 99
8e Sud	272 00	163 67	30 17	16 63	0 55	100 25
9e Sud-Est	262 38	151 24	29 56	17 8[illegible]	6 86	102 35
10e Corse	78	63	20	9	3	15
Totaux, poids, droits d'octroi et prix moyens	280 41	181 11	35 14	18 26	6 15	98 38

INDICATION DES RÉGIONS.	Quantités de kilogrammes de viandes provenant des bestiaux abattus, d'après leur poids. Bœufs. kil.	Vaches. kil.	Veaux. kil.	Moutons. kil.	Agneaux et chevreaux. kil.	Porcs. kil.	Apportées du dehors, soit en quartiers, soit dépecées. kil.	Total des quantités de viandes. kil.
1er Nord-Ouest	5,718,198	3,366,[illegible]	1,321,808	2,363,461	259,212	3,110,120	317,368	20,162,022
2e Nord	33,896,020	11,881,[illegible]	9,197,201	10,865,881	30,876	11,379,789	4,579,450	89,630,686
3e Nord-Est	8,842,860	3,162,[illegible]	4,597,133	1,841,741	91,540	5,459,304	1,451,155	21,880,252
4e Ouest	5,091,041	880,[illegible]	2,495,814	2,191,790	173,131	4,819,771	146,897	15,749,105
5e Centre	3,807,484	1,491,[illegible]	1,193,238	1,262,290	347,88[illegible]	[illegible]	615,179	15,273,388
6e Est	11,764,8[illegible]	612,[illegible]	4,739,533	4,716,104	175,540	5,548,053	301,146	25,237,054
7e Sud-Ouest	6,835,130	831,[illegible]	3,585,[illegible]	2,886,052	578,[illegible]	5,804,[illegible]	423,649	20,954,501
8e Sud	2,596,[illegible]	1,[illegible]	1,401,755	3,175,100	605,215	3,527,481	134,013	13,546,290
9e Sud-Est	6,191,297	891,[illegible]	1,378,208	6,228,210	1,099,215	3,438,567	232,140	19,011,010
10e Corse	374,580	[illegible]	8,178	53,997	6,350	80,415		571,545
Totaux, poids, droits d'octroi et prix moyens	85,091,190	26,565,[illegible]	31,565,857	35,793,104	3,156,531	48,317,453	8,588,113	241,439,830

INDICATION DES RÉGIONS.	Droits d'octroi sur les bestiaux sur pied, par tête. Bœufs. fr. c.	Vaches. fr. c.	Veaux. fr. c.	Moutons. fr. c.	Agneaux et chevreaux. fr. c.	Porcs. fr. c.	Sur la viande dépecée, par kil. de viande. fr. c.
1er Nord-Ouest	11 46	7 48	1 50	0 90	0 10	3 30	0 08
2e Nord	14 86	10 06	2 84	1 33	0 94	4 17	0 08
3e Nord-Est	11 90	8 90	1 74	0 86	0 28	2 90	0 09
4e Ouest	15 05	8 61	2 51	1 11	0 20	1 80	0 10
5e Centre	9 67	7 0[illegible]	1 35	0 73	0 51	2 96	0 08
6e Est	15 39	9 06	2 39	1 12	0 45	4 40	0 09
7e Sud-Ouest	17 07	11 59	[illegible] 15	1 31	0 35	4 00	0 08
8e Sud	15 51	11 10	1 51	1 33	0 48	3 11	0 09
9e Sud-Est	16 33	12 85	1 98	1 28	0 54	4 09	0 10
10e Corse	4 67	4 50	1 67	0 60	0 60	2 00	0 05
Totaux, poids, droits d'octroi et prix moyens	14 12	9 70	2 09	1 10	0 12	4 08	0 09

INDICATION DES RÉGIONS.	Prix des ½ kilogrammes ou de la livre de viande de bœufs. fr. c.	vaches. fr. c.	veaux. fr. c.	moutons. fr. c.	agneaux et chevreaux. fr. c.	Porcs. fr. c.	Consommation par individu. k. d.
1er Nord-Ouest	0 41	0 34	0 35	0 38	0 36	0 45	47 77
2e Nord	0 50	0 45	0 53	0 51	0 54	0 59	58 86
3e Nord-Est	0 45	0 39	0 41	0 41	0 40	0 51	56 75
4e Ouest	0 39	0 32	0 39	0 41	0 32	0 43	39 05
5e Centre	0 40	0 35	0 41	0 45	0 27	0 48	41 98
6e Est	0 41	0 30	0 41	0 41	0 37	0 52	64 93
7e Sud-Ouest	0 31	0 25	0 44	0 49	0 13	0 45	55 1[illegible]
8e Sud	0 37	0 30	0 47	0 44	0 35	0 50	39 51
9e Sud-Est	0 41	0 35	0 63	0 49	0 53	0 56	38 78
10e Corse	0 32	0 31	0 40	0 30	0 21	0 45	16 93
Totaux, poids, droits d'octroi et prix moyens	0 41	0 35	0 45	0 41	0 39	0 50	50 41

D

XVI.

TABLEAU

DES QUANTITÉS DE VINS ET D'EAUX-DE-VIE,

QUI ONT PAYÉ LES DROITS D'OCTROI,

EN MOYENNE SUR LES TROIS ANNÉES 1825, 1826 ET 1827,

ET CONTINGENT DE CES BOISSONS

DANS LE MONTANT DES DROITS D'OCTROI DE TOUT LE ROYAUME.

NOTA. Les chiffres de ce tableau sont le résultat moyen des données des trois années 1825, 1826 et 1827. Le produit des droits sur les vins en bouteilles est compris dans la somme de la cinquième colonne; mais on a cru inutile d'en marquer la quotité. Dans quelques octrois, on a confondu le produit du droit sur les vendanges avec celui du droit sur les vins. Dans quelques départements, les eaux-de-vie commençaient à être réduites à l'alcool. Plusieurs petites communes ont des octrois qui n'affectent pas les boissons. Le produit de ces octrois est néanmoins compté dans les totaux sur lesquels on a conclu le rapport du contingent des vins à tout le produit des octrois dans chaque département, rapport marqué à la quatrième colonne.

DÉPARTEMENTS.	POPULATION.	SOMMES des DROITS PAYÉS par les vins et eaux-de-vie.	RAPPORT du droit sur les vins et eaux-de-vie au total de l'octroi.	VINS.		DROIT MOYEN par hectolitre de vin.	EAUX-DE-VIE.		DROIT MOYEN par hectolitre d'eau-de-vie.
				MONTANT du droit.	HECTOLITRES.		MONTANT du droit.	HECTOLITRES.	
		fr.	fr. pour cent.	fr.		fr. c.	fr.		fr. c.
Ain	341,628	55,136	16 77	30,808	40,125	1 09	4,318	356	7 10
Aisne	489,560	153,108	41 53	113,585	57,135	1 78	39,563	3,833	11 02
Allier	285,302	16,655	20 50	14,311	15,936	1 61	2,344	460	5 51
Alpes (Basses)	153,063	5,610	11 88	5,268	14,453	0 46	342	101	3 38
Alpes (Hautes)	125,329	23,130	35 48	20,842	24,870	0 92	2,378	301	7 89
Ardèche	328,419	11,248	25 09	9,450	13,915	0 67	1,796	502	3 58
Ardennes (a)	281,624	15,491	14 98	29,144	14,511	2 14	16,307	1,921	8 50
Ariége	247,932	40,767	37 01	10,089	55,578	0 50	678	144	4 70
Aube	241,762	114,291	(b) 54 14	102,711	55,694	1 84	11,580	961	12 00
Aude	266,091	72,702	41 15	71,715	84,174	0 81	987	168	5 90
Aveyron	350,014	12,000	33 51	17,364	23,840	0 75	1,036	310	5 11
Bouches-du-Rhône	326,302	1,346,765	19 61	1,316,030	876,338	1 50	30,735	2,336	12 04
Calvados	501,956	69,467	9 28	13,539	7,021	5 19	25,928	3,138	8 15
Cantal	262,013	41,406	30 80	39,050	37,830	1 03	4,309	549	7 86
Charente	365,688	76,581	30 07	76,245	78,376	0 97	336	140	2 28
Charente-Inférieure	424,147	476,874	47 11	474,191	150,244	1 82	2,680	349	7 76
Cher	248,590	38,407	21 80	30,500	40,450	0 80	4,897	557	7 43
Corrèze	284,882	32,826	37 33	31,269	34,511	0 95	1,557	371	4 18
Corse (c)	185,079	31,955	30 91	35,652	17,202	2 07	6,303	810	7 28
Côte-d'Or	370,945	158,537	24 29	101,115	105,540	0 95	7,422	1,346	5 48
Côtes-du-Nord	581,684	51,236	28 38	36,414	10,808	3 34	35,582	1,952	17 96
Creuse	254,542	15,145	54 30	13,995	15,954	0 78	1,150	166	7 55
Dordogne	464,074	15,814	37 05	11,764	22,880	0 51	4,050	970	3 13
Doubs	253,814	45,074	11 02	41,774	40,105	[illegible]	3,806	1,176	3 29
Drôme	285,791	43,641	10 66	41,058	58,891	0 69	2,583	530	4 79

QUOTITÉ DU DROIT DANS LES VILLES PRINCIPALES.

VILLES.	POPULATION.	VINS.		EAUX-DE-VIE.	
		DROIT par hectolitre.	NOMBRE d'hectolitres.	DROIT par hectolitre.	NOMBRE d'hectolitres.
		fr. c.		fr. c.	
Bourg	8,424	1 50	13,853	15 10	160
Laon	7,358	2 35	10,836	8 10	306
Saint-Quentin	17,661	6 00	6,099	18 50	1,418
Soissons	7,483	1 65	15,273	10 80	119
Moulins	13,720	4 50	22,202	6 70	222
Digne	3,955	0 55	6,760	2 77	61
Gap	7,015	0 75	10,816	4 06	89
Privas	4,100	0 70	9,150	2 70	107
Charleville	8,429	1 75	1,989	5 09	421
Mézières	4,159	3 00	1,151	3 00	246
Sedan	12,608	5 00	1,459	12 80	611
Foix	4,858	1 00	7,874	4 80	71
Troyes	25,587	2 50	18,700	14 00	768
Carcassonne	13,008	1 50	27,391	7 00	75
Rodez	7,747	0 75	10,725	5 38	151
Marseille (d)	115,911	2 00	142,593	15 00	630
Caen	36,161	10 50	2,793	12 70	1,030
Bayeux	10,060	2 25	972	6 70	425
Lisieux	10,706	2 25	814	6 70	457
Aurillac	9,576	1 35	11,171	5 00	208
Saint-Flour	6,540	1 15	7,589	4 10	92
Angoulême	15,306	1 50	30,699		
La Rochelle	11,073	3 50	21,575	5 60	95
Saintes	10,300	1 80	16,130	1 87	54
Bourges	19,500	1 00	37,479	6 80	380
Tulle	8,470	1 45	10,701	5 00	128
Brives	7,811	0 75	9,653	1 10	100
Ajaccio	7,658	(f) 1 00 / 3 00 / 5 00	9,041	12 00	135
Dijon	23,815	1 00	37,617	7 25	505
Saint-Brieuc	9,983	5 70	1,754	20 00	353
Dinan	7,730	1 75	1,394	5 00	103
Guéret	3,448	0 85	4,517	2 80	111
Périgueux	8,588	1 00	18,517		
Besançon	28,795	0 90	36,323	11 34	730
Valence	10,283	0 90	20,305	(g) 1 86	139
Romans	9,295	0 45	8,303		

OBSERVATIONS.

(a) Les chiffres du département des Ardennes sont ceux de 1827 seulement, parce que les tarifs ont été généralement changés à cette époque.

(b) Ce rapport pourrait n'être pas parfaitement exact, attendu que le préfet a omis de faire figurer dans le total général des recettes du département [illegible] où il ne se perçoit de droits ni sur les vins, ni sur les eaux-de-vie.

(c) Droit perçu sur l'alcool pur.

(d) Le droit sur l'alcool a subi quelques diminutions en 1828 dans plusieurs communes du département du Cantal.

(e) Les tarifs de la Corse ont subi de notables modifications dans le cours des trois années.

(f) Le droit varie entre les trois taux indiqués dans la colonne, selon que le vin [illegible] par mer.

(g) Il existe plusieurs droits sur les eaux-de-vie à Valence [illegible]; on a pris la moyenne de ces droits.

DÉPARTEMENTS.	POPULATION.	SOMMES des droits payés par les vins et eaux-de-vie.	RAPPORT du droit sur les vins et eaux-de-vie au total de l'octroi. Pour cent.	VINS. Montant du droit.	VINS. Hectolitres.	DROIT moyen par hectolitre de vin.	EAUX-DE-VIE. Montant du droit.	EAUX-DE-VIE. Hectolitres.	DROIT moyen par hectolitre d'eau-de-vie.
		f.	f. c.	f.		fr. c.	f.		f. c.
Eure	421,665	18,435	15 41	95,218	19,638	1 98	43,217	4,313	5 31
Eure-et-Loir	278,915	74,589	37 28	64,843	43,327	1 49	9,710	1,706	6 [illegible]
Finistère	502,851	415,948	59 70	216,045	79,545	2 72	190,003	7,180	40 24
Gard	347,550	136,268	17 75	134,504	147,880	0 90	1,758	384	4 [illegible]
Garonne (Haute)	407,016	231,035	22 02	220,236	171,270	1 33	5,389	673	6 [illegible]
Gers	307,601	15,017	17 81	14,443	26,035	0 54	574	124	4 60
Gironde	538,151	507,673	23 12	498,372	201,947	2 46	9,301	617	15 [illegible]
Hérault	339,566	152,354	16 07	150,363	139,680	0 94	1,994	258	7 [illegible]
Ille-et-Vilaine	553,453	111,580	18 15	62,459	18,273	3 41	49,326	2,261	22 [illegible]
Indre	237,628	47,488	33 90	45,458	48,542	0 93	2,030	[illegible]	4 34
Indre-et-Loire	290,160	154,427	42 30	150,997	60,226	2 48	3,430	509	6 12
Isère	525,984	210,138	43 60	199,861	101,515	1 96	10,277	1,080	9 16
Jura	310,282	38,167	16 81	34,300	48,407	0 71	3,867	723	5 44
Landes	265,309	58,401	34 51	56,020	51,680	0 91	2,371	533	4 17
Loir-et-Cher	230,666	70,814	30 43	67,810	57,775	1 16	3,004	617	4 [illegible]
Loire	369,298	252,110	16 38	242,020	104,141	2 36	10,050	1,177	8 [illegible]
Loire (Haute)	285,053	47,719	11 57	46,080	29,296	1 57	1,639	322	5 11
Loire-Inférieure	457,090	513,951	45 73	491,186	139,819	3 51	22,465	1,096	20 [illegible]
Loiret	301,228	250,115	30 65	233,461	98,049	2 38	16,654	1,671	9 [illegible]
Lot	280,515	13,902	(e) 16 30	13,284	19,133	0 70	618	141	[illegible]
Lot-et-Garonne	330,880	45,543	19 76	18,319	24,911	0 58	1,151	201	4 [illegible]

QUOTITÉ DU DROIT DANS LES VILLES PRINCIPALES.

VILLES.	POPULATION.	VINS. Droit par hectolitre.	VINS. Nombre d'hectolitres.	EAUX-DE-VIE. Droit par hectolitre.	EAUX-DE-VIE. Nombre d'hectolitres.	OBSERVATIONS.
		fr. c.		fr. c.		
Évreux	9,329	2 25	3,714	15 76	597	(a) [illegible]
Andelys	5,214	0 85	2,160	3 70	216	
Chartres	13,703	2 00	22,304	6 70	734	
Brest	26,655	(b) 2 40 à 3 00	39,054	35 70	2,390	(b) Le tarif a été porté à 3 francs pour 1825.
Nîmes	39,068	1 30	63,668	(c) 7 81	61	(c) A Nîmes, les octrois ne perçoivent sur les eaux-de-vie que depuis [illegible]
Toulouse	53,719	1 00	138,701	10 70	493	
Revel	5,415	0 55	7,965	1 10	41	
Aspet	6,065	1 00	2,058	2 70	17	
Auch	10,841	0 50	18,044	5 00	83	
Bordeaux	93,549	2 80	166,584	29 90	379	
Montpellier	35,912	1 50	55,179	10 80	105	
Rennes	29,377	4 06	8,133	(d) 47 90 à 15 00	720	(d) La distinction a été [illegible] 1825.
Châteauroux	11,010	1 35	15,984	4 00	192	
La Châtre	4,172	0 70	11,062	2 70	77	
Tours	20,920	3 00	43,514	7 10	410	
Grenoble	22,149	2 00	42,076	14 90	402	
Lons-le-Saulnier	7,864	0 50	12,000	4 00	115	
Mont-de-Marsan	3,079	1 60	12,053	8 40	83	
Blois	11,337	1 70	22,003	6 00 à 7 90	165	
Romorantin	6,820	0 50	10,568	4 80	93	
Vendôme	6,805	1 35	12,137	5 00	128	
Montbrison	5,156	2 05	7,300	4 50 à 8 00	117	
Saint-Étienne	30,615	3 50	41,197	5 40	705	
Roanne	8,216	2 05	12,075	2 50 à 5 10	135	
Rive-de-Gier	8,111	1 15	12,026	3 15	151	
Puy (Le)	14,988	2 00	17,297	6 60	195	
Nantes	71,739	4 40	101,344	25 00	530	
Orléans	40,340	3 85	60,095	19 90	1,066	
Beaugency	5,140	0 70	4,040	3 00	38	
Gien	5,149	2 00	15,050	8 38	187	
Cahors	12,413	0 75	13,580	5 00	104	(e) [illegible]
Agen	11,011	[illegible]	23,186	5 00	111	

DÉPARTEMENTS.	POPULATION.	SOMME des droits payés par les vins et eaux-de-vie.	RAPPORT de cette somme au total de l'octroi. Par cent.	VINS. Montant du droit.	VINS. Hectolitres.	DROIT moyen par hectolitre de vin.	EAUX-DE-VIE. Montant du droit.	EAUX-DE-VIE. Hectolitres.	DROIT moyen par hectolitre d'eau-de-vie.
		fr.	fr. c.	fr.		fr. c.	fr. c.		fr. c.
Lozère	139,778	13,167	52 55	12,164	10,019	1 21	723	76	(a) 9 51
Maine-et-Loire	458,674	244,870	36 29	207,189	18,953	1 74	7,391	873	8 ..
Manche	611,206	22,919	11 37	21,201	6,096	3 18	29,745	(a) 2,031	9 ..
Marne	345,045	246,280	37 91	210,010	83,124	2 53	36,270	2,533	14 21
Marne (Haute-)	244,823	64,663	15 65	58,168	53,845	1 08	4,095	893	5 66
Mayenne	354,138	30,974	15 52	26,980	9,838	2 73	10,065	1,089	9 21
Meurthe	403,038	130,083	29 00	121,720	80,378	1 51	17,363	1,771	9 80
Meuse	306,339	44,280	21 04	40,151	48,705	0 82	1,120	1,045	3 51
Morbihan	427,453	130,065	30 32	86,703	35,790	2 36	44,202	2,788	15 ..
Moselle	409,155	101,350	12 49	84,789	63,125	1 33	16,060	2,377	7 87
Nièvre	271,777	82,190	43 27	76,058	48,227	1 59	5,733	180	11 91
Nord	964,616	608,110	23 27	296,603	32,948	9 30	311,753	(f) 19,706	21 48
Oise	385,194	67,886	21 23	55,249	41,829	1 32	12,637	2,131	6 05
Orne	434,379	22,741	10 92	13,991	4,748	2 91	8,710	1,304	6 36
Pas-de-Calais	642,969	294,414	27 41	135,268	18,902	7 04	159,173	8,335	12 07
Puy-de-Dôme	566,573	121,656	35 92	118,797	91,315	1 30	2,859	371	5 56
Pyrénées (Basses-)	419,190	192,708	52 11	183,876	94,135	1 95	15,832	1,400	10 75
Pyrénées (Hautes-)	222,050	53,259	33 61	52,341	51,767	0 95	918	138	4 ..
Pyrénées-Orientales	154,372	31,409	17 63	30,800	30,503	0 91	623	82	7 38

QUOTITÉ DU DROIT DANS LES VILLES PRINCIPALES.

VILLES.	POPULATION.	VINS. Droit par hectolitre.	VINS. Nombre d'hectolitres.	EAUX-DE-VIE. Droit par hectolitre.	EAUX-DE-VIE. Nombre d'hectolitres.	OBSERVATIONS.
		fr. c.		fr. c.		
Mende	5,545	1 50	5,900	11 30 à 4 00	76	(a) Il n'a été perçu de droit sur les eaux-de-vie qu'à Mende [illegible]
Angers	29,978	3 75	44,698	12 76	383	
Beaufort?	5,771	0 70	8,145	2 70	37	
Cholet	7,378	1 09	6,374	4 10	51	
Saumur	8,590	5 00 / 1 75	461	14 40 / 5 00	243	
Cherbourg	17,606	0 00 / 2 80	1,641	15 40 / 10 09	058	(b) Il s'agit d'alcool pur.
Avranches	6,960	4 00 / 1 30	677	13 90 / 4 00	15.	
Valognes	6,955	6 75	481	14 90	290	
Châlons	12,112	1 70	13,276	6 60	590	
Reims	34,864	3 50	43,776	(c) 15 50 / 20 00	1,417	(c) Le droit a été réduit à 10 francs à partir du 1er juillet 1835.
Chaumont	6,027	1 35	14,205	(d) 9 10 / 5 00	211	(d) La réduction de 5 francs a eu lieu en 1836.
Laval	15,840	2 80	4,305	9 50	438	
Nancy	29,122	1 90	37,898	13 80	601	
Bar-le-Duc	12,520	0 85	15,039	3 60	257	
Saint-Mihiel	5,607	0 30	9,685	1 20	118	
Lorient	15,310	4 50	6,907	26 80	563	
Vannes	911.26	2 50	16,390	25 09	415	
Metz	45,276	(e) 1 60	17,381	(e) 10 50	1,352	(e) Le droit a varié entre 1 fr. 65 cent. et 1 fr. 50 cent. pour les vins, et 10 fr. 50 cent. et 8 fr. 75 cent. pour les eaux-de-vie.
Nevers	15,782	3 40	24,107	17 30	295	(f) Il s'agit d'hectolitres d'alcool pur.
Lille	69,860	14 60	8,510	35 00	2,653	(g) La réduction de [illegible] francs est de 1835.
Beauvais	12,865	1 50	11,441	(g) 0 00 et 7 00	735	
Alençon	14,071	5 00	1,997	11 14	487	
Arras	22,173	10 00	3,456	22 00	1,150	
Boulogne	19,314	7 50	3,859	24 20	1,607	
Clermont	30,010	4 00	34,046	11 60	100	(h) Pendant une partie de 1835, le droit a été perçu sur le pied de [illegible]
Bayonne	13,408	(h) 2 75	25,103	11 10	663	
Pau	11,761	2 50	16,137	15 00	110	
Oloron?	6,834	1 75	10,122	10 01	133	
Tarbes	8,712	1 00	20,856	5 00	07	
Bagnères	7,037	1 50	10,401	4 20	49	
Perpignan	15,357	1 00	28,474	7 00	78	

DÉPARTEMENTS.	POPULATION.	SOMMES des droits payés par les vins et eaux-de-vie.	RAPPORT du droit sur les vins et eaux-de-vie au total de l'octroi. Sur 100.	VINS. Montant du droit.	VINS. Hectolitres.	DROIT MOYEN par hectolitre de vin.	EAUX-DE-VIE. Montant du droit.	EAUX-DE-VIE. Hectolitres.	DROIT MOYEN par hectolitre d'eau-de-vie.	VILLES.	POPULATION.	VINS. Droit par hectolitre.	VINS. Nombre d'hectolitres.	EAUX-DE-VIE. Droit par hectolitre.	EAUX-DE-VIE. Nombre d'hectolitres.
		fr.	fr. c.	fr.		fr. c.	fr.		fr. c.			fr. c.		fr. c.	
Rhin (Bas-)	535,467	122,797	16 93	117,021	46,535	2 52	4,871	526	9 [illegible]	[illegible]bourg	40,708	3 00	28,636	13 00	335
Rhin (Haut-)	408,741	49,471	24 78	45,036	38,068	1 18	4,435	1,219	3 [illegible]	Colmar (a)	13,027	1 55	18,753	3 80 [b]	189
Rhône	416,575	1,358,057	46 40	1,332,643	299,290	4 45	25,434	2,190	11 [illegible]	Lyon	145,675	6 50	221,196	11 70	1,346
										La Guillotière	14,220	1 25 [c]	36,886	5 00	273
										La Croix-Rousse	7,500	0 85	21,188	2 00	110
										[illegible]	3,471	1 50	8,159	5 30	141
Saône (Haute-)	327,641	31,300	27 51	28,716	35,411	0 81	2,981	613	4 [illegible]	Gray	5,352	0 75	5,833	4 80	203
Saône-et-Loire	515,776	128,178	33 53	120,180	86,976	1 38	7,998	1,184	6 [illegible]	[illegible]	10,965	2 00	15,160	7 00	241
Sarthe	446,519	61,842	30 59	56,637	36,146	1 53	5,205	801	6 [illegible]	Le Mans	19,177	2 15	15,830	8 00 / 9 00 / 10 00	402
Seine	1,013,373	12,152,138	40 98	10,570,799	1,280,834	8 17	1,581,337	39,396	40 [illegible]	Paris	890,431	10 50	983,798	43 30	38,112
Seine-Inférieure	688,295	493,579	15 19	260,500	36,255	5 53	233,079	13,175	18 [illegible]	Rouen	90,000	0 30	21,303	25 00	5,143
Seine-et-Marne	318,209	140,215	31 47	123,610	101,556	1 23	16,605	2,600	6 [illegible]	Melun	7,190	1 50	17,241	10 20	430
Seine-et-Oise	440,871	403,404	19 46	359,300	95,055	3 70	64,108	2,063	18 [illegible]	Versailles	29,701	5 70	44,321	29 60	2,063
Sèvres (Deux-)	288,260	109,310	33 90	100,614	88,017	1 21	9,696	495	6 [illegible]	Niort	15,790	1 50	34,317	6 00	181
Somme	526,282	117,131	90 22	53,074	10,023	3 19	64,057	6,353	11 [illegible]	Amiens	42,032	5 10	7,654	17 3 [d]	2,461
										Abbeville	19,980	2 80	2,220	9 40 [e]	1,590
Tarn	327,655	64,013	25 30	62,481	108,362	0 57	1,532	330	4 [illegible]	Albi	10,993	0 60	17,503	5 20	109
										Castres	25,406	1 30	31,787	10 00	144
Tarn-et-Garonne	241,586	83,952	21 74	81,628	80,035	1 01	2,324	361	6 [illegible]	Grenade	5,159	0 55	5,703	0 00	-
										[illegible]	6,404	1 00	2,608	0 00	-
Var	311,095	113,507	16 73	107,104	119,648	0 90	6,403	581	11 [illegible]	Toulon	30,171	1 15	60,679	13 50	410
Vaucluse	233,048	125,681	27 53	121,215	139,906	0 86	4,466	606	7 [illegible]	Avignon	31,180	1 20	42,020	9 20	320
Vendée	322,826	61,663	41 00	62,739	60,017	1 02	1,924	474	4 [illegible]	Fontenay-le-Comte	7,493	1 35	16,151	4 58	108
										Bourbon-Vendée	3,120	1 30	9,051	2 80	97
Vienne	267,670	122,985	41 93	119,627	91,176	1 42	3,358	374	9 [illegible]	Poitiers	21,562	2 00	41,894	13 00	189
Vienne (Haute-)	276,351	125,386	35 14	128,317	69,221	1 70	7,069	873	6 [illegible]	Limoges	25,619	2 45	37,466	9 80	674
										Saint-Léonard	5,671	1 85	4,984	18 41	98
										Saint-Junien	5,770	0 75	8,650	2 80	96
Vosges	379,839	44,632	33 08	38,065	40,707	0 95	5,867	1,460	3 [illegible]	Épinal	7,961	1 00	9,059	1 90	389
										[illegible]	7,330	1 45	4,081	6 00	175
Yonne	342,116	34,136	28 00	31,639	28,758	1 10	2,497	470	5 [illegible]	Auxerre	12,348	1 20	14,044	6 90	192
										Sens	8,085	1 00	14,683	5 00	304
Totaux	31,851,376	24,678,807		21,378,207	7,506,905		3,300,500	168,718			3,267,173		4,005,288		41,230

OBSERVATIONS.

(a) Le [illegible] du département de Colmar [illegible] de droits d'octroi ni sur les vins, ni sur les eaux-de-vie.

(b) Les droits varient selon le degré de l'eau-de-vie entre 3 fr. 80 cent. et 5 fr. 10 cent. On a pris la moyenne pour ce tableau.

(c) Le droit sur le vin est porté à 2 fr. depuis le 1er [illegible] 1827.

(d) Le droit est de 20 fr. à Amiens depuis le 23 septembre 1827, et de 19 fr. à Abbeville depuis 1827 également.

DES

XVII.

ÉTAT NUMÉRIQUE

DES ÉTABLISSEMENTS DANGEREUX, INSALUBRES OU INCOMMODES,

DE PREMIÈRE CLASSE,

AUTORISÉS DE 1811 A 1835.

Ateliers et établissements	1811 A.	1811 R.	1812 A.	1812 R.	1813 A.	1813 R.	1814 A.	1814 R.	1815 A.	1815 R.	1816 A.	1816 R.	1817 A.	1817 R.	1818 A.	1818 R.	1819 A.	1819 R.	1820 A.	1820 R.	1821 A.	1821 R.	1822 A.	1822 R.	1823 A.	1823 R.	1824 A.	1824 R.	1825 A.	1825 R.	1826 A.	1826 R.	1827 A.	1827 R.	1828 A.	1828 R.	1829 A.	1829 R.	1830 A.	1830 R.	1831 A.	1831 R.	1832 A.	1832 R.	1833 A.	1833 R.	1834 A.	1834 R.	1835 A.	1835 R.	Pour les 25 ans, ateliers et établissements autorisés	refusés	Nombre total	Observations
A																																																						N. B. A. Établissements autorisés. B. Établissements refusés.
Abattoirs. V. ci-après *Tueries*.																																																						
Acide nitrique, eau-forte (Fabrication de l')	1	»	»	»	1	»	»	»	»	»	3	»	1	»	2	»	2	»	1	1	[illegible]	[illegible]	[illegible]	[illegible]	1	»	»	»	1	»	»	»	»	»	»	»	1	»	1	»	»	»	»	»	»	»	»	»	»	»	15	1	16	
Acide pyroligneux (Fabriques d'), lorsque les gaz se répandent dans l'air sans être brûlés	»	»	1	»	»	»	»	»	»	»	»	»	»	»	»	»	1	»	1	»	[illegible]	[illegible]	[illegible]	[illegible]	»	»	»	»	»	»	»	»	»	»	»	»	»	»	»	»	2	»	»	»	»	»	»	»	»	»	5	»	5	
Acide sulfurique (Fabrication de l')	1	»	»	»	3	»	»	»	»	1	2	»	3	»	3	»	6	1	»	1	[illegible]	[illegible]	[illegible]	[illegible]	2	»	2	1	3	1	2	»	6	2	»	»	1	»	1	»	2	1	1	»	»	»	2	»	2	»	46	9	55	
Affinage de l'or ou de l'argent par l'acide sulfurique, quand les gaz dégagés par cette opération sont versés dans l'atmosphère	»	»	»	»	»	»	»	»	»	»	»	»	»	»	»	»	»	»	»	»	[illegible]	[illegible]	[illegible]	[illegible]	»	»	»	»	»	»	»	»	»	»	»	»	»	»	»	»	»	»	»	»	»	»	»	»	»	»	»	»	»	
Affinage de métaux au fourneau à manche ou au fourneau à coupelle, ou au fourneau à réverbère	»	»	»	»	»	»	»	»	»	»	»	»	»	»	»	»	»	»	»	»	[illegible]	[illegible]	[illegible]	[illegible]	»	»	»	»	»	»	»	»	»	»	»	»	»	»	»	»	»	»	»	»	»	»	»	»	1	»	1	»	1	
Allumettes. V. ci-après *Poudres fulminantes*.																																																						
Amidonniers	1	»	»	»	3	1	2	»	3	»	»	»	»	»	2	»	6	»	5	1	[illegible]	[illegible]	[illegible]	[illegible]	1	»	4	2	3	»	5	3	4	1	7	»	5	1	2	3	4	2	3	3	10	3	8	1	8	2	107	26	133	
Arcansons. V. ci-après *Goudrons*.																																																						
Artificiers	»	»	»	»	»	»	»	»	»	»	»	»	1	»	»	»	»	»	»	»	[illegible]	[illegible]	[illegible]	[illegible]	1	»	1	»	2	»	5	1	2	1	2	»	1	»	»	»	1	»	2	»	»	»	2	2	1	»	28	6	34	
B																																																						
Bleu de Prusse (Fabriques de), lorsqu'on n'y brûle pas la fumée et le gaz hydrogène sulfuré	»	»	2	»	1	1	1	»	»	»	»	»	»	»	»	»	»	»	»	»	[illegible]	[illegible]	[illegible]	[illegible]	»	»	»	»	1	»	1	»	»	1	1	»	1	»	»	»	2	»	»	1	»	»	1	»	»	»	13	3	16	
Bleu de Prusse. V. ci-après *Sang des animaux*.																																																						
Boues et immondices. V. ci-après *Voiries*.																																																						
Boyaudiers	»	»	»	»	»	»	»	»	»	»	»	1	1	»	»	1	1	»	4	»	[illegible]	[illegible]	[illegible]	[illegible]	»	»	»	»	1	»	»	»	»	»	»	»	1	»	»	1	»	»	1	»	1	1	»	»	2	»	13	4	17	
C																																																						
Calcination d'os d'animaux, lorsqu'on n'y brûle pas la fumée	»	»	»	»	»	»	»	»	»	»	»	»	»	»	»	»	»	»	»	»	[illegible]	[illegible]	[illegible]	[illegible]	»	»	»	»	»	»	»	»	»	»	»	»	»	»	»	»	»	»	»	»	1	»	»	»	»	»	1	»	1	
Cendres d'orfèvre (Traitement des) par le plomb	»	»	»	»	»	»	»	»	»	»	»	»	»	»	»	»	»	»	»	»	[illegible]	[illegible]	[illegible]	[illegible]	»	»	»	»	»	»	»	»	»	»	»	»	»	»	»	»	1	»	»	»	»	»	»	»	1	»	2	»	2	
Cendres gravelées (Fabrication des), lorsqu'on laisse répandre la fumée au dehors	»	»	»	»	1	»	»	»	»	»	»	»	»	»	»	»	»	»	»	»	[illegible]	[illegible]	[illegible]	[illegible]	»	»	»	»	1	»	2	»	»	»	»	»	1	2	»	»	1	»	1	»	2	1	3	1	4	»	20	4	24	
Chairs ou débris d'animaux. (Dépôts, ateliers, fabriques où ces matières sont préparées par la macération ou desséchées pour être employées à quelque autre fabrication.)	»	»	»	»	»	»	»	»	»	»	»	»	»	»	»	»	»	»	»	»	[illegible]	[illegible]	[illegible]	[illegible]	»	»	»	»	»	»	»	»	»	1	»	»	»	»	1	»	1	»	»	»	»	»	»	»	»	1	2	2	4	
Chanvre et lin (Routoirs servant au rouissage en grand du), par son séjour dans l'eau	»	1	»	»	»	»	»	»	»	»	»	»	»	»	1	»	»	»	»	»	[illegible]	[illegible]	[illegible]	[illegible]	»	»	2	»	»	»	2	»	1	»	»	»	»	»	»	1	»	2	»	»	3	»	1	»	3	1	11	5	15	
Charbon animal (Fabrication ou revivification du) lorsqu'on n'y brûle pas la fumée	»	»	»	»	»	»	»	»	»	»	»	»	3	»	»	»	»	»	»	»	[illegible]	[illegible]	[illegible]	[illegible]	»	»	»	»	»	»	»	»	»	»	1	1	1	1	1	»	»	»	»	»	»	»	»	»	»	»	7	2	9	
Charbon de terre (Épurage du), à vases ouverts	»	»	»	»	»	»	»	»	»	»	»	»	»	»	»	»	»	»	»	»	[illegible]	[illegible]	[illegible]	[illegible]	»	»	1	1	1	1	1	»	2	»	»	»	1	»	»	»	1	»	1	»	1	1	»	1	»	»	10	3	13	
Chlorure de chaux (Fabrication en grand du)																																																						
Chlorures alcalins, eau de javelle (Fabrication en grand des), destinés au commerce, aux fabriques	»	»	»	»	»	»	»	»	»	»	»	»	1	»	»	»	1	»	»	»	[illegible]	[illegible]	[illegible]	[illegible]	1	»	»	»	»	»	2	»	2	»	2	»	2	3	4	»	1	»	1	»	»	1	»	»	»	»	17	4	21	
Colle-forte (Fabriques de)	1	2	1	»	»	»	2	»	1	2	1	»	5	1	1	»	1	»	3	»	[illegible]	[illegible]	[illegible]	[illegible]	2	3	6	2	7	2	14	3	6	5	3	»	3	2	5	1	4	»	2	»	4	2	5	»	4	1	93	24	117	
Cordes à instruments (Fabriques de)	1	»	»	»	»	»	»	»	»	»	»	»	»	»	»	»	1	»	1	»	[illegible]	[illegible]	[illegible]	[illegible]	1	»	1	»	1	»	1	»	»	»	1	»	2	»	»	»	1	»	»	»	1	»	»	»	»	»	13	»	13	
Cretonniers	»	»	»	»	»	»	»	»	»	»	»	»	»	»	»	»	»	»	»	»	[illegible]	[illegible]	[illegible]	[illegible]	»	»	»	»	»	»	»	»	»	»	»	»	»	»	»	»	»	»	»	»	»	»	»	»	»	»	»	»		
Cristaux. V. ci-après *Verres*.																																																						
Cuirs vernis (Fabriques de)	»	»	»	»	»	»	»	»	»	»	»	»	»	»	»	»	»	»	»	»	[illegible]	[illegible]	[illegible]	[illegible]	»	2	2	»	5	»	4	1	3	2	4	4	2	»	4	1	8	3	6	1	3	1	6	1	3	2	49	17	66	
D																																																						
Débris d'animaux. V. ci-dessus *Chairs*.																																																						
Dégras (Fabriques de), huile épaisse à l'usage des tanneurs	»	»	»	»	»	»	»	»	»	»	»	»	»	»	»	»	»	»	»	»	[illegible]	[illegible]	[illegible]	[illegible]	»	»	»	»	»	»	»	»	»	»	»	»	»	»	»	»	1	»	»	»	»	»	1	»	1	»	3	»	3	

ATELIERS ET ÉTABLISSEMENTS.	1811.		1812.		1813.		1814.		1815.		1816.		1817.		1818.		1819.		1820.		1821.		1822.		1823.		1824.		1825.		1826.		1827.		1828.		1829.		1830.		1831.		1832.		1833.		1834.		1835.		POUR LES 25 ANNÉES ensemble, ateliers et établissements			OBSERVATIONS.
	A.	R.	A.	R.	A.	R.	A.	R.	A.	R.	A.	R.	A.	R.	A.	R.	A.	R.	A.	R.	A.	R.	A.	R.	A.	R.	A.	R.	A.	R.	A.	R.	A.	R.	A.	R.	A.	R.	A.	R.	A.	R.	A.	R.	A.	R.	A.	R.	A.	R.	accordés.	refusés.	Nombre total.	
E																																																						
Eau de javelle. V. ci-dessus *Chlorures alcalins.*																																																						
Eau-forte. V. ci-dessus *Acide nitrique.*																																																						
Échaudoirs dans lesquels on prépare et l'on cuit les intestins et autres débris des animaux	»	»	3	»	4	»	»	»	4	1	»	»	»	»	»	»	2	»	2	»	»	»	2	»	1	»	»	»	»	»	»	»	»	»	»	»	»	»	»	»	2	»	2	»	2	4	1	»	2	»	27	5	32	
Émaux. V. ci-après *Verres.*																																																						
Encre d'imprimerie (Fabriques d')	»	»	»	»	»	»	»	»	»	»	»	»	»	»	»	»	»	»	»	»	»	1	»	»	1	2	1	»	1	»	»	»	»	»	»	»	1	»	1	»	1	»	»	»	»	»	»	»	»	1	6	4	10	
Engrais (Les dépôts de matières provenant de la vidange des latrines ou des animaux, destinées à servir d')	»	»	»	»	»	»	»	»	»	»	»	»	»	»	»	»	»	»	»	»	»	»	»	»	»	»	»	»	»	»	»	»	»	»	1	»	1	»	»	1	6	5	2	5	22	4	12	1	4	2	48	18	66	
Équarrissage	»	»	»	»	»	»	»	»	»	»	»	»	»	»	»	»	»	»	1	»	»	»	1	»	»	1	1	1	1	»	»	»	»	»	1	»	»	»	»	1	1	»	»	2	2	»	1	»	2	1	12	5	17	
Étoupilles. V. ci-après *Poudres fulminantes.*																																																						
F																																																						
Feutres vernis. V. ci-après *Visières vernies.*																																																						
Fourneaux (Hauts). La formation de ces établissements est régie par la loi du 21 avril 1810.																																																						
G																																																						
Galipots ou résines du pin. V. ci-après *Goudrons.*																																																						
Gaz hydrogène. V. ci-après *Sel ammoniac extrait des eaux de condensation du gaz hydrogène.*																																																						
Goudron (Fabrication du). Goudrons (Travail en grand des), soit pour la fonte et la préparation de ces matières, soit pour en extraire la térébenthine	»	»	»	»	»	»	»	»	»	»	»	»	1	»	»	»	»	»	»	»	1	»	»	»	»	»	1	»	2	»	1	»	2	»	1	»	1	»	»	»	»	»	»	»	2	»	2	»	2	»	16	»	16	
Graisses à feu nu. V. ci-après *Suif.*																																																						
H																																																						
Huile de pied de bœuf (Fabriques d')	»	»	»	»	»	»	»	»	»	»	1	»	»	»	»	»	»	»	»	»	1	»	»	»	»	»	»	»	1	»	»	1	1	»	1	»	»	»	»	»	1	»	»	»	»	»	2	»	»	»	8	1	9	
Huile de poisson (Fabriques d')	»	»	»	»	»	»	»	»	»	»	»	»	»	»	1	»	»	»	2	»	»	»	1	»	1	»	»	»	»	»	»	2	1	»	2	»	»	»	»	»	»	»	»	»	»	»	»	»	»	»	8	2	10	
Huiles de térébenthine et d'aspic (Distillation en grand des)	»	»	»	»	»	»	»	»	»	»	»	»	»	»	»	»	»	»	»	»	1	»	»	»	2	»	1	»	3	»	1	»	2	»	1	»	1	»	»	»	»	»	»	»	1	»	3	»	1	»	17	»	17	
Huile épuisée à l'usage des tanneurs. V. ci-dessus *Dégras.*																																																						
Huile rousse (Fabriques d'), extraite des cretons et débris de graisses à une haute température	»	»	»	»	»	»	»	»	»	»	»	»	»	»	»	»	»	»	»	»	»	»	1	»	»	»	»	»	»	»	»	»	»	»	1	»	»	»	»	»	»	»	»	»	1	1	1	»	»	»	4	1	5	
Huiles de lin (Cuisson des)	»	»	»	»	»	»	»	»	»	»	»	»	»	»	»	»	»	»	»	»	»	»	1	»	»	»	»	»	2	»	»	1	»	»	»	»	»	»	»	»	»	»	»	»	»	»	»	»	»	»	3	1	4	
L																																																						
Lin (Rouissage du). V. ci-dessus *Chanvre.*																																																						
Litharge (Fabrication de la)	»	»	»	»	»	»	»	»	»	»	»	»	»	»	»	»	»	»	»	»	»	»	»	»	»	»	»	»	»	»	»	»	»	»	»	»	»	»	»	»	»	»	»	»	»	»	»	»	»	»	»	»	»	
M																																																						
Massicot (Fabriques de), première préparation du plomb pour le convertir en minium	»	»	»	»	»	»	»	»	»	»	»	»	»	»	»	»	»	»	»	»	»	»	»	»	»	»	1	1	»	»	»	»	»	»	»	»	»	»	»	»	»	»	»	»	»	»	»	»	»	»	1	1	2	
Ménageries	»	»	»	»	»	»	»	»	»	»	»	»	»	»	»	»	»	»	»	»	»	»	»	»	»	»	»	»	»	»	»	»	»	»	»	»	»	»	»	»	»	»	»	»	»	»	»	»	»	»	»	»	»	
Minium (Fabrication du), préparation de plomb pour les potiers, fabricants de cristaux, etc.	»	»	»	»	»	»	»	»	»	»	»	»	1	»	»	»	1	»	»	»	»	»	»	»	»	»	1	1	»	»	»	»	»	1	»	»	»	»	»	»	2	»	»	»	»	»	»	»	»	»	5	2	7	

ÉTAT NUMÉRIQUE DES ÉTABLISSEMENTS DANGEREUX, INSALUBRES ET INCOMMODES, DE PREMIÈRE CLASSE, AUTORISÉS DE 1811 A 1835.

ATELIERS ET ÉTABLISSEMENTS.	1811. A.	1811. R.	1812. A.	1812. R.	1813. A.	1813. R.	1814. A.	1814. R.	1815. A.	1815. R.	1816. A.	1816. R.	1817. A.	1817. R.	1818. A.	1818. R.	1819. A.	1819. R.	1820. A.	1820. R.	1821. A.	1821. R.	1822. A.	1822. R.
N																								
Noir d'ivoire et noir d'os (Fabriques de), lorsqu'on n'y brûle pas la fumée..	»	»	»	»	»	»	»	»	»	»	»	»	»	»	»	»	»	»	1	»	»	»	1	»
O																								
Orseille (Fabrication de l')	»	»	»	»	»	»	»	»	»	»	»	»	»	»	»	»	»	»	1	»	»	»	»	»
Os d'animaux (Calcination d'). V. ci-dessus *Calcination d'os.*																								
P																								
Porcheries	»	»	»	»	»	»	»	»	»	»	»	»	»	»	»	»	»	»	3	»	»	»	1	»
Poudres ou matières détonnantes et fulminantes (Fabriques de); la fabrication d'allumettes, d'étoupilles ou autres objets du même genre, préparés avec ces sortes de poudres ou matières	»	»	»	»	»	»	»	»	»	»	»	»	»	»	»	»	»	»	»	»	»	»	»	»
Poudrettes	»	»	»	»	1	»	»	»	1	»	»	»	»	»	»	»	1	»	»	»	»	»	»	»
Produits chimiques (Fabriques de)	1	»	»	»	»	»	1	»	»	»	1	»	»	»	»	»	3	»	»	»	»	»	»	»
R																								
Résines (Le travail en grand des) et de toutes les matières résineuses. V. ci-dessus *Goudrons.*																								
Rouge de Prusse (Fabriques de) à vases ouverts	»	»	»	»	»	»	»	»	»	»	»	»	»	»	»	»	»	»	»	»	»	»	»	»
Routoirs servant au rouissage en grand du chanvre et du lin par leur séjour dans l'eau. V. *Chanvre, Lin.*																								
S																								
Sabots (Ateliers à enfumer les), dans lesquels il est brûlé de la corne ou d'autres matières animales, dans les villes	»	»	»	»	»	»	»	»	»	»	»	»	»	»	»	»	»	»	»	»	»	»	»	»
Sang des animaux (Dépôts et ateliers pour la cuisson ou la dessiccation du) destiné à la fabrication du bleu de Prusse	»	»	»	»	»	»	»	»	»	»	»	»	»	»	»	»	»	»	»	»	»	»	»	»
Sel ammoniac ou muriate d'ammoniaque (Fabrication du) par le moyen de la distillation des matières animales	»	»	»	»	»	»	»	»	»	»	»	»	»	»	»	»	»	»	1	»	»	»	»	»
Sel ammoniac (Fabriques de) extrait des eaux de condensation du gaz hydrogène	»	»	»	»	»	»	»	»	»	»	»	»	»	»	»	»	»	»	»	»	»	»	»	»
Soude. V. ci-après *Sulfate de soude.*																								
Soufre (Fabrication des fleurs de)	»	»	»	»	»	»	»	»	»	»	»	»	1	»	»	»	»	»	»	»	»	»	»	»
Soufre (Distillation du)																								
Suif brun (Fabrication du)	»	»	»	»	»	1	»	»	»	»	»	»	»	»	»	»	»	»	»	»	»	»	»	»
Suif en branche (Fonderies de) à feu nu	»	»	»	»	»	»	»	»	»	»	1	»	1	»	3	2	0	5	5	»	6	3	2	3
Suif d'os (Fabrication du)	»	»	»	»	»	»	»	»	»	»	»	»	»	»	1	»	1	»	3	»	»	»	»	»
Sulfate d'ammoniaque (Fabrication du) par le moyen de la distillation des matières animales	»	»	»	»	»	»	»	»	»	»	»	»	»	»	»	»	»	»	»	»	»	»	»	»
Sulfate de cuivre (Fabrication du) au moyen du soufre et du grillage	»	»	»	»	»	»	»	»	»	»	»	»	»	»	»	»	1	»	»	»	»	»	»	»
Sulfate de soude (Fabrication du) à vases ouverts	1	»	1	»	1	»	2	»	»	»	1	»	2	»	»	»	»	»	»	»	»	»	»	»
Sulfures métalliques (Grillages des) en plein air	»	»	»	»	»	»	»	»	»	»	»	»	»	»	»	»	»	»	»	»	»	»	»	»

ATELIERS ET ÉTABLISSEMENTS.	1823. A.	1823. R.	1824. A.	1824. R.	1825. A.	1825. R.	1826. A.	1826. R.	1827. A.	1827. R.	1828. A.	1828. R.	1829. A.	1829. R.	1830. A.	1830. R.	1831. A.	1831. R.	1832. A.	1832. R.	1833. A.	1833. R.	1834. A.	1834. R.	1835. A.	1835. R.	POUR LES 25 ANNÉES ensemble, autorisés et refusés: autorisés.	refusés.	Nombre total.	OBSERVATIONS.
N																														
Noir d'ivoire et noir d'os (Fabriques de), lorsqu'on n'y brûle pas la fumée..	»	»	1	»	2	1	1	»	»	1	»	1	2	1	3	»	»	1	1	»	1	»	4	1	1	1	20	7	27	
O																														
Orseille (Fabrication de l')	»	»	»	»	»	»	1	»	»	»	»	»	»	»	»	»	»	»	»	»	1	»	»	»	»	»	3	»	3	
Os d'animaux (Calcination d'). V. ci-dessus *Calcination d'os.*																														
P																														
Porcheries	2	»	»	»	1	»	»	»	»	2	1	»	5	»	»	1	1	1	3	1	3	»	1	»	3	2	22	7	29	
Poudres ou matières détonnantes et fulminantes (Fabriques de); la fabrication d'allumettes, d'étoupilles ou autres objets du même genre, préparés avec ces sortes de poudres ou matières	1	»	3	»	4	2	»	»	1	»	1	»	2	»	1	»	1	1	1	»	»	»	2	»	1	1	18	1	21	
Poudrettes	2	»	»	1	»	»	1	»	1	»	1	1	»	»	»	1	1	»	1	»	»	»	3	2	3	1	17	6	23	
Produits chimiques (Fabriques de)	»	»	1	»	1	»	2	»	»	»	2	»	1	»	»	»	»	»	»	»	»	»	»	»	»	»	12	»	12	
R																														
Résines (Le travail en grand des) et de toutes les matières résineuses. V. ci-dessus *Goudrons.*																														
Rouge de Prusse (Fabriques de) à vases ouverts	»	»	»	»	»	»	»	»	»	»	»	»	»	»	»	»	»	»	»	»	»	»	»	»	»	»	»	»	»	
Routoirs servant au rouissage en grand du chanvre et du lin par leur séjour dans l'eau. V. *Chanvre, Lin.*																														
S																														
Sabots (Ateliers à enfumer les), dans lesquels il est brûlé de la corne ou d'autres matières animales, dans les villes	»	»	»	»	»	»	»	»	»	»	»	»	»	»	»	»	»	»	»	»	»	»	»	»	»	»	»	»	»	
Sang des animaux (Dépôts et ateliers pour la cuisson ou la dessiccation du) destiné à la fabrication du bleu de Prusse	1	»	»	»	»	»	1	»	»	»	»	»	»	»	»	»	1	»	»	»	»	»	1	1	»	»	4	1	5	
Sel ammoniac ou muriate d'ammoniaque (Fabrication du) par le moyen de la distillation des matières animales	»	»	»	»	1	»	»	»	»	»	»	»	»	»	»	»	»	»	»	»	»	»	»	»	»	»	2	»	2	
Sel ammoniac (Fabriques de) extrait des eaux de condensation du gaz hydrogène	»	»	»	»	»	»	»	»	»	»	1	»	»	»	»	»	»	»	»	»	»	»	»	»	»	»	1	»	1	
Soude. V. ci-après *Sulfate de soude.*																														
Soufre (Fabrication des fleurs de)	1	»	»	»	»	»	»	»	»	»	»	»	»	»	»	»	»	»	»	»	»	»	»	»	»	1	2	1	3	
Soufre (Distillation du)																														
Suif brun (Fabrication du)	»	»	»	»	»	»	»	»	»	»	»	»	»	»	»	»	»	»	»	»	»	»	»	»	»	»	»	1	1	
Suif en branche (Fonderies de) à feu nu	6	1	6	5	7	1	11	4	6	6	15	6	6	9	13	6	5	3	7	8	10	8	11	6	5	7	144	52	196	
Suif d'os (Fabrication du)	»	»	1	»	1	»	»	1	»	»	»	»	»	»	»	»	»	»	»	»	»	»	»	»	»	»	7	1	8	
Sulfate d'ammoniaque (Fabrication du) par le moyen de la distillation des matières animales	»	»	»	»	»	»	»	»	»	»	»	»	»	»	»	»	»	»	»	»	»	»	»	»	»	»	»	»	»	
Sulfate de cuivre (Fabrication du) au moyen du soufre et du grillage	1	»	»	»	»	1	1	»	»	»	»	»	»	»	»	»	»	»	»	»	»	»	»	»	»	»	4	1	5	
Sulfate de soude (Fabrication du) à vases ouverts	1	»	9	1	2	»	3	»	6	»	»	»	»	»	»	»	1	1	2	»	»	»	1	»	1	»	32	3	34	
Sulfures métalliques (Grillages des) en plein air	»	»	»	»	»	»	»	»	»	»	»	»	»	»	»	»	»	»	»	»	»	»	»	»	»	»	»	»		

ATELIERS ET ÉTABLISSEMENTS.	1811. A.	1811. R.	1812. A.	1812. R.	1813. A.	1813. R.	1814. A.	1814. R.	1815. A.	1815. R.	1816. A.	1816. R.	1817. A.	1817. R.	1818. A.	1818. R.
T																
Tabac (Combustion des côtes du) en plein air	»	»	»	»	»	»	»	»	»	»	»	»	»	»	»	»
Taffetas cirés (Fabriques de)																
Taffetas et toiles vernis (Fabrication des)	»	»	»	»	»	»	»	»	»	»	»	»	»	»	»	»
Toile cirée (Fabriques de)																
Térébenthine (Travail en grand pour l'extraction de la). V. ci-dessus *Goudrons et Huile de térébenthine.*																
Tourbe (Carbonisation de la) à vases ouverts	»	»	»	»	»	»	»	»	»	»	»	»	»	»	»	»
Tripiers	»	»	»	»	»	»	»	»	»	»	»	»	»	»	»	»
Tueries	»	»	»	»	»	»	»	»	»	»	»	»	»	»	»	»
U																
Urate (Fabrication d'), mélange de l'urine avec la chaux, le plâtre et les terres	1	»	»	»	»	»	»	»	»	»	»	»	»	»	»	»
V																
Vernis (Fabriques de)	»	»	»	»	»	»	»	»	»	»	»	»	»	»	»	»
Verres, cristaux et émaux (Fabriques de)	2	»	1	»	»	»	»	»	»	»	1	»	3	»	3	»
Visières et feutres vernis (Fabriques de). V. ci-dessus *Cuirs vernis.*																
Voiries et dépôts de boues ou de toute autre sorte d'immondices	»	»	»	»	»	»	»	»	»	»	»	»	»	»	»	»
	7	1	8	»	16	3	7	»	9	4	11	1	24	1	25	3
Cartonniers, antérieurement à l'ordonnance du 14 janvier 1815, qui les a fait descendre à la seconde classe	»	»	»	1	1	»	»	»	»	»	»	»	»	»	»	»
Fours à chaux permanents, antérieurement à l'ordonnance du 29 juillet 1818, qui les a fait descendre à la seconde classe	8	»	7	»	24	2	10	»	2	»	8	»	14	»	24	»
Fours à plâtre permanents, antérieurement à l'ordonnance du 29 juillet 1818, qui les a fait descendre à la seconde classe	11	»	5	»	18	1	6	»	9	»	6	»	9	»	41	»
Pompes à feu, antérieurement à l'ordonnance du 29 octobre 1823, qui les a fait descendre à la seconde classe	»	»	»	»	»	»	»	»	»	»	1	»	»	»	»	»
Ateliers et établissements de première classe. — Autorisés	26	»	21	»	59	»	23	»	20	»	26	»	47	»	23	»
Ateliers et établissements de première classe. — Refusés	»	1	»	1	»	6	»	»	»	4	»	1	»	1	»	3
TOTAL GÉNÉRAL	27		22		63		23		24		27		48		26	

ATELIERS ET ÉTABLISSEMENTS.	1819. A.	1819. R.	1820. A.	1820. R.	1821. A.	1821. R.	1822. A.	1822. R.	1823. A.	1823. R.	1824. A.	1824. R.	1825. A.	1825. R.	1826. A.	1826. R.	1827. A.	1827. R.
T																		
Tabac (Combustion des côtes du) en plein air	»	»	»	»	»	»	»	»	»	»	»	»	»	»	»	»	»	»
Taffetas cirés (Fabriques de)																		
Taffetas et toiles vernis (Fabrication des)	1	»	»	»	1	»	»	»	»	»	»	1	2	»	2	»	2	»
Toile cirée (Fabriques de)																		
Térébenthine (Travail en grand pour l'extraction de la). V. ci-dessus *Goudrons et Huile de térébenthine.*																		
Tourbe (Carbonisation de la) à vases ouverts	»	»	»	»	»	»	»	»	»	»	»	»	»	»	»	»	»	»
Tripiers	1	»	1	»	»	»	1	1	»	»	1	»	»	»	1	»	2	»
Tueries	»	»	»	»	»	»	[illegible]	»	8	»	11	»	11	»	15	»	31	»
U																		
Urate (Fabrication d'), mélange de l'urine avec la chaux, le plâtre et les terres	»	»	»	»	1	»	1	»	»	»	»	»	»	»	1	»	»	»
V																		
Vernis (Fabriques de)	»	1	»	1	[illegible]	[illegible]	[illegible]	»	2	1	2	»	3	»	4	1	1	1
Verres, cristaux et émaux (Fabriques de)	»	»	4	»	5	»	11	»	12	»	5	»	6	»	9	»	13	»
Visières et feutres vernis (Fabriques de). V. ci-dessus *Cuirs vernis.*																		
Voiries et dépôts de boues ou de toute autre sorte d'immondices	»	»	»	»	»	»	»	»	»	»	»	»	»	»	»	»	»	»
	40	7	37	4	35	[illegible]	[illegible]	4	50	10	58	16	77	8	93	18	97	24
Cartonniers, antérieurement à l'ordonnance du 14 janvier 1815, qui les a fait descendre à la seconde classe	»	»	»	»	»	»	»	»	»	»	»	»	»	»	»	»	»	»
Fours à chaux permanents, antérieurement à l'ordonnance du 29 juillet 1818, qui les a fait descendre à la seconde classe	»	»	»	»	»	»	»	»	»	»	»	»	»	»	»	»	»	»
Fours à plâtre permanents, antérieurement à l'ordonnance du 29 juillet 1818, qui les a fait descendre à la seconde classe	»	»	»	»	»	»	»	»	»	»	»	»	»	»	»	»	»	»
Pompes à feu, antérieurement à l'ordonnance du 29 octobre 1823, qui les a fait descendre à la seconde classe	2	»	1	»	1	»	»	»	1	»	»	»	»	»	»	»	»	»
Ateliers et établissements de première classe. — Autorisés	42	»	38	»	36	»	[illegible]	»	51	»	58	»	77	»	95	»	97	»
Ateliers et établissements de première classe. — Refusés	»	7	»	4	»	10	»	[illegible]	»	10	»	16	»	8	»	18	»	21
TOTAL GÉNÉRAL	49		43		45		[illegible]		61		74		85		113		121	

ATELIERS ET ÉTABLISSEMENTS.	1828. A.	1828. R.	1829. A.	1829. R.	1830. A.	1830. R.	1831. A.	1831. R.	1832. A.	1832. R.	1833. A.	1833. R.	1834. A.	1834. R.	1835. A.	1835. R.	Pour les 25 années réunies, ateliers et établissements — Autorisés.	Refusés.	Nombre total.	OBSERVATIONS.
T																				
Tabac (Combustion des côtes du) en plein air	»	»	»	»	»	»	»	»	»	»	»	»	»	»	»	»	»	»	»	
Taffetas cirés (Fabriques de)																				
Taffetas et toiles vernis (Fabrication des)	1	»	3	»	3	»	2	»	2	2	»	»	5	2	4	»	29	6	35	
Toile cirée (Fabriques de)																				
Térébenthine (Travail en grand pour l'extraction de la). V. ci-dessus *Goudrons et Huile de térébenthine.*																				
Tourbe (Carbonisation de la) à vases ouverts	»	»	»	»	»	»	1	»	»	»	»	»	»	»	»	»	1	»	1	
Tripiers	5	1	1	»	3	»	1	»	4	»	5	1	4	»	4	1	31	4	35	
Tueries	16	»	21	»	14	»	8	»	8	»	25	»	20	»	12	»	201	»	201	
U																				
Urate (Fabrication d'), mélange de l'urine avec la chaux, le plâtre et les terres	»	»	»	»	»	»	»	»	»	»	»	»	»	»	»	»	4	»	4	
V																				
Vernis (Fabriques de)	2	»	4	1	3	1	2	1	1	»	1	1	3	»	»	»	29	9	38	
Verres, cristaux et émaux (Fabriques de)	14	»	6	»	9	»	4	»	6	»	3	»	6	»	9	»	138	»	138	
Visières et feutres vernis (Fabriques de). V. ci-dessus *Cuirs vernis.*																				
Voiries et dépôts de boues ou de toute autre sorte d'immondices	»	»	»	»	»	2	4	»	»	»	3	1	4	1	5	1	16	5	21	
	88	14	81	20	69	20	73	18	58	23	113	30	121	23	89	26	1,337	288	1,645	
Cartonniers, antérieurement à l'ordonnance du 14 janvier 1815, qui les a fait descendre à la seconde classe	»	»	»	»	»	»	»	»	»	»	»	»	»	»	»	»	1	1	2	
Fours à chaux permanents, antérieurement à l'ordonnance du 29 juillet 1818, qui les a fait descendre à la seconde classe	»	»	»	»	»	»	»	»	»	»	»	»	»	»	»	»	97	2	99	
Fours à plâtre permanents, antérieurement à l'ordonnance du 29 juillet 1818, qui les a fait descendre à la seconde classe	»	»	»	»	»	»	»	»	»	»	»	»	»	»	»	»	105	1	106	
Pompes à feu, antérieurement à l'ordonnance du 29 octobre 1823, qui les a fait descendre à la seconde classe	»	»	»	»	»	»	»	»	»	»	»	»	»	»	»	»	6	»	6	
Ateliers et établissements de première classe. — Autorisés	88	»	81	»	69	»	73	»	58	»	113	»	121	»	89	»	1,559	»	»	
Ateliers et établissements de première classe. — Refusés	»	11	»	20	»	20	»	18	»	23	»	30	»	23	»	26	»	302	»	
TOTAL GÉNÉRAL	103		101		89		91		81		143		144		115		1,861		1,861	

DÉPARTEMENTS d'où sont venues les demandes.	Acide nitrique, acide pyroligneux, acide sulfurique, produits chimiques, sulfate de soude, sulfure de cuivre, sulfures métalliques.		Affinage de l'or ou de l'argent par l'acide sulfurique, affinage de métaux au fourneau à réverbère, etc.		Amidonneries.		Artificiers, poudres et matières fulminantes.		Bleu de Prusse, sang des animaux (dessèchement du).		Boyauderies, cordes à instruments.		Calcination d'os d'animaux, charbon animal, noir d'ivoire et noir d'os.		Cendres d'orfèvre (traitement des).		Cendres gravelées.		Chanvre et lin (rouissage du).		Charbon de terre (épurage du).		Chlorures alcalins.		Chairs ou débris d'animaux, colle-forte.	
	A.	R.	A.	R.	A.	R.	A.	R.	A.	R.	A.	R.	A.	R.	A.	R.	A.	R.	A.	R.	A.	R.	A.	R.	A.	R.
Ain	»	»	»	»	»	»	»	»	»	»	»	»	»	»	»	»	1	»	»	»	»	»	»	»	»	»
Aisne	1	»	»	»	4	2	1	»	»	»	»	»	»	»	»	»	»	»	»	»	»	»	1	»	»	»
Allier	»	»	»	»	»	»	»	»	»	»	»	»	»	»	»	»	»	»	»	»	»	»	»	»	»	»
Alpes (Basses-)	»	»	»	»	»	»	»	»	»	»	»	»	»	»	»	»	»	»	»	»	»	»	»	»	»	»
Alpes (Hautes-)	2	»	»	»	»	»	»	»	»	»	»	»	»	»	»	»	»	»	»	»	»	»	»	»	»	»
Ardèche	»	»	»	»	»	»	»	»	»	»	»	»	»	»	»	»	»	»	»	»	»	»	»	»	»	»
Ardennes	»	»	»	»	»	»	»	»	»	»	»	»	»	»	»	»	»	»	»	»	»	»	»	»	1	»
Ariége	»	»	»	»	»	»	»	»	»	»	»	»	»	»	»	»	»	»	»	»	»	»	»	»	»	»
Aube	»	»	»	»	»	»	»	»	»	»	»	»	»	»	»	»	»	»	2	2	»	»	»	»	»	»
Aude	»	»	»	»	1	»	»	»	»	»	»	»	»	»	»	»	»	»	»	»	»	»	»	»	»	»
Aveyron	»	»	»	»	»	»	»	»	»	»	»	»	»	»	»	»	»	»	»	»	»	»	»	»	»	»
Bouches-du-Rhône	38	1	»	»	3	»	4	2	»	»	1	»	1	1	»	»	»	»	»	»	»	»	»	»	6	3
Calvados	»	»	»	»	»	»	»	»	»	»	»	»	»	»	»	»	»	»	»	»	»	»	»	»	»	»
Cantal	»	»	»	»	»	»	»	»	»	»	»	»	»	»	»	»	»	»	»	»	»	»	»	»	2	1
Charente	»	»	»	»	»	»	»	»	»	»	»	»	»	»	»	»	»	»	»	»	»	»	»	»	»	»
Charente-Inférieure	»	»	»	»	1	»	»	»	»	»	»	»	»	»	»	»	»	»	»	»	1	»	»	»	»	»
Cher	»	»	»	»	»	»	»	»	»	»	»	»	»	»	»	»	»	»	»	»	1	»	»	»	»	»
Corrèze	»	»	»	»	»	»	»	»	»	»	»	»	»	»	»	»	»	»	»	»	»	»	»	»	»	»
Corse	»	»	»	»	»	»	»	»	»	»	»	»	»	»	»	»	»	»	»	»	»	»	»	»	»	»
Côte-d'Or	»	»	»	»	»	»	»	»	»	»	1	»	»	»	»	»	»	»	1	»	»	»	»	»	»	»
Côtes-du-Nord	»	»	»	»	1	»	»	»	»	»	»	»	»	»	»	»	»	»	»	»	»	»	»	»	»	»
Creuse	»	»	»	»	»	»	»	»	»	»	»	»	»	»	»	»	»	»	»	»	»	»	»	»	»	»
Dordogne	»	»	»	»	»	»	»	»	»	»	»	»	»	»	»	»	»	»	»	»	»	»	»	»	»	»
Doubs	1	»	»	»	»	»	»	»	»	»	»	»	»	»	»	»	»	»	»	»	»	»	»	»	»	»
Drôme	»	2	»	»	»	»	»	»	»	»	»	»	»	»	»	»	»	»	»	»	»	»	»	»	»	»
Eure	»	»	»	»	»	»	»	»	»	»	»	»	»	»	»	»	»	»	2	»	»	»	»	»	»	»
Eure-et-Loir	»	»	»	»	1	»	»	»	»	»	»	»	1	»	»	»	»	»	»	»	»	»	»	»	»	»
Finistère	1	»	»	»	2	»	»	»	1	»	»	»	»	»	»	»	»	»	»	»	»	»	»	»	»	»
Gard	»	2	»	»	»	»	»	»	»	»	»	»	1	»	»	»	»	»	»	»	»	»	»	»	»	»
Garonne (Haute-)	»	»	»	»	»	»	»	»	»	»	»	»	»	»	»	»	»	»	»	»	»	»	»	»	»	»
Gers	»	»	»	»	»	»	»	»	»	»	»	»	»	»	»	»	4	»	»	»	»	»	»	»	»	»
Gironde	»	»	»	»	1	»	4	»	»	»	1	»	1	»	»	»	9	2	»	»	»	»	»	»	3	1
Hérault	3	»	»	»	2	»	»	»	»	»	»	»	»	»	»	»	»	»	»	»	»	»	»	»	3	1
Ille-et-Vilaine	1	»	»	»	5	»	»	»	»	»	»	»	»	»	»	»	»	»	»	»	»	»	»	»	5	»
Indre	»	»	»	»	»	»	»	»	»	»	»	»	1	»	»	»	»	»	»	»	»	»	»	»	»	»
Indre-et-Loire	»	»	»	»	»	1	»	»	»	»	»	»	»	»	»	»	»	»	»	»	1	1	»	»	1	»
Isère	7	»	»	»	»	1	»	»	2	»	»	»	1	»	»	»	»	»	1	»	»	»	3	»	2	»
Jura	»	»	»	»	»	»	»	»	»	»	»	»	»	»	»	»	»	»	»	»	»	»	»	»	»	»
Landes	»	»	»	»	»	»	»	»	»	»	»	1	»	»	»	»	»	»	»	»	»	»	»	»	»	»
Loir-et-Cher	»	»	»	»	»	»	»	»	»	»	»	»	»	»	»	»	3	»	»	»	»	»	»	»	»	»
Loire	»	»	»	»	»	»	»	»	»	»	»	»	»	»	»	»	»	»	»	»	»	»	»	»	2	»
Loire (Haute-)	»	»	»	»	»	»	»	»	»	»	»	»	»	»	»	»	»	»	»	»	»	»	»	»	»	»
Loire-Inférieure	2	»	»	»	2	1	»	»	»	»	»	»	»	»	»	»	1	1	»	»	1	1	»	»	1	»
Loiret	»	»	»	»	»	»	»	»	»	»	1	»	4	1	»	»	1	»	»	»	»	»	»	»	»	»

DÉPARTEMENTS	[illegible]		[illegible]		Échaudoirs, triperies.		Encre d'imprimerie.		Engrais et dépôts de vidanges, etc.; poudrettes, urates, voiries.		Goudrons et matières résineuses, huiles essentielles, térébenthine, etc.		Huile épaisse (dégras), huile de pied de bœuf, huile de poisson, huile rousse, huile de lin.		Massicot, minium.		Orseille.		Porcheries.		Soufre (distillation du), soufre (fleur de).		Suif brun, suif en branche, à feu nu, suif d'os.		Taffetas cirés, toiles cirées, taffetas et toiles vernis.		Tourbe (carbonisation de la).		Tueries.		Vernis.		Verres, cristaux et émaux.		Total par département.	
	A.	R.	A.	R.	A.	R.	A.	R.	A.	R.	A.	R.	A.	R.	A.	R.	A.	R.	A.	R.	A.	R.	A.	R.	A.	R.	A.	R.	A.	R.	A.	R.	A.	R.	A.	R.
Ain	»	»	»	»	»	»	»	»	»	»	»	»	»	»	»	»	»	»	»	»	»	»	»	1	»	»	»	»	2	»	»	»	»	»	3	1
Aisne	»	»	»	»	1	»	»	»	1	»	»	»	1	»	»	»	»	»	1	»	»	»	2	»	»	»	»	»	2	»	»	»	6	»	21	2
Allier	»	»	»	»	»	»	»	»	»	»	»	»	»	»	»	»	»	»	»	»	»	»	1	»	»	»	»	»	2	»	»	»	2	»	5	»
Alpes (Basses-)	»	»	»	»	»	»	»	»	»	»	»	»	»	»	»	»	»	»	»	»	»	»	»	»	»	»	»	»	»	»	»	»	1	»	1	»
Alpes (Hautes-)	»	»	»	»	»	»	»	»	1	»	»	»	»	»	»	»	»	»	»	»	»	»	»	»	»	»	»	»	»	»	»	»	»	»	3	»
Ardèche	»	»	»	»	»	»	»	»	»	»	»	»	»	»	»	»	»	»	»	»	»	»	»	»	»	»	»	»	3	»	»	»	»	»	3	»
Ardennes	»	»	»	»	»	»	»	»	»	»	»	»	»	»	»	»	»	»	»	»	»	»	»	»	»	»	»	»	5	»	»	»	1	»	7	»
Ariége	»	»	»	»	»	»	»	»	»	»	»	»	»	»	»	»	»	»	»	»	»	»	»	»	»	»	»	»	2	»	»	»	»	»	2	»
Aube	»	»	»	»	»	»	»	»	1	1	»	»	»	»	»	»	»	»	»	»	»	»	3	3	»	»	»	»	3	»	»	»	1	»	11	6
Aude	»	»	»	»	»	»	»	»	»	»	»	»	»	»	»	»	»	»	»	»	»	»	»	»	»	»	»	»	2	»	»	»	»	»	3	»
Aveyron	»	»	»	»	»	»	»	»	»	»	»	»	»	»	»	»	»	»	»	»	»	»	»	»	»	»	»	»	1	»	»	»	»	»	1	»
Bouches-du-Rhône	»	»	»	»	»	»	»	»	»	2	»	»	»	»	»	»	»	»	»	»	1	1	»	»	»	»	»	»	2	»	»	»	19	»	71	15
Calvados	»	»	»	»	2	»	»	»	1	»	»	»	»	»	»	»	»	»	1	»	»	»	4	»	»	»	»	»	2	»	»	»	»	»	10	»
Cantal	»	»	»	»	»	»	»	»	»	»	»	»	»	»	»	»	»	»	»	»	»	»	»	»	»	»	»	»	»	»	»	»	»	»	2	1
Charente	»	»	»	»	»	»	»	»	»	»	»	»	»	»	»	»	»	»	»	»	»	»	»	»	»	»	»	»	»	»	»	»	»	»	»	»
Charente-Inférieure	»	»	»	»	»	»	»	»	»	1	»	»	»	»	»	»	»	»	»	»	»	»	2	»	»	»	»	»	1	»	»	»	1	»	6	1
Cher	»	»	»	»	1	»	»	»	»	»	»	»	»	»	»	»	»	»	»	»	»	»	1	»	»	»	»	»	»	»	»	»	»	»	3	»
Corrèze	»	»	»	»	»	»	»	»	»	»	»	»	»	»	»	»	»	»	»	»	»	»	»	»	»	»	»	»	»	»	»	»	»	»	»	»
Corse	»	»	»	»	»	»	»	»	»	»	»	»	»	»	»	»	»	»	»	»	»	»	»	»	»	»	»	»	»	»	»	»	»	»	»	»
Côte-d'Or	»	»	»	»	»	»	»	»	1	»	»	»	»	»	»	»	»	»	»	»	»	»	1	1	»	»	»	»	1	»	1	»	»	»	6	1
Côtes-du-Nord	»	»	»	»	»	»	»	»	»	»	»	»	»	»	»	»	»	»	»	»	»	»	»	»	»	»	»	»	»	»	»	»	»	»	1	»
Creuse	»	»	»	»	»	»	»	»	»	»	»	»	»	»	»	»	»	»	»	»	»	»	»	»	»	»	»	»	1	»	»	»	1	»	2	»
Dordogne	»	»	»	»	»	»	»	»	»	»	»	»	»	»	»	»	»	»	»	»	»	»	1	»	»	»	»	»	2	»	»	»	2	»	5	»
Doubs	»	»	»	»	»	»	»	»	»	»	»	»	»	»	»	»	»	»	»	»	»	»	»	1	»	»	»	»	1	»	»	»	3	»	5	1
Drôme	»	»	»	»	»	»	»	»	»	»	»	»	»	»	»	»	»	»	»	»	»	»	1	»	»	»	»	»	1	»	»	»	»	»	2	2
Eure	»	»	»	»	1	»	»	»	»	»	»	»	»	»	»	»	»	»	1	»	»	»	4	4	»	»	»	»	1	»	»	»	1	»	10	4
Eure-et-Loir	»	»	»	»	»	»	»	»	2	»	»	»	»	»	»	»	»	»	»	»	»	»	3	1	»	»	»	»	3	»	»	»	»	»	12	1
Finistère	»	»	»	»	»	»	»	»	»	»	»	»	»	»	»	»	»	»	»	»	»	»	1	»	1	»	»	»	»	»	»	»	»	»	7	»
Gard	»	»	»	»	»	»	»	»	1	»	»	»	»	»	»	»	»	»	»	»	»	»	»	»	»	»	»	»	11	»	»	»	1	»	15	2
Garonne (Haute-)	»	»	»	»	»	»	»	»	2	»	3	»	»	»	»	»	»	»	»	»	»	»	»	»	3	1	»	»	8	»	»	»	»	»	16	1
Gers	»	»	»	»	»	»	»	»	»	»	»	»	»	»	»	»	»	»	»	»	»	»	»	»	»	»	»	»	2	»	»	»	»	»	6	»
Gironde	»	»	»	»	2	»	»	»	2	»	14	»	»	»	»	»	»	»	»	»	1	»	2	»	1	»	»	»	3	»	1	»	4	»	60	3
Hérault	»	»	»	»	1	»	»	»	»	»	»	»	»	»	»	»	»	»	2	»	»	»	»	»	»	»	»	»	4	»	»	»	3	»	17	1
Ille-et-Vilaine	»	»	»	»	»	»	»	»	»	»	»	»	»	»	»	»	»	»	1	1	»	»	»	»	»	»	»	»	1	»	»	»	3	»	15	1
Indre	»	»	»	»	»	»	»	»	»	»	»	»	»	»	»	»	»	»	»	»	»	»	»	»	»	»	»	»	2	»	»	»	»	»	3	»
Indre-et-Loire	»	»	»	»	2	»	»	»	»	»	»	»	»	»	1	»	»	»	»	»	»	»	3	3	»	»	»	»	3	»	»	»	»	»	10	5
Isère	»	»	»	»	1	»	»	»	»	»	»	»	»	»	»	»	»	»	»	»	»	»	1	»	»	»	»	»	1	»	»	»	2	»	22	1
Jura	»	»	»	»	»	»	»	»	»	»	»	»	»	»	»	»	»	»	»	»	»	»	»	»	»	»	»	»	4	»	»	»	»	»	4	»
Landes	»	»	»	»	»	»	»	»	»	»	11	»	»	»	»	»	»	»	»	»	»	»	»	»	»	»	»	»	»	»	»	»	9	»	30	1
Loir-et-Cher	»	»	»	»	»	»	»	»	»	»	»	»	1	»	»	»	»	»	»	»	»	»	1	2	»	»	»	»	3	»	»	»	1	»	9	1
Loire	»	»	»	»	»	»	»	»	»	»	»	»	»	»	»	»	»	»	»	»	»	»	2	1	»	»	»	»	2	»	»	»	4	»	10	1
Loire (Haute-)	»	»	»	»	»	»	»	»	»	»	»	»	»	»	»	»	»	»	»	»	»	»	»	»	»	»	»	»	1	»	»	»	»	»	1	»
Loire-Inférieure	»	»	»	»	2	»	»	»	35	13	»	»	»	»	»	»	»	»	2	»	»	»	1	»	»	»	»	»	1	»	»	1	1	»	55	23
Loiret	»	»	»	»	»	»	»	»	»	»	»	»	1	»	»	»	»	»	»	»	»	»	2	1	»	»	»	»	»	»	1	»	»	»	11	2

N. B. A., établissements autorisés; R., établissements refusés.

DÉPARTEMENTS	Acide nitrique, acide pyroligneux, acide sulfurique, produits chimiques, sulfate de soude, sulfate de cuivre, sulfures métalliques		Affinage de l'or ou de l'argent par l'acide sulfurique, affinage des métaux au fourneau à réverbère, etc.		Amidonneries		Artificiers, poudres et matières fulminantes		Bleu de Prusse, sang des animaux (dessiccation du)		Boyauderies, cordes à instruments		Calcination d'os d'animaux, charbon animal, noir d'ivoire et noir d'os		Cendres d'orfèvre (traitement des)		Cendres gravelées		Chanvre et lin (rouissage du)	
	A.	R.	A.	R.	A.	R.	A.	R.	A.	R.	A.	R.	A.	R.	A.	R.	A.	R.	A.	R.
Lot																				
Lot-et-Garonne					1															
Lozère																				
Maine-et-Loire					1	1			2											
Manche																				
Marne									1											
Marne (Haute-)																				
Mayenne					1	1														
Meurthe	3				9	1			2				3							
Meuse																				
Morbihan									1											
Moselle					2	1							2							
Nièvre																				
Nord	1		1		12	2							1	2	1					
Oise					1														1	1
Orne																				
Pas-de-Calais	1				18	3							4	1					1	1
Puy-de-Dôme											1								5	
Pyrénées (Basses-)																				
Pyrénées (Hautes-)				1																
Pyrénées-Orientales																				
Rhin (Bas-)					1	2			1	1			1	1						
Rhin (Haut-)	5				2															
Rhône	3					1	2	1					1	1			1	1		
Saône (Haute-)																				
Saône-et-Loire	1																			
Sarthe					2	1														
Seine	24	1			16	4	21	6	7	5	17	2	6	2	1					
Seine-et-Marne					1	1													1	
Seine-et-Oise	1	1				2	1	1				1								
Seine-Inférieure	4	4			1	1					2									
Sèvres (Deux-)																				
Somme					3															
Tarn																				
Tarn-et-Garonne																				
Var	9																			
Vaucluse	4										1									
Vendée																				
Vienne																				
Vienne (Haute-)											1		1							
Vosges	1																			
Yonne							1													1
Autorisés	111		1		107		46		17		26		28		3		20		14	
Refusés		14				26		10		4		4		9		1		1		5
	125		1		133		56		21		30		37		4		21		19	

DÉPARTEMENTS	Charbon de terre (épurage du)		Chlorures alcalins		Chairs, débris d'animaux, colle forte		Cuirs verts		[illegible]		Échaudoirs, triperies		Encre d'imprimerie		Engrais et dépôts de vidanges, etc.; poudrettes, urates, voiries		Goudrons et matières résineuses, huiles essentielles, térébenthine, etc.		Huile épaisse (dégras), huile de pied de bœuf, huile de poisson, huile rousse, toile de lin	
	A.	R.	A.	R.	A.	R.	A.	R.	A.	R.	A.	R.	A.	R.	A.	R.	A.	R.	A.	R.
Lot																				
Lot-et-Garonne															1					
Lozère																				
Maine-et-Loire											2				2					
Manche																				
Marne					1															
Marne (Haute-)																				
Mayenne											1									
Meurthe			4		3	1	1				1								1	
Meuse																				
Morbihan																				
Moselle					13	2	1		2		1				4	1				1
Nièvre																			1	
Nord					5	5	2				2	2			8		1		3	2
Oise					1										1				1	
Orne					1															
Pas-de-Calais					1		2				1				4	1			3	
Puy-de-Dôme											1									
Pyrénées (Basses-)																				
Pyrénées (Hautes-)																				
Pyrénées-Orientales																				
Rhin (Bas-)					6	2	2													
Rhin (Haut-)			1		2		1				1									
Rhône	1	1		1	3		5				2	3			2					
Saône (Haute-)																				
Saône-et-Loire																				
Sarthe																				
Seine	4			3	18	5	26		3	3	25	2	6	4	13	6	1		7	1
Seine-et-Marne					1	2													1	
Seine-et-Oise					5	1					1				4	1				1
Seine-Inférieure					9	1					4				1		1		5	1
Sèvres (Deux-)																				
Somme																				
Tarn																				
Tarn-et-Garonne																				
Var					1															
Vaucluse																				
Vendée																				
Vienne																				
Vienne (Haute-)																				
Vosges																				
Yonne																				
Autorisés	10		17		135		42		31		61		6		95		33		25	
Refusés		3		4		26		6		4		9		4		20		5		5
	13		21		161		48		35		70		10		115		38		30	

DÉPARTEMENTS	Massicot et minium		Orseille		Porcheries		Soufre (distillation du), soufre (fleurs de)		Suif brun, suif en branche à feu nu, suif d'os		Taffetas cirés, taffetas et toiles vernis		Tourbe (carbonisation de la)		Tueries		Vernis		Verres, cristaux et émaux		Total par département	
	A.	R.	A.	R.	A.	R.	A.	R.	A.	R.	A.	R.	A.	R.	A.	R.	A.	R.	A.	R.	A.	R.
Lot															2				2		4	
Lot-et-Garonne										1					3				1		6	1
Lozère																						
Maine-et-Loire					1				1	2					1						10	3
Manche																						
Marne															3				1		6	1
Marne (Haute-)															2						2	
Mayenne									1						2						6	1
Meurthe	1								5	3					2		1		3		33	5
Meuse															2				1		3	
Morbihan									1						1				2		5	
Moselle	1								4	2	1				3				6		41	8
Nièvre															3				1		10	
Nord					2				4	2	3	2			5			1	16		79	10
Oise									4	7			1		2						14	8
Orne									3	2					4				1		7	2
Pas-de-Calais									6	1	1				3				3		48	5
Puy-de-Dôme									5	2					1						13	
Pyrénées (Basses-)									2	1					3				2		7	1
Pyrénées (Hautes-)																						
Pyrénées-Orientales															6						6	
Rhin (Bas-)									1		2				1		1		1		23	7
Rhin (Haut-)									2	2					17						31	2
Rhône			2						3		6								2		30	11
Saône (Haute-)									1						4				2		7	
Saône-et-Loire									3	2					5				3		13	2
Sarthe									5	11					1						11	12
Seine			1		9	6			10	7	10	3			1		20	6	6		260	70
Seine-et-Marne									5	3					1						10	5
Seine-et-Oise	1	1			1				16	4					1		1	1			20	14
Seine-Inférieure	2	3			1				22	13	1				3		2		10		53	32
Sèvres (Deux-)															2						3	1
Somme									1						1				1		8	1
Tarn															2				1		5	1
Tarn-et-Garonne															7						7	
Var									2	1					4				12		31	1
Vaucluse															8				1		11	
Vendée															3						3	
Vienne																						
Vienne (Haute-)															2				1		6	1
Vosges									4						4						9	
Yonne										1					2						3	2
Autorisés	6		3		22		2		153		29		1		204		29		136		1,357	
Refusés		3				7		1		83		6						9				288
	9		3		29		3		236		35		1		204		38		136		1,645	

DE

XVIII.

ÉTAT NUMÉRIQUE

DES ÉTABLISSEMENTS INSALUBRES OU INCOMMODES,

DE DEUXIÈME ET TROISIÈME CLASSE, AUTORISÉS DE 1823 A 1835.

ATELIERS ET ÉTABLISSEMENTS.	1823.	1824.	1825.	1826.	1827.	1828.	1829.	1830.	1831.	1832.	1833.	1834.	1835.	TOTAL.	OBSERVATIONS.
§ I. ATELIERS ET ÉTABLISSEMENTS DE 2e CLASSE.															
Absinthe (Distilleries d'extrait ou d'esprit d')….	″	1	″	1	″	″	″	″	″	″	″	6	1	9	
Acide muriatique (Fabrication de l'), à vases clos. Acide muriatique oxigéné (Fabrication de l')…. Acide muriatique oxigéné. Voir ci-après *Chlore*..	3	2	″	2	″	″	″	1	″	″	″	1	1	10	
Acide nitrique (Fabrication de l'), *eau-forte*, par la décomposition du salpêtre au moyen de l'acide sulfurique dans l'appareil de Wolff….	″	″	2	2	″	″	3	″	4	1	1	1	1	15	
Acide pyroligneux (Fabriques d'), lorsque les gaz sont brûlés……… Acide pyroligneux (Toutes les combinaisons de l') avec le fer, le plomb ou la soude………	3	2	″	″	″	″	2	″	″	1	″	″	1	9	
Acier (Fabriques d')………	1	1	2	″	″	1	″	2	2	″	″	1	″	10	
Affinage de l'or ou de l'argent par l'acide sulfurique, quand les gaz dégagés pendant cette opération sont condensés……… Affinage de l'or ou de l'argent au moyen du départ et du fourneau à vent………	2	″	″	2	2	″	″	1	″	1	1	1	1	11	
Battoirs à écorce dans les villes………	″	″	1	1	″	″	″	1	″	″	1	1	2	7	
Bitume en planche (Fabriques de)……… Bitumes pisasphaltes (Ateliers pour la fonte et la préparation des)………	″	1	″	″	1	1	″	″	″	″	″	2	″	5	
Blanc de baleine (Raffineries de)………	″	″	1	″	″	″	1	″	″	″	″	″	″	2	
Blanc de plomb ou de céruse (Fabriques de)….	2	6	8	5	1	2	4	1	2	″	2	7	3	43	
Blanchiment des tissus et des fils de laine ou de soie par le gaz ou l'acide sulfureux………	″	″	″	″	″	″	″	″	″	″	″	″	″	″	
Blanchiment des toiles et fils de chanvre, de lin et de coton, par le chlore………	3	2	″	4	2	2	″	2	1	3	5	3	″	27	
Bleu de Prusse (Fabriques de), lorsqu'elles brûlent leur fumée et le gaz sulfuré, etc………	1	2	2	3	2	2	2	3	″	1	1	3	2	24	
Briqueteries………	20	16	40	37	35	40	38	26	25	22	45	53	51	448	
Buanderies des blanchisseurs de profession et les lavoirs qui en dépendent, quand ils n'ont pas un écoulement constant de leurs eaux…….	″	″	″	″	″	7	3	4	1	1	5	1	″	22	
Calcination d'os d'animaux. — Charbon animal (Fabrication ou revivification du) lorsque la fumée est brûlée………	″	1	1	″	″	1	1	2	1	1	3	12	31	54	
Carbonisation du bois à air libre, lorsqu'elle se pratique dans des établissements permanents et ailleurs que dans les bois et forêts ou en rase campagne………	″	″	2	″	″	″	″	″	1	1	″	1	″	5	
Cartonniers………	6	4	1	2	2	1	5	3	4	1	1	1	3	34	
Cendres d'orfévre (Traitement des) par le mercure et la distillation des amalgames………	″	″	″	″	1	″	″	″	1	″	″	″	″	2	
Cendres gravelées (Fabriques de), lorsqu'on brûle la fumée, etc………	1	1	″	″	″	1	1	″	″	″	3	2	″	9	
Chamoiseurs………	2	″	1	″	″	″	″	″	″	″	2	1	1	7	
Chandeliers………	21	27	17	20	28	30	20	22	20	28	39	29	42	343	
Chapeaux (Fabriques de)………	8	18	11	16	20	17	9	13	7	9	11	9	13	161	
Charbon de bois fait à vase clos………	4	2	″	″	″	″	1	″	″	1	″	1	″	9	

ATELIERS ET ÉTABLISSEMENTS.	1823.	1824.	1825.	1826.	1827.	1828.	1829.	1830.	1831.	1832.	1833.	1834.	1835.	TOTAL.	OBSERVATIONS.
Charbon de terre épuré, lorsqu'on travaille à vases clos	1	1	3	4	1	1	2	″	4	2	″	2	2	23	
Châtaignes (Dessiccation et conservation des)	″	″	″	″	″	″	″	″	″	″	″	″	″	″	
Chaudières. Voir *Machines à vapeur.*															
Chaux (Fours à) permanents	37	74	64	75	78	82	72	60	105	107	153	158	183	1,248	
Chiffonniers	21	4	3	5	13	8	11	6	11	6	8	12	5	113	
Chlore (Fabrication du), *acide muriatique oxigéné,* quand ce produit est employé dans les établissements même où on le prépare. Chlorure de chaux. Chlorures alcalins, *eau de Javelle.* (Ateliers où l'on fabrique en petite quantité, c'est-à-dire dans une proportion de 300 kilog. au plus par jour, des)	″	2	″	″	″	″	2	4	7	2	4	6	9	36	
Chromate de potasse (Fabriques de)	″	″	″	″	″	″	″	″	″	″	″	″	″	″	
Chrysalides (Dépôts de)	″	″	″	″	″	1	″	″	″	″	″	″	″	1	
Cire à cacheter (Fabriques de)	″	″	″	″	″	1	1	2	2	3	1	1	1	12	
Colle de peau de lapin (Fabriques de)	3	2	1	″	″	2	3	″	″	3	2	1	1	18	
Corroyeurs	7	7	16	18	15	9	12	17	15	7	12	12	27	174	
Couverturiers	″	″	1	3	″	″	″	4	1	″	″	″	1	10	
Cuirs verts (Dépôts de)	″	″	2	2	″	″	″	2	″	2	3	2	1	14	
Cuivre (Fonte et laminage du)	″	2	7	2	2	1	4	4	2	″	3	3	4	34	
Cuivre (Dérochage du) par l'acide sulfurique	″	″	″	″	″	2	1	″	″	″	1	″	″	4	
Eau-de-vie (Distilleries d')	18	34	37	30	40	35	38	20	24	35	48	37	50	446	
Faïence (Fabriques de)	3	2	4	9	7	3	8	5	6	2	8	2	10	69	
Feutre goudronné propre au doublage des navires (Fabriques de)	″	″	″	″	″	″	1	″	″	″	″	″	″	1	
Fonderies au fourneau à la Wilkinson. Fondeurs en grand au fourneau à réverbère	10	9	8	8	11	4	7	9	3	5	10	12	23	119	
Forges de grosses œuvres, c'est-à-dire, celles où l'on fait usage de moyens mécaniques pour mouvoir, soit les marteaux, soit les masses soumises au travail	1	″	″	1	″	1	1	1	1	2	1	1	1	11	
Fours à cuire les cailloux destinés à la fabrication des émaux	″	″	″	1	″	1	″	″	″	″	″	″	″	2	
Galons et tissus d'or et d'argent (Brûleries en grand des)	″	″	″	″	″	″	″	″	″	″	″	″	″	″	
Gaz (Ateliers où l'on prépare les matières grasses propres à la production du). Gaz hydrogène (Tous les établissements d'éclairage par le), tant les usines où le gaz est fabriqué que les dépôts où il est conservé	1	6	5	7	1	5	5	3	2	5	3	9	11	63	
Genièvre (Distilleries de)	8	9	7	3	4	3	1	2	″	1	7	9	4	58	
Hareng (Saurage du)	″	″	″	″	″	″	″	″	″	4	2	″	4	10	
Hongroyeurs	2	″	″	″	″	″	″	″	″	1	″	1	″	4	
Huile de térébenthine et autres huiles essentielles (Dépôts d')	″	″	″	″	″	″	1	″	″	″	″	″	″	1	
Huile (Extraction de l') et des autres corps gras contenus dans les eaux savonneuses des fabriques	″	″	″	″	″	1	1	1	″	1	″	″	″	4	
Huiles (Épuration des) au moyen de l'acide sulfurique	4	2	2	10	2	3	5	4	1	1	4	5	3	46	

ÉTABLISSEMENTS ET ATELIERS.	1823.	1824.	1825.	1826.	1827.	1828.	1829.	1830.	1831.	1832.	1833.	1834.	1835.	TOTAL.	OBSERVATIONS.
Indigoteries	//	//	//	//	//	//	//	//	//	//	//	//	//	//	
Lard (Ateliers à enfumer le)	//	//	//	//	//	//	//	//	//	//	//	//	//	//	
Liqueurs (Fabriques de)	5	7	3	6	7	8	4	7	9	4	6	6	13	85	
Machines à vapeur à haute pression ou celles dans lesquelles la force élastique de la vapeur fait équilibre à plus de deux atmosphères, lors même qu'elles brûleraient complétement leur fumée — Chaudières	//	//	//	//	//	2	1	4	2	5	9	17	28	68	
— Machines	7	6	20	27	24	24	17	28	23	51	74	121	214	636	Les machines à vapeur à basse pression figurent ci-après dans la 3e classe.
— Pompes	3	//	17	6	3	3	6	1	//	1	1	1	2	44	
Maroquiniers	1	//	1	//	2	1	//	//	1	//	1	//	3	10	
Mégissiers	3	4	//	6	6	3	7	2	//	6	10	9	12	68	
Moulins à broyer le plâtre, la chaux et les cailloux	1	//	//	1	//	//	2	//	//	//	1	1	3	9	
Moulins à farine, dans les villes	2	2	3	4	3	4	4	3	3	1	4	4	2	39	
Noir de fumée (Fabriques de)	//	1	//	//	//	//	3	//	1	//	2	//	3	10	
Noir d'ivoire et noir d'os (Fabriques de), lorsqu'on brûle la fumée	5	5	2	4	8	3	8	12	3	7	7	6	9	79	
Noir minéral (Carbonisation et préparation de schistes bitumineux pour fabriquer le)	//	//	//	1	//	//	//	//	//	//	//	//	//	1	
Or et argent (Affinage de l'). Voir ci-dessus *Affinage*.	//	//	//	//	//	//	//	//	//	//	//	//	//	//	
Os (Blanchiment des) pour les éventaillistes et les boutonniers	//	//	//	//	1	//	2	//	1	//	//	//	//	4	
Papiers (Fabriques de)	6	7	6	6	5	5	7	2	//	1	2	3	6	56	
Parcheminiers	//	//	//	//	//	//	//	1	//	//	//	1	//	2	
Phosphore (Fabriques de)	//	//	//	//	//	//	//	1	//	//	//	//	//	1	
Pipes à fumer (Fabriques de)	//	//	6	1	//	2	1	//	2	4	1	3	5	25	
Plâtre (Fours à) permanents	15	16	19	27	30	34	33	42	36	36	45	63	50	446	
Plomb (Fonte du) et laminage de ce métal	4	3	5	2	1	//	//	1	2	//	//	2	//	20	
Poêliers-fournalistes. — Poêles et fourneaux en faïence et terre cuite (Fabriques de)	1	//	//	3	//	1	//	1	//	1	//	//	1	8	
Pompes à feu. Voir *Machines à vapeur*	//	//	//	//	//	//	//	//	//	//	//	//	//	,	
Porcelaine (Fabriques de)	1	1	3	1	//	//	2	//	//	2	1	//	1	12	
Potiers de terre	17	21	21	15	31	13	14	18	6	10	19	22	26	233	
Rogues (Dépôts de salaisons liquides, connues sous le nom de)	//	//	//	//	//	1	//	//	//	//	//	//	//	1	
Rouge de Prusse (Fabriques de), à vases clos	//	//	//	//	//	//	//	//	//	1	//	//	//	1	
Salaison (Ateliers pour la) et le saurage des poissons. Salaisons (Dépôts de)	3	10	10	44	7	6	6	8	1	5	5	8	9	122	
Sécheries de morues	//	//	//	2	//	1	1	//	2	1	3	5	//	15	
Sécrétage des peaux ou poil de lièvre et de lapin	//	//	//	//	//	//	//	1	//	//	//	//	//	1	
Sel ou muriate d'étain (Fabriques de)	//	//	//	//	//	//	//	//	//	//	//	//	1	1	
Soufre (Fusion du) pour le couler en canons, et épuration de cette matière par fusion ou décantation	//	//	//	//	//	//	//	//	//	//	//	//	//	//	
Sucre (Fabriques et raffineries de)	9	21	13	8	6	21	32	11	4	5	7	29	109	275	
Suif (Fonderies de) au bain marie ou à la vapeur	8	3	8	6	12	6	7	7	13	12	14	14	14	124	
Sulfate de soude (Fabriques de), à vases clos	2	2	1	2	1	1	//	2	1	//	//	3	1	16	
Sulfates de fer et de zinc (Fabriques de), lorsqu'on forme ces sels de toutes pièces avec l'acide sulfurique et les substances métalliques	//	//	//	//	//	//	//	//	1	1	1	//	//	3	

ATELIERS ET ÉTABLISSEMENTS.	1823.	1824.	1825.	1826.	1827.	1828.	1829.	1830.	1831.	1832.	1833.	1834.	1835.	TOTAL.	OBSERVATIONS.
Sulfures métalliques (Grillage des) dans les appareils propres à tirer le soufre et à utiliser l'acide sulfurique qui se dégage	″	″	″	″	″	″	″	″	″	″	″	″	″	″	
Tabac (Fabriques de)	″	″	″	″	″	″	″	″	″	″	″	″	″	″	
Tabatières en carton (Fabriques de)	″	″	″	″	″	″	″	″	″	″	″	″	″	″	
Tanneries	15	30	23	24	24	19	16	16	19	22	23	18	19	268	
Toiles (Blanchiment des) par l'acide muriatique oxigéné. Voir ci-dessus *Blanchiment.*															
Tôle vernie (Fabriques de)	1	2	″	″	″	″	″	″	″	″	″	″	1	4	
Tourbe (Carbonisation de la), à vases clos	″	″	″	″	″	″	1	2	1	1	″	″	″	5	
Tuileries	36	37	68	72	47	55	68	40	43	56	53	82	104	761	
Vernis à l'esprit de vin (Fabriques de)	″	1	″	″	″	″	″	″	1	″	3	″	″	5	
Zinc (Usines à laminer le)	″	″	″	″	″	″	″	″	″	″	″	″	″	″	
§ II. ATELIERS ET ÉTABLISSEMENTS DE 3e CLASSE.															
Acétate de plomb (Fabriques d'), *sel de Saturne*	″	″	1	″	1	″	1	″	″	″	1	″	1	5	
Acide acétique (Fabriques d')	″	″	″	″	″	″	″	″	″	″	″	1	″	1	
Acide tartareux (Fabriques d')	″	″	1	1	″	″	″	1	″	″	″	″	″	3	
Ammoniaque ou alcali-volatil (Fabrication en grand avec les sels ammoniacaux de l')	″	″	″	″	1	1	1	″	″	″	″	″	1	4	
Ardoises artificielles et mastics de différents genres (Fabriques d')	″	″	″	″	1	″	″	″	″	1	″	2	″	4	
Battage en grand et journalier de la laine et de la bourre	″	″	″	″	″	1	″	″	1	″	″	″	″	2	
Batteurs d'or et d'argent	″	″	″	″	″	″	″	1	″	″	″	″	″	1	
Blanc d'Espagne (Fabriques de)	″	″	″	″	″	″	″	″	″	″	″	″	″	″	
Blanchiment des toiles et fils de chanvre, de lin ou de coton, par les chlorures alcalins	″	2	″	2	6	2	1	5	4	2	″	″	2	26	
Bois dorés (Brûleries de)	″	″	″	″	″	″	″	″	″	″	″	″	″	″	
Borax artificiel (Fabriques de) Borax (Raffinage du)	″	1	1	″	″	″	2	″	1	1	″	″	″	6	
Bougies de blanc de baleine (Fabriques de)	1	2	″	2	″	″	″	″	″	″	3	″	1	9	
Boutons métalliques. (Fabriques de)	″	2	1	″	″	1	″	″	″	″	″	″	″	4	
Brasseries	17	20	15	28	23	16	22	12	16	12	26	21	32	260	
Briqueteries ne faisant qu'une seule fournée en plein air, comme on le fait en Flandre	13	11	16	30	17	19	36	22	15	51	85	82	136	536	
Briquets phosphoriques et briquets oxigénés (Fabriques de)	″	″	″	″	″	5	″	″	2	″	″	″	″	7	
Buanderies et les lavoirs qui en dépendent, quand ils ont un écoulement constant de leurs eaux	1	″	17	13	4	11	17	9	4	6	55	11	10	158	
Camphre (Préparation et raffinage du)	″	″	″	″	″	″	″	″	″	″	″	″	″	″	
Caractères d'imprimerie (Fonderies de)	″	1	1	″	1	″	″	2	″	″	″	4	2	11	
Caramel en grand (Fabriques de)	″	1	″	″	″	″	″	2	″	″	″	1	″	4	
Cendres (Laveurs de)	″	″	1	1	″	″	″	1	″	″	″	″	1	4	
Cendres bleues et autres précipités du cuivre (Fabriques de)	″	″	″	″	″	″	″	″	″	″	″	1	″	1	
Chantiers de bois à brûler, dans les villes	″	″	″	″	″	″	″	3	″	8	1	5	1	18	
Charbon de bois (Les dépôts de), dans les villes	″	″	1	1	″	4	8	″	7	4	10	7	9	51	

ATELIERS ET ÉTABLISSEMENTS.	1823.	1824.	1825.	1826.	1827.	1828.	1829.	1830.	1831.	1832.	1833.	1834.	1835.	TOTAL.	OBSERVATIONS.
Chaudières. Voir *Machines à vapeur.*															
Chaux (Fours à) ne travaillant pas plus d'un mois par année	89	173	192	169	116	135	109	109	179	194	164	229	250	2,108	
Chicorée-café (Fabriques de)	1	″	3	1	2	4	1	2	2	4	2	3	1	26	
Chromate de plomb (Fabriques de)	″	1	″	″	″	″	″	″	″	″	″	″	″	1	
Ciriers	3	2	3	1	2	″	2	2	4	1	2	1	1	24	
Colles de parchemin et d'amidon (Fabriques de)	1	1	1	1	″	″	1	″	″	″	1	1	1	8	
Corne (Travail de la) pour la réduire en feuille	″	″	″	″	″	1	3	″	1	3	″	1	2	11	
Cristaux de soude (Fabriques de), *sous-carbonate de soude cristallisé*	1	″	″	″	1	1	″	″	″	″	″	″	″	3	
Cuisson des têtes d'animaux dans des chaudières établies sur un fourneau de construction, quand elle n'est pas accompagnée de fonderie de suif	″	″	″	″	″	″	″	″	″	″	3	″	″	3	
Doreurs sur métaux	1	″	″	″	″	″	″	7	″	1	″	″	3	12	
Eau seconde (Fabriques de l') des peintres en bâtiments, *alcali caustique en dissolution*	″	″	″	″	″	1	″	″	″	″	″	″	″	1	
Échaudoirs dans lesquels on traite les têtes et les pieds d'animaux, afin d'en séparer le poil	″	1	″	″	″	″	″	″	″	″	″	″	″	1	
Encre à écrire (Fabriques d')	″	″	1	″	″	″	″	″	1	″	″	″	1	3	
Engraissage des oies (Établissements en grand pour l')	″	″	″	″	″	″	″	″	″	″	1	″	″	1	
Essayeurs	″	″	″	″	″	″	″	″	″	″	″	″	″	″	
Étain (Fabrication des feuilles d')	″	″	″	″	″	″	″	″	″	″	″	″	1	1	
Fécule de pommes de terre (Fabriques de)	″	3	1	2	1	3	7	9	″	20	4	5	5	60	
Fer-blanc (Fabriques de)	″	″	″	″	″	″	″	″	″	″	″	″	″	″	
Fondeurs au creuset	10	19	23	24	13	22	12	6	2	10	8	15	14	178	
Fromages (Dépôts de)	″	1	8	5	2	″	5	1	1	1	4	1	5	34	
Gaz (Ateliers pour le grillage des tissus de coton par le)	2	1	2	1	″	″	″	1	″	1	″	1	″	9	
Gélatine extraite des os (Fabriques de) par le moyen des acides et de l'ébullition	2	2	″	3	4	8	1	3	″	2	2	4	4	35	
Glaces (Étamage des)	″	″	″	″	″	1	″	4	″	″	″	″	″	5	
Laques (Fabriques de)	1	6	″	″	″	″	″	″	″	1	″	″	″	2	
Lavoirs à laine	1	″	1	″	1	2	2	1	1	″	2	2	4	17	
Lustrage des peaux	″	1	″	″	1	1	1	″	″	″	″	1	″	5	
Machines à vapeur à basse pression, c'est-à-dire, fonctionnant à moins de deux atmosphères, brûlant ou non la fumée — Chaudières	″	1	8	″	5	″	9	9	6	5	11	15	17	86	
— Machine	7	18	25	12	8	5	7	17	7	14	25	23	29	197	
— Pompes	13	6	11	7	9	4	7	1	3	2	4	3	2	72	
Moulins à huile	8	8	25	6	8	12	11	6	8	9	11	10	16	138	
Ocre jaune (Calcination pour le convertir en ocre rouge.)	″	″	1	1	″	″	″	3	″	″	″	1	2	8	
Papiers peints et papiers marbrés (Fabriques de)	″	″	2	7	″	″	7	3	1	″	2	3	2	27	
Plâtre (Fours à) ne travaillant pas plus d'un mois par année	3	6	7	9	6	11	5	2	7	11	7	5	14	93	
Plomb de chasse (Fabriques de)	1	″	″	″	″	1	1	″	″	″	″	″	″	3	
Plombiers et fontainiers	″	″	″	″	″	″	2	1	″	″	″	″	1	4	
Pompes à feu à basse pression, brûlant leur fumée. Voir *Machines à vapeur.*															

ATELIERS ET ÉTABLISSEMENTS.	1823.	1824.	1825.	1826.	1827.	1828.	1829.	1830.	1831.	1832.	1833.	1834.	1835.	TOTAL.	OBSERVATIONS.
Potasse (Fabriques de)	"	8	8	3	"	4	2	10	"	"	2	3	1	41	
Potiers d'étain	"	"	"	"	"	"	"	"	"	"	"	"	"	"	
Sabots (Ateliers à enfumer les)	"	2	3	2	"	"	4	3	1	"	12	2	6	35	
Salpêtre (Fabriques et raffineries de)	2	2	4	2	1	"	3	1	2	3	3	1	"	24	
Savonneries	11	15	7	12	5	13	6	6	5	6	6	1	9	102	
Sel (Raffineries de)	6	10	7	3	5	2	3	10	3	6	7	4	"	66	
Sel de soude sec (Fabriques de), *sous-carbonate de soude sec*	"	2	1	2	"	1	1	3	1	"	1	"	1	13	
Sirop de fécule de pommes de terre (Extraction du)	3	1	"	1	2	1	1	"	"	"	1	1	1	12	
Soude (Fabriques de) ou décomposition du sulfate de soude	"	"	"	"	"	"	"	"	"	"	"	"	"	"	
Sulfate de cuivre (Fabriques de) au moyen de l'acide sulfurique et de l'oxide de cuivre ou du carbonate de cuivre	"	"	"	1	"	1	"	1	"	"	"	"	"	3	
Sulfate de potasse (Raffinage de)	"	1	"	"	"	"	"	"	"	"	"	"	"	1	
Sulfates de fer et d'alumine; extraction de ces sels des matériaux qui les contiennent tout formés, et transformation du sulfate d'alumine en alun	1	"	"	"	"	1	3	"	1	"	2	"	1	9	
Tartre (Raffinage de)	1	2	4	1	"	2	1	2	"	"	2	1	2	18	
Teinturiers / Teinturiers-dégraisseurs	41	54	40	63	39	41	37	43	10	31	34	48	60	541	
Toiles peintes (Ateliers de)	"	1	1	"	"	"	1	2	1	"	1	"	7	14	
Tréfileries	"	"	"	"	2	"	1	2	"	"	"	1	"	6	
Tueries dans les communes dont la population est au-dessous de 10,000 habitants	"	2	4	16	4	3	3	1	3	18	7	14	26	101	
Vacheries dans les villes dont la population excède 5,000 habitants	"	2	8	10	1	1	8	20	5	21	24	19	20	139	
Vert de gris et verdet (Fabriques de)	1	2	1	1	1	1	"	"	"	1	"	"	"	8	
Viandes (Salaisons et préparation des)	"	"	"	"	"	"	"	"	1	2	1	"	"	4	
Vinaigre (Fabriques de)	1	8	4	3	2	4	2	"	"	1	3	9	6	43	

RÉCAPITULATION.

	1823.	1824.	1825.	1826.	1827.	1828.	1829.	1830.	1831.	1832.	1833.	1834.	1835.	TOTAL.
Ateliers et établissements de 2e classe	338	419	478	541	486	481	508	435	428	493	682	827	1,129	7,245
Ateliers et établissements de 3e classe	243	399	461	447	295	347	357	349	306	453	540	563	711	5,471
TOTAUX	581	818	939	988	781	828	865	784	734	946	1,222	1,390	1,840	12,716

I

AI
AI
AI
AV
Bo
Di
GA
GA
HI
In
Isi
Lo
Lo
Py
Re
TA
VA
VA

XIX.

RELEVÉ

DES RAPPORTS SUR L'ÉTAT COMPARATIF DES MURIERS

EXISTANT EN FRANCE EN 1820 ET 1834.

DÉPARTEMENTS.	NOMBRE DE MURIERS en 1820.	NOMBRE DE MURIERS en 1834.	AUGMENTATION.	DIMINUTION.	OBSERVATIONS.
Ain	34,225	113,179	78,954	"	
Alpes (Basses-)	29,488	66,539	37,051	"	
Ardèche	1,800,000	2,000,000	200,000	"	
Aveyron	9,530	26,260	16,730	"	
Bouches-du-Rhône	394,959	670,799	275,840	"	
Drôme	2,400,000	2,850,000	450,000	"	
Gard	2,832,000	5,709,466	2,877,466	"	
Garonne (Haute-)	7,900	14,050	6,150	"	
Hérault	63,600	247,000	183,400	"	
Indre-et-Loire	32,500	42,500	10,000	"	
Isère	454,800	602,600	147,800	"	
Loire	13,250	18,970	5,720	"	
Lozère	140,000	214,400	74,400	"	
Pyrénées-Orientales	5,500	44,100	38,600	"	
Rhône	40,082	18,082	"	22,000	
Tarn-et-Garonne	20,000	20,000	"	"	
Var	93,491	208,425	114,934	"	
Vaucluse	1,260,349	2,013,034	752,685	"	
Totaux	9,631,674	14,879,404	5,269,730	22,000	

RELEVÉ DES RAPPORTS SUR L'ÉTAT DES PLANTATIONS NOUVELLES DES MURIERS DANS L'ANNÉE 1834.

DÉPARTEMENTS.	MURIERS.	OBSERVATIONS.
Alpes (Hautes-)	85,000	(1) En 1834, on ne faisait pas encore d'éducation de vers à soie dans ce département.
Calvados	3,030	
Côte-d'Or	357,000	
Dordogne	20,000	
Gers	12,000	
Gironde (1)	20,000	
Jura	16,000	
Loire (Haute-)	20,000	
Loiret	788	
Rhin (Haut-)	10,850	
Seine-et-Oise	341,000	
Vienne	1,000	
Totaux	886,668	

I

XX.

RELEVÉ

DES RAPPORTS SUR LE PRODUIT DES RÉCOLTES DES COCONS

DE 1808 A 1835,

ET SUR LE PRIX MOYEN DES COCONS

DE 1810 A 1835.

ANNÉES.	AIN.	ALPES (BASSES-).	ARDÈCHE.	AVEYRON.	BOUCHES-DU-RHÔNE.	DRÔME.	GARD.	HÉRAULT.	INDRE-ET-LOIRE.	ISÈRE.	LOIRE.	LOZÈRE.	PYRÉNÉES-ORIENTALES.	TARN-ET-GARONNE.	VAR.	VAUCLUSE.	TOTAUX.	OBSERVATIONS.
	kilog.	kilog.	kilog.	kilog.	kilog.	kilog.	kilog.	kilog.	kilog.	kilog.	kilog.	kilog.	kilog.	kilog.	kilog.	kilog.	kilog.	
1808	2,700	»	906,100	»	580,000	622,846	1,250,000	517,000	[illegible]	250,000	4,000	»	»	»	176,040	1,690,000	6,056,366	
1809	2,300	»	1,000,000	»	490,080	587,080	1,200,000	455,000	[illegible]	190,000	4,500	»	»	»	156,000	1,740,000	5,871,800	
1810	1,500	»	249,680	»	201,000	297,560	1,280,000	155,000	[illegible]	180,000	4,000	16,998	»	»	102,000	1,500,000	4,072,198	
1811	950	»	684,134	»	161,000	321,000	1,100,000	163,006	[illegible]	180,000	3,000	42,050	»	»	77,000	1,176,000	3,908,134	
1812	5,650	»	1,233,600	»	371,166	626,610	770,000	218,773	[illegible]	120,000	5,420	14,853	»	»	94,555	991,000	4,500,077	
1813	3,250		1,299,095	»	469,178	656,313	700,000	308,181	[illegible]	100,000	5,900	57,365	»	»	98,303	1,494,470	5,785,889	
1814	3,100	»	1,011,600	»	295,021	430,120	930,000	214,970	[illegible]	100,900	4,500	58,650	»	»	55,119	892,500	4,507,355	
1815	4,545	»	666,800	»	168,930	477,490	720,000	127,061	[illegible]	113,983	3,700	65,850	»	»	43,437	823,300	3,481,696	
1816	2,470	»	1,271,645	»	331,101	631,204	800,000	101,852	[illegible]	60,848	6,900	10,500	»	»	80,626	905,600	5,019,886	
1817	3,247	»	931,140	»	134,700	626,954	410,000	70,348	[illegible]	16,300	4,800	42,890	»	»	42,481	542,700	3,170,840	
1818	3,000	»	1,730,680	»	222,400	558,983	610,000	88,407	[illegible]	117,059	6,100	46,400		»	54,253	831,314	3,931,559	
1819	15,081	43,000	1,560,925	»	310,800	425,124	800,000	181,002	[illegible]	34,337	1,735	36,440	»	»	114,110	1,154,089	4,705,841	
1820	13,705	45,000	1,345,036	»	354,400	508,186	950,000	214,089	[illegible]	30,323	9,040	32,900	»	25,000	110,360	1,113,677	5,229,896	
1821	7,034	61,960	1,419,012	»	308,000	680,190	980,000	189,575	[illegible]	30,923	5,201	31,600	»	25,000	150,059	1,240,100	5,019,280	
1822	5,548	12,268 (A)	1,038,040	»	205,533	587,046 (B)	530,000	160,879	[illegible]	29,911	3,800 (D)	3,559	»	20,300	127,382	558,095	3,517,014	
1823	13,312	37,790	1,030,050 (C)	»	297,000	955,268	2,580,000	246,600	[illegible]	41,500	7,718	10,550	»	19,300	130,097	1,461,030	7,203,419	
1824	15,385	37,790	1,368,511		300,800	955,268	3,342,000	319,700	[illegible]	30,020	7,718	45,000	»	31,500	117,863	1,297,380	8,313,971	
1825	15,580	37,790	1,368,511	»	298,600	955,268	2,206,230	301,800	[illegible]	30,765	7,718	43,800	»	21,500	89,779	1,189,091	6,806,841	
1826	19,490	37,796	1,368,511	»	240,230	955,268	1,451,710	236,900	[illegible]	21,933	7,718	41,500	»	19,500	74,733	1,008,844	5,776,973	
1827	23,565	37,796	1,368,511	»	337,425	955,268	2,077,160	207,200	[illegible]	34,400	7,718	42,600	»	20,500	103,810	1,455,574	7,004,527	
1828	23,410	37,790	1,368,511	»	275,961	955,268	2,522,800	307,800	[illegible]	33,434	7,718	48,650	»	26,500	101,765	1,217,500	7,317,276	
1829	63,610	37,706	1,368,511	»	336,806	955,268	3,181,810	273,000	[illegible]	29,615	7,718	40,000	»	23,500	103,414	1,162,000	8,239,918	
1830	25,865	37,796	1,368,511	»	302,161	955,268	2,727,170	207,300	[illegible]	31,382	7,718	49,480	»	13,500	93,325	1,158,000	7,079,457	
1831	20,100	39,331	1,437,506	»	361,331	1,230,000	3,011,060	180,799	[illegible]	432,080	10,869	30,800	3,150	17,000	98,905	1,418,700	7,811,578	
1832	29,326	16,897	1,591,123	10,100	338,550	1,345,000	2,973,500	210,801	[illegible]	134,088	10,670	60,810	4,200	19,500	101,829	1,380,600	8,551,524	
1833	48,495	40,830	1,706,260	10,100	375,740	1,310,000	3,397,300	220,204	[illegible]	161,376	9,365	70,910	6,300	27,500	104,008	1,420,750	8,991,837	
1834	35,308	34,810	1,676,310	13,200	297,395	1,205,000	2,637,310	220,865	[illegible]	278,332	7,900	53,890	5,800	21,000	80,479	1,158,560	7,291,365	
1835	41,716	35,880	1,765,124	15,160	331,301	1,470,919	2,006,231	274,300	[illegible]	436,355	12,615	41,050	6,100	20,500	115,404	1,600,885	9,807,207	

OBSERVATIONS.

(A) Moyenne calculée sur les années 1819 à 1822 inclusivement, et 1823 à 1829. Cette moyenne est reproduite de 1823 à 1830 pour tenir lieu des informations qui n'ont point été transmises par le préfet pendant cette période.

(B) Moyenne calculée sur les années 1819 à 1823 et 1824 à 1835.

(C) Moyenne calculée sur les années 1819 à 1830 et 1831 à 1835 inclusivement.

(D) Moyenne calculée sur les années 1819 à 1822 et 1824 à 1835 inclusivement.

RELEVÉ DES RAPPORTS SUR LES PRIX MOYENS DES COCONS, DE 1810 A 1835 (PAR KILOGRAMME).

ANNÉES.	AIN.	ALPES (BASSES).	ARDÈCHE.	AVEYRON.	BOUCHES-DU-RHÔNE.	DRÔME.	GARD.	HÉRAULT.	INDRE-ET-LOIRE.	ISÈRE.	LOIRE.	LOZÈRE.	PYRÉNÉES-ORIENTALES.	TARN-ET-GARONNE.	VAR.	VAUCLUSE.	PRIX MOYENS.	OBSERVATIONS.
	fr. c.	fr. c.	fr. c.	fr. c.	fr. c.	fr. c.	fr. c.	fr. c.	fr. c.	fr. c.	fr. c.	fr. c.	fr. c.	fr. c.	fr. c.	fr. c.	fr. c.	
1810	2 53	»	4 22	»	3 80	3 56	2 10	3 27	3 25	3 »	4 50	3 »	»	»	3 80	3 60	3 45	
1811	2 55	»	3 20	»	2 47	2 78	2 60	2 20	3 16	1 38	2 90	2 80	»	»	2 10	2 50	2 60	
1812	2 50	»	3 »	»	3 06	2 98	2 25	2 69	4 11	2 89	3 35	2 88	»	»	2 75	3 15	2 95	
1813	2 40	»	2 85	»	2 60	2 78	2 40	2 66	»	3 35	3 30	3 05	»	»	2 30	2 70	2 61	
1814	2 84	»	3 01	»	3 30	3 58	3 15	3 »	»	3 30	3 60	2 95	»	»	3 »	3 28	3 08	
1815	2 83	»	»	»	3 75	3 60	3 60	3 13	»	3 50	4 30	3 »	»	»	3 10	3 36	3 43	
1816	3 »	»	4 80	»	4 67	4 75	4 75	4 16	»	4 50	4 50	3 90	»	»	4 25	4 88	4 37	
1817	»	»	»	»	5 »	»	5 80	5 40	6 »	»	5 40	5 90	»	»	4 60	5 50	5 45	
1818	»	»	»	»	5 35	»	6 60	6 07	5 75	»	6 95	6 60	»	»	5 18	5 70	6 03	
1819	4 40	3 25	4 45	»	4 40	4 60	4 25	4 20	»	3 18	4 90	5 »	»	»	3 81	4 42	4 18	
1820	3 25	3 40	3 60	»	3 45	3 83	3 75	3 75	»	3 19	3 65	3 75	»	3 »	3 31	3 31	3 43	
1821	3 95	3 50	3 60	»	3 50	3 48	3 60	3 42	»	3 55	3 39	3 75	»	3 »	3 42	3 52	3 47	
1822	3 50	3 75	4 75	»	5 »	4 20	3 80	3 50	»	4 25	4 »	5 »	»	3 40	3 96	3 85	4 04	
1823	3 »	»	»	»	3 50	»	3 20	2 80	»	3 46	3 89	3 80	»	3 80	3 43	3 28	3 40	
1824	3 35	»	»	»	3 »	»	3 10	3 »	»	3 »	»	3 60	»	2 70	2 53	2 88	3 »	
1825	3 26	»	»	»	3 90	»	3 50	3 50	»	3 47	»	4 30	»	3 75	3 81	3 75	3 63	
1826	3 33	»	»	»	4 »	»	3 16	3 50	»	3 77	»	3 80	»	3 80	3 37	3 84	3 60	
1827	3 56	»	»	»	2 80	»	3 »	2 80	»	3 45	»	3 70	»	2 90	2 88	2 77	3 09	
1828	3 40	»	»	»	3 50	»	3 25	2 80	»	3 34	»	3 50	»	3 25	3 27	3 31	3 30	
1829	3 55	»	»	»	3 10	»	3 10	3 »	»	3 50	»	3 68	»	2 90	3 09	3 20	3 24	
1830	3 25	»	»	»	3 57	»	3 15	2 50	»	3 45	»	3 80	»	2 75	2 83	3 29	3 16	
1831	2 75	2 82	3 15	»	2 86	3 30	3 15	2 55	2 10	1 90	3 50	2 60	1 50	2 60	2 50	2 62	2 08	
1832	2 70	2 56	3 02	3 »	2 95	2 50	3 25	2 40	1 30	2 75	»	2 70	3 »	2 40	2 65	2 82	2 65	
1833	3 »	2 50	3 58	3 »	3 22	3 10	3 40	3 20	»	2 90	3 15	3 55	2 65	3 50	3 »	3 20	3 18	
1834	3 »	3 50	3 06	4 20	3 76	4 10	4 60	4 70	»	4 10	3 97	3 47	2 95	4 60	3 72	4 08	4 12	
1835	4 25	4 25	4 22	4 30	3 69	4 33	3 15	3 75	3 »	4 25	4 »	4 50	2 80	3 40	3 74	4 »	3 82	

DI

XXI.

RELEVÉ

DES RAPPORTS SUR LA FILATURE ET SUR LES PRIX MOYENS DES SOIES GRÈGES EN FRANCE,

DE 1810 A 1835.

ANNÉES.	AIN.	ALPES (BASSES-).	ARDÈCHE.	AVEYRON.	BOUCHES-DU-RHÔNE.	DRÔME.	GARD.	HÉRAULT.	[illegible]	[illegible]	LOIRE.	LOZÈRE.	PYRÉNÉES-ORIENTALES.	TARN-ET-GARONNE.	VAR.	VAUCLUSE.	TOTAUX.
	kilogr.	kilogr.	kilogr.	kilogr.	kilogr.	kilogr.	kilogr.	kilogr.	kilogr.	kilogr.	kilogr.	kilogr.	kilogr.	kilogr.	kilogr.	kilogr.	kilogr.
1810	100	»	90,800	»	17,500	31,403	100,000	13,680	[illegible]	[illegible]	315	2,939	»	»	0,702	125,000	350,029
1811	340	»	61,509	»	8,300	30,160	53,000	12,058	[illegible]	[illegible]	356	2,582	»	»	3,617	98,000	311,483
1812	545	»	91,920	»	30,105	63,105	70,000	18,005	[illegible]	[illegible]	364	3,054	»	»	3,554	129,900	480,792
1813	555	»	95,405	»	41,280	54,006	78,700	16,181	[illegible]	[illegible]	337	3,085	»	»	4,652	118,700	466,380
1814	340	»	80,756	»	25,067	36,389	84,000	19,407	[illegible]	[illegible]	450	3,000	»	»	6,216	73,550	376,531
1815	456	»	66,341	»	11,853	30,000	64,000	12,850	[illegible]	[illegible]	540	4,100	»	»	4,781	68,025	308,157
1816	845	»	124,692	»	26,875	50,912	78,100	12,387	[illegible]	[illegible]	370	4,700	»	»	8,531	69,601	421,031
1817	415	»	77,460	»	12,877	43,585	37,212	4,010	[illegible]	[illegible]	410	1,860	»	»	2,719	45,125	270,772
1818	784	»	80,578	»	17,450	48,070	58,171	2,868	[illegible]	[illegible]	515	980	»	»	9,690	59,504	324,673
1819	1,257	2,540	115,016	»	23,768	35,510	81,210	14,512	[illegible]	[illegible]	512	2,000	»	»	5,501	95,416	419,172
1820	1,142	2,600	138,450	»	29,100	47,347	96,400	17,519	[illegible]	[illegible]	252	3,900	»	2,300	7,878	92,812	453,770
1821	764	3,610	127,900	»	33,380	69,283	80,000	19,009	[illegible]	[illegible]	344	3,400	»	3,800	10,145	95,360	485,471
1822	514	1,000	91,737	»	20,109	40,090	46,170	17,077	[illegible]	[illegible]	303	1,200	»	2,900	5,254	42,970	289,793
1823	1,411	(a) 2,005	(b) 123,904	»	28,288	(c) 95,790	217,900	21,700	[illegible]	[illegible]	340	2,590	»	1,700	6,226	133,170	675,541
1824	1,415	2,005	123,904	»	40,600	95,790	230,778	23,400	[illegible]	[illegible]	(d) 1,455	2,000	»	2,300	6,487	111,785	670,803
1825	1,508	2,005	123,904	»	30,455	95,706	205,390	22,700	[illegible]	[illegible]	1,455	1,400	»	1,700	8,019	91,400	668,560
1826	2,275	2,005	123,904	»	10,780	95,790	238,910	20,800	[illegible]	[illegible]	1,455	1,000	»	1,560	6,446	77,603	612,964
1827	2,212	2,005	123,004		24,600	95,796	234,280	18,725	[illegible]	[illegible]	1,455	2,500	»	1,540	7,083	121,991	657,462
1828	2,307	2,005	123,904	»	21,884	95,796	233,380	24,900	[illegible]	[illegible]	1,155	2,605	»	2,100	8,503	103,958	664,450
1829	2,304	2,005	123,904	»	28,007	95,790	236,150	21,950	[illegible]	[illegible]	1,455	2,000	»	1,790	7,077	122,333	688,401
1830	2,478	2,005	123,004	»	21,160	95,798	230,250	17,575	[illegible]	[illegible]	1,455	3,000	»	1,125	7,226	129,333	673,615
1831	2,308	2,605	163,172	»	36,563	135,780	243,300	20,566	[illegible]	[illegible]	2,130	1,800	585	1,300	1,193	118,800	707,387
1832	2,738	2,605	140,861	»	23,085	164,375	231,930	30,181	[illegible]	[illegible]	2,350	6,000	222	1,300	1,145	115,100	765,149
1833	4,177	3,145	134,686	1,010	21,310	171,250	230,000	24,300	[illegible]	[illegible]	3,139	3,000	400	2,150	7,076	93,391	752,085
1834	3,502	2,800	82,350	1,320	24,774	135,615	227,110	17,860	[illegible]	[illegible]	3,800	1,900	375	1,850	6,098	84,084	630,040
1835	3,881	3,157	174,398	1,400	27,608	211,325	226,602	21,072	[illegible]	[illegible]	1,178	1,396	300	1,700	8,884	133,407	876,016

OBSERVATIONS.

(a) Moyenne calculée sur les années 1819 à 1822 et 1831 à 1835 inclusivement. Cette moyenne est reproduite de 1823 à 1830 pour tenir lieu des informations qui n'ont point été transmises pendant cette période à l'administration.

(b) Moyenne calculée sur les années 1819 à 1822 et 1831 à 1835.

(c) Moyenne calculée sur les années 1819 à 1822 et 1831 à 1835 inclusivement.

(d) Moyenne calculée sur les années 1818 à 1822 et 1831 à 1835.

ANNÉES.	AIN.	ALPES (BASSES-).	ARDÈCHE.	AVEYRON.	BOUCHES-DU-RHÔNE.	DRÔME.	GARD.	HÉRAULT.	[illegible]	LOIRE.	LOZÈRE.	PYRÉNÉES-ORIENTALES.	TARN-ET-GARONNE.	VAR.	VAUCLUSE.	PRIX MOYENS.	OBSERVATIONS.
	fr. c.	fr. c.	fr. c.	fr. c.	fr. c.	fr. c.	fr. c.	fr. c.	fr. c.	fr. c.	fr. c.	fr. c.	fr. c.	fr. c.	fr. c.	fr. c.	
1810	36 00	»	58 75	»	51 20	47 41	40 00	42 33	44 [illegible] 00	65 00	36 12	»	»	51 20	44 00	45 12	
1811	37 00	»	44 00	»	37 60	37 30	36 00	30 80	35 [illegible] 00	59 00	31 39	»	»	41 00	31 95	38 37	
1812	35 00	»	40 00	»	41 00	41 33	38 00	39 21	41 [illegible] 50	47 00	32 50	»	»	41 30	38 00	39 01	
1813	35 05	35 00	40 25	»	40 40	30 50	34 00	31 91	40 [illegible] 80	40 00	33 38	»	»	40 00	34 10	36 04	
1814	»	43 00	59 10	»	47 00	38 70	42 00	45 07	49 [illegible] 00	47 75	30 00	»	»	46 50	46 00	43 81	
1815	»	48 90	»	»	60 50	62 00	53 00	46 00	58 [illegible] 00	65 00	38 00	»	»	50 00	60 50	51 03	
1816	66 07	»	65 00	»	59 00	62 00	52 00	51 55	63 [illegible] 00	74 77	40 00	»	»	68 00	64 00	59 99	
1817	»	»	»	»	71 50	»	79 00	»	60 [illegible]	77 00	61 10	»	»	73 55	79 50	74 52	
1818	»	»	»	»	77 14	»	83 00	»	80 [illegible]	82 00	67 80	»	»	77 17	76 80	77 30	
1819	65 00	53 00	58 00	37 86	75 00	50 06	60 00	55 00	60 [illegible] 00	64 00	50 00	57 20	»	56 76	61 00	57 23	
1820	42 00	55 00	49 00	32 50	50 00	43 86	50 00	48 00	53 [illegible] 00	48 00	40 00	45 00	40 60	48 76	50 00	46 14	
1821	50 00	50 56	47 80	36 00	48 26	47 93	48 50	48 00	40 [illegible] 00	40 50	40 00	50 00	42 60	51 78	44 33	46 31	
1822	50 33	64 00	65 00	38 73	50 10	60 37	55 00	50 00	60 [illegible] 00	55 50	50 00	57 50	46 00	58 34	60 00	55 37	
1823	36 06	»	»	»	49 10	»	46 50	43 10	43 [illegible] 25	»	40 00	»	53 60	50 40	42 65	41 89	
1824	39 00	»	»	»	44 37	»	48 00	43 00	44 [illegible] 50	»	42 00	»	43 00	48 05	41 50	41 09	
1825	37 33	»	»	»	54 85	»	54 95	50 00	44 [illegible] 95	»	46 00	»	57 00	51 59	57 70	45 48	
1826	41 53	»	»	»	49 31	»	55 00	50 00	47 [illegible] 50	»	40 00	»	57 00	55 34	49 63	49 44	
1827	39 73	»	»	»	41 56	»	46 00	46 66	43 [illegible] 31	»	38 50	»	40 00	44 18	»	44 12	
1828	35 37	»	»	»	48 95	»	47 75	47 00	43 [illegible] 00	»	37 00	»	53 00	48 50	40 30	45 40	
1829	41 93	»	»	»	47 92	»	41 50	44 00	41 [illegible] 17	»	38 00	»	47 00	38 75	48 00	45 92	
1830	30 44	»	»	»	49 75	»	45 00	42 00	39 [illegible] 34	»	37 00	»	45 00	46 02	43 43	43 10	
1831	39 50	»	40 25	»	39 31	40 50	63 75	35 92	41 [illegible] 10	42 50	31 00	37 50	45 00	41 50	39 35	39 67	
1832	38 50	»	42 05	40 00	41 26	42 50	45 50	34 33	42 [illegible] 75	48 50	33 80	42 50	35 00	44 00	43 00	40 58	
1833	43 00	48 50	58 85	40 00	49 28	50 50	66 75	45 00	44 [illegible] 78	61 00	38 00	45 00	36 00	49 86	50 83	48 04	
1834	63 33	51 00	60 05	50 00	58 40	61 00	55 00	55 00	60 [illegible] 74	66 00	63 00	60 00	74 00	56 25	67 70	64 03	
1835	53 00	65 00	56 80	»	55 55	61 00	58 00	58 90	70 [illegible] 45	59 21	60 00	65 00	52 50	60 10	54 40	58 84	

AUX

1806..
1807..
1808..
1809..
1810..
1811..
1812..
1813..
1814.
1815.
1816.
1817.
1818.
1819.
1820.
1821.
1822.
1823..
1824.
1825.
1826.
1827.
1828..
1829..
1830..
1831..
1832.
1833.
1834.
1835.

XXII.

TABLEAU

DES QUANTITÉS DE SOIES

QUI ONT PASSÉ

AUX ÉTABLISSEMENTS DE CONDITION PUBLIQUE DE LYON, SAINT-ÉTIENNE, AVIGNON ET NIMES,

DE 1806 A 1835.

Nota. Le tableau des soies qui ont subi l'épreuve de la condition ne représente qu'approximativement la quantité de soie consommée dans celles de ces villes qui possèdent de semblables établissements. On estime en général qu'il y a quelquefois un tiers, quelquefois une moitié des soies à fabriquer qui ne passent pas à la condition. En effet, un fabricant achète quatre balles de soie, il est pressé de les employer, il s'accorde alors avec son vendeur pour que deux balles seulement subissent l'épreuve de la condition, et ces deux balles conditionnées servent de règle aux deux autres.

Pour avoir une idée à peu près juste, en ce qui concerne Lyon, de la totalité des soies qui y sont consommées, il faut ajouter au moins un tiers en sus aux quantités de soies indiquées dans le tableau ci-après.

ANNÉES.	GARD. — NÎMES.	LOIRE. — SAINT-ÉTIENNE.	RHÔNE. — LYON.	VAUCLUSE. — AVIGNON.
	kilog.	kilog.	kilog.	kilog.
1806	"	"	348,438	34,839
1807	"	"	362,557	31,579
1808	"	43,618	395,120	39,879
1809	"	100,434	401,652	53,701
1810	"	98,141	420,591	45,131
1811	"	74,741	352,165	38,926
1812	"	111,544	409,352	48,231
1813	"	113,663	433,460	38,484
1814	"	102,779	417,150	54,228
1815	"	113,356	386,202	57,914
1816	"	109,688	371,204	17,079
1817	"	113,503	367,079	47,412
1818	"	123,153	366,728	52,998
1819	"	127,944	364,198	43,860
1820	"	161,871	534,587	71,627
1821	"	166,155	527,621	80,501
1822	"	137,519	430,989	53,096
1823	(A) 352,200	162,258	467,385	62,188
1824	28,933	231,971	631,609	84,588
1825	33,182	215,303	544,542	81,304
1826	28,244	189,430	462,286	61,844
1827	41,349	226,794	634,988	75,277
1828	38,590	199,445	546,374	103,860
1829	39,557	206,445	587,137	108,744
1830	33,112	170,336	571,971	95,426
1831	40,211	188,073	586,278	77,799
1832	51,698	223,151	660,900	112,544
1833	58,577	210,800	718,703	107,115
1834	40,445	182,017	561,829	81,593
1835	46,630	230,009	743,125	98,236

(A) Ce chiffre représente la quantité des soies conditionnées de 1814 à 1823 inclusivement.

XXIII.

BREVETS

D'INVENTION ET D'IMPORTATION

DÉLIVRÉS

DEPUIS 1791 JUSQU'EN 1836 INCLUSIVEMENT.

NOTA. Quoique la ville de Paris fournisse par elle-même un nombre d'inventions brevetées très-considérable, on doit remarquer que les inventeurs des départements viennent très-fréquemment prendre leurs brevets à la préfecture de la Seine.

BREVETS D'INVENTION ET D'IMPORTATION DÉLIVRÉS DE 1791 A 1856.

DÉPARTEMENTS	TOTAL.	DÉPARTEMENTS
[illegible]	[illegible]	[illegible]

[illegible] D'INVENTION ET D'IMPORTATION DÉLIVRÉS DE 1791 A 1836.

DÉPARTEMENTS.	[illegible]	DÉPARTEMENTS.
[illegible]	[illegible]	[illegible]

XXIV.

STATISTIQUE

DES

CAISSES D'ÉPARGNE ET DE PRÉVOYANCE.

NUMÉR[illegible] suivant l'ORDR[illegible] de fondatio[illegible]
1
2
3
4
5
6
7
8
9
10
11
12
13
14
15
16
17
18
19
20
21
22
23
24
25
26
27
28
29
30
31
32
33
34
35
36
37
38
39
40

[illegible] 1
1834

NUMÉROS suivant L'ORDRE de fondation.	VILLES ET DÉPARTEMENTS où sont établies LES CAISSES D'ÉPARGNE.		DATES DES ORDONNANCES d'autorisation.	NUMÉROS suivant L'ORDRE de fondation.	VILLES ET DÉPARTEMENTS où sont établies LES CAISSES D'ÉPARGNE.		DATES DES ORDONNANCES d'autorisation.
	VILLES.	DÉPARTEMENTS.			VILLES.	DÉPARTEMENTS.	
1	Paris	Seine	29 juillet 1818.	41	Arras	Pas-de-Calais	24 avril 1834.
2	Bordeaux	Gironde	24 mars 1819.	42	Nancy	Meurthe	25 avril 1834.
3	Metz	Moselle	17 novembre 1819.	43	Chartres	Eure-et-Loir	8 mai 1834.
4	Rouen	Seine-Inférieure	30 mars 1820.	44	Saint-Quentin	Aisne	*Idem.*
5	Marseille	Bouches-du-Rhône	3 janvier 1821.	45	Saint-Brieuc	Côtes-du-Nord	8 mai 1834.
6	Nantes	Loire-Inférieure	23 janvier 1821.	46	Saint-Jean-d'Angely	Charente-Inférieure	*Idem.*
7	Troyes	Aube	1er août 1821.	47	Boulogne-sur-Mer	Pas-de-Calais	*Idem.*
8	Brest	Finistère	27 août 1821.	48	Strasbourg	Bas-Rhin	18 mai 1834.
9	Le Havre	Seine-Inférieure	16 janvier 1822.	49	Bar-sur-Aube	Aube	*Idem.*
10	Lyon	Rhône	11 septembre 1822.	50	Grenoble	Isère	25 mai 1834.
11	Reims	Marne	23 avril 1823.	51	Charleville	Ardennes	*Idem.*
	* Besançon	Doubs	7 avril 1824.	52	Laval	Mayenne	27 juin 1834.
12	Nîmes	Gard	6 mars 1828.	53	Louviers	Eure	19 juillet 1834.
13	Rennes	Ille-et-Vilaine	27 janvier 1830.	54	Bar-le-Duc	Meuse	*Idem.*
14	Toulouse	Haute-Garonne	12 mai 1830.	55	Bourges	Cher	*Idem.*
15	Orléans	Loiret	28 mai 1832.	56	Béthune	Pas-de-Calais	27 juillet 1834.
16	Avignon	Vaucluse	13 juin 1832.	57	Gien	Loiret	6 août 1834.
17	Mulhausen	Haut-Rhin	10 juillet 1832.	58	Melle	Deux-Sèvres	19 août 1834.
18	Toulon	Var	14 septembre 1832.	59	Cognac	Charente	2 septembre 1834.
19	Versailles	Seine-et-Oise	26 mai 1833.	60	Saint-Omer	Pas-de-Calais	*Idem.*
20	Tours	Indre-et-Loire	31 mai 1833.	61	Dijon	Côte-d'Or	8 septembre 1834.
21	Lunéville	Meurthe	11 juillet 1833.	62	Agen	Lot-et-Garonne	10 septembre 1834.
22	Amiens	Somme	*Idem.*	63	Pau	Basses-Pyrénées	16 septembre 1834.
23	Saint-Étienne	Loire	21 juillet 1833.	64	Cherbourg	Manche	24 septembre 1834.
24	Douai	Nord	25 septembre 1833.	65	Saumur	Maine-et-Loire	28 septembre 1834.
25	Dunkerque	*Idem*	1er novembre 1833.	66	Angers	*Idem*	23 octobre 1834.
26	Saint-Dié	Vosges	16 novembre 1833.	67	Verdun	Meuse	26 octobre 1834.
27	Châtillon-sur-Seine	Côte-d'Or	27 décembre 1833.	68	Calais	Pas-de-Calais	9 novembre 1834.
28	Clermont-Ferrand	Puy-de-Dôme	8 janvier 1834.	69	Nantua	Ain	21 novembre 1834.
29	Nevers	Nièvre	28 janvier 1834.	70	Besançon	Doubs	*Idem.*
30	Épinal	Vosges	6 février 1834.	71	Charolles	Saône-et-Loire	25 novembre 1834.
31	Neufchâteau	*Idem*	5 mars 1834.	72	Carcassonne	Aude	28 novembre 1834.
32	Mâcon	Saône-et-Loire	*Idem.*	73	Évreux	Eure	*Idem.*
33	Sedan	Ardennes	11 mars 1834.	74	Bourg	Ain	3 décembre 1834.
34	Lille	Nord	*Idem.*	75	Sens	Yonne	27 décembre 1834.
35	Le Mans	Sarthe	*Idem.*	76	Le Puy	Haute-Loire	4 janvier 1835.
36	Bayonne	Basses-Pyrénées	29 mars 1834.	77	Montauban	Tarn-et-Garonne	*Idem.*
37	Lorient	Morbihan	4 avril 1834.	78	Autun	Saône-et-Loire	6 janvier 1835.
38	Angoulême	Charente	*Idem.*	79	Cambrai	Nord	13 janvier 1835.
39	Montargis	Loiret	*Idem.*	80	Châteauroux	Indre	16 janvier 1835.
40	Mirecourt	Vosges	20 avril 1834.	81	Chaumont	Haute-Marne	26 janvier 1835.

* La caisse de Besançon ne figure ici que pour ordre. Elle ne put être mise en activité à l'époque de son autorisation, et fut reconstituée sur de nouvelles bases par une ordonnance du 21 novembre 1834, que l'on trouvera mentionnée à sa date, ci-après, sous le n° 70.

NUMÉROS suivant l'ORDRE de fondation.	VILLES ET DÉPARTEMENTS où sont établies LES CAISSES D'ÉPARGNE.		DATES DES ORDONNANCES d'autorisation.	NUMÉROS suivant l'ORDRE de fondation.	VILLES ET DÉPARTEMENTS où sont établies LES CAISSES D'ÉPARGNE.		DATES DES ORDONNANCES d'autorisation.
	VILLES.	DÉPARTEMENTS.			VILLES.	DÉPARTEMENTS.	
82	Beziers	Hérault	27 janvier 1835.	125	Chollet	Maine-et-Loire	7 juillet 1835.
83	Redon	Ille-et-Vilaine	*Idem.*	126	Gisors	Eure	9 juillet 1835.
84	Dinan	Côtes-du-Nord	*Idem.*	127	Belfort	Haut-Rhin	11 juillet 1835.
85	Castres	Tarn	30 janvier 1835.	128	Lannion	Côtes-du-Nord	26 juillet 1835.
86	Meaux	Seine-et-Marne	6 février 1835.	129	Abbeville	Somme	*Idem.*
87	Laon	Aisne	11 février 1835.	130	Honfleur	Calvados	*Idem.*
88	Pont-Audemer	Eure	*Idem.*	131	Châteaugontier	Mayenne	*Idem.*
89	Villefranche	Rhône	*Idem.*	132	Montbéliard	Doubs	10 août 1835.
90	Aurillac	Cantal	13 février 1835.	133	Lons-le-Saulnier	Jura	*Idem.*
91	Sarreguemines	Moselle	*Idem.*	134	Mauriac	Cantal	*Idem.*
92	Libourne	Gironde	25 février 1835.	135	Châteaudun	Eure-et-Loir	10 août 1835.
93	Thionville	Moselle	*Idem.*	136	Caen	Calvados	*Idem.*
94	Valenciennes	Nord	*Idem.*	137	Cusset	Allier	*Idem.*
95	Corbeil	Seine-et-Oise	8 mars 1835.	138	Grasse	Var	21 août 1835.
96	Langres	Haute-Marne	17 mars 1835.	139	Nogent-le-Rotrou	Eure-et-Loir	*Idem.*
97	Vire	Calvados	28 mars 1835.	140	Saint-Malo	Ille-et-Vilaine	26 août 1835.
98	Falaise	*Idem*	31 mars 1835.	141	Alby	Tarn	*Idem.*
99	Bouxwiller	Bas-Rhin	*Idem.*	142	Vitré	Ille-et-Vilaine	3 septembre 1835.
100	Les Andelys	Eure	*Idem.*	143	Romorantin	Loir-et-Cher	*Idem.*
101	La Rochelle	Charente-Inférieure	6 avril 1835.	144	Poitiers	Vienne	*Idem.*
102	Vannes	Morbihan	11 avril 1835.	145	Bressuire	Deux-Sèvres	*Idem.*
103	Fontenay-le-Comte	Vendée	*Idem.*	146	Hagueneau	Bas-Rhin	*Idem.*
104	Fougères	Ille-et-Vilaine	*Idem.*	147	Alençon	Orne	*Idem.*
105	Moulins	Allier	*Idem.*	148	Limoges	Haute-Vienne	21 octobre 1835.
106	Saint-Germain-en-Laye	Seine-et-Oise	15 mai 1835.	149	Wissembourg	Bas-Rhin	11 novembre 1835.
107	Rethel	Ardennes	*Idem.*	150	Vitry-le-Français	Marne	29 novembre 1835.
108	Rhodez	Aveyron	*Idem.*	151	Molsheim	Bas-Rhin	8 décembre 1835.
109	Niort	Deux-Sèvres	*Idem.*	152	Granville	Manche	*Idem.*
110	Dieppe	Seine-Inférieure	*Idem.*	153	Annonay	Ardèche	16 décembre 1835.
111	Compiègne	Oise	*Idem.*	154	Blaye	Gironde	*Idem.*
112	Montpellier	Hérault	15 mai 1835.	155	Senlis	Oise	*Idem.*
113	Baccarat	Meurthe	*Idem.*	156	Châtellerault	Vienne	*Idem.*
114	Beauvais	Oise	2 juin 1835.	157	Châlons-sur-Saône	Saône-et-Loire	23 décembre 1835.
115	Altkirck	Haut-Rhin	14 juin 1835.	158	Brives	Corrèze	*Idem.*
116	Remiremont	Vosges	*Idem.*	159	Montfort	Ille-et-Vilaine	27 décembre 1835.
117	Auch	Gers	*Idem.*	160	Coutances	Manche	7 janvier 1836.
118	Cahors	Lot	*Idem.*	161	Brignoles	Var	*Idem.*
119	Auxerre	Yonne	30 juin 1835.	162	Belley	Ain	*Idem.*
120	Argentan	Orne	*Idem.*	163	La Flèche	Sarthe	17 janvier 1836.
121	Lisieux	Calvados	*Idem.*	164	Perpignan	Pyrénées-Orientales	*Idem.*
122	Blois	Loir-et-Cher	*Idem.*	165	Tulle	Corrèze	5 février 1836.
123	Guingamp	Côtes-du-Nord	*Idem.*	166	Beaugency	Loiret	*Idem.*
124	Vendôme	Loir-et-Cher	2 juillet 1835.	167	Thiers	Puy-de-Dôme	16 février 1836.

NUMÉROS suivant L'ORDRE de fondation.	VILLES ET DÉPARTEMENTS où sont établies LES CAISSES D'ÉPARGNE. VILLES.	DÉPARTEMENTS.	DATES DES ORDONNANCES d'autorisation.	NUMÉROS suivant L'ORDRE de fondation.	VILLES ET DÉPARTEMENTS où sont établies LES CAISSES D'ÉPARGNE. VILLES.	DÉPARTEMENTS.	DATES DES ORDONNANCES d'autorisation.
168	Jonzac	Charente-Inférieure	6 mai 1836.	197	Quimperlé	Finistère	2 juillet 1836.
169	Condom	Gers	26 février 1836.	198	Laigle	Orne	*Idem.*
170	Castelsarrasin	Tarn-et-Garonne	21 mars 1836.	199	Vimoutiers	Orne	*Idem.*
171	Beaune	Côte-d'Or	10 avril 1836.	200	Baguères	Hautes-Pyrénées	*Idem.*
172	Liancourt	Oise	*Idem.*	201	Figeac	Lot	*Idem.*
173	Dreux	Eure-et-Loir	21 avril 1836.	202	Bischwiller	Bas-Rhin	*Idem.*
174	Pont-à-Mousson	Meurthe	*Idem.*	203	Auxi-le-Château	Pas-de-Calais	*Idem.*
175	Coulommiers	Seine-et-Marne	*Idem.*	204	Avallon	Yonne	19 juillet 1836.
176	Saint-Lô	Manche	*Idem.*	205	Soissons	Aisne	*Idem.*
177	Fontainebleau	Seine-et-Marne	6 mai 1836.	206	Loudéac	Côtes-du-Nord	*Idem.*
178	Saintes	Charente-Inférieure	*Idem.*	207	Mortain	Manche	7 août 1836.
179	Foix	Ariége	*Idem.*	208	Romans	Drôme	*Idem.*
180	Sainte-Marie-aux-Mines.	Haut-Rhin	*Idem.*	209	Avranches	Manche	17 août 1836.
181	Gray	Haute-Saône	*Idem.*	210	Vesoul	Meurthe	*Idem.*
182	Bourbon-Vendée	Vendée	*Idem.*	211	Bourgoin	Isère	25 août 1836.
183	Rochefort	Charente-Inférieure	*Idem.*	212	Épernay	Marne	*Idem.*
184	Dieulefit	Drôme	8 mai 1836.	213	Châlons-sur-Marne	Marne	2 septembre 1836.
185	Saverne	Bas-Rhin	27 mai 1836.	214	Apt	Vaucluse	*Idem.*
186	Bayeux	Calvados	3 juin 1836.	215	Beaufort	Maine-et-Loire	26 septembre 1836.
187	Mont-de-Marsan	Landes	6 juin 1836.	216	Provins	Seine-et-Marne	28 octobre 1836.
188	Lodève	Hérault	*Idem.*	217	Schelestadt	Bas-Rhin	*Idem.*
189	Draguignan	Var	*Idem.*	218	Mamers	Sarthe	14 novembre 1836.
190	Saint-Flour	Cantal	*Idem.*	219	Nogent-sur-Seine	Aube	*Idem.*
191	Aubenas	Ardèche	*Idem.*	220	Elbœuf	Seine-Inférieure	22 novembre 1836.
192	Colmar	Haut-Rhin	*Idem.*	221	Saint-Chamond	Loire	*Idem.*
193	Murat	Cantal	*Idem.*	222	Civray	Vienne	12 décembre 1836.
194	Loches	Indre-et-Loire	16 juin 1836.	223	Orthez	Basses-Pyrénées	15 décembre 1836.
195	Clermont	Oise	29 juin 1836.	224	Yvetot	Seine-Inférieure	*Idem.*
196	Valognes	Manche	2 juillet 1836.				

RÉSUMÉ :

En 1818	1	*Report*	11
En 1819	2	En 1828	1
En 1820	1	En 1829	″
En 1821	4	En 1830	2
En 1822	2	En 1831	″
En 1823	1	En 1832	4
En 1824	″	En 1833	9
En 1825	″	En 1834	48
En 1826	″	En 1835	84
En 1827	″	En 1836	65
A reporter	11	TOTAL	224

DÉPARTEMENTS.	NOMS DES CAISSES D'ÉPARGNE.	NOMBRE DE LIVRETS OUVERTS AU 31 DÉCEMBRE 1835 ET SOLDE RESTANT DÛ À LA MÊME ÉPOQUE, DIVISÉS SUIVANT LA PROFESSION DES DÉPOSANTS.														TOTAL.		OBSERVATIONS.
		OUVRIERS.		DOMESTIQUES.		EMPLOYÉS.		MILITAIRES ET MARINS.		PROFESSIONS DIVERSES.		MINEURS.		SOCIÉTÉS DE SECOURS MUTUELS.				
		LIVRETS.	SOLDE.	LIVRETS.	SOLDE.	LIVRETS.	SOLDE.	LIVRETS.	SOLDE.	LIVRETS.	SOLDE.	LIVRETS.	SOLDE.	LIVRETS.	SOLDE.	des LIVRETS.	des SOMMES DUES pour solde.	
			fr. c.		fr. c.		fr. c.		fr. c.		fr. c.		fr. c.		fr. c.		fr. c.	
AIN	Bourg	33	5,508 15	60	13,898 20	3	558 50	2	801 15	[illegible]	12,010 30	34	2,238 95	4	1,065 02	185	30,180 07	
	Nantua	7	1,416 50	14	3,091 48	3	214 81	"		[illegible]	3,902 91	27	907 74	1	55 73	74	8,679 26	
AISNE	Laon	15	3,807 20	31	8,854 13	5	1,180 50	2	1,683 [illegible]	[illegible]	22,973 41	27	5,970 41	"	"	109	43,465 25	
	Saint-Quentin	85	28,617 15	53	34,079 06	30	21,412 44	5	3,808 [illegible]	[illegible]	55,436 20	86	33,593 98	"	"	360	163,029 70	
ALLIER	Moulins	17	3,175 60	40	9,374 91	5	174 33	1	303 00	[illegible]	3,248 36	31	4,083 46	"	"	121	20,407 87	
ARDENNES	Charleville	59	9,675 20	54	15,634 21	40	15,536 59	4	1,810 [illegible]	[illegible]	17,023 63	38	3,163 00	1	800 46	239	73,043 13	
	Rethel	1	50 36	2	624 80	"	"	"		[illegible]	1,862 63	4	241 85	"	"	12	2,800 63	
	Sedan	46	22,561 32	12	17,864 63	8	1,263 44	7	2,270 [illegible]	[illegible]	23,133 80	42	6,911 85	"	"	180	73,316 19	
AUBE	Bar-sur-Aube	40	6,981 84	10	7,236 38	6	632 78	2	603 35	[illegible]	17,079 98	29	2,803 54	"	"	93	36,637 84	
	Troyes	159	43,406 66	308	127,791 23	23	12,960 36	4	5,416 [illegible]	[illegible]	150,072 85	38	8,021 74	5	1,761 60	778	355,443 04	
AUDE	Carcassonne	11	3,903 81	30	10,925 15	7	4,014 69	1	520 [illegible]	[illegible]	6,075 60	12	3,803 56	"	"	60	29,633 91	
AVEYRON	Rhodez	11	1,107 10	9	1,290 50	6	1,436 43	"	"	[illegible]	985 68	7	1,026 58	"	"	38	6,216 33	
BOUCHES-DU-RHÔNE	Marseille	578	377,609 02	445	203,460 38	103	103,973 10	86	66,860 [illegible]	[illegible]	226,811 30	203	83,798 53	9	8,065 19	1,659	1,075,507 32	
CALVADOS	Caen	17	1,344 66	11	1,050 00	4	963 00	1	300 00	[illegible]	1,127 00	7	381 00	"	"	48	5,623 00	
	Falaise	5	1,538 18	15	3,109 04	"	"	"	"	[illegible]	5,314 12	7	451 80	"	"	40	10,495 02	
	Lisieux	21	3,052 31	16	1,772 80		"	"		[illegible]	788 04	11	2,107 06	"	"	63	7,721 20	
	Vire	3	960 00	4	1,000 00		"	"	"	[illegible]	2,500 00	1	100 00	"	"	22	4,160 00	
CANTAL	Aurillac	26	5,008 88	94	28,060 40	10	1,373 13	1	600 [illegible]	[illegible]	29,842 83	84	8,270 13	"	"	255	62,744 07	
CHARENTE	Angoulême	48	11,815 54	108	36,234 78	31	27,965 14	11	16,274 [illegible]	[illegible]	55,056 31	141	14,816 79	3	3,031 21	417	168,353 01	
	Cognac	30	9,257 49	15	2,373 04	2	975 62			[illegible]	8,574 09	"	"	1	186 31	72	21,305 38	
CHARENTE-INFÉRIEURE	La Rochelle	18	8,203 59	21	5,080 14	19	6,204 32	3	255 [illegible]	[illegible]	21,919 71	"	"	"		131	42,413 00	
	Saint-Jean-d'Angely	10	7,147 10	30	5,751 40	13	4,017 48	3	2,993 [illegible]	[illegible]	26,440 93	57	9,653 15	2	1,390 31	183	52,493 83	
CHER	Bourges	......	......	......	......	......	......	......	......	......	......	......	......	......	......	......	......	[illegible]
CÔTE-D'OR	Châtillon-sur-Seine	17	5,201 37	50	11,106 03	8	2,052 11	"	"	1	5,421 85	35	7,158 78	"	"	119	31,136 11	
	Dijon	89	13,373 85	164	28,990 20	37	6,388 40	9	6,001 [illegible]	[illegible]	31,863 28	101	9,398 21	"	2,103 59	608	96,276 93	
CÔTES-DU-NORD	Dinan	2	115 42	34	8,170 85	"	"	"	"	[illegible]	4,125 87	13	684 14	"	"	49	13,096 38	
	Saint-Brieuc	50	10,578 76	93	30,150 21	93	15,204 75	21	15,066 [illegible]	[illegible]	90,314 68	110	21,780 07	"	"	465	190,322 01	
DOUBS	Besançon	130	28,072 39	158	48,302 06	34	9,312 86	15	6,088 [illegible]	[illegible]	30,502 10	19	6,172 01	3	857 92	411	135,295 80	
EURE	Évreux	25	5,531 00	47	12,262 00	11	3,749 00	8	8,540 00	[illegible]	26,106 00	39	5,845 00	"	"	192	61,233 00	
	Gisors	15	0,563 00	17	7,080 00	10	6,817 00	1	100 00	[illegible]	9,325 00	27	3,219 00	"	"	76	26,031 00	
	Les Andelys	61	6,976 40	19	9,704 77	3	2,485 66	"	"	[illegible]	18,782 98	31	2,527 43	"	"	143	32,635 27	
	Louviers	29	14,869 17	14	1,186 92	4	1,662 31	3	1,039 01	[illegible]	13,967 75	29	5,109 14	1	594 96	106	42,007 98	
	Pont-Audemer	13	4,659 46	7	3,458 91	1	48 00	"	"	[illegible]	2,779 90	7	580 14	"		38	11,466 55	
EURE-ET-LOIR	Chartres	128	22,379 00	106	45,061 19	10	7,166 11	9	3,169 [illegible]	[illegible]	39,519 19	131	19,679 01	"		550	137,517 91	
	Nogent-le-Rotrou	3	295 00	17	3,350 00	1	400 00	1	708 [illegible]	[illegible]	1,060 00	14	650 00	"	"	43	7,305 00	
FINISTÈRE	Brest	307	137,396 71	211	63,551 95	104	83,860 70	334	244,189 [illegible]	[illegible]	107,913 72	440	179,103 80	1	6,370 13	1,809	854,985 17	
GARD	Nîmes	103	33,130 30	140	30,807 30	11	2,365 10	13	1,910 [illegible]	[illegible]	15,171 55	62	6,079 26	"	"	351	96,031 45	
GARONNE (HAUTE-)	Toulouse	23	10,784 11	136	60,807 57	30	28,553 13	13	13,096 [illegible]	[illegible]	21,131 91	25	28,461 61	1	1,806 00	323	159,061 68	
GERS	Auch	4	306 94	9	2,035 06	2	221 38	1	48 00	1	560 26	3	180 93		"	20	3,371 03	
GIRONDE	Bordeaux	1,171	797,904 43	1,068	771,010 38	313	291,035 45	118	76,836 [illegible]	[illegible]	1,001,763 28	919	201,558 82	10	18,310 47	5,543	3,213,096 20	
	Libourne	53	6,058 30	30	8,250 00	5	1,034 08	1	500 00	[illegible]	18,001 02	15	3,301 14		"	146	38,310 44	
HÉRAULT	Béziers	31	2,534 60	35	6,258 79	8	4,086 99	1	18 [illegible]	[illegible]	13,918 22	11	108 72	"	"	128	27,307 54	
ILLE-ET-VILAINE	Fougères	18	6,201 00	52	9,867 06	3	4,199 85	2	455 [illegible]	[illegible]	11,748 32	7	892 01	"		97	33,286 16	
	Rennes	282	139,181 99	615	292,092 84	48	22,188 18	81	[illegible]	[illegible]	408,306 06	192	18,309 60	1	1,157 20	1,517	920,001 85	
	Saint-Malo	30	7,806 14	60	22,716 56	10	5,623 03	1	1,507 [illegible]	[illegible]	9,098 42	27	2,360 43	1	110 00	186	54,925 74	
INDRE	Châteauroux	216	3,096 56	93	3,847 06	14	1,854 18	1	295 [illegible]	[illegible]	1,887 01	40	1,171 01	"		393	[illegible]	
INDRE-ET-LOIRE	Tours	......	......	......	......	......	......	......	......	......	......	......	......	......	......	......	......	[illegible]
ISÈRE	Grenoble	100	15,565 09	146	33,195 86	5	1,573 00	20	16,893 [illegible]	[illegible]	11,351 70	13	3,418 40	"		387	86,838 10	

DÉPARTEMENTS.	NOMS DES CAISSES D'ÉPARGNE.	NOMBRE DE LIVRETS OUVERTS AU 31 DÉCEMBRE 1835 ET SOLDE RESTANT DU A LA MÊME ÉPOQUE, DIVISÉS SUIVANT LA PROFESSION DES DÉPOSANTS. — OUVRIERS.		DOMESTIQUES.		EMPLOYÉS.		MILITAIRES ET MARINS.		[illegible] OUVRIERS.		MINEURS.		SOCIÉTÉS DE SECOURS MUTUELS.		TOTAL		OBSERVATIONS.
		LIVRETS.	SOLDE.	LIVRETS.	SOLDE.	LIVRETS.	SOLDE.	LIVRETS.	SOLDE.	LIVRETS.	SOLDE.	LIVRETS.	SOLDE.	LIVRETS.	SOLDE.	des LIVRETS.	des SOMMES DUES pour solde.	
			fr. c.		fr. c.		fr. c.		fr. c.		fr. c.		fr. c.		fr. c.		fr. c.	
Loir-et-Cher	Blois	96	8,709 11	19	4,170 90	3	1,338 41	″	″	[illegible]	12,308 74	43	9,301 63	2	277 01	91	30,055 80	
	Vendôme	2	239 00	17	2,330 00	1	1,090 00	″	310 93	[illegible]	1,787 00	13	558 00	″	″	45	6,208 09	
Loire	Saint-Étienne	126	37,415 22	64	24,050 61	35	9,635 03	2	693 50	[illegible]	31,902 86	47	16,813 82	″	″	360	123,418 54	
Loire (Haute-)	Le Puy	6	693 42	25	4,727 57	4	865 16	2	303 61	[illegible]	2,315 52	4	170 01	″	″	40	9,113 69	
Loire-Inférieure	Nantes	....	....	....	....	....	....	....	....	....	....	....	....	....	....	....	....	N'a fourni aucune indication.
Loiret	Gien	....	....	....	....	....	....	....	....	....	....	....	....	....	....	....	....	N'a fourni aucune indication.
	Montargis	18	8,471 68	52	13,049 30	19	5,080 00	5	1,035 36	[illegible]	6,081 93	31	3,907 50	4	1,139 69	138	39,620 15	
	Orléans	418	137,320 11	324	236,829 81	53	26,020 86	25	13,163 98	[illegible]	143,151 26	170	77,124 27	9	5,125 09	1,305	639,564 05	
Lot-et-Garonne	Agen	28	7,603 35	41	12,454 42	15	4,447 22	1	300 75	[illegible]	14,838 07	20	812 08	1	100 11	102	39,700 06	
Maine-et-Loire	Angers	136	46,941 29	233	63,379 43	30	18,197 95	11	5,707 89	[illegible]	35,500 00	152	18,707 45	4	1,606 16	616	193,090 29	
	Chollet	7	2,303 67	10	1,913 51	″	″	″	″	[illegible]	1,028 90	5	366 35	″	″	27	4,030 42	
	Saumur	20	8,500 55	94	25,964 70	15	9,108 47	1	82 65	[illegible]	9,636 61	20	2,835 87	″	″	195	56,306 06	
Manche	Cherbourg	43	15,837 12	59	19,004 21	11	4,901 45	44	16,879 65	[illegible]	37,440 47	81	18,010 73	1	618 00	291	112,760 83	
Marne	Reims	112	21,515 82	89	18,309 60	11	2,519 07	2	577 15	[illegible]	17,215 55	36	4,782 40	″	″	372	65,313 11	
Marne (Haute-)	Chaumont	30	11,181 30	50	10,164 07	4	1,376 44	1	25 00	[illegible]	13,105 00	31	2,315 02	″	″	144	39,116 39	
	Langres	9	2,201 67	18	3,750 71	6	1,379 54	2	1,515 40	[illegible]	2,808 38	7	703 88	1	102 02	56	12,590 80	
Mayenne	Laval	233	100,945 89	384	111,063 46	34	10,069 87	10	8,542 90	[illegible]	68,747 61	154	11,761 82	″	″	856	320,071 58	
Meurthe	Baccarat	66	6,300 15	7	895 80	3	806 50	″	″	[illegible]	4,434 75	15	1,929 50	″	″	96	15,297 35	
	Lunéville	73	22,527 01	69	10,188 34	1	518 91	1	300 25	[illegible]	14,808 76	71	15,703 89	1	100 76	243	73,337 00	
	Nancy	251	106,683 28	372	121,760 73	120	68,986 94	56	31,331 15	[illegible]	151,250 80	158	30,514 06	″	″	1,253	514,396 26	
Meuse	Bar-le-Duc	88	21,572 56	67	15,839 47	13	2,947 91	4	1,334 60	[illegible]	42,530 29	50	8,801 25	″	″	320	100,057 80	
	Verdun	33	4,962 10	49	11,797 14	15	3,049 10	″	″	[illegible]	14,987 63	67	7,349 43	″	″	207	42,097 00	
Morbihan	Lorient	161	53,325 39	133	40,940 13	86	90,733 46	147	115,116 36	[illegible]	162,821 48	173	96,181 70	4	3,871 47	898	558,413 87	
	Vannes	7	612 08	12	3,302 09	10	6,301 30	3	2,211 91	[illegible]	17,248 65	20	7,354 83	1	303 60	74	37,374 60	
Moselle	Metz	....	....	....	....	....	....	....	....	....	....	....	....	....	....	....	....	N'a fourni aucune indication pour ce tableau.
	Sarreguemines	28	956 72	27	1,250 40	21	3,719 78	″	″	[illegible]	2,031 85	34	2,551 51	″	″	117	12,011 35	
	Thionville	11	3,512 51	10	1,420 33	13	4,084 57	11	11,109 35	[illegible]	8,802 27	5	311 00	″	″	71	30,038 10	
Nièvre	Nevers	60	5,054 00	28	5,988 20	17	7,000 40	6	1,007 16	[illegible]	5,576 51	42	3,481 65	″	″	189	29,554 57	
Nord	Cambrai	48	5,836 30	59	16,319 55	20	6,855 09	1	362 14	[illegible]	10,565 60	113	14,100 65	″	″	300	58,153 31	
	Douai	188	89,631 10	161	65,396 99	36	18,948 29	71	53,483 87	[illegible]	177,250 54	172	10,728 91	″	″	854	443,138 09	
	Dunkerque	216	75,638 80	115	35,438 93	67	32,132 75	45	37,073 15	[illegible]	74,100 41	175	32,144 71	4	5,200 29	710	292,031 36	
	Lille	565	212,757 24	350	143,700 83	131	80,986 45	19	10,882 89	[illegible]	151,435 12	251	51,966 64	5	9,973 19	1,557	651,704 09	
	Valenciennes	93	11,901 39	54	15,037 71	23	6,636 06	4	2,159 11	[illegible]	26,168 45	59	5,937 88	″	″	275	70,882 65	
Oise	Beauvais	116	23,518 79	73	10,606 86	20	5,838 20	2	621 50	[illegible]	31,450 76	74	8,396 57	7	2,136 38	389	84,608 15	
	Compiègne	31	9,910 95	80	21,495 75	9	4,145 15	2	817 10	[illegible]	10,796 45	52	3,837 75	2	1,303 65	250	82,014 80	
Pas-de-Calais	Arras	189	48,376 91	115	30,708 02	60	24,921 24	″	″	[illegible]	18,327 57	65	15,300 16	″	″	452	141,333 45	
	Béthune	32	9,815 85	31	7,196 76	7	4,502 40	2	408 16	[illegible]	74,037 10	32	7,133 07	″	″	208	109,581 91	
	Boulogne	49	20,397 30	97	41,100 86	27	12,383 87	11	7,460 85	[illegible]	63,985 52	106	21,115 23	1	366 78	404	166,929 20	
	Calais	3	507 27	19	7,375 24	8	3,910 41	32	10,914 67	[illegible]	23,092 68	58	10,089 15	″	″	173	55,905 23	
	Saint-Omer	50	6,235 37	58	16,137 53	7	2,030 30	100	17,086 91	[illegible]	18,525 26	184	20,269 78	1	100 56	471	81,086 35	
Puy-de-Dôme	Clermont	....	....	....	....	....	....	....	....	....	....	....	....	....	....	....	....	N'a fourni aucune indication.
Pyrénées (Basses-)	Bayonne	70	14,069 06	117	64,553 13	18	8,871 86	51	24,856 92	[illegible]	52,820 30	50	15,065 86	1	519 33	157	240,079 38	
	Pau	192	43,046 36	112	31,800 47	30	23,227 11	24	14,408 71	[illegible]	66,469 01	116	26,016 01	5	3,309 73	495	207,030 53	
Rhin (Bas-)	Bouxwiller	5	6 00	″	″	″	″	″	″	[illegible]	750 00	10	390 00	″	″	18	1,146 05	
	Strasbourg	127	30,836 10	303	76,014 25	71	35,240 44	45	27,391 55	[illegible]	416,106 85	134	23,320 45	13	7,081 50	963	314,655 45	
	Wissembourg	3	300 00	15	1,060 00	″	″	1	60 00	[illegible]	120 00	8	740 00	″	″	28	2,280 00	
Rhin (Haut-)	Altkirch	1	50 00	4	408 00	2	1,200 00	″	″	[illegible]	232 00	5	1,431 00	″	″	18	3,321 00	
	Belfort	1	66 16	5	543 01	1	230 61	6	1,380 91	[illegible]	1,088 19	12	1,360 16	″	″	31	5,421 34	
	Mulhausen	401	89,720 30	171	63,185 20	13	5,300 00	1	589 65	[illegible]	54,433 00	121	20,301 70	13	9,115 90	850	246,550 10	
Rhône	Lyon	2,101	716,318 50	602	239,189 10	52	19,565 00	33	10,115 30	[illegible]	101,731 75	352	91,583 75	1	300 00	3,572	1,211,809 30	
	Villefranche	24	6,328 60	29	4,011 75	″	″	1	148 27	[illegible]	6,062 72	29	1,749 03	1	75 29	95	19,957 91	

DÉPARTEMENTS.	NOMS DES CAISSES D'ÉPARGNE.	Ouvriers. Livrets.	Ouvriers. Solde.	Domestiques. Livrets.	Domestiques. Solde.	Employés. Livrets.	Employés. Solde.	Militaires et marins. Livrets.	Militaires et marins. Solde.	Professions diverses. Livrets.	Professions diverses. Solde.	Mineurs. Livrets.	Mineurs. Solde.	Sociétés de secours mutuels. Livrets.	Sociétés de secours mutuels. Solde.	TOTAL des livrets.	TOTAL des sommes dues pour solde.	OBSERVATIONS.
			fr. c.		fr. c.		fr. c.		fr. c.		fr. c.		fr. c.		fr. c.		fr. c.	
Saône-et-Loire	Autun	48	2,194 04	32	1,437 20	4	73 33	»	»	[illegible]	5,614 03	37	1,386 83	»	»	128	13,708 40	
	Charolles			2	232 76					[illegible]	61 10	5	207 69		»	8	501 55	
	Mâcon	115	29,461 23	140	30,141 36	26	5,184 56	1	1,248 62	[illegible]	18,881 05	30	3,322 16	»	»	311	88,011 97	
Sarthe	Le Mans	118	23,016 13	222	47,365 08	11	1,093 67	13	5,383 50	[illegible]	44,803 58	135	7,308 19	2	231 08	610	132,235 63	
Seine	Paris	......	......	......	......	......	......	......	......	......	......	......	......	......	......	......	......	N'a [illegible] la division pour ce tableau.
Seine-Inférieure	Le Havre	101	91,093 61	150	133,798 31	28	15,071 08	11	21,016 11	[illegible]	250,143 77	80	33,069 74	»	»	1,113	518,091 68	
	Rouen	1,040	969,903 80	546	309,046 05	155	96,562 55	15	13,606 30	[illegible]	571,562 45	303	120,835 06	4	6,625 75	2,665	1,768,718 70	
Seine-et-Marne	Meaux	225	59,793 15	111	25,078 31	31	13,105 42	10	6,433 15	[illegible]	37,490 08	189	23,260 77	»	»	606	165,170 51	
Seine-et-Oise	Corbeil	41	14,485 66	43	10,900 56	14	6,815 58	»	»	[illegible]	27,211 20	18	3,386 33	1	903 30	166	71,712 78	
	Saint-Germain-en-Laye	32	13,124 40	74	20,089 45	3	4,940 44	1	3,025 52	[illegible]	37,176 03	41	7,510 04	»	»	295	86,176 65	
	Versailles	377	210,933 65	541	304,059 02	141	98,580 34	23	27,806 11	[illegible]	403,909 57	411	138,861 93	2	4,742 26	2,107	1,314,047 14	
Sèvres (Deux-)	Melle	13	1,220 04	23	2,118 89	6	685 13	»	»	[illegible]	1,850 16	23	1,330 61	»	»	77	8,011 83	
	Niort	21	3,465 04	40	17,094 41	6	1,693 57	1	109 35	[illegible]	6,056 58	13	2,030 83	1	301 38	114	30,543 93	
Somme	Abbeville	20	7,734 37	60	23,141 35	12	1,970 27	»	»	[illegible]	21,008 01	68	9,570 46	1	50 30	212	63,474 84	
	Amiens	313	150,526 05	355	128,426 42	71	31,323 23	10	4,693 8[illegible]	[illegible]	145,965 67	124	41,400 10	3	3,397 68	1,127	505,272 90	
Tarn	Alby	1	40 19	1	30 21	3	703 04			[illegible]	2,205 04	»	»	»	»	7	2,971 46	
	Castres	8	1,314 81	20	1,478 22		»	»		[illegible]	1,452 17	10	451 82	»	»	54	7,080 05	
Tarn-et-Garonne	Montauban	11	2,946 81	60	14,093 60	»	385 21	4	1,252 05	[illegible]	14,022 40	24	3,749 54	2	1,594 90	169	11,011 12	
Var	Toulon	522	184,543 19	78	30,867 01	219	540,987 32	»		[illegible]	290,511 72	101	51,872 60	»	»	811	1,094,722 43	
Vaucluse	Avignon	128	75,278 07	121	58,274 05	14	6,945 10	21	17,318 06	[illegible]	40,005 09	20	5,101 47	4	2,278 45	332	207,311 67	
Vendée	Fontenay-le-Comte	1	90 05	10	2,284 13	1	1,867 61			[illegible]	6,432 70	15	2,018 30	»	»	43	13,010 96	
Vienne (Haute-)	Limoges	»	57 00	14	338 10	»	»	»		[illegible]	596 00	1	5 00	»	»	27	1,253 00	
Vosges	Épinal	22	1,700 50	21	1,693 44	»				[illegible]	5,383 74	14	1,807 86	2	1,768 95	75	12,300 77	
	Mirecourt	17	6,903 26	18	3,819 91	38	1,452 55	»		[illegible]	5,170 08	36	1,628 29	»	»	132	18,174 04	
	Neufchâteau	53	4,314 00	44	1,230 04	5	259 46	»		[illegible]	6,489 84	52	3,068 99	»	»	156	16,173 35	
	Remiremont	8	556 51	10	2,151 03	4	542 55	1	208 04	[illegible]	4,121 33	37	1,403 30	1	401 00	89	9,452 90	
	Saint-Dié	75	14,505 71	57	9,038 93	»	»			[illegible]	7,072 15	14	2,312 11	»	»	210	35,428 90	
Yonne	Auxerre	2	400 00	12	1,295 56	6	1,291 71	»		[illegible]	3,409 29	26	886 18	2	358 35	60	9,014 19	
	Sens	18	6,614 55	54	13,049 23	»		»		[illegible]	11,094 80	54	4,485 38	1	1,233 45	155	37,258 21	
		13,709	5,621,331 37	13,028	4,913,018 66	3,037	2,050,190 70	1,736	1,067,338 34	[illegible]	5,624,419 50	8,866	2,095,344 24	167	116,906 32	51,561	22,496,709 19	

OBSERVATION.

Avec	51,561	livrets et une	22,495,709f 19c	formant le solde de ces livrets,
Ajoutant	65,395	*idem* et	38,096,101 10	pour la *Caisse d'épargne de Paris* non comprise dans ce tableau
Et	4,637	*idem* et	1,621,516 09	pour celle de *Metz*, placée dans le même cas,
On trouve	121,593	*idem* et	62,183,026 03	résultat général des opérations des caisses d'épargne au 31 décembre 1835.

RÉSUMÉ.

PROFESSIONS.	LIVRETS.	SOLDE.	MOYENNE.
		fr. c.	fr. c.
Ouvriers	13,709	5,621,331 37	410 04
Domestiques	13,098	4,913,018 66	377 11
Employés	3,037	2,050,290 70	678 06
Militaires et marins	1,736	1,067,338 34	614 89
Professions diverses	11,018	6,029,410 60	601 05
Mineurs	8,866	2,095,341 24	236 33
Sociétés de secours mutuels	167	116,906 32	700 30
	51,561	22,495,709 19	436 29

DÉPARTEMENTS.	NOMS DES CAISSES D'ÉPARGNE.	CRÉDITS de 500f et au-dessous. LIVRETS.	CRÉDITS.	de 501f à 1,000f. LIVRETS.	CRÉDITS.	de 1,001f à 2,000f. LIVRETS.	CRÉDITS.	de 2,001f à 3,000f. LIVRETS.	CRÉDITS.	de 3,001f et au-dessus. LIVRETS.	CRÉDITS.	TOTAL des LIVRETS.	TOTAL des CRÉDITS.	MOYENNE des CRÉDITS.	OBSERVATIONS.
			fr. c.		fr. c.		fr. c.		fr. c.		fr. c.		fr. c.	fr. c.	
AIN	Bourg	165	21,550 95	17	10,709 75	3	4,210 97	»	»	»	»	185	36,480 67	197 19	
	Nantua	69	4,614 36	3	1,973 73	2	2,061 19	»	»	»	»	74	8,070 28	117 96	
AISNE	Laon	85	17,014 50	10	10,729 53	14	15,711 82	»	»	»	»	109	43,455 85	398 67	
	Saint-Quentin	239	41,243 09	60	39,897 34	51	83,954 76	»	»	»	»	350	165,095 70	471 51	
ALLIER	Moulins	115	15,453 95	3	1,818 63	3	3,135 49	»	»	»	»	121	20,407 67	168 65	
ARDÈCHE	Annonay	»	»	»	»	»	»	»	»	»	»	»	»	»	N'a fourni aucune indication.
ARDENNES	Charleville	193	26,072 93	33	24,767 82	13	19,094 90	1	2,401 38	»	»	239	73,043 13	305 38	
	Rethel	9	777 23	3	2,023 40	»	»	»	»	»	»	12	2,800 63	233 38	
	Sedan	134	22,811 35	25	19,337 36	18	28,908 30	2	4,248 98	»	»	180	75,316 19	418 42	
AUBE	Bar-sur-Aube	71	12,985 20	10	7,024 40	12	17,309 84	»	»	»	»	93	36,637 84	393 95	
	Troyes	527	118,033 26	167	116,087 06	70	99,363 40	11	25,871 72	3	6,102 69	778	355,443 04	456 86	
AUDE	Carcassonne	47	8,800 21	16	11,868 02	6	8,875 08	»	»	»	»	69	29,033 01	420 47	
AVEYRON	Rhodez	37	5,509 59	1	700 76	»	»	»	»	»	»	38	6,210 35	163 43	
BOUCHES-DU-RHÔNE	Marseille	367	214,845 51	333	234,860 60	918	290,579 39	36	285,194 70	15	45,631 15	1,673	1,075,507 34	642 98	
CALVADOS	Caen	48	5,583 00	»	»	»	»	»	»	»	»	48	5,583 00	116 31	
	Falaise	32	4,185 86	6	4,102 17	2	2,208 27	»	»	»	»	40	10,495 09	262 37	
	Lisieux	63	7,791 90	»	»	»	»	»	»	»	»	63	7,791 90	123 70	
	Vire	20	2,960 00	2	1,500 00	»	»	»	»	»	»	22	4,460 00	202 72	
CANTAL	Aurillac	215	32,324 10	35	23,836 57	5	6,715 44	2	4,869 56	»	»	257	67,745 67	263 60	
CHARENTE	Angoulême	328	49,890 50	48	30,087 42	28	44,005 02	13	36,750 87	»	»	417	168,293 01	403 58	
	Cognac	57	7,841 44	12	7,400 00	1	1,891 40	2	4,112 51	»	»	72	21,265 38	295 35	
CHARENTE-INFÉRIEURE	La Rochelle	104	17,302 68	20	15,887 47	5	6,792 11	1	2,431 60	»	»	131	42,413 80	323 76	
	Saint-Jean-d'Angely	155	23,037 35	10	12,000 40	6	9,430 38	1	6,125 61	»	»	183	52,493 63	286 85	
CHER	Bourges	»	»	»	»	»	»	»	»	»	»	»	»	»	N'a fourni aucune indication.
CÔTE-D'OR	Châtillon-sur-Seine	103	16,078 51	11	7,164 83	4	6,106 12	1	2,084 41	»	»	119	31,436 11	264 17	
	Dijon	467	63,301 79	39	19,953 93	9	13,020 21	»	»	»	»	515	96,275 93	186 94	
CÔTES-DU-NORD	Dinan	40	6,548 30	9	6,548 08	»	»	»	»	»	»	49	13,096 38	267 27	
	Saint-Brieuc	343	68,313 37	81	56,430 35	33	47,940 45	7	14,388 87	1	3,052 35	465	190,122 64	408 86	
DOUBS	Besançon	367	50,618 77	52	32,593 98	25	30,753 95	»	»	»	»	444	123,295 88	277 69	
EURE	Évreux	149	24,463 00	34	24,170 00	9	12,600 00	»	»	»	»	192	61,233 00	318 92	
	Gisors	63	11,474 00	8	6,000 00	3	4,100 00	2	5,000 00	»	»	76	26,631 00	350 41	
	Les Andelys	122	12,355 08	12	8,677 03	9	11,801 25	»	»	»	»	143	32,835 97	229 61	
	Louviers	69	8,399 04	24	15,803 07	10	11,504 77	2	6,191 40	»	»	105	42,007 28	400 07	
	Pont-Audemer	30	5,630 00	8	5,790 55	»	»	»	»	»	»	38	11,420 55	300 54	
EURE-ET-LOIR	Chartres	480	72,700 48	60	39,808 17	17	20,926 37	2	4,015 98	»	»	559	137,451 00	245 89	
	Nogent-le-Rotrou	39	4,595 00	4	2,800 00	»	»	»	»	»	»	43	7,395 00	171 97	
FINISTÈRE	Brest	1,028	240,744 38	657	425,416 04	106	140,037 45	15	33,923 08	3	12,103 64	1,809	851,965 17	470 96	
GARD	Nîmes	297	50,110 00	49	26,570 16	5	10,900 80	4	8,714 30	»	»	351	96,034 15	273 60	
GARONNE (HAUTE-)	Toulouse	215	55,319 80	62	46,386 35	35	41,417 97	11	27,944 50	»	»	323	170,061 06	526 50	
GERS	Auch	24	2,224 03	2	1,147 00	»	»	»	»	»	»	26	3,371 03	129 65	
GIRONDE	Bordeaux	3,410	663,447 08	1,032	712,781 38	740	979,551 08	297	700,826 70	64	185,391 40	5,543	3,243,998 26	585 17	
	Libourne	135	18,155 00	14	9,045 44	7	10,940 00	»	»	»	»	156	38,340 44	245 76	
HÉRAULT	Beziers	111	11,540 25	7	4,451 54	1	1,112 99	4	10,302 76	»	»	123	27,307 54	222 01	
ILLE-ET-VILAINE	Fougères	77	13,461 88	14	9,174 31	5	7,504 19	1	2,965 72	»	»	97	33,226 16	342 53	
	Rennes	1,016	207,787 81	311	212,415 82	147	193,309 36	43	106,571 06	»	»	1,517	720,094 85	474 68	
	Saint-Malo	180	52,027 72	»	»	»	»	»	»	»	»	180	52,027 72	289 04	
INDRE	Châteauroux	330	10,593 63	3	1,702 14	»	»	»	»	»	»	333	12,295 77	36 92	

DÉPARTEMENTS.	TOTAL DES CAISSES D'ÉPARGNE.	CRÉDITS de 500f et au-dessous. Livrets.	de 500f et au-dessous. Crédits.	de 501f à 1,000f. Livrets.	de 501f à 1,000f. Crédits.	de 1,001f à 2,000f. Livrets.	de 1,001f à 2,000f. Crédits.	de 2,001f à 3,000f. Livrets.	de 2,001f à 3,000f. Crédits.	de 3,001f et au-dessus. Livrets.	de 3,001f et au-dessus. Crédits.	TOTAL des livrets.	TOTAL des crédits.	MOYENNE des crédits.	OBSERVATIONS.
			fr. c.		fr. c.		fr. c.		fr. c.		fr. c.		fr. c.	fr. c.	
Indre-et-Loire	Tours	»	»	»	»	»	»	»	»	»	»	»	»	»	N'a fourni aucune indication.
Isère	Grenoble	339	46,810 25	33	28,109 95	12	15,851 50	»	»	»	»	384	86,838 10	226 14	
Loir-et-Cher	Blois	71	10,528 80	15	11,200 00	5	8,335 00	»	»	»	»	94	30,055 80	319 74	
	Vendôme	43	4,296 00	2	2,000 00	»	»	»	»	»	»	45	6,296 00	139 91	
Loire	Saint-Étienne	273	43,027 80	56	36,085 76	21	34,340 34	[illegible]	8,960 04	»	»	360	123,418 54	342 82	
Loire (Haute-)	Le Puy	47	7,413 00	1	600 00	1	1,100 00	»	»	»	»	49	9,113 00	185 90	
Loire-Inférieure	Nantes	»	»	»	»	»	»	»	»	»	»	»	»	»	N'a fourni aucune indication.
Loiret	Gien	»	»	»	»	»	»	»	»	»	»	»	»	»	Idem.
	Montargis	77	19,840 48	57	13,109 14	3	4,148 32	1	3,138 80	»	»	138	30,629 15	285 89	
	Orléans	694	104,846 51	594	404,182 92	71	91,313 41	16	32,221 38	»	»	1,305	630,064 05	490 31	
Lot-et-Garonne	Agen	151	21,324 27	4	7,300 64	2	3,188 16	[illegible]	4,851 00	»	»	158	36,760 96	215 43	
Maine-et-Loire	Angers	538	91,604 42	85	59,744 70	22	31,063 33	5	7,497 81	»	»	616	193,020 89	297 87	
	Cholet	27	4,939 42	»	»	»	»	»	»	»	»	27	4,939 42	182 92	
	Saumur	165	29,093 36	21	13,045 51	7	8,551 80	2	5,595 32	»	»	195	56,306 06	288 74	
Manche	Cherbourg	219	39,160 63	56	35,936 88	23	37,681 32	[illegible]	»	»	»	291	112,769 83	385 52	
Marne	Reims	356	51,303 96	15	9,232 03	1	1,288 62	»	»	»	»	372	65,213 11	175 33	
Marne (Haute-)	Chaumont	120	18,600 13	18	12,030 02	6	8,787 61	»	»	»	»	144	39,416 39	273 74	
	Langres	49	7,615 43	7	4,905 37	»	»	»	»	»	»	56	12,520 80	223 58	
Mayenne	Laval	616	187,804 73	190	134,311 94	43	59,563 50	7	16,297 35	»	»	856	330,974 58	384 96	
Meurthe	Baccarat	91	10,404 80	7	4,892 55	»	»	»	»	»	»	98	15,297 35	156 09	
	Lunéville	205	39,735 17	29	20,216 69	8	11,379 13	1	2,010 97	»	»	243	73,337 96	301 80	
	Nancy	981	166,106 78	240	169,164 50	90	132,267 85	21	46,667 11	»	»	1,332	514,208 26	410 78	
Meuse	Bar-le-Duc	268	54,834 00	49	31,179 07	12	14,047 01	»	»	»	»	329	100,057 80	304 12	
	Verdun	190	28,064 77	15	11,018 63	2	3,012 43	»	»	»	»	207	42,097 00	203 35	
Morbihan	Lorient	528	115,701 77	183	127,302 22	114	159,314 87	41	102,958 53	2	6,137 00	868	512,413 85	615 16	
	Vannes	46	9,419 20	14	9,750 66	11	16,174 06	»	»	»	»	71	37,374 60	505 00	
Moselle	Metz	3,478	587,150 20	529	515,368 68	352	478,421 46	41	103,103 35	»	»	4,397	1,684,546 69	382 02	
	Sarreguemines	113	7,437 08	2	1,424 44	2	3,049 86	»	»	»	»	117	12,011 35	102 74	
	Thionville	47	8,031 05	10	10,376 18	3	8,717 57	1	3,113 06	»	»	61	30,238 10	495 88	
Nièvre	Nevers	»	»	»	»	»	»	»	»	»	»	»	»	»	[illegible]
Nord	Cambrai	266	26,950 84	27	19,730 00	6	8,901 69	1	2,558 72	»	»	300	58,153 31	193 84	
	Douai	559	98,272 09	167	112,420 45	108	149,301 31	25	61,014 41	7	21,468 14	851	443,435 00	521 07	
	Dunkerque	531	81,075 71	111	76,945 14	65	134,090 41	»	»	»	»	710	294,031 36	393 86	
	Lille	1,101	191,066 11	278	181,563 80	163	218,788 01	11	36,403 85	1	3,047 78	1,557	631,701 00	420 40	
	Valenciennes	235	30,472 83	29	21,023 73	15	19,386 09	»	»	»	»	279	70,882 05	254 05	
Oise	Beauvais	333	51,082 01	37	27,688 60	12	16,437 71	»	»	»	»	382	91,008 45	217 66	
	Compiègne	199	23,137 80	48	28,381 10	17	24,817 05	1	2,708 25	»	»	260	82,044 80	316 77	
Pas-de-Calais	Arras	373	47,551 81	63	43,089 35	30	41,349 30	6	12,192 34	»	»	472	144,183 45	306 04	
	Béthune	131	20,790 54	48	33,387 32	26	33,606 45	4	8,703 48	9	6,170 05	208	102,681 01	493 18	
	Boulogne	201	61,410 65	50	40,573 87	29	40,811 99	11	21,924 55	»	»	291	160,920 29	413 40	
	Calais	131	21,412 43	23	13,836 37	10	19,116 43	»	»	»	»	173	56,365 23	323 40	
	Saint-Omer	443	58,342 24	23	15,645 05	5	6,678 20	»	»	»	»	471	81,066 35	173 38	
Puy-de-Dôme	Clermont	»	»	»	»	»	»	»	»	»	»	»	»	»	N'a fourni aucune indication.
Pyrénées (Basses-)	Bayonne	284	58,080 30	121	104,300 80	37	46,631 77	15	30,050 73	»	»	457	240,070 58	525 31	
	Pau	348	60,516 87	110	82,640 00	37	63,884 48	»	»	»	»	495	207,050 55	418 28	
Rhin (Bas-)	Bouxwiller	13	1,146 00	»	»	»	»	»	»	»	»	13	1,146 00	88 15	
	Strasbourg	755	130,177 00	127	86,372 05	61	82,088 09	3	15,918 15	»	»	953	314,555 45	330 07	
	Wissembourg	28	2,280 00	»	»	»	»	»	»	»	»	28	2,280 00	81 42	

TABLEAU, PAR CLASSES DE QUOTITÉ, DES CRÉDITS ET DES DÉPOTS, AU 31 DÉCEMBRE 1835.

DÉPARTEMENTS.	NOMS DES CAISSES D'ÉPARGNE.	CRÉDITS de 500f et au-dessous.		de 501f à 1,000f.		de 1,001f à 2,000f.		de 2,001f à 3,000f.		de 3,001f et au-dessus.		TOTAL		MOYENNE des crédits.	OBSERVATIONS.
		LIVRETS.	CRÉDITS.	LIVRETS.	CRÉDITS.	LIVRETS.	CRÉDITS.	LIVRETS.	CRÉDITS.	LIVRETS.	CRÉDITS.	des livrets.	des crédits.		
			fr. c.		fr. c.		fr. c.		fr. c.		fr. c.		fr. c.	fr. c.	
RHIN (HAUT-)	Altkirch	16	1,481 00	2	2,000 00	»	»	»	»	»	»	18	3,481 00	182 27	
	Belfort	31	4,821 32	1	600 00	»	»	»	»	»	»	32	5,421 32	169 40	
	Mulhausen	680	88,900 10	101	69,339 00	49	63,048 00	9	21,138 00	1	3,061 00	850	246,556 10	290 00	
RHÔNE	Lyon	2,681	417,065 50	545	377,277 65	290	417,177 15	»	»	»	»	3,523	1,241,820 30	352 49	
	Villefranche	89	14,478 52	6	4,479 30	»	»	»	»	»	»	95	18,957 91	199 55	
SAÔNE-ET-LOIRE	Autun	121	10,782 79	3	1,744 85	1	1,209 16	»	»	»	»	128	13,706 40	107 08	
	Charolles	8	591 55	»	»	»	»	»	»	»	»	9	591 46	73 57	
	Mâcon	283	41,873 64	40	31,970 41	8	16,163 50	1	3,007 05	»	»	341	80,011 97	261 03	
SARTHE	Le Mans	543	66,818 10	49	32,557 08	21	25,851 76	3	6,990 68	»	»	616	132,295 63	214 76	
SEINE	Paris	»	»	»	»	»	»	»	»	»	»	»	»	»	N'a fourni aucun [illegible]
SEINE-INFÉRIEURE	Le Havre	723	234,506 43	316	185,731 27	82	69,016 17	22	31,630 26	»	»	1,143	548,084 68	479 51	
	Rouen	1,461	352,420 10	638	416,167 80	432	660,488 95	15	287,440 95	1	3,201 80	2,065	1,328,712 70	671 18	
SEINE-ET-MARNE	Meaux	576	77,154 10	64	47,711 01	26	40,313 50	»	»	»	»	666	165,178 61	248 01	
SEINE-ET-OISE	Corbeil	110	18,485 86	35	21,777 13	21	31,070 74	»	»	»	»	166	71,332 73	429 71	
	Saint-Germain-en-Laye	169	34,018 38	39	26,819 70	17	25,815 31	»	»	»	»	225	86,476 65	381 34	
	Versailles	1,149	219,085 08	483	537,621 33	355	296,593 11	21	261,716 02	»	»	2,107	1,314,017 14	624 02	
SÈVRES (DEUX-)	Melle	71	5,000 01	3	2,141 89	»	»	»	»	»	»	77	8,041 83	104 43	
	Niort	102	20,860 26	10	7,000 00	2	2,083 61	»	»	»	»	114	30,543 99	267 93	
SOMME	Abbeville	176	25,846 70	30	24,206 05	11	14,420 96	1	2,106 01	»	»	218	66,474 52	294 17	
	Amiens	851	169,708 83	200	136,255 90	35	133,623 19	7	43,055 08	4	12,053 00	1,097	505,939 90	462 20	
TARN	Alby	6	1,101 06	»	»	1	1,800 50	»	»	»	»	7	2,971 46	421 49	
	Castres	53	7,140 05	1	510 00	»	»	»	»	»	»	54	7,650 05	141 22	
TARN-ET-GARONNE	Montauban	139	20,126 46	17	12,503 75	6	8,400 91	»	»	»	»	162	41,031 12	253 32	
VAR	Toulon	303	71,462 86	156	104,130 70	161	216,565 29	86	199,891 66	105	612,954 54	811	1,201,722 13	1,550 86	
VAUCLUSE	Avignon	187	48,137 65	105	69,107 16	45	58,458 55	11	31,617 97	»	»	348	207,321 07	595 95	
VENDÉE	Fontenay-le-Comte	37	6,188 90	2	1,309 01	4	5,459 17	»	»	»	»	43	13,010 98	302 55	
VIENNE (HAUTE-)	Limoges	27	1,253 00	»	»	»	»	»	»	»	»	27	1,253 00	46 33	
VOSGES	Épinal	70	7,731 52	4	2,832 29	1	1,730 96	»	»	»	»	75	12,300 77	164 01	
	Mirecourt	121	8,910 06	6	3,806 71	5	5,857 88	»	»	»	»	132	18,574 64	149 23	
	Neufchâteau	130	2,338 16	10	14,703 50	»	»	1	2,071 00	»	»	156	16,173 35	103 68	
	Remiremont	87	7,490 00	1	355 00	1	1,201 90	»	»	»	»	89	9,452 06	106 21	
	Saint-Dié	216	35,228 90	»	»	»	»	»	»	»	»	216	35,228 90	163 09	
YONNE	Auxerre	63	6,338 53	2	1,502 60	1	1,200 00	»	»	»	»	66	9,041 12	137 03	
	Sens	137	16,367 47	21	12,770 09	7	8,120 65	»	»	»	»	165	37,258 21	226 38	
		30,948	6,981,358 63	9,846	6,807,535 41	4,777	6,516,231 19	20	9,743,219 09	205	922,355 66	55,979	24,090,701 31	430 35	

MOYENNE DE CHAQUE CLASSE.

CLASSES.	LIVRETS.	SOLDE.	MOYENNE.
		fr. c.	fr. c.
1re	30,948	6,981,358 63	174 70
2e	9,846	6,807,535 44	708 68
3e	4,777	6,546,231 69	1,370 30
4e	1,233	2,743,219 09	2,224 83
5e	205	922,355 66	4,499 29
	55,979	21,090,701 31	430 35

OBSERVATION.

Aux 55,979 livrets ci-contre et aux 21,090,701f 31c formant leur solde,
Ajoutant 65,350 idem 39,065,420 19 pour la caisse de Paris, } non compris dans ce tableau.
Et 188 idem 28,554 57 pour celle de Nevers. }

On retrouve 121,517 62,185,676 07 résultat général des opérations des caisses d'épargne, au 31 décembre 1835.

DES

XXV.

TABLEAU

DES SOCIÉTÉS ANONYMES AUTORISÉES PAR LE GOUVERNEMENT,

EN EXECUTION DE L'ARTICLE 37 DU CODE DE COMMERCE,

DE 1808 A 1837.

(Voir aux tableaux suivants les banques et compagnies d'assurances, qui ne sont pas comprises dans ce tableau.)

ANNÉES.	DÉNOMINATIONS DES SOCIÉTÉS.	SIÉGES DES SOCIÉTÉS.	DATES DES AUTORISATIONS.
1808	Messageries royales	Paris	2 juillet.
	Fonderies de Romilly	Romilly	3 août.
	Mines de houilles de Méthamis	Carpentras	3 août.
	Ponts de Paris	Paris	30 septembre.
	Canaux d'Aiguemortes à Beaucaire	Paris	27 octobre.
	Fonderies de Vaucluse	Avignon	27 octobre.
1810	Théâtre de Sédan	Sédan	29 novembre.
1811	Théâtre de Niort	Niort	25 mai.
1812	Théâtre du Mans	Le Mans	17 janvier.
	Forges d'Angoumer	Toulouse	10 avril.
1815	Glaces et verres de Saint-Quirin	Saint-Quirin	29 septembre.
1816	Galerie métallique des grands hommes	Paris	14 août.
	Mines de houilles de Decize	Decize	4 décembre.
1817	Mines de houille de Montrelais	Paris	7 mars.
	Propriétaires du théâtre Feydeau	Paris	17 août.
	Société lithographique de Mulhausen	Mulhausen	12 novembre.
1818	Forges du Bas-Rhin	Strasbourg	15 avril.
	Port de Bordeaux	Bordeaux	22 avril.
	Travaux du port du Havre	Le Havre	15 juillet.
	Pont de la Dordogne	Bordeaux	9 septembre.
1819	Produits chimiques du Plan-d'Aren	Paris	7 juillet.
	Maison gérante de la tontine de survivance et accroissement	Paris	8 décembre.
1820	Canal de la Sensée	Douay	18 mai.
	Caisse hypothécaire	Paris	12 juillet.
	Mines de fer de Saint-Étienne	Saint-Étienne	25 octobre.
1821	Ardoisière du moulin Sainte-Anne de Fumay	Fumay	22 février.
	Mines de Bouxwiller	Bouxwiller	16 mai.
	Canal du Rhône au Rhin	Strasbourg	19 octobre.
1822	Compagnie des cinq ponts	Bordeaux	16 janvier.
	Navigation de l'Isle (Dordogne)	Périgueux	27 février.
	Exploitation du brevet Gervais pour les vins	Paris	27 février.
	Transports accélérés par eau	Paris	27 février.
	Mines de houille de Schœnecken	Schœnecken	15 mai.
	Bateau à manége de la Dordogne	Bordeaux	19 juin.
	Théâtre de Perpignan	Perpignan	3 juillet.
	Canal de Bourgogne	Paris	13 novembre.
	Canal d'Arles à Bouc	Paris	13 novembre.
	Forges de la Loire et de l'Isère	Lyon	13 novembre.
	Pont neuf de Laval	Laval	4 décembre.
	Éclairage par le gaz. (Usine ci-devant royale.)	Paris	18 décembre.

ANNÉES.	DÉNOMINATIONS DES SOCIÉTÉS.	SIÉGES DES SOCIÉTÉS.	DATES DES AUTORISATIONS.
1823	Manutention et laminage du plomb	Paris	20 février.
	Actions du canal du duc d'Angoulême	Paris	20 février.
	Idem des Ardennes	Paris	20 février.
	Idem des quatre ponts	Paris	20 février.
	Compagnie des quatre canaux	Paris	12 mars.
	Ferme expérimentale de la Gironde	Bordeaux	30 avril.
	Eaux de Saint-Maur	Paris	16 juillet.
	Pont d'Aucfer	Redon	30 juillet.
1824	Compagnie des apparaux du port du Havre	Le Havre	11 février.
	Verreries et cristalleries de Vonêche et de Baccarat	Baccarat	3 mars.
	Coches de la Seine et de l'Yonne	Paris	10 mars.
	Éclairage par le gaz à Bordeaux	Bordeaux	23 juin.
	Chemin de fer de Saint-Étienne	Saint-Étienne	21 juillet.
	Fonderie de Bordeaux	Bordeaux	4 août.
	Pont Henri, à Montbrison	Montbrison	11 août.
	Forges d'Audincourt (Doubs)	Audincourt	11 août.
	Bains publics de Bordeaux	Bordeaux	24 novembre.
1825	Mines de plomb de Chabrignac	Paris	6 janvier.
	Fabrique d'acier du Bas-Rhin	Strasbourg	22 mai.
	Fonderie de Vizile	Paris	16 septembre.
	Nouveau quartier Poissonnière à Paris	Paris	16 septembre.
	Papeterie mécanique d'Écharcon	Paris	28 décembre.
	Manufacture française du fil de lin à la mécanique, à Gamaches (Somme)	Paris	28 décembre.
1826	Compagnie des salines et mines de sel de l'Est	Paris	2 janvier.
	Compagnie des hauts-fourneaux et forges de Pontkallecq	Paris	11 janvier.
	Bains Caroline, à Dieppe	Dieppe	15 mars.
	Ponts de Montrejean, Roche-de-Glun, Petit-Vey et Souillac	Paris	15 mars.
	Filature et tissage mécanique du Bas-Rhin	Huttenheim	11 avril.
	Verrerie de Thuison	Abbeville	14 mai.
	Fabrique de Marcq-en-Bareuil, pour la filature des laines	Paris	14 mai.
	Navigation du Rhône par la vapeur	Lyon	7 juin.
	Houillières et fonderies de l'Aveyron	Villefranche	28 juin.
	Forges de la Basse-Indre	Nantes	26 juillet.
	Pont, gare et port de Grenelle	Paris	26 juillet.
	Navigation de l'Oise	Paris	2 août.
	Filature de Poutay	Strasbourg	27 septembre.
	Société anonyme de la Savonnerie	Paris	22 novembre.

ANNÉES.	DÉNOMINATIONS DES SOCIÉTÉS.	SIÉGES DES SOCIÉTÉS.	DATES DES AUTORISATIONS.
1827	Navigation du Drot	Bordeaux	21 février.
	Chemin de fer de Saint-Étienne à Lyon	Paris	7 mars.
	Bains de mer à la Rochelle	La Rochelle	17 avril.
	Navigation de la Saône par la vapeur	Lyon	25 avril.
	Institution royale agronomique de Grignon	Paris	23 mai.
	Théâtre de Laval	Laval	29 mai.
	Reconstitution du capital des actions du canal d'Arles à Bouc	Paris	31 octobre.
	Reconstitution du capital des actions du canal de Bourgogne	Paris	"
	Bateaux à vapeur en fer sur la Seine	Paris	"
1828	Hôtel Saint-Jean à Toulouse	Toulouse	27 janvier.
	Mines de Montrelais (seconde société)	Paris	17 février.
	Papeteries du Marais et de Sainte-Marie	Paris	2 mars.
	Bulletin universel pour la propagation des connaissances scientifiques et industrielles	Paris	13 mars.
	Verrerie de Lamotte (au château de Lamotte ou à Châlons-sur-Saône)	Châlons-sur-Saône	11 mai.
	Mines, forges et fonderies du Creuzot et de Charenton	Paris	18 mai.
	Marbrières de Montey-Notre-Dame	Charleville	1er juin.
	Transports accélérés par eau, au moyen de la vapeur, d'Elbeuf à Rouen	Elbeuf	24 juin.
	Glaces et verreries de Commentry	Paris	24 juin.
	Navigation accélérée sur la Loire et affluents, au moyen de la vapeur	Nantes	16 novembre.
1829	Pont de Thoirette	Nantua	26 mars.
	Messageries du commerce	Paris	5 avril.
	Chemin de fer de la Loire	Paris	25 avril.
	Association mutuelle pour la propagation des mérinos en France	Paris	20 mai.
	Verreries de Saint-Louis	Bitche	7 juin.
	Transport de marchandises sur la Saône par gondoles à vapeur	Lyon	19 juillet.
	Éclairage de la ville de Nantes au moyen du gaz hydrogène	Nantes	26 juillet.
	Trois ponts sur la Seine	Paris	2 août.
	Verrerie de Bruay	Paris	2 août.
	Fonderies et forges d'Imphy	Paris	19 août.
	Forges de la Joie	Hennebon	16 septembre.
	Pont du Drac	Grenoble	4 novembre.
1830	Manufacture royale des glaces de Saint-Gobain	Paris	17 février.
	Pont de Langon	Bordeaux	7 avril.
	Compagnie des bateaux à vapeur pour la navigation du Rhône	Lyon	9 juin.
	Fabrique de chapeaux de paille d'Alençon	Alençon	16 juin.
	Exploitation des marbres des Vosges	Épinal	12 août.
	Achèvement des travaux du port du Havre	Le Havre	26 août.
	Berlines de Fontainebleau	Fontainebleau	29 septembre.
	Fonderies et forges d'Alais	Paris	20 octobre.

ANNÉES.	DÉNOMINATIONS DES SOCIÉTÉS.	SIÉGES DES SOCIÉTÉS.	DATES DES AUTORISATIONS.
1831	Navigation de la Dronne	Bordeaux	15 février.
	Canal de Roanne à Digoin	Roanne	2 juin.
	Galerie de Bordeaux	Bordeaux	26 mars.
	Navigation de la Charente	Saintes	2 avril.
	Exploitation des papeteries de Grasset	Castres	21 juin.
	Eaux thermales de Saint-Honoré	Nevers	1er août.
	Pont de l'Isle	Bordeaux	3 septembre.
	Abattoir de Bordeaux	Bordeaux	11 octobre.
	Ardoisières de Rimogne et de Saint-Louis-sur-Meuse	Rimogne	14 octobre.
1832	Société parisienne du ciment hydraulique de Pouilly	Paris	9 mai.
	Pont de Clairac	Clairac	11 juin.
	Ponts de l'Isle-Bouchard	Isle-Bouchard	6 juillet.
	Courrier de Lyon	Lyon	5 août.
	Forêt du Teich	Bordeaux	14 septembre.
	Ponts d'Asnière et d'Argenteuil	Paris	31 octobre.
	Canal d'Aire à la Bassée	Paris	13 décembre.
1833	Paquebots à vapeur de la Gironde	Bordeaux	12 juin.
	Bazar bordelais	Bordeaux	25 septembre.
1834	Fabrique de sucre indigène à Beaugency	Beaugency	8 janvier.
	Pont de Sully-sur-Loire	Sully-sur-Loire	8 mai.
	Paquebots à vapeur entre le Havre et Hambourg	Le Havre	18 mai.
	Navigation des nouveaux bateaux à vapeur des rives de la Garonne	Bordeaux	18 juin.
	Quatre ponts sur la Garonne	Bordeaux	5 juillet.
	Usines du pont Saint-Ours	Nevers	31 juillet.
	Canal de jonction de la Sambre à l'Oise	Paris	20 octobre.
	Pont de Muret	Toulouse	9 novembre.
1835	Compagnie des Trois-Canaux	Paris	3 mars.
	Pont de Montpont	Bordeaux	19 mars.
	Pont de Saint-Jean-de-Blagnac	Bordeaux	30 mai.
	Pont de Villemur	Toulouse	30 juin.
	Paquebots à vapeur sur la Seine	Le Havre	15 juillet.
	Papeterie mécanique de Montfourrat	Bordeaux	13 septembre.
	Pont de Condrieu	Condrieu	19 septembre.
	Chemin de fer de Paris à Saint-Germain	Paris	4 novembre.
	Trois ponts sur le Lot	Bordeaux	11 novembre.
	Pont de Cubzac	Bordeaux	17 décembre.
1836	Paquebots à vapeur entre le Havre et la Hollande	Le Havre	29 juin.
	Pont de Valence	Lyon	19 juillet.
	Fabrication de sucre de betteraves à Melun	Melun	7 août.
	Pont de Beauregard	Messimy	25 août.
	Trois ponts sur Charente, l'Isle et Dordogne	Bordeaux	25 août.
	Éclairage par le gaz hydrogène de la ville de Lyon	Lyon	21 octobre.

TABLEAU

DES SOCIÉTÉS ANONYMES D'ASSURANCES MARITIMES AUTORISÉES PAR LE GOUVERNEMENT, EN EXÉCUTION DE L'ARTICLE 37 DU CODE DE COMMERCE, DE 1808 À 1837.

ANNÉES.	DÉNOMINATIONS DES SOCIÉTÉS.	SIÉGES DES SOCIÉTÉS.	DATES DES AUTORISATIONS.
1817	Compagnie d'assurances maritimes de Nantes	Nantes	9 avril.
	Compagnie d'assurances maritimes de Rouen	Rouen	13 août.
1818	Compagnie commerciale d'assurances maritimes	Paris	22 avril.
	Compagnie d'assurances générales	Paris	22 avril.
	Compagnie d'assurances maritimes de Bordeaux	Bordeaux	22 juillet.
	Compagnie d'assurances maritimes contre les risques de guerre	Paris	19 août.
1820	Compagnie royale d'assurances maritimes	Paris	11 février.
1822	Compagnie Nantaise	Nantes	3 avril.
1827	Compagnie d'assurances maritimes de Bordeaux	Bordeaux	2 mai.
1832	Société d'assurances maritimes du Havre	Le Havre	14 mars.
	Compagnie d'assurances maritimes de Nantes	Nantes	31 août.
1833	Compagnie de l'Alliance	Le Havre	5 avril.
1834	Compagnie Française	Le Havre	21 février.
	Compagnie commerciale d'assurances maritimes	Le Havre	21 février.
	Compagnie d'assurances maritimes de Bordeaux	Bordeaux	13 mai.
	Compagnie du Globe	Rouen	10 septembre.
1836	Compagnie de la Sécurité	Paris	10 avril.
	Compagnie de la Paix	Le Havre	27 mai.
	Compagnie de l'Union des Ports	Paris	27 mai.
	Compagnie de l'Indemnité	Paris	27 mai.
	Compagnie Havraise et Parisienne	Le Havre	3 juin.

TABLEAU

DES SOCIÉTÉS ANONYMES D'ASSURANCES À PRIMES CONTRE L'INCENDIE OU CONTRE LA GRÊLE, AUTORISÉES PAR LE GOUVERNEMENT, EN EXÉCUTION DE L'ARTICLE 37 DU CODE DE COMMERCE, DE 1808 À 1837.

ANNÉES.	DÉNOMINATIONS DES SOCIÉTÉS.	SIÉGES DES SOCIÉTÉS.	DATES DES AUTORISATIONS.
	INCENDIE.		
1819	Compagnie d'assurances générales	Paris	14 février.
	Compagnie du Phénix	Paris	1er septembre.
1820	Compagnie royale d'assurances	Paris	11 février.
	Compagnie d'assurances pour le département de la Gironde	Bordeaux	28 avril.
1828	Compagnie de l'Union	Paris	5 octobre.
1829	Compagnie du Soleil	Paris	16 décembre.
1836	Compagnie d'assurances Elbeuvienne	Elbeuf	6 août.
	GRÊLE.		
1835	Compagnie d'assurances contre la grêle pour le département du Nord	Lille	21 janvier.

TABLEAU

DES SOCIÉTÉS D'ASSURANCES MUTUELLES CONTRE L'INCENDIE AUTORISÉES PAR LE GOUVERNEMENT, DE 1816 À 1837.

ANNÉES.	SIÉGES DES SOCIÉTÉS.	CIRCONSCRIPTIONS.	DATES DES AUTORISATIONS.
1816	Paris	Ville de Paris	4 septembre.
1818	Mulhausen	Département du Haut-Rhin	20 mai.
	Rouen	Départements de la Seine-Inférieure et de l'Eure	22 juillet.
1819	Paris	Départements de la Seine (Paris excepté), Seine-et-Marne, Seine-et-Oise, Oise	17 mars.
	Melun	Département de Seine-et-Marne	24 mars.
	Paris	Départements de la Seine (Paris excepté), et de Seine-et-Oise	5 juin.
	Lille	Département du Nord	14 juillet.
	Nantes	Département de la Loire-Inférieure	15 septembre.
	Bordeaux	Département de la Gironde	27 octobre.
	Lyon	Département du Rhône	27 octobre.
	Chartres	Département d'Eure-et-Loir	10 novembre.
1820	Strasbourg	Département du Bas-Rhin	2 février.
	Caen	Départements du Calvados, de l'Orne et de la Manche	9 avril.
	Orléans	Département du Loiret	9 avril.
	Châlons	Départements de la Marne, de l'Aisne et de l'Aube	25 mai.
	Metz	Ville de Metz	19 juillet.
	Bourges	Département du Cher	30 août.
	Saint-Quentin	Département de l'Aisne	12 octobre.
1821	Blois	Département de Loir-et-Cher	26 janvier.
	Châlons	Département de la Marne	20 février.
	Amiens	Département de la Somme	4 avril.
	Nancy	Départements de la Meurthe, Moselle, Meuse et des Vosges	21 août.
1823	Arras	Département du Pas-de-Calais	22 janvier.
1824	Mende	Départements du Cantal, de l'Aveyron, de la Haute-Loire, de l'Isère, de l'Ardèche et du Gard	25 février.
	Versailles	Ville de Versailles	Juillet.
	Bourg	Département de l'Ain	4 août.
	Dijon	Départements de la Côte-d'Or, de l'Yonne, de Saône-et-Loire, du Doubs, de la Haute-Saône et de la Haute-Marne	1er septembre.
1825	Moulins	Département de l'Allier	19 janvier.
	Nevers	Département de la Nièvre	16 février.
1826	Marseille	Départements des Bouches-du-Rhône, du Var, des Basses-Alpes et de Vaucluse	11 avril.
	Tours	Département d'Indre-et-Loire	4 mai.
	Valence	Départements de la Drôme, de l'Isère, de l'Ardèche, de Vaucluse et du Gard	4 mai.
1828	Lille	Départements du Nord, du Pas-de-Calais et des Ardennes	8 avril.
	Le Mans	Départements de la Sarthe, de Maine-et-Loire et de la Mayenne	25 mai.
1829	Châteauroux	Département de l'Indre	11 novembre.
1834	Clermont-Ferrand	Départements du Puy-de-Dôme, du Cantal et de la Haute-Loire	18 novembre.

TABLEAU

DES BANQUES PUBLIQUES AUTORISÉES PAR LE GOUVERNEMENT, EN VERTU DE L'ARTICLE 31 DE LA LOI DU 24 GERMINAL AN XI.

ANNÉES.	SIÉGE.	DATES DES AUTORISATIONS.	MONTANT DU CAPITAL.
An XI	Paris	24 germinal	45,000,000f
1817	Rouen	7 mai	1,000,000
1818	Nantes	11 mars	600,000
	Bordeaux	23 novembre	3,000,000
1835	Lyon	29 juin	2,000,000
	Marseille	27 septembre	4,000,000
1836	Lille	29 juin	2,000,000

TABLEAU

DES SOCIÉTÉS D'ASSURANCES MUTUELLES CONTRE LA GRÊLE, AUTORISÉES PAR LE GOUVERNEMENT, DE 1809 À 1837.

ANNÉES.	SIÉGES DES SOCIÉTÉS.	CIRCONSCRIPTIONS.	DATES DES AUTORISATIONS.
1822	Dijon	Côte-d'Or, Aube, Yonne, Nièvre, Saône-et-Loire, Ain, Jura, Doubs, Haute-Saône	3 juillet.
1823	Paris (Cérès)	Seine, Seine-et-Oise, Seine-et-Marne, Aisne, Oise, Eure-et-Loir, Marne, Yonne, Aube, Loiret, Loir-et-Cher, Somme, Seine-Inférieure, Eure, Cher, Indre	27 janvier.
1824	Arras	Pas-de-Calais, Nord, Somme	25 février.
1826	Toulouse	Haute-Garonne, Ariége, Aude, Gers, Lot, Lot-et-Garonne, Basses-Pyrénées, Hautes-Pyrénées, Tarn, Tarn-et-Garonne, Landes, Gironde, Pyrénées-Orientales, Hérault, Aveyron, Cantal	15 novembre.
1829	Valence	Drôme, Isère, Ardèche, Vaucluse, Gard	24 mai.
	Saint-Jean-d'Angely	Charente, Charente-Inférieure, Deux-Sèvres	15 juillet.
	Melun	Seine-et-Marne	2 décembre.
1831	Saint-Quentin	Aisne	24 avril.
	Nancy	Vosges, Bas-Rhin, Haut-Rhin, Moselle, Ardennes, Meuse, Haute-Marne, Meurthe	30 mai.
1834	Paris (Étoile)	Seine, Seine-et-Oise, Oise, Eure, Eure-et-Loir, Loiret, Yonne, Seine-et-Marne, Aisne, Pas-de-Calais, Somme, Seine-Inférieure, Orne, Calvados, Cher, Loir-et-Cher	7 juin.
	Versailles	Seine-et-Oise, Seine, Seine-et-Marne, Eure, Eure-et-Loir	27 juin.

TABLEAU

DES SOCIÉTÉS ANONYMES D'ASSURANCES SUR LA VIE, ET DES SOCIÉTÉS ET AGENCES FINANCIÈRES DIVERSES, AUTORISÉES PAR LE GOUVERNEMENT, DE 1808 À 1837.

ANNÉES.	DÉNOMINATIONS DES SOCIÉTÉS.	SIÉGES DES SOCIÉTÉS.	DATES DES AUTORISATIONS.
	1. SOCIÉTÉS ANONYMES D'ASSURANCES SUR LA VIE.		
1819	Compagnie d'assurances générales	Paris	22 décembre.
1820	Compagnie royale d'assurances	*Idem*	11 février.
1829	Société de l'Union	*Idem*	21 juin.
1821	Compagnie d'assurances sur la vie des chevaux	*Idem*	16 juin.
	2. SOCIÉTÉS ET AGENCES FINANCIÈRES.		
1819	Tontine perpétuelle d'amortissement	Chartres	10 mars.
	Caisse de survivance et d'accroissement	Paris	8 décembre.
	Association viagère en rentes sur l'État, avec accroissements fixes et régénération des rentes	*Idem*	29 décembre.
1820	Agence générale de placements sur les fonds publics	*Idem*	28 avril.
	Caisse hypothécaire	*Idem*	12 juillet.
1821	Caisse d'économie et d'accumulation, de garantie et d'amortissement des dettes	*Idem*	18 juillet.
	Tontine de compensation	*Idem*	1er août.

XXVI.

TABLEAU

DE LA PÊCHE DE LA MORUE ET DE LA BALEINE,

DE 1816 A 1836.

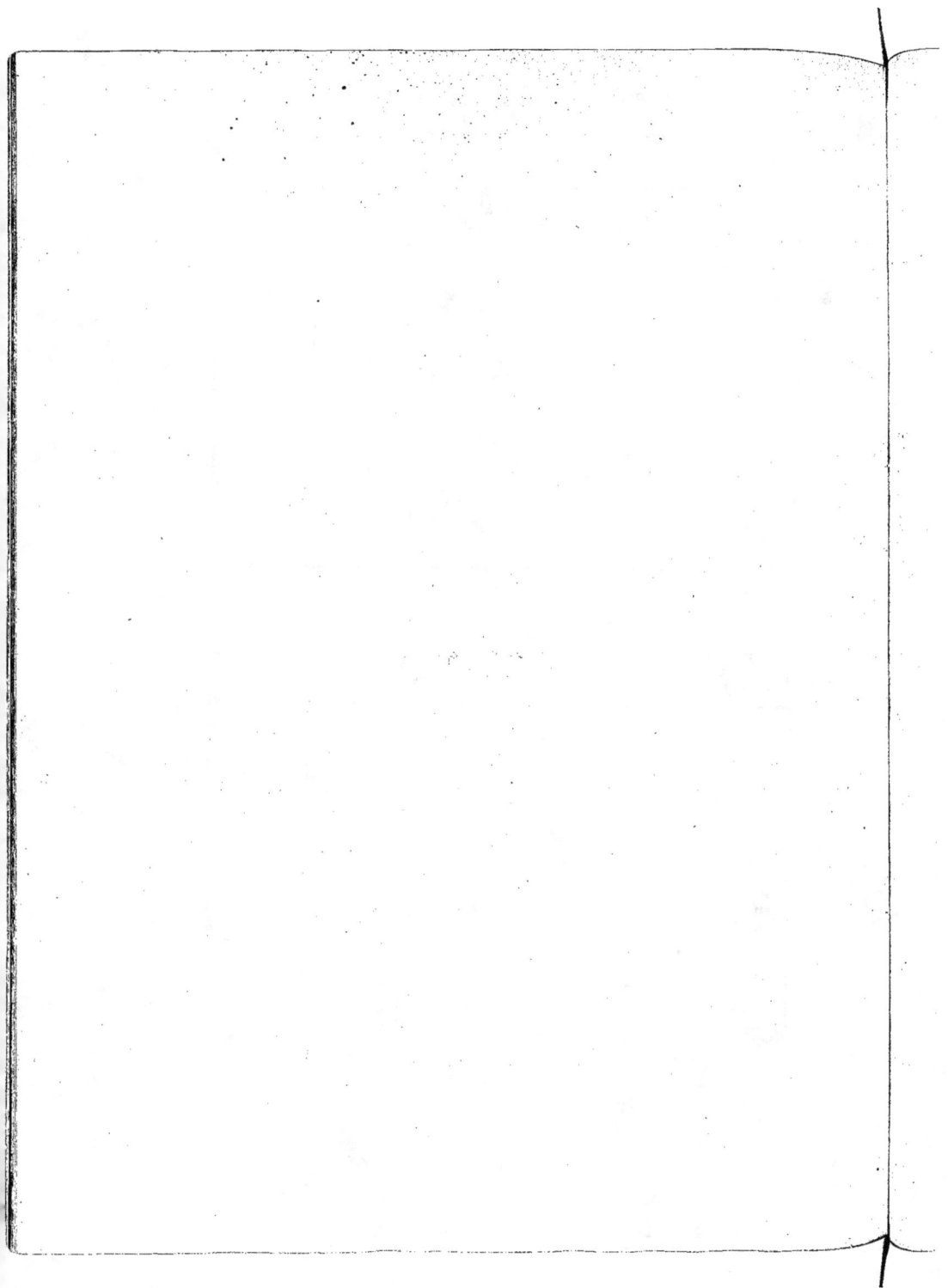

PÊCHE DE LA MORUE.

ANNÉES.	NAVIRES.	TONNAGE.	HOMMES.
1816	330	30,954	8,108
1817	340	35,493	8,523
1818	291	31,335	7,648
1819	314	34,992	8,613
1820	330	36,727	9,577
1821	340	38,000	9,800
1822	280	32,266	9,428
1823	171	15,574	4,156
1824	327	32,815	9,173
1825	320	32,667	9,157
1826	349	40,016	10,185
1827	383	43,694	11,293
1828	400	47,859	11,758
1829	416	54,136	12,017
1830	361	43,346	9,988
1831	265	32,814	7,445
1832	315	40,026	9,415
1833	338	43,543	10,120
1834	383	49,072	10,845
1835	431	54,442	11,221
1836	406	51,915	10,172

PÊCHE DE LA BALEINE.

ANNÉES.	NAVIRES.	TONNAGE.	HOMMES.	
			Français.	Étrangers.
1816	"	"	"	"
1817	4	1,346. 36	39	50
1818	16	4,905. 55	175	210
1819	11	2,769. 71	203	60
1820	17	4,680. 45	289	89
1821	9	2,082. 73	171	38
1822	9	2,336. 19	178	57
1823	4	1,378. 68	68	47
1824	8	2,748. 07	175	52
1825	7	2,501. 13	120	75
1826	8	2,864. 07	125	72
1827	6	2,123. 58	113	41
1828	6	2,308. 24	114	39
1829	9	3,577. 41	184	83
1830	15	6,276. 82	498	28
1831	16	6,557. 16	461	99
1832	25	9,974. 78	788	43
1833	32	12,991. 88	1,020	24
1834	30	11,828. 09	905	21
1835	35	14,383. 02	1,117	30
1836	35	14,813. 37	1,165	18

XXVII.

RELEVÉ,

PAR DÉPARTEMENTS,

DES ÉTATS DES FABRIQUES DE SUCRE INDIGÈNE,

ET DES ÉTATS COMPARATIFS DU PRODUIT PRÉSUMÉ DES RÉCOLTES

DE 1835 ET 1836.

NO
AIN.....
AISNE...
ALLIER..
ALPES (B
ALPES (H
ARDÈCHE.
ARDENNE
ARIÉGE..
AUBE....
AUDE....
AVEYRON.
BOUCHES-
CALVADO
CANTAL.
CHARENT
CHARENT
CHER...
CORRÈZE
CÔTE-D'O
CÔTES-DU
CREUSE.
DORDOGN
DOUBS..
DRÔME..
EURE...
EURE-ET-
FINISTÈR
GARD...
GARONNI
GERS...
GIRONDE
HÉRAULT
ILLE-ET-
INDRE..
INDRE-ET
ISÈRE...
JURA...
LANDES.
LOIR-ET-
LOIRE..
LOIRE (I
LOIRE-IN
LOIRET.

NOMS DES DÉPARTEMENTS.	NOMBRE DE					QUANTITÉS DE BETTERAVES MISES EN FABRICATION, récolte de		PRODUIT DE LA FABRICATION EN SUCRE BRUT, provenant de la récolte de	
	DIRECTIONS.	COMMUNES.	FABRIQUES en construction.	FABRIQUES en activité.	FABRIQUES TOTAL.	1835.	1836, par évaluation.	1835.	1836, par évaluation.
						kil.	kil.	kil.	kil.
AIN	//	//	//	//	//	//	//	//	//
AISNE	5	40	//	44	44	67,855,262	108,908,689	3,576,104	5,715,280
ALLIER	1	1	//	1	1	1,300,000	1,000,000	65,000	50,000
ALPES (BASSES-)	//	//	//	//	//	//	//	//	//
ALPES (HAUTES-)	//	//	//	//	//	//	//	//	//
ARDÈCHE	//	//	//	//	//	//	//	//	//
ARDENNES	//	//	//	//	//	//	//	//	//
ARIÉGE	//	//	//	//	//	//	//	//	//
AUBE	//	//	//	//	//	//	//	//	//
AUDE	//	//	//	//	//	//	//	//	//
AVEYRON	//	//	//	//	//	//	//	//	//
BOUCHES-DU-RHÔNE	1	2	1	2	3	//	//	//	//
CALVADOS	1	1	//	1	1	//	1,500,000	//	90,000
CANTAL	//	//	//	//	//	//	//	//	//
CHARENTE	//	//	//	//	//	//	//	//	//
CHARENTE-INFÉRIEURE	2	2	//	2	2	150,000	500,000	5,500	20,000
CHER	3	4	//	4	4	5,895,500	8,430,000	294,675	421,500
CORRÈZE	//	//	//	//	//	//	//	//	//
CÔTE-D'OR	4	5	//	5	5	2,570,000	4,230,000	116,000	196,500
CÔTES-DU-NORD	1	1	//	1	1	600,000	1,000,000	24,000	50,000
CREUSE	//	//	//	//	//	//	//	//	//
DORDOGNE	//	//	//	//	//	//	//	//	//
DOUBS	//	//	//	//	//	//	//	//	//
DRÔME	1	2	//	2	2	2,350,000	2,800,000	120,000	168,000
EURE	//	//	//	//	//	//	//	//	//
EURE-ET-LOIR	1	1	//	1	1	1,500,000	2,400,000	75,000	100,000
FINISTÈRE	//	//	//	//	//	//	//	//	//
GARD	//	//	//	//	//	//	//	//	//
GARONNE (HAUTE-)	2	3	//	3	3	//	1,390,000	//	70,000
GERS	1	1	//	1	1	125,000	//	5,000	//
GIRONDE	//	//	//	//	//	//	//	//	//
HÉRAULT	//	//	1	//	1	//	//	//	//
ILLE-ET-VILAINE	//	//	//	//	//	//	//	//	//
INDRE	//	//	//	//	//	//	//	//	//
INDRE-ET-LOIRE	2	2	//	2	2	1,900,000	2,100,000	92,000	104,250
ISÈRE	4	12	//	12	12	10,747,200	11,000,500	430,388	536,525
JURA	//	//	//	//	//	//	//	//	//
LANDES	//	//	//	//	//	//	//	//	//
LOIR-ET-CHER	1	2	//	2	2	900,000	1,550,000	36,000	74,000
LOIRE	//	//	//	//	//	//	//	//	//
LOIRE (HAUTE-)	//	//	//	//	//	//	//	//	//
LOIRE-INFÉRIEURE	1	1	//	1	1	198,500	238,000	7,940	11,900
LOIRET	2	4	//	4	4	3,269,000	2,450,000	133,533	96,000

NOMS DES DÉPARTEMENTS.	NOMBRE DE		FABRIQUES			QUANTITÉS DE BETTERAVES MISES EN FABRICATION, récolte de		PRODUIT DE LA FABRICATION EN SUCRE BRUT, provenant de la récolte de	
	DIRECTIONS.	COMMUNES.	en construction.	en activité.	TOTAL.	1835.	1836, par évaluation.	1835.	1836, par évaluation.
						kil.	kil.	kil.	kil.
Lot	″	″	″	″	″	″	″	″	″
Lot-et-Garonne	″	″	″	″	″	″	″	″	″
Lozère	″	″	″	″	″	″	″	″	″
Maine-et-Loire	1	1	″	1	1	325,000	369,000	25,000	30,000
Manche	″	″	″	″	″	″	″	″	″
Marne	1	1	″	1	1	″	1,250,000	″	50,000
Marne (Haute-)	2	2	″	2	2	3,500,000	4,120,000	142,500	167,000
Mayenne	″	″	″	″	″	″	″	″	″
Meurthe	2	2	1	4	5	18,500,000	22,500,000	770,000	990,000
Meuse	2	2	″	2	2	545,800	7,795,900	27,200	390,000
Morbihan	1	1	″	1	1	38,000	44,000	4,900	6,300
Moselle	2	3	″	3	3	4,020,000	3,880,000	150,000	158,000
Nièvre	″	″	″	″	″	″	″	″	″
Nord	7	151	14	212	226	322,455,000	436,230,000	14,087,250	21,172,700
Oise	4	12	″	12	12	14,590,000	27,310,000	733,100	1,409,500
Orne	″	″	″	″	″	″	″	″	″
Pas-de-Calais	6	86	16	122	138	131,484,500	198,934,500	5,929,000	8,984,000
Puy-de-Dôme	2	4	″	5	5	3,700,000	6,210,000	153,850	251,800
Pyrénées (Basses-)	″	″	″	″	″	″	″	″	″
Pyrénées (Hautes-)	″	″	″	″	″	″	″	″	″
Pyrénées-Orientales	″	″	″	″	″	″	″	″	″
Rhin (Bas-)	1	3	1	3	4	3,000,000	3,100,000	140,000	144,000
Rhin (Haut-)	1	1	″	1	1	1,350,000	1,250,000	81,000	75,000
Rhône	″	″	″	″	″	″	″	″	″
Saône (Haute-)	3	5	″	5	5	2,250,000	5,175,000	107,500	231,255
Saône-et-Loire	2	2	1	2	3	1,950,000	3,250,000	95,000	129,000
Sarthe	1	1	″	1	1	2,750,000	2,000,000	110,000	85,000
Seine	1	6	″	6	6	4,680,000	6,360,000	190,000	329,000
Seine-Inférieure	2	4	″	4	4	4,800,000	3,200,000	180,000	173,500
Seine-et-Marne	3	5	″	5	5	1,900,000	8,045,000	65,000	366,600
Seine-et-Oise	3	7	″	7	7	1,750,000	17,966,000	87,500	898,300
Sèvres (Deux-)	″	″	″	″	″	″	″	″	″
Somme	4	45	1	50	51	45,358,000	83,104,000	2,267,900	4,155,200
Tarn	″	″	″	″	″	″	″	″	″
Tarn-et-Garonne	″	″	3	″	3	″	″	″	″
Var	″	″	″	″	″	″	″	″	″
Vaucluse	1	2	″	4	4	500,000	21,000,000	25,000	1,061,500
Vendée	1	1	″	1	1	180,000	180,000	7,000	7,000
Vienne	″	″	″	″	″	″	″	″	″
Vienne (Haute-)	″	″	″	″	″	″	″	″	″
Vosges	″	″	″	″	″	″	″	″	″
Yonne	″	″	″	″	″	″	″	″	″
Totaux généraux	86	431	39	542	581	668,986,762	1,012,770,589	30,349,340	48,968,805

...rut,
...tion,
kil.
»
»
»
...000
»
...000
...000
»
...000
...000
...300
...000
»
...27700
...9,500
»
...4,000
...1,900
»
»
»
...14,000
...75,000
»
...31,255
...29,000
...35,000
...29,000
...73,500
...66,600
...98,300
»
...55,200
»
»
»
...61,500
...7,000
»
»
»
»
...968,805

BIBLIOTHEQUE NATIONALE DE FRANCE
3 7531 03314002 2

www.ingramcontent.com/pod-product-compliance
Lightning Source LLC
Chambersburg PA
CBHW061016280326
41935CB00009B/988

* 9 7 8 2 0 1 3 7 4 9 7 1 8 *